29.01.2004

Beiträge zur Westfälischen Kirchengeschichte Band 26
(Neue Folge der Beihefte zum Jahrbuch
für Westfälische Kirchengeschichte)

Im Auftrag des Landeskirchenamtes der
Evangelischen Kirche von Westfalen und
des Vereins für Westfälische Kirchengeschichte
herausgegeben von
Bernd Hey (Geschäftsführung),
Matthias Benad, Martin Brecht,
Wilhelm H. Neuser und Martin Stiewe

Wolfgang Schnabel

Geschichte der evangelischen Posaunenchorbewegung Westfalens

1840 – 2000

2003
Luther-Verlag Bielefeld

Bibliographische Information der Deutschen Bibliothek

Die Deutsche Bibliothek verzeichnet diese Publikation
in der Deutschen Nationalbibliographie;
detaillierte bibliographische Daten sind
im Internet über http://dnb.ddb.de abrufbar.

Beiträge zur Westfälischen Kirchengeschichte; Bd. 26
ISBN: 3-7858-0446-6

Diese Veröffentlichung wurde
finanziell unterstützt durch
die Evangelische Kirche von Westfalen,
den CVJM-Westbund,
das Posaunenwerk in der Evangelischen Kirche von Westfalen
und den Verein zur Förderung der Posaunenarbeit in Westfalen e.V.

© Luther-Verlag, Bielefeld 2003
Das Werk einschließlich aller seiner Teile ist urheberrechtlich geschützt.
Jede Verwertung außerhalb der engen Grenzen des Urheberrechts ist ohne
Zustimmung des Verlages unzulässig und strafbar.
Das gilt insbesondere für Vervielfältigungen, Übersetzungen,
Mikroverfilmungen und die Einspeicherung und Verarbeitung
in elektronischen Systemen.

Bildnachweis: Alle Bilder aus dem Besitz des Posaunenwerks in der Ev.
Kirche von Westfalen, des landeskirchlichen Archivs der EKvW und des
CVJM-Westbundes
Umschlaggestaltung: k+p mediateam
Druck und Bindung: ROSCH-Buch, Scheßlitz
Printed in Germany

Inhaltsverzeichnis

Vorwort 7

1 Die Gründerära (1840 – 1865) 11

1.1 Erste Wurzeln der westfälischen Posaunenchorarbeit 11
1.2 Erste Anfänge der westfälischen Posaunenchorarbeit 18
1.3 Erste Ausbreitungen der westfälischen Posaunenchorarbeit 28
1.4 Erste Widerstände gegen die westfälische Posaunenchorarbeit 39

2 Die Ära Eduard Kuhlos (1865 – 1890) 41

2.1 Das lokale Wirken Eduard Kuhlos in Gohfeld 41
2.2 Das überregionale Wirken Eduard Kuhlos in Ostwestfalen 46
2.3 Die musikalisch-bläserischen Leitlinien Eduard Kuhlos 50
2.4 Die Posaunenchorgründungen in der Ära Eduard Kuhlos 57

3 Die Ära Johannes Kuhlos (1890 – 1925) 79

3.1 Das lokale Wirken Johannes Kuhlos in Gohfeld,
     Hüllhorst und Bethel 79
3.2 Das überregionale Wirken Johannes Kuhlos in Westfalen 87
3.3 Das Posaunenchormodell Johannes Kuhlos 101
3.4 Die Schlussbeurteilung Johannes Kuhlos 132

4 Die Ära Walther Duwes (1925 – 1945) 141

4.1 Das lokale Wirken Walther Duwes in Bethel 141
4.2 Das überregionale Wirken Walther Duwes in Westfalen 145
4.3 Die Ansichten Walther Duwes zu Bläserliteratur
     und Instrumentarium 160
4.4 Das Verhältnis Walther Duwes zu Johannes Kuhlo
     und Fritz Bachmann 164

5 Die Nachkriegsära (1945 – 1970) 167

5.1 Die Auseinandersetzungen zwischen Westbund
     und Posaunenwerk 167
5.2 Die Ära Walther Duwes im Posaunenwerk 196

5.3 Die Ära Richard Lörchers im Westbund 208
5.4 Die Ära Wilhelm Ehmanns in Westfalen 231

6   Die jüngere Vergangenheit (1970 – 2000) 287

6.1 Die Entwicklungen im westfälischen Posaunenwerk 287
6.2 Die Entwicklungen im CVJM-Westbund 319
6.3 Das Verhältnis zwischen Posaunenwerk und Westbund 340
6.4 Rückblick und Ausblick 353

7   Anhang 371

7.1 Endnoten 371
7.2 Literaturverzeichnis 392
7.3 Chorregister 399
7.4 Personenregister 402
7.5 Statistiken 410
7.6 Inhalt der CD 414

Vorwort

Eine der größten und zugleich erstaunlichsten Laienströmungen im deutschen Protestantismus ist die Posaunenchorbewegung. Trotz ihrer sicherlich unbestrittenen Relevanz für das Leben der evangelischen Gemeinden, von denen weit über die Hälfte einen eigenen Bläserchor besitzt, hat erst in den letzten Jahrzehnten die historisch-wissenschaftliche Erforschung dieser klingenden Lebensäußerung eingesetzt. Eine ganz besondere Bedeutung kommt dabei Westfalen zu, da in diesem Landstrich das geistliche Bläserwesen der Neuzeit seinen Anfang genommen hat. Obwohl die kirchliche Blasmusik nicht nur auf das evangelische Deutschland beschränkt, sondern ökumenisch im konfessionellen und geographischen Sinne ist, geht der Blickwinkel dieser Abhandlung aufgrund des gestellten Themas ins Provinzielle, um den Rahmen nicht zu sprengen.

Die westfälische Posaunenchorarbeit blickt auf eine einzigartige 160-jährige Geschichte zurück und weist mit den beiden Kuhlos Eduard (1822–1891) und Johannes (1856–1941) sowie Wilhelm Ehmann (1904–1989) Persönlichkeiten auf, die weit über ihren heimatlichen Bereich hinaus gewirkt und Entwicklungen in ganz Deutschland entscheidend mitgeprägt haben. Umso erstaunlicher ist, dass bis heute keine zusammenhängende Darstellung der Posaunenchorarbeit in Westfalen erschienen ist, im Unterschied zu anderen Gebieten wie Hannover, Baden oder Württemberg, die bereits auf ihre lokale Historie in Buchform zurückgreifen können.

Eine der Hauptursachen ist sicher darin zu suchen, dass seit dem Ende des Zweiten Weltkriegs in Westfalen zwei selbständige Bläserverbände – Posaunenwerk und CVJM-Westbund – mit-, neben- und zeitweise auch gegeneinander existierten. Von daher konnte einzig „von außen" durch einen Dritten eine objektive und übergreifende Aufarbeitung und Aufbereitung der eigenen Geschichte geschehen, wollte man vermeiden, dass jeder Verband für sich jeweils nur seine Sicht der geschichtlichen Gestaltungskräfte präsentierte. Die Tatsache, dass dieses Projekt von Verantwortlichen beider „Säulen" der westfälischen Posaunenchorarbeit initiiert, autorisiert und gefördert wurde, demonstriert auf eindrucksvolle Weise das in den letzten Jahrzehnten auf beiden Seiten gewachsene Kooperationsverständnis. Denn vor allem in den 1950er und 1960er Jahren gab es noch teils heftige Auseinandersetzungen zwischen Posaunenwerk und Jungmännerwerk im Blick auf bevorstehende Veröffentlichungen zur Geschichte der westfälischen Posaunenchorarbeit.

Was die Aufbereitung der in weiten Teilen gemeinsamen Geschichte angeht, so finden sich erste Spuren einer schriftlichen Reflexion auf die westfälische Posaunenchorarbeit in der Zeitschrift „Jünglingsbote für christliche Jünglinge und Jünglingsvereine", die ab 1. Juli 1847 für Westfalen und die Rheinprovinz verlegt wurde. Dort erschien als erster Versuch einer historischen Aufarbeitung 1881 ein Aufsatz unter der Überschrift „Wie die Posaunenmusik im Ravensberger Land entstanden ist". Im gleichen Jahr publizierte Pastor Ludwig Tiesmeyer (1835 – 1919) in der „Monatsschrift für Innere Mission unter Einschluß der Diakonie, Diaspora-Pflege, Evangelisation und der gesamten Wohlthätigkeit" den ersten größeren zusammenhängenden Bericht über die Posaunenchorbewegung in Deutschland, in dem auch Westfalen seine gebührende Erwähnung fand. Während diese Abhandlung rasch dem Vergessen anheim fiel, war dem Büchlein „Posaunen-Fragen" von Johannes Kuhlo eine große Resonanz beschieden. Es war zunächst als „Anhang A zum Posaunenbuch: Einrichtung und Einübung von Posaunenchören und Stoff für Familienabende" verbreitet worden und wurde 1909 aufgrund der eminenten Nachfrage als gesondertes, im Umfang fast doppelt so großes „Nachschlagewerk" reediert. Höchst interessant ist es als Zeitdokument für das Kuhlosche Modell und die westfälische Posaunenchorarbeit im Wilhelminismus, allerdings größtenteils unbrauchbar für zuverlässige Quellenstudien zur frühen Posaunenchorgeschichte. Schon die Überschrift des Abschnitts IV. „Von der Geschichte und dem Segen der Posaunenchöre" signalisiert dem Leser: Hier geht es weniger um vor Ort Recherchiertes und schriftlich Belegbares als vielmehr um die Weitergabe mündlich im Umlauf befindlicher Traditionen, versehen mit vielen schwelgerischen und schwärmerischen Beschreibungen, etwa der Posaunenfeste oder der Kaiserhuldigungen.

Für die Sichtweise vieler Bläser bestimmend wurden nach dem Zweiten Weltkrieg die Arbeiten von Wilhelm Ehmann, unter denen vor allem drei Beiträge speziell für die Geschichte der Bläserarbeit in Westfalen Bedeutung erlangten: das „Tibilustrium" von 1949, die Biografie „Johannes Kuhlo. Ein Spielmann Gottes" von 1956 sowie das „Protokollbuch der Gaukonferenzen und Gauversammlungen der Jünglings-, Posaunen- und Jungfrauenvereine von Minden-Ravensberg und der angrenzenden Lande" in „Voce et Tuba" von 1976. Bei aller Würdigung von Ehmanns Werken, wohl auch lange Zeit in Ermangelung an Alternativen, wird man nicht übersehen dürfen, dass der Herforder Professor seinem Publikum stets eine eigenartige Mischung aus Fiktionen und Fakten präsentierte, sodass seine Kritiker ihm „Geschichtsverkleisterung" vorwarfen.

Aufregung verursachte die 1964 erschienene, von den Bundesposaunenwarten Beinhauer, Lörcher und Mergenthaler verantwortete „Handreichung für Posaunenbläser", die mit dem Anspruch einer gewissen Synopsis der westfälischen Ereignisse von den Anfängen bis in die Gegenwart auftrat, aber teilweise auf unzuverlässigem Ehmannschem Material fußte, teilweise selbst die neuere Geschichte seit dem Dritten Reich sehr eingefärbt und ausschließlich aus der Sicht des Westbundes darstellte. Informativ war diese Schrift jedoch im Blick auf die westfälische CVJM-Laienbläserei im Spiegel der 1960er Jahre, etwa wie damals pädagogische Arbeit bei der Jungbläser-Ausbildung, den Lehrgängen und den Chorabenden betrieben wurde, welche Besetzungsvorschläge virulent waren usw.

Zwei literarische Früchte trug das Kuhlo-Jubiläumsjahr 1991 aus: zum einen das vom Detmolder Musikwissenschaftler Joachim Thalmann (*1935) herausgegebene Buch „Johannes Kuhlo – Mitarbeiter am Psalm 150", in welchem verschiedene Autoren Einzel- und Gesamtgesichtspunkte des Lebens und Schaffens des Betheler Posaunen-Generals beleuchteten. Und zum anderen das vom Posaunenwerk in der EKD publizierte Medienpaket „Johannes Kuhlo 1856 – 1941. Wer war das eigentlich?", das vor allem durch seine gute pädagogische Aufbereitung, seine Tonbeispiele und seine historischen Diafotos bestach.

Keine neuen Erkenntnisse über Kuhlo dagegen erbrachte die 1999 erschienene, dilettantisch und fehlerhaft verfasste Examensarbeit von Dagmar Pesta (*1964), einer Enkelin des 1996 verstorbenen Kuhlo-Horn-Sextett-Bläsers Karl Kraa, mit dem Titel „Johannes Kuhlos Einfluss auf die Entwicklung der evangelischen Posaunenchöre".

Ende der 1980er Jahre schickte sich der hannoversche Pastor und Posaunenwart Horst Dietrich Schlemm (*1919) an, seine auf 20 Bände angelegte Reihe „Beiträge zur Geschichte evangelischer Posaunenarbeit" mit der Lieferung 1 „Posaunen in der Bibel und bei uns vor 1843" zu eröffnen. Mit zum Herausgeberkreis ab Lieferung 2 zählte unter anderem Bundesposaunenwart Wilhelm Schmidt (*1941). Die einzelnen Artikel der bisher erschienenen sechs Bände sind dabei von höchst unterschiedlicher Qualität und weisen die ganze Bandbreite von erbaulich-predigend bis wissenschaftlich-dozierend auf.

Als engagierter Förderer zur wissenschaftlichen Erforschung der westfälischen Bläsergeschichte tat sich der Bochumer Professor Manfred Büttner (*1923) hervor. In seiner Festschrift für Werner Benz „Mit Drommeten und Pauken, Hörnern und Posaunen", 2001 editiert, wies der versierte Hornbläser im Vorwort darauf hin, dass diese Festschrift noch keine Geschichte der Posaunenarbeit in Westfalen, sondern nur eine Vorstudie sei, die Anregungen dazu zu geben beabsichtige.

Im Jahr 2000 kristallisierte sich bei den Verantwortlichen in der westfälischen Posaunenchorarbeit das Anliegen heraus, eine Geschichte des geistlichen Bläserwesens in Westfalen in Kooperation mit dem Archiv der Landeskirche zusammenzustellen. Im Januar 2001 beauftragte der Landesposaunenrat des Posaunenwerks in der EKvW und der Vorstand des CVJM-Westbundes den Autor mit der Abfassung dieses Ausschnitts aus der westfälischen Historie. Dabei konnte er sich bei jedem Kapitel auf gewisse von ihm geleistete Vorarbeiten stützen: bei der „Gründerära" (1840 – 1865) auf den Aufsatz „Die Posaunenchöre in Minden-Ravensberg" (in: Schlemm, Bd. 3, S. 135 – 164); bei der Ära Eduard Kuhlos (1865 – 1890) auf den Aufsatz „Eduard Gotthelf Kuhlo" (in: Schlemm, Bd. 2, S. 10 – 27); bei der Ära Johannes Kuhlos (1890 – 1925) auf den Aufsatz „Johannes Kuhlos Beziehungen zu seiner Umwelt" (in: Schnabel, Förderer, S. 113 – 172); bei der Ära Walther Duwes (1925 – 1945) auf den Aufsatz „Walther Duwe. Mittler zwischen Johannes Kuhlo und Werner Benz" (in: Büttner/Pesta, S. 113 – 159); bei der Nachkriegsära (1945 – 1970) auf den Aufsatz „Wilhelm Ehmann: Vom nationalistischen Musikwissenschaftler und -praktiker zum kirchenmusikalischen Mentor der Posaunenchorbewegung" (in: Schnabel, Förderer, S. 7 – 64); bei der jüngeren Vergangenheit (1970 – 2000) auf die Schrift „Werner Benz. Ein Leben im Dienst der evangelischen Bläserarbeit". Alle genannten Aufsätze wurden nochmals gründlich überarbeitet, ergänzt und korrigiert, wodurch weitere Erkenntnisse und Details zu Tage traten. Auf diese Weise stellt dieser Band ein umfassendes Kompendium vieler bisheriger Forschungsarbeiten des Autors dar, deren Erträge mit eingeflossen sind.

Die einzelnen Kapitel werden durch Summarien abgerundet, eine Gesamtübersicht für den eiligen Leser liefert der Abschnitt 6.4 „Rückblick und Ausblick".

Der wissenschaftliche Fußnoten- und Zitationsapparat, der das flüssige Lesen behindert und nur für wenige an der Forschungsarbeit des geistlichen Bläserwesens Interessierte relevant ist, wurde nach hinten verbannt, um das Nachprüfen und ein weiterführendes Studium jederzeit zu ermöglichen.

In Dankbarkeit seien diejenigen genannt, die das Zustandekommen der Arbeit ermöglicht und unterstützt haben: Professor Dr. Bernd Hey vom Landeskirchlichen Archiv der EKvW; der Landesobmann Dieter Mayer sowie die Landesposaunenwarte Werner Benz, Ulrich Dieckmann und Karl-Heinz Saretzki vom Posaunenwerk in der EKvW; der Bundessekretär Wolfgang Schwitzer sowie die Bundesposaunenwarte Klaus-Peter Diehl, Wilhelm Schmidt und Matthias Schnabel vom CVJM-Westbund.

Filderstadt, im November 2003 *Pfr. Dr. Wolfgang Schnabel*

1 Die Gründerära (1840–1865)

1.1 Erste Wurzeln der westfälischen Posaunenchorarbeit

Keine breite gesellschaftliche oder kirchliche Bewegung taucht gleichsam aus dem Nichts auf. Sie ist immer eingebettet in ihr vorlaufende und sie begleitende soziologische, politische, geistige und kulturelle Strömungen. Von daher kann auch die Entstehung der deutschen Posaunenchorbewegung in Westfalen nur verstanden werden, wenn sie im Kontext ihres geistes- und sozialgeschichtlichen Umfeldes gesehen wird. Ohne die Erweckungsbewegung, der sie ihr äußeres Entstehen und ihre innere Prägung verdankt, und ohne die kirchenmusikalische Restauration, von der sie ihr anfängliches musikalisches Erscheinungsbild bezog, ist die Entwicklung der Posaunenchorarbeit in Westfalen weder vorstellbar noch verstehbar.[1]

Die *Erweckungsbewegung* in Deutschland reicht in ihren Vorläufern bis in die 1780er Jahre zurück, wo sie als Reaktion auf die damalige religiöse, geistige, politische und gesellschaftliche Situation entstand. Zu geistlichen Aufbrüchen kam es verstärkt zwischen 1815 und 1850 nach den siegreichen Freiheitskämpfen gegen Napoleon. Sie gaben die Impulse zu einem neuen Gemeinschaftsgefühl, weil Gott geschichtsmächtig erlebt worden war. Eine breite Strömung entwickelte sich innerhalb und außerhalb der Landeskirchen, die trotz aller Unterschiede viele Gemeinsamkeiten aufwies. Die „Erweckten" betonten die persönliche Erfahrung von Buße und Wiedergeburt, verbunden mit einer strengen, teilweise asketischen Lebensführung. Sie hielten an dem Buchstabensinn der Heiligen Schrift und der Bekenntnisschriften fest und setzten sich für die Überwindung des Rationalismus mit seiner Bibel- und Dogmenkritik ein. Sie suchten die Gemeinschaft untereinander in einzelnen Konventikeln, aber auch über die eigenen Grenzen hinaus. Sie traten für eine geistliche Erneuerung der Kirche ein und engagierten sich stark in Mission und Diakonie. Sie waren überzeugte Anhänger der Monarchie und sahen in der Verbindung von Thron und Altar eine Selbstverständlichkeit.

Alle diese Kennzeichen sollten sich dann auch in der westfälischen Posaunenchorbewegung der zweiten Hälfte des 19. Jahrhunderts niederschlagen, greifbar in den Statuten der kirchlichen Bläsergruppen und den Verlautbarungen ihrer Verantwortlichen. Auch wenn es den Erweckten nicht überall gelang, ihren Anliegen Gehör zu verschaffen, konnten sie doch bestimmten Landschaften in Deutschland wie Ostwestfalen oder dem Siegerland ihren unverwechselbaren Stempel aufdrücken.[2]

In Minden-Ravensberg erfasste die Erweckungsbewegung nahezu das gesamte Gebiet und entwickelte sich zur vorherrschenden Form protestantischer Religiosität. Entscheidend und prägend waren seit der Jahrhundertwende die evangelistisch tätigen „Sendboten" der Herrnhuter Brüdergemeine, die nicht nur in Ostwestfalen, sondern auch im Siegerland, in Wittgenstein und im Oberbergischen große Wirkungen erzielten. Bis in die 1840er Jahre hinein besuchten die Herrnhuter Missionare in Minden-Ravensberg viele Landgemeinden wie Todtenhausen, Hille, Windheim, Alswede, Gehlenbeck, Blasheim, Oldendorf, Exter, Valdorf, Bünde, Löhne, Mennighüffen, Werther, Steinhagen, Isselhorst, Schildesche und Jöllenbeck, dazu noch die Kleinstadt Gütersloh. Sie sammelten dabei hauptsächlich Leute aus der Industrie- und Landarbeiterschaft sowie aus dem Kleinbürgertum in so genannten Konventikeln außerhalb der sonntäglichen Gottesdienste. Da die meisten Erweckten aufgrund ihrer Sozialisierung zur traditionellen Liturgie, Predigt und Kirchenmusik keinen Zugang hatten, stieß bei ihnen die schlichte Verkündigung sowie das so genannte englische Liedgut auf großes Interesse.[3]

Die westfälische Erweckungsbewegung ging jedoch keinen separatistischen Weg, sondern fand innerhalb eines kurzen Zeitraums Eingang in die preußische Amtskirche, da sich die Geistlichen selbst an die Spitze der Erweckung zu stellen begannen. In vielen ostwestfälischen Kirchengemeinden wirkten, begünstigt durch die presbyteriale Wahlordnung, seit den 1820er Jahren erweckte Pastoren, die alle einen ähnlichen Lebenslauf aufwiesen: Sie waren in Minden-Ravensberg geboren worden, ihre Väter waren keine Pfarrer gewesen, ihre Eltern hatten an pietistischen Versammlungen teilgenommen, sie selbst hatten bei biblizistischen Professoren in Berlin und Halle studiert. Nach ihrer Ordination pflegten sie untereinander intensive Kontakte durch Kreissynodal-Konferenzen und private Treffen. Aus diesem Teil der Pfarrerschaft gingen viele Initiatoren und Förderer der beginnenden Posaunenchorarbeit hervor, da sie in diesem neuen musikalischen Bereich ungeahnte Möglichkeiten zur Verlebendigung und Verbreitung der christlichen Botschaft sowie zur Sammlung der Erweckten in Vereinen bzw. Gruppen sahen.[4]

Die Veranstaltungen der erwecklichen Kreise mit ihren Bauernhofversammlungen, Waldgottesdiensten, Missionsfesten, vaterländischen Feiern usw. gaben ideale Foren für die ersten überörtlichen Auftritte einzelner und Zusammenkünfte mehrerer Posaunenchöre ab. Zudem machten sie die Idee des Blechblasens in weiten Kreisen populär, indem manche Teilnehmer von ihrem Festbesuch den Anstoß zur Gründung eines Posaunenchors in ihre Heimatgemeinde mitnahmen.[5]

Auch den weiteren organisatorischen Ausbau seiner Infrastrukturen verdankt das geistliche Bläserwesen der Neuzeit der Erweckungsbewegung. Mit dem Entstehen der Jünglingsvereine und -bünde waren eine sinnvolle Anbindung und eine flächendeckende Ausbreitung der jungen Laienspielkunst gegeben. Die Anstalten der Inneren und Äußeren Mission mit ihren Jahrestreffen, Missionsfesten und Posaunentagen wurden zu frühen Sammelpunkten der christlichen Bläserarbeit und leisteten wertvolle Pionier- und Aufbauarbeit. Für Westfalen sind zunächst die Düsselthaler Anstalten zu nennen, die Adelberdt Graf von der Recke-Volmerstein (1791–1877) im Jahr 1822 eröffnete, sowie die 1867 gegründeten Bodelschwinghschen Anstalten in Bethel.[6]

Die Posaunenchorarbeit in Westfalen ist also sowohl in ihren Anfängen als auch in ihrer Ausbreitung nicht ohne die Erweckungsbewegung denkbar. Während jedoch die Erweckungsbewegung teilweise verebbte, teilweise in Neuluthertum, Neupietismus und Gemeinschaftsbewegung einmündete, verbreitete sich die Posaunenchorbewegung ständig und griff zunehmend über die erweckten Kreise hinaus.[7]

Die zweite große Zeitströmung, die in die Posaunenchorbewegung mit einfloss, war die *kirchenmusikalische Restauration*. Und das nicht von ungefähr, denn Erweckungsbewegung und kirchenmusikalische Restauration wiesen etliche Gemeinsamkeiten auf: Beide begannen sich um 1800 anzukündigen und erlebten durch die antinapoleonischen Freiheitskämpfe einen großen Aufschwung. Beide erfolgten als Reaktion auf die aufklärerische Zersetzung des christlichen Glaubens und gottesdienstlichen Lebens im bewussten Rückgriff auf das Altbewährte, das mit Elementen des Zeitgeistes durchsetzt wurde. Beide setzten auf eine gefühlige Empfindungsweise und religiöse Aufgeschlossenheit, denen sie ihre Durchschlagskraft und ihre Beliebtheit verdankten.[8]

Die musikalische Erneuerungsarbeit innerhalb der evangelischen Kirche entfaltete sich in mehrere Richtungen: Seit 1817 wurde das reformatorische Kirchenlied erforscht und in seiner rhythmisierten Form wieder im gottesdienstlichen Leben beheimatet. Zu diesem Vorhaben sollten u. a. die von dem bayerischen Theologen Johannes Zahn (1817–1895) mitverfassten „Melodien des dt. ev. Kirchengesangbuches in vierstimmigem Satz für Orgel und Chorgesang" (1854) beitragen. Gleichzeitig fing man an, die alten lutherischen Gottesdienstordnungen für die Umgestaltung der liturgisch dürftigen Agenden der Aufklärungszeit heranzuziehen, so bei dem Versuch einer musikalischen Agende durch J. F. Naue (1818) oder bei der „Kirchenagende für die Königliche Preußische Armee" durch Friedrich Wilhelm III. (1822).

Diese Anstrengungen zeitigten durch die von ihnen ausgehende Belebung des Altar- und Chorgesangs natürlich auch Auswirkungen auf die Kirchenmusik.[9] Den durch die Preußische Agende sanktionierten A-cappella-Gedanken füllten dann vor allem zwei Männer mit bestimmten Inhalten: Der Heidelberger Rechtsprofessor A. F. J. Thibaut (1772 – 1840) und der Breslauer Kantor C. v. Winterfeld (1784 – 1852) lehnten Sologesang und Instrumentalmusik aus der Zeit des Barock, der Klassik und der Romantik wegen ihrer angeblichen Opernhaftigkeit und Selbstherrlichkeit als nicht liturgiefähig ab. Stattdessen erhoben sie die ältere Gesangsmusik, die reine vokale Besetzung einer Komposition durch Menschenstimmen ohne Klangwerkzeuge, zur allein sakralen Musik. Während Thibaut 1824 das A-cappella-Ideal in seiner „Reinheit" bei Palestrina verwirklicht sah, ergänzte Winterfeld 1834/43 die altitalienische Vokalpolyphonie um Schütz und Eccard. Allein die Choralmusik, bestenfalls noch die Orgel und die Blechblasinstrumente, wurden deshalb von den Liturgikern des 19. Jahrhunderts für den Gottesdienst zugelassen; ausgeschlossen waren dagegen auch Bach-Kantaten.[10]

Diesem klassizistischen Kirchenmusik-Ideal mit seinem bis ins 20. Jahrhundert erhobenen Ausschließlichkeitsanspruch wurde durch die zweite große stilbildende Strömung innerhalb der kirchenmusikalischen Restaurationsbewegung widersprochen, der Bach-Renaissance. Vorbereitet zu Beginn des 19. Jahrhunderts durch Zelters Bach-Pflege in der Berliner Singakademie und der Einführung von Bachkantaten in die Leipziger Gottesdienste durch den Thomaskantor A. E. Müller erlebten sie in der Aufführung der von Felix Mendelssohn Bartholdy (1809 – 1841) entdeckten Matthäuspassion 1829 im Schinkelbau der Berliner Singakademie ihren ersten Höhepunkt. Ergänzt wurde die Bach-Renaissance durch die Wiederbelebung der Werke von Schütz und Händel.[11]

Die Restaurationsbestrebungen mündeten vielerorts in die Gründung von Domchören, Singkreisen und Singakademien als Vereinigungen des Bildungsbürgertums und Träger der Oratorienaufführungen. Gleichzeitig führte die von der Schweiz her nach Deutschland vordringende, von Hans Georg Nägeli (1773 – 1836) inspirierte Volkschorbewegung seit den 1820er Jahren zur Gründung einer großen Zahl von Kirchengesangvereinen in den Städten und Dörfern, die sich bald in Landesverbänden zusammenschlossen. Sie nahmen sich besonders der Pflege des so genannten geistlichen Volksliedes an, unter dem sich weithin Werke mit angezweifeltem künstlerischen Niveau befanden. Durch die historisierende Rückbesinnung erlagen nicht wenige kirchliche Komponisten der Versuchung, in ein nachahmendes Stilkopieren der stark verehrten geschichtlichen Vorbilder zu verfallen. Sie ließen auch romantische Elemente einfließen, um der Forderung nach Erbaulichkeit und Popularität gerecht zu werden.[12]

Etwas zeitversetzt zu den Singchören traten die Posaunenchöre in den breiten laienmusikalischen Strom ein und nahmen viele der idealisierend-historisierenden Impulse und Anregungen aus der Restauration auf. Wie der kirchenmusikalischen Restauration war nämlich der Posaunenchorbewegung der Hang zur Abkapselung, der Rückgriff auf das Historische und die Abwehrhaltung zur allgemeinen Säkularisation zu Eigen. Die musikalischen Vorreiter des geistlichen Bläserwesens in Westfalen und großen Teilen Deutschlands, Vater und Sohn Kuhlo, kamen in ihrem Werdegang an vielen Stellen mit den tragenden Ideen ihres Zeitalters in Berührung. Aus den Publikationen der Restauratoren, vor allem aus den Werken Winterfelds, Zahns und Schöberleins bezogen sie ihr Material für ihre Posaunenbücher. Von größter Bedeutung für die junge Laienblaskunst wurde, dass beide Kuhlos sich ganz der A-cappella-Ästhetik verschrieben und die Posaunenchöre sich dem Vorbild der Sängerchöre anzupassen versuchten. Die vokale Ausrichtung schlug sich nicht nur in den Notenpublikationen, sondern auch in den Instrumentierungsvorschlägen und Vortragsvorgaben nieder. Neben dem A-cappella-Dogma wirkte auch die Bach-Händel-Schütz-Renaissance auf das geistliche Bläserwesen der Neuzeit ein. Die Werke dieser Meister fanden – allerdings teilweise nur in überarbeiteter Form – Eingang in die kirchliche Bläserliteratur. Eine besondere Vorliebe entwickelte die junge Posaunenchorbewegung für den wiederentdeckten rhythmischen Choral der Reformationszeit sowie für das romantische Volkslied. Auf diese Weise wurde vieles von dem, was zum festen Besitzstand der kirchenmusikalischen Restauration des 19. Jahrhunderts gehörte, von der rasch aufblühenden westfälischen Bläserarbeit übernommen und weiter gepflegt.[13]

Steht aber nun die *Wiege der deutschen Posaunenchorbewegung* in Westfalen? Um diese Frage beantworten zu können, muss man zunächst fragen: Was ist überhaupt ein Posaunenchor? Denn der Wettstreit um den Titel „ältester Posaunenchor der Welt" hat seltsame Blüten hervorgebracht. Da übertrumpften in Württemberg die Merklinger mit der Jahreszahl 1706 die Grunbacher, die nur 1830 ins Feld führen konnten. Die Sachsen wollten durch ihre Posaunengruppe aus Bernstadt/Oberlausitz von 1735 zumindest mit den Herrnhutern und ihrer Bläsertruppe aus Großhennersdorf von 1729 gleichziehen. Die Thüringer griffen auf ihre in Heubach seit 1670 belegbare kirchliche Bläserarbeit zurück, wohingegen die Schweizer stolz ihre Zinkenisten und Posaunisten im Berner Münster des Jahres 1581 vorwiesen.[14]

Geschlagen wurden sie doch alle durch das unfreiwillig amüsante Bonmot von Johannes Kuhlo, der Folgendes schrieb:

„Um das Jahr 1000 v. Chr. gründete König David zu Jerusalem den ersten Posaunenchor von 120 Priestern (2. Chron. 5,12) … Spätestens mit der Zerstörung Jerusalems im Jahr 70 n. Chr. nahm diese Herrlichkeit ein Ende."[15]

Sobald irgendwelche Blechblasinstrumente im Raum der Kirche bzw. des Tempels ertönten, wurde also gleich von einem Posaunenchor gesprochen. Auf diese Weise kommt es zu einer Begriffsverwischung, denn klar ist, dass die Herrnhuter Bläserchöre oder die Kirchenblasmusiken des 17. und 18. Jahrhunderts etwas ganz anderes waren, als heute mit dem Terminus „Posaunenchor" assoziiert wird. Was einen Posaunenchor zum Posaunenchor macht, sind folgende sechs Merkmale: 1. Die Spieler sind Laien, die das Musizieren als Liebhaberei ansehen. 2. Sie erhalten für ihre Einsätze keine adäquate finanzielle Vergütung. 3. Sie musizieren nicht nur bei liturgischen, sondern auch bei missionarischen, diakonischen und geselligen Anlässen. 4. Eine reine Blechbläserbesetzung wird bevorzugt oder zumindest angestrebt. 5. Der Schwerpunkt des Liedgutes liegt trotz einer gewissen Bandbreite auf der Pflege des geistlichen Liedes, das sich vom Reformationschoral bis zum amerikanischen Spiritual spannt. 6. Die Gruppe steht im Zusammenhang mit christlich-vereinsmäßig oder kirchlichen Strukturen innerhalb einer sich verbreiternden Massenbewegung.[16]

Von diesen Kennzeichen her ist festzustellen: Weder die neuzeitlichen Kirchenblasmusiken im Gefolge der Stadtpfeifereien noch die von böhmischen Exilanten initiierten Herrnhuter Instrumentalensembles können als Posaunenchöre im heutigen Verständnis bezeichnet werden. Auch wenn bei ihnen manchmal mehrere Merkmale zutreffen, es fehlt letztlich das Entscheidende: Sie wurden nie zu einer zahlenmäßig größeren Bewegung. Es handelte sich stets um vereinzelte Grüppchen, die in ihrer jeweiligen Gemeinde ihren Dienst taten, aber nie in die Breite wirkten. Das Phänomen der Posaunenchorbewegung besteht aber gerade darin, dass in vielen Orten diese Idee aufgegriffen und weiter kolportiert wurde, sodass aus kleinsten Anfängen eine breite innerkirchliche Laienströmung wurde, die schließlich alle Gebiete Deutschlands erfasste. Um die Kirchenblasmusiken und Herrnhuter Bläserensembles richtig einzuordnen: Sie sind direkte und indirekte Vorläufer und Vorbilder der Posaunenchöre, die in ihren Anfängen in das 16. Jahrhundert zurückreichen. Teilweise haben sie in diesen überkommenen Formen bis in das 20. Jahrhundert existiert, um sich schließlich in neuzeitliche Posaunenchöre umzuwandeln.[17]

Tatsache ist also: Die Wiege der Posaunenchorbewegung steht in Westfalen, wo im 19. Jahrhundert nicht nur die blühendste Laienbläserlandschaft Deutschlands zu finden war, sondern auch die Wirkungsstätte der beiden Kuhlos. Das zweite, von Westfalen unabhängige Entstehungszentrum der Posaunenchorbewegung, Hannover-Land, kam erst ein paar Jahre später hinzu.[18]

Wohin reichen aber die Wurzeln in Westfalen? Woher kamen die ersten Impulse zur Bildung eines Posaunenchors? Wilhelm Ehmann hat gemeint, Verbindungslinien zu den Stadtpfeifereien ziehen zu können. In der Person des letzten Herforder Stadtpfeifers und „Stadtmusicus" Conrad Gravenhorst (1793 – 1853), der von 1817 bis 1853 sein Amt mit einer Vielzahl von Instrumenten – Violine, Klarinette, Flöte, Fagott, Trompete, Horn, Bassposaune – versehen hatte, sah er den Anknüpfungspunkt für ostwestfälische Posaunenchorarbeit gegeben. In seiner Kuhlobiografie[19] unterstellte Ehmann den beiden Erweckungspastoren Johann Hinrich Volkening (1796 – 1877) und E. Kuhlo, sie hätten bei ihren eigenen bläserischen Bemühungen die bürgerliche Zunftmusik vor Augen gehabt. Die Stadtpfeifergilde hätte ihre Aufgaben an die christlichen Laienbläser weitergereicht, weil die beiden Pastoren noch Conrad Gravenhorst in Herford gehört hätten müssen, da dieser erst 1853 sein Amt als Zunftbläser niederlegte. Ehmann hätte sich bei seinen geschichtlichen Deutungsversuchen an eine von ihm selbst gemachte Aussage im „Tibilustrium" erinnern sollen, weshalb im Blick auf die Zunftbläserei bestenfalls von einem indirekten Vorläufer der Posaunenchorbewegung die Rede sein kann:

> „Die alten Blasgenossenschaften waren Berufsgenossenschaften, die neueren christlichen Blasgemeinschaften sind Laienchöre, dort Verpflichtung im öffentlichen Dienst von Staat und Stadt, hier freiwillige Betätigung oft auf Vereinsgrundlage, dort die gleichzeitige Übernahme weltlicher und geistlicher Aufgaben, hier die Erfüllung eines rein geistlichen Anliegens …"[20]

Der renommierte Kirchenmusiker Otto Brodde (1910 – 1982) übernahm ungeprüft diese Sichtweise Ehmanns und betonte, die Posaunenchöre seien die Ablösung der alten Stadtpfeifereien in einer missionarischen Umgebung.[21] Doch gibt es für diese gekünstelt erscheinende These keinerlei quellenmäßige Belege, sodass nur noch der andere Traditionsstrang als Möglichkeit verbleibt: die Herrnhuter Blasgruppen. Von der Bedeutung der Herrnhuter Reiseprediger für die ostwestfälische Erweckungsbewegung war schon die Rede. Sie bereiteten gleichsam den Boden für die Saat der Posaunenchorbewegung mit ihrer Betonung der geistlichen Gemeinschaft und der geistlichen Musik. Die „Pflanzstätte" selbst entstand 1822 mit der Düsselthaler Anstalt, deren Begründer Graf Adelberdt von der Recke-Volmerstein rege Kontakte zu den Herrnhutern pflegte. Die 24 Jungen und 20 Mädchen der Rettungsanstalt sollten durch die drei pädagogisch eingesetzten Grundprinzipien Religion, Arbeit und Musik zu rechten „Himmelsbürgern" erzogen werden. Durch die Einstellung eines musikalisch gebildeten Lehrers namens Grob im Mai 1823 setzte der Graf sein Vorhaben in die Tat um, „… einen kleinen Musikchor unter den Knaben mit Blasinstrumenten zu bilden …"[22]

Angeregt worden war er wohl dazu durch das Herrnhuter Vorbild in Neuwied, wo sich bereits 1773 ein Posaunenquartett formiert hatte. Die Düsselthaler „Knabenkapelle" unter der Leitung des hauseigenen Musiklehrers Grob bestand zunächst aus 16 jungen Hornisten und Posaunisten, später kamen neben weiteren Blechblasinstrumenten auch noch Klarinetten hinzu. Sie wurde zu verschiedenen Anlässen eingesetzt, so zum Zusammenrufen und zur Begrüßung, bei Festen, Umzügen und Begräbnisfeiern, und machten auf verschiedene Besucher einen tiefer gehenden Eindruck. Damit war der Grundstein gelegt, auf den der älteste Posaunenchor Westfalens und Deutschlands aufbauen sollte.[23]

Insofern hat der westfälische Posaunenchorchronist Wilhelm Ehmann Recht, wenn er in seiner Kuhlo-Biografie schreibt:

„Am bedeutsamsten aber scheint die Einwirkung der Instrumentalmusik aus der Herrnhuter Brüdergemeine auf die Entstehung des christlichen Posaunenchorwesens in Ravensberg gewesen zu sein … hier war eine unmittelbare Anknüpfung möglich."[24]

1.2 Erste Anfänge der westfälischen Posaunenchorarbeit

„Das Posaunenblasen hat so recht seine Heimat im Ravensberger Lande. Es sind zu gleicher Zeit zwei Posaunenväter gewesen, die mit dem Worte Gottes auf den Missionsfesten auch das Posaunenblasen in fast allen Gemeinden des Ravensberger Landes zu Ehren gebracht haben: der alte Pastor Volkening zu Jöllenbeck … und Pastor Eduard Kuhlo zu Gohfeld."[25]

So beginnt Johannes Kuhlo, der führende Kopf der Posaunenchorbewegung im Wilhelminischen Zeitalter, den Abschnitt „Von der Geschichte und vom Segen der Posaunenchöre" in seinen „Posaunen-Fragen". Diese Schilderung ist allerdings geschichtlich nicht zutreffend, sondern stark idealisierend. Die Rolle von Johann Hinrich Volkening und Eduard Kuhlo für die westfälische Bläserarbeit war weitaus weniger prägend und gestaltend, als Johannes Kuhlo dies in der Rückschau konstatieren wollte. Dennoch besaßen die beiden Pastoren wie überhaupt die konservativen Pfarrer der Erweckungsbewegung eine große Bedeutung für die rasche Ausbreitung des geistlichen Bläserwesens in Ostwestfalen. Johann Hinrich Volkening galt dabei als Haupt der Minden-Ravensberger Frömmigkeitsbewegung, die Johannes Kuhlo als mit „einem Tropfen Öl gesalbtes Luthertum" charakterisierte.[26]

Johann Hinrich Volkening begann bereits in seiner Tätigkeit als Pfarrer in Schnathorst ab 1822, die Musik als geeignetes Mittel für Gemeindeaufbau und Mission zu entdecken. Er nahm schon in jener Zeit beim Gohfelder Kantor, einem entfernten Verwandten, Musikunterricht und legte eine Chorsammlung an. Als Volkening 1827 von der Gütersloher Gemeinde zu ihrem Seelsorger gewählt wurde, führte er bald darauf Bibelstunden nach dem Vorbild der pietistischen Konventikel ein und ließ sich von seinem Bruder, der Instrumentenbauer in Wien war, eine Physharmonika (Vorstufe zum Harmonium) kommen, um den Gesang der Stundenleute anzuleiten. Bis dato hatte er die alte, kleine, von seinem Vater hergestellte Orgel benutzt. Nach elf Jahren in Gütersloh siedelte Volkening auf Befehl des preußischen Königs nach Jöllenbeck über, wo er am 9. Mai 1838 eingeführt wurde und bis zu seinem Ruhestand am 30. Juni 1869 als Gemeindepastor wirkte. Er setzte hier seine auf Bekehrung und Heiligung zielende Predigttätigkeit fort, verbunden mit der Abhaltung von Bibelstunden, deren Gesänge er auf der Physharmonika begleitete.[27]

Unter dem Eindruck der Verkündigung Volkenings versammelten sich bereits im Jahr seines Amtsantritts in *Jöllenbeck*, im Frühjahr 1838, auf Initiative eines jungen Leinewebers namens Hermann Heinrich Kastrup (1818–1900) zunächst drei junge Dorfbewohner – außer Kastrup noch Wilhelm Rüter (1809–1887) und Johann Heinrich Voß (1820–1886) – neben den Gottesdiensten und Bibelstunden jeden Sonntagmorgen vor dem Frühstück. Sie trafen sich in einem nahe gelegenen Waldstück, um sich über biblische Texte auszutauschen, sich gegenseitig aus Erbauungsbüchern vorzulesen sowie gemeinsam zu singen und zu beten. Bald, nachdem zwei weitere junge Männer hinzugestoßen waren, traten sie schließlich ans Licht der Öffentlichkeit und kamen auf den lippischen Landeskandidaten Gustav Meyer (1812–1890) zu mit dem Wunsch, ihnen Erbauungsstunden zu erteilen. Pfarramtsanwärter Meyer, der seit 1835 Hauslehrer in der Familie

Volkening war, erklärte sich nach kurzer Bedenkzeit einverstanden. So entstand im Jahr 1838 in Jöllenbeck ohne unmittelbare Beteiligung Volkenings, wohl aber als Folge seines Wirkens, ein Jünglingsverein, der jahrelang ohne Satzungen und Vorstand existierte.[28] Anfangs gehörten ihm nur fünf Mitglieder an, die sich nun regelmäßig abends versammelten, meistens unter der Leitung Meyers in dessen Zimmer im Pfarrhaus, bisweilen unter der Leitung Volkenings oder, wenn beide verhindert waren, wie früher für sich.

Nicht lange danach erwachte bei den Vereinsangehörigen der Wunsch nach instrumentaler Leitung ihrer Gesänge, die sie am Schluss der Vorlesung oder Besprechung der Predigten Volkenings anzustimmen pflegten. So beschlossen die jungen Männer, obwohl ohne musikalische Vorbildung, eine Violine anzuschaffen. Sie erwarben in der Nachbargemeinde Deppendorf ein altes Streichinstrument für 75 Pfennig und vertrauten es Wilhelm Rüter an, der weder Noten noch Griffe kannte. Zum Glück konnte er in einem nahe gelegenen Dorf beim dortigen Dorfmusikanten gegen die Vergütung von 15 Pfennig einen zweistündigen abendlichen Unterricht pro Woche nehmen. Doch wegen fehlender Fortschritte schlug ein Vereinsmitglied vor, es mit einer Klarinette aufgrund deren leichterer Handhabung zu versuchen, und man veranstaltete eine Sammlung für das Holzblasinstrument, das einem begabteren Mitglied anvertraut wurde. Nach kurzer Übung war dieses in der Lage, den Gesang zu begleiten, und so ging man in dieser Zeit – wohl im Jahr 1839 – abends sogar auf die Straßen, sang und spielte dazu mit den beiden Instrumenten in der Öffentlichkeit. Außerdem setzte man die Geige und die Klarinette bei den durch Meyer erteilten Erbauungsstunden sowie bei Volkenings Bibelstunden ein, um die Gesänge zu begleiten. An ein Blechbläserensemble als Begleitungsmöglichkeit dachte damals keiner in Jöllenbeck.[29]

Dies sollte sich jedoch bald ändern. Im Jahr 1838 konnte Graf Adelberdt von der Recke-Volmerstein einen hinter seiner Anstalt liegenden 173 Morgen großen Wald, Düsselthaler Busch genannt, günstig erwerben. Um dort Gärten und Felder anlegen zu lassen, mussten zuerst Rodungsarbeiten durchgeführt werden. Die „Zöglinge" der Anstalt kamen aufgrund ihres Alters dafür nicht in Frage, Fachkräfte aber waren zu teuer. So blieb das Grundstück zwei Jahre lang unberührt, bis sich schließlich eine Lösung in Gestalt des Jöllenbecker Jünglingsvereins ergab. Kontakte zwischen Jöllenbeck und Düsselthal bestanden bereits: Auf seinen Reisen zwischen 1822 und 1838 nach Wuppertal zur „Rheinischen Missionsgesellschaft" hatte Volkening verschiedene Abstecher nach Düsselthal gemacht, sodass auch Spenden der Kirchengemeinde Jöllenbeck an die „Kinderrettungsanstalt" ihren Weg fanden, so nachweislich 1839/40. Wahrscheinlich ist, dass der

Jöllenbecker Pastor auf einer Reise nach Ems 1834, um dort eine Kur anzutreten, das Posaunenspiel als pädagogische Methode kennen lernte, als er mit einigen Freunden die Düsselthaler Rettungsanstalt besuchte. Außerdem war Meyer nach einer kürzeren Zwischenstation in Pommern 1839 bei Adolf von Thadden-Triglaff (1796–1882) nach Düsselthal gekommen, um dort die Grafenkinder zu unterrichten und als Anstaltsseelsorger tätig zu sein. Vermutlich hat sich der Graf, aufmerksam gemacht durch Meyer, der schon im März 1840 erwog, drei Jöllenbecker nach Düsselthal zu holen, um sie dort als Erzieher auszubilden, an Volkening gewandt, um von ihm ein paar kräftige junge Männer für die Rodungsarbeiten geschickt zu bekommen. Sie sollten für den Einsatz ihrer Arbeitskraft zwei Sommer lang freie Kost und Logis erhalten, außerdem unentgeltlichen Musikunterricht.[30]

Das genaue Datum für diese Ereignisse wird in den Düsselthaler Jahresberichten greifbar: In der Rechnungslegung für das Jahr 1841 werden unter einem Posten für „Musikunterricht, Schulbücher und alles, was zur Correspondenz gehört", 114 Taler, 11 Silbergroschen und 7 Pfennige aufgeführt; für das Jahr 1842 beträgt diese Summe unter derselben Rubrik 61 Taler, 17 Silbergroschen und 11 Pfennige. Unter dem Abschnitt „Hausgärten" des Jahresberichts 1841/42 findet sich folgende Erklärung:

> „Zur Bestellung unserer Gärten halfen uns zwei Jahre hintereinander einige christliche Jünglinge aus dem Ravensbergischen, die bei freier Station Unterricht in der Musik erhielten. Sie kamen im Frühling und kehrten im Herbste in ihre Heimath zurück."[31]

Volkening selbst stellt den Vorgang in einem Brief aus dem Jahr 1854 an den Bielefelder Superintendenten Ernst Müller (1810–1872) folgendermaßen dar:

> „… dass sich auch in meiner Gemeinde schon seit dem Jahr 1840 ein solcher Posaunenbläserchor unter dem Jünglingsvereine gebildet hat und zwar im Anfang also und dadurch, dass vier Jünglinge ½ Jahre in Düsselthal bei dem Grafen v. d. Recke-Volmerstein umsonst dienten und dafür dort das Posaunenblasen erlernten, dann sich aber in hiesiger Gemeinde fortwährend selbst ergänzte und fortbildeten."[32]

Wiederum etwas anders beschreibt es Gustav Meyer in seiner 1884 abgefassten Biografie:

> „Im Sommer 1841 hatte die Anstalt ganz besondere Gäste an sieben westfälischen Bauernsöhnen, welche Pastor Volkening sandte. Ihre Aufgabe war, mit ihren kräftigen Fäusten ein Wäldchen auszuroden, und sie erhielten dafür

als Gratification Unterricht im Posaunenblasen durch einen Trompeter der Düsseldorfer Husaren. Sie brachten es soweit, daß sie im Betsaal die sonntäglichen liturgischen Chöre mit ihren Posaunen begleiten konnten …"[33]

Eine weitere, 1881 von Westbund-Präses Karl Krummacher (1831 – 1899) verfasste und veröffentlichte Variante gibt folgende Informationen: Weil Volkening und Meyer merkten, dass es mit dem Verein und dem Musizieren nicht recht voranging, wandte sich Meyer an den Grafen von der Recke-Volmerstein. Er schilderte ihm die augenblickliche Situation des Jöllenbecker Jünglingsvereins und das Anliegen, dass die jungen Leute gern einen Bläserchor gründen würden. Daraufhin antwortete der adlige Gutsbesitzer, dass er einigen Jöllenbeckern, die bereit wären, den Sommer über den Düsselthaler Busch auszuroden, Instrumente und Musikunterricht zur Verfügung stellen würde. Meyer unterbreitete den Vereinsmitgliedern das Angebot, doch nur zwei waren bereit, sich darauf einzulassen. Im Frühjahr 1842 wanderten die beiden nach Düsselthal, und als sie im Herbst mit einer Klarinette und einer Bassposaune zurückkehrten, meldeten sich für das nächste gleich sieben Helfer. Im Frühjahr 1843 sprangen zwar zwei wieder ab, doch als die fünf übrigen im Herbst zurückkehrten, unter ihnen Wilhelm Rüter, konnten sie die beiden anderen verstärken, wobei sich als Besetzung ergab: für die erste Stimme ein Klappenhorn und zur Aushilfe eine Klarinette, für die zweite Stimme eine Altposaune, für die dritte Stimme eine Tenorposaune und für die vierte Stimme eine Bassposaune in E.[34]

So weit dieser Bericht, der zunächst mehrfach aufgegriffen wurde[35], im Laufe der Zeit aber von einer anderen Version verdrängt wurde, die zuerst Johannes Kuhlo in Umlauf brachte: An Volkening traten die Jöllenbecker Jünglingsvereinsmitglieder mit dem Wunsch „Wui müot Posaunen hebben, Herr Pastor!" heran, nachdem sie bei ihrem Musizieren mit Geige und Klarinette nicht so recht vorankamen. Sein Freund Graf von der Recke-Volmerstein kam Volkening dadurch zu Hilfe, dass er ihm anbot, für das Ausroden des Anstaltswaldes unentgeltlich Blasunterricht bei dem Düsseldorfer Militärkapellmeister Bräutigam von den 39er Husaren erteilen zu lassen. Andere Berichte sprechen davon, dass er Instrumentenbauer gewesen sein soll, und in der Tat lässt sich für diese Jahre ein Militärkapellmeister Bräutigam bei den Mitgliedern des in Düsseldorf stationierten 11. Husarenregiments nicht nachweisen. Ansässig war dagegen zu jener Zeit in Düsseldorf der Hofinstrumentenmacher Karl Wilhelm Bräutigam (1813 – 18??), bei dem später die Ravensberger Bläser ihre Instrumente einkauften.

So machten sich 1842 zwei, ein Jahr später, motiviert durch die Blaskünste der Zurückgekehrten, sechs junge Männer auf den Weg ins Düsselthal, verrichteten die Sommertage über Waldarbeit und übten abends auf Instrumenten, die sie sich aus eigenen Mitteln beschaffen mussten. Auf diese Weise bildete sich im Herbst 1843 eine Musiziergruppe in Jöllenbeck, deren erste Stimme mit einem Klappenhorn, die übrigen mit Zugposaunen besetzt waren.[36]

Noch etwas anders stellt die von den Düsselthaler Anstalten herkommende Tradition die Anfänge des Blasens in Westfalen dar: Bei einem Besuch in der Kinderrettungsanstalt lernte Volkening die seit 1822 in der Anstalt blasende Knabenkapelle kennen und fragte den Grafen schriftlich an, ob er zwölf junge Leute schicken dürfe, damit sie dort das Blasen erlernen könnten. So sandte Volkening zwölf Jöllenbecker, die tagsüber den Wald rodeten und abends im Blasen von Waldhorn und Posaune unterwiesen wurden.[37]

Vergleicht man die angeführten Varianten untereinander, so kann als sicher gelten: In Jöllenbeck ging aus dem dortigen Jünglingsverein eine Bläsergruppe hervor, weil ihre Mitglieder zwei Sommer hindurch 1841/42 in Düsselthal Außenarbeiten verrichteten und dafür kostenlosen Blasunterricht erhielten. Zu den jungen Männern, die das Blasen in Düsselthal erlernten, zählten neben Rüter auch Büscher und Heidemann. Kastrup hatte von seinen Eltern keine Erlaubnis zur Reise nach Düsselthal erhalten. Offen bleibt dagegen, wer diese Aktion in Gang gesetzt hat, wie viele Jünglingsvereinler sich an diesem Unternehmen beteiligten, bei wem sie Unterricht bekamen, ob sie die Instrumente geschenkt bekamen oder aus eigenen Mitteln kaufen mussten, wie die genaue Besetzung des ersten Chores aussah – andere Berichte sprechen von einer Trompete, einer Klarinette, einer Geige und einer Posaune – und woher letztlich der Anstoß zur Gründung eines Blechbläserensembles kam: durch die Knabenkapelle, den Grafen, den Pastor oder die jungen Leute.[38]

Wie ging es mit dem jungen Jöllenbecker Posaunenchor weiter? Volkening, nach dem Weggang Meyers vorerst ohne weitere hauptamtliche Kraft, überließ die Neugründung innerhalb des Jünglingsvereins sich selbst, mit folgendem Ergebnis:

„Da es nun an dem nötigen Unterricht fehlte, war es recht schwer, den Chor über Wasser zu halten, und als es gar so weit kam, daß die Zahl der Bläser auf zwei zusammenschmolz, da jubelten die Feinde bereits und meinten, nun sei es mit dem Blasen bald zu Ende. Gerade zur rechten Zeit, ungefähr im Jahre 1844, kam der Kandidat Rische nach Jöllenbeck, der gründlich etwas von der Musik verstand. Diesem gelang es, die Sache allmählich wieder in Fluß zu bringen, und seit der Zeit hat sie sich ziemlich gehalten. Wenn es dann und wann nicht recht gehen wollte, so wurde ein Sach- und Fachkundiger aus dem nahegelegenen Bielefeld zu Hülfe genommen."[39]

Der „Retter in der Not", ohne den die heutige Bläserlandschaft wohl wesentlich anders aussehen würde, war August Dietrich Rische (1819–1906), der spätere Schwiegersohn Volkenings – er heiratete 1851 Ida Volkening. Rische kam im Herbst 1844 zu den Volkenings als Hauslehrer nach Jöllenbeck und gab der Bläserei den Auftrieb, den sein Pastor ihr nicht zu geben vermochte. Dies belegt auch eine kleine Anekdote, die Johannes Kuhlo berichtet:

> „Der musikalische Kandidat Rische ... sagt zu Volkening: ‚Da hat einer f statt fis geblasen.' ‚Ach was, es ist vom Turm geblasen und darauf kommt's an!'"[40]

Fünf Jahre lang, bis zu seinem Weggang im Herbst 1849, blieb Rische der musikalisch versierte Förderer und Lehrer des jungen Bläserchores.

Über die *Struktur des Jöllenbecker Chores* zu Beginn seines Wirkens ist Folgendes überliefert: Die Übungsstunden am Mittwochabend und am Sonntagmorgen vor dem Gottesdienst wurden regelmäßig mit einem Choral begonnen und mit Schriftlesung sowie gemeinsamem Gebet beschlossen. Geblasen wurden in der ersten Zeit sehr einfache Choräle, die man aus dem in Westfalen für den Organistendienst gebräuchlichen „Choralbuch für ev. Kirchen, vierstimmig gesetzt und mit Vor- und Nachspielen versehen von H. Rinck, Ausgabe 1836" abschrieb und dabei in die Militärschreibweise umsetzte. Unter der Leitung von Rische, der nicht nur den Posaunenchor, sondern bald auch die Singstunden der „Jünglinge und Jungfrauen" übernommen hatte, wagte man sich dann auch an volkstümliche und rhythmisierte Lieder wie „Harre, meine Seele" o. Ä. heran. Die Mitgliederzahlen des Jöllenbecker Chores lassen sich über einen gewissen Zeitraum verfolgen: 1841/42 umfasste der Chor ca. sechs Bläser, in den 1850er Jahren ca. acht, 1872 waren es bereits 16 und 1884 sogar 20 Bläser. Von den Berufen her waren die Weber am stärksten vertreten, auffallend das fast völlige Fehlen der Spinner und Bauern, der Altersdurchschnitt lag schwerpunktmäßig zwischen 20 und 30 Jahren.

Zum Einsatz kam der Bläserchor natürlich in den Erbauungsstunden des Jünglingsvereins, darüber hinaus diente er aber auch der ganzen Gemeinde. Am Sonntagnachmittag zog der ganze Jünglingsverein in der weit verstreuten Gemeinde umher zu den Häusern, in denen Kranke lagen. Vor dem Haus oder auf der Diele stimmten die Vereinsmitglieder dann unter Posaunenbegleitung ein geistliches Lied an, auf Wunsch der Kranken wurden auch ein Bibelwort und ein Gebet gesprochen. Ebenfalls bereits in den 1840er Jahren wurde das Blasen vom Turm eingeführt, wobei immer mehrere bekannte Choräle an ausgewählten Festtagen vom Kirchturm erklangen.

Auch Volkening zog die Bläser heran: Sie begleiteten seine singende Bibelstundengemeinde, die im Jahr 1844 beinahe 200 „Jünglinge und Jungfrauen" umfasste, am Sonntagnachmittag im 1839 erbauten Konfirmandensaal vom Flur aus oder im Pfarrwald. Im sonntäglichen Gottesdienst dagegen setzte er – mit Ausnahme der Festtage – mehr den Singchor ein. Hinzu kamen weitere Dienste bei den Erbauungsstunden außerhalb der Gemeinde, vor allem bei den zahlreichen Treffen erweckter Kreise auf den großen „Meyer-Höfen" der Umgebung, bei Hochzeiten, Kinderfesten, am Silvesterabend vom Kirchturm und anderen Gelegenheiten. Auch zu Festen der Inneren und Äußeren Mission im Ravensberger Kreis des Rheinisch-Westfälischen Jünglingsbundes brachte Volkening seine „mobile Orgel" mit, um die vielköpfige Festgemeinde zu begleiten.

Die Jöllenbecker bliesen beispielsweise zum Gemeindegesang bei den Jahresfesten der „Ravensberger Missions-Hülfsgesellschaft", so nachweislich am 26. Juni 1844 beim 4. Jahresfest der „Ravensberger Missions-Hülfsgesellschaft" in Herford, am 17. Juni 1846 beim 6. Jahresfest in Bielefeld, am 27. Juni 1849 beim 9. Jahresfest in Bünde und am 23. Juni 1852 beim 12. Jahresfest ebenfalls in Bünde. Hinzu kamen Auftritte bei den seit 1855 stattfindenden Kreisfesten des Ravensberger Gauverbandes, so bereits beim 2. Kreisfest in Gohfeld am 14. September 1856, beim 4. Kreisfest am 20. September 1858 mit 80 Teilnehmern und beim 8. Kreisfest am 25. Mai 1862 in Herford, auf dem Volkening die Festansprache hielt. Erst durch diese überörtlichen Auftritte wurde die Idee des Posaunenblasens in andere Gemeinden kolportiert, sodass die christliche Laienbläserbewegung entstehen konnte. Später kamen auch aus anderen Ravensberger Gemeinden Bläser hinzu, um die Jöllenbecker zu unterstützen, sodass eine Art Schneeball-System einsetzte. Höhepunkt ihres Auftretens war die Umrahmung der unter der Anwesenheit von König Friedrich Wilhelm IV. (1795 – 1861) stattfindenden Feierlichkeiten zur Grundsteinlegung des Gütersloher Gymnasiums am 26. Mai 1852, bei der Volkening die Predigt hielt. Bei der Einweihung des Baus am 15. Oktober 1852 bliesen acht Jöllenbecker Chormitglieder vom Turm des neuen Gebäudes der heranziehenden Festgemeinde entgegen. Außerdem gestalteten sie den musikalischen Rahmen bei der Grundsteinlegung der neuen Kirche in Jöllenbeck am 6. Juli 1852.[41]

Volkening selbst beschrieb 1854 den Einsatzbereich seiner Jöllenbecker Bläser folgendermaßen:

„Die Hauptthätigkeit desselben besteht darin, an Festtagen in der Kirche neben der Orgel abwechselnd den Gesang zu begleiten, auch an Missionsfesten, wo es thunlich, zu blasen, wie auch bei mehreren festlichen und feierlichen Veranlassungen und Gelegenheiten, z. B. bei der Grundsteinlegung des Gymnasialgebäudes zu Gütersloh vor den Ohren Sr. Majestät unseres allergnädigsten Königs."[42]

Obwohl Volkening die mühsamen Anfänge des Jöllenbecker Posaunenchores förderte, indem er ihm Eingang in das geistliche Leben der Ravensberger Gemeinden ermöglichte, sollte seine Rolle nicht überbewertet werden. Volkening überließ nach dem Weggang Risches 1849 die Bläsergruppe wieder sich selbst. Vermutlich wäre er mit der Leitung überlastet gewesen, außerdem galt seine Aufmerksamkeit mehr dem Gesang als der Blasmusik, den er durch die Herausgabe der „Auswahl geistlicher Lieder oder alte und neue Stimmen aus Zion" (1836), der „Kleinen Missionsharfe" (1852) und der „Auswahl Tausend geistreicher Lieder für Kirche, Haus und Kämmerlein" (1859) förderte.[43]

So ist es nicht verwunderlich, dass die junge Bläsertruppe im näheren Umkreis zunächst kaum Nachahmer fand. Die Gründe dafür sind wohl zu suchen in dem kaum immer einwandfreien Musizieren dieses Spielkreises, in der isolierten Angebundenheit an Volkening als dessen besondere „Hofmusik", in der fehlenden Organisationsstruktur der gerade im Entstehen begriffenen Jünglingsvereine, in der dem Zufall überlassenen Ausbreitung der neuen Idee sowie in den Schwierigkeiten der Instrumentenbeschaffung und des Unterrichts.[44]

Schließlich kam es jedoch im Gefolge der öffentlichen Auftritte der Jöllenbecker im näheren und entfernteren Umkreis zu *weiteren Posaunenchorgründungen*. Den Anfang machte Hollenstein-Oberwüsten im benachbarten Lippe 1848/49, von wo aus „Erweckte" ins 20 km entfernte Jöllenbeck gewandert waren, um Volkening predigen zu hören, und von dort den Wunsch nach einem eigenen Bläserchor mitbrachten. Ausgebildet durch einen Detmolder Militärkapellmeister trat der Wüstener Posaunenchor schon kurz nach der Gründung öffentlich auf bei der Grundsteinlegung der Rettungsanstalt in Ehrsen am 25. Juli 1849 sowie bei der Investitur von Pastor Emil Steffanns auf dem Jobsthardthof in Unterwüsten am 1. August 1849. Kurze Zeit später folgte das im westfälisch-hannoverschen Grenzgebiet liegende Rabber-Brockhausen: Von dort hörten 1850 fünf junge Männer auf einem Missionsfest im nur sieben km entfernten Preußisch-Oldendorf nicht nur Volkenings Predigt, sondern auch den Jöllenbecker Posaunenchor. Sie initiierten im Jahr darauf eine eigene Bläsergemeinschaft, indem sie sechs Instrumente – zwei Trompeten, ein Klappenhorn, eine Tenor- und zwei Basszugposaunen – in Höhe von 180 Mark von der Höfferschen Musikhandlung in Osnabrück erwarben. Ihr erster Auftritt erfolgte am 25. Mai 1851 anlässlich einer „Haushebung" (Richtfest), allerdings bestanden die Hauptdienste in der Begleitung des Gesangs bei Bibel- und Missionsstunden. Nun ging es Schlag auf Schlag, wobei es endlich auch zu Gründungen in Westfalen kam: Bis 1865 kamen zwölf weitere Chorgemeinschaften vor allem im östlichen und südlichen Westfalen hinzu.[45]

Aufgrund dieser rasanten Entwicklung stellte Volkening Überlegungen an, erstmals ein überregionales Bläsertreffen zu organisieren. Dieser erste kirchliche Posaunentag der Neuzeit, den der Pastor mit Bibelstellen wie 3. Mose 23,24 und 4. Mose 29,1 begründete, wurde in der Augustnummer des „Jünglings-Boten" von 1862 wie folgt angekündigt:

> „Unser lieber Pastor Volkening in Jöllenbeck will gern mit allen Posaunenchören im Jünglingsbunde solch einen Sabbath des Blasens in Jöllenbeck feiern. Das wäre nun sehr schön, wenn wir, da er so oft uns besucht hat an unseren Festen, nun auch einmal ihn an seinem Feste besuchen könnten ... Vielleicht ... macht sich doch einer oder der andere der Bläser auch aus den entferntesten Orten auf, das schöne Fest mitzufeiern; von den Ravensberger Chören wird gewiß keins fehlen."[46]

Tatsächlich fanden sich 71 Bläser am Sonntag, 7. September 1862, aus Westfalen, Lippe, dem Rheinland und dem Hannoverschen in Jöllenbeck ein, wo im Mittelalter die Rittertage des Landes gehalten worden waren. Von den Posaunenchören Wupperfeld, Hörde, Volmarstein, Brockhausen-Rabber, Hüllhorst, Hollenstein-Oberwüsten und Jöllenbeck hatten sie sich zu diesem Jahresfest des Jöllenbecker Jünglingsvereins aufgemacht. Es galt zugleich als erstes Bundesposaunenfest des Rheinisch-Westfälischen Jünglingsbundes, wobei allerdings die traditionsreichen Chöre aus Laar und Schnathorst fehlten.

Das Fest begann damit, dass die Bläser vom Kirchhof her die Gemeinde mit dem Choral „Wachet auf, ruft uns die Stimme" um 9.30 Uhr zum Vormittagsgottesdienst riefen, der in seiner üblichen Form ablief. Am Nachmittag um 14.00 Uhr fand die eigentliche Feier des Tages statt, ebenfalls in der Kirche. Volkening legte das siebte Kapitel des Offenbarungsbuches aus, und die Bläser musizierten im Wechsel mit dem „Jungfrauenchor". Anschließend ging es mit wehenden Preußenfahnen zum Bauernhof von Hauptmann, wo sich die Festgemeinde im Freien niederließ und die Posaunenchöre und die Jünglingsgesangvereine sich in ihren Beiträgen abwechselten. Die musikalische Leitung war Pastor Carl Wiegmann (1827 – 1876) aus Volmarstein übertragen worden, der bereits damals als Posaunen-General tituliert wurde. Auf diese Weise wurde mit Volkening auf der einen und Wiegmann auf der anderen die Verbindung vom nordöstlichen zum südwestlichen Westfalen dokumentiert.[47]

In der damaligen Presse wurde folgendermaßen über diesen ersten westfälischen bzw. Westbund-Posaunentag berichtet:

„... den Preis trugen wohl die Posaunenbläser mit dem ungemein lieblich und schön vorgetragenen ‚Harre meine Seele' davon; was auf diesem Gebiet binnen weniger Jahre von einfachen Webern und anderen Handarbeitern geleistet worden, setzt selbst den Kunstkenner in Erstaunen."[48]

Trotz aller Hindernisse und Hürden waren also im Laufe von Jahren und Jahrzehnten im Gefolge der öffentlichen Auftritte der Jöllenbecker im näheren und entfernteren Umkreis weitere Posaunenchöre in Westfalen hinzugekommen. Aus den Jöllenbecker Wurzeln der Posaunenchorbewegung wuchs innerhalb weniger Dekaden ein blühendes Bläserland heran.

1.3 Erste Ausbreitungen der westfälischen Posaunenchorarbeit

Für die Entstehung und Ausbreitung der Posaunenchöre in Westfalen waren verschiedene Strukturbedingungen förderlich: Die „erwecklich" gesinnten Pfarrer und Lehrer, die die Musik sowohl missionarisch wie pädagogisch bei ihren Gemeindeaufbaukonzepten nutzen wollten; die geografisch gegebenen Berührungspunkte mit vorgängigen und aktuellen Bläsertraditionen wie den Herrnhuter Bläsergemeinschaften, den Militärorchestern und den Musikerzünften; die örtlichen Missions- und Kreisfeste als Multiplikationspunkte und Ideenbörsen geistlicher und musikalischer Aufbrüche; die im Gefolge der Erweckungsbewegung aufblühenden Jünglingsvereine als Sammelbecken, Ausgangspunkte, Dachorganisationen und Einsatzbereiche der neuen Instrumentalgruppen. Im Folgenden sollen nun die Gründungsgeschichten der geistlichen Bläsergemeinschaften nach Jöllenbeck vorgestellt werden.

Im „Jünglingsboten" von 1877 ist als Gründungsdatum für den Posaunenchor *Preußisch Oldendorf* das Jahr 1867 angegeben. Doch muss es sich hier um eine Neugründung handeln, denn es gibt verschiedene Hinweise darauf, dass bereits 1852 in Oldendorf eine evangelische Bläsergruppe bestanden hat, die damit der älteste westfälische Posaunenchor nach Jöllenbeck wäre. Diesen Rückschluss auf eine sehr lange Existenz lassen folgende Zeugnisse zu: Der seit 1843 in Oldendorf tätige Pastor August Rothert (1806–1883) hatte 1851 das Rettungshaus Pollertshof in Oldendorf gegründet. Bei seinem ersten Jahresfest am 8. September 1852 wurden kürzere Ansprachen gehalten, zuerst vom zweiten Oldendorfer Pastor Gustav Hartmann (1813–1896), dann vom

Levener Pastor Friedrich Klingemann (1801 – 1869), ferner vom früheren Oldendorfer Pfarrer Karl Ludwig Kunsemüller (1804 – 1879). Dazwischen wurden, begleitet von Posaunen, fröhliche Festlieder gesungen. Im gleichen Jahr hatte Wichern das Rettungshaus besucht und fand bei dieser Gelegenheit einen Jünglingsverein vor, dessen Posaunenchor bei kirchlichen und fast allen dörflichen Festen mitwirkte. Es fehlen allerdings zur Zeit greifbare Belege, wann diese Bläsergruppe sich in den 1860er Jahren wieder auflöste. Nach mündlicher Überlieferung sollen jedenfalls in den 1860er Jahren drei junge Männer aus Oldendorf bei einem Missionsfest in Rabber geblasen haben. Mitbegründer und erster Chorleiter soll ein gewisser Jockheck gewesen sein, aus der Gemeinde Schwagsdorf bei Ostercappeln stammend. Die ersten Übungsstunden fanden alle 14 Tage am Sonntagnachmittag im alten Konfirmandensaal von Pr. Oldendorf statt. Als Präses des 1867 wiederbelebten Posaunenchors, der zugleich Jünglingsverein war und im ersten Jahrzehnt sieben Bläser zählte, fungierte der Oldendorfer Pastor Gustav Hartmann.[49] Erwähnt wurde diese Instrumentalgruppe in den Protokollen der Kreis-Synodal-Verhandlungen des Kirchenkreises Lübbecke im Jahr 1868 mit folgender Beschreibung:

> „Im Kreise sind 2 Jünglings-Posaunen-Chöre zu Schnathorst und Oldendorf, die bei Kirchenfesten, christlichen Vereinsfesten und in erbaulichen Versammlungen verwendet werden."[50]

Im gleichen Jahr wie in Wupperfeld[51] – 1852 – begann man in *Hattingen* mit dem Blechblasen im 1850 gegründeten Jünglingsverein. Zunächst schaffte man eine Posaune, sodann weitere Instrumente an, darunter auch Klarinetten, und beauftragte einen Musiker namens Kohl mit der Ausbildung der Bläser. Schon am 15. August 1852 fand die erste Vereinsversammlung unter „Begleitung von Posaunen" statt. Nach diesem ersten öffentlichen Auftreten verschwand die Formation von der Bildfläche, um erst 25 Jahre später wieder aufzutauchen. Auslöser war dieses Mal das Kreisfest in Bochum gewesen, wo die Jünglingsvereinler quer durch die ganze Stadt unter Bläserklang marschiert waren, nur eben ohne Hattinger Bläser. Darum nahm man das 25-jährige Vereinsjubiläum zum Anlass und sammelte bis Dezember 1875 fast 200 Goldmark für die Instrumentenanschaffung. Am 30. Juli 1876 fanden die Verteilung der Klangwerkzeuge und die Verabredung der Übungsstunden statt. Den Chorleiter hatte man in dem Steueraufseher Friedrich Warnecke gefunden, der jeden Freitag mit den Bläsern probte. Im Jahr 1878 wurde vom Turmblasen und einem dreieinhalbstündigen Bläserkonzert berichtet, an dem auch der Wittener Nachbarchor mitgewirkt hatte. Fünf Jahre später zählte die Hattinger Bläsergruppe zehn Mitglieder.[52]

In *Hüllhorst* kam es durch Heinrich Knolle (1821 – 1891) aus Oberbehmen zur Entstehung eines Posaunenchors. Knolle war seit 1832 als landwirtschaftliche Kraft auf dem Pfarrhof des liberalen Pastors Theodor Gieseler (1805 – 1888) in Hüllhorst tätig, der ihn Ende der 1840er Jahre ins 40 km entfernte Jöllenbeck schickte, um sich über die erfolgreiche Predigttätigkeit Volkenings berichten zu lassen. Knolle bekehrte sich unter dem Eindruck der Verkündigung des „Pietistengenerals" und wurde zum Mittelpunkt einer kleinen Schar gleich gesinnter junger Männer, die er 1850 zu einem Jünglingsverein zusammenschloss und mit denen er jeden Sonntag jeweils zehn Wegstunden hin und zurück nach Jöllenbeck zu Pastor Volkening oder nach Mennighüffen zu Pastor Schmalenbach pilgerte. Nachdem ihn Gieseler entlassen hatte, konnte Knolle das Schwefelbad Lusmühle pachten, um von dort aus Missionsfeste, Sammlungen usw. zu veranstalten. Aus Jöllenbeck kamen Mitglieder des Jünglingsvereins und regten ihre Hüllhorster Glaubensbrüder an, das Blasen zu erlernen, um „Gott zu ehren und der Mission zu dienen". So sammelten sich 1853 unter der Leitung Knolles einige Lernwillige, die sich zunächst durch Jöllenbecker Bläser unterrichten ließen. Der Weg war allerdings zu weit, um daraus eine regelmäßige Einrichtung werden zu lassen. Ein Kapellmeister aus Minden fand sich schließlich bereit, für Geld nach Rothenuffeln zu kommen, um die Hüllhorster zu lehren, die beim Üben alle möglichen Akkorde durchblasen mussten. Einmal soll er so ärgerlich gewesen sein, dass er fluchend seine Klarinette weggeworfen habe. Ein Bläser hätte sie ihm aufgehoben und mit folgenden Worten gegeben: „Der Zorn tut nicht, was vor Gott recht ist, und Fluchen ist Sünde." Später übernahm Kantor Baake die musikalische Leitung, sodass es besser voranging. Bis 1882, solange Gieseler im Amt war, durfte der Hüllhorster Posaunenchor nicht in der Kirche blasen. Dies änderte sich schlagartig, als ausgerechnet Johannes Kuhlo neuer Gemeindepastor in Hüllhorst wurde. Er trat noch im gleichen Jahr die Nachfolge Knolles im Vorsitz des Jünglingsvereins und in der Leitung des Posaunenchors an, der zu jener Zeit 14 bis 16 Bläser zählte und sich damit innerhalb einer Dekade fast verdoppelt hatte. Beim 50-jährigen Jubiläum 1903 übersandte das Kaiser-Ehepaar ein Glückwunschtelegramm, und der Landrat des Kreises, Freiherr von Ledebur, überreichte dem Chor ein Helikon als „Jubelgabe".[53]

Über die Entstehung des Posaunenchors in *Schnathorst* gibt es kein ausführliches Material, fest steht jedoch, dass 1853 dort eine vier- bis achtköpfige christliche Bläsergruppe bestanden hat, die vom dortigen Lehrer Wehmeier an den Instrumenten ausgebildet worden war. Bei dem Konflikt um den Posaunenchorumzug nach Mennighüffen am Buß- und Bettag 1853 ist bezeugt, dass der Schuster Flachmeier aus Gehlenbeck in Schnathorst fünf Bläser sowie deren Leiter Lehrer Wehmeier auf seiner Wanderung nach Mennighüffen mitnahm. Der aus Gohfeld kommende Wehmeier versah von 1853 bis zu seinem Wegzug nach Elverdissen 1856 die zweite Lehrerstelle in Schnathorst, wo der dortige Pfarrer Eduard Seippel (1813 – 1878) das Blechblasen zur Verschönerung seiner Gottesdienste nach Kräften förderte.

Das Presbyterium von Schnathorst berichtete am 31. Oktober 1856 auf der Kreissynode Lübbecke:

„Es hat in hiesiger Gemeinde ein Verein von Männern und Jünglingen einen Posaunen-Chor gebildet und haben die Mitglieder desselben bereits im Blasen von Chorälen gute Fortschritte gemacht. An dem am 6. September d. J. hier gefeierten Missionsfeste begleiteten die Posaunisten das Orgelspiel, wodurch die Festgemeinde sehr erbaut und eine festliche Stimmung hervorgerufen wurde. Wir fragen bei der hochwürdigen Synode ergebenst an, ob Seitens der K. O. [Kirchenordnung] was dagegen zu erinnern sein würde, wenn in Zukunft beim öffentlichen Gottesdienste mitunter, namentlich bei festlichen Gelegenheiten, an den hohen Festen, am Reformationsfeste, am Geburtstage des Königs etc. etc. das Orgelspiel durch Posaunenbläser begleitet würde? Es ist nämlich unsere Absicht diesen Modus in einigen Fällen eintreten zu lassen."[54]

Auch bei einem Missionsfest am 16. September 1858 in Dankersen bei Minden waren Schnathorster Bläser zusammen mit den Jöllenbeckern im Einsatz. Das nächste Lebenszeichen findet sich wieder in der Chronik der Gemeinde Schnathorst aus dem Jahr 1859, in der berichtet wird, dass bei der Einweihung einer neuen Windmühle der Gesang durch „die Posaunen von Schnathorst und Jöllenbeck" begleitet worden sei. Im Jahr 1868 wird der Posaunenchor Schnathorst in den Kreis-Synodal-Verhandlungen wieder erwähnt, u. a. im Zusammenhang damit, dass er bei „Kirchenfesten, christlichen Vereinsfesten und in erbaulichen Versammlungen" Verwendung finde. Danach verliert sich die Spur, denn in der Statistik des Rheinisch-Westfälischen Jünglingsbundes von 1872 wird Schnathorst nicht mehr aufgeführt. Die Neugründung des Posaunenchors Schnathorst fällt ins Jahr 1894, als auf Initiative des Lehrers Beisemanns und durch die Unterstützung von Pastor Dahlhaus 300 Mark zur Anschaffung von 15 Instrumenten gesammelt wurden, die am 14. Januar 1894 verteilt wurden. Bereits am Sonntag, 18. Februar 1894, wurden bei einem Ausflug nach Holsen der Gemeinde die ersten geblasenen Lieder vorgetragen, nachdem man jeden Abend eine Stunde in Lehrer Beisemanns Zimmer geübt hatte. Der Schnathorster Posaunenchor wurde bis Oktober 1895 von Lehrer Beisemanns geleitet, nach dessen Versetzung von Lehrer Brackmeier, der an der Schule in Holsen tätig war.[55]

Im August 1855 kam Heinrich Budde (1827 – 1904) auf Bitten einiger christlicher Eltern als Lehrer nach *Laar*. Zuvor hatte er als Hilfslehrer in Gohfeld an der Seite Eduard Kuhlos schon Jugendarbeit betrieben und die Hermannsburger Missionsfeste von Louis Harms (1808 – 1865) besucht, bei denen der 1849 gegründete Hermannsburger Missionsschüler-Posaunenchor unter Theodor Harms (1819 – 1885) mitgewirkt hatte. Fast jeden Sonntag wanderte Budde mit Gesinnungsgenossen nach Jöllenbeck zu den Gottesdiensten von Volkening und gründete am 16. Juni 1857 schließlich einen Jünglingsverein mit einem Posaunenchor. Budde, ein großer Freund der Instrumentalmusik, schaffte die Instrumente für seinen Verein an und brachte, weil ein Lehrmeister fehlte, sich autodidaktisch das Blasen bei, sodass er nach einigen Monaten seine jungen Leute im Spielen unterrichten konnte. In den Pausen erzählte er ihnen in plattdeutscher Mundart interessante Geschichten, um sie neu zu motivieren. Der Posaunenchor Laar blies u. a. bei den von Budde geleiteten Königsgeburtstagsfeiern, indem er die Ansprache Buddes durch die Begleitung der patriotischen Lieder umrahmte. Mit der Bläsergruppe besuchte Budde zudem die Kranken und Sterbenden in der Gemeinde, auch gestaltete er die Gemeindefeste. Daneben fand der rührige Lehrer noch die Zeit, von 1855 bis ca. 1860 als Kreispräses der „Jünglings-, Posaunen- und Jungfrauenvereine von Minden-Ravensberg und der angrenzenden Lande" zu fungieren, bis Eduard Kuhlo dieses Ehrenamt übernahm. Als Budde 1887 als Hausvater in das Haus „Bersaba" nach Bethel ging, musste er die Chorleitung aufgeben. Er ließ einen blühenden Posaunenchor zurück, der mit über 20 Bläsern zu den größten des Ravensberger Landes gehörte und zudem zweimal wöchentlich Übungsstunden abhielt.[56]

Über die Gründung des Jünglingsvereins und Posaunenchors *Gütersloh* sind keine näheren Einzelheiten bekannt, doch wird der Jünglingsverein bereits im Verzeichnis der Rheinisch-Westfälischen Jünglingsvereine von 1853 und auch im Protokollbuch der Minden-Ravensberger Jünglings-, Posaunen- und Jungfrauenvereine von 1858 erwähnt. Da vom 8. Jahresfest des Jünglingsvereins Oberwüsten am 30. August 1857 berichtet wird, dass der Gütersloher Verein seine „Hornbläser" gesandt hätte, um die dortige Bläsergruppe bei der Begleitung der Gesänge zu unterstützen, kann als gesichert gelten, dass von 1857 ab ein Posaunenchor in Gütersloh bestanden haben muss. Noch 1872 wird in der Statistik vermeldet, dass der Jünglingsverein zwölf Mitglieder umfasst, wobei zu jener Zeit der Posaunenchor bereits nicht mehr existierte. Und auch der Jünglingsverein erfuhr eine Wiederbelebung, da er am 29. November 1874 aus einer Sonntagsbibelstunde für junge Männer erneut hervorging. Geburtshelfer war der Kandidat

Matthias Siebold (1850 – 1938), Hilfslehrer am Gymnasium, Geburtsort ein kleiner Herbergssaal, fortan Vereinslokal. 1876 trat Kandidat Max Huyssen (1851 – 1917), ebenfalls zu jener Zeit Hilfslehrer am Gymnasium, dem Verein bei und regte an, einen Posaunenchor zu gründen. In vielen Sitzungen beschäftigte sich der Vorstand mit den Vorschlägen Huyssens, denn es gab viele Einwände; unter anderem verwies man darauf, dass am Gymnasium schon ein Posaunenchor bestehe, dem man nicht Konkurrenz machen dürfe. Huyssen ließ nicht locker und gab sogar ein unverzinsliches Darlehen von 400 Mark, um finanzielle Hindernisse für die Instrumentenbeschaffung aus dem Weg zu räumen. So kam es am 6. Oktober 1876 zur Gründung des Posaunenchors, der vom Lagerverwalter Kralemann bis 1894 geleitet wurde. Zunächst am Donnerstag, später am Mittwoch, trafen sich die meist 13 Bläser zum Proben im Vereinslokal, um fortan dem Jünglingsverein auf ihre Weise zu dienen.[57]

In der Jahreswende 1858/59 entstand aus kleinen Anfängen auf Anregung des jungen Pastors Karl Niepmann (1832 – 1880) der *Hörder* Jünglingsverein, der bereits ein Jahr später an die 100 feste Mitglieder zählte. In dieser Zeit bildete sich auch ein Posaunenchor, dessen Mitglieder zunächst einzeln an verschiedenen Tagen und Tageszeiten von einem Bergmann unterrichtet wurden, der zunächst den Gesang angeleitet hatte. Noch waren die Hörder Bläser nicht so weit fortgeschritten, dass sie beim ersten Jahresfest des Jünglingsvereins am 22. April 1860 mitwirken konnten. In diese Bresche sprang daher der 1852 gegründete Posaunenchor Wupperfeld. Doch bereits am 28. Juli 1860 begrüßten die Instrumentalisten den ihren Verein besuchenden Agenten Johannes Hesekiel mit dem Choral „Wie schön leuchtet der Morgenstern". Beim Kreisfest zwei Tage darauf in Iserlohn wurde im Gottesdienst der Gemeindegesang durch die Hörder Bläser begleitet. Der Hörder Posaunenchor erlebte allerdings nur eine kurze Blütezeit, denn mit dem Weggang von Pastor Niepmann im Jahr 1862 ging es rasch bergab, sodass sich seine Spuren bereits in den 1870er Jahren verlieren.[58]

Pastor Carl Wiegmann rief im Jahr 1858 den „Evangelischen Männer- und Jünglingsverein *Volmarstein*" ins Leben, dem anfänglich ungefähr 30 Mitglieder angehörten. Bereits zwei Jahre später richtete Pastor Wiegmann, der auch als Präses des Vereins fungierte, einen Posaunenchor ein, dessen Übungen er selbst leitete. Im Februar 1861 wurde schließlich im „Jünglings-Boten" offiziell bekannt gegeben, dass sich auch im Märkischen Kreis in Volmarstein ein Posaunenchor gebildet habe. Beim märkischen Kreisfest auf der Hohensyburg im Sommer 1861, an dem ungefähr 30 Bläser aus Iserlohn, Hörde und

Volmarstein teilnahmen, wird Wiegmann erstmals als „Posaunengeneral" tituliert, um seine Bedeutung für den Märkischen Kreis herauszuheben. Die Verbindung des südlichen mit dem nördlichen Westfalen wurde noch dadurch unterstrichen, dass Pastor Volkening aus Jöllenbeck bei diesem Treffen die Festpredigt hielt. Im Gegenzug besuchten die Volmarsteiner Bläser 1862 den Jöllenbecker Posaunentag, zu dem Volkening eingeladen hatte. Wiegmann blieb bis zu seinem Tod 1876 in Volmarstein, sodass der junge Chor sich stabilisieren konnte. Die Jahresstatistik des Rheinisch-Westfälischen Jünglingsbundes weist für das Vereinsjahr 1883/84 immerhin 13 Bläser aus.[59]

Vielleicht angeregt durch das Iserlohner Schreiben wurde im Sommer 1861 in *Bochum* ein Posaunenchor gegründet, der der Gemeinde bei festlichen Anlässen „diente". Im August 1863 verzeichnete der Jünglingsverein Bochum 40 Mitglieder. Allerdings hat die Bochumer Bläsergruppe nur wenige Jahre bestanden, da die Statistiken des Rheinisch-Westfälischen Jünglingsbundes in den 1870er und 1880er Jahren keine bläserischen Aktivitäten in Bochum mehr vermelden.[60]

Der *Schwelmer* Jünglingsverein zählte zu den Gründungsmitgliedern des Rheinisch-Westfälischen Jünglingsbundes und blickte 1861 bereits auf ein 14-jähriges Bestehen zurück, als der Posaunenchor im Entstehen begriffen war. Bei der Feier zum Stiftungsfest am 9. Juli 1861 begleiteten die Wupperfelder Bläser den Gesang der Festgäste, und bei dieser Gelegenheit wies der Kreispräses und Elberfelder Organist Homann die Schwelmer darauf hin, doch auch an eine Posaunenchorgründung zu denken und dabei nicht die Kosten zu scheuen. Seine Anregung stieß auf offene Ohren, und noch im gleichen Jahr bildete sich innerhalb des Jünglingsvereins eine Bläsergruppe. Erwähnt wurde ihr Auftreten in der Folgezeit beispielsweise beim Jahresfest des „Pfennigsammelvereins" 1863, bei der Einweihung des Friedhofs 1865 und bei der Einweihung des Städtischen Krankenhauses 1867. Der Posaunenchor, der zu jener Zeit sich samstags zum Proben traf, zählte im Vereinsjahr 1883/84 bereits 14 Bläser bei einer Gesamtzahl von 120 Vereinsmitgliedern.[61]

Als die *Iserlohner* am 30. Juli 1860 zum ersten Mal einen Posaunenchor, nämlich den von Hörde, hörten, bestand ihr Jünglingsverein seit vier Jahren. Gegründet worden war er durch den Iserlohner Vikar Otto Varnhagen (1824–1880), der in seiner Eigenschaft als Präses vermutlich auch die Bildung einer Bläsergruppe auf den Weg brachte. Varnhagen veröffentlichte im Juli 1861 im „Jünglings-Boten" des Rheinisch-Westfälischen Jünglingsbundes einen „Brief aus Iserlohn", der vom „Posaunenblasen" handelte. In dieser

Zeit muss also bereits der Iserlohner Posaunenchor bestanden haben. In diesem Aufsatz geht der anonyme Verfasser auf den Zweck und die Ausrichtung eines Posaunenchors mit folgenden Worten ein:

> „Bei der Errichtung eines Posaunenchors ist es vor allem unumgänglich nöthig, sich über den Zweck desselben möglichst klar zu werden. Dieser ist ja einzig und allein der: den dreieinigen Gott laut und freudig vor aller Welt zu bekennen, zu loben und zu preisen. Nur solche Mitglieder der Vereine, die hiermit einverstanden sind, dürfen zum Blasen zugelassen werden, wie denn auch ein Jeder, der ein Instrument empfängt, das ausdrückliche Versprechen geben muß, diesem Zweck allein dienen zu wollen. Unser Präses hält uns denselben oft eindringlich vor, und ich glaube, daß er wohl daran thut. Steht doch grade die Musik vorzugsweise im Dienste der Welt, und es wäre doch schrecklich, wenn ein Jüngling im Vereine das Blasen zu Gottes Ehre erlernte und nachher mit seiner Kunst dem Teufel diente. Darum haltet's Euch oft vor, was Ihr mit Euren Posaunen wollt: Gottes Lob verkünden! Je lebendiger das Bewußtsein, eine Gottessache zu treiben, Euch erfüllt, desto leichter werdet Ihr die sich euch darbietenden Schwierigkeiten zu überwinden vermögen."[62]

Als das 5. Jahresfest anlässlich der Gründung des Jünglingsvereins am 4. August 1861 in Iserlohn stattfand, begleiteten bereits die örtlichen Bläser die singende Festgemeinde. Im Bericht wird erwähnt, dass angesichts der kurzen Zeit des Bestehens des Iserlohner Posaunenchors man mit den dort gehörten Leistungen recht zufrieden sein könne. In den Statistiken des Rheinisch-Westfälischen Jünglingsbundes der 1870er und 1880er Jahre wird die Iserlohner Bläsergruppe allerdings nicht mehr aufgeführt, sodass anzunehmen ist, dass sie sich relativ bald wieder aufgelöst hat.[63]

Nachdem einige Gemeindeglieder aus *Enger* an dem von Volkening 1862 veranstalteten Posaunentag in Jöllenbeck teilgenommen hatten, waren sie so begeistert, dass es unter der Führung des damaligen Vikars Heinrich Horlohe (1836–1890) noch im gleichen Jahr zur Gründung eines „Männer- und Jünglingsvereins mit einem Posaunenchor" kam. Die Bläser probten jeden Dienstag im Konfirmandensaal unter der Leitung ihres Präses Horlohe, der inzwischen Pastor in Enger geworden war. Es konnte sich eine kontinuierliche Chorarbeit entwickeln: 1872 zählte der Engerer Chor 15 Bläser, zwölf Jahre später bereits 18, am Ende des 19. Jahrhunderts war er sogar auf 40 angewachsen.[64]

Über die Entstehung des Bläserchores 1864 auf Löhbach, einem Ortsteil von *Halver*, berichtet Carl Turck (1849–1930) Folgendes:

„Zu einer gewissen Zeit gründete ein Bote des Brüdervereins, welcher auch in hiesiger Gegend sein Arbeitsfeld hatte, in Dümmlinghausen bei Gummersbach einen Posaunenchor. Mit diesem besuchte uns Bote Wilhelm Pohlmann auf Löhbach. Durch diese Anregung wurden von meinem Vater [Wilhelm Turck, 1814 – 1899, Anm. d. Verf.] für Bruder Wilhelm und mich Flügelhorn und Trompete bestellt und von Herrn Wilhelm Steinbach für seinen ältesten Sohn ein Althorn. Das war der Anfang vom Posaunenchor bei uns. Bei beharrlicher Übung gelang es bald, zu unserer großen Freude dreistimmig Lieder zu spielen."[65]

Als die Löhbacher mit ihren Instrumenten die Ortsteilnachbarn In der Bever besuchten, wollten die jungen Leute dort ebenfalls Blasinstrumente spielen. Nachdem diese bestellt worden waren, probte man ab 1865 gemeinsam immer samstags im neu entstandenen Posaunenchor Halver. Erst fünf Jahre später wurde im Halvener Ortsteil Löhbach der Jünglingsverein gegründet, der sich 1879 mit dem Ortsteil In der Bever zum „Evangelischen Männer- und Jünglingsverein Halver" zusammenschloss. Der neue Verein wurde 1880 in den Rheinisch-Westfälischen Jünglingsbund aufgenommen und feierte noch im gleichen Jahr unter Beteiligung der Bläser sein erstes Jahresfest. Bereits im Jahr 1883 umfasste der Verein 50 Mitglieder, darunter zehn Bläser.[66]

Als die ersten Posaunenchöre in Westfalen ins Leben gerufen wurden, improvisierten die Bläserpioniere hinsichtlich der *Literatur* und behalfen sich zunächst mit handgeschriebenen Noten, wobei sie die gebräuchlichsten Choralmelodien aus Rinck, Lohmeyer, Enkhausen und anderen Sammlungen für ihren Dienst arrangierten. Der Jöllenbecker Posaunenchor entnahm einfache Choräle aus dem Rinckschen Choralbuch. Zwei Jahrzehnte später war es zur Grundstammliteratur der geistlichen Bläsergemeinschaften in Westfalen und im Rheinland avanciert, wie folgende Ausführung des bereits erwähnten Briefes aus Iserlohn von 1861 belegt:

„Da es wünschenswerth erscheint, daß eine gewisse Übereinstimmung unter den Posaunen-Chören der Jünglings-Vereine herrsche, so haben wir uns mit den Wupperfelder Brüdern dahin geeinigt, das Rinck'sche Choralbuch allgemein zu Grunde zu legen. In den beiden Bässen (3. und 4. Stimme) können die Noten dieses Choralbuches unverändert stehen bleiben, die Noten der 1. und 2. Stimme müssen jedoch transponirt werden."[67]

Aus diesen Ausführungen geht hervor, dass die Diskantspieler im Gegensatz zu den Bassstimmen nach der sog. Militärschreibweise geblasen haben.
Außer dem Rinckschen Choralbuch kamen zumindest im Jöllenbecker Posaunenchor noch die von Volkening herausgegebenen Liedersammlun-

gen „Auswahl geistlicher Lieder" (1836) und die „Kleine Missionsharfe" (1852) und eigens geschriebene Sätze von Rische hinzu. Ab 1856 wurde das von Rische herausgegebene vierstimmige Choralbuch zur Volkeningschen Missionsharfe in Gebrauch genommen. Kaum Einfluss im westfälischen Raum dürfte das im Wuppertaler Raum gebräuchliche, immerhin 208 Titel umfassende „Choralbuch für Christliche Posaunenchöre" von Christian Sickerling, Musiklehrer in Elberfeld, aus dem Jahr 1864 gehabt haben, da es in den westfälischen Quellen nirgendwo Erwähnung findet, wobei von seinen Chorälen, geistlichen Liedern, Motetten und Volksliedern ein Großteil wieder im Kuhloschen Posaunenbuch auftaucht.

In besagtem Brief finden sich auch erste Ansätze zu einer durchdachten Strukturierung des *Instrumentariums*: Nach eingehender Beratung mit den Hörder und Ravensberger Brüdern präsentierte der Iserlohner Autor die älteste Besetzungstabelle für Posaunenchöre. Er empfahl folgende Zusammenstellung für einen zwölf Mann starken, in allen vier Stimmen mit je drei Instrumenten gleich stark besetzten Posaunenchor: im Sopran zwei Flügelhörner oder Kornetts in B und ein Piston oder Es-Kornett; im Alt zwei Althörner in F und ein Flügelhorn in B; im Tenor eine Posaune in B, ein Tenorhorn in B, ein Tenorbariton; im Bass eine Posaune in B, zwei Basstuben in F. Bei einer Sechser-Besetzung schlug er zwei Flügelhörner im Sopran, ein Althorn im Alt, eine Posaune im Tenor und eine Posaune sowie eine Basstuba im Bass vor. Auffällig ist nicht nur die Konzentration der Stimmungen auf B, Es und F, sondern auch die eindeutige Tendenz zu Instrumenten der Hornfamilie, vor allem in den oberen beiden Stimmen – von zwölf vorgeschlagenen Klangwerkzeugen gehören nur drei der Trombafamilie an. Argumentiert wird hier allerdings nicht mit dem Klangbild, sondern mit der Handhabbarkeit und dem Preis; anders gesagt: Geblasen wurden diejenigen Blechblasinstrumente, die leicht zu spielen und günstig in der Anschaffung waren. So kam es trotz dieses Vorschlags vielerorts zu einer wahllosen Zusammenstellung aller möglichen und unmöglichen Blechblas- und anderer Tongeräte, die eher als beliebiges Sammelsurium denn als bewusst gestaltetes Instrumentarium anzusprechen war. Weil keine einheitliche Linie verfolgt wurde, bliesen die Jünglingsvereinsmitglieder nicht nur auf Klappenhörnern, Piccolos, Pistons, Kornetts, Trompeten, Flügel-, Alt-, Wald- und Tenorhörnern, Diskant-, Alt-, Tenor- und Subkontra-Zug- und Ventilposaunen, Baritons, Euphoniums, Ophikleiden, Bombardons und Tuben in fast allen denkbaren Stimmungen (C, D, Es, E, F, G, A, B), sondern setzten auch bisweilen Querflöten und Klarinetten als Melodieführer ein.

Angesichts dieser Schwierigkeiten im Blick auf die Beschaffung geeigneter Literatur und Instrumente im ersten Vierteljahrhundert westfälischer Posaunenchorgeschichte setzt es in Erstaunen, dass sich die Jöllenbecker Idee Bahn brechen konnte, nicht zuletzt dank des Improvisationsgeschicks der jungen Männer. Motiviert durch das geistliche Anliegen, Gott zu loben und der Gemeinde zu dienen, die natürliche Freude am Musizieren und das Bedürfnis, mit Gleichaltrigen in einer Gemeinschaft die gleichen Ziele zu verfolgen, überwanden sie alle Hürden und Hindernisse.[68]

Überblickt man die angeführten Entstehungsberichte der ältesten Posaunenchöre Westfalens, so ergeben sich einige auffällige *Gemeinsamkeiten*: In allen genannten Fällen außer in Halver wuchsen die Chöre in Dörfern – mit Ausnahme Bochums – aus den Jünglingsvereinen heraus – so in Jöllenbeck, Hüllhorst, Schnathorst, Hörde, Volmarstein, Bochum, Schwelm, Iserlohn – oder entstanden zeitgleich – so in Oldendorf, Laar, Enger, Wallenbrück. Der Anstoß dazu kam meistens von den Präsides der Jünglingsvereine, nämlich den Gemeindepastoren bzw. deren Kandidaten oder den Lehrern und Kantoren. Die jungen Vereinigungen nahmen von Anfang an Verbindung untereinander auf und entwickelten ein starkes Zusammengehörigkeitsgefühl, was sich vor allem in der gegenseitigen Aufbauhilfe beim Blasunterricht als auch in den gemeinsamen Treffen bei Kreisfesten und reinen Bläsertagen niederschlug. Die schwierige und teure Instrumentenbeschaffung – zumeist bei der Firma Bräutigam aus Düsseldorf – wurde überwiegend durch Spenden- und Kollektenaktionen finanziert, da das günstigste Flügelhorn damals ca. einen Monatslohn eines Industriearbeiters bzw. drei Monatslöhne einer landwirtschaftlichen Hilfskraft verschlang.

Minden-Ravensberg kann zu Recht als Wiege der westfälischen und darüber hinaus der deutschen Posaunenchorbewegung bezeichnet werden, denn von dort gingen wie von keinem zweiten Gebiet Impulse zu Chorgründungen in den anderen Teilen des deutschsprachigen Raumes aus. 25 Jahre nach den bescheidenen Anfängen in Jöllenbeck gab es allein in Westfalen bereits zehn Posaunenchöre mit ca. 100 Bläsern, wobei die Schwerpunkte eindeutig im Minden-Ravensberger und im Märkischen Kreis lagen. Obwohl das Verdienst für die Entstehung und Ausbreitung der Posaunenchorbewegung in Westfalen bisher im Gefolge der Geschichtsdeutung von Johannes Kuhlo meistens Volkening und Eduard Kuhlo zugeschrieben wurde, belegen die Berichte, dass in der Zeit vor Kuhlo und ohne großes Zutun von Volkening sich eine klingende Lebensäußerung Bahn gebrochen hatte, die zu einem der erstaunlichsten Laienphänomene der Evangelischen Kirchen in Deutschland heranwachsen sollte.

1.4 Erste Widerstände gegen die westfälische Posaunenchorarbeit

„Da giebt es auch sog. ‚Posaunenchöre', welche Töne blasen, die Steine erweichen und Menschen rasend machen können, und wenn irgendwo ein armer Mensch schwerkrank darniederliegt, so kommen diese traurigen Gesellen mit ihren Posaunen und geben ihm mit ihrer furchtbaren Musik den letzten Gnadenstoss."[69]

In dieser polemisch-sarkastischen Weise beschrieb Eugen Richter 1882 in seinem Artikel „Das Paradies der orthodoxen Pastoren in Minden-Lübbecke" das Wirken der ostwestfälischen Posaunenchöre.

Dass die junge Laienbewegung mit ihren Tönen auch auf taube Ohren stieß, teilte sie mit vielen anderen Aufbrüchen in der Geschichte. Aber nicht nur in den „weltlichen Medien", sondern gerade auch innerhalb der Kirche gab es v. a. in den ersten Jahrzehnten des geistlichen Bläserwesens vereinzelt Widerstände durch liberale Geistliche. In Hüllhorst untersagte der dortige Ortspfarrer Theodor Gieseler von 1853 an den Instrumentalisten die musikalische Mitwirkung im Gottesdienst der Gemeinde. Erst 1882, als Gieseler aus dem Amt schied und ausgerechnet Johannes Kuhlo sein Nachfolger wurde, änderte sich dies.

Pastor Karl Weihe (1795–1876), seit 1830 in Mennighüffen, ein Anhänger der rationalistischen Theologie, sah seine Amtsautorität verletzt, weil fünf Bläser aus Schnathorst unter der Leitung von Lehrer Wehmeier auf dem Weg zu einer religiösen Versammlung auf dem benachbarten Bauernhof von Trampe in seiner Gemeinde einen ca. viertelstündigen geistlichen Musikumzug am Buß- und Bettag 1853 veranstaltet hatten. Er reichte Beschwerde beim Herforder Superintendenten Karl Maßmann (1796–1874) ein und bat darum, die Verantwortlichen zur Rechenschaft zu ziehen und zu überprüfen, ob für die betreffende Versammlung eine polizeiliche Erlaubnis eingeholt worden sei.

Aus dem örtlichen Konflikt wurde auf diese Weise ein überregionales Politikum, weil Superintendent Maßmann die Beschwerde von Pfarrer Weihe an die Regierung in Minden weitergab. Die Behörden leiteten daraufhin eine Untersuchung ein, ob die Art solcher Betätigungen die Möglichkeit zur „Zusammenrottung" und Unruhestiftung bot. Zu diesem Zweck wiesen sie erstens alle Landräte und Superintendenten in Minden-Ravensberg an, über religiöse Privatversammlungen mit Umzügen von Ort zu Ort unter Posaunenbegleitung – ohne vorherige Einholung einer Genehmigung bei der Ortspolizeibehörde gemäß der §§ 1 und 9 der Verordnung vom 11. März 1850 – in ihrem Amtsbereich zu berichten. Aufgrund dieser Paragraphen, die bestimmten, dass bei öffentlichen Versammlungen der Veranstalter diese mindestens 24 Stunden vor Beginn unter Angabe des Ortes und der Zeit bei der Ortspolizei zum Zweck der schriftlichen polizeilichen Genehmigung anzuzeigen hatte, wollte die Regierung die Versammlungen und Umzüge unter Posaunenklängen unterbinden. Gleichzeitig beauftragte sie die Verwaltungs- und Justizbehörden, die Veranstalter der am Buß- und Bettag 1853 stattgefundenen religiösen Versammlung bei Mennighüffen zu verhören, um Anklage gegen sie zu erheben.

Beide Vorstöße, Versammlungen dieser Art zu kriminalisieren, liefen jedoch ins Leere: Nach der Vernehmung einiger Beteiligter lehnte die Staatsanwaltschaft die Behandlung des Falles wegen Unzuständigkeit ab und sah wegen der Zufälligkeit des Musizierens vor dem Reitemeierschen Hof und der Versammlung auf dem Anwesen Trampes keine Veranlassung, ein Verfahren einzuleiten, zumal die zu verhandelnden Sachverhalte zu geringfügig wären, um weiter verfolgt zu werden. Die von den Landräten und Amtmännern abgegebenen Berichte waren zwar sehr detailliert, aber nur beschreibend, und enthielten sich jeglicher Wertung; die Beamten verteidigten sich jedoch nachdrücklich, gegen die Versammlungen nicht eingeschritten zu sein, da ein solches Vorgehen durch das Gesetz nicht legitimierbar sei. Die von den Pfarrern und Superintendenten eingesandten Berichte nahmen dagegen eindeutig zugunsten der Konventikel und der Posaunenchöre Stellung und stellten den Behörden die Bläserarbeit als wertvoll sowie gesellschafts- und staatsstabilisierend dar, weil die Geistlichen den Eindruck hatten, die von ihnen unterstützten Chöre würden durch die Regierungsumfrage einer unangemessenen kritischen Überprüfung unterzogen. Die Regierung ließ daraufhin den Fall auf sich beruhen.

Betrachtet man diese Einschränkungsversuche von kirchlicher und staatlicher Seite in den Anfangszeiten, so kann von einer generellen Ablehnung im breiten gesellschaftlichen Rahmen überhaupt keine Rede sein, höchstens von einer punktuellen. Sie traten im Laufe der Zeit je weniger in Erscheinung, desto mehr sich die Posaunenchorbewegung in Westfalen als ernst zu nehmende gesellschaftliche Größe zu etablieren begann und aus dem Raum der Erweckungsbewegung hinaus in den kirchlichen Bereich überzugreifen begann.[70]

2 Die Ära Eduard Kuhlos (1865–1890)

2.1 Das lokale Wirken Eduard Kuhlos in Gohfeld

Eduard Gotthelf Kuhlo, am 21. Dezember 1822 in Gütersloh geboren, entstammte einer alten Ravensberger Sippe. Sein Vater Karl Kuhlo wirkte seit 1812 in der Dalke-Stadt als Rektor einer Knabenschule und als Kantor der Kirchengemeinde. Er unterrichtete Eduard und die anderen Söhne selbst im Klavierspiel, wobei diese lieber Musik studiert hätten als Theologie, jedoch bestand ihr Vater auf die Pfarrerlaufbahn. Als die Gütersloher Gemeinde 1827 Johann Hinrich Volkening zu ihrem Seelsorger wählte, arbeitete Karl Kuhlo noch kurze Zeit mit ihm zusammen, bis er in Heepen das Rektorenamt übernahm. So kannte Eduard Kuhlo den großen westfälischen Erweckungsprediger von Kind auf, der ihm zeitlebens ein väterlicher Freund blieb. Tief geprägt durch die Erweckungsbewegung begann Eduard Kuhlo nach seinem Abitur Ostern 1842 im Sommer mit dem Theologiestudium in Berlin, wo er den konservativen Lutheraner Ernst Wilhelm Hengstenberg (1802–1869) und den erwecklichen Kirchenhistoriker August Neander (1789–1850) hörte. Unter dem Eindruck der tiefen Frömmigkeit dieser beiden Persönlichkeiten schrieb der junge Student in die westfälische Heimat:

> „Ich möchte es wohl in alle Welt mit tausend Zungen hinausrufen, welch unsagbar großes Glück es ist, wenn man als armer, begnadigter Sünder einen Heiland hat."[71]

Doch nicht nur die Theologie, auch das musikalische Geschehen in Berlin hatte es Eduard Kuhlo angetan. Die preußische Hauptstadt spielte als Zentrum kirchenmusikalischer Reform- und Restaurationsbestrebungen eine wichtige Rolle. 1829 nahm von Berlin aus durch die Aufführung der Bachschen Matthäus-Passion unter Felix Mendelssohn Bartholdy die Bach-Renaissance ihren Anfang. 1843, als Kuhlo noch in Berlin weilte, wurde der Domchor als Vereinigung des Bildungsbürgertums und Träger der Oratorien-Aufführungen ins Leben gerufen. Die Motetten gewannen dem romantischen Ideal entsprechend an Bedeutung. Eduard Kuhlo trat der Singakademie bei und sang dort mit seiner kräftigen Tenorstimme verschiedene oratorische Werke von Bach, Händel, Haydn, Mozart, Mendelssohn usw. mit. In dieser Zeit verschrieb er sich dem Vokalimitationsprinzip der Restauratoren und nahm so wesentliche Impulse auf, die später die Auswahl der Musikstücke seiner Notensammlungen bestimmten.

Eduard Gotthelf Kuhlo

Neben dem Neuaufbruch der Kirchenmusik begegnete Eduard Kuhlo in Berlin auch den preußischen Militärmusikreformen. Wilhelm Wieprecht (1802–1872), Militärkapellmeister in Berlin, versah seit 1824 faktisch die Funktion eines Armeemusik-Inspizienten und begann 1829 mit der Umgestaltung der Besetzung: Die Militärkapellen wurden vergrößert und erweitert durch den Ausbau der Bügelhornfamilie vom Tenorhorn bis zur Basstuba, durch die Beigabe von Holzblasinstrumenten und Schlagzeug sowie durch die Mischung der einzelnen Instrumentenfamilien. Dies alles diente dem Zweck, die geigerisch geprägte Sinfonie- und Opernmusik nachzuahmen. Wieprechts Reformen ermöglichten ein massiertes und massives Auftreten der Militärkapellen: Die Freiluftkonzerte wurden entdeckt. In Berlin traten besonders in den 1830er Jahren riesige Militärmusikvereinigungen von mehreren hundert Mann auf. Wieprecht dirigierte 1838 in Berlin sein erstes Freiluftkonzert mit 1.300 Mitwirkenden. An den Sommerabenden fanden in Berlin 20 bis 30 Militärkonzerte auf Plätzen, in Gärten und Sälen statt mit vaterländischen Weisen, Märschen, Volksliedern, Sinfonie- und Opernmusikbearbeitungen. Gewiss ist der westfälische Theologiestudent bei seinem Berliner Aufenthalt auch dieser erneuerten Militärmusik begegnet.[72]

Nach nur drei Semestern wechselte Kuhlo 1844 nach Bonn über und ließ sich dort vor allem durch den unierten Vermittlungstheologen Karl Immanuel Nitzsch (1787–1868) in Dogmatik unterweisen. In Münster legte der Lehrersohn im Herbst 1845 sein theologisches Examen ab. Bescheinigt wurden ihm dabei eine lebendige Bibelkenntnis sowie eine besondere Gabe zu „kräftig-volkstümlicher Rede". Der Bielefelder „Kreisphysikus" bestätigte Eduard Kuhlo eine angeschlagene Gesundheit, sodass er nicht zum Militärdienst im preußischen Heer herangezogen wurde. Zunächst half Eduard seinem Vater beim Unterricht an der Heepener Schule mit. Nach seinem 2. Examen im Herbst 1847 ging er am 1. November 1847 als Hilfsprediger ins benachbarte Schildesche und nach einer gewissen Zeit als Hauslehrer auf das Rittergut Oberbehme bei Herford zur Familie von Laer, die sich der Erweckungsbewegung angeschlossen hatte. Hier lernte er die Tochter des Hauses kennen, Ida von Laer, die er 1854 heiraten sollte. In seinem Eifer für einen christlich-asketischen Lebenswandel brachte er seinen späteren Schwiegervater dazu, die Branntweinbrennerei des Gutes zu schließen. Am 10. April 1851 wurde Kuhlo in Gohfeld ordiniert und dort als Hilfsprediger angestellt. Weil Leute in der Gemeinde ihn wegen seines strengen Anti-Alkoholismus als Nachfolger ihres bisherigen Pastors Gottlieb Klette (1782–1854) nicht haben wollten, mussten die Pietisten des Dorfes erst beim König in Berlin vorstellig werden, bis Kuhlo endlich am 12. Februar 1854 als Pfarrer in Gohfeld ordiniert wurde und heiratete.

Seine anschließende Hochzeitsreise mit seiner Frau Ida von Laer führt ihn unter anderem zu Louis Harms nach Hermannsburg, wo dessen jüngerer Bruder Theodor Harms bereits 1849 aus zwölf „Missionszöglingen" einen Bläserchor gebildet hatte, den ältesten Posaunenchor im Hannoverschen. Gleich nach seinem Amtsantritt begann der junge Pastor eine weit gespannte Jugendarbeit, für die er sich das Chorsingen als wichtiges Mittel zu Nutze machte. Gegen Widerstände aus der Gemeinde führte er mehrstimmige Choralsätze ein – so 1862 beim Jungfrauenverein. Darüber hinaus belebte er die Gottesdienste durch alte, rhythmisierte Choräle, die er durch das von Johannes Zahn herausgegebene bayerische Choralbuch kennen gelernt hatte. Später schaffte er sich das 1857 von Zahn veröffentlichte „Ev. Choralbuch für Männerchor" an und ließ dessen Lieder von seinem Jünglingsverein im Gottesdienst vierstimmig aufführen. Unter seiner Leitung wurden in den Singstunden die neuen Lieder eingeübt und in das Gemeindeleben hinausgetragen. Kein Festtag im Kirchenjahr, kein Gedenktag in der Gemeinde, an dem nicht im Gottesdienst die Choräle in ihrer rhythmisierten Form oder in Bachscher Vertonung mehrstimmig von der Orgelempore herabklangen.

So wurde Eduard Kuhlo, dem das Singen sehr am Herzen lag, zu einem der ersten Pfarrer in Westfalen, der liturgische Sing-Gottesdienste abhielt; darüber hinaus beteiligte er sich an der Einführung des restaurativen Minden-Ravensberger Gesangbuches von 1852. Vom Berliner Institut für Kirchenmusik und vom bayerischen Liturgen Zahn, mit dem er in freundschaftlichem Briefverkehr stand, ließ er sich beraten und mit Noten versorgen. Den jungen Gütersloher Musikdirektor Johannes Masberg, Dirigent des Gütersloher Gesangvereins 1876 – 1878, bat Kuhlo, ihm zu vielen Melodien entsprechende Tonsätze zu liefern. So konnte er schließlich noch vor 1880 Gesangsliteratur für seine Jugendgruppen herausgeben: Die Mädchenchöre erhielten das „Jungfrauenbuch", das später den Namen „Cantate" bekam, und die Männerchöre das „Jünglingsbuch", dem man schließlich den Namen „Laudate" gab.[73]

Bei seiner Ansprache auf dem zweiten Kreisfest der Minden-Ravensberger Jünglingsvereine am 14. September 1856 in Gohfeld äußerte der damalige Kreis-Präses Pastor Theodor Schmalenbach (1831 – 1901) aus Mennighüffen den Wunsch, dass doch auch bald in Gohfeld ein neuer Jünglingsverein entstehen möge. Es dauerte allerdings noch acht Jahre, bis 1864 Eduard Kuhlo den *Gohfelder* Jünglingsverein ins Leben rief, dessen erster Präses er wurde. Aus diesem Jünglingsverein erwuchs dann im Jahr darauf ein *Posaunenchor* – nachdem es bereits zwölf Posaunenchöre in Westfalen gab. Dass Kuhlo erst so spät diese Gründung anging, hat vermutlich damit zu tun, dass er zeit seines Lebens zwar ein guter Sänger war, aber kein Blechblasinstrument beherrschte; bis zu seinem Tod blieb Eduard Kuhlo Nichtbläser.

Bei der Initiierung ging er folgendermaßen vor: Kuhlo predigte in einem Sonntags-Gottesdienst – vermutlich an Jubilate oder Cantate 1865 – über Psalm 150, um die notwendigen Spenden für die Instrumente zu erhalten. Am Tag darauf trafen die ersten Gelder ein, sodass bald die Übungsstunden aufgenommen werden konnten. Weil sich mehr Blaswillige meldeten, als Instrumente vorhanden waren, musste der Gohfelder Pastor noch im gleichen Jahr eine zweite Instrumentenlieferung nachbestellen. Unter dieser Lieferung befand sich die Es-Altposaune, die sein Sohn Johannes Kuhlo erhielt.

An den Probeabenden sang Kuhlo mit seinem klaren Tenor den Bläsern die einzelnen Stimmen vor, die sie dann nachspielten. Nachdem einige Choräle sauber geblasen werden konnten, ging die Gruppe an die Öffentlichkeit, um der Gemeinde auf vielfältige Weise zu dienen. Schwerpunkte waren zunächst Krankenbesuche und die Gottesdienst-Gestaltung, wobei 1858 eine Empore (Westprieche) eigens für den Posaunenchor gegenüber der Kanzel gebaut wurde und ab 1871 das Turmblasen hinzukam. Aus der 1867 begonnenen handschriftlichen Notensammlung Kuhlos für seinen Bläserchor geht hervor, dass die Gruppe damals 29 Bläser umfasste. Laut Statistik des Rheinisch-Westfälischen Jünglingsbundes zählte der Gohfelder Posaunenchor 1872 nur 18 Bläser, 1884 bereits wieder 24 Bläser. Im Blick auf den Ravensberger Kreis besaß Gohfeld innerhalb zweier Dekaden den größten und vermutlich dank Kuhlo auch den leistungsstärksten Posaunenchor.

Im Winter 1890/91 war Kuhlo bei bitterster Kälte wochenlang zu Hausbesuchen unterwegs, bei denen er 2.000 Mark zur Tilgung des ihm gerade bekannt gewordenen Defizits der Barmer Mission sammelte. Bei dieser Kollektensammlung holte er sich eine schwere Lungenentzündung, die ihm zum Verhängnis wurde. Seine letzten Worte am Morgen des 19. März 1891 lauteten: „Heiland – erlöst!" Als Kuhlo am 23. März 1891 in Gohfeld zu Grabe getragen wurde, beteiligten sich über hundert Bläser an der Trauerfeier, auf der Julius Möller (1840 – 1928), Pastor am Gütersloher Gymnasium, noch einmal die Leistung seines Weggefährten mit folgenden Worten herausstrich:

> „Alle Vereine in Minden-Ravensberg werden spüren, daß er nicht mehr unter uns ist. Man hat den Pastor Kuhlo den Vater der Jünglings-, Jungfrauen- und Posaunenvereine genannt. Das ist er gewesen seit den Tagen des seligen Pastors Volkening."[74]

2.2 Das überregionale Wirken Eduard Kuhlos in Ostwestfalen

Die immer mehr sich ausbreitende Posaunenarbeit in Minden-Ravensberg verlangte nach Organisationsstrukturen. Was lag näher, als die regionalen Strukturen des Rheinisch-Westfälischen Jünglingsbundes zu nutzen? Denn dieser hatte bereits eine längere Vorgeschichte: Am 8. Oktober 1848 gründeten die Vereine aus Barmen, Cronenberg, Düsseldorf, Elberfeld, Mülheim/Ruhr, Remscheid, Ronsdorf, Ruhrort und Schwelm im Haus der Bergischen Bibelgesellschaft in Elberfeld den Rheinisch-Westfälischen Jünglingsbund. 1850 wurden die inzwischen 26 Vereine, die zum Verband gehörten, in fünf Kreise eingeteilt. Zum Gütersloher Kreis gehörten Gütersloh, Herford, Minden, Oberwüsten und Jöllenbeck, dessen Statuten allerdings erst 1851 genehmigt wurden. Im ältesten Vereinsverzeichnis des Rheinisch-Westfälischen Jünglingsbundes von 1853 sind Gütersloh, Herford, Höxter, Jöllenbeck, Lemgo und Minden aufgeführt. Um ein Zusammenwachsen der geografisch weit auseinander liegenden Vereine zu fördern, ging man bald dazu über, Kreisverbände zu konstituieren, die mit einem Kreispräses an der Spitze durch jährliche Kreisfeste, Vereinsdeputiertenversammlungen sowie gegenseitige Besuche nicht nur den Zusammenhalt stärken, sondern auch Neugründungen anregen sollten. Dem ersten Kreisverband im Rheinisch-Westfälischen Jünglingsbund, 1852 ins Leben gerufen, folgte bereits zwei Jahre nach einem erneuten Aufruf der Bundesleitung zur Bildung solcher Zusammenschlüsse der *Minden-Ravensberger Kreisverband*. Auf einer Sitzung des Minden-Ravensberger Gauvorstandes am 31. Juli 1906 wurde daher bei der Rekapitulation der eigenen Entstehungsgeschichte festgestellt:

> „Durch die Bemühungen des Pastors E. Kuhlo in Gohfeld entstand schon in der Mitte der 50er Jahre eine Verbindung der damals in Minden-Ravensberg bestehenden Jünglingsvereine, welche sich je länger je mehr festigte und schließlich zu der sogenannten ‚Minden-Ravensberger Kreisverbindung' führte."[75]

Als erster Kreispräses fungierte der Mennighüffener Pastor und Erweckungsprediger Theodor Schmalenbach, in dessen Gemeinde allerdings erst 1873 ein Posaunenchor entstand. Ihm folgte der Lehrer Heinrich Budde, der 1857 in Laar einen Jünglingsverein und einen Posaunenchor gegründet hatte; er wird im Protokoll des Gauvereins 1858 als Kreispräses bezeichnet. Mit diesem Eintrag vom 20. März 1858 begann das „Protokollbuch der Gaukonferenzen und Gauversammlungen der Jünglings-, Posaunen- und Jungfrauenvereine von Minden-Ravensberg und der angrenzenden Lande". Gegenüber der Mitgliederliste von 1853 wurden fünf Jahre später in den Aufzeichnungen noch drei weitere Vereine aufgezählt: Hollenstein, Hüllhorst und Brüntorf waren dazugekommen. Höxter fehlte – vielleicht gehörte es inzwischen einem anderen Kreisverband an. 80 Mitglieder zählte der Kreisverband zu jener Zeit, wovon allerdings nur ein Teil in der Posaunenarbeit engagiert war. 1862 wurde Eduard Kuhlo zum ersten Mal als Gaupräses erwähnt, er musste also um 1860 herum dazu gewählt worden sein. Nun hatte sich die Zahl der Mitgliedsvereine verdoppelt. Hinzugekommen waren Gohfeld, Bielefeld, Othlo, Oldendorf, Elverdissen, Schildesche und Brockhausen. Der Ravensberger Verband stellte also den größten unter den damals zwölf Kreisverbänden des Rheinisch-Westfälischen Jünglingsbundes dar. Aufgrund der im „Jünglings-Boten" veröffentlichten Statistiken lässt sich das Wachstum des Ravensberger Kreisverbandes in den 1870er und 1880er Jahren recht gut verfolgen. 1872 listete die Statistik auf: Enger mit 20 Mitgliedern und 15 Bläsern, Jöllenbeck mit 50 Mitgliedern und 16 Bläsern, Wallenbrück mit zehn Bläsern, Schildesche mit 17 Bläsern, Gohfeld mit 50 Mitgliedern und 18 Bläsern, Werther mit zehn Bläsern, Hüllhorst mit acht Bläsern, Oldendorf mit sieben Bläsern, Hartum mit zwölf Bläsern, Gütersloh mit zwölf Bläsern, Matenbruch mit zehn Bläsern, Hollenstein mit zwölf Bläsern, Lemgo mit zehn Bläsern und Laar mit 40 Mitgliedern und 25 Bläsern. Im Jahr 1875 gehörten von den 28 Westbund-Posaunenchören, die in der Statistik aufgeführt wurden, genau die Hälfte mit 160 Bläsern dem Ravensberger Kreis an. 1884 wurden für den Ravensberger Kreis bereits 31 Vereine mit 1.320 Mitgliedern und 417 Bläsern genannt, ein rasantes Wachstum innerhalb einer Dekade. Eduard Kuhlo führte also im Blick auf die Posaunenarbeit die vitalste Kreisverbindung des Westbundes an. Die Kontakte des Kreisverbandes zur Vorstandszentrale in Elberfeld scheinen in der Zeit E. Kuhlos zunächst relativ problemlos verlaufen zu sein. Karl Krummacher, seit 1868 Redakteur des „Jünglings-Boten" und 1873 zum Nachfolger von Gerhard Dürselen (1808 – 1887) in das Präsesamt des Westbundes gewählt, kam 1871 als Festredner zu einem Hauptkreisfest bei Herford.[76]

Der Ravensberger Kreisverband beschloss 1877, dass jeder Verein sich nach den Bundesstatuten zu organisieren und dem Westbund anzuschließen habe. Die Statuten der Minden-Ravensberger Kreisverbindung von 1885 legten eindeutig fest:

„§ 13. Der Minden-Ravensberger Kreisverband tritt dem ‚Rheinisch-Westfälischen Jünglingsbunde' bei und betrachtet sich als Glied desselben. Der Praeses ladet den Praeses des Bundes zu den Ver-sammlungen der Kreisvertretung und zu dem Kreisfeste rechtzeitig ein. Der Deputierte des Bundes-Comitees hat in den Versammlungen der Kreisvertretung volles Stimmrecht ..."[77]

Dennoch hielt die Kreisverbindung eine gewisse Distanz zur Elberfelder Zentrale und versuchte, ein größtmögliches Maß an Selbständigkeit zu wahren. Kuhlo selbst gehörte nicht zu den harten Vertretern einer weitgehenden Autonomie, sondern steuerte einen Vermittlungskurs. Als 1883 eine Bewegung unter den Vereinsdeputierten einsetzte, die einen engeren Anschluss an den Westdeutschen Jünglingsbund anstrebte, gelang es ihm, die sich dagegen Wehrenden zu einem Zugeständnis zu bewegen, nämlich dass ein jährlicher Beitrag aus der Verbandskasse an die Bundeskasse in Elberfeld abgeführt wurde. Im Jahr 1887, als der übergroße Kreisverband seine Unterteilung in vier Unterkreise – Herford, Bielefeld, Oeynhausen, Lübbecke – beschloss, wurde Kuhlo zum ersten Mal im Protokoll Gaugraf genannt. Damit lebte nicht nur eine alte Bezeichnung aus den mittelalterlichen Musikbruderschaften auf, zugleich zeigte dieser Titel auch das gehobene Selbstbewusstsein der Minden-Ravensberger Kreisverbindung an.

Zunehmend erkannte Eduard Kuhlo in den Posaunenchören eine einmalige Möglichkeit, die geistlich-religiösen und musikalisch-ästhetischen Anliegen seiner Zeit, gespeist von der Erweckungsbewegung und dem A-cappella-Ideal der kirchenmusikalischen Restauration, zu den Menschen zu transportieren. Konsequent begann er, die Posaunenchöre seines Bezirks organisatorisch in den Jünglingskreisverband einzubinden, sodass eine überörtliche Arbeit möglich wurde. Der Kreisvorstand beschäftigte sich zwar nur am Rande mit der Bläsersache, doch finden sich in den Jahrzehnten unter Kuhlos Vorsitz auch Notizen über die Programmgestaltung der Posaunenfeste, die Notenbeschaffung, die Anschaffung von Instrumenten und über das Blasen bei Beerdigungen, das in der Regel nur bei Vereinsmitgliedern und auf jeden Fall unentgeltlich zu geschehen hatte. Eine deutliche Interessenverschiebung zugunsten der Bläsersache fand nun statt, die verstärkt ihre Informationsforen und Multiplikationskanäle im Gauverband fand.[78]

Sichtbar wurde dieses Anliegen vor allem durch die von Eduard Kuhlo initiierten *Bläsertreffen*. Vor seiner Zeit als Gaupräses waren die Zusammenkünfte der Posaunenchöre bis auf den einmaligen Bläsertag Volkenings 1862 und die jährlichen Kreisfeste mehr zufälliger Natur gewesen. Bei den seit 1855 stattfindenden Kreisfesten wirkten neben den Singchören auch seit 1856 die Bläser mit. Eduard Kuhlo behielt diese Übung, die Bläser regelmäßig einzubeziehen, selbstverständlich bei, was folgende Ereignisse belegen: Beim 14. Kreisfest am 23. August 1868 versammelten sich 150 Bläser morgens in der Jöllenbecker Kirche zu einem musikalischen Gottesdienst, bei dem neben Volkening auch Kuhlo predigte. Nach dem Gottesdienst zog man ins Freie und hörte den Chorälen der Bläser und der Ansprache Kuhlos zu. Beim 15. Jahres-Kreisfest 1869 in einem Wald bei Hollenstein trafen sich 5.000 Menschen, darunter 80 Bläser, dirigiert von ihrem Kreispräses Kuhlo. Drei Jahre später waren es 6.500 Teilnehmer, die den 100 Bläsern zuhörten. 1873 in Silderissen umrahmten 150 Bläser das Kreisfest, im Mai 1874 führte man es im Salzufler Wald durch, wo einer der Festprediger Friedrich von Bodelschwingh d. Ä. (1831 – 1910) war. Zur Vorbereitung dieser Zusammenkünfte versammelte Kuhlo die Posaunenchöre jedes Jahr im Winter zu einer Probe unter der Leitung eines Militärmusikers aus Bückeburg; so 1870 im Herforder Schützenhaus mit Nachfeier und geistlicher Ansprache am Nachmittag oder sechs Jahre später im Bielefelder Vereinshaus.[79]

Da ihn die bisherige Form dieser Treffen aber weder liturgisch noch musikalisch zufrieden stellte, beschloss Kuhlo, ein selbständiges, vom Kreisfest unabhängiges Posaunentreffen abzuhalten. Er arbeitete deshalb ein einheitliches Programm aus, das unter dem biblischen Leitwort „Sie ist fest gegründet" (Ps 87,1) stand. Dieser erste „reine" Posaunentag fand mit etwa 250 Bläsern am Reformationsfest 1874 in der Münsterkirche zu Herford statt und wurde ein solcher Erfolg, dass Kuhlo in fast jedem Jahr – bis 1886 insgesamt elf – ein solches Bläsertreffen in der Herforder Münsterkirche durchführte, meist am Himmelfahrtstag. Als Gaupräses war er das ganze Jahr hindurch mit der Ausarbeitung des Programms für das Posaunenfest beschäftigt, das er wie eine Predigt der Erweckungsredner meist in drei Teile gliederte – beim Posaunenfest 1875 beispielsweise „Gottes Lob in der Natur, im Gnadenreich und im Ehrenreich". Das Blasen eines Chorals vom Turm leitete das Fest ein; in der Mitte stand eine Themenpredigt über ein Losungswort oder einen frei gewählten Text. Sich mit der Gemeinde abwechselnd boten Jungfrauen- und Jünglingschöre sowie Hunderte von Bläsern Lieder, Choräle, Motetten, Oratorienchöre usw. den zahlreichen Gästen aus dem Umland dar. So wurden diese Tage zu Treffpunkten der Pastoren der Erweckungsbewegung und zu Begegnungen der christlichen Vereine und Posaunenchöre, deren Gesang und Spiel den Charakter riesiger geistlicher Volksoratorien annehmen konnte. Sie gaben darüber hinaus ein Vorbild für Veranstaltungen ähnlicher Art in anderen Gegenden ab und begründeten eine Tradition, die sich in den in ganz Deutschland abgehaltenen Regional-, Bezirks-, Landes- und Bundesposaunenfesten bis heute fortgesetzt hat.

Wegen der übergroßen Teilnehmerzahlen und des sich daraus ergebenden Platzmangels in der größten Hallenkirche des Landes musste man die Gaufeste 1887 schließlich von Herford in den Betheler Anstaltswald verlegen; sie wurden dort mit den Betheler Jahresfesten verbunden. Bis zu seinem Tod

1891 leitete, organisierte und dirigierte Kuhlo 15 solcher Gaufeste, das letzte 1890. Es war ausnahmsweise nicht mit dem Betheler Jahresfest verknüpft, sondern wurde auf dem Pflegehof in Gohfeld gefeiert. Sohn Johannes Kuhlo führte die Reihe dann nach mehrjähriger Pause 1895 weiter.[80]

2.3 Die musikalisch-bläserischen Leitlinien Eduard Kuhlos

Das zweite große Verdienst, das Eduard Kuhlo neben der Durchstrukturierung planmäßiger Posaunenfeste zukommt, ist die Herausgabe von *Bläserliteratur* für die jungen Chöre. Nun gab es bereits vor Eduard Kuhlos Notenunternehmung natürlich Material für die Posaunenchöre. In Jöllenbeck griffen die Bläser zunächst wohl auf Düsselthaler Stücke zurück, die wiederum aus dem Herrnhuter Fundus stammten. Auch das in Westfalen für den Organistendienst gebräuchliche Rincksche Choralbuch und eigens geschriebene Sätze von Rische wurden in Gebrauch genommen. Ab 1856 kam das von Rische herausgegebene vierstimmige Choralbuch zur Volkeningschen Missionsharfe hinzu.

1869/70 brachte das Komitee des Rheinisch-Westfälischen Jünglingsbundes ein Bläserheft unter dem Titel „Anleitung und Musikstücke für die Posaunenchöre der Jünglingsvereine von D. Rausch, Hauptlehrer in Elberfeld" heraus. Da es allerdings neben einer Vielzahl an Schulungsstücken nur ein Volkslied und drei Choräle enthielt, fand es als Unterrichtswerk nur bescheidenen Zuspruch.

Fest steht, dass ein kunterbuntes Notengemisch in den Minden-Ravensberger Posaunenchören an der Tagesordnung war, bevor Eduard Kuhlo daranging, durch seine Herausgabe einer Notensammlung die Posaunenchorliteratur weit über Westfalen hinaus zu vereinheitlichen.

Im Herbst 1867 begann Kuhlo, für seinen Gohfelder Posaunenchor eine handschriftliche Sammlung von Chorälen, Volksliedern, Motetten usw. anzulegen. Das Material dazu verdankte er dem Berliner Institut für Kirchenmusik, dem bayerischen Theologen Johannes Zahn, dem Gütersloher Musikdirektor Johannes Masberg sowie dem Rinckschen Choralbuch. Kuhlo wählte dazu die Hauptlieder aus, entfernte Vor- und Zwischenspiele und schrieb den Orgelsatz in die beiden untersten Systeme der Seiten. Danach übertrug er nach einem anfangs vermerkten Schlüssel die Stimmen-Parte auf die transponierenden Instrumente seines Gohfelder Posaunenchors und setzte sie in die oberen Zeilen der Partitur ein. Geholfen wurde dem Sammler von seinem Sohn Johannes, der von den frühesten Schuljahren an die transponierenden Stimmen in die entsprechenden Stimmhefte der zunächst

13 Gohfelder Bläser eintragen musste. Bis zum 8. Oktober 1879, dem Datum der letzten Eintragung, als der Gohfelder Posaunenchor auf 20 Mitglieder angewachsen war, kamen so auf 364 Seiten die verschiedensten Stücke zusammen, vom Bach-Choral „Jesu meine Freude" bis zum „Trauermarsch" von Händel. 165 Sätze aus dieser imponierenden handschriftlichen Sammlung wurden in die Stimmhefte der Bläser übertragen und sind danach eingeübt worden. Das Partiturbuch gibt übrigens Aufschluss für die Besetzungspraxis des zahlenmäßig größten Ravensberger Posaunenchors: In der 1. Stimme fanden sich Piston in Es, Trompete, Cornet in B, in der 2. Stimme F-Trompete, Cornet in Es und Posaune in Es, in der 3. Stimme Cornet in Es, Tenorhorn in B und Tenor-Tuba in B, in der 4. Stimme Posaune in B, Posaune in F und Tuba in Es. Es handelte sich also in den Anfängen mehr um eine Zufallsbesetzung als um eine durchdachte Instrumentierung.[81]

An eine Drucklegung seines Partiturbuches dachte Eduard Kuhlo zunächst noch nicht, sie erschien ihm wegen der verschiedenen Stimmungen und Schreibweisen zu umständlich. Als sein Sohn Johannes ihm in den 1860er Jahren den „Unsinn" dieses Vorgehens vor Augen hielt, meinte Vater Eduard nur: „Junge, die Musiker werden ihre Gründe haben."[82]

Dass es dann doch Anfang der 1870er Jahre zu der Herausgabe von Notenheften und zehn Jahre später des Posaunenbuches kam, war nicht nur dem genialen Einfall von Johannes Kuhlo zu verdanken, sondern auch der Weitsicht seines Vaters Eduard Kuhlo, der die Idee seines Sohnes in die Tat umsetzte. Johannes Kuhlo berichtete in der Rückschau auf dieses für die Posaunenchöre so epochale Ereignis mit folgenden Worten:

„Im Jahr 1871 durfte ich auf dem Gütersloher Gymnasium den ersten Gymnasial-Posaunenchor gründen, in den Vater 8 Instrumente von im Krieg befindlichen Bläsern verlieh. Ich kaufte nach etlichen Wochen der Übung in der bisherigen Methode jedem Bläser ein ‚Heim, Volksgesänge für gemischten Chor', brachte meinen Bläsern in einer Stunde meine allein praktische Methode bei und konnte nun meinem Vater schreiben: ‚Wir können jetzt für 80 Pfennig 264 schöne Nummern blasen, ohne eine Note zu schreiben, keine Seite verregnet mehr; jeder bläst aus der Partitur und kann viel verständnisvoller mitwirken.' Sofort kam der Vater angereist, überzeugte sich und rief begeistert aus: ‚Du hast Recht gehabt! Gott sei Dank! Nun können wir ein einheitliches Posaunenbuch herausgeben und alle Chöre zusammenwirken lassen! ... Jetzt gehen wir zu Bertelsmann!' Mit diesem verdienstvollen Förderer, Verleger und Drucker wurde gleich ein Heft verabredet und erschien dann bald in Steindruck, 1871 erschien dasselbe verfünffacht schon in zweiter Auflage. Der größere Teil der letzteren wurde von mir auf Ölpapier für Steindruck in den Weihnachtsferien 1871 binnen zwei Tagen und anderthalb Nächten hintereinander geschrieben."[83]

Kuhlos Anstrengungen mündeten in drei schmale Oktavhefte, die neun und zweimal zehn „Kirchen- und Erbauungslieder" in der klingenden Schreibweise enthielten, hauptsächlich aus dem Rinckschen Choralbuch und Volkenings Missionsharfe entnommen. Bereits 1872 erschien die zweite Auflage, nun zusammengefasst in einem Bändchen, das 95 Stücke enthielt, von denen die meisten dann im Posaunenbuch von 1881 übernommen wurden. Da die Hefte nur den dringendsten Bedarf stillten, beschloss der Minden-Ravensberger Gauverband im Februar 1873, ein „gemeinsames Heft von Chorälen und anderen Stücken für Posaunen drucken zu lassen".[84] Zum Bedauern des Vorstands verzögerte sich die Vorbereitung und Herausgabe immer wieder, sodass erst im Juni 1880 im Protokoll vermerkt ist: „Das Posaunenheft soll in 2.000 Exemplaren gedruckt werden".[85]

Die hohe Auflage erklärt sich zum einen durch die vielseitige Verwendbarkeit der Notengabe – anvisiert waren neben den Posaunenchören auch die Singchöre, Klavier- und Harmoniumspieler, zum anderen durch die hohe Zahl von Neugründungen in den 1870er Jahren. Allein die Statistik des Westbundes von 1882 weist 671 Bläser aus. Im Advent 1880 brachte Kuhlo die Sammlung zum Abschluss, sodass Anfang 1881 das 303 Seiten umfassende „Posaunenbuch der Minden-Ravensberger Posaunenchöre" bei Bertelsmann in einem Offsetdruck erscheinen konnte. Vereinsmitglieder innerhalb Westfalens konnten es zu einem Vorzugspreis erwerben. Eduard Kuhlo als Herausgeber bekam 20 Freiexemplare, die Kosten dafür übernahm der Verein.[86]

Der Gohfelder Pastor stellte seinem „Posaunenbuch" drei Abschnitte voran: 1. Von der Geschichte der Blasinstrumente; 2. Charakter und Auswahl der Instrumente und 3. ein Kapitel, das sich laut Überschrift mit dem „Einüben der Bläser" befasste. Dieses Kapitel gliederte sich in a) die Behandlung der Instrumente, b) die Körperhaltung und den Ansatz beim Blasen, c) die nötigen Anfangsübungen im Blasen und d) die Schreibweise, ergänzt durch e) Merksätze für Notennamen, Naturtonreihen, Tonleitern für B-, Es- und F-Instrumente sowie einen Anhang von ein- und zweistimmigen Binde- und Stoßübungen sowie zwei Chorälen. Diese knapp gehaltenen Anleitungen für Blas-Neulinge hielt der Nichtbläser Eduard Kuhlo für ausreichend.

Auf eine einheitliche *Stimmung* und *Schreibweise* wurde großer Wert gelegt:

> „Ohne Bedeutung ist der Grundton nur bei den Posaunen, denn hier kann man sich jeden Ton mit der Zunge rein suchen ... so ist doch anerkannt, dass die Ventilinstrumente in b reiner und wohlklingender sind als in jeder anderen

Stimmung. Mithin dürfen Ventilinstrumente nur in b angeschafft werden."[87]
„Viele behaupten, die Militair-Schreibweise, welche den Grundton, mag er in Wahrheit b, es, f oder sonst wie lauten, c nennt und schreibt, sei die einzig richtige, weil allein natürliche. Sie machen aber ihren eigenen Satz zu Schanden, indem sie bei den Bassinstrumenten die Klavierschreibweise gebrauchen, welche jeden Ton so nennt und schreibt, wie er klingt. Während wir nun nach der Klavierschreibweise aus jedem gedruckten Buch blasen können, z. B. aus dem vorliegenden, müssen bei der Militairschreibweise die Noten der drei oberen Stimmen erst mühsam transponiert und abgeschrieben werden. Wie viel undeutlicher werden dadurch die Noten, wie viel Fehler laufen dabei unter und wie viel kostbare Zeit geht darüber verloren."[88]

Kuhlos weitere Wertungen und Vorschläge in Bezug auf *Vortragsweise* und *Instrumentenauswahl* lassen deutlich das Vokal-Imitationsprinzip erkennen. Zu seinen Ausführungen im Einzelnen: Die Blechblasinstrumente wurden der Reihe nach durchgegangen, verworfen wurden dabei aus klanglichen Gründen die Ventil-Posaunen, Pistons, Trompetinen, Kornetts und Tuben. Dagegen hielt der Gohfelder Pastor an folgenden Instrumenten fest: sehr eingeschränkt am Waldhorn, das sich zwar wegen seines sanften, angenehmen Tones vor allem zum Gebrauch im Zimmer eigne, aber wegen des Stopfens des Schallbechers für Laienbläser zu schwierig und auch zu teuer sei und von dem man gleich ein Quartett anschaffen müsse, um nicht eine verkehrte Klangfarbenmixtur zu erhalten; etwas eingeschränkt an der Trompete, die sich mehr für die erste als für die zweite Stimme eigne, da wegen der engen Röhre die hohen Töne zwar leicht ansprechen, die tiefen aber matt klingen würden; uneingeschränkt an der Posaune, die den imposantesten Ton aller Instrumente besitze, je größer und je tiefer, desto majestätischer klinge, dem Bass die nötige Klarheit verschaffe und die geringsten Schwierigkeiten biete; völlig uneingeschränkt an den Bügelhörnern – Flügel- und Tenorhorn, Bariton, Bombardon –, weil ihr sanfter, voller, melodischer Ton nach der Posaune der menschlichen Stimme am nächsten komme, weil sie leicht zu handhaben seien und weil sie in der Tiefe leicht ansprächen, sodass sie sich besonders für den Alt und den Bass eigneten, aber auch im Sopran und Alt zur Füllung nicht fehlen dürften. Empfohlen werden dann die zu jener Zeit neu entwickelten, zur Erhöhung der Weichheit und Rundung des Tones besonders weit und rund gebauten Obligat-Flügelhörner.

Aus dieser Rangfolge der Instrumente ergab sich für Eduard Kuhlo als für die damaligen Verhältnisse praktischste Besetzung für einen sechsköpfigen Chor: ein Obligat-Flügelhorn und eine Trompete in der ersten Stimme; ein Obligat-Flügelhorn in der zweiten Stimme; ein Tenorhorn in der dritten Stimme; eine Posaune und ein Bombardon in der vierten Stimme. Für einen

17-köpfigen Chor empfahl der Posaunenvater drei Obligat-Flügelhörner und zwei Trompeten in der ersten Stimme, drei Obligat-Flügelhörner und eine Altposaune in der zweiten Stimme, zwei Tenorhörner, ein Bariton und eine B-Posaune in der dritten Stimme sowie zwei Posaunen und zwei Bombardons in der vierten Stimme. Die Vereinheitlichung der Stimmung auf dem Grundton B wurde von Kuhlo noch nicht zwingend vorgeschrieben – er brachte im Vorspann auch Tonleiter-Übungen für Es- und F-Instrumente –, jedoch wurde sie angestrebt.[89]

Aus der Zusammenstellung Kuhlos lassen sich vier Beobachtungen ableiten: 1. wird den zylindrischen Instrumenten neben den konischen ein legitimer Platz eingeräumt: Bei der 17er Besetzung gehören immerhin sechs zur Trombafamilie, von einer prinzipiellen Ablehnung der Trompeten wie bei seinem Sohn Johannes ist bei Vater Eduard keine Rede. 2. ist noch keine endgültige Festlegung auf eine einheitliche Stimmung erfolgt, denn B-, F- (Bass-Posaunen) und Es-(Altposaunen-)Instrumente stehen gleichberechtigt nebeneinander. 3. wird die Posaune erstaunlich positiv bewertet, und zwar nicht aufgrund ihrer biblischen Nennung – Eduard Kuhlo findet sowohl Trompeten wie Posaunen in der Hl. Schrift erwähnt –, vielmehr wird sie wegen ihrer angeblich leichten Handhabung und ihres anscheinend vermenschlichten Klanges hervorgehoben, was beides in Wirklichkeit nicht zutrifft. 4. werden dem A-cappella-Dogma verhaftete Ansichten zur Begründung der Dominanz der Buglefamilie angeführt: „Je ähnlicher aber ein Instrument dem menschlichen Gesange klingt, desto höher zu schätzen ist es …"[90] Dies trifft sich mit einer anderen Äußerung Kuhlos über das restaurative Vokal-Imitationsprinzip: „Gesang ist die höchste Musik; den Kehlkopf hat Gott selbst gebaut; so haben denn auch die Tonmeister von Gottes Gnaden die schönsten Werke für Gesang geschaffen."[91]

Der *Inhalt des Posaunenbuches* war in sieben Gattungen aufgegliedert: I. 40 vierstimmige Choräle, die ohne Vor- und Zwischenspiele aus der erwähnten Sammlung von Orgelpartituren des Darmstädter Organisten Johann C. H. Rinck (1770 – 1846) entnommen waren; Kernlieder der Kirchengemeinde, deren Melodien in der Regel nicht rhythmisiert waren, d. h. alle Noten hatten den gleichen Wert. II. 57 geistliche Lieder aus Volkenings „Kleiner Missionsharfe" von 1852, die ursprünglich 30 Choräle und 21 Volkslieder umfasste, deren Komponistenreihe von Osiander, Prätorius, Vulpius über Graun und Hillmer bis Mendelssohn und Silcher reichte. III. 29 Natur- und Gemeinschaftslieder, die dem Naturerlebnis und der gemeindlichen und gesellschaftlichen Gemeinschaftserfahrung Ausdruck gaben, in Sätzen von verschiedenen Komponisten des frühen 19. Jahrhunderts, darunter von Weber, auch aus dem Liederbuch Wicherns. IV. 15 Vaterlandslieder mit Nationalhymnen und patriotischen Liedern zur Gestaltung kommunaler und staatlicher Feiern, wie „Ich bin ein Preuße" und „Ich hatt einen Kameraden". V. 31 Motetten und drei Märsche: Unter den Begriff Motette subsumierte Kuhlo alle Stücke, die über den einfachen Liedsatz hinausgingen; sie stammten von verschiedenen Komponisten, von Palestrina bis Cherubini; allerdings lag der Schwerpunkt auf den Oratorien Händels, aus denen mehrere Sätze, auch drei Instrumentalmärsche, bearbeitet wurden. VI. 20 resp. 24 Choräle, v. a. von Joh. Seb. Bach. Die rhythmischen Originalfassungen stammten aus Passionen sowie Kantaten und waren größtenteils notengetreu – wenn auch transponiert – übernommen worden, manchmal jedoch auch aus mehreren Vorlagen abgeschrieben. VII. Anhang: 50 Choräle von J. Masberg. Es handelte sich um Kompositionsaufträge, die in Ergänzung zu Teil I weitere wichtige Titel brachten. Der Gütersloher Musikdirektor steuerte außerdem für Teil III zwei Stücke bei und arrangierte für Teil V zwei Märsche.

Eduard Kuhlos Posaunenbuch „Jubilate. Posaunenbuch für Jünglingsvereine, Seminare und höhere Lehranstalten", wie der spätere Titel lautete, stellte hinsichtlich seiner Liedarten und Stilrichtungen eine breit gestreute Sammlung dar. Es wurde ein solcher Erfolg, dass schon 1884/85 und 1888 zwei weitere, von Kuhlo betreute Auflagen erfolgen mussten. Bei unveränderter Grundstruktur – nur der letzte Abschnitt wurde in den ersten integriert – erfuhr es eine bedeutende stoffliche Erweiterung der einzelnen Teile, die bereits in der zweiten Auflage zu einer Aufspaltung des Buches in zwei Bände mit der Umstellung der einzelnen Kapitel führt. Band I erschien 1884, II im folgenden Jahr als zweite Auflage. Der erste Band enthielt nun die Choralsätze, v. a. von Rinck, Zahn, Masberg und Bach, aber auch von den westfälischen Lehrern Heinrich Friedrich Eickhoff (1807–1886) und Wilhelm Middelschulte (1863–1943) und von Johannes Kuhlo, sowie die geistlichen Lieder. Der zweite Band brachte die Motetten-Sammlung, immerhin fünf Instrumentalkompositionen einbegriffen – drei „kirchliche Märsche" von Händel, der „Trauermarsch" von Beethoven und das Unterhaltungsstück „Die Post im Walde" – und zum Abschluss die Natur-, Gemeinschafts- und Vaterlandslieder. Die Vorspielstücke des zweiten Bandes waren textiert und mit sorgfältigen Zeichen für Atmung, Artikulation, Dynamik und Bindungen versehen, wohingegen der erste Band kaum Texte und Vortragszeichen aufwies. Der „Vater der Vereine", wie Eduard Kuhlo auch genannt wurde, hatte zusammen mit seinem Sohn Johannes schließlich ein 472 Stücke umfassendes, doppelbändiges Werk geschaffen, das von den allermeisten Posaunenchören Deutschlands in Gebrauch genommen wurde und für die nächsten 80 Jahre seine herausragende Stellung unangefochten behauptete, dokumentiert durch seine vielen Auflagen bis in die Gegenwart hinein. Ein Grund dafür ist sicher, dass es wegen seiner musikalischen Vielfalt dem weit gefassten Aufgabenbereich der Posaunenchöre gerecht wurde. Eduard Kuhlo hatte dies im Blick, als er in der letzten von ihm betreuten Auflage seines Posaunenbuches im Jahr 1888 schrieb:

> „Gott, der Herr, lege seinen Segen auf dieses Buch, dass es zur Hebung, zur rechten Freude, wie zur Begründung eines gesunden evangelischen Geistes und Sinnes den Posaunenvereinen hin und her gereiche, sowohl wenn sie üben in ihren Vereinszusammenkünften, als auch, wenn sie blasen beim Gottesdienste, und in den Kinderlehren, und in den Bibelstunden, und auf den Vereinsfesten, und in den Hütten der Elenden, und an den Ehrentagen, und an den Kranken- und Sterbebetten, und an den Särgen und Gräbern ihrer Mitglieder."[92]

Aus dieser Aufzählung kann man zurückschließen, dass Kuhlo keiner Verengung des bläserischen Dienstes das Wort geredet hat; für ihn gab es nicht die Alternative liturgisch-missionarisch, vielmehr lag ihm die ganze Bandbreite des Auftrags am Herzen.

Wie ist nach alledem die Rolle Eduard Kuhlos für die Posaunenchorbewegung einzuschätzen? Der Münchner Kirchenmusiker Joachim Widmann (*1930) meinte in seinem Referat „Te deum laudamus":

> „Der eigentliche Geburtsort der Posaunenbewegung lag ja … im Ravensberger Land Westfalens. Dort hatte der Vater der Ravensberger Erweckungsbewegung, der musikbegeisterte Pastor Volkening in Jöllenbeck, die zündenden Impulse gegeben, mit denen dann der Gohfelder Pfarrer Eduard Kuhlo das Feuer der deutschen Posaunenchorbewegung entfachte."[93]

Vermutlich stützte sich Widmann in dieser Sichtweise der Posaunenchorgeschichte auf Johannes Kuhlo als Gewährsmann, doch mit dieser Interpretation wird die Rolle Eduard Kuhlos schon innerhalb der westfälischen Posaunenarbeit überbewertet, innerhalb der deutschen erst recht. Es kann keine Rede davon sein, dass Volkening und Kuhlo sich besonders engagiert der Ausbreitung des geistlichen Bläserwesens angenommen hätten, im Gegenteil: Das Blasen war für sie nur ein Teilaspekt ihrer Gemeindearbeit und rangierte in der Bedeutung noch unter dem Gesang, für den sie sich wesentlich mehr einsetzten. Der Einfluss, der von Eduard Kuhlo auf die westfälische und deutsche Posaunenchorbewegung ausging, lässt sich folgendermaßen differenzieren: Zum einen war er mehr ideeller Natur, indem die jungen Laienspielgruppen zumindest in Westfalen in ihm eine Leitfigur sahen, der sie gern zu folgen bereit waren. Von daher kann der Satz Ehmanns über Johannes Kuhlo bedingt auch auf Eduard Kuhlo bezogen werden: „Seine symbolische Gestalt gab der Bläserei in Deutschland lange Zeit immerhin das Bewusstsein der Zusammengehörigkeit."[94] Zum anderen war dieser Einfluss mehr praktischer Natur, indem Eduard Kuhlo durch seine Vorstandstätigkeit im Minden-Ravensberger Kreisverband, durch die Herausgabe seines zweibändigen Posaunenbuches und durch die Begründung der Tradition regelmäßiger Posaunenfeste in drei wichtigen Bereichen – Organisation, Literatur und Dienstgestalt – Pionierarbeit leistete. Andererseits bleiben viele Aspekte unberücksichtigt; mit anderen Worten, es gingen keine oder nur unwesentliche Impulse von Eduard Kuhlo im Blick auf Schreibweise, Stimmung, Instrumentierung, Anfängerausbildung, Bläserschulung, Sonderchorarbeit, Turmblasen usw. aus. Dies blieb zum Teil seinem Sohn Johannes, zum Teil anderen vorbehalten. Insofern kann man auch nicht Ehmann zustimmen, der etwas verkürzt ausführte: „Vielleicht war Eduard der Genialere, Johannes der Tüchtigere; Denker und Täter."[95] Mit Sicherheit war Johannes Kuhlos Einfall einer Vereinheitlichung der Schreibweise und der Grundstimmung genial, und dies wirkt bis heute in den Posaunenchören fort. Eduard Kuhlos bleibender Verdienst ist, dass er die Anwendung und Ausführung dieser Idee gefördert hat.

2.4 Die Posaunenchorgründungen in der Ära Eduard Kuhlos

Die Zahl der Posaunenchöre in Westfalen stieg in der Ära Eduard Kuhlos steil an. Viele westfälische Jünglingsvereine, die noch keinen Posaunenchor in ihren Reihen aufwiesen, stellten fest, dass entsprechende Organisationen in anderen Orten eine solche mobile Musiktruppe für verschiedene Dienste zur Verfügung hatten. Andere riefen zuerst einen Posaunenchor ins Leben, dessen Gründung ausschlaggebend für die spätere Bildung eines Jünglingsvereins wurde. So war es für die jungen Männer ein großer Anreiz, dieser allgemeinen Entwicklung nicht hinterher zu hinken, zumal die Vereinfachung des Erlernens eines Blechblasinstrumentes durch das Kuhlosche Modell das Ganze beschleunigte. Erfolgserlebnisse und Lust am Instrumentalspiel stellten sich auf diese Weise rascher ein, der Dienst im Verein und in der Gemeinde konnte früher aufgenommen werden. So wiederholte es sich an immer mehr Orten, dass junge Menschen zusammenkamen, um eine Chorgründung zu beschließen, die Instrumente zu beschaffen und für sich zu üben anfingen, um mit ihrem Spiel schließlich öffentlich aufzutreten.[96]

In *Wallenbrück* wirkte seit 1844 Pastor Karl Jellinghaus (1799 – 1876) ganz im Sinne eines erwecklichen Aufbruchs, unterstützt von seinen beiden Söhnen Emil als Hilfsprediger und Karl als Schulvikar. Aus einem kleinen Kreis bekehrter junger Männer heraus gründete Emil Jellinghaus mit elf anderen im Sommer 1865 einen Jünglingsverein, der sich selbst strenge Satzungen gab und Gebets- und Bibelstunden abzuhalten begann. Bei den Mitgliedern und Freunden in der Gemeinde entstand bald der Wunsch, nach dem Vorbild benachbarter Gemeinden wie Jöllenbeck und Hüllhorst einen Posaunenchor zu gründen. Freiwillige Spenden aus Wallenbrück, Spenge, Hoyel und Neuenkirchen ermöglichten den Kauf von Instrumenten bei der Firma Bräutigam in Düsseldorf. Der Lehrer und Organist Gustav Pleitner übernahm die Leitung der Bläser, die aus Spenge, Hoyel und Neuenkirchen kommend den weiten Weg zu den wöchentlichen Übungsstunden auf sich nahmen. Den ersten öffentlichen Auftritt hatten die Wallenbrücker Bläser bei der Bestattung von Pastor Emil Jellinghaus am 23. November 1865, als sie – vereint mit dem Jöllenbecker Posaunenchor – sechs Choräle auf dem Friedhof spielten. Als Gustav Pleitner 1879 nach Heepen ging, um auch dort einen Posaunenchor zu gründen, umfasste der Chor, der sich zu jener Zeit jeden Sonntagmorgen vor dem Gottesdienst zur Probe traf, 14 Bläser. Der Leineweber Heinrich Wienkamp übernahm die Leitung des Chores und dichtete folgende Zeilen:

> „Und schön ist auch das Posaunenblasen, o Brüder, das möchte ich sobald nicht lassen; wie oft vergißt man doch Gram und Schmerz, wenn Posaunenklänge füllen das Herz."[97]

Bereits im Bundesprotokoll des Rheinisch-Westfälischen Jünglingsbundes von 1851 wird *Voerde* erwähnt, in dem sich 1849 ein Jünglingsverein konstituierte. Der Posaunenchor dieses sehr alten Jünglingsvereins taucht zum ersten Mal in einem Bericht über ein Fest vom 7. Oktober 1866 auf, wo er die Vereinsmitglieder über den Gevelsberg hinüberbegleitet hat. Die nächste Spur findet sich beim Wuppertaler Kreisfest 1867, wo der Posaunenchor Voerde mit seinen Nachbarchören aus Schwelm, Elberfeld, Unterbarmen usw. die singende Gemeinde begleitet hat. 1875 zählte der Verein 30 Mitgliedern, wobei der Posaunenchor immer am Sonntag probte. Ab den 1880er Jahren finden sich keine Nachrichten mehr, sodass der Chor sich wohl aufgelöst haben muss.[98]

Im Jahr 1863 entstand in *Witten* ein Ev. Männer- und Jünglingsverein, der sich 1865 dem Rheinisch-Westfälischen Bund anschloss. Die erste Nachricht über den Wittener Posaunenchor, über dessen Gründung nichts Näheres bekannt ist, findet sich in einem Artikel über das zweite Kreisfest des Märkischen Kreises in Hörde, in dem die Wittener Bläser ausdrücklich erwähnt werden. 1875 zählte der Posaunenchor, der am Dienstag und Samstag seine Proben abhielt, zehn Mitglieder, 1884 war er auf 14 angewachsen.[99]

Bereits Anfang der 1850er Jahren hatte es in *Hamm* einen Jünglingsverein gegeben, der nach seinem Verschwinden 1861 wieder neu gegründet wurde. Ebenso erging es dem vermutlich 1867/68 entstandenen, sieben Bläser umfassenden Posaunenchor, der sich 1869 auflöste und dabei folgende Instrumente zum Verkauf anbot: Tuba, Bariton, Tenorhorn, Es-Kornett, B- Kornett und zwei Trompeten. Erst 1885 wurde nach einem völligen Neuaufbau im Hammer Jünglingsverein wieder ein Posaunenchor ins Leben gerufen.[100]

Im Sommer 1869 schlossen sich elf junge Männer, angeregt durch das Zeugnis des Pfarrers August Gottschalk (1839 – 1924), in *Herford* zu einem Jünglingsverein zusammen und trafen sich zunächst wöchentlich in Gottschalks Wohnung. Bald wurde der Wunsch nach Blechblasinstrumenten laut, die mittels Spenden Nahestehender in Löbau/Oberlausitz bestellt werden konnten. Die ersten Blaskenntnisse holten sich die Bläser vom bereits erwähnten Posaunenchor in Laar, indem einer der Mitbegründer des im Herbst 1869 entstandenen Herforder Posaunenchors, Gottlieb Kobusch, den weiten Weg nach Laar zurücklegte, um das dort Eingeübte an seine Mitbläser weiterzugeben. Pastor Gottschalk gelang es, zur weiteren Ausbildung und Leitung der Bläsergruppe den Regimentstambour Wolf aus Minden zu gewinnen, der bis zu seiner Einberufung 1870 gegen Bezahlung einmal wöchentlich herüberkam. Danach übernahm das Gründungsmitglied Heinrich Hollinderbäumer (1851 – 1926), Werkmeister von Beruf, die Leitung des Chores, der in den ersten Jahren zehn bis zwölf Bläser umfasste. Der erste Dienst, den die junge Bläsergruppe verrichtete, war die Begleitung des Gemeindegesangs in den Bibelstunden; bald kam das Blasen in den Gottesdiensten der Münsterkirche hinzu. 1874 wurde Hollinderbäumer von seinem Schwager Wilhelm Schachtsiek als Chorleiter abgelöst, der dieses Amt 54 Jahre innehatte. Beide, Hollinderbäumer und Schachtsiek, waren sog. Kniefreunde von Johannes Kuhlo, da damals bei den Andachten in der Regel kniend gebetet wurde.

Höhepunkte bildeten die Einsätze bei den ab 1874 in Herford stattfindenden Posaunenfesten unter der Leitung Eduard Kuhlos. Als Kuhlo das Gaufest 1887 wegen der großen Teilnehmerzahlen aus Platzmangel nach Bethel verlegen musste, wollten die Herforder die Bläsertreffen nicht mehr missen. Sie setzten an die Stelle der bisherigen Gaufeste 1889 die „Herforder Kantate-Feste", die bis 1996 mit nur drei Unterbrechungen in den Kriegsjahren am Sonntag Kantate stattfanden. An ihnen beteiligten sich unter der musikalischen Führung des jeweiligen Herforder Posaunenchordirigenten Bläser-, Kirchen- und Kinderchöre, Orgel und Orchester. Von 1889 bis 1928 leitete der Bergmann Wilhelm Schachtsiek die Kantate-Feste, von

1929 bis 1934 versah der Lehrer Albert Schachtsiek diese Aufgabe, von 1935 bis 1979 übte Kantor Heinz Ortgiese dieses Amt aus, das schließlich die Herforder Kantoren Hartmut Sturm bis 1986 und Berthold Ellermann bis 1990 innehatten. Unter dem Herforder Posaunenchorleiter Klaus-Dieter Menke wurden noch sechs übergemeindliche Kantate-Feste abgehalten, 1996 schließlich wurde die traditionsreiche Reihe eingestellt.[101]

Am 12. Oktober 1856 entstand in der ev.-luth. Kirchengemeinde *Werther* der Verein für Innere Mission, der auf die „Verminderung des leiblichen und geistlichen Elends" hinwirken wollte. Im Anschluss an diesen Verein gründete Pastor Eduard Berghauer (1836–1902) im Jahr 1869 einen Posaunenchor, der seine Instrumente von eben diesem Verein bezahlt bekam. Bei einer Kreuzeinweihung auf dem Friedhof in Werther traten die Bläser zum ersten Mal an die Öffentlichkeit. Als 1877 Lehrer Pohlmann auf der Bleeke einen Jünglingsverein ins Leben rief, trat der Posaunenchor mit ihm in enge Beziehungen und schloss sich dem Rheinisch-Westfälischen Jünglingsbund an. Außerdem pflegte man freundschaftliche Verbindungen zum Jöllenbecker Posaunenchor. Allerdings war es um das Wachstum des jungen Chores nicht zum Besten bestellt: 1872 zählte der Wertheraner Posaunenchor zwölf Bläser, 1877 noch zehn, fünf Jahre später war die Laienspielgruppe von der bläserischen Landkarte verschwunden. Erst 1898 erfolgte durch Pastor Adolf Fiebig (1865–1920) eine Neugründung.[102]

Die näheren Umstände, die am 9. Februar 1870 zur Gründung des Posaunenchors *Hartum* führten, sind nicht überliefert. Allerdings sind noch sechs Gründungsmitglieder namentlich bekannt, unter ihnen Landwirt (Kolon) Wiese, der von Beginn an über 30 Jahre die musikalische Leitung des Chores innehatte. Das Amt des Präses bekleidete zunächst Pastor Selmar Keferstein (1834–1914), bis ihn Wiese nach dessen Weggang aus Hartum im Jahr 1881 ablöste. Am Sonntagnachmittag trafen sich die elf bis 14 Bläser, um ihre Choräle, Lieder und Instrumentalstücke einzuüben. Im November 1889 wurde der Posaunenverein zum Jünglingsverein umgebildet, dem 35 Mitglieder angehörten und der der Kreisverbindung Bad Oeynhausen angegliedert war.[103]

Auch über dem Werden des *Schildescher* Posaunenchors liegt weitgehend der Schleier nicht geschriebener Geschichte. Bekannt ist, dass der Wallenbrücker Lehrer Gustav Pleitner von Wallenbrück aus 1870 den Posaunenchor in Schildesche ins Leben rief, indem er wöchentlich seinen besten Bläser, Heinrich Wienkamp, in die 15 km entfernte Gemeinde schickte, damit dieser dort Übungsstunden abhalten konnte. Die Schildescher Bläsergruppe hatte sogar bald den Wallenbrücker „Mutterchor", gemessen an der Zahl der Aktiven, überrundet. 1872 bliesen bereits 17 junge Männer mit, 1883 sogar 20. Ein Grund mag gewesen sein, dass der Jünglingsverein unter Pastor Siebold als Präses mit 50 Mitgliedern zu den größten im Ravensberger Bezirk zählte und dass der Posaunenchor wohl rasch ein ordentliches Blasniveau erreicht haben muss, da sich die Bläser zweimal wöchentlich im Schulzimmer zur Probe versammelten.[104]

Bei der Gründung des ersten Gymnasial-Posaunenchors in *Gütersloh* war Eduard Kuhlo aktiv beteiligt. Am 3. September 1870 zogen Gütersloher Bürger auf die Nachricht von der Gefangennahme Napoleons III. (1808 – 1873) hin singend durch die Straßen, wobei sich Kuhlos Sohn Johannes mit seiner Trompete an die Spitze des Jubelzuges stellte und durch Festmärsche dem Ganzen eine Ordnung gab. Als beim Oktoberfeuer anlässlich des Gedenkens an die Völkerschlacht bei Leipzig der daran teilnehmende Eduard Kuhlo beobachtete, dass alle möglichen Vaterlandslieder in verschiedenem Takt durcheinander gesungen wurden und der Festredner keine Ruhe bei den Zuhörern erzwingen konnte, schlug er vor:

> „Ihr müsst einen Posaunenchor haben. Ich will Euch die Instrumente der acht Bläser meines Chores, die im Kriege sind, für den Anfang leihen."[105]

Johannes Kuhlo griff die Idee seines Vaters auf und am 2. Januar 1871 fasste er mit seinen Mitschülern den Beschluss zur Gründung eines Posaunenchors. Am 12. Februar 1871 holte der Obertertianer Johannes Kuhlo die Instrumente vom Löhner Bahnhof ab, auf denen die acht Schüler nach elf Tagen Einzel- und Gruppenprobe schon öffentlich den Satz „Christus, der ist mein Leben" bei einer Beerdigung auf dem Gütersloher Friedhof blasen konnten. Erster Dirigent wurde der Oberprimaner Gustav Tillmanns (1851 – 1926), der später Pfarrer in Bielefeld wurde und in die USA auswanderte. Nach dessen Weggang im Sommer 1871 übernahm Johannes Kuhlo bis 1874 die Leitung. In diesen Zeitabschnitt fiel auch die geniale Idee Kuhlos, die Bläser einheitlich auf die sog. Klavierschreibweise auszurichten. Die von Gohfeld geliehenen Instrumente ergaben zunächst eine reine Zufallsbesetzung: Flügelhorn in b, Trompete in es, Cornett in b, Altposaune in es, Tenor in B, Posaune in B, Tuba in Es, Bombardon in C. Als Kuhlo die Chorleitung übernahm, hatte sich ihre Besetzung schon wesentlich vereinfacht. Zwölf Instrumente wurden in der Chronik aufgeführt, die meisten davon auf den Grundton B gestimmt. Da er – meistens im Unterricht – die Sätze immer umschreiben musste, kam Johannes Kuhlo auf den Gedanken, in seiner

Gymnasialkapelle ausschließlich auf B gestimmte Instrumente zu verwenden, sodass das Transponieren entfiel. Kuhlo kaufte daraufhin seinen Bläsern die „Volksgesänge für gemischten Chor" von Ignaz Heim (1818–1880) und ersparte sich fortan viel Schreibarbeit.

Bald umrahmte die Bläsergruppe die sonntäglichen Gottesdienste in der Aula mit anschließendem Turmblasen auf dem Penneturm des Gymnasiums auf Anregung von Pastor Theodor Braun (1833–1911). Die Gottesdienstbesucher wurden so mit einigen geblasenen Liedern nach Hause geleitet. Vater Eduard Kuhlo kam des Öfteren und sah nach dem Rechten, sodass der Schülerchor sich gut entwickelte und sich bald an den jährlichen Wandertagen der Schule beteiligte sowie Freiluftkonzerte gab. Sogar beim Posaunenfest der Ravensberger Vereine in Siederdissen am Himmelfahrtstag 1873 wirkten die Gütersloher Gymnasiasten mit ihren Blasinstrumenten mit. Nachdem Johannes Kuhlo das Abitur hinter sich gebracht hatte, trat 1874 sein jüngerer Bruder Karl Kuhlo (1858–1940) seine Nachfolge an. Unter seiner Leitung wuchs der Chor weiter an, begann mit „Gartenkonzerten" im Freien und wurde auch oft in Nachbarorte eingeladen. Mit ausformulierten Satzungen gab sich die Gruppe nach einigen Jahren eine Lebensordnung. Der erste Paragraph lautete:

„Der Zweck der Gymnasialkapelle ist, zum Lobe Gottes und zur Erbauung der versammelten Gemeinde, bei besonderen Gelegenheiten auch zur Erheiterung der Schüler beizutragen."[106]

Nach einigen Zwischenstufen folgte schließlich der jüngere Bruder Eduard Kuhlo 1883 als Chorleiter, sodass sich unter dieser Dirigenten-Dynastie die Gymnasialkapelle festigen konnte.[107]

Für die Entwicklung des Blasens im Ravensberger Land war es von entscheidender Relevanz, dass die zukünftigen Repräsentanten seiner geistigen Führungsschicht in ihrer Jugendzeit mit dem Blasen vertraut gemacht worden waren und so die Schüler später als einflussreiche Pfarrer, Juristen oder Ärzte Förderer der Posaunenchorbewegung blieben.

Schon im Jahr 1859 entstand auf Initiative des *Dahlener* Lehrers Bischof im Ort ein Jünglingsverein, der sich zunächst ohne Statuten und Vorstand als loser Bibelkreis in Privathäusern traf. Aus diesem Kreis heraus erwuchs 1872, ebenfalls auf Anregung von Lehrer Bischof, ein Posaunenchor. Zum Zweck des Baus eines Vereinshauses wurde 1874 der „Evangelische Verein" gegründet, in dessen neu erstelltem Gebäude die Bläser am Donnerstag und Sonntag ihre Proben abhielten.[108]

In *Mennighüffen*, wo der Erweckungsprediger Theodor Schmalenbach als Pastor amtierte, rief sein Kandidat Wilhelm Behrens (1867–1934) im Jahr 1868 bzw. 1872 einen Männer- und Jünglingsverein ins Leben. Bis zu 30 junge Männer trafen sich fortan wöchentlich einmal um 7 Uhr in der Katechisierstube zum Singen und zur biblischen Betrachtung. Präses wurde der Lehrer und Kantor Kramer. Als ein Agent des Rheinisch-Westfälischen Jünglingsbundes im November 1872 bei dem noch jungen Verein zu Besuch weilte, kam die Rede darauf, einen Posaunenchor ins Leben zu rufen. Kurze Zeit später muss dieses Vorhaben umgesetzt worden sein, denn am 22. Mai 1873 wirkte die Mennighüffener Bläsergruppe beim Posaunenfest in Eikum unter dem Dirigentenstab Eduard Kuhlos mit. Die Leitung des Chores, der im Jahr 1884 bereits 20 Bläser umfasste, hatte Kramer inne.[109]

Im Herbst 1873 machte der Jöllenbecker Posaunenchor auf einer Fahrt nach Preußisch Ströhen, um dort seinen emeritierten Pastor Volkening zu besuchen, auf einem Bauernhof in Fabbenstedt Zwischenstation. In den Fabbenstedtern keimte durch das musikalische Gastspiel der Jöllenbecker der Wunsch heran, in ihrer Gemeinde *Alswede* einen Posaunenchor zu gründen. So fanden sich in der Adventszeit 1873 sechs Männer, Unger, Schiereck, Rust, Baumann, Vater und Sohn Drallmeier, zusammen und ergriffen die Initiative. Für ihr Vorhaben gewannen sie die Unterstützung des Hüllhorster Posaunenchorleiters Heinrich Knolle. Nachdem die nötigen Instrumente angeschafft waren, trafen sich die Alsweder und Hüllhorster Bläser dann in dem Ministerhaus auf dem Gut Obernfelde bei Lübbecke auf halbem Weg zu regelmäßigen Übungsstunden. Nach einiger Zeit waren die Alsweder so weit, dass sie bei ihrem Vereinsführer Schiereck in Fabbenstedt den ersten Choral „Christus, der ist mein Leben" blasen konnten. Als Heinrich Knolle 1884 das Bad Fiestel erwarb, siedelte er von Hüllhorst nach Alswede über und übernahm von Lehrer Schiereck die Leitung des Posaunenchors. Unter ihm erlebte der Chor ein erfreuliches inneres und äußeres Wachstum, nicht zuletzt durch die Mithilfe von Johannes Kuhlo, der in Alswede 1881/82 als Kandidat und Hauslehrer wirkte. Waren es 1878 noch sechs Bläser, trafen sich 1884 bereits elf Bläser jeden Mittwoch.[110]

Die Gründung des *Hagener* Posaunenchors aus dem seit 1856 bestehenden Jünglingsverein heraus muss vor 1875 liegen, denn für dieses Jahr wird bereits eine Bläsergruppe mit 14 Mitgliedern vermeldet, die regelmäßig am Montag probte und auf dem Kreisfest in Iserlohn mitwirkte. Acht Jahre später war der Verein von 60 auf 80 Mitglieder angewachsen, der Posaunenchor zählte allerdings nur noch zwölf Bläser.[111]

Ausgerechnet in einer Gastwirtschaft, nämlich im Wirtshaus Lindemann direkt neben der Kirche, schlug 1874 die Geburtsstunde des „Missionsvereins zur Bekämpfung übler Sitten" in *Hiddenhausen*, der es sich zur Aufgabe gemacht hatte, z. B. gegen die Trinkgelage bei kirchlichen Feiern wie Taufe, Hochzeit usw. anzugehen. Noch im gleichen Jahr erlernten die Vereinsangehörigen Kaspar Böske aus Eilshausen, Friedrich Hempelmann aus Brandhorst und Hermann Stratmann aus Hiddenhausen im benachbarten Enger unter der Leitung eines Kapellmeisters des 15. Infanterie-Regiments Minden das Blasen. Ihre Noten mussten sie damals noch von Hand schreiben. In Hiddenhausen unterstützte sie der dortige Pastor Karl Matthias (1812–1902) nach Kräften, und so vollzog sich die Integration der jungen Bläsergruppe in das gottesdienstliche und gemeindliche Leben rasch und unproblematisch. Aus dieser bläserischen Keimzelle entstand der „Evangelische Männer- und Jünglingsbund Hiddenhausen", zu dem 1880 noch eine Gesangs- und 1888 eine Turnabteilung hinzukamen. Der Posaunenchor übte zunächst in Hiddenhausen Nr. 62 auf der Masch unter dem Dirigenten Heinrich Riepe aus Eilshausen, bis er 1888 im Neubau der Volksschule sein neues Probelokal bezog. In der Blütezeit des Vereins um 1900 befanden sich unter den Mitgliedern etwa 30 aktive Bläser und 80 aktive Turner.[112]

1874 oder 1875 – die Quellenlage ist nicht ganz eindeutig – sammelten sich in *Ummeln*, Quelle, Senne I und Brackwede sieben Männer, die sich am Dienstag nach der Brackweder Kirmes in Ummeln zusammenschlossen, um den „Evangelischen Männer- und Jünglingsverein Ummeln" zu gründen. Die Hauptanliegen des neuen christlichen Vereins bestanden zunächst in Bibelarbeiten und Singen. Allerdings entschloss man sich relativ bald, auch das Posaunenspiel in die Arbeit aufzunehmen. Ob noch im gleichen Jahr der Posaunenchor Ummeln entstanden ist, als dessen erster Leiter der Lehrer Stellbrink aus Senne I fungiert haben soll, darüber gibt es keine zuverlässigen Hinweise. Jedenfalls führt die Statistik des Rheinisch-Westfälischen Jünglingsbundes von 1877 zwar Brackwede mit 20 Mitgliedern auf, die sich einmal wöchentlich unter ihrem Präses Rektor Paulus trafen, jedoch ist im Gegensatz zu anderen Jünglingsvereinen kein Posaunenchor erwähnt. Erst die Statistik von 1883/84 weist für Brackwede 14 Posaunenbläser unter den 26 Mitgliedern aus, die sich am Dienstag jeder Woche zum Üben versammelten.[113]

Nachdem in *Ladbergen* 1871 durch den dort seit 1861 amtierenden Pastor Julius Kriege (1835–1923) ein Jünglingsverein initiiert worden war, machten die Vereinsmitglieder Bekanntschaft mit der Bläsermusik der Ravensberger Posaunenchöre. Daraus entstand der Wunsch nach einem eigenen Chor. Dank zahlreicher Spenden konnten die Instrumente bald angeschafft werden, und die kleine Gruppe hatte 1875 ihren ersten öffentlichen Auftritt. Der Ladberger Posaunenchor, der 1883 neun Bläser zählte, wurde zum Vorreiter für die umliegenden Gemeinden: Kattenvenne folgte 1895, Lengerich 1898, Lienen 1907, Hohne 1922. Diese fünf Posaunenchöre traten denn auch öfters gemeinsam auf.[114]

Als am 28. September 1875 Superintendent Feldner aus Elberfeld in der Stube bei Steinmanns in *Rotenhagen* zwölf Personen in die altlutherische Kirche aufnahm, schlug nicht nur die Geburtsstunde der Ev.-Luth. Gemeinde Rotenhagen, sondern auch zugleich des ersten Posaunenchors der Altlutheraner in Minden-Ravensberg.[115]

Zum ersten Mal wirkten in *Dankersen* am 16. September 1858 Blechbläser in einem Gottesdienst mit. Beim ersten Missionsfest im Baumgarten des Hofes Wecke Nr. 20 nahmen neben 18 Pastoren – darunter Pastor Harms aus Hermannsburg als Festredner – sowie 4.000 Missionsfreunden auch acht Posaunenbläser aus Jöllenbeck und Schnathorst teil, um die Missionsgesänge am Vor- und Nachmittag mit ihrem Spiel zu begleiten. Der der Erweckungsbewegung zuzurechnende Pastor Albert Lortzing (1811 – 1880), 1856 nach Dankersen gekommen, sah seine vordringliche Aufgabe allerdings nicht in der Gründung eines Vereins, obwohl er kein Gegner der Posaunenmusik war. Sonst hätte wohl auch kaum der Hartumer Posaunenchor bei der Heimkehrfeier für die Soldaten des Frankreichfeldzuges 1871 in Dankersen geblasen. In den 1870er Jahren fanden sich schließlich auf dem neu erbauten Hof Nottmeier Nr. 26 auf dem Sollort einige junge Leute zusammen, um sich abseits vom Ortskern in aller Stille in der Kunst des Blasens zu versuchen. Im Stall und in der Futterkammer fand man behelfsmäßige Übungsräume. Trotz dieser bescheidenen Umgebung kam die junge Gruppe zu guten Ergebnissen, denn am 6. Januar 1876 spielte der Dankerser Posaunenchor erstmals beim Gemeindefest. Am 22. Mai 1876 traten durch die Unterschrift von 14 Gründungsmitgliedern die Statuten des Chores in Kraft, der bis 1881 von Wilhelm Neitmann geleitet wurde. Die allwöchentlichen Übungsstunden am Mittwoch im Konfirmandensaal wurden sehr ernst genommen: Wer sich verspätete, wurde mit einer kleinen Geldstrafe belegt, die in die „Bummelantenkasse" wanderte. Der Chor hatte an vielen Sonntagen Dienst im Gotteshaus, nicht nur an den hohen Festtagen, sondern auch bei den vierwöchentlichen Missionsstunden. Daneben spielte er zum alljährlichen Missionsfest, aber auch bei vaterländischen und gemeindlichen Feiern brachte sich die christliche Bläservereinigung ein, so beim Sedanfest am 2. September 1877, wo der Posaunenchor an der Spitze des Fackelzuges durch das abendliche Dorf marschierte. 1892 wurde der Posaunenchor, der 1884 bereits 17 Bläser umfasste, mit dem Jünglingsbund vereinigt.[116]

Am folgenreichsten für die Ausbreitung der jungen Laienkunst in Minden-Ravensberg und weit darüber hinaus war neben dem Wirken Eduard Kuhlos die Gründung eines Posaunenchors in *Bethel*. Die v. Bodelschwinghschen Anstalten bei Bielefeld waren nicht die ersten dieser Art, jedoch der Höhepunkt einer Welle geistlich-diakonischer Initiativen der Ravensberger Erweckungsbewegung. Deren Forderung nach praktischer Nächstenliebe, verbunden mit dem Streben nach Umkehr und Erziehung, traf auf gesellschaftliche Umbrüche der Industrialisierung wie Verarmungsprozesse, Alkoholprobleme und Jugendverwahrlosung. Von den Düsselthaler Anstalten war bereits die Rede. Zu einer ersten Gründungswelle im Ravensberger Land kam es Mitte des 19. Jahrhunderts. 1851 wurde das Rettungshaus Pollertshof gegründet, 1852 folgte das Rettungshaus Schildesche, 1853 das Rettungshaus Gotteshütte. Unter den Initiatoren befanden sich auch Volkening und sein Kandidat Rische. Die Anstalten dienten der Aufnahme von Kindern ab dem 6. Lebensjahr bis zur Konfirmation, um ihnen Ausbildung und Erziehung zukommen zu lassen. Ein weiteres Arbeitsfeld eröffnete sich der Erweckungsdiakonie in der Zielgruppe alter und schwacher Menschen. Als erstes Haus dieser Art in der Provinz Westfalen wurde 1856 das Pflegehaus Obernfelde eingeweiht. 1863 begann das Armenhaus Jöllenbeck mit seiner Pflege- und Erziehungsarbeit, in Enger, Gohfeld, Mennighüffen, Bielefeld und anderswo entstanden bald ebensolche Pflegehäuser für Arme und Alte. Während diese mehr oder weniger unorganisierten Einzelinitiativen nach einigen Generationen wieder verschwanden, markiert die Gründung der „Westfälisch-Rheinischen Epileptischenanstalt" bei Bielefeld im Jahr 1867 als Pflege- und Fürsorgestätte einer ganz anderen Zielgruppe, nämlich der Epilepsiekranken, eine neue diakoniegeschichtliche Epoche. Sie geschah unter dem Gesichtspunkt einer flächendeckenden Versorgung für Ostwestfalen, wurde koordiniert vom Rheinisch-Westfälischen Provinzialausschuss für Innere Mission und finanziell ermöglicht durch fromme Bielefelder Fabrikanten wie den Kommerzienrat Hermann Delius (1819 – 1894) und Kommerzienrat Gottfried Bansi (1828 – 1910). Pastor Friedrich von Bodelschwingh übernahm 1872 die Leitung des 1869 gegründeten kleinen Diakonissenhauses und des ihm angegliederten Pflegehauses für epileptische Kinder am Rande von Bielefeld. Schon damals lebten über 100 Kranke in der Anstalt. Aus kleinen Anfängen wuchs die Anstalt unter Bodelschwinghs Leitung zur weltbekannten Stadt der Barmherzigkeit. Zum Haus Ebenezer kam 1873 als neu erbautes Anstaltshaus Bethel hinzu. Im gleichen Jahr konnte der erste Bauabschnitt des Mutterhauses Sarepta bezogen werden, dessen endgültige Fertigstellung 1874 erfolgte. Schon ein Jahr später zählte Sarepta an die 100 Schwestern, wohingegen nur sieben Diakone als Pfleger in Bethel arbeiteten. Von diesen sieben „männlichen Schwestern" spielten drei in ihrer freien Zeit für die Kranken, nämlich die Diakone Baumhöfner, Veeghaus und Barholz.

Dies brachte den schwäbischen Taubstummenlehrer Johannes Unsöld (1843–1934), den v. Bodelschwingh 1873 als ersten Hausvater und Inspektor nach Bethel geholt hatte, auf die Idee, eine Bläsergruppe einzurichten. So trug Unsöld sein Anliegen Friedrich von Bodelschwingh vor, der das 9. Jahresfest Bethels 1876 dazu benutzte, bei einer Ansprache die nötigen Mittel zur Instrumentenbeschaffung zu erbitten. Mit Hilfe dieser Kollekte konnte Unsöld noch im gleichen Jahr 14 Instrumente kaufen und gewann den Leineweber Heinrich Wienkamp, Mitbegründer und Leiter des 1865 entstandenen Posaunenchors Wallenbrück, dazu, die jungen Diakone zu unterrichten. Die kleine Bläsergruppe konzentrierte sich zunächst auf die ihr in Bethel zufallenden Aufgaben, war also ein reiner Anstaltschor. Die bescheidenen Anfänge wurden dadurch erschwert, dass Unsöld bereits kurz nach der Gründung noch im Jahr 1876 aus gesundheitlichen Gründen aus seinem Dienst ausscheiden musste und nach Württemberg zurückkehrte. Außerdem war die personelle Decke, aus dem sich die Bläser rekrutierten, sehr dünn. Beides sollte sich mit der Berufung von Pastor Hermann Stürmer (1836–1899) im Jahr 1876 ändern. Da v. Bodelschwingh für seine Patienten qualifizierte Krankenpfleger benötigte, die umliegenden Diakonenanstalten jedoch sich nicht in der Lage sahen, den steigenden Bedarf Bethels abzudecken, gründete Stürmer auf einer Geburtsfeier am 30. April 1877 mit sechs bisher freien Pflegern die eigene Westfälische Brüderanstalt „Zoar". Stürmer war es auch, der in der Nachfolge Unsölds die Bläsersache weiter förderte, da Bodelschwingh selbst sich für unmusikalisch hielt. Eine endgültige Beheimatung erhielt die Posaunenarbeit durch den Bau des Brüderhauses und der damit verbundenen Umwandlung der Brüderschar Zoar in die Westfälische Diakonenanstalt Nazareth im Jahr 1881. Aus dem wachsenden Kreis der Diakonenschüler und Diakone – 1881 waren es bereits 49 – speiste sich der Nachwuchs für den Betheler Posaunenchor, zumal zur Ausbildung der Brüder neben Bibelkunde und Krankenpflegeunterricht von Anfang an das Blasen gehörte, wenn auch als Wahlfach. Dies wurde so intensiv betrieben, dass es bald hieß, in Bethel komme man mit dem Flügelhorn auf die Welt und lerne erst blasen und dann laufen. Bereits 1885 war aus dem anfänglichen Sextett eine zwanzigköpfige Bläsergruppe geworden, die zu jener Zeit noch eine instrumentale Mischung aus weit und eng mensurierten Instrumenten aufwies. Als Stürmers Amtszeit sich Anfang der 1890er Jahre zu Ende neigte, machte sich v. Bodelschwingh auf die Suche nach einem geeigneten Nachfolger, den er schließlich in Johannes Kuhlo finden sollte.[117]

Der Jünglingsverein *Wetter* umfasste im Jahr 1878 an die 90 Mitglieder, die eifrig die Bibel- und Singstunden besuchten, wobei noch Folgendes hervorgehoben wurde:

> „Neben dem Gesang ist die Posaune das Lieblingskind des Wetterer und Hagener Vereins, und haben Herr Küster Wolf in Hagen und namentlich Herr Lehrer Albert in Wetter große Verdienste um die Entwicklung der betreffenden Chöre …"[118]

Der hier erwähnte Posaunenchor hat wohl nur kurze Zeit bestanden, denn erst 1897 kam es zu einer Neugründung, die heute offiziell als Entstehungsdatum geführt wird.

In *Elverdissen*, damals noch ein reines Bauerndorf ohne Kirche, schlossen sich um 1877/78 sieben Bläser zu einem Jünglingsverein, dem ersten Ortsverein überhaupt, zusammen. Mitbegründer waren der Landwirt Gottfried Dahlmann als erster Präses und Lehrer Haverkamp von der örtlichen Volksschule als Dirigent des Posaunenchors. 1884 erfolgte der Anschluss des Vereins, der damals 33 Mitglieder, darunter zwölf Bläser, zählte, an den Rheinisch-Westfälischen Jünglingsbund. Die Übungsstunden leitete Lehrer Haverkamp in der Volksschule. Sein Nachfolger, Lehrer Heinrich Verleger, übernahm zwar 1885 zunächst die Leitung des Chores, wurde der Sache aber rasch überdrüssig. Trotzdem setzte man die Blasübungen Sonntagnachmittags in einem Klassenzimmer der Schule fort. Das brachte Lehrer Verleger, der im gleichen Gebäude wohnte, so sehr in Rage, dass er sich wegen dieser sonntäglichen Ruhestörung an die Regierung in Minden wandte, die ihm Recht gab. Fortan mussten die Bläser unter der Leitung von Hermann Dingerdissen in den Wohnungen der einzelnen Mitglieder proben. Erst nach der Errichtung des neuen Schulgebäudes stellte man dem Chor wieder ein Klassenzimmer zur Verfügung. Der Posaunenchor wirkte schon bald bei den Festgottesdiensten im Herforder Münster mit und nahm auch an anderen großen Bläserveranstaltungen teil.[119]

Der Anfang des *Leverner* Posaunenchors im Jahr 1878 war recht bescheiden. Der spätere Missionar Wilhelm Flickenschmidt (1856 – 1935) und Wilhelm

Südkamp (1852–1918) kauften sich ein Flügelhorn und eine Trompete. Beide gingen zu Ernst Jürgenmeyer in Heithöfen, der später Hermannsburger Missionar wurde, in den Blasunterricht. Nachdem sie einige Monate fleißig geübt hatten, konnten sie verschiedene Melodien aus der „Kleinen Missionsharfe" von Volkening zweistimmig blasen. Nach kurzer Zeit wollten sich weitere fünf Leute anschließen, doch für die Instrumentenbeschaffung fehlten die finanziellen Mittel. Über den Leverner Ortspfarrer Werner Volkening (1841–1936), Sohn von Johann Hinrich Volkening, fragte man bei Pastor Eduard Kuhlo in Gohfeld an. Seine Antwort lautete, dass man das Geld durch Ständchen zusammenblasen müsse. Um aber Ständchen bringen zu können, mussten erst die Instrumente – ein Tenorhorn, eine Tuba, eine Zugposaune und zwei Flügelhörner – über Kreditaufnahme finanziert und später aus den Einnahmen der Ständchen wieder abbezahlt werden. Die sieben Bläser übten eine Zeit lang bei Kantor Meyer in Levern, dann, als etwas später noch drei Westruper hinzukamen, bei Lehrer Wehmeyer in Sundern. Großen Zulauf erfuhr der Posaunenchor nicht, obwohl sich einige junge Leute noch Instrumente kauften. Sie wollten sich nicht anschließen, weil bei den Proben kniend gebetet wurde. So zählte die Bläsergruppe um 1910 immer noch sieben Mitglieder.[120]

Im Haus von Heinrich Poggemöller in Wulferdingsen sammelten sich im Jahr 1877/78 erstmals Jugendliche aus der Kirchengemeinde *Bergkirchen* zu Bibelstunden und christlicher Gemeinschaft. Als der damalige Superintendent Heinrich Prieß (1807–1878), der jegliches kirchliche Vereinsleben abgelehnt hatte, Ende 1876 in den Ruhestand ging, konnten sich ab 1878 die jungen Leute mit Erlaubnis seines Nachfolgers erstmals im Konfirmandensaal des alten Gemeindehauses versammeln. Poggemöller, der von Hüllhorst nach Wulferdingsen gezogen war, leitete als „erweckter" Christ die Jugendstunden und gab noch im gleichen Jahr den Anstoß zur Gründung des Bergkirchener Posaunenchors. Mit ein paar Männern ging er zu Fuß nach Hüllhorst, um dort das Blasen zu erlernen, nachdem er es bereits dort kennen gelernt hatte. Strenge Satzungen lagen dem Chorleben zugrunde, das stark von der Begegnung mit Gottes Wort geprägt war. Trotzdem oder vielleicht gerade deshalb wuchs der Chor beständig, sodass seine Teilung im Jahr 1912, bedingt durch die Eigenständigkeit der Kirchengemeinde Oberlübbe/Unterlübbe, ohne Probleme vor sich gehen konnte.[121]

Im Frühjahr 1874 wurde in *Höxter* nach dem Besuch des Barmener Bundessekretärs Wegener ein Jünglingsverein gegründet, der im 1858 entstandenen und wieder verschwundenen „Christlichen Gesellenverein zu Höxter a. d. Weser" seinen Vorläufer hatte. Aus diesem Jünglingsverein heraus wurde am

29. November 1878 ein Posaunenchor konstituiert, indem 300 Reichsmark für Instrumente durch Spenden aufgebracht wurden. Gründer waren Pfarrer Konrad Beckhaus (1821–1890), Hilfsprediger Otto Wendt (1846–1918) und Lehrer Eduard Knufinke, beraten durch Eduard Kuhlo, der um 1850 kurze Zeit in Höxter als Hilfsprediger bei Pfarrer Dietrich Schmidt (1804–1851) tätig gewesen war. Der erste öffentliche Auftritt der Höxteraner Bläserschaft, die hauptsächlich aus musikalisch nicht vorgebildeten Handwerksgesellen und Facharbeitern bestand, erfolgte am Ende des darauf folgenden Jahres. 1882 nahm die Gruppe, die ihre Proben im Rathaussaal abhielt, am „Deutschen Jünglingsfest" am Hermannsdenkmal teil und führte das Turmblasen zu Silvester wieder ein. Beim ersten Kreisfest des Kreisverbandes Soest in Höxter 1884 traf bei der Schlussveranstaltung der örtliche Chor mit Bläsern aus Hamm, Soest, Paderborn, Lippstadt, Warburg und Herlinghausen zusammen.[122]

Von Lehrer J. H. Pohlmann wurde im Jahr 1879 der „Evangelische Männer- und Jünglingsverein Bleeke" gegründet. Sonntag für Sonntag versammelte der Lehrer und Präses die über 30 jungen Männer in der Schule in *Häger*, um ihnen in Liedern und Vorträgen das Wort Gottes weiterzugeben. Zusätzlich traf sich die männliche Gemeindejugend unter der Woche während der Wintermonate zu einer Bibelstunde. Der Posaunenchor in Häger, der sich dem Jünglingsverein angeschlossen hatte, soll nach unsicheren Angaben bereits seit 1869 bestanden haben, wird jedoch weder 1872 noch 1877 in der Statistik der Minden-Ravensberger Vereine aufgeführt. Wahrscheinlich ist der Hägeraner Posaunenchor, der seinen ersten öffentlichen Auftritt bei einer Kreuzeinweihung auf dem Friedhof in Werther gehabt haben soll, erst 1879 entstanden. Die 15-köpfige Gruppe – so der Mitgliederstand von 1884 – unterhielt freundschaftliche Beziehung zum Jöllenbecker Bläserchor.[123]

In der Festschrift zum 100-jährigen Bestehen ist Folgendes über die Entstehungsgeschichte des Posaunenchors in *Unna* vermerkt:

„In Unna war bereits 1864 ein Jünglingsverein gegründet worden. Doch erst 15 Jahre später begann man damit, einige Mitglieder als Bläser ausbilden zu lassen. Am 13. Juli 1879 tagte die ‚Soester Kreisverbindung' in Unna. Im Protokollbuch ist von Präses Pastor Prümers, Unna, Folgendes vermerkt: ‚Der Verein bezweckt in Bälde einen Posaunenchor einzurichten, was um so leichter von Statten gehen möchte, da einzelne Mitglieder die Instrumente selber beschaffen wollen.' Am 12. Juli 1880 tagt die Kreisverbindung in Lippstadt. Unter Unna heißt es im Protokoll: ‚Im verflossenen Vereinsjahr ist ein Posaunenchor eingerichtet.' Der Chor bestand 1882 schon aus zehn Bläsern. Die Leitung hatte Schuldiener Eckhardt übernommen. Er hat wohl sehr viel Geduld gehabt und ist ein äußerst reger Mann gewesen. Wird doch berichtet, daß montags, donnerstags und freitags geübt wurde."[124]

Auch in *Weidenau* ging die Gründung eines Jünglingsvereins der Entstehung eines Posaunenchors voraus. Am 31. Oktober 1875 wurde der Ev. Männer- und Jünglingsverein Weidenau unter Mitwirkung von Bundesagent Wegener ins Leben gerufen; als Präses amtierte der 1874 in Weidenau eingeführte Pfarrer Hermann Reuter (1846 – 1906). Im Winter 1879/80 trafen sich allwöchentlich acht junge Männer aus Weidenau zur Blasanleitung mit ihren bereits 1878 angeschafften Instrumenten bei einem früheren Militärmusiker namens Kolberg im benachbarten Siegen, um in der Gastwirtschaft Klaas unterrichtet zu werden. So kam es im Jahr 1880 zum ersten öffentlichen Auftritt der Bläsergruppe, die im vierstimmigen Tonsatz einen Choralsatz vortrug. Dieser älteste Posaunenchor im Siegerland, der 1883 zehn Bläser umfasste, gab im Laufe der Jahre Anregung zu anderen Neugründungen in der näheren Umgebung.[125]

Als im Jahr 1880 der Bundesagent Assmann die Vereine im Minden-Ravensberger und im Märkischen Kreis bereiste, traf er in *Hohenlimburg* auf einen kleinen Jünglingsverein, in dem nicht nur Bibel- und Chorstunden stattfanden, sondern auch geblasen wurde. Bereits wenige Jahre später war der Verein samt Posaunenchor allerdings wieder verschwunden.[126]

Als 1869 das erste Missionsfest auf Weitkamps Hof in *Quernheim* Nr. 1 „als Segensmittel gegen das ungöttliche Jahrmarktstreiben auf der Jahresfeier" stattfand, ahnte noch niemand, dass dies zehn Jahre später den Anlass geben würde, auf dem 10. Missionsfest einen eigenen Posaunenchor einzurichten. Auf diesen Missionsfesten wurde die musikalische Begleitung des Gesangs regelmäßig von den Bläsern aus Hüllhorst, Alswede und Mennighüffen übernommen. Nur als im Jahr 1879 aus den unterschiedlichsten Gemeinden bloß vier Bläser erschienen, geriet man in arge Verlegenheit. Dieser Notstand führte dazu, dass einige Männer, die die bläserische Mitgestaltung nicht mehr missen mochten, die Gründung eines eigenen Posaunenchors für unbedingt erforderlich hielten. Sowohl in Kirchlengern als auch in seiner Kapellengemeinde Quernheim war bereits ein Jünglingsverein in dieser Zeit durch die Unterstützung der dortigen Ortslehrer Oetting und Vahle entstanden. Beide Vereine zählten zusammen etwa 45 Mitglieder. Aus dem Quernheimer Jünglingsverein bildete sich schließlich ein Posaunenchor heraus, in dem sowohl Bläser aus Quernheim als auch aus Kirchlengern mitspielten. Es begann damit, dass der Pächter Wilhelm Weitkamp, Quernheim Nr. 27, am 7. November 1880 die ersten Blechblasinstrumente vom Bahnhof Kirchlengern abholte. Am folgenden Sonntag übergab sie Pastor August Höpker (1844 – 1928) in der Kapelle zu Quernheim nach feierlicher Weihe zum gottesdienstlichen Gebrauch. An den beiden Weihnachtsfeiertagen konnte der Chor bei den sog. Kinderlehren in den Kapellen Quernheim und Häver den Gesang begleiten. Die Elementareinführung in das Blasen fand durch Heinrich Knolle in der Lusmühle bei Hüllhorst statt, sodass die ersten Mitglieder des Posaunenchors, zwölf an der Zahl, einen weiten Weg zurücklegen mussten, um das Blasen zu erlernen. Zu den wöchentlichen Übungsstunden traf sich die 1884 auf 21 Bläser angewachsene Chorgemeinschaft Sonntagnachmittags in der Kapelle von Quernheim und Donnerstagabend im Konfirmandensaal in Kirchlengern. Bereits vor der Gründung der Kirchengemeinde Hagedorn 1907 trennten sich die Bläser und führten je einen selbstständigen Posaunenchor in Hagedorn und Kirchlengern weiter. Von daher geben beide Bläsergruppen ihr Gründungsdatum mit 1880 an.[127]

Als 1878 in Levern ein Posaunenchor ins Leben gerufen wurde, schlossen sich ihm drei junge Bläser aus Westrup an, u. a. Friedrich Quebe (1860 – 1943), der mit Wilhelm Südkamp befreundet war. In Quebe reifte der Wunsch heran, in der eigenen Heimatgemeinde *Wehdem* eine Bläsergruppe zu initiieren. 1880 war es so weit: Friedrich Quebe, sein Bruder Wilhelm Quebe sowie zwei Männer namens Hassebrok und Remmert begannen mit den Übungsstunden; daneben trafen sie sich regelmäßig zu Bibelstunden. Da Hassebrok und Remmert bald nach Nordamerika auswanderten, schlossen sich die verbliebenen Bläser zunächst wieder dem Posaunenchor Levern an. Als im Laufe der Zeit zwölf neue Mitglieder hinzukamen, trennte man sich wieder von Levern und versammelte sich von da an regelmäßig im Haus von Friedrich Quebe, der bis 1918 den nach der Jahrhundertwende über 20 Bläser umfassenden Posaunenchor Wehdem leitete.[128]

Innerhalb der altlutherischen Kirchengemeinde *Schwenningdorf* fanden sich am 11. Mai 1880 elf junge Männer zusammen, die das Blechblasen erlernen und so am „Bau des Reiches Gottes" mithelfen wollten. Bei den Gründungsmitgliedern handelte es sich um L. Krämer, F. Hanna, H. Meyer, H. Schröder, W. Spelsiek, U. Brinkmeier, H. Möllering, F. Bergmann, W. Bergmann, A. Schröder, C. Bergmann. Der neu gegründete Chor konnte allerdings von seinem älteren Bruderchor in Rotenhagen wegen der ungleichen Stimmung nichts lernen. Die Anfangsgründe des Blasens brachte den elf Schwenningdorfern ein Posaunenchorbläser der Gemeinde Brockhausen-Rabber bei. Erster Chorleiter war der Schmied H. Meyer, der dieses Amt bis zu seinem Tod im Jahr 1925 versah. Nachhaltige Förderung erfuhr die junge Bläsergemeinschaft von Pastor Kötz, der den Chor zu vielen Gelegenheiten – Gottesdiensten, Hochzeiten, Beerdigungen, Heiligabendkurrende usw. – heranzog.[129]

Man schrieb das Jahr 1880, als sich in *Volmerdingsen* die Leute über ihren damaligen Gemeindeseelsorger und späteren Betheler Pfarrer Matthias Siebold empörten, weil dieser eine persönliche Anmeldung bei ihm als Voraussetzung zur Teilnahme am hl. Abendmahl verbindlich machen wollte. Ernst Sundermeier vom Hof Volmerdingsen Nr. 13 kam zu Siebold, um mit ihm diese Angelegenheit zu erörtern. Doch das Gespräch nahm einen ganz anderen Verlauf, denn beide Männer fassten bei dieser Unterredung den Entschluss, einen Jünglingsverein zu gründen. Noch im gleichen Jahr konstituierte sich unter Pastor Siebold als Präses der Verein, zu dessen Gründungsmitgliedern neben Ernst Sundermeier noch Wilhelm Schäfer, Heinrich Kuse, Friedrich Baurichter, Wilhelm Bohnenkamp, Ernst Brinkmann, Heinrich Wild und Friedrich Danielsmeier zählten. 1884 zählte der Verein bereits 17 Mitglieder, die sich am Sonntagnachmittag im Gemeindehaus, in der Winterzeit zusätzlich am Donnerstagabend, versammelten. Von Anfang an gehörte ein Posaunenchor als „Unterabteilung" zum Jünglingsverein, dessen Leiter der Landwirt Sundermeier wurde. Er übte dieses Amt bis ins hohe Alter aus. Die Chorproben für die 14 Bläser fanden am Sonntagnachmittag nach der Christenlehre statt; in den Wintermonaten wurde außerdem am Donnerstagabend nach der Bibelstunde geübt.[130]

Ohne Vereinssatzungen existierte seit 1863, angeregt durch den „Missionszögling" L. von Ragué, in *Herzkamp* ein bis zu 50 junge Leute umfassender Männer- und Jünglingsverein, der sich 1870 Statuten gab und drei Jahre später dem Rheinisch-Westfälischen Jünglingsbund beitrat. Mit zehn jungen Männern gründete der „Missionszögling" Wilhelm Heienbrok im November 1880 einen Posaunenchor, in dem folgende Instrumente zum Einsatz kamen: Flügelhorn, Trompete, Tenorhorn, Althorn, Euphonium, Tuba, Bombardon, Zugposaune und Piccolo-Flöte. Beim Jahresfest des Dönberger Jünglingsvereins 1881 wirkten auch die Herzkamper Bläser mit, deren Zahl im Jahr 1883 auf zwölf angewachsen war.[131]

Als der musikalisch begabte Pastor Karl Kunsemüller (1845–1887) im Jahr 1879 in *Rehme* als Seelsorger und Prediger eingeführt worden war, warb er für den Zusammenschluss der Jugendlichen auf dem Boden der Pariser Basis von 1855, der Grundlage der CVJM-Bewegung. Am 6. Juni 1880 fand im alten Konfirmandensaal die Gründungsversammlung statt. Ein Jünglingsverein mit etwa 50 und ein Jungfrauenverein mit ungefähr 80 Mitgliedern hatten sich gebildet. Aus ihnen heraus entstand zunächst ein Chor, der zweistimmige Lieder aus der „Missionsharfe" sang. Im Sommer 1881 trafen dann auf Anregung von Kunsemüller aus dem Jünglingsverein geeignete Jugendliche zusammen, um einen Posaunenchor aus der Taufe zu heben. Es wurden 15 Instrumente – zwei Trompeten, fünf Flügelhörner, drei Zugposaunen, drei Tenorhörner, ein Helikon und ein Bombardon – angeschafft; außerdem schenkte Kunsemüller noch ein Flügelhorn. Die Mittel für die Instrumente wurden durch freiwillige Gaben, teils von Vereinsmitgliedern, teils von Gönnern aus der Gemeinde, aufgebracht. Für die Ausbildung der Blechbläser holte Kunsemüller die Pastorensöhne Johannes und Karl Kuhlo aus Gohfeld herüber, sodass am 2. Oktober 1881 der Anfang mit dem Blasen gemacht werden konnte.[132]

Am 28. Juni 1880 wurde durch Pastor Karl Huchzermeier (1844–1907) und Kantor Pleitner, den langjährigen Chorleiter in Wallenbrück, der Jünglingsverein *Heepen* gegründet auf Anregung des Landwirts Greife und seines Sohnes, die bereits das Vereinsleben aus Laar und Jöllenbeck kannten und die Notwendigkeit sahen, nach diesem Vorbild auch in der Kirchengemeinde Heepen dem neu entstandenen Glaubensleben seine Prägung zu geben. Die Mitgliederzahl belief sich im Gründungsjahr bereits auf stolze 30. Aus diesem Jünglingsverein wuchs schon ein Jahr später ein „zartes Posaunenchorpflänzlein" hervor: 1881 besorgte sich Adolf Westerwelle aus Wellbach ein Flügelhorn, sein Freund Schröder aus Altenhagen legte sich eine Trompete zu. Zum Üben trafen sich die beiden nicht regelmäßig, sondern nur nach Vereinbarung. Wenn es die Zeit erlaubte, blies der eine dem anderen über die Äcker und Wiesen bestimmte Signale zu, woraufhin sein Gegenüber mit seinem Instrument antwortete als Zeichen, dass auch er mit dem Üben einverstanden war. Danach hielten die beiden die Probe ab. Bisweilen wurden sie von Johannes Kuhlo besucht und unterwiesen, häufiger kam jedoch Kantor Pleitner, um mit beiden zu üben, weil es ihm ein besonderes Anliegen war, dass auch in Heepen das Blasen in Schwung käme. Nach gewissen Fortschritten und Neuzugängen – 1884 zählte der Chor bereits 16 Bläser – konnte die Bläsergruppe erstmalig bei einer Beerdigung „Christus, der ist mein Leben" blasen. Besonders gefördert wurde der Chor auch dadurch, dass er an den Herforder Posaunenfesten teilnahm.[133]

Über die Gründung des Posaunenchors *Frotheim* berichtet die Schulchronik der ev. Volksschule Frotheim:

„Lehrer Oldemeyer, gebürtig aus Laar bei Herford, kam im Frühjahr 1881 als zweiter Lehrer nach Frotheim und wurde ein treuer Freund von Herrn Hauptlehrer Meyer. Da Lehrer Oldemeyer ein tüchtiger Bläser war, so wurde bald im Orte ein Posaunenchor gegründet."[134]

Der Gründungstag wurde auf den 1. Oktober 1881 festgelegt, der Chor schloss sich dem Rheinisch-Westfälischen Jünglingsbund an. Beide Lehrer, Meyer und Oldemeyer, übernahmen in den ersten Jahren die Leitung und Schulung der jungen Bläsergruppe.[135]

Verschiedene Angaben gibt es zum Gründungsjahr des Jünglingsvereins *Eidinghausen*, aus dem auch ein Posaunenchor hervorging. Der Eidinghausener Pastor Theodor Stieghorst (1849 – 1913) gab das Jahr 1876 dafür an, weil er bei seiner Amtseinführung begonnen hatte, die jungen Leute einzuladen, um mit ihnen zu beten und zu singen. Für ihn war dies mit der Vereinsgründung gleichbedeutend. Anders sahen es die jungen Männer selbst. Für sie existierte der Verein erst 1881, als er in aller Form gegründet und ein Vereinsvorstand gewählt worden war. Als Präses des 20 Mitglieder umfassenden Vereins fungierte Colon Wilhelm Wißmann (1846 – 1935), der bereits in der Schlacht bei Sedan als Hornist geblasen hatte. Als sich in Eidinghausen der Wille zur Gründung eines Posaunenchors regte, war er zur Stelle und übernahm für viele Jahre die Leitung der Gruppe, die 1884 bereits 16 Bläser zählte.

Über den Posaunenchor in *Spenge-Lenzinghausen* ist nur bekannt, dass er im Jahr 1881 gegründet wurde, im Jahr 1883 bereits 16 Bläser zählte und sich donnerstags und sonntags zur Probe traf. Er gehörte dem Jünglingsverein Spenge-Lenzinghausen an, der 20 Mitglieder umfasste und als dessen Präses der Lehrer Decius fungierte.[136]

Die Bläserarbeit in *Witten-Annen* weist eine wechselhafte Geschichte auf. Der im Jahr 1869 gegründete „Evangelische Männer- und Jünglingsverein" löste sich ein Jahr später wieder auf, eine Reanimierung gelang 1877/80 durch den Ortsgeistlichen Pastor Ludwig Schamberg (1852 – 1895), der auch das Amt des Präses übernahm. Zur Vorbereitung des 400-jährigen Jubiläums des Geburtstages von Martin Luther wurde der Posaunenchor, der wohl schon 1882 kurz in Aktion getreten war, 1883 wieder neu belebt. Die Spenden für die Anschaffung der neuen Instrumente leisteten die Mitglieder des Jünglingsvereins. Die Bläsergruppe, die im Jahr 1889 elf Bläser zählte und unter der Leitung von Gustav Alvermann probte, löste sich 1893 wieder auf, um 1895 erneut reaktiviert zu werden.[137]

Laut der Statistik des Rheinisch-Westfälischen Jünglingsbundes für das Jahr 1883 bestand im 1881 gegründeten *Herdecker* Jünglingsverein unter Präses Pastor Adolf Koetter (1840 – 1899) ein Posaunenchor mit sieben Bläsern, die sich jeden Donnerstag zur Übungsstunde trafen. Wann diese Gruppe sich gebildet hat und wie lange sie noch bestand, darüber geben die Quellen keine Auskünfte.[138]

Bereits im „Verzeichniß der dem Rhein.-Westph. Jünglingsbunde angehörenden und mit ihm verbundenen Vereine" vom November 1853 taucht der *Mindener* Jünglingsverein auf, als dessen Verantwortlicher der Lehrer Miehl angegeben wird. Auch das „Protokollbuch der Gaukonferenzen und Gau-Versammlungen der Jünglings-, Posaunen- und Jungfrauen-Vereine von Minden-Ravensberg und angrenzende Lande" führt bei seiner ersten Eintragung vom 20. März 1858 Minden neben sieben weiteren Jünglingsvereinen auf. Ferner wird dort von einem Herrn Hoberg aus Minden berichtet, der erwähnte, dass sich in Rinteln ein neuer Verein bilde. Es kann also als gesichert gelten, dass in Minden bereits seit den 1850er Jahren ein Jünglingsverein bestanden hat. Zur Gründung eines Posaunenchors kam es in Minden allerdings erst Jahrzehnte später. Im Jahresbericht von 1884 heißt es:

> „Zu den 5 Posaunen, mit denen schon im vergangenen Vereinsjahr [sc. am 3. Juli 1883] der Grund zu unserem Chor gelegt wurde, sind vor einiger Zeit 4 neu hinzugekommen, womit wir die Zahl erreicht haben, welche einen kleinen, aber vollkommenen Chor ausmacht. Wir gedenken diese Zahl vorläufig nicht zu überschreiten. Ist schon überhaupt Gefahr vorhanden, daß unter den Bläsern das Singen leidet, so kommt für einen städtischen, speciell unseren Verein noch ein anderer Umstand hinzu, welcher eine Einschränkung wünschenswert macht, nämlich der häufige Wechsel unserer Mitglieder, der die Instrumente häufig in neue Hände kommen läßt und dadurch gründliche Schulung bedeutend erschwert. Schon in dieser kurzen Zeit haben wir dies bitter erfahren. Trotzdem sind unsere Bläser nun soweit, daß sie es wagen dürfen, sich öffentlich hören zu lassen."[139]

Ein Mitbegründer führte 1936 dazu näher aus:

> „Man schrieb das Jahr 1883, als einige junge Leute, unter ihnen auch Vater Niemann, den Wunsch äußerten, einen Posaunenchor ins Leben zu rufen. An der Ecke Ritterstraße-Alte Kirchstraße ... wurde eines Abends beschlossen, diesen Plan zu verwirklichen, der dann auch mit der Hilfe von Pastor Winzer in Erfüllung ging."[140]

Aus dieser Quellenlage lässt sich entnehmen, dass 1883 mit Unterstützung des Marienpfarrers Rudolf Winzer (1840–1914) eine fünfköpfige Gruppe in Minden mit dem geistlichen Blasen begann, als deren organisatorischer Kopf Wilhelm Niemann (1867–1938) aus Veltheim bis ins Jahr 1900 fungierte. Die musikalische Leitung lag zeitweise allerdings in Händen eines Militärmusikers, so belegt für das Jahr 1892, wo der auf zwölf Bläser angewachsene Chor von Sergeant Thiele dirigiert wurde. Niemann hat dabei als „Posaunenmeister" weit über seine engere Heimat hinaus gewirkt, indem er nicht nur in Minden-Ravensberg, sondern auch im übrigen Westfalen, in Pommern, in Ostfriesland und im Saargebiet Posaunenchöre „anlernte".[141]

Zusammenfassend kann man sagen, dass in einem Zeitraum von 35 Jahren mit der Einführung der klingenden Schreibweise, der Herausgabe seines Posaunenbuches und der Einrichtung der Posaunenfeste Eduard Kuhlo die Grundlagen für eine langfristige Traditionsbildung im Stammland des geistlichen Blasens gelegt wurden.[142] Dies schlug sich in den Chorgründungszahlen nieder: Auch wenn mancher Posaunenchor nach einigen Jahren wieder von der bläserischen Landkarte verschwunden war, kam es in Westfalen von 1865 bis 1883 zu ca. 50 Initiativen, die zu vorübergehendem oder dauerhaftem Erfolg führten. Im Vergleich dazu wiesen die Jahre 1840 bis 1865 als erste Entstehungswelle gerade einmal ca. 15 Chorgründungen auf. Der „Schneeballeffekt" wird noch deutlicher, wenn man sich vor Augen hält, dass es Anfang der 1880er Jahre, zu einer Zeit, als mit Reutlingen in Württemberg (1881), Hugsweier in Baden (1883) und Zeiskam in der Pfalz (1885) gerade die ersten Posaunenchöre im südwestdeutschen Raum entstanden, in Westfalen über 60 (!) geistliche Bläsergruppen mit Schwerpunkt im Minden-Ravensberger und im Märkischen Kreis gab. Nur das hannoversche und das rheinische Gebiet konnten noch mit ähnlichen Zahlen aufwarten – allerdings nicht in dieser Konzentration.

Die Chöre erschlossen sich dabei den Wirkungsradius an Dienstgestalten, wie er heute noch begegnet. Dazu gehörte das Blasen bei Vereinsfesten und Gottesdiensten, bei Einweihungen und Vaterlandsfeiern, bei Umzügen und Wanderungen, auf Friedhöfen bei Beerdigungen, an Ostern, am Totensonntag, das Kurrendeblasen bei Kranken, Alten, Jubilaren usw., ohne sich der schöpferischen Planung Kuhlos zu verdanken. Damit werden jedoch keinesfalls die großen Verdienste geschmälert, die der „Vater der Vereine" sich für die westfälische Posaunenchorarbeit erworben hat.[143]

Karl Friedrich Johannes Kuhlo

3 Die Ära Johannes Kuhlos (1890 – 1925)

3.1 Das lokale Wirken Johannes Kuhlos in Gohfeld, Hüllhorst und Bethel

Karl Friedrich Johannes Kuhlo, am 8. Oktober 1856 in Gohfeld geboren, versuchte sich bereits Weihnachten 1862 auf dem Posthorn eines Freundes, das er als bläserisches Naturtalent sofort besser blasen konnte als sein Kamerad, der schon viel geübt hatte.

Im Sommer 1865 brachte er sich als Achtjähriger selbst das Blasen auf einer Altposaune in Es bei, die eigentlich als nicht bestellt wieder an die Lieferfirma zurückgehen sollte. Nachdem Johannes Kuhlo sie aber innerhalb kürzester Zeit beherrschte, verblieb sie im Gohfelder Posaunenchor, den sein Vater Eduard Kuhlo kurz zuvor gegründet hatte. Der Gohfelder Pastorensohn wechselte ein Jahr später zu einer Trompete in B, um fünf Jahre danach für immer beim Flügelhorn zu bleiben. Nebenbei probierte er alle Chorinstrumente durch, da ihn sein Vater gebeten hatte, den anderen Bläsern gutes Blasen beizubringen. Kuhlo war also nicht nur Autodidakt, sondern musikalisches Naturtalent, und fand sich so rasch nicht nur in die Praxis des Spielens, sondern auch in die Theorie des Notensystems hinein, sodass er von 1867 bis 1879 die Orgelsätze und Chorpartituren für das Posaunenbuch des Gohfelder Posaunenchors und seine damals noch transponierenden Instrumente umschrieb. Als Ausbilder und Notist war Johannes Kuhlo für die Bläsergruppe seines nicht blasenden Vaters Eduard unentbehrlich geworden, dem er auch in seiner Gütersloher Gymnasialzeit von 1870 bis 1875 erhalten blieb. Nachdem ihn das Notenumschreiben auch als frisch gebackener Leiter der Gymnasialkapelle ereilte, verfiel Johannes Kuhlo 1871 auf die geniale Idee, die Grundstimmung der Instrumente schwerpunktmäßig auf B und die Notierungsform der sog. Klavierschreibweise einzuführen. Diese Vereinheitlichung und Vereinfachung mündeten schließlich in dem Posaunenbuch Eduard Kuhlos von 1881, an dem Johannes maßgeblich beteiligt war.[144]

Nach erfolgreichem Abitur Ostern 1875 und der abgeleisteten Militärzeit beim Füsilierregiment 36 in Halle vom 1. April 1875 bis 31. März 1876 studierte Johannes Kuhlo evangelische Theologie, zwei Semester in Halle 1875/1876, drei Semester in Leipzig 1876 – 1878 und zwei Semester in Erlangen 1878/79. Ostern 1879 legte er sein Examen in Münster ab und von dort aus wechselte der frisch gebackene Kandidat am 1. Juli 1879 in das „Raue Haus" nach Hamburg, wohin ihn der Sohn von Johann Hinrich von Wichern

(1808–1881) als Oberhelfer berufen hatte. Dort leitete Kuhlo nicht nur eine Jungengruppe und half bei der Ausbildung der Helfer mit, sondern gründete auch einen Posaunenchor aus sechs „Oberhelfern" und sechs „Brüdern", der schon bald ein beachtliches musikalisches Niveau erreicht hatte. Am 25. September 1880 kehrte er nach Westfalen zurück, um sich auf sein zweites theologisches Examen vorzubereiten, das er im Herbst 1881 in Münster absolvierte. In diese Zeit fiel auch die Verleihung des Titels „Posaunen-General" durch den Bundesvorsitzenden Jasper von Oertzen (1833–1893) an Kuhlo während der Generalversammlung des Norddeutschen Jünglingsbundes am 20. Juni 1881 in Hannover mit folgenden Worten:

> „Der Kandidat Kuhlo hat uns vor einer schlimmen Niederlage siegreich bewahrt. Ich schlage vor, daß wir ihn zum Posaunen-General ernennen!"[145]

Der Grund lag in den musikalischen Führungsqualitäten des jungen Vikars beim zweiten Bundesfest des Norddeutschen Jünglingsbundes in Verbindung mit einem überregionalen Posaunenfest, zu dem auch Kuhlo eingeladen worden war. Er berichtete darüber Folgendes:

> „Als ich in den Übungssaal eintrat, herrschte dort große Verwirrung …, obwohl drei … Militärkapellmeister zur Stelle waren. Diese drei hatten … schon zwei bis drei Stunden lang vergeblich versucht, in das Chaos der verschiedenen Schreibweisen der verschiedenen Chöre Ordnung zu bringen … Als ich eintrat, nach meiner Erinnerung zwischen 8 und 9 Uhr abends, und nach einigen Minuten mich überzeugt hatte, daß jeder der Bläser etwas Ansatz hatte und Töne blasen konnte, erklärte ich, daß wir mit Gottes Hülfe spätestens um 11 Uhr einen Choral und ein Lied gemeinschaftlich blasen könnten, wenn … die Herren Kapellmeister Noten schreiben helfen würden … Um 10 Uhr konnten wir „Ach bleib mit deiner Gnade" blasen, um 10 ¾ „Mir nach, spricht Christus, unser Held" … Jedenfalls war der Sieg der Klavierschreibweise entschieden. Wir haben fröhlich in der Kirche geblasen und nachmittags auf dem Festplatz im Freien."[146]

Kuhlo wurde Hauslehrer und Vikar bei Pfarrer Julius Möller im ostwestfälischen Alswede, wo der bereits 1873 gegründete Posaunenchor unter seiner Mithilfe aufblühte. Aus der Gemeinde mit einem der ältesten westfälischen Posaunenchöre, nämlich Hüllhorst, erreichte ihn ein Ruf mit der Aussicht auf eine feste Stelle. Am 15. November 1882 wurde der Gohfelder Pastorensohn in Hüllhorst ordiniert und dem dort seit 1832 tätigen älteren Ortspfarrer Theodor Gieseler als Pfarradjunkt mit dem Recht der Nachfolge in der Pfarrstelle zur Seite gestellt. Als Gieseler am 30. September 1884 in den

Ruhestand ging, wurde Kuhlo am 1. Oktober 1884 zum Pfarrer von Hüllhorst ernannt und fungierte außerdem in der Nachfolge von Heinrich Knolle als Präses des dortigen Jünglingsvereins sowie als Leiter des Hüllhorster Posaunenchors, der einen ungeahnten Aufschwung erlebte. Kurz darauf heiratete der junge Geistliche die Pastorentochter Anna Siebold (1862–1908) aus Schildesche, die ihm elf Kinder schenkte.[147]

Anna und Johannes Kuhlo

Seine eigentliche Lebensaufgabe und seinen bläserisch-geografischen Mittelpunkt fand Kuhlo jedoch in den v. Bodelschwinghschen Anstalten von *Bethel* bei Bielefeld. Dort tat sich mit dem bevorstehenden Ausscheiden von Pastor Hermann Stürmer, der Mitte der 1890er Jahre einen schweren Schlaganfall erlitt, eine schmerzliche Lücke in der Leitung der westfälischen Brudergemeinschaft Nazareth sowie des Betheler Posaunenchors auf, die v. Bodelschwingh noch vor dessen Weggang im Jahr 1896 zu schließen gedachte.

In seiner Ausschau nach einem Nachfolger, der die Leitung des Brüderhauses übernehmen könnte, geriet v. Bodelschwingh an Johannes Kuhlo. Kein Zufall, denn v. Bodelschwingh war mit der Familie Kuhlo schon lange befreundet, zudem fanden die Gauposaunenfeste seit 1887 in Bethel statt. Im Sommer 1891 eröffnete v. Bodelschwingh bei einem Besuch im Hüllhorster Pfarrhaus dem rührigen Gemeindepfarrer, dass er ihn zum Nachfolger von Stürmer als Vorsteher nach Nazareth holen wolle. Johannes Kuhlo wehrte jedoch ab mit dem Hinweis auf sein Versprechen an den sterbenden Eduard Kuhlo, dass er den Vereinen und der „musica sacra" mit den ihm von Gott verliehenen Gaben ein Leben lang dienen wolle. Von Bodelschwinghs Antwort dazu:

> „Das ist ja gerade ein Hauptgrund, warum du mir vor die Seele als rechter Nachfolger trittst; eben wegen deiner Beziehungen zu den Vereinen will ich dich ja gerade haben. Dort sollst du das Interesse für Bethel beleben und mir junge Menschen für Sarepta und Nazareth werben, und durch die musica sacra sollst du die Kranken ermuntern, sollst Bethel mit Lied und Lobgesang erfüllen. Für deine Bläser kannst du von Bethel aus viel besser sorgen. Da bekommst du viele Mitarbeiter an Gesunden und Kranken, hast ein Büro mit Hilfskräften, wohnst nahe bei einer Hauptstation der Eisenbahn."[148]

Was ließ Kuhlo zögern, das Angebot Bodelschwinghs anzunehmen? War es seine verborgene Bescheidenheit, wie sein Biograf Wilhelm Ehmann meinte? Oder handelte es sich um geheime Ängste, der neuen Aufgabe nicht gewachsen zu sein? Tatsache ist, dass sich Kuhlo nach dem Tod seines Vaters im März 1891 nun in die Verantwortung der Ravensberger Bläsersache hineingenommen wusste und dabei wohl noch nicht absah, was dies im Einzelnen für ihn bedeuten würde. Außerdem sorgte er sich um seine Gemeinde, denn er wollte sie unbedingt wieder in den Händen eines erwecklichen Pfarrers wissen, nachdem – wie Kuhlo selbst ausführte – „52 Jahre Hüllhorst mit einem ungläubigen Rationalisten vor mir gestraft gewesen"[149] war.

Von Bodelschwingh jedenfalls gab Kuhlo die Zeit zum Prüfen und Überlegen. Dies zeigte sein Brief vom 4. September 1891 an den Hüllhorster Pfarrer, in dem unter anderem Folgendes stand:

„Was Gott weiter tut, ob er uns mit sicherem Finger eine andere Persönlichkeit zeigt, oder ob er noch einmal zu Dir zurückweist, will ich still abwarten. Ich habe mit dir nur ein Verlangen: Seinen Willen erkennen und danach gehorsam handeln."[150]

Nachdem sich anderthalb Jahre nach der ersten Anfrage aus Bethel das preußische Konsistorium bereit erklärt hatte, Kuhlos Bruder Karl zu seinem Nachfolger in Hüllhorst zu benennen, konnte sich Kuhlo dem Ruf v. Bodelschwinghs nicht länger entziehen. Aus dem Landpastor wurde ein Anstaltspfarrer. Am 5. März 1893 wurde Kuhlo als zweiter Pfarrer der Zionsgemeinde und Vorsteher der Diakonenanstalt Nazareth eingeführt. Im Jahr darauf erhielt Kuhlo zwei fähige Mitarbeiter, die für einen guten Verlauf seiner Tätigkeit in Bethel beitragen sollten: Der Brüdergemeine-Prediger Karl Göbel (1857 – 1937) aus Sachsen wurde als zweiter Brüderpfarrer in Nazareth eingesetzt und der Nazareth-Diakon Friedrich Wunder erhielt eine Anstellung als Hausvater im Brüderhaus. Außerdem war Kuhlos Schwiegervater Karl Siebold (1818 – 1905), vormals Pfarrer in Schildesche, nach dem Ruhestand 1894 nach Bethel gezogen, um mit seinem Sohn Gangolf Siebold (1850 – 1938), vormals Pfarrer in Volmerdingsen und seit 1887 dritter Pfarrer in Bethel, vor allem unter der Schwesternschaft tätig zu sein. Nur weil diese Kollegen ihm „den Rücken freihielten", war es Kuhlo als Nazarethvorsteher möglich, öfters abwesend zu sein, um seinen vielfältigen Aufgaben im geistlichen Bläserwesen auch über Bethel hinaus nachzugehen.

Kuhlo betätigte sich in Bethel 1. als Anstaltspfarrer, indem er mit v. Bodelschwingh, Siebold und Göbel die Wortverkündigung und Sakramentsausteilung in der „Stadt der Barmherzigkeit" wahrnahm; 2. als Vorsteher des Brüderhauses, indem er Nazareth nach außen vertrat, sich am Unterricht beteiligte und den umfangreichen Reisedienst ausführte; 3. als Leiter der Anstaltspost, indem er ein eigenes Büro mit Schreibkräften unterhielt; 4. als Fremdenführer, indem er die Besuchergruppen durch die Anlagen führte und ansonsten die damit betrauten Mitarbeiter schulte; 5. als musikalischer Betreuer, indem er den Krankenchor als Frauen-, Männer- und Gemischten Chor leitete.

Vor allem aber ist der Name Johannes Kuhlos nicht nur in Westfalen, sondern weit darüber hinaus lebendig geblieben, weil in Bethel der Brüderhausvorsteher und der Posaunen-General zum „Spielmann Gottes" verschmolzen. Von Bodelschwingh sollte Recht behalten: Gerade sein neues Wirkungsfeld in Bethel ermöglichte Kuhlo eine weit gespannte Tätigkeit im Dienst der Bläsersache, wie sie als Gemeindepfarrer nicht möglich gewesen wäre. Aber auch Bethel selbst profitierte von den musikalischen Begabungen des blaskundigen Pfarrers. Nicht nur, dass er bei seinen Predigten auf der Kanzel oder bei seinen Krankenbesuchen am Bett sein Horn mitnahm, um mit seinen geblasenen Chorälen die Menschen zu erfreuen.

Kuhlo übernahm auch sofort den Bethel-Posaunenchor, der unter seiner Leitung zeitweise über 100 Bläser umfasste, darunter sogar Patienten und Angestellte. Kuhlo gliederte schließlich seine Bläsergruppe in zwei aufeinander abgestimmte Kreise auf. Ein Aspirant hatte im Posaunenchor II zu lernen; wollte er nun in den ersten Chor aufgenommen werden, musste der bereits blasende Neuling sich vor Kuhlo einer Einzelprüfung unterziehen, bei dem ihm mehrere Stücke zum Solovortrag vorgelegt wurden. Bestand er die Probe, musste er sich zunächst einen Monat lang im Posaunenchor I bewähren, bis er schließlich endgültig aufgenommen wurde. Dieses Modell, in dem sich schon die Zweiteilung Anfängergruppe – Großer Chor andeutet, ist heute fast überall in den Posaunenchören anzutreffen. Trotz der Zusammenfassung der gesamten Bläser im Großen Chor wurden in dieser Zeit auch viele kleinere Posaunenchöre, z. B. speziell für das Haus Nazareth oder das Haus Tabor, beibehalten.

In den Gottesdiensten, bei Beerdigungen, zu Ostern auf dem Friedhof, am Erntedankfest, auf Tagungen und Treffen erklangen die Blechblasinstrumente. Bethel wurde zur „blasenden Stadt", wie v. Bodelschwingh schrieb:

> „Wir fangen mit Posaunen an und schließen mit Posaunen; wenn einer der Brüder noch einen Posaunenchor einrichten kann, dann wird es noch schöner werden mit seinen Gemeindegottesdiensten."[151]

Und in der Tat: Nicht wenige von den 2.000 jungen Männern, die ihren Weg durch das Brüderhaus genommen hatten, gründeten später vor Ort einen Posaunenchor. Da viele von ihnen ein Blasinstrument spielen lernten, wurden sie zu musikalischen Multiplikatoren. Denn Nazareth wuchs ständig: 1903 waren es 303 Brüder, 1927 kurz nach dem Ausscheiden Kuhlos 520 Brüder. Entsprechend dem Wunsch v. Bodelschwinghs, auch außerhalb Bethels und seiner Teilanstalten Eckardtsheim, Freistatt und Hoffnungstal Posaunenchöre einzurichten, fanden sich zunehmend in ganz Deutschland unter der Anleitung der Nazareth-Diakone Bläser zusammen, wie z. B. im Krankenhaus Bremen oder im Waisenhaus Iserlohn. Mit Beginn der Missionsarbeit durch Bethel wurde der Bläsergedanke sogar bis nach Asien und

Afrika getragen: Es entstanden Posaunenchöre beispielsweise in Lutindi, dem Klein-Bethel Ostafrikas, sowie im Syrischen Waisenhaus in Jerusalem. Um die Jahrhundertwende existierten bereits ca. zehn bis 15 Posaunenchöre in den Kolonialgebieten, deren Instrumente durch Gemeinden, Missionsanstalten oder Privatpersonen gesponsert worden waren.

Bethel war durch Kuhlo zu einem der Hauptzentren der evangelischen Posaunenarbeit in Deutschland geworden, was Ehmann zu folgenden Ausführungen veranlasste:

„Die Gründungen der Inneren Mission boten bei ihrer geschlossenen Lebensform eine bevorzugte Möglichkeit, das Musizieren in einem industriellen Zeitalter ... sich bewähren zu lassen. Inmitten einer säkularisierten Landschaft waren sie – ähnlich wie die Klöster im Mittelalter – musikalische und liturgische Forschungsstätten, Strahlungspunkte."[152]

Johannes Kuhlo vor dem Hoftheater in Hannover

Ein Blick in die im 19. Jahrhundert sich vollziehende Entwicklungsgeschichte der Posaunenchorbewegung in Deutschland bestätigt diese Aussage: Was Bethel für Westfalen bedeutete, war das Stephansstift seit 1873 für Hannover, Neuendettelsau seit 1865 für Bayern, Carlshof seit 1882 für Ostpreußen, wenn auch in anderer Intensität und mit modifizierter Intention.

Ein tiefer Einschnitt in die Betheler Bläserarbeit bedeutete der Erste Weltkrieg. Allein aus Bethel waren 115 Chormitglieder einberufen worden, von denen 27 fielen. Kuhlo, der nach dem Tod seiner ersten Frau deren Schwester Else (1857–1933) am 4. November 1914 geehelicht hatte, warb daher um Bläsernachwuchs nicht nur bei den Diakonen, sondern auch unter Handwerkern und Lehrlingen, Schülern und Studenten, Patienten und Angestellten. Bethel wurde zu einer großen Verwundetenherberge mit vielen Einzel-Lazaretten. Kuhlo hielt die Bläserdienste trotz der erschwerten Bedingungen aufrecht: Bei den endlosen Transportzügen, die durch Bielefeld fuhren, stand er mit seinen Bläsern am Bahndamm und blies den Soldaten Choräle und Vaterlandslieder zu. Auch den großen Truppenübungsplatz im nahe gelegenen Sennelager suchte er auf und bereiste das Frontgebiet in Frankreich, wo er predigend und blasend von Truppe zu Truppe zog.

Nach dem Versailler Friedensschluss litt die Nazarether Bruderschaft noch Jahre später unter dem starken Aderlass: 400 Brüder zählte sie 1921, 100 weniger als vor dem Ersten Weltkrieg. So wurde die dringliche Frage nach der Nachwuchsgewinnung gestellt, für deren Aufbau der mittlerweile 65-jährige Kuhlo nicht mehr als der geeignete Mann galt. Eine Brüderversammlung votierte für die Suche nach einem Nachfolger, der schließlich in dem hannoverschen Pastor Paul Tegtmeyer (1886–1967) gefunden wurde. Am 7. Januar 1923 wurde Tegtmeyer, der seit 1921 die Heimvolkshochschule in Bethel geleitet hatte, als neuer Vorsteher der Brüderschaft begrüßt und Kuhlo nach fast 30-jähriger Tätigkeit in den *Ruhestand* verabschiedet. Seine Abschiedsrede glückte ihm nicht, ein Hauch von Missmut und Bitterkeit war darin zu spüren. Die Leitung des Betheler Posaunenchors übergab der Posaunen-General ebenfalls noch im gleichen Jahr an seinen von ihm so genannten Adjutanten Walther Duwe (1895–1992). Zwei Jahre später, am 31. Dezember 1925, trat Kuhlo auch als Betheler Anstaltspfarrer in den Ruhestand. In seinem Gesuch um Pensionierung vom 19. November 1925 heißt es am Schluss:

> „Den Rest meines Lebens und meiner Kraft möchte ich, wie ich meinem sterbenden Vater versprochen habe, der christlichen Vereinssache, besonders den Posaunenchören widmen."[153]

Kuhlo blieb als „Pastor i. U. d. u.", d. h. „Pastor in Unruh, dauernd unterwegs", wie er sich selbst bezeichnete, in Bethel wohnen. Dort nahm er als höchst aktives Gemeindeglied an den Betheler Gottesdiensten, Festen und Veranstaltungen weiterhin teil. Von Bethel aus bereiste er jetzt noch intensiver als vorher ganz Deutschland und darüber hinaus, war präsent bei Chorproben und auf Posaunentagen, wurde eingeladen zu Feierstunden und Bläserschulungen, engagierte sich im Reichsbeirat für Posaunenchöre, in der Evang. Posaunenmission Deutschlands und im Verband ev. Posaunenchöre Deutschlands, gab seine Liederbücher heraus. Trotz der vielen Auszeichnungen, die Kuhlo im Laufe seines Lebens erhielt – 1897 den Kronenorden IV. Klasse, 1908 das Lippische Ritterkreuz II. Klasse, 1917 die Rote-Kreuz-Medaille III. Klasse, 1926 die theologische Ehrendoktorwürde von der Erlanger Fakultät, 1936 die Wichern-Plakette –, blieb der westfälische Pastorensohn ein bescheidener Mann. Rüstig bis ins hohe Alter besuchte Kuhlo wenige Tage vor seinem Tod – am 11. Mai 1941 – das Herforder Kantatefest, zu dem sich mitten im Krieg 120 Bläser versammelt hatten. Als Johannes Kuhlo kurz darauf am 16. Mai 1941 an den Folgen eines Sturzes verstarb, versammelte sich am 20. Mai 1941 eine große Trauergemeinde aus Gesunden und Kranken in der Zionskirche in Bethel, um einem großen Mann das letzte Geleit zu geben. Pastor D. Friedrich von Bodelschwingh d. J. (1877–1946) konnte bei seiner Gedächtnispredigt am Sarg Kuhlos trotz der schwierigen Nachrichten- und Reisemöglichkeiten in der Kriegszeit über 400 Bläser begrüßen, die dem Patriarchen der westfälischen und deutschen Posaunenchorbewegung unter der Stabführung Duwes das „Valet" bliesen.[154]

3.2 Das überregionale Wirken Johannes Kuhlos in Westfalen

> „Man mag es bedauern, daß Johannes Kuhlo sich nicht um die organisatorische Form der Posaunenchöre bemüht hat. Die Möglichkeit zu systematischer Planung und eine an- und ausgleichende Haltung lagen nicht in seinem plötzlichen und selbstwilligen Wesen … Er kam nicht auf den Gedanken, Bläserpolitik zu machen, aber seine westfälische Gutmütigkeit und Gutgläubigkeit schützten ihn nicht davor, daß solche mit ihm gemacht wurde. Seine symbolische Gestalt gab der Bläserei in Deutschland lange Zeit immerhin das Bewußtsein der Zusammengehörigkeit."[155]

Ehmanns Ausführungen zu dieser Thematik sind nicht ganz vollständig, da Johannes Kuhlo sich nicht um die organisatorische Form der Posaunenchöre bemüht hat, wohl aber in ihr. Als sein Vater Eduard Kuhlo 1891 verstarb, wurde sein Sohn Johannes sofort einstimmig in das Amt des *Gaupräses* der Minden-Ravensberger Jünglings-, Jungfrauen- und Posaunenvereine nachgewählt. Obwohl dieser dem Westbund – vormals Rheinisch-Westfälischer Jünglingsbund – angeschlossene Kreisverband der Bundesleitung wegen seiner großen Selbstständigkeit ein Dorn im Auge war, fungierte Kuhlo gleichzeitig als Bundesposaunenmeister aller Posaunenchöre von Ostwestfalen bis zum Saargebiet. Das bedeutete, dass der „Spielmann Gottes", wie Kuhlo auch genannt wurde, ehrenamtlich die Bläsergruppen im größten und ältesten Jünglingsbund Deutschlands betreute, indem er Chorgründungen anregte, Chorbesuche machte, Chorschulungen anbot und Chortreffen durchführte. Seine Reisen führten ihn oft weit über das Gebiet des Westbundes hinaus.

Dass Kuhlo sich hierbei um die Erhaltung und den Ausbau überregionaler Organisationsstrukturen verdient gemacht hätte, kann man allerdings nicht behaupten. Im Gegenteil: Sein Amt als Gaupräses konnte er die ersten fünf Jahre von 1891 bis 1896 nicht intensiv wahrnehmen, da der Wechsel der Pfarrstelle ihn zeitlich und gedanklich in Beschlag nahm. In der Zeit des Ersten Weltkriegs ruhte das Verbandsleben vollständig, doch auch danach berief der Gaupräses so gut wie keine Treffen ein. Mit seinem Eintritt in den Ruhestand 1925 übergab Kuhlo die Leitung in die jüngeren Hände des Bielefelder Pastors Paul Knolle (1901 – 1954), der sich – ohne vom Vorstand dazu gewählt zu sein – als „Gaugraf" für die ostwestfälischen Belange im Westbund einzusetzen versuchte. Kuhlo hatte also letztlich nichts unternommen, den Minden-Ravensberger Gauverband am Leben zu erhalten – er schlief in den 1920er Jahren sang- und klanglos ein. Pastor Johannes Busch (1905 – 1956) versuchte in seiner Eigenschaft als stellvertretender Bundeswart im Westbund im Jahr 1935 das Amt des Gaupräses zu erneuern, was ihm aber von den Ravensbergern nicht mehr abgenommen wurde, weil es inzwischen offenbar überholt war.[156]

Kuhlo war allerdings nicht nur innerhalb des Westbunds, sondern auch reichsweit in die Bläserstrukturen eingebunden. Als Mitte der 1920er Jahre die Diskussion zur Gründung eines deutschen Posaunenchor-Verbandes einsetzte, gedacht als landeskirchliches Pendant zum freikirchlichen, seit 1909 bestehenden „Bund Christlicher Posaunenchöre Deutschlands", beteiligte sich der Patriarch der Bewegung nicht daran. Er schlug sich weder auf die Seite der föderalistisch-bündischen Kräfte, die verschiedene, dem Jungmännerwerk untergeordnete Landesverbände befürworteten, noch auf die Seite der zentralistischen Kräfte, die einen übergreifenden Zusammenschluss aller Posaunenarbeit betreibenden Vereinigungen forderten.

Obwohl sich der 1882 gegründete Reichsverband des Jungmännerwerks zunächst sträubte, begann man, die Arbeit nicht nur horizontal durch geografische Bünde – Westdeutscher Jünglingsbund, Süddeutscher Jünglingsbund, Ostdeutscher Jünglingsbund, Norddeutscher Jünglingsbund usw. – aufzugliedern, sondern darüber hinaus auch vertikal nach den verschiedenen Sparten oder „Unterabteilungen" wie Turner, Pfadfinder, Sänger, Bläser usw.

Die Reichsvertreterversammlung in Dassel beschloss am 17./18. April 1926 die Bildung eines „Reichsbeirats für Posaunenchöre im Jungmännerwerk Deutschlands". Dieser Reichsbeirat setzte sich aus einem Vorsitzenden, dem Reichswart, den Bundesposaunenmeistern sowie einzelnen in den Posaunenchören besonders tätigen Männern zusammen. Seine Aufgabe bestand in der Förderung der Posaunenchöre im Gesamtverband, in der Vertretung der Bläseranliegen innerhalb der Organe des Reichsverbandes sowie in der Veranstaltung von Kursen zur Förderung der Posaunenarbeit. Zum Vorsitzenden dieses Verbandes wurde Johannes Kuhlo gewählt, der nun den – allerdings mehr symbolischen – Titel *„Reichsposaunenwart"* trug.

In der Folgezeit hatte der Reichsbeirat gegen das Misstrauen von Seiten der Reichsleitung und der einzelnen Landesbünde anzukämpfen, die eine Beschneidung ihrer Kompetenzen und eine Verselbstständigung der „Posaunensache" befürchteten. Wichtig war dem von 1921 bis 1954 amtierenden CVJM-Reichswart Erich Stange (1888 – 1972), dass der Reichsbeirat satzungsgemäß in die Gesamtorganisation eingegliedert war und mehr als Arbeitskreis denn als eigenständige Organisation betrachtet wurde. Stange sah die Zentralisation als abgeschlossen an und wehrte sich gegen weitergehende Maßnahmen, weil eine Zusammenfassung durch das ganze Reich hindurch die Gefahr in sich trage, dass die Bundesleitungen ausgeschaltet würden. Speziell der Bundesvorstand des Westbundes befürchtete, dass ein Reichsposaunenverband, also ein neuer Querverband durch alle Bünde, zu einer weiteren Lockerung des Bundesgefüges und zu einer Herauslösung der einzelnen Posaunenchöre aus ihren Lokalvereinen führen würde. Der Bundesvorstand wandte sich deshalb gegen die Pläne von Reichssekretär Hero Lüst (1883 – 1945), der 1927 bei der Reichsvertreterversammlung in Nürnberg in einer kleinen Kommission Vorbereitungen zur Schaffung eines Reichsposaunenverbandes treffen wollte. Zugleich verwahrten sich die leitenden Männer gegen ein allgemeines Reichs-Posaunenfest, das die Chöre auf eine falsche Spur leiten würde. Kuhlo saß hier zwischen den Fronten, denn einerseits war er Vorsitzender des Reichsbeirats, andererseits hatte er als Bundesposaunenmeister des Westbundes auch dessen föderalistische Interessen zu vertreten.

1929 fand eine Tagung der „Arbeitsgruppe für Posaunenmission" auf der 13. Reichstagung in Stuttgart statt. Die Arbeitsgemeinschaft sprach der Reichsleitung gegenüber die dringende Bitte aus, für die Gründung und Pflege der Posaunenchöre einen besonderen Fachausschuss einzusetzen, der die Organisation der Posaunenchöre innerhalb der Bundesorganisation fördern könne. Der Reichsbeirat schien also bemüht, über sein bescheidenes Wirkungsfeld weitere Kompetenzen an sich zu ziehen. Allerdings konnte er nur Empfehlungen allgemeiner Art an die Posaunenchöre aussprechen, zur effektiven Gestaltung fehlten ihm die Möglichkeiten. 1932 gehörten dem Reichsbeirat neben Kuhlo der Essener Pastor Fritz Bachmann (1900–1961), der Nordbund-Agent und Redakteur der Bläserzeitschrift „Spielet dem Herrn" August Schröder (1876–1940), der Mecklenburger Bläserpionier Pastor Ernst Voß (1886–1936) und andere an. Auffallend ist das Fehlen von Vertretern der süddeutschen Jungmännerbünde Württemberg, Baden und Bayern sowie von Pommern, sodass von einer gesamtdeutschen Arbeitsgemeinschaft keine Rede sein konnte.[157]

Genauso argwöhnisch wie die Bestrebungen zur Bildung einer deutschlandweiten Bläservereinigung beobachtete man im Westbund Tendenzen zu einem Zusammenschluss der Posaunenchöre innerhalb des eigenen Bundesgebietes. Auch hier befürchtete man bei einer gewissen Selbstständigkeit Konflikte und separatistische Tendenzen. Dazu muss man Folgendes wissen: Die überwiegende Mehrheit dieser geistlichen Musikgruppen innerhalb der Landeskirchen fungierte als „Unterabteilung eines Jünglingsvereins" und war deshalb innerhalb der deutschen Jünglingsbünde (Nordbund, Westbund, Ostbund, Hessenbund, Südbund, Bayerischer Bund, Sächsischer Bund, Thüringischer Bund, Schlesischer Bund, Oberrheinischer Bund, Elsässischer Bund usw.) organisiert. Die Posaunenchöre wurden daher von den hauptamtlichen „Agenten" besucht und nebenher betreut und bei eigenen Posaunenfesten sowie bei Bundesfesten von einem ehrenamtlichen Bundesdirigenten angeleitet, ihre Belange auf den Sitzungen der Bundeskomitees besprochen. Wo immer eigene Organisationsformen für die Bläser im Entstehen waren, trafen sie auf die bereits bestehenden Strukturen der Jünglingsbünde.

Der Wunsch nach stärkerer Vernetzung in überschaubaren Regionen fand besonders in Niedersachsen Ausdruck. Hier verfolgte Pastor Otto Strecker (1851–1927) vom Ev. Verein Hannover konsequent den Weg in Richtung eines eigenen Verbandes. 1893 bewegte er den Vorstand, mit Diakon Karl Sauer (1860–1937) den ersten hauptamtlichen „Posaunenwart" in der Geschichte des neuen geistlichen Bläserwesens einzustellen. Fünf Jahre später schlug dann die Geburtsstunde des „Gesamtverbands Hannoverscher Posaunenvereine", dem 103 Chöre beitraten. Vom Hessenbund losgekoppelt bildete sich der „Kirchliche Posaunenchorverband Oberhessen", der im Jahr 1906 in Lang-Göns durch neun oberhessische Posaunenchöre gegründet wurde. Innerhalb des Bayerischen Jünglingsbundes verblieb zunächst der 1912 in Würzburg entstandene Bayerische Posaunenchorverband mit ca. 25 Posaunenchören, bis er 1921 mit der Gründung des „Verbandes evangelischer Posaunenchöre in Bayern" in Nürnberg den Weg in die Selbstständigkeit antrat.[158]

Dass es im Westbund und speziell in Westfalen nicht zu ähnlichen Entwicklungen wie in Hannover, Bayern oder Hessen gekommen ist, lag vermutlich an Kuhlo, der als „Übervater" der Posaunenchorbewegung nicht die Notwendigkeit einer stärkeren Zusammenführung und professionelleren Betreuung sah. Er wirkte in den Strukturen, die er vorgefunden hatte, und konzentrierte sich weniger auf den organisatorischen als mehr auf den musikalischen Bereich, wo unzweifelhaft seine großen Stärken lagen. Als vom Bundesvorstand berufener ehrenamtlicher *Bundesposaunenmeister* war Kuhlo für alle Posaunenchöre der Jünglingsvereine im Westbund ebenso zuständig wie für die musikalische Leitung der Bläser bei den jährlichen Bundesfesten. Bläserfragen, die Literatur, Schreibweise usw. betreffend, besprach Kuhlo mit anderen Ehrenamtlichen in dem von der Bundesvertretung eingesetzten Bundesausschuss für Posaunenfragen, der allerdings nur beratende Funktion hatte und sich nicht direkt an die Chöre wenden konnte – dies oblag einzig dem Bundesvorstand selbst. Kuhlo, ganz Alleinunterhalter, hatte kein großes Interesse daran, hauptamtliche Mitarbeiter für die westfälischen Chöre zu gewinnen. Er stand schon als Diakonenausbilder in Nazareth mit der Bürokratie auf Kriegsfuß; bei langen Verwaltungsbesprechungen fing er an, Noten zu schreiben. Von daher war an einen planmäßigen Auf- und Ausbau einer Berufsarbeiterbelegschaft im westfälischen Bläserwesen unter seiner Ägide im Unterschied zu anderen Landesverbänden nicht zu denken. Interessant ist dabei allerdings ein Vorgang vom Februar 1922, als der Bundesvorstand des Westdeutschen Jungmännerbundes bei v. Bodelschwingh d. J. den Vorstoß machte, Kuhlo nach seiner Pensionierung als hauptamtlichen Bundesposaunenwart für ein Jahr anzustellen, ohne dass aber finanzielle Lasten entstehen dürften. Von Bodelschwinghs Antwort an Paul Humburg (1878 – 1945), Bundeswart des Westbundes von 1921 – 1929, fiel von der Sache her positiv aus, allerdings stellte der Betheler Leiter die Bedingung, das Gehalt Kuhlos vom Westbund aus zu übernehmen, sodass das Vorhaben an finanziellen Differenzen scheiterte.

Die Stellung der Bläserchöre innerhalb des Westbundes stellte sich in der Kuhlo-Ära daher wie folgt dar:

> „Der Bund besteht aus 3 Schichten. Die breite Grundlage bilden die Vereine des Westbundes. Ihre Satzungen stimmen dem Geiste nach und im Wesentlichen in ihren Bestimmungen mit der Normalsatzung überein. Auf dieser breiten Grundlage baut sich die 2. Schicht auf, die Kreisverbindungen, zurzeit 52 im Westbund, mit Kreisvertretung und Kreisvorstand. Über den Kreisverbindungen erhebt sich als letzte und schmalste Schicht der ‚Bund' mit Bundesvertretung und Bundesvorstand. Als Nebenzweige gab es früher die Soldatenmission.

Sie ist dahin. Anders ist es um die Turnsache. Man hat früher geglaubt, die Turnabteilungen ohne besonderen Zusammenschluß nur den Vereinen und Vereinsvorständen unterordnen zu können. Aber die Macht, die in dieser Bewegung steckt, hat sich mit Gewalt Bahn gebrochen und zu einem Zusammenschluß im Turnverband des Westdeutschen Jünglingsbundes geführt. Eine weise Oberleitung mußte bei diesem Werdegang vor allem eines verhüten, daß die zentrifugalen Kräfte in dieser Bewegung nicht zu einer Loslösung vom Bund führten. Das ist erreicht worden. Die im Westbund noch in den Anfängen stehende Pfadfinderbewegung erstrebt eine ähnliche Ausgestaltung. Zu einem besonderen Zusammenschluß der Posaunenchöre ist es in ganz loser Form nur im Ravensberger Land gekommen."[159]

Die letzte Aussage muss allerdings etwas relativiert werden, denn auch im Siegerland hatte sich auf westfälischem Boden eine Posaunenchorvereinigung gebildet. Nachdem in den 1880er Jahren in etlichen Dörfern des Siegerlandes Chöre entstanden waren, wurde der Wunsch nach einem eigenen Posaunenfest immer lauter. So fand 1893 das erste Siegerländer Posaunenfest im Weidenauer Vereinshaus statt, an dem unter der Leitung von Karl Vitt, Chorleiter in Weidenau, etwa 60 Bläser mitwirkten. Ein Jahr später folgte in Ernsdorf das zweite Posaunenfest, wobei die Leitung ebenfalls in den Händen der örtlichen Chorleiter lag. Im Jahr 1898, als es im Siegerland bereits 250 Bläser gab, baten die Chöre den damals 23-jährigen Lehrer Heinrich Klein (1875 – 1957) aus Weidenau, die Zusammenarbeit der Chöre zu fördern und den Chorleiterdienst als Kreisdirigent zu übernehmen. Dieses Datum gilt als Geburtsstunde der „Posaunenvereinigung Siegerland", die beispielsweise 1906 ein Posaunenfest in Oberschelden mit 400 Bläsern veranstaltete.

Der rührige Pädagoge gab auch noch vor dem Ersten Weltkrieg im Auftrag der Siegerländer Jünglingsvereine das Heft „Siegerländer Marschlieder" heraus. Die Sammlung von 50 Liedern wie „Danket dem Herrn", „Geh aus mein Herz", „Das Wandern ist des Müllers Lust" im Marschtempo erlebte bis 1950 verschiedene Neuauflagen und wurde auf 60 Lieder in 31 Nummern und um einen Anhang geistlicher Lieder erweitert. Im Vorwort betonte Klein, dass die Posaunenchöre der Jünglingsvereine zwar grundsätzlich keine Märsche spielten, jedoch Lieder, die sich im Blick auf Text und Melodie für einen Marsch eigneten. Dass man sich einer gewissen Gefahr durchaus bewusst war, belegt auch die Bestimmung in der damaligen Satzung der Posaunenvereinigung, die den Mitgliedschören den Gebrauch der Pauke und der großen Trommel strikt untersagte. Am 24. Juni 1923 feierte dieser Verband, der damals an die 1.000 Bläser umfasste, sein 25-jähriges „Jubelfest" in Weidenau unter der Leitung von Klein.

So gab es außer in Minden-Ravensberg nur noch im Siegerland einen aktiven Kreisverband, der sich in besonderer Weise der Bläsersache annahm.[160]

Doch all dies hat den „Bundesposaunenmeister" des Westbundes nicht übermäßig interessiert, denn wichtiger als die Gremienarbeit in Sitzungen und Konferenzen waren Kuhlo die praktischen Betätigungen auf dem Feld des geistlichen Bläserwesens. Drei Schwerpunkte setzte Kuhlo in seiner überregionalen Arbeit für Westfalen – und darüber hinaus: die Bläserschulungen, die Bläserauswahlgruppen und die Bläsertreffen.

Zu den *Bläserschulungen*: Kuhlo war nicht der Erste, wie Ehmann behauptete, der einen Lehrkurs für Chorleiter und fortgeschrittene Bläser angeboten hätte. Bereits im Januar 1905 wurde vom Oberrheinischen Jünglingsbund in Karlsruhe an einem Wochenende ein „theoretisch-praktischer Instruktionskurs für die Dirigenten und geübteren Bläser der Posaunenchöre" durchgeführt. Kuhlo selbst begann sechs Jahre später mit Bläserschulungen:

Von Mitte Januar bis Mitte Februar 1911 fand eine längere Freizeit dieser Art in Bethel statt, ein vierwöchiger Helferkurs, wie er offiziell hieß. Mehrere Dozenten wirkten mit, der Verein für Innere Mission trug die Kosten für Unterbringung und Lehrpersonal, der zu Hause anfallende Lohnausfall wurde aus den örtlichen Kirchenkassen bestritten. Die eine Hälfte des Tages wurden die Teilnehmer zum Dienst in den Betheler Krankenabteilungen abgestellt, die andere Hälfte wurden sie durch Kuhlo im Singen und Blasen sowie durch einen Schulrektor im Harmoniumspielen unterrichtet. Schließlich widmete man sich noch der Vertiefung in Gottes Wort.

Angesichts dieses volkshochschulähnlichen Tagesablaufs konnte dem Musikalisch-Bläserischen natürlich wenig Aufmerksamkeit zukommen. Anlässlich einer Gauversammlung der Minden-Ravensberger Jünglings-, Jungfrauen- und Posaunenvereine im Dezember 1911 in Herford wurde der Helferkurs kritisch reflektiert. Ein Teilnehmer aus Hüllhorst meinte, man könne das Harmoniumspielen sowie den Deutschunterricht kürzen. Die Betheler Lehrgänge wurden dann jährlich zur gleichen Winterzeit bis zum Kriegsausbruch 1914 fortgeführt, danach folgte eine längere Unterbrechung. Erst vom 27. bis 31. Dezember 1922 fand in Bethel unter reger Beteiligung wieder ein Kurs für Posaunenchorleiter statt, nun reduziert auf eine knappe Woche. Der Kurs war in zwei Bereiche aufgeteilt, zum einen in die technische Fertigkeit im Dirigieren und die Einführung in die Choralmusik, wofür Kuhlo zuständig war, zum anderen in die Vertiefung in Gottes Wort und in die Spezifika der Posaunenchorarbeit, wofür andere Referenten in Aktion traten. Jeder Tag wurde durch Bibellesen und Andacht eingeleitet, die Chorleiter lauschten dem Vortrag von Bundesgauwart A. Selberg zu dem Thema „Welche Bedeutung haben die Posaunenchöre für unsere Vereine?", hörten sich die Ausführungen des Instrumentenmachers David über die Behandlung der Blechtongeräte an und beteiligten sich an Weihnachtsfeiern und Familienabenden.[161]

Ein zweiter Schwerpunkt der überregionalen Bläserarbeit Kuhlos lag im Bereich des *Sonderchorwesens*. Bereits 1871 hatte sich Kuhlo mit dreien seiner besten Bläser aus dem Gütersloher Gymnasialposaunenchor zu einem Quartett zusammengetan, das er zwei Jahre später zum Sextett erweiterte. Mit ihm bereiste er die Gemeinden rings um Gütersloh bis ins hannoversche Land. Darüber hinaus pflegte der Posaunengeneral mit seinen Söhnen ein bläserisches Soloquartett, das in den Jahren seines Bestehens (1903–1914) weit über den Familienrahmen hinaus wirkte; z. B. führte es 1904 eine Tournee durch Skandinavien. Es war aus den drei Söhnen Kuhlos Werner (Sopran-Flügelhorn), Hans (Tenor-Waldhorn) und Martin (Bass-Euphonium) gebildet sowie Walter Koopmann (Alt-Flügelhorn). Kuhlo selbst blies gelegentlich den Tiefbass mit dem Helikon oder ergänzte mit seinem Flügelhorn die erste Stimme. Dieses Vorbild machte in Bethel Schule, und so formierten sich vor dem Ersten Weltkrieg noch die Solo-Bläserensembles der Familien Duwe, Heienbrok und Siebold. Bisweilen musizierten auch die Familienposaunenchöre miteinander, so beispielsweise bei einem Konzert am 4. November 1912 in Amsterdam, wo bei einem „Deutschen Volksliederabend" die Familien Kuhlo und Siebold abwechselnd als Posaunen-Sextett, Gemischtes Quartett und Waldhorn-Quartett auftraten.

Zum bedeutendsten Sonderchor mit Sitz in Bethel avancierte jedoch das Kuhlo-Horn-Sextett. Von 1920 bis 1931 war es an nahezu jedem Wochenende und in allen Ferientagen zu Bläserfesten und Feierstunden auf Reisen – in einem Jahr wirkte es beispielsweise allein bei 26 Weihnachtsfeiern mit. Es machte Kuhlos Klang-, Musizier- und Literaturideale weit über Westfalen hinaus bekannt. 1920 formierte sich diese Gruppierung aus jugendlichen Angehörigen der Betheler Pfarrer- und Diakonenfamilien mit Wilhelm Hünerhoff (1. Stimme, Flügelhorn), Wilhelm Ehmann (2. Stimme, Flügelhorn), Karl Kraa (3. Stimme, Flügelhorn), Gerhard Ehmann (4. Stimme, Waldhorn), Traugott Kuhlo (5. Stimme, Bariton) und Hermann Siebold (6. Stimme, Tuba). Kuhlo selbst übernahm mit seinem Flügelhorn die obligaten und die solistischen Stimmen. Kurz nach der Bildung dieser Besetzung wechselte Walther Duwe an die Stelle von Wilhelm Hünerhoff in das Kuhlo-Sextett über, um fortan die erste Stimme zu besetzen. An Literatur wurden die vier

Kuhlo-Bücher, die Choralausgaben von Salomon Kümmerle sowie die Volksliedersammlungen von Ignaz Heim benutzt. Das Kuhlo-Horn-Sextett traf sich zweimal wöchentlich zur Probe und bereiste nicht nur Westfalen und Deutschland; Konzertreisen führten die Bläser durch halb Europa, von Moskau bis London, von Paris bis Helsinki. Bereits Mitte der 1920er Jahre nutzte das Kuhlo-Horn-Sextett das damals moderne Medium Rundfunk, sodass es zu Übertragungen aus Münster, Berlin, Kopenhagen, Breslau usw. kam. 1928 traten als weiteres Medium drei Schallplatten hinzu, die mit der Unterstützung von Adolf Strube (1894 – 1973), dem damaligen Mitarbeiter im Ev. Presseverband, eingespielt wurden. Höhepunkt war der Auftritt bei der Weltkonferenz der Jungmännervereine in Helsingfors 1927 vor 1.500 Delegierten aus 50 Nationen mit einer Besetzung von zehn Mann, zusammengestellt aus Kuhlo-Horn-Sextett und Duwe-Familien-Quartett, in der zur Bass-Verdoppelung zwei Tuben mitbliesen.

Die Pressestimmen zu den musikalischen Darbietungen überschlugen sich dabei förmlich, wie die Kritik des „Bayreuther Tagblattes" zur Bayern- und Sachsen-Tournee des Ensembles im August 1924, der den „herrlichen

Kuhlo-Horn-Sextettt 1928
von links nach recht: Karl Kraa, Walther Duwe, Wilhelm Ehmann,
Johannes Kuhlo, Traugott Kuhlo, Hermann Siebold, Gerhard Ehmann

Kunstgenuß, die weichen, schmelz-flüssigen Klänge, voll Anmut und Innigkeit, von einer nie gehörten Reinheit und Leichtheit in der Tongebung in tiefen und hohen Lagen" lobend hervorhob.

Kuhlo legte dabei im Rahmen der Sonderchor-Aktionen die Grundlagen zur Entwicklung des Typus der „Musikalischen Feierstunde", ausgehend von der neupietistischen Andacht und dem weltlichen Potpourri. Er erstellte dazu durch die Aneinanderreihung von Kirchen- und Volksliedsätzen ein abendfüllendes Programm, das unter einer Leitidee stand wie z. B. dem Kirchenjahr oder einem Bibel- bzw. Liedvers. Im Posaunenbuch III brachte Kuhlo die „Ordnung einer Kirchenmusik des Kuhlo-Horn-Sextetts" mit 23 Liedern in 26 Kleinst-Sätzen hintereinander unter dem Titel „Ein Gang durchs Kirchenjahr". Damit sich das Ganze nicht in eine unverbindliche Stimmung auflöste, sollte an die Stelle von musikalischen Überleitungen vor jedem Lied die feierliche Verlesung der Strophen treten. Ergänzt wurde dies durch erläuternde Bemerkungen über die Beziehung von Text und Ton und die Rezitation eines kirchenjahreszeitlich passenden Bibelspruches. Dadurch, dass die Zwischenräume mit Lesungen und Erläuterungen ausgefüllt wurden, erreichte der Liedmissionar seine evangelistisch-erbaulichen Zielsetzungen, denn nach seiner Ansicht konnte Musik ohne Text nur Stimmungen auslösen, mit Text aber „heilige Willensentschlüsse". Gleichzeitig erzielte er den Nebeneffekt, dass die Bläser Zeit hatten, Ansatz und Konzentration zu sammeln und die Instrumente vom Wasser zu befreien. Als weitere Möglichkeiten, die für die Abwechslung dieser Bläsermusiken sorgten, schlug Kuhlo zur Entspannung neben den Lesungen u. a. bläserisches Solospiel sowie Chor- und Gemeindegesang vor.

Die musikalischen Feierstunden Kuhlos waren durch den Verzicht auf krasse Überleitungen, durch das Spielen verschiedener Sätze zur gleichen Melodie, durch die Zusammenfassung der Lieder unter eine bindende Idee den Potpourris der Unterhaltungskapellen seiner Zeit weit überlegen. Dennoch stellte Ehmann als Mängel fest: Erstens fungiere das Blasen als bloßer Sprechersatz, wobei der Hörer ständig bei der Musik den Text mitdenken müsse. Zweitens sei diese Musizierform der Gefahr der Willkür ausgesetzt, weil Ablauf und Auswahl beliebig in die Hand des Leiters gelegt sind. Drittens blieben die Lieder-Folgen, aller künstlerischer Bereinigung und Bereicherung zum Trotz, unverbindliche, stereotype Potpourris. Bei aller berechtigter Kritik, aller veränderter Form, allem ausgetauschtem Inhalt wird die Grundidee Kuhlos bis heute genutzt, ob sich die bläserische Veranstaltung nun Serenade, Geistliche Abendmusik, Kirchenkonzert oder Liederbibelstunde nennt.[162]

Den dritten bläserischen Schwerpunkt im Bethel der Kuhlo-Ära bildeten die *überregionalen Bläsertreffen*. Als Eduard Kuhlo 1891 verstarb, stagnierte zunächst die Reihe der Gaufeste, weil sein Sohn Johannes wegen seines Stellenwechsels keine Zeit fand. Erst am Trinitatis-Sonntag 1895 griff Kuhlo die Tradition seines Vaters wieder auf. Er wählte als Thema des Tages ganz bewusst das Motto „Ein Loblied der heiligen Dreifaltigkeit", denn er wollte in dem seit 1892 schwelenden Apostolikumsstreit in der ev. Kirche Position beziehen. Bis 1939 hielt Kuhlo, später mit Duwe zusammen, 33 Gau-Posaunenfeste in Bethel ab, unter denen besonders das 18. Gauposaunenfest vom 15. Juli 1906 herausragt:

20.000 Besucher, 1.000 Bläser und 3.000 Sängerinnen und Sänger kamen im Walddom der v. Bodelschwinghschen Anstalten zusammen. Die bereits am Vortag angereisten Bläser hatten ihr Quartier in den Häusern der Langzeitpatienten. Der Vormittagsgottesdienst um 10 Uhr wurde durch eine von den Bläsern vorgetragene Motette eingeleitet. Danach sangen die Männer und Frauen der Gemeinde im Wechsel und sprachen die Liturgie, gefolgt von einer Predigt v. Bodelschwinghs. Nach dem gemeinsamen Vaterunser und dem Segen ging man zum Mittagessen auseinander. Um 13.30 Uhr traf man sich zur Nachfeier mit dem Thema „Moses vorbildlicher Glaube", das in den beiden Festansprachen der Pastoren Lepsius und Emil Seippel (1861–1912) und in den Darbietungen der Bläser und Sänger entfaltet wurde. Ein Nachteil der Gau-Posaunenfeste bestand allerdings darin, dass sich neben ihnen in Westfalen keine Tradition regelmäßiger Landesposaunentage herausbilden konnte, wie dies für Württemberg, Baden, Hannover, Sachsen und andere Gebiete selbstverständlich wurde.

Darüber hinaus veranstaltete Kuhlo als „westfälische Besonderheit" in den Jahren 1896 bis 1900 vier große Kaiserhuldigungen für Wilhelm II. (1859–1941) mit Tausenden von Bläsern, Ausdruck seines leidenschaftlichen und zugleich naiven Monarchismus. Ein patriotisches Lied nach dem anderen – wie „Die Wacht am Rhein" und „Deutschland, Deutschland über alles" – ließ Kuhlo zu Ehren seines „geliebten Herrschers" auf diesen vaterländischen Massenfesten erklingen. Dass der Kaiser, für den deutschnationalen Posaunen-General nach Gott die höchste Autorität, ihm dabei mehrmals eine Audienz gewährte, zählte der Landpastor zu den Höhepunkten seines Lebens. In welcher Euphorie und Ergebenheit Kuhlo einen riesigen organisatorischen Aufwand betrieb, nur um Menschen zu ehren, entgegen seinem eigenen Dienstverständnis – auch wenn damals Gott, Kaiser und Vaterland eng zusammengehörten –, ersieht man aus seinem Kommentar zur Huldigungsfeier am 18. Oktober 1896 bei der Einweihung des Porta-Denkmals in der Nähe von Minden:

„Und wenn es nun so war, wie es vielen schien, daß Se. Majestät der Kaiser so fröhlich dreinschaute, als er von den Posaunenbläsern zurückkehrte, wenn also es uns gelungen ist, unserem treu und fest geliebten Landesvater und unserer treuen Landesmutter einen Freudenschein aufs Angesicht und eine Erquickung ins Herz zu blasen, so macht uns das unendliche Freude, und alle vorausgegangene Mühe ist reichlich belohnt ..."[163]

Dabei war es im Vorfeld zu kritischen Äußerungen in der Presse gekommen, als bekannt geworden war, dass Kuhlo mit seinen Posaunenchören versuchte, eine Einladung für die Einweihung des westfälischen Provinzialdenkmals zur erhalten: „Was es mit diesen 700 ‚Posaunen' für eine Bewandtnis hat, will ich Ihnen gern verraten. Die ‚evangelischen Jünglingsvereine' auf den westfälischen Dörfern unterhalten zum Zweck des Choralblasens kleine Blechbläser-Ensembles. Diese bäuerlichen Dilettanten-Kapellen heißen sich ‚Posaunenchöre', obgleich in dem Ensemble fast nie eine Posaune sich vorfindet."[164] Statt der erwarteten 700 Bläser kamen 1.300, sodass Kuhlo eine Auswahl unter ihnen vornehmen musste und nur die 900 Besten zur Huldigung zuließ. Weil der Posaunen-General seine „Jungens" so gut „einexerziert" hatte, riefen sie mit ihren Leistungen das Wohlwollen des Kaisers und seines Gefolges hervor. Die Zeitungen revidierten nach der erfolgreichen Teilnahme der 1.300 Bläser an der Einweihungsfeier ihr Urteil:

„Wir spöttelten über die Posaunenbläser bis zum letzten Augenblick, aber wir haben sie verkannt ... Es wurde sehr rein geblasen, so dass die Wirkung eine mächtige war."[165]

Als das Kaiserehepaar am 18. Juni 1897 Bethel besuchte, war das für Kuhlo willkommener Anlass zu einer erneuten „Heerschau" der dem Hohenzollernhaus treu ergebenen Bläser- und Sängerchöre. Die ganze Nacht hatte der rührige Pastor die Bänke selbst beklebt, damit die um 6 Uhr morgens ankommenden Vereine ihre Plätze finden konnten. Bei 6.240 Sängerinnen, 4.360 Sängern und 2.000 Bläsern war das kein geringer Aufwand. Zweieinhalb Stunden benötigte Kuhlo, bis alle sich richtig aufgestellt hatten. Er selbst stand hoch oben an einer Buche, in der einen Hand sein Flügelhorn, in der anderen sein selbst erfundener Taktstock mit Messingoberteil, dessen Glitzern bis in die letzten Reihen sichtbar war. Vor der großen Festversammlung, die auf 30.000 Personen geschätzt wurde, trugen zuerst die Bläser ihre Stücke vor, danach die „Jünglinge" und zum Schluss die „Jungfrauen". Das Programm war ganz auf das Kaiserehepaar abgestimmt: Zur Begrüßung ertönte ihr Trauungschoral „Jesu, geh voran", zur Erinnerung an Kurfürstin Henriette Luise „Jesu, meine Zuversicht", in memoriam an Kaiser Friedrich III. (1831 – 1888) „Die Blumen und das Laub" und zuletzt der Choral „Nun danket alle Gott", der am 18. Juni 1815 auf dem Schlachtfeld von Waterloo von den siegreichen preußischen Truppen angestimmt worden war. Am Nachmittag fand noch ein weiteres „Gesang- und Posaunenfest" mit eingeschobenen Ansprachen statt, die nach dem dreifachen Gesichtspunkt geordnet waren: „Gott in der Natur", „Gott im Reiche der Gnade" und „Gott im Reiche der Herrlichkeit".

Ehmann hat Kuhlos Hang zum massierten Aufmarschierenlassen von Bläsern vor allem in zweierlei Hinsicht kritisiert. Erstens im Hinblick auf die Gefahr von Sensationsgelüsten und Effekthascherei: Zwar könnten solche Bläserveranstaltungen ein vielfältiger Erziehungs- und Werbefaktor sein, bedenklich sei jedoch, wenn der Massenaufmarsch zum Selbstzweck würde. In der Tat war bei Kuhlo eine gewisse Neigung zur Rekordsucht, denn er berichtete in seinen „Posaunen-Fragen" unter der bezeichnenden Überschrift „Vom Segen der Posaunenchöre" ausführlich über derartige Mammuttreffen, auf denen der Posaunen-General gleichsam seine Heerschau abhielt. In kindlicher Begeisterung hob er dabei immer wieder die Teilnehmerzahlen hervor, auf die er großen Wert legte, als ob im Reich Gottes Quantität das Entscheidende sei.

Zweitens im Hinblick auf die musikalisch-künstlerische Seite: Hier gab Ehmann zu bedenken, dass eine Musik, die ursprünglich für ein Quartett oder einen Doppelchor geschrieben worden sei, nicht besser würde, wenn einige hundert Spieler über sie „herfallen" würden. Doch eben dies hatte Kuhlo behauptet:

> „Nun folgte … der Jerichomarsch aus dem ‚Josua' von Händel, mit dem dort die Mauern der Feste zu Fall gebracht worden. Erst bei dieser Besetzung und dieser Tonmasse kam es recht zu Tage, was Händel doch für ein gottbegnadeter Musiker gewesen. Die prachtvollen Akkorde dieses Marsches dringen auf die Zuhörer ein mit einer Wucht, die alles ohne weiteres niederreißt."[166]

In der Tat kann hier eine Komposition zum „erdrückenden Mauerbrecher" werden, wobei es laut Ehmann bei der älteren Musik nicht auf Klangdicke oder Harmoniemassen, sondern auf die Linienzeichnung ankomme. Zwar vertrage sich der Stil Händels am ehesten mit einer Klangverstärkung, doch habe bei solchen Kolossalbesetzungen der musikalische Aspekt immer zu leiden. Von daher solle man diese klanglichen Massierungen weniger unter musikalischem Gesichtspunkt betrachten, sondern sie mehr als „Volkskundgebungen" ansehen.

Kuhlo führte noch zwei weitere Kaiserhuldigungen durch, die erste im Herbst 1898 an der Weserscharte beim Kaisermanöver mit ca. 1.600 westfälischen Bläsern, wo er mit seinem Bruder auch ein Duett blies und später von Wilhelm II. erneut zu einem kurzen Gespräch empfangen wurde; die zweite 1900 auf der Sparrenburg bei Bielefeld mit ca. 1.000 Trompetern, Hornisten und Posaunisten. Da diese Feiern nicht ganz so spektakulär ausfielen wie die ersten beiden, erwähnte sie Kuhlo in seinem Buch „Posaunen-Fragen" nur ganz kurz.

Dazwischen fand eine weitere Kaiserehrung statt, die nicht vom „Posaunen-General" verantwortet wurde: Am 12. August 1899 hatten sich ungefähr 350 Bläser aus 30 Posaunenchören der Grafschaft Mark unter der Leitung von Pfarrer Georg Morgenstern (1865–1944) in Dortmund in der Nähe des Denkmals von Kaiser Wilhelm I. (1797–1888) eingefunden, um dessen Sohn anlässlich seines Besuchs des Dortmund-Ems-Kanals mehrere Stücke vorzutragen. Auch hier bestellte der Monarch den Leiter zu sich, lobte den weichen Klang der Instrumente und erkundigte sich nach Zusammensetzung und Unterhalt der Chöre. Nachdem er auf seinen Säbel gestützt dem Choral „Ein feste Burg" zugehört hatte, bestieg er unter den Hochrufen der Bläser seinen Wagen und dankte ihnen.

Kuhlo dirigierte in seiner Eigenschaft als Bundesposaunenmeister auch die Hundertschaften von Bläsern bei den jährlichen Bundesfesten des Westdeutschen Jünglingsbundes und verknüpfte es mit seinem Amt als Gaupräses, wie der folgende Vorgang belegt: Als die 50-Jahr-Feier des Westbundes anstand, beschloss die Gauversammlung der 26 Minden-Ravensberger Vereine unter Kuhlo im März 1898, mit einem Extra-Zug von Posaunenchorbläsern anzureisen, da Minden-Ravensberg den Bund mitbegründet habe. Überschattet wurde die Kuhlo-Ära vom Ersten Weltkrieg, der die Bläserarbeit in Westfalen wie in vielen anderen Gegenden Deutschlands fast vollständig zum Erliegen brachte. Viele Posaunenchöre stellten in den Jahren von 1914 bis 1918 ihre Tätigkeit ein, sodass kaum noch Kurse oder Posaunenfeste abgehalten oder neue Literatur herausgegeben wurde. Dies lag zum einen daran, dass nicht wenige Bläser zum Militär eingezogen worden waren; ein anderer Grund bestand darin, dass man damals der Meinung war, der Krieg könne nur von kurzer Dauer sein, sodass eine Unterbrechung ohne weiteres in Kauf genommen werden könne. Es sollte ein über vierjähriger Irrtum sein. Die schwierigen Anfangsbedingungen in den Anfängen der Weimarer Republik – es fehlte an geeigneten Chorleitern, an günstigen Instrumenten usw. – führten dazu, dass erst Mitte der 1920er Jahre die Chor- und Bläserzahlen in Westfalen das Niveau der Vorkriegszeit erreicht hatten. Auch kam die zweite Gründungswelle von 1920 bis 1929 nicht an die Zahl der Posaunenchor-Neugründungen von 1890 bis 1910 heran. Nach dem Ersten Weltkrieg war nicht nur die „gute alte Zeit" unwiderruflich dahin, auch brach mit den neuen Ideen und Bestrebungen führender Männer in der Posaunenchorbewegung die „Götterdämmerung" für die Kuhlo-Ära an.[167]

3.3 Das Posaunenchormodell Johannes Kuhlos

Ohne die Bedeutung anderer Persönlichkeiten der Aufbruchsepoche des geistlichen Bläserwesens in Deutschland wie August Bernd Ueberwasser (1866 – 1925) oder Adolf Müller (1876 – 1957)[168] schmälern zu wollen, muss man doch sagen, dass keiner von ihnen in dieser Universalität und Genialität sämtliche Aspekte der Posaunenchorarbeit theoretisch durchdacht und praktisch umgesetzt hat wie Johannes Kuhlo. Man kann anderer Meinung als dieser Spiritus rector der Posaunenchorbewegung sein, aber man kann nicht umhin, sich mit seinem Entwurf auseinander zu setzen, der an Geschlossenheit und Faszination seinesgleichen sucht. Nur von daher ist der immense Einfluss zu begreifen, den Kuhlo nicht nur auf Westfalen, sondern auch auf ganz Deutschland ausgeübt hat.

Erwähnt wurde bereits die Geburtsstunde der Kuhloschen *Schreibweise* im Jahr 1871, die der Posaunen-General mit Erfolg auch weit über seine Heimat hinaus propagierte. In Westfalen schuf er zusammen mit seinem Vater Eduard aufgrund der Herausgabe ihres Posaunenbuches im Jahr 1881 vollendete Tatsachen. Der Durchbruch der Klavierschreibweise gegenüber der Militärschreibweise in Hannover-Land gelang Kuhlo 1882 bei einem Treffen mit dem Imsumer Pastor Albrecht Nikolassen (1826 – 1911), den er für die neue Idee gewinnen konnte. In Mitteldeutschland verhalf Kuhlo der Klangschrift 1887 auf dem 2. Reichsbundfest in Dessau zum Sieg. Er überzeugte die Posaunenchöre von Dessau, Leipzig und Halle, deren Mitglieder zum Teil alte Militärmusiker waren, durch ein Wettblasen von der Praktikabilität der Klavierschreibweise. In seinen weit verbreiteten „Posaunen-Fragen" von 1909 schließlich pries der Betheler Pastor sechs Vorzüge der Notation an: Papier-, Geld- und Zeitersparnis wegen des Entfallens der Notenumschreibungsarbeiten, Übersichtlichkeit der Partitur, Austauschbarkeit des Notenmaterials sowie Bewahrung der Diskantbläser vor einem Übertritt in eine Musikkapelle. Viele Posaunenchöre ließen sich von diesen Vorteilen überzeugen und stellten entweder um oder fingen sofort bei ihrer Gründung mit dem Blasen in der Klangschrift an.

Nach dem Ersten Weltkrieg kam es allerdings zu einer für die Bundesleitung des Westbundes bedenklichen Entwicklung, weil mangels geeigneter Dirigenten eine ganze Reihe von Posaunenchören dazu übergegangen war, die Leitung ehemaligen Militärmusikern zu übertragen, die die B-Notation einzuführen versuchten, um das ganze Notenmaterial der weltlichen Posaunenmusik zur Verfügung zu haben. Der Bundesvorstand beschloss daraufhin folgende Erklärung auf Empfehlung des „Bundesausschusses für Posaunenfragen":

> „1. daß der im Blick auf die Geschichte und auf die Aufgaben unseres Werkes für Posaunenchöre unserer Jungmännervereine nur die Klavierschreibweise als die geeignete anerkenne; 2. daß bei Posaunenfesten und -kundgebungen des Bundes nur solche Chöre teilnehmen dürfen, die nach der Klavierschreibweise blasen; 3. daß der Bundesposaunenmeister Pastor Kuhlo bereit ist, jeden Chor, der sich von der Militärschreibweise auf die Klavierschreibweise umstellen will, an _einem_ Abend in die Klavierschreibweise einzuführen; 4. dass der Bundesvorstand erwartet, dass neu aufzunehmende Vereine nur dann Posaunenchöre gründen oder in sich aufnehmen, wenn diese Chöre die Klavierschreibweise benutzen; 5. dass bei der Bundesvertretung eine gründliche Aussprache über den Stand und die Nöte unseres Bundesposaunenwesens durch ein einleitendes Referat herbeigeführt werden soll."[169]

Inwieweit diese Stellungnahme Erfolge zeitigte, lässt sich aus folgenden Zahlen ablesen: Im Jahr 1931 bliesen im Westbund 453 Chöre nach Klavierschreibweise, 20 Chöre – also unter 5 % – nach Militärschreibweise. Trotzdem wurde selbst diese geringe Zahl von „Abweichlern" im Blick auf die Einheitlichkeit und das Zusammenspiel bei größeren Treffen immer noch von der Bundesleitung als störend empfunden.[170]

Bevor die Literatur in den Blick genommen werden soll, noch eine Vorbemerkung zur _Spielweise_: Kuhlo hat seine von ihm publizierten Sätze außerordentlich akribisch mit Vortragszeichen versehen. Was dabei auffällt, ist das seltene Antreffen von Staccato- und Marcato-Symbolen, Trillern, Mordenten usw. Dagegen werden vom Pianissimo bis zum Fortissimo, vom Accellerando bis zum Ritardando, vom Cantilene- bis zum Phrasierungsbogen alle Möglichkeiten genutzt.

Der Grund liegt darin, dass Kuhlo in der Schwelldynamik und dem Tempowechsel die Hauptmittel einer wortgemäßen Ausdeutung sah, denn alle seine Interpretationsangaben waren vom Text angeregt und sollten der Darstellung eines psychologischen Sinnablaufs dienen. Auch im praktischen Musizieren verwandte der Posaunen-General große Mühe darauf, den Wortsinn in feinsten Abstufungen bei den Tempo- und Stärkegraden zum Ausdruck zu bringen, indem er bei seiner Probenarbeit immer wieder den Bläsern nahe legte, die Texte der zu blasenden Stücke auszulegen und den Vortrag vom Wort her zu gestalten. Zwar wurden bei den gerade zwei Seiten füllenden Ansatz- und Taktübungen des Kuhloschen Posaunenbuches (Bd. I) auch Staccato und Triller vorgestellt, aber sie blieben ohne eigentlichen Bezug zu den sich daran anschließenden Tonsätzen, da sie keine Erläuterungen und Beispiele beigesellt bekamen und nicht in die folgende Musik gestalterisch hineingenommen wurden. So gewinnt man nachträglich den Eindruck, diese blastechnischen Hinweise seien mehr um der Vollständigkeit des theoretischen Systems als um ihrer praktischen Anwendung willen aufgenommen. Erhärtet wird diese Vermutung durch die Tatsache, dass Kuhlo selbst zwar Techniken wie Staccato und Triller vollkommen beherrschte, sie aber nie bei Übungsstunden mit seinem Sextett oder anderen Bläsergruppen einstudierte.

Das Ergebnis war schließlich, dass Kuhlos Bläser ein unartikuliertes und ununterbrochen dynamisches Strömen beim Musizieren pflegten, weil sie mit weichen Zungenbewegungen den Text gleichsam in das Instrument hineinsangen und durch ein sanftes Anschwellen auf jedem Ton den gewünschten Ausdrucksgehalt vermitteln wollten. Kuhlo selbst hielt seinen Tonstrom beweglich und jeden Augenblick in jeder Richtung zu- und abnehmend. Die Töne wurden dabei ganz ausgehalten und glitten ineinander über, sodass die Tonfolgen als eigenständiger monodischer Strom erschienen, da Kuhlo stets Legato und Portato spielte. Ein Zeitgenosse Kuhlos und Ohrenzeuge seines Betheler Chores berichtete darüber Folgendes:

> „Obwohl jeder einzelne Ton klar und rein angesetzt, und nicht, wie das bei vielen Bläsern beliebt ist, ein Ton zum anderen hinübergezogen wurde, so daß man oft nicht hören kann, wo der eine aufhört und der andere anfängt, so merkte man doch nichts von dem Atemholen und Absetzen, es gab kein Staccato und keine gehackten Töne, die gerade bei getragenen Sachen unerträglich sind. Wie die Perlen einer Schnur, so reihte sich Ton an Ton."[171]

Gerade auf dem ureigensten Gebiet der technischen Beherrschung des Instruments entlehnte Kuhlo Blastechnik und Vortragsweise ausschließlich aus dem Gesangsvorgang und ordnete sie dem Vokal-Imitationsdogma unter, indem er das Blaswerkzeug nicht wie ein Tongerät, sondern wie einen Kehlkopf behandelte. Entscheidend war dabei noch, dass der scharfe Zungenstoß, der mit zur Grundlage der eigentlichen Bläsertechnik zählt, rundweg abgelehnt und der „Welt" zugerechnet wurde, sodass das Legato zum Kennzeichen der geistlichen Spielweise, das Non legato zu dem der weltlichen avancierte. Dazu der Meister selbst in seinen „Posaunen-Fragen":

„Sodann ist es für einen verständlichen und ausdrucksvollen Vortrag von größter Wichtigkeit, dass die Töne nicht beliebig ineinander gezogen werden, sondern jede Note, der im Liede eine eigene Silbe zukommt, auch durch eine eigene, deutliche Zungenbewegung kenntlich gemacht wird ... Natürlich darf aus der deutlichen Zungenbewegung kein Zungenstoß, kein Staccato werden (wie das bei den Märschen meist angebracht ist), so daß Zwischenräume zwischen den Tönen entständen, sondern es soll der Vortrag auf diese Weise der vollkommensten Musik, dem menschlichen Gesange, genähert werden, und darum muß auch das Gegenteil vermieden werden."[172]

Zwei Momente flossen also bei der Kuhloschen Vortragsweise zusammen: zum einen das cäcilianische A-cappella-Ideal, zum anderen die pietistische Absonderungstendenz. Beides führte schließlich zum wortgemäßen Blasen, das als einfaches, jedem Bläser und Hörer sinnfällig zu machendes Mittel ungemein Schule machte. Erst mit der Hereinnahme originaler Bläsermusik in den 1920er Jahren begann dann leise Kritik an der bisherigen Methode Kuhlos aufzukommen, bis man vollends nach dem Zweiten Weltkrieg eine bläsergemäße Vortragsweise forderte.[173]

Auch hinsichtlich der *Literatur* hatte sich Kuhlo ganz dem A-cappella-Ideal und dem Vokal-Imitationsprinzip verschrieben. Für ihn waren die geistlichen Bläsergruppen weniger Instrumentalkreise als vielmehr blasende Singchöre. Aber nicht nur theologische und musikästhetische Gründe waren für diese Einseitigkeit ausschlaggebend. Die Aufgabenstellung der ersten Posaunenchöre bei der musikalischen Begleitung des Gesangs der neupietistischen Zirkel bei ihren Erbauungsstunden und Missionsfesten sowie der Dorfgemeinden bei ihren Wald- und Festgottesdiensten wies sie zwangsläufig auf das damalige Liedgut der Erweckungsbewegung und der Kirche. Insofern kann man Kuhlo als Kind seiner Zeit keinen Vorwurf machen: Er baute nur auf dem auf, was er vorfand.

Die Gewichtung gerade auf den Choral in seiner schlichtesten Form, dem Cantionalsatz, speiste sich bei Kuhlo aus verschiedenen Anliegen: Als Restaurator und Romantiker musste er in dem reinen Liedsatz der Palestrina-Schule sein Vorbild sehen. Als Bläsermissionar und Evangelist glaubte er, dass nur der einfache, nach Text und Melodie bekannte Choral predigen könne, „denn bei den textbekannten Chorälen accedit verbum ad instrumentum et fit sacramentum (,kommt das Wort zum Instrument und dieses wird zum Heiligungsmittel')"[174], wie Kuhlo zu sagen pflegte. Von daher forderte er: „Also Choräle und immer wieder Choräle und bekannte geistliche Lieder!"[175]

Wortlose Musik war ihm als bloßer Gefühlsrausch verdächtig. Außerdem wollte er durch die Choräle das Einfache und Bekannte in die Breite tragen und wiederholen, denn, so meinte er, „leichte Stücke gut geblasen ist besser, als schwere schlecht!"[176]

Außerdem sah Kuhlo in diesen schlichten Chorälen „bei treuem Üben das fördernste Mittel zur Hebung der Leistungen eines Chores".[177]

Obwohl Kuhlos Leitbild der einfache Cantionalsatz darstellte, lag ihm eine Simplifizierung fern. Er lehnte entschieden die ausgeglichenen, seiner Ansicht nach langweiligen und einschläfernden Kirchenliedmelodien ab. Stattdessen setzte er sich wie sein Vater in Anlehnung an die kirchenmusikalische Restauration für die ursprünglich rhythmischen Choralmelodien der Reformationszeit ein.

An der Spitze seiner „Choralhierarchie" standen für Kuhlo die Choralsätze Bachs. Die zweite Stelle nahmen die Tonsätze Eccards ein, mit einigem Abstand schließlich folgten jene von Haßler, Prätorius und Vulpius. Kuhlos ästhetischer Dogmatismus ging so weit, dass er sich beim eigenen Aussetzen streng an die Kompositionslehre der Restauratoren hielt. Wie andere seiner Bläsermusik komponierenden Zeitgenossen – der schleswig-holsteinische Posaunenmeister Fritz Fliedner (1874 – 1950) oder Adolf Müllers Sohn Gottfried Müller (*1914) – versuchte er, dem historischen Vorbild möglichst nahe zu kommen, sodass Stilkopien und Neo-Sätze die Folge waren.

Daher trat bei Kuhlos Editionen ein Mangel an wissenschaftlicher Genauigkeit und Zuverlässigkeit auf, denn er griff sowohl in den Text als auch in das Notenbild ein, sicher nicht immer zum Vorteil des Originals. In seinen Posaunenbüchern wechselte er bei Liebesliedern aufgrund gewisser Skrupel bestimmte Kernworte, manchmal ganze Abschnitte aus und bot Stücke wie Haydns „Die Himmel erzählen" verstümmelt an, um spieltechnischen Schwierigkeiten zu entgehen. In seinem Heinrich-Schütz-Heft von 1935 verzichtete er häufig auf die ursprünglichen Beckerschen Dichtungen und versah die musikalischen Beiträge mit Texten, die den Jahreskreis füllen konnten. An den Sätzen Schütz' nahm Kuhlo kleine harmonische Veränderungen vor wie die Ergänzung – seiner Meinung nach – fehlender Terzen.

Wolfgang Auhagen nennt folgende Merkmale Kuhloscher Kompositionspraxis: 1. eine Vorliebe für reiche harmonische Durchbildung, 2. leichte harmonische Variierung bei Melodiezeilen-Wiederholung, 3. häufiges Auftreten von Septakkorden; bei deren Auflösung: Abspringen der Dominant-Terz nach dem Vorbild J. S. Bachs; 4. klares Abkadenzieren bei Textzeilen-Enden, 5. Parallelführung zweier Stimmen im Sextabstand, 6. Versuch, auch den Mittelstimmen melodisches Eigenleben zu geben, 7. Aufgliederung der Sätze in Solo- und Tutti-Partien.

Trotz aller Einseitigkeit und Zeitgebundenheit der Kuhloschen Choralgewichtung darf man nicht die Vorteile verkennen: Kuhlo machte einer großen Schar von Bläsern wert- und gehaltvolle Liedaussetzungen aus der Blütezeit der evangelischen Kirchenmusik zugänglich, die sie ansonsten nie kennen gelernt hätten. Zugleich bewahrte er sie davor, in seichte, oberflächliche Stimmungsmusik à la „Alpenglühen" abzugleiten, wie sie damals z. B. bei manchen freikirchlichen Chören des BCPD üblich waren.

Neben den Chorälen spielten religiöse Lieder in der Posaunenchorbewegung zunächst eine große Rolle. Mit diesen eingängigen und einfach konstruierten Melodien der geistlichen Lieder und ihren pathetischen Texten vornehmlich des 19. Jahrhunderts wollte man der Kirche Entfremdete ansprechen. Nicht überall stießen sie dabei auf große Gegenliebe. Der in Sachsen von 1898 bis 1934 aktive Posaunenpfarrer Adolf Müller und der von 1900 bis 1931 tätige württembergische Bundesdirigent Jakob Luz (1874 – 1958) taten englische Erweckungslieder und erbauliche Reichslieder als süßlichen Kitsch ab. Anders Kuhlo: Er war auch für dieses Liedgut offen, ihm war selbst diese künstlerisch eher minderwertige Liedgattung recht, um sie als „musikalische Lockspeise" auszustreuen.

Volkslieder erfreuten sich im Gegensatz zu den Erweckungsliedern ungeteilter Beliebtheit bei allen Verantwortlichen der damaligen Posaunenarbeit. Kuhlo setzte sie in enge Beziehung zu den Chorälen, die er gern als „Volkslieder im höheren Chor" bezeichnete. Bei seinen evangelistischen Einsätzen ließ er daher neben Chorälen auch Volkslieder blasen, um über ihre Schlichtheit und Popularität die Aufmerksamkeit möglichst vieler Passanten zu wecken:

> „Wir brauchten damals nur etliche Choräle und Volkslieder im Freien erklingen zu lassen, – und die musikalischen Thüringer waren zur Stelle. Mit schwieriger, hoch kunstvoller Musik hätten wir das nicht erreicht; die bekommt man ja auch genug in allerlei Konzerten zu hören. Wir bringen, sobald wir unsere Choräle und Volkslieder gut blasen, unserem geliebten deutschen Volk eine hoch erwünschte, tief erbauliche Abwechslung."[178]

Als Ausgangspunkt wählte Kuhlo das neuere deutsche Volkslied aus den südlichen Räumen, das meist mundartlich eingefärbte Volkslied des 19. Jahrhunderts. Die Spannbreite bei den Volksliedern in den Kuhloschen Posaunenbüchern III und IV war denkbar groß. Neben Heimat- und Wanderliedern waren auch Vaterlands-, Soldaten-, Liebes- und Studentengesänge aufgenommen, wie „Der Gott, der Eisen wachsen ließ" mit einem Text von E. M. Arndt aus den Freiheitskriegen, oder der Rundgesang „Als die Römer frech geworden".

Ganz anders als zum Volkslied gestaltete sich das Verhältnis Kuhlos zur Motette, da sie einerseits dem Vokal-Imitationsprinzip Genüge tat, andererseits fortgeschrittenen Bläsern die Möglichkeit bot, anspruchsvollere, umfangreichere Musizierformen zu pflegen. Während Eduard Kuhlo zu den Motetten eines Mendelssohn, Grell oder Klein als der großen geistlichen Kunst seiner Zeit noch ein unbelastetes Verhältnis hatte, bekam sein Sohn bei der Verwendung dieser Musizierformen zunehmend Bedenken, die in dem Ausruf gipfelten:

> „Wer erlöst uns vom Motetten-Elend des 19. Jahrhunderts? … Darum fort mit den meist langweiligen Motetten, her mit den Volksliedern im höheren und einfachen Chor …"[179]

Als Grund für seine Aversion gab der Liedmissionar die fehlende evangelistische Wirkung der Motetten an, da bei ihnen im Gegensatz zum „verkündigenden" Choral das Mithören des Textes nicht als gesichert angesehen werden könne. Weil Kuhlo die Motetten jedoch aufgrund ihres Bekannt- und Beliebtheitsgrades aus seinem Literaturangebot nicht entfernen konnte, verfiel er auf folgende Idee:

> „Die Motetten sollte man immer nur als Vorspiele zum Choral ansehen; darum habe ich im Posaunenbuch hinter jeder Motette mit den Worten ‚Es folgt sogleich' einen passenden Choral gefordert und genannt. Läßt man denselben fort, so fehlt der Höhepunkt und die Hauptwirkung, die Erbauung, bleibt aus."[180]

Diese Umfunktionierung ermöglichte es Kuhlo, mit gutem Gewissen in den von ihm selbst betreuten Auflagen des Posaunenbuches den Motettenband seines Vaters sogar zu erweitern und die Motetten in seinem Bethel-Posaunenchor spielen zu lassen. Allerdings kamen diese Sätze in seinem Auswahl-Sextett nicht mehr zum Einsatz, und er wurde damit weder der Motette noch dem Choral gerecht.

Was seinem Vater Eduard Kuhlo die Motetten bedeuteten, das stellten für Johannes Kuhlo die Wagner-Chöre dar. Eigentlich sollte der religiösen Anschauung zufolge nur geistliche und wortgebundene Musik von den Posaunenchören einstudiert werden. Aber schon die Ausflüge in die Wagner-Opern zeigen, dass auch Kuhlo sich nicht strikt daran hielt. Ähnlich verhielt sich die Sachlage beim Marsch. Seit der Entstehung der christlichen Laienbläsergruppen erfreute sich Musik im Marschrhythmus bei ihnen großer Beliebtheit, da sie eine willkommene Abwechslung zu den Chorälen darstellte und im 19. Jahrhundert die Rolle der Unterhaltungsmusik spielte. Dies geschah sehr zum Leidwesen Kuhlos, der warnend seine Stimme erhob:

> „Vor den Militärmärschen kann jedoch nicht dringend genug gewarnt werden, zumal die unreiferen Elemente (und dazu gehören besonders die jüngeren Vereinsmitglieder) für dieselben geradezu schwärmen ... es ist schade um die viele schöne Zeit, welche manche Posaunenchöre auf das Üben von Märschen verschwenden."[181]

Kuhlo nannte seinen Bläsern vier Gründe, weshalb sie von den Märschen lassen sollten: 1. würden die Blaskapellen die Märsche in der Regel viel besser spielen als die Posaunenchöre; 2. würden die meisten Militärmärsche Tanzmusik bieten und ihre Trios schlimme Zotenlieder enthalten; 3. würde diese Art von Musik nicht zu den geistlichen Reden auf einem Jahresfest, einer Weihnachts- oder Silvesterfeier passen; 4. würden die Posaunenbläser spieltechnisch bei Märschen überfordert. Zu einer Konzession war der Posaunen-General allerdings bereit, indem er den Märschen einen spezifischen Verwendungsbereich zuwies:

> „Also Märsche bei patriotischen Feiern, Marsch- und Freiübungen, aber Choräle und geistliche Lieder an Sonntagen, Jubiläen und christlichen Festen ..."[182]

Kuhlo gab denn auch dem Drängen bestimmter Bläserkreise nach und veröffentlichte Marschblätter und Marschhefte. Er wollte sie dadurch nach eigenem Bekunden von ihrer „Marschsucht" heilen. So versuchte er, die Instrumentalmärsche durch Marschlieder zu verdrängen: Nach dem Ersten Weltkrieg erschien ein solches Marschliederheft mit dem Titel „Im gleichen Schritt und Tritt". Es enthielt 66 Marschlieder im 4/4-Takt. Schon die ganze Form zeigt das Unbehagen, mit dem Kuhlo auf diese Musikgattung einstieg: Es fehlen spezifische Merkmale wie Sechs- und Mehrstimmigkeit, Trio, Wechselbass, Nachschlag in den Zwischenstimmen usw. Man könnte fast von einer „Mogelpackung" sprechen, die Kuhlo seinen Posaunenchören unterschob.

Blickt man nun auf die gesamte Herausgebertätigkeit Kuhlos zurück, so verdankt die Bläserbewegung seinem Vater und ihm den Typus des Posaunenbuches in seiner reifen Form, sieht man einmal vom Sickerlingschen „Choralbuch für christliche Posaunenchöre" aus dem Jahr 1864 ab. Die beiden Kuhlos schufen ein Sammelwerk, das vielseitig einsatzfähig und verwendbar war, sowohl als Vortrags- wie als Begleitbuch, weil es die verschiedenartigsten Stücke in sich vereinte wie Choräle, Volkslieder, Nationalhymnen, Opernchöre, Märsche, Motetten usw. Dazu Johannes Kuhlo:

> „Bis zum Jahre 1888 (wo das in einer Abart der Militärschreibweise verfasste Hermannsburger ‚Halleluja' erschien) gab es nur ein eigentliches Posaunenbuch, nämlich das vom Vater des Schreibers dieser Zeilen, dem Pastor Eduard Kuhlo aus Gohfeld, herausgegebene."[183]

Das von Pfarrer Gottfried Oepke aus Wechold herausgebrachte vierbändige „Halleluja" (1888/90) war den nach Hermannsburger Militärschreibweise blasenden Chören im Hannoverschen zugedacht, bewegte sich aber inhaltlich in denselben Bahnen wie die beiden Jubilate-Bände. Johannes Kuhlo erweiterte 1891 in der ersten von ihm selbst vorgenommenen Ausgabe der beiden Jubilate-Bücher bei der 4. Auflage die 472 auf 505 Nummern, wobei unter manchen Nummern mehrere Sätze aufgeführt wurden. Außerdem fasste er den Plan, mit einer eigenen großen Notensammlung an die Öffentlichkeit zu treten. Dies belegt eine briefliche Bemerkung aus dem Jahr 1914:

> „Endlich habe ich an die 1.000 Nummern für den 3. Teil des Posaunenbuches schon seit Jahren als Manuskript daliegen, finde aber nicht die Zeit zur letzten Politur."[184]

Aufgrund seiner vielfältigen Tagesaufgaben und der politischen Ereignisse brachte Kuhlo erst 1921 das 328 Seiten starke Posaunenbuch III heraus, dem er sieben Jahre später einen weiteren, diesmal etwas schmaleren Band mit 112 Seiten folgen ließ, die beide bis zum Zweiten Weltkrieg zahlreiche Auflagen erlebten.

In seine zweibändige Sammlung, die 249 Stücke mit zahlreichen Anmerkungen zu den Autoren, Texten, Melodien usw. enthielt, nahm der Betheler Pastor neben Choralsätzen von Bach, Eccard u. a. sowie einigen Wagner-Opernchören und Nationalhymnen vor allem eine Vielzahl von Volksliedern in der Form von Natur-, Wander-, Heimat-, Soldaten-, Studenten-, Marsch-, Jodel- und Gemeinschaftsliedern als nachhaltigste Stoffsammlung auf. Beide Posaunenbücher Kuhlos führen daher auch den Untertitel „Ein Volksliederbuch", obwohl sie über ein Drittel geistliches Liedgut enthielten. Kuhlo beabsichtigte, den Choralteil in den folgenden Jahren auszubauen, wozu es allerdings nicht mehr kam:

> „Viele von den fast 9.000 Choral-Melodien, welche der Altmeister D. Zahn gesammelt hat, warten sehnsüchtig darauf, … ihrem Schöpfer zu Ehren leuchten, erbauen, betauen zu dürfen."[185]

Obwohl Kuhlos vier Posaunenbücher bei den Chören begeisterte Aufnahme fanden, erfuhren sie neben aller Zustimmung bald auch Kritik. Der musikalische Leiter des Posaunenbundes der Ev.-luth. Freikirche in Niedersachsen, Hermann Schulz (1879 – 1959), beanstandete die Aufnahme von Beethovens Trauermarsch, Schuberts „Am Meer" und von Opernchören Webers in einem Buch, das sich nach Psalm 47 benannte. Dass dem Studentenlied „Als die Römer frech geworden" ein paar Seiten weiter der Bachchoral „Nun bitten wir den Heiligen Geist" folgte, sei zudem eine geschmackliche Entgleisung, die dem Herausgeber nicht hätte unterlaufen dürfen. Auch Stücke wie Haydns „Die Himmel erzählen" oder die von Kuhlo irrtümlicherweise Bach zugeschriebene Wagner-Motette „Lob und Ehre" dürfe man nicht in verstümmelter Form bieten, nur um etwaigen spieltechnischen Schwierigkeiten zu entgehen. Insgesamt seien die Kuhloschen Bücher zu sehr auf Veranstaltungen mit Öffentlichkeitscharakter abgestellt, wie etwa kirchliche Großveranstaltungen, patriotische Feiern usw., anstatt auf Gemeinde- oder Vereinsverhältnisse zugeschnitten zu sein.

Aller Kritik zum Trotz wurden die Kuhloschen Posaunenbücher das literarische Einheitsband und der Grundbestand des Repertoires aller nach Klangschrift blasenden Posaunenchöre nicht nur Westfalens, sondern ganz Deutschlands. Ihre Wirkungsgeschichte reicht durch Neu-Editionen wie das „Neue Posaunenbuch I. Klassische Choralsätze" (1950, 15. Auflage 1992) und „Rühmet den Herrn. Neues Posaunenbuch II." (1959, 12. Auflage 1995), die ihr Material aus dem Kuhlo-Fundus beziehen, bis in die Gegenwart hinein.[186]

Ferner wurde 1931 für die westfälischen und rheinländischen Posaunenchöre das „Choralbuch zum Einheitsgesangbuch für Posaunen-, Kirchen- und andere gemischte Chöre und für das christliche Haus" zur Stammliteratur. Kuhlo bot für einen Text gleich mehrere verschiedene Melodien mit einem einfachen dazugehörigen Satz, insgesamt 475 Nummern auf 494 Seiten für die 616 Lieder des Rheinisch-Westfälischen Gesangbuches, darunter auch vierstimmige Sätze zur Liturgie. Er unternahm dabei den Versuch, über den Notentext hinaus dem Benutzer möglichst viele musikalische, redaktionelle, liturgische, hymnologische, bibelkundliche und rechtliche Informationen zukommen zu lassen. Dies führte dazu, dass beispielsweise schon beim ersten Lied „Ach Gott und Herr" die zehn Takte Noten mit 30 Zeilen Text versehen waren. Die Cantionalsätze, die sich durch eine konsequente Stimmführung sowie strenge Harmonik auszeichneten, stammten einerseits von „Alten Meistern" wie Bach, Crüger, Franck, Prätorius oder Vulpius. Der Posaunen-General hatte viele davon bearbeitet, indem er die Stimmführung vereinfachte, das Taktmaß anpasste, die Tonart transponierte oder rhythmische Veränderungen vornahm. Andererseits finden sich auch zeitgenössische Sätze, die in den meisten Fällen von Karl und Johannes Kuhlo sowie von Willy Blum stammten. Das Buch sollte für mehrere Jahrzehnte in Gebrauch bleiben, bis es schließlich 1970 mit dem Erscheinen des Posaunenchoralbuchs zum EKG seinen Auftrag erfüllt hatte.

Doch bei aller Popularität der Kuhloschen Veröffentlichungen darf man nicht übersehen, dass sie bestimmte Musizierformen vollständig ausklammerten. Gemeint sind vor allem die c.f.-Bearbeitungen wie Choralvorspiele, Choralfugetten, Choralsonatinen u. Ä. sowie die freien Instrumentalstücke wie Fugen, Sonaten, Canzonen usw.

Zunächst zu den c.f.-Bearbeitungen: Kuhlo hatte aus einer Verlegenheit heraus die Motetten als Vorspiele zu den Chorälen vorgeschlagen, lehnte jedoch größere Kirchenlied-Bearbeitungsformen bis ins hohe Alter aus pädagogisch-missionarischen Gründen ab. Sie seien etwas für Kunstsachverständige an Musikabenden, bedeuteten aber für die Posaunenchöre Zeit- und Kraftverschwendung, da man mit Einfachem und Eingängigem die Leute erreichen müsste. Die starre Festlegung auf den Cantionalsatz machte es Kuhlo unmöglich, neue Wege zu gehen, die andere „Posaunenväter" wie Adolf Müller in den 1920er Jahren oder der württembergische Landesposaunenwart Hermann Mühleisen (1903 – 1995) mit seiner Sammlung „Für die Feierstunde" von 1936 gingen. Kuhlo stemmte sich mit aller Macht gegen diese Entwicklung im Literaturbereich. Unter anderem argumentierte er, dass der Choral keine kunstvolle Überarbeitung benötige, weil seine „höchste Kraft" schon in der einstimmigen Melodie liege; außerdem werde der Text fortwährend zerstückelt, sodass die Zuhörer nicht mehr mitbeten könnten. Aber die Verantwortlichen weigerten sich in den 1930er Jahren zunehmend, ihm hierin zu folgen. So musste Kuhlo noch erleben, wie sein Zögling und „Kronprinz" Fritz Bachmann auf dem Berliner Fest der deutschen Kirchenmusik 1937 die figurierten Choräle und Choralvorspiele des 16. und 17. Jahrhunderts als Wegweiser zu dem im Wort gegründeten Lied der Kirche pries.

Eine ähnlich unglückliche Figur wie im Bereich der Choralvorspiele gab Kuhlo bei der Frage nach originaler Bläsermusik ab. Bekanntermaßen lehnte er sie als weltlich und unkirchlich ab, nicht zuletzt deshalb, weil sie sich seinem cäcilianischen A-cappella-Ideal nicht unterordnen ließen. Sein Dogma instrumentierter Vokalmusik durchbrach 1927 sein langjähriger Weggefährte Adolf Müller mit der Herausgabe von „Vierundzwanzig neue Quatricinia" des Bachtrompeters Gottfried Reiche und der Heftreihe „Vom Turm". Diese Musik ohne Worte war für Kuhlo nach 1. Korinther 13 „klingendes Erz" und „tönende Schelle". Ehmann erinnerte sich, wie er zusammen mit anderen Halbwüchsigen die „Quatricinien" Reiches in die Sextett-Probe zu Kuhlo gebracht hatte. Unter dem „stillen Widerstand" des Betheler Pastors hätten sie dann diese Turmmusiken auf ihrer Hornbesetzung zu spielen versucht. Der alte Bläserpionier hätte darüber seine Schadenfreude nicht verbergen können, weil es nicht gelungen wäre, mit dem Horninstrumentarium eine solche Musik adäquat aufzuführen.

Dennoch hatte sich bereits in den 1930er Jahren bei den meisten Verantwortlichen der Posaunenchorarbeit die Einsicht durchgesetzt, dass man auf die originale Bläsermusik nicht mehr verzichten könne. Kuhlo dagegen blieb bis zu seinem Tod uneinsichtig, sodass Größe und Grenze des Patriarchen der deutschen Posaunenchorbewegung auch im Literaturbereich nahe beieinander lagen.[187]

Im Kuhloschen Posaunenchormodell spielte neben der Klavierschreibweise und der Choraldominanz die *Instrumentierung* die wichtigste Rolle. Im Sommer 1871 war Kuhlo auf den Gedanken verfallen, hauptsächlich Instrumente zu verwenden, die auf dem gleichen Grundton, nämlich B, aufgebaut waren. Entgegen kam ihm dabei der Umstand, dass nach dem Frankfurter Friedensschluss im Mai 1871 und der damit verbundenen Rückkehr der Bläser die Schüler des Gütersloher Gymnasiums die meisten vom Gohfelder Posaunenchor und von der Mindener Militärkapelle entliehenen Instrumente wieder zurückgeben mussten. So konnte Kuhlo darauf drängen, bei Neuanschaffungen auf eine einheitliche Stimmung zu achten. Von den zwölf Instrumenten, die die Chronik des Gütersloher Schulposaunenchors zu diesem Zeitpunkt ausweist, waren denn auch die meisten in B, zudem herrschte nun eindeutig die Buglefamilie vor.

Im Jahr 1882 setzte der Vorstand der Minden-Ravensberger Jünglings-, Jungfrauen- und Posaunenvereine in Herford die Normalstimmung (870), die mit der 1886 auf dem internationalen Musikkongress in Wien festgelegten identisch war, der Mehrzahl der Instrumente entsprechend in B fest und erreichte durch die angestrebte Einebnung fast aller Instrumente auf die B-Stimmung manche Vereinfachungen.

Die Vorteile für diese Vereinheitlichung liegen auf der Hand: Das Erlernen wurde einfacher, da alle die gleichen Griffe hatten, das Gesamtbild wurde homogener und die Akkorde reiner, außerdem entfiel das Transponieren. Der Nachteile, die man mit dieser Einebnung in Kauf nehmen musste, wurde man sich im Laufe der Zeit auch bewusst: Manche Instrumente werden auf diese Weise an die Grenze ihrer klanglichen Möglichkeiten gedrängt, wo sie gepresst und gekünstelt klingen, wie etwa die B-Trompete in der Altlage, wo eine F-Trompete organischer spielen könnte. Außerdem tut man sich mit B-Instrumenten intonations- und griffmäßig bei allen Kreuztonarten traditionell schwer. Diese Nachteile konnten allerdings der Dominanz der B-Stimmung bis zum heutigen Tag keinen Abbruch tun, obwohl viele Verantwortliche in der Bläserarbeit auch für Instrumente in F, Es oder D votierten.

Fortan blieb Johannes Kuhlo seinem blasinstrumentalen Grundansatz, einer Dominanz der B-Stimmung und der Bügelhorngattung bei der Besetzung von Posaunenchören, treu und baute ihn in den folgenden Jahren zu einem geschlossenen System aus. Seine sich nach und nach entwickelnden Auffassungen waren zum ersten Mal literarisch greifbar in der ersten von ihm selbst verantworteten Neuauflage von „Jubilate I" (1891), da er mit diesem Notenbuch eine abgeänderte Besetzungstabelle mit Vorschlägen vom Quartett bis zum großen Chor voranstellte.

Bei der kleinen Besetzung mit allen Instrumenten in B dominierte die Buglefamilie eindeutig das von der Spätromantik bestimmte Klangideal, denn in der Sopran- und Altlage erschienen das sog. eiförmige oder Obligat-Flügelhorn, ein besonders rundes und weites Modell, zur Verstärkung der Tonweichheit, und in der Tenor- und Basslage das Tenorhorn sowie das Bombardon bzw. als bessere Möglichkeit das Helikon. Einzig für den Bass kam noch eine Posaune mit Drehventil hinzu, ansonsten war die Bügelhornfamilie von der ersten bis zur vierten Stimme hinunter vollständig präsent.

Bei einer Erweiterung des Chores sah die Tabelle auch Pistons, Trompeten, Altposaunen in Es und F sowie Waldhörner vor, wobei diese Nennung von transponierenden Klangwerkzeugen und von Instrumenten der Trombafamilie eindeutig zeigt, dass Kuhlo trotz seiner Grundüberzeugung auch Abweichendes tolerieren konnte.

Zu Anfang des vergangenen Jahrhunderts hatten sich bei Kuhlo aber nicht nur Schattierungen und Ergänzungen ergeben, vielmehr hatte sich bei ihm eine eindeutige, in sich stimmige Instrumentierungs-Systematik ausgeprägt, die ihre Durchsetzungskraft neben der Autorität ihres Schöpfers und der damals aktuellen Entsprechung des spätromantischen Klangideals nicht zuletzt ihrer Geschlossenheit verdankt.

Beim Waldhorn griff Kuhlo die Klang- und Verwendungsbeschreibung seines Vaters – sanft, angenehm, vornehm, für das Zimmer geeignet – auf und gestand zu, dass durch das Anbringen von Ventilen die Handhabung erleichtert würde. Auch sonst schätzte er das Waldhorn sehr, das mit seinem dunklen, verinnerlichten, geheimnisvollen Klang der romantischen Empfindungswelt besonders nahe stand. Er ließ daher in seinen Auswahlchören, die mit der Buglefamilie besetzt waren, den Tenorpart von einem Waldhorn übernehmen, um den ohnehin vorhandenen Hornklang zu verstärken. Privat stellte Kuhlo gern aus qualifizierten Bläsern ein Waldhornquartett zusammen, mit dem er Männerchorsätze musizierte. Bei Soli setzte er seinem Flügelhorn das geschweift-lilienförmige Waldhornmundstück auf, wenn er einen weichen, warmen, gemütsschweren Ton erreichen wollte. Doch trotz all dieser Vorlieben empfahl er den Posaunenchören, sich möglichst keine Waldhörner anzuschaffen, da diese Instrumente nicht nur doppelt so teuer wie Tenorhörner seien, sondern auch wegen ihres locker sitzenden, intonationsmäßig heiklen Tones Bläser mit sicherem Ansatz, genauem Gehör und guter Stopftechnik benötigten, um einen wirklich weichen, wohllautenden Klang zu erzielen, dessen eventuelle Unstimmigkeiten mit der Hand im Schalltrichter korrigiert werden müssten. Da nach seiner Erfahrung aber die meisten Bläser blecherne, schmetternde, im Forte scharf hervortretende Töne auf diesen Instrumenten lieferten, solle man, wenn überhaupt, nur Waldhörner in der B-Stimmung für den Tenor und nicht in der F-Stimmung für den Alt einsetzen.

Im Blick auf die Zugposaunen wiederholte Kuhlo die Ausführungen seines Vaters vom imposanten, majestätischen Klang dieser Instrumente sowie der dadurch erreichbaren Klarheit im Bass. Auch hielt er an der Ablehnung der Ventilposaunen wegen ihrer klanglichen Mängel und ihres Prasselns im Forte fest. Bei den Zugposaunen differenzierte der Posaunen-General: Obwohl er für reine Zugposaunen-Quartette bis ins hohe Alter schwärmte und die „ungehemmten", schönen Natur-Töne dieser Instrumente ganz allgemein pries, lehnte er dennoch die Bassposaune in F ab, da sie zu unbequem und noch dazu unnötig sei, seit es B-Posaunen mit Drehventil gebe. Zudem verwarf Kuhlo die Diskantposaune, die nach seiner Meinung keinen brauchbaren Ton liefere und von der es kein Modell gebe, das so gut klinge wie die größeren Ausgaben, nämlich die Alt-, Tenor- und Basszugposaune. Die Altposaune, mit der nach Kuhlos eigenem Bekunden die zweite Stimme „herrlich" besetzt sei und die durch nichts ersetzt werden könne, dürfe man in den Posaunenchören wegen ihrer diffizilen Handhabung nicht eher anschaffen, bis man einen begabten Bläser mit gutem Gehör habe.

Vollmundiges Lob zollte der Betheler Pastor, der sich um die Jahrhundertwende der Weiterentwicklung der Kontrabassposaune bzw. Jerichoposaune angenommen hatte, weil ihm die Basslinie in der reinen Hornbesetzung zu dick klang und er die vierte Stimme durch die 16-füßigen Posaunen aufhellen wollte, der Tenor-Bass-Posaune in B, die sein liebstes Instrument und zum Solospiel sowohl im Zimmer wie im Freien geeignet sei. Allerdings manövrierte er sich dadurch in eine zwiespältige Lage hinein, denn man hielt ihm in den 1930er Jahren vor, warum er die Posaunen, die wegen ihres zylindrischen Röhrenbaus mit den Trompeten in die gleiche Klasse gehören, gelten ließe, wohingegen er über die Trompeten das Anathema aussprache. Kuhlo selbst sah darin keinen Widerspruch und gestand zu, dass Trompeten zwar verkleinerte, mit Ventilen versehene Posaunen seien, nur dass eben die Ventile, die den Atem mehrfach um rechtwinklige Ecken pressten, den Ton viel härter machten, als dies bei den ventillosen Posaunen mit ihrem urwüchsigen Naturtonklang der Fall sei.

Während Kuhlo selbst für seine Zuneigung zu Posaunen in seinen eigenen Verlautbarungen nur klangliche Gründe angab, führte sein Schüler Ehmann noch die biblische Bedeutung der Posaune nach der Lutherübersetzung an, die Kuhlo heilig gewesen wäre, sowie die Möglichkeit, durch den Zug die sonst durch Naturintervalle oder Ventile getrennten Töne gleitend aneinander zu binden, um so das Glissando und Portamento der Gesangsstimme nachzuahmen. Bezeichnenderweise wollte Kuhlo durch das Aufsetzen eines großen Tenorhornmundstücks den spezifischen Klang der Posaune weicher und voller bekommen, um sie dem A-cappella-Ideal dienstbar zu machen. Da aber die Posaune wegen ihres frei zu bedienenden Zuges einen musikalischen Bläser mit ausgezeichnetem Gehör und einer sicheren Hand benötigt und beim Transport der Zug bei fehlendem Koffer leicht beschädigt werden kann, glaubte Kuhlo, dieses Instrument nicht für die Breite seiner Laienchöre bevorzugen zu können. So erscheinen seine Verwendungsvorschläge für Posaunen in Alt, Tenor und Bass als singuläre Ausnahmen, die das romantische Klangprinzip des „Hornmissionars" nicht berührten.

Ganz im Gegensatz zu seinem Vater Eduard wollte Johannes Kuhlo die Trompete, die Jahrhunderte lang an der Spitze der Instrumentenpyramide gestanden hatte, sowohl in ihrer Normalform als auch in ihrer weiter mensurierten Abart als Piston ganz aus den christlichen Bläsergruppen verbannt wissen. Er qualifizierte die Trompeten als „Sperlinge" und die Pistons als „Buchfinken" gegenüber den Flügelhörnern als „Nachtigallen" ab, eine Metapher, die zu einem geflügelten Schlagwort in den Bläserkreisen wurde. In seiner Polemik konnte der Posaunen-General die Trompeten sogar als „Cholerabazillen" bezeichnen, die es ängstlich fernzuhalten gelte und die zusammen mit den Pistons die menschlichen Trommelfelle schmerzlich „erbeben" ließen. Warum er die Anschaffung neuer Trompeten verhindern und die Abschaffung gebrauchter vorantreiben wollte, begründete Kuhlo mit den seiner Meinung nach mangelhaften Klangeigenschaften dieser Instrumente, mit den fehlenden Spielfähigkeiten der Laienbläser und mit der ablehnenden Hörererwartungshaltung der Zeitgenossen. Die Trompeten hätten wegen ihrer engen Röhren einen spitzen, scharfen, schmetternden Ton, dessen bei den Naturtrompeten noch vorkommenden Glanz die Ventiltrompeten zudem eingebüßt hätten; fast alle Bläseramateure würden auf ihnen „schreien" und die übrigen Mitspieler sowie den Gesang übertönen; die Leute würden mit Schrecken von den Leistungen mancher mit Trompeten durchsetzten Posaunenchöre sprechen und wollten das „Trompetengeschmettere" nicht mehr hören.

Auch die Pistons mit ihren etwas weiteren Röhren würden sich nicht für die meist geistliche Bläsermusik eignen; und wenn man schon Trompeten und Pistons im Posaunenchor besitze, dann solle man wenigstens ihren grellen, schneidenden Ton durch die Benutzung von gewölbten Flügelhornmundstücken abmildern. Zu einem kaum ins Gewicht fallenden Zugeständnis fand sich Kuhlo im Blick auf die Trompete noch bereit: Der Chor könne bei einer größeren Besetzung anstelle eines fünften Flügelhorns für den Sopran eine Trompete anschaffen, aber nur, wenn ein Bläser mit „genügend reinem Ansatz" vorhanden sei, was aber seiner Erfahrung nach bei den meisten Dilettanten in den Posaunenchören nicht der Fall sei, weil eben bloß Berufsmusiker mit ihrem stundenlangen täglichen Übungspensum die Trompete zu „brauchbarem Wohlklang" bringen könnten.

So verschwieg der Posaunen-General nicht, dass die Trompete wegen ihrer engen Röhren und ihres Schalltrichters einen „klaren Ton" habe. Wenn dieser spitz, schmetternd und schreiend klinge, sei dies nicht auf das Instrument, sondern auf den Benutzer zurückzuführen. Einem guten Bläser traute Kuhlo durchaus zu, nicht zu grell und schneidend, sondern mehr weich und gesanglich darauf zu spielen.

Die Ablehnung der Trompete fiel nur deshalb bei Kuhlo so hart aus, weil er eine Alternative für dieses Instrument in Gestalt des Flügelhorns hatte, dessen haushohe Überlegenheit gegenüber der Trompete und dem Piston für ihn nicht zu bezweifeln war. Das Flügelhorn, ein typisch denaturiertes „Bastardprodukt" jener Zeit, ein zu Anfang des 19. Jahrhunderts entwickeltes Militärsignalhorn mit Ventilen in der Trompetenform eines Bügelhorns, wurde von Kuhlo zum Ideal erhoben und fand in ihm einen hartnäckigen Verteidiger, der bereit war, es jederzeit in einem musikalischen Wettstreit gegenüber Piston- und Trompetenspielern zu verteidigen.

Worin bestanden nun die Vorzüge, die nach Kuhlo diese Instrumente vor allen anderen auszeichneten? Der Betheler Pastor gab sowohl einen musikalischen als auch einen praktischen Grund an:

„Sie kommen wegen ihres sanften, vollen, melodischen Tones nach der Posaune der menschlichen Stimme am nächsten und sind, da sie weniger Schwierigkeiten als diese bieten, für uns die unentbehrlichsten."[188]

Zunächst gaben also blastechnische Faktoren den Ausschlag, denn im Flügelhorn erblickte Kuhlo als Praktiker ein problemlos zu handhabendes, leicht zu blasendes Volksinstrument für den einfachen Mann, das klanglich und intonationsmäßig keine hohen Ansprüche stellt, weil seine Töne sicherer sitzen als bei allen anderen Blechblasinstrumenten. Hinzu kamen musikalische Faktoren, denn das Flügelhorn mit seinem weichen, runden, obertonarmen Klang kam dem der Erfüllung gottesdienstlicher und missionarischer Aufgaben dienenden, dem A-cappella-Prinzip unterworfenen Ideal der Vokalimitation am nächsten, das für Kuhlo das „angenehmste" und „wertvollste" darstellte, und zwar in doppelter Hinsicht: Einmal war für ihn nicht die von Menschenhand gebaute Orgel die „Königin der Instrumente", sondern der von Gott selbst geschaffene menschliche Kehlkopf, dem mehr Register zur Verfügung stünden als allen Orgeln der Welt zusammengenommen, und darum galten ihm die Flügelhörner als „Königinnen" unter den Blechblasinstrumenten. Zweitens sah er nur durch dieses Instrument die adäquate Wiedergabe der geistlichen, die Gemeinde erbauenden Gesangsmusik als damaligen Literaturschwerpunkt der Posaunenchöre garantiert.

Damit diese Klangvorstellung, die zuweilen die Bezeichnung „geistlich" im Gegensatz zum „weltlichen" Trompetenklang der Orchester, Volks- und Militärmusikkapellen erhielt, keine Beeinträchtigung erfuhr, warnte Kuhlo eindringlich davor, zur Erleichterung der hohen Töne dem Flügelhorn ein flach gebohrtes Trompeten- oder Pistonmundstück aufzusetzen, da dies einen scharfen, unangenehmen Ton erzeuge. Im Gegenteil: Um einen weichen, warmen Klang zu erzielen, ließ der Betheler Pastor sein ohnehin schon breit ausgewähltes Mundstück noch zusätzlich ausbohren, womit die genannten Eigenschaften unterstützt wurden, ohne den Ton blind oder matt zu machen.

Zur besseren Nachahmung der sängerisch bestimmten Kirchenmusik führte Kuhlo eine „Vermenschlichung" des Instrumentariums durch, indem er die bis dahin üblichen Mensuren der Flügelhörner erweitern ließ, sodass gerade noch eine Stimmung gewährleistet war, und indem er ihre Bogenführung in Angleichung an die Kreisform des Waldhorns unter Vermeidung von Knicken noch runder bauen ließ, um einen glatteren, dunkleren, fülligeren, breit fließenden Ton zu erreichen.

In welchem Jahr Kuhlo seinen „eiförmigen" Flügelhorntyp entwickelte, ist nicht genau festzustellen, denn einerseits berichtete er in seinen „Posaunen-Fragen" von 1909 bereits von dieser weit gebauten Variante des Obligat-Flügelhorns; andererseits zeigt ihn ein Foto aus dem Jahr 1880 noch mit einem Flügelhorn seines erweiterten Hornformats in der üblich schmaleren Form. Da Kuhlo die Entwicklung seines erweiterten Hornformats in der Bielefelder Instrumentenbaufirma Ernst David verwirklichte, die 1885 gegründet wurde, er aber schwerlich vor seiner Übersiedlung nach Bethel im Jahr 1893 Zeit für diese Aufgaben gehabt haben dürfte, müsste sein Instrumententypus zwischen 1893 und 1908 entstanden sein, in der Vorstufe bereits dem Obligat-Horn-Typus der Firma A. E. Glier aus dem sächsischen Markneukirchen vom Jahr 1881 ähnlich. Diese instrumentenbautechnische Weiterentwicklung, die im Volksmund „Kuhlo-Horn" hieß, wurde von einigen Instrumentenmachern außer David und Glier in ihr Programm aufgenommen und über das Obligat-Flügelhorn zum Obligat-Bariton und Obligat-Bombardon erweitert, sodass etliche Firmen ein ganzes Sortiment speziell für Posaunenchöre anboten, da dieser eiförmige Typus auf sie beschränkt blieb.

Außer den beiden von Kuhlo selbst genannten Gründen des vermenschlichten Klangs und der leichten Spielbarkeit gab Ehmann noch einen weiteren Grund an, weshalb der Posaunen-General auf das Flügelhorn verfallen wäre: Er hätte durch diese „instrumentale Mauer" seine frommen Bläser vor der gottlosen Welt abschirmen und vor dem Tanzboden bewahren wollen, da eine Beteiligung an der weltlichen Kammer- und Tanzmusik mit diesem Instrument nicht möglich gewesen wäre. Dagegen spricht aber der Umstand, dass sich die Flügelhornisten der Posaunenchöre mit ihren Instrumenten ohne weiteres außerkirchlichen Blasmusikvereinigungen hätten anschließen können und dies teilweise auch taten, da diese Klangwerkzeuge auch dort Verwendung fanden; dagegen erschwerten die B-Stimmung und v. a. die Klavierschreibweise den Wechsel der Sopran- und Altspieler erheblich.

Für den Tenor und den Hochbass bevorzugte Kuhlo vor den Waldhörnern und Posaunen die Tenorhörner; seine besondere Liebe aber galt der „geheimnisvollen Tiefe", dem 16-füßigen Bass, den er möglichst zu festigen trachtete, gewiss auch beeinflusst vom Generalbass eines Bach oder Händel. In dieser Lage hätte er für das eckig gebaute Bombardon lieber das rundere, über die Schulter zu tragende Helikon eingesetzt, da ein Instrument nach dieser Bauart einen noch runderen, volleren Ton und einen besseren Resonanzkörper im Freien besitzt. Wegen des leichteren Transports sprach er sich jedoch bisweilen notgedrungen für das Bombardon aus, wobei er am weitest gebauten Instrument, der Kaiserbasstuba, besonders Gefallen fand. Zeitweise besetzte Kuhlo bei Sextetten die ersten drei Stimmen solistisch, den Bass aber dreifach, oder bei einer zehnköpfigen Bläsergruppe die beiden Diskantstimmen mit je zwei, den Bass dagegen mit drei Instrumenten – Tenorposaune, Jerichoposaune, Helikon. Überhaupt rechnete er nach der Aussage Ehmanns gern auf ein Flügelhorn zwei Helikons, die er bei seinen Chören in allen Sätzen sämtliche Noten spielen und ständig mitlaufen ließ, sodass sie nie als eigenes Register bewusst aus- und eingeschaltet wurden.

Den Schlussakkord musste der Bass zusätzlich in der Kontra- oder Subkontralage oktavieren, und war keine Tuba vorhanden, sollte dies durch ein vierventiliges Euphonium geschehen, sodass bei den Bassinstrumenten für Kuhlo galt: je weiter, je tiefer und je runder, desto besser. Die Befürchtungen, dass durch die unverhältnismäßig große Anzahl der Helikons und Bombardons die anderen Instrumente übertönt werden könnten, zerstreute er mit dem Hinweis, dass dies nur dann eintrete, wenn man zulasse, dass die Bassbläser jeden Ton mit neuem Atem „hineindröhnten".

Trotz dieser eindeutigen und einseitigen Bevorzugung der Buglegattung hielt der Posaunen-General nicht die Hornfamilie als Ganzes für die Posaunenchöre geeignet, sondern lehnte in feiner Differenzierung bestimmte Instrumente dieses Zweigs ab: Die Kornetts als mit Ventilen versehene Signalhörner ohne Schallbecher riet er wegen ihres dumpfen, stumpfen, dicken und bei starkem Blasen schneidenden, weithin gellenden Tones abzuschaffen. Ebenso verwarf er die F- und Es-Tuben, die wohl für Tänze und Märsche geeignet wären, aber bei der Posaunenchormusik alle Melodik im Bass wegen ihres zu geringen Tonumfangs zerstören würden. Auch warnte er vor Baritons und Althörnern, weil sie in sich nicht stimmen und deshalb unreine Töne produzieren würden.

Aufgrund dieser wertenden Charakterisierungen der einzelnen Blechblasinstrumente empfahl Kuhlo den Posaunenchören nur die folgenden Tongeräte zur Auswahl: die Flügelhörner für die Sopran- und Altlage, die Alt-Zugposaunen für die Altlage, die Waldhörner für die Tenorlage, die Tenorhörner und die Tenor-Zugposaunen für den Tenor und den hohen Bass, die Jerichoposaune, das Bombardon und das Helikon für den tiefen Bass. Rein zahlenmäßig aufgeteilt nahm sich die Idealbesetzung des Betheler Pastors folgendermaßen aus: Bei einer sechsköpfigen Bläsergruppe fanden sich in der ersten Stimme zwei Flügelhörner, in der zweiten Stimme ein Flügelhorn, in der dritten Stimme ein Tenorhorn, in der vierten Stimme eine Zugposaune mit Drehventil und ein Helikon. Bei einem 17 Mann starken Posaunenchor erweiterte sich der Kreis der Instrumente: Für die erste Stimme waren nun fünf Flügelhörner vorgesehen, für die zweite Stimme drei Flügelhörner und eine Altposaune in Es, für die dritte Stimme zwei Tenorhörner, eine Tenorposaune sowie ein Waldhorn und für die vierte Stimme zwei Zugposaunen mit Drehventil und zwei Helikons.

Verschiedenes fällt bei der letzteren Zusammenstellung auf: 1. hat sich die bei der Besetzung seiner Sonderchöre praktizierte Vorliebe Kuhlos für einen doppelt verstärkten Bass nicht in den Vorschlägen selbst ausgewirkt, denn sonst hätte er bei fünf Flügelhörnern zehn Helikons und Bassposaunen angeben müssen. Dagegen wurde für die erste Stimme ein Instrument mehr vorgeschlagen als für die anderen, und zwar nicht zur Hervorhebung der Melodie, sondern, nach Kuhlos eigenen Aussagen, damit wegen der lippenermüdenden Höhe immer abwechselnd mindestens ein Spieler pausieren könne. 2. war der „Ideal-Bläserchor" zwar auch mit Instrumenten aus verschiedenen Familien bestückt, aber die Bügelhörner dominierten bei zwölf von 17 eindeutig, sodass der Hornklang in den Vordergrund trat und die Vokalimitation gewährleistet blieb. Kuhlo hatte sich der Flügelhornfamilie so rückhaltlos zugewandt, dass er noch als alter Mann anbot, mit seinem Hornsextett einen musikalischen Wettstreit gegen eine Tromba-Gruppe anzutreten, um sie beim Choralblasen „aus dem Feld zu schlagen". 3. waren alle Instrumente bis auf die Altposaune in Es auf dem Grundton B aufgebaut, um den Klang des Gesamtchores ausgeglichen und weich ineinander fließend zu machen sowie gegensätzliche Farben auszuwischen, die etwa innerhalb der gleichen Familie durch verschiedene Grundtöne vorhanden sein könnten. Dadurch klang der Gesamtchor ebenso voll und rund wie das Einzelinstrument und überbot das Klangvorbild des gemischten Sängerchores an Homogenität.

Fazit: Die Posaunenchöre waren dem Vorbild der Sängerchöre angepasst worden, sodass die vierstimmig blasenden Spieler als instrumentale Sänger fungierten, wie Kuhlo feststellte:

> „Unsere Posaunenchöre sind nach dem Prinzip eines gemischten Chores aufgebaut und bestehen dementsprechend aus Sopran-, Alt-, Tenor- und Baß-Instrumenten."[189]

Damit kam das von der kirchenmusikalischen Restauration herkommende A-cappella-Ideal voll zur Entfaltung:

> „… und je ähnlicher ein Instrument der menschlichen Stimme erklingt, um so vollkommener ist es und um so höher zu bewerten. Sie entströmt ja dem menschlichen Kehlkopf, dem von dem großen Instrumentenmacher im Himmel gebauten Instrumente."[190]

Auf die Kritik, die diese Dominanz bereits in den 1920er Jahren erfahren hat, soll hier nicht eingegangen werden, auch nicht auf den Erfolg, der ihr beschieden war. Auf jeden Fall hatte sie ihre unbestreitbaren Vorzüge: Kuhlos Modell war in sich geschlossen und verständlich, es hatte ein bestimmtes Klangideal, nämlich das der Vokalimitation, und ein bestimmtes geistliches Ziel, nämlich das der instrumentalen Wortverkündigung. Damit war es den Sammelsurien instrumentaler Geröllhalden, die es zu Kuhlos Zeiten auch gab, weit überlegen. Außerdem war es praktikabel und praxisnah, denn die

Bügelhörner waren problemlos zu handhabende, für Laien leicht zu blasende Volks-Instrumente, die klanglich und intonationsmäßig keine hohen Ansprüche stellten sowie dem populären Zeitgeschmack entsprachen.[191]

Außer Blechblasinstrumenten wiesen nicht wenige Posaunenchöre von Anfang an auch einige Holzaerophone und Schlaginstrumente auf. Dies war jedoch dem Gesamtklang abträglich und zudem der Choralliteratur, auf der der Schwerpunkt lag, ganz und gar unangemessen. Von daher stand Kuhlo diesen Instrumentenfamilien sehr distanziert gegenüber.

Allerdings muss man etwas differenzieren: Kuhlo selbst hatte nichts dagegen einzuwenden, dass bei der Kaiserhuldigung 1897 in Bethel unter den Tausenden von Sängern und Bläsern hier und da Kesselpauken und große Trommeln aufgestellt worden waren, die auf die betonten Viertel eines Taktes geschlagen wurden und so das Ganze im Tempo hielten. Doch zwischen beiden Schlaginstrumenten unterschied er: Er bedauerte sehr, dass sich manche Chöre um der Marschmusik willen kleine und große Trommeln anschafften, denn dies wären „heidnisch lärmende Türken-Instrumente", mit deren „kirmesmäßigem Bumsen" man die wirkliche Musik totschlage. Wenn überhaupt, dann solle man diese „Janitscharen-Instrumente" nur wochentags und bei patriotischen Feiern verwenden, keinesfalls jedoch bei Sonntagsausflügen u. Ä., außer man erziehe den Trommler so gut, dass er leise schlage und nie die Musik übertöne. In den Kesselpauken dagegen sah der Betheler Pastor die in der Hl. Schrift zum Lob Gottes eingesetzten, kostbaren, kupfernen Instrumente, denen er einen schönen und weichen Ton attestierte, auch wenn sie zu jedem Stück neu gestimmt werden müssten. In diesem Zusammenhang berichtete Kuhlo von den alten, in der Münsterkirche zu Herford aufgefundenen Kirchenpauken, die bei den westfälischen Posaunenfesten sehr zur Verschönerung beitragen würden.

In seinen „Posaunen-Fragen" erwähnte der Posaunen-General, dass neuerdings Bitten um Klarinetten-Bestellung und Klarinetten-Schulen an ihn herangetragen worden seien und dass er zum Entsetzen schon bei einem Posaunenchor so ein „weltliches Ding mitnäseln" gesehen habe. Seine Stellungnahme dazu fiel eindeutig aus: Klarinetten solle man fernhalten, weil sie die Klangwirkung des Posaunenchors beeinträchtigten und nicht hineinpassten, denn wenn man sie mitblasen lassen wollte, müsste man gleich eine ganze Reihe anderer Holzblasinstrumente nach der Art der Infanteriekapellen hinzunehmen, wodurch die Hauptsache, der „kirchliche Charakter" der Musik, verloren ginge. So ist es nicht zuletzt das Verdienst Kuhlos, dass aus den landeskirchlichen Posaunenchören Westfalens – anders als bei den freikirchlichen – immer mehr die Klarinetten und Trommeln aus dem Erscheinungsbild verschwanden: Die Statistik des Westbundes für das Jahr 1931 erwähnt 39 Posaunenchöre mit Holzblas-Instrumenten, dafür 219 mit Schlagwerk, wobei nicht zwischen Trommel und Pauke unterschieden wird.[192]

Neben den musikalischen sind auch die *musikpädagogischen Gesichtspunkte* des Kuhloschen Modells ins Blickfeld zu nehmen. Als die ersten Posaunenchöre entstanden, gab es zunächst nur zwei Möglichkeiten zur Erlernung der Blastechnik: Entweder suchte man Hilfe von außen bei Militärmusikern, Zunftbläsern, Dorf- und Stadtmusikanten; oder man versuchte sich als Autodidakt. Zunächst wurde schwerpunktmäßig der erstere Weg beschritten, doch stellten sich mit der Zeit immer mehr Skrupel ein. Der Lehrer sollte ja nicht nur die rechte technische Fertigkeit, sondern auch den rechten Eifer für die „heilige Sache" der Posaunenchöre haben. Kuhlo, der sich selbst das Blasen beigebracht hatte, wollte auch in späteren Jahren nichts von Blasunterricht bei Profis wissen. Er forderte zwar Berufsbläser zum Wettblasen heraus – so beispielsweise 1903 in Kassel den berühmten Piston-Virtuosen Heinrich Pfannschmidt (1863 – 1942) auf dem deutsch-nationalen Jünglingsbundfest –, hielt sich ansonsten aber von ihnen fern und entwickelte seine eigenen Ansichten über Ansatz, Atmung, und Spielweise. Natürlich beherrschte er selbst sein Instrument auf seine gesangliche Art meisterhaft – Bachmann berichtete später, dass jeder, der Kuhlo habe blasen hören, nie das klare, beschwingte, von innen her lebendige Klingen vergessen würde. Aber das allein genügt noch nicht, um in der Weitervermittlung an Blasneulinge fachgerecht und umfassend Impulse zu geben. Bachmann hat um seine Grenzen gewusst und Unterricht bei dem Orchestertrompeter Mackenthun genommen.

Weil nicht jeder eine solche Begabung wie der Autodidakt Johannes Kuhlo besaß, geeignete Lehrer jedoch zumindest in den Anfängen kaum vorhanden waren, wurden gedruckte Blaseinführungen immer wichtiger. Sie sollten das Studium zu Hause und das Erlernen des Blasens ohne die Hilfe „weltlicher" Berufsmusiker ermöglichen. Den Anfang in Richtung Schulsystem machten Eduard und Johannes Kuhlo in ihrem 1881 erschienenen Posaunenbuch, auf dessen ersten Blättern ein Kapitel zu finden war, das sich laut Überschrift mit dem „Einüben der Bläser" befasste. In späteren Auflagen des „Jubilate I" wurde der Abschnitt über die Instrumente ausgelassen, weil er ausführlicher in den „Posaunen-Fragen" erschien. Die Einleitung trug nun den Titel „Das Wichtigste zur Schulung". Kuhlo erläuterte darin auf 18 Seiten neben der Tonerzeugung v. a. Vortrags- und Tempozeichen, Taktfiguren und Notennamen. Die Übungen wurden auf 25 Seiten erweitert und enthielten nun neun Choräle, drei davon dreistimmig. Als das Posaunenbuch I nach dem Zweiten Weltkrieg nicht in genügend hoher Zahl aufgelegt wurde, veranstaltete man 1947 einen Sonderdruck dieses Teils „Das Wichtigste zur Schulung", beredtes Zeugnis für die eminente Wirkungsgeschichte dieser spärlichen und doch oft rezipierten Abhandlung.

Kuhlos Vorgehen, zusammen mit dem Notenmaterial eine Blaseinführung in einem Buch anzubieten, hatte aber schon viel früher ungeahnten Erfolg. Dazu die Stellungnahme eines westfälischen Chorleiters aus dem Jahr 1891:

> „Unsere Lehrmittel, die wir für christliche Chöre haben, sind jetzt so gut, daß man mit ein wenig Musikkenntnis, ohne weltliche Musiker fertig werden kann … Nur ½ Jahr habe ich Unterricht im Klavierspiel gehabt und habe mit Gottes Hülfe, nach den Büchern des Herrn Pastor Kuhlo einen Chor mit gründen und leiten können."[193]

Kuhlos Voreingenommenheit bezog sich auf Bläserschulen als solche. Er vertraute mehr dem Schwung seiner prägenden Persönlichkeit als auf schriftliche Abhandlungen. Spezielle Schulungswerke hielt er für zu ausführlich und zu teuer für die Anschaffung durch jeden Bläser. Auf wenigen Seiten fasste er alle diejenigen Kenntnisse zusammen, von denen er glaubte, dass sie zur Einübung eines neu gegründeten Chores erforderlich seien. So schlug Kuhlo vor, erst in der achten Übungsstunde, nachdem bereits Tonleitern einstudiert waren, die Notennamen zu erlernen. Als Begründung für den späten Zeitpunkt gab er an:

> „Es kommt nicht in erster Linie darauf an, die Namen der Noten richtig nennen, sondern die von den Noten geforderten Töne richtig blasen zu können. Es gibt manchen trefflichen Bläser, der die Notennamen nicht kennt; aber ein solcher Bläser, der richtig und gut bläst, ist doch weit vorzuziehen einem anderen, der die Notennamen tadellos beherrscht, aber vorbeibläst oder unschöne Töne produziert …"[194]

Hier wird ersichtlich, dass dem Posaunen-General die Theorie längst nicht so wichtig wie die Praxis war. Trotz der Knappheit seiner Blasanleitung war er der Ansicht, dass sie alles leisten könne; mehr brauche ein Bläser nicht zu wissen. In einer Mischung aus Laienstolz und Dilettantismus verzichtete Kuhlo selbst auf solch äußere Dinge wie Notenständer und Instrumentenkoffer, weil sie ihm als fachmusikalische Attribute erschienen.

Der Vorteil der Kuhloschen Methode liegt auf der Hand: Man hat mit seinem Spielgut zugleich immer auch die notwendige Anleitung zur Hand; man bekommt einen ersten Zugang zum instrumentalen Spiel; man kann später jederzeit nachschlagen, wie man erhöhte oder erniedrigte Töne zu greifen hat. Für die Zeit Kuhlos war dieses Vorgehen wohl hilfreich, denn häufig fehlten den ländlichen Chören Geld und Möglichkeiten, um sich größere Schulwerke zuzulegen. Gefährlich ist andererseits aber, dass dadurch suggeriert wird, eine solche Einführung würde genügen, man könne sich also die Anschaffung und Durcharbeitung einer umfassenden Bläserschule ersparen.

Überhaupt wird man zugeben müssen, dass die musikalische Schulung der Blasanfänger in der Ära Kuhlos nicht auf allzu hohem Niveau stattfand. Kuhlo unternahm im Gegensatz zu Adolf Müller nichts Wesentliches, um diesen Zustand an der Basis zu ändern. Er propagierte sein Betheler Modell von zwei aufeinander abgestimmten Bläserkreisen nicht in der Breite. Zwar forderte er, dass ein neu gegründeter Posaunenchor keinesfalls in der Öffentlichkeit auftreten dürfe, bevor er nicht „erbaulich" blasen könne. Andererseits ging sein Ehrgeiz doch in die Richtung, einen Anfänger durch rasche Vermittlung der „Grund-Handgriffe" in wenigen Tagen „Nun danket alle Gott" spielen zu lassen. Stolz wies der Betheler Pastor darauf hin, im bayerischen Affalthertal bei Egolffstein nach seiner Methode sechs Männern binnen neun Tagen das Spielen beigebracht zu haben. Sie hätten am zehnten Tag, Himmelfahrt 1892, auf einem Missionsfest sämtliche Lieder begleiten können. Kuhlo setzte darum in seinen „Posaunen-Fragen" nur ganze acht Übungsstunden an, um aus einer Gruppe von Leuten, die vorher nicht einmal gewusst hatten, wie Noten und Instrumente aussehen, einen blasfähigen Posaunenchor zu machen.

Bezeichnend für die musikerzieherische Einstellung Kuhlos ist darüber hinaus, dass er nur sehr lückenhafte Angaben darüber macht, wie denn eine ideale Übungsstunde ablaufen solle: Vorstellung des Tonstückes im Blick auf Text und Charakter der Komposition durch den Dirigenten; Einübung zuerst der schwierigen Stellen stimmenweise, dann zwei Stimmen zusammen, danach drei bis zur Vierstimmigkeit, wobei von hinten nach vorn einstudiert werden sollte, damit die Schlusstakte auch gut klängen. Was Ehmann über Kuhlos praktische Probenarbeit zu berichten wusste, war dabei wenig schmeichelhaft: Kuhlo hätte seine technischen Hinweise zu Staccato, Doppelzunge, Triller usw. nie in einer Übungsstunde aufschlagen und als gestalterische Hilfen auf die Musik übertragen lassen. Nie hätte man unter ihm eine Melodie systematisch durchartikuliert oder Staccato-Übungen gemacht. Dagegen hätte Kuhlo seinen Bläsern in den Proben immer wieder die Texte der zu blasenden Stücke ausgedeutet und durch feinste Abstufungen in der Dynamik unterstreichen lassen. Von einer Disposition, einem klaren Aufbau laut Ehmann keine Spur aufgrund des Vorrangs des verkündigenden Wortes vor der Musik.[195]

Mehr Überlegungen als auf blaspädagogische Fragen verwandte der Posaunen-General auf die *Strukturierung des Gruppengefüges* im Posaunenchor. Zu seiner Zeit traten die Posaunenchöre zum Großteil entweder als Unterabteilung eines Vereins – Jünglingsverein, Blaukreuzverein, Arbeiterverein usw. – auf oder bildeten selbst einen geschlossenen, autonomen Verein. Man sprach deshalb auch lange von Posaunenvereinen. In seinen „Posaunen-Fragen" von 1909 brachte Kuhlo daher folgerichtig zwei Statuten-Varianten; die eine für angegliederte Vereinsposaunenchöre, die andere für selbstständige Posaunenvereine. Als Bundesposaunenmeister des Westdeutschen Jünglingsbundes wünschte er sich damals eine enge Bindung der Posaunenchöre an die Jünglingsvereine und klagte über Absonderungen. Dennoch tragen beide Chorgefüge-Arten viel von einem Vereinsgehabe an sich, das sich auch in den Kuhloschen Normalstatuten niederschlug: In den §§ 6 – 12 befand sich unter der Überschrift „Leitung des Vereins" eine genaue Aufgliederung der verschiedenen Ämter. Kuhlo verfolgte damit wohl die Absicht, möglichst viele Personen in die selbstverantwortliche Mitarbeit zu bringen, zur Einübung in die Gruppe und zur Stärkung der inneren Chorstruktur. Da ist die Rede vom Präses, vom Dirigenten, vom Kassierer, vom Schriftführer, vom Ordner und den Ältesten mit ihren jeweiligen Rechten und Pflichten. Zentral für Kuhlo waren jedoch die geistlichen Strukturmerkmale eines Posaunenchors. Der Ravensberger Theologe bevorzugte dabei ein geistliches Soll-Profil, das den Posaunenchor als eine Art christlicher „Bläser-Orden" erscheinen ließ, als Glaubens- und Zuchtgemeinschaft von entschlossen asketischer Strenge mit Vereinssatzungen, die gleichsam Ordensregeln entsprachen. In den „Posaunen-Fragen" veröffentlichte Kuhlo die „Statuten des Posaunenchors einer Landgemeinde Ravensberg", die auf die von seinem Vater Eduard 1883 verfassten „Normalstatuten für Lokalvereine" zurückgingen und dort für die Minden-Ravensberger Kreisverbindung galten. Schon bei der Aufnahme neuer Mitglieder wurden strenge Maßstäbe angelegt:

> „§ 1. Der Verein stellt sich auf den Boden der Heiligen Schrift. Ordentliche Mitglieder können nur Jünglinge und Männer sein von unbescholtenem christlichem Ruf, welche durch Wort und Wandel bezeugen, daß sie dem Taufbunde gemäß mit der Welt nicht in dasselbe wüste und unordentliche Wesen laufen wollen."[196]

Kuhlo erwartete dabei, dass jedem Bläser diese „könobitische" Absonderung von der Welt insofern bewusst war, als er seinen Taufbund auswendig beherrschte. Deshalb hielt der Posaunen-General die Chorleiter an, nicht eher zu ruhen, bis jeder Bläser folgende Abrenuntiation mitsamt der daran anhängenden Verpflichtung fest gelernt hatte:

„Ich entsage dem Teufel und allen seinen Werken und allem seinem Wesen und ergebe mich Dir, Du dreieiniger Gott, Vater, Sohn und heiliger Geist, im Glauben und Gehorsam Dir treu zu sein bis an mein letztes Ende. Amen!"[197]

Falls der Bewerber die an ihn gestellten Voraussetzungen erfüllte und die ihm aufgetragenen Anforderungen zu übernehmen bereit war, hatte er eine öffentliche Verpflichtung, quasi die Profess des Bläserordens, zu leisten. Kuhlo schaltete dem Eintritt in den geistlichen Bläserorden sogar eine Art Noviziat vor:

„§ 2. Besuchsweise kann jeder, bevor er sich über seinen Beitritt entscheidet, einige male den Vereinszusammenkünften beiwohnen. § 3. Die Meldung zum Beitritt geschieht beim Präses. Der Betreffende hat erst eine Probezeit von mindestens ½ Jahr durchzumachen, während welcher erkannt werden kann, ob er innerlich zum Verein paßt und ferner, ob er das Blasen erlernen kann. Danach wird er durch den Leiter vor versammeltem Chor als stimmberechtigtes Mitglied aufgenommen, wobei er durch Handschlag auf die Statuten verpflichtet wird und dieselben eigenhändig unterschreibt."[198]

Auch die Instrumentenübergabe umgab Kuhlo mit einem feierlichen Ritus: Zunächst wurde Psalm 150 verlesen, danach folgte ein Gebet, anschließend machte der Dirigent auf 1. Kor 3,7 aufmerksam und wies darauf hin, dass man im Interesse des Ganzen auch ein anderes Instrument als das gewünschte bekommen könne. Beim Empfang seines Klangwerkzeugs sollte der Bläser deshalb auch keine Reaktionen, weder in Wort noch in Gebärde, zeigen.

Die Verpflichtung auf die Statuten umfasste verschiedene Elemente, die sich mit dem dreigegliederten Mönchsgelübde in Verbindung bringen lassen, dem des Gehorsams, der Enthaltsamkeit und der Armut.

Zunächst zum Gehorsamsgelübde: Nach den Kuhloschen Statuten konnten die Vereinsmitglieder zwar den Vorstand wählen, jedoch nur solche Persönlichkeiten, die der Präses zuvor schon in den Ältestenrat berufen hatte. Auch ernannte der Präses den Dirigenten aus einem von den Bläsern vorgeschlagenen Kandidatenkreis nach eigenem Gutdünken. Der Dirigent wiederum konnte die Verteilung der Instrumente nach bestem Wissen und Gewissen vornehmen und war auch befugt, später einen Umtausch anzuordnen, dem sich die Spieler ohne Murren zu fügen hatten. Ferner wurde mit 1. Korinther 13,4 – 7 begründet, weshalb sich die Mitglieder den Anordnungen ihres „Bläser-Abtes" willig und gern zu fügen hatten.

Das Armutsgelübde spiegelte sich in dem persönlichen Verzicht auf Eigentum zugunsten des Bläserordens wider. Die Kuhloschen Statuten setzten das Verfügungsrecht des einzelnen Bläsers dabei völlig außer Kraft:

„§ 8. Zu einer Verwendung der Instrumente für Zwecke, die nicht im Rahmen der Vereinsaufgaben liegen, ist die Genehmigung des Vorstandes erforderlich. Dieser Bestimmung unterstehen auch diejenigen Mitglieder des Chores, die im Besitz eigener Instrumente sind, sintemalen die Instrumente nur zur Ehre Gottes gebraucht werden dürfen … § 14. Die Instrumente sind Eigentum des Vereins, einerlei, ob der Bläser sich das Instrument auf eigene Kosten allein angeschafft, oder der Verein dazu beigetragen hat. Ebenso steht es mit sämtlichen Notenbüchern. Tritt also jemand mit eignem Instrument oder Buch bei, so verschreibt er dasselbe dadurch dem Chor als Eigentum. § 15. Wer aus dem Verein, sei es freiwillig, oder gezwungen ausscheidet, hat spätestens innerhalb acht Tagen sein Instrument nebst Zubehör dem Leiter auszuliefern."[199]

An anderer Stelle warnte Kuhlo davor, diese recht harten Paragraphen abzuschwächen, weil man bei Privateigentum den Launen des jeweiligen Mitglieds ausgeliefert sei; außerdem könne man als Privatbesitzer nach dem Austritt ohnehin nichts mehr mit seinem Instrument anfangen – von daher sei es besser, dass es weiterhin dem Verein und der Gemeinde diene, als dass es solo ertöne oder ungenutzt bleibe. Obwohl der Bläser also so gut wie keine Rechte auf sein selbst gekauftes Instrument zugestanden bekam – er durfte es auch nicht verleihen und hatte es jederzeit auf Verlangen herzugeben –, unterlag er doch bestimmten Pflichten für sein Tongerät: Er musste es sauber halten und vor aller Art von Beschädigung sorgfältig bewahren; darüber hinaus musste er für alle durch Nachlässigkeit entstandenen Schäden selbst aufkommen und sich bei sonstigen Instandsetzungen finanziell beteiligen.

Beim Enthaltsamkeitsgelübde wurde von den Mitgliedern natürlich nicht wie bei den Mönchen die Ehelosigkeit abverlangt. Man erwartete jedoch, dass der rechtschaffene, unanstößige Wandel, dessen Vorweisen man beim Eintritt verlangte, seine Fortsetzung innerhalb des Bläserordens finden sollte. Präzisierungen dazu brachten die Kuhloschen Statuten 24–26:

„§ 24. Der Besuch von öffentlichen Lustbarkeiten, an welchen die gläubigen Mitglieder der Gemeinde Anstoß nehmen, ist nicht gestattet, ebenso ein anstoßerregender Wirtshausbesuch. § 25. Der Genuß von Branntwein ist nicht gestattet, außer auf ärztliche Anordnung und in Notfällen, also nur als Medizin, nie als Genussmittel. Jedes Mitglied verpflichtet sich, nach jedem Genuß von

Branntwein bis zur nächsten Versammlung dem Präses oder den Ältesten Mitteilung davon zu machen, worauf diese über den Fall entscheiden. § 26. Alles übermäßige Trinken ist strengstens untersagt ..."[200]

Zu Kuhlos Zeiten sah man im Ravensberger Land also die Versuchung besonders im Branntwein. Dass hier nicht vom Rauchen gesprochen wird, hängt mit der industriellen Entwicklung dieses Landstrichs zusammen: In Ostwestfalen war das Zigarrendrehen als Handindustrie weit verbreitet. Es soll sogar Posaunenchöre gegeben haben, deren Spieler während der Probe ihre Zigarren nicht ausgehen ließen.

Getragen wurden alle genannten Inhalte – Gehorsam, Armut, Enthaltsamkeit – durch ein Gerüst der Disciplina, die alle Gruppenprozesse reglementierte. Wer gegen diese Grundsätze verstieß, wer also mehrere Male ohne Entschuldigung fehlte, wer sich bei Konflikten nicht der Entscheidung des Präses fügte, wer übermäßig trank, konnte aus dem Chor exkommuniziert werden. Die Kuhloschen Statuten sahen dabei in Anlehnung an Mt 18,15 – 17 eine gestaffelte Chorzucht vor: Schwierigkeiten sollten zuerst durch die Beteiligten, danach mit Hilfe des Präses, schließlich unter Hinzuziehung der Ältesten geklärt werden. Auch verschiedene Strafverfahren wurden vorgeschlagen: die Entziehung des Instruments auf eine von den Ältesten festgelegte Zeit; ferner bei mehrmaliger Wiederholung oder grober Vergehen den völligen Ausschluss. Allerdings bestand für den Gefallenen die Möglichkeit der Buße:

„§ 27. Wiederaufnahme eines Ausgeschlossenen ist nach geziemender Sühne und Beilegung des Ärgernisses gestattet ..."[201]

Bildeten die Vorschriften den äußeren Rahmen des Bläserordens, so ging es Kuhlo auch um geistliche Förderung und Erbauung v. a. der jüngeren Chorangehörigen. Dies konnte zunächst außerhalb der Chorstunden stattfinden:

„§ 21. Die Blasübungen finden in der Regel alle Sonntagnachmittage nach der Kinderlehre oder Bibelstunde statt. Im Winter werden am Donnerstag von 9 – 10 Uhr abends Bibelbesprechungen gehalten, deren Besuch erforderlich ist, vorher von 8 – 9 Gesangstunden, deren Besuch erwünscht ist."[202]

Sodann sollte die „Pflege des religiösen Lebens" innerhalb der Chorstunden geschehen:

„§ 19. Alle Versammlungen werden mit Gebet eröffnet und geschlossen, nachdem ein Choralvers geblasen ist; dieser wird vorgesagt ..."[203]

Interessant ist in diesem Zusammenhang der Begriff „Versammlung", den Kuhlo von den pietistischen Gebets-Zusammenkünften übernommen hatte. Er weist über das heute gebräuchliche Wort „Probe" hinaus, das sich nur auf technisch-musikalische Vorbereitung und Vorführung bezieht.

Die Absonderung von der Welt, ein wichtiger Zug der könobitischen Existenz, eben dass es sich beim Posaunenchor um eine christliche Bläsergruppe im Gegensatz zu einer weltlichen Musikkapelle handelt, die sich im Zug der fortschreitenden Säkularisierung immer dringender stellte, löste Kuhlo auf seine eigene Weise: Mit seinen bläserischen Prinzipien – das gesonderte Flügelhorn-Instrumentarium gegenüber der Harmoniebesetzung, die gesonderte Notation der Klangschrift gegenüber der Griffschrift transponierender Instrumente, die gesonderten Posaunenbücher mit Partituranlage gegenüber der allgemeinen Musikedition mit Stimmenausgabe, die gesonderte Spielweise der Vokalimitation gegenüber der harten Instrumentaltechnik – wollte er bewusst einen Wall zur Abschirmung gegen die „Welt" aufrichten, der die Bläser davor bewahren sollte, bei Volksmusikkapellen, Sinfonieorchestern, Fanfarenzügen oder gar Tanzkapellen mitzumachen. Dazu Kuhlo voller Genugtuung:

> „Unsere Bläser können nicht ohne weiteres in allerlei Musikkapellen eintreten, bleiben somit vor den zum Teil anstößigen Stücken dieser Kapellen bewahrt ..."[204]

Hält man sich diesen geistlichen Idealtypus eines Bläserordens vor Augen, so muss man sich eines bewusst machen: Auch wenn Kuhlo ihn gefordert und angestrebt hat, wurde er doch sicher nie in der breiten Masse der westfälischen Chöre in letzter Konsequenz verwirklicht. Allein die vielen aufgelisteten Zucht- und Ordnungsparagraphen lassen ahnen, dass man schon damals seine liebe Not damit hatte, die Chöre an dieses Soll-Profil anzugleichen. Auch dass alle Posaunenchöre in Westfalen damals nur aus standfesten Christen bestanden oder gar geistliche Elitetruppen der Gemeinde dargestellt hätten, entspricht nicht der Wirklichkeit. Man klagte bereits um die Jahrhundertwende über weltliche Dirigenten sowie unkirchliche Bläser und betonte den binnenmissionarischen Auftrag des Posaunenchors.

Selbst Kuhlo, der sich Evangelisation nur mit dem, aber nicht im Posaunenchor vorstellen konnte, hegte seine Zweifel an seinem Wunschmodell. Dies geht aus einer Bemerkung in den „Posaunen-Fragen" hervor:

> „Man bitte aber ..., das Wasser möglichst geräuschlos zu entfernen, jedenfalls nicht während des Gebets oder der Verlesung des Wortes Gottes oder während des Segensgrußes oder der Segenserteilung. Dies würde ja die eigene und fremde Andacht stören."[205]

Inzwischen hat man in den Posaunenchören von diesen durch Kuhlo propagierten asketisch-autoritären Zügen Abschied genommen, zumal vieles von dem, was er intendiert hatte, heute weder vertretbar noch durchsetzbar ist.[206]

Beim *Dienstverständnis* Kuhlos wirkte sich sein gehobenes geistliches Selbstverständnis vom Posaunenchor im Nimbus eines am Doppelgebot der Liebe ausgerichteten Blasens aus. Kuhlo formulierte es in seiner Mustersatzung folgendermaßen:

„Der Posaunenverein zu ... ist gegründet im Jahre ... zur Ehre Gottes, zur Erbauung der Gemeinde und christlichen Freude seiner Mitglieder."[207]

Man ersieht daraus die Prioritäten des Dienstes: Die geistlichen Ziele – Gottes Ehre und Erbauung der Gemeinde frei nach J. S. Bach – werden den musikalisch-sozialen – der Freude der Mitglieder – vorgeordnet. An anderer Stelle betonte Kuhlo, dass die Instrumente nur zur Ehre Gottes gebraucht werden dürften. Allerdings stellte er der geistlichen Zielvorgabe noch eine formale zur Seite:

„Der Posaunenchor ... verfolgt darum nicht Selbstzwecke, sondern dient der Arbeit und den Aufgaben des Jünglingsvereins mit seinen Kräften."[208]

Kuhlos Dienstverständnis war also keinesfalls losgelöst von den gemeindlichen Strukturen vor Ort, sondern in ekklesiale Organisationsformen eingebunden, die ihrerseits wiederum das „soli deo gloria" zum Ziel hatten.

Die Frage stellt sich allerdings, ob dieser idealistische Entwurf der Wirklichkeit des Chor-Alltags entsprach, nämlich ob nicht andere Beweggründe wie die Freude am instrumentalen Spiel und das Streben nach Gemeinschaftserlebnissen nicht stärker gewesen sind als die Suche nach einer Gelegenheit, anderen zu dienen. Kuhlo legte in diesem Zusammenhang den Bläsern nahe, ihr Wirken in dem Bewusstsein auszuüben, dass sie ein priesterliches Amt wahrnehmen würden. Für diese priesterliche Seite des Blasens berief er sich auf 4. Mose 10,8. Im Anschluss daran pflegte er den Wunsch zu äußern, dass eigentlich nur die Pfarrer blasen dürften und dass eigentlich jeder Pfarrer blasen sollte. Darin kamen seine gehobene Selbstüberzeugung sowie seine Zielvorstellung zum Ausdruck.

Von daher hat Kuhlo die Dienstgestalten eines Posaunenchors nicht als künstlerische Ausdrucksformen angesehen, sondern als Möglichkeit zu „wirksamer" Evangelisation. Er selbst verstand sich auch in erster Linie nicht als Musiker, sondern als „Liedmissionar". Deshalb nahm bei ihm die

Posaunenmission einen wichtigen Stellenwert ein, auch wenn er sie nicht – wie Adolf Müller – theoretisch durchreflektierte und programmatisch umsetzte. Dazu Kuhlo:

„Von meinem seligen Vater habe ich es übernommen und darum bis heute daran festgehalten, dass ein Posaunenchor, sobald er nun nicht bloß erträglich, sondern wirklich gut blasen gelernt hat, mit seinen Musikpredigten evangelisieren kann und muß. Denn sie sind so ziemlich die einzigen Predigten, mit denen man noch an die der Kirche Entfremdeten herankommen kann."[209]

Kuhlo ging dabei folgendermaßen vor: Am Sonntagmorgen zog er mit einem Posaunenchor durch ein Arbeiter- oder Villenviertel. Die Bläser stellten sich irgendwo auf und trugen ein kurzes Lied bzw. einen bekannten Choral vor. Dann, so Kuhlo, geschah Folgendes:

„Sofort fliegen die Fenster auf, verwunderte, aber auch hin und wieder wütende Gesichter kommen zum Vorschein, jedoch ehe ein Mund loslästern kann, rufe ich: ‚Liebe Leute, wir möchten euch ein Ständchen bringen; dürfen wir euch noch eins blasen?' Sobald sie nun in dem so heiß begehrten Herrengefühl endlich einmal etwas zu erlauben haben, wird diese Erlaubnis dann auch gleich von ziemlich allen Seiten munter und fröhlich erteilt, und wir haben gewonnenes Spiel. Die liebe Jugend ist inzwischen schon mitten unter uns gesprungen und begleitet uns getreulich. Hierbei haben wir schon manch guten Samen in die Herzen streuen können, indem wir die Kinder z. B. über die schönste Musik katechisierten."[210]

Neben diesen speziell posaunenmissionarischen Einsätzen zählte Kuhlo noch weitere „Evangelisationsgelegenheiten" für die Bläser auf:

„… beim Gottesdienstbesuch, in der Kirche wie draußen in Gottes freier Natur vom Turm und auf offenem Markt, bei Hochzeiten und Jubiläen, bei Kranken und Sterbenden. Am Silvesterabend bläst der Bethel-Posaunenchor von zehn Uhr abends ab an verschiedenen Plätzen der Anstalt … Am dankbarsten begrüßt werden die Posaunenklänge in Krankenhäusern und Gefängnissen. In der Adventszeit des Jahres 1927 hatte ein Chor den Gefangenen bekannte Weihnachtslieder geblasen. Da gab's Tränen der Rührung … Aber nicht nur den Lebenden, sondern auch den Toten dienen die Posaunen. In Bethel findet kaum ein Grabgeleit ohne feierlichen Posaunenklang statt."[211]

Kuhlo subsumierte also alle denkbaren Bläser-Einsätze bei liturgischen und diakonischen, volksmissionarischen und kirchenmusikalischen Anlässen unter dem Oberbegriff „Evangelisation", was für sich allein genommen eine

Verengung bedeutete, denn der Dienst der Chöre zielte nicht nur auf Erweckung, sondern auch auf Erbauung.[212]

3.4 Die Schlussbeurteilung Johannes Kuhlos

Der Name Johannes Kuhlo ist mit der westfälischen und deutschen Posaunenchorgeschichte aufs Engste verbunden, und zwar in einem Maße, dass er in der breiten Masse der Chöre als Begründer der Posaunenarbeit angesehen wird, obwohl er bereits der zweiten Bläsergeneration angehörte. Seine Person wurde in der Posaunenchorbewegung divinisiert und glorifiziert, seine Ansichten wurden dogmatisiert, sodass er schließlich eine ähnliche Position einnahm wie Luther im Luthertum. Dabei hat Johannes Kuhlo schon zu seinen Lebzeiten durchaus Kritik erfahren, und zwar zunehmend seit den 1920er Jahren. Sie bezog sich dabei fast ausschließlich auf seine musikalische Grundhaltung, aber auch auf sein Auftreten in der Spätzeit: Ein Verantwortlicher in der rheinischen Posaunenarbeit lehnte es ab, Kuhlo zu einem Bläserlehrgang einzuladen, weil er von den Bläsern überhaupt nicht mehr akzeptiert werde. Und im Vorfeld der Bildung des Verbandes evangelischer Posaunenchöre (VeP) bezeichnete ein späteres Mitglied des Reichsposaunenrats Kuhlo als senilen Greis, dessen Meinung man nicht ernst nehmen könne und der sich überall nur lächerlich mache.

Als wirklich lähmend empfunden aber wurde mit der Zeit Kuhlos starre Haltung im Blick auf seine einst so gerühmten Ansätze hinsichtlich der Instrumentierung und Notation. In der Kuhlo-Ära wirkte sich seine Beharrlichkeit durchaus positiv aus für die Bläserchöre, denn sie übernahmen in weiten Teilen das Modell Kuhlos, nämlich das des vierstimmig in C-Notation und B-Stimmung aus der Partitur Vokalliteratur gesanglich blasenden Hörnerchores. Seine Prinzipien des A-cappella-Ideals und der Trennung von geistlich-weltlich, die in der Literatur, der Notation, der Besetzung und der Vortragsweise zum Zuge kamen, faszinierten als geschlossenes Modell. Und nur weil Kuhlo so sehr dagegen anging, wurden Auswüchse wie das Hinzuziehen von Klarinetten oder das übermäßige Spielen von Marschmusik zurückgedrängt.

In den 1920er und vollends in den 1930er Jahren aber begann sich Widerspruch zu regen, und in der Diskussion mit anderen in der Posaunenarbeit Tätigen war Kuhlo nicht bereit, Einseitigkeiten einzugestehen. Die äußere Geschlossenheit seines Modells führte zu einer inneren Verschlossenheit: Weiterhin lehnte der Betheler Pastor Trompeten als „Sperlinge" ab, weiterhin wollte er von Choralvorspielen und originaler Bläsermusik nichts wissen. Auch wenn Kuhlo als westfälischer „Dickschädel" sich gegen die neuen Entwicklungen stemmte, die in den 1920er Jahren einsetzten und seiner Ära ein Ende bereiteten, war sein Widerstand nicht intolerant: Der „Posaunen-General" duldete die Wege, die sein „Adjutant" Walther Duwe beschritt, stand gleichsam daneben, ohne sie zu hintertreiben, aber auch ohne sie mitzugehen.

Problematisch vor allem in der jüngeren Zeit wurde Kuhlos übersteigerter *Nationalismus* empfunden. Seit seiner Vikarszeit war der Gohfelder Pfarrersohn, nach eigenen Worten „konservativ bis auf die Knochen", begeisterter Parteigänger und Wahlredner des Hofpredigers Adolf Stoecker (1835–1909). In dessen antisozialistischer und sozialkonservativer Christlich-Sozialen Partei hatten sich auch andere Pastoren der Minden-Ravensberger Erweckungsbewegung wie Volkening und Schmalenbach engagiert. Unter Kuhlos Leitung wurde der Betheler Posaunenchor für parteipolitische Ziele der „Christlich-Sozialen" eingespannt: Er blies vor dem Ersten Weltkrieg des Öfteren auf deren Wahlveranstaltungen. Als Stoecker 1890 nach seiner Entlassung aus dem Hofpredigeramt Ostwestfalen besuchte, sorgte Kuhlo dafür, dass ihn an jedem Bahnhof ein Posaunenchor empfing – er selbst war mit 400 Bläsern auf dem Bahnhof Löhne zur Stelle. 1892 verabschiedete die Christlich-Soziale Partei unter Stoecker auf dem sog. Tivoli-Parteitag ein antisemitisches Programm, da Stoecker in den Juden Feinde zu erkennen glaubte, die „den geheiligten Boden christlicher Überlieferung unterwühlten". Johannes Kuhlo folgte auch in diesem Punkt seinem politischen Vorbild und blieb seinen Überzeugungen bis ins Alter hinein treu, wie ein Brief Kuhlos vom 23. Mai 1930 belegt:

> „Bis zum Jahre 1871 hiessen wir in aller Welt: ‚der ehrliche Deutsche!' Dann kamen die 5 Milliarden aus Frankreich herein und lockten aus aller Welt die Mammonisten heran. Leider liess sich Bismarck bewegen, einen Mammonisten in Gestalt des Juden Bleichröder zu seinem Privat-Rendanten zu machen. Damals schon sagte Vater Bodelschwingh: ‚Das ist der Anfang vom Ende!' ‚Wieso?' – ‚Laut Heiliger Schrift sind die Juden bis dahin, wo sie sich endlich von Gott bekehren lassen, ein Fluch aller Völker. Darum: Wer sich mit Juden einlässt (einerlei, ob ein Volk, ein Edelmann oder ein Bettelmann), – der ist geliefert!' Die betreffenden Bibelstellen stehen 5. Mose 28,37; Jerem. 29,18 und 19; Jerem. 44,8 und Offenb. 3,9. Aehnlich hat ja auch der Geschichts-Schreiber Theod. Mommsen gesagt: ‚Die Juden sind das decompositorische Element in jedem Volke, dahin sie kommen …'"[213]

Nach dem Untergang der Hohenzollern sah Kuhlo folgerichtig in Adolf Hitler (1889–1945) den neuen starken Mann, der das deutsche Volk zu altem

Glanz emporführen würde. Kuhlo trat bereits ein Jahr vor der sog. Machtergreifung Hitlers der NSDAP bei und trug seither stolz das Parteiabzeichen am Revers. Anlässlich der Reichspräsidentenwahl im Jahr 1932 äußerte er öffentlich: „Ich ehre Hindenburg und wähle Hitler!"[214]

Aus einer naiv-gefährlichen Unbedarftheit heraus vermengte Kuhlo auf unzulässige Weise Religion und Politik. So gab er in einem Interview im Spätsommer 1934 von sich:

> „Als ich Hitlers erste Rede gelesen habe, da habe ich gesagt: Den Mann hat uns Gott geschickt! Wirklich, wir können Gott nicht genug für diesen Führer danken; Hitler ist der einzige Diplomat auf Erden, der nicht lügt!"[215]

Im Januar 1934 erschien in Bethel ein Flugblatt Kuhlos mit dem Titel „Richtigstellung der Legenden über meine Begegnung mit Adolf Hitler", in dem er von drei Begegnungen mit dem Diktator im Sommer 1933 auf dem Obersalzberg berichtete. Er brachte seinem neuen Vorbild auf seinem Flügelhorn Choräle, Vaterlands- und Volkslieder dar und unterhielt sich mit ihm kurz über Alkohol- und Nikotinenthaltsamkeit. Überzeugt war Kuhlo ferner davon, dass der Reichskanzler täglich in der Bibel lese und sich in seinen Entschlüssen davon leiten lasse. So erklärte er 1937 bei einem Besuch des Posaunenchors Möglingen: „Der Führer und ich haben drei Dinge gemeinsam, wir lesen jeden Morgen die Losung aus dem Herrnhuter Losungsbüchlein; außerdem sind wir Alkoholgegner und Nichtraucher."[216]

Kuhlos devote Haltung gegenüber Hitler und der nationalsozialistischen Bewegung fand auch in seiner musikalischen Herausgebertätigkeit ihren Niederschlag. In der Auflage des „Jubilate" von 1934 brachte Kuhlo einen vierstimmigen, von ihm selbst arrangierten Satz des „Horst-Wessel-Liedes". Im Schütz-Heft, das Kuhlo 1935 herausgab, findet sich unter der Rubrik „Ein Gang durchs Kirchenjahr" unter der Nr. 18 der Titel „Führers Geburtstag". Kuhlo textete dazu eigens Psalm 21 der Beckerschen Psalmendichtung um unter der Überschrift „Geburtstag des Führers Adolf Hitler (*20.4.1889)" mit folgendem Wortlaut:

> „Hoch freuet sich der Führer, Herr Gott, in Deiner Kraft; er ist von Herzen fröhlich, daß Du ihm Hilfe schaffst. Tu willig ihm gewähren all sein Bitt und Begehren, gib ihm seins Herzens Wunsch! Von Deiner Hilf er träget den Ehrenpreis allzeit, den Du auf ihn geleget mit Lob und Schmuck bereit't, den Segen zu ererben und ewge Freude erwerben, das mögst Du ihm verleihn."[217]

Sein Biograf Ehmann, selbst tief in den Faschismus verstrickt, versuchte ihn durch die Behauptung in Schutz zu nehmen, dass Kuhlo in den letzten Lebensjahren Zweifel an seiner Einschätzung Hitlers gekommen seien. Angeblich soll er – nach Aussagen seiner Familienangehörigen – seiner Fürbitte für den Führer den Satz hinzugefügt haben, Gott möge diesen Mann absetzen, wenn er ihm nicht gehorche.

Diese verspätete Ehrenrettung fällt jedoch in sich zusammen, wenn man sich den Brief Kuhlos vom 21. September 1940 an den Anstaltsleiter von Lobetal, Pastor Paul Braune, vor Augen hält. Dieses Schreiben enthält ein glühendes Bekenntnis zum „praktischen Göring" und zum „geliebten Führer" sowie eine biblisch versuchte Verteidigung nationalsozialistischer Politik und eine Rechtfertigung des Antisemitismus. Nach Kuhlos Meinung hatte Friedrich von Bodelschwingh dieselbe Einstellung wie „unser von Gott gesendeter Führer"; und so schließt der Brief mit den Worten „ER schütze ... unsern geliebten Führer und gebe uns bald den Endsieg."[218]

Außerdem sind folgende Worte aus dem letzten Brief Kuhlos an den Schriftleiter von „Spielet dem Herrn" 1941 kurz vor seinem Tod bezeichnend:

> „Wie wunderbare Siege beschert Gott uns einen nach dem anderen. Ich hoffe, die Engländer müssen bald kapitulieren. Dann klingt's noch freudiger ‚Heil Hitler!', und wir danken mit ihm unserem Herrn und Gott."[219]

So nimmt es nicht wunder, dass die NSDAP-Kreisleitung Bielefeld folgenden Nachruf auf ihn veröffentlichte:

> „Unser Parteigenosse und treuer Gefolgsmann des Führers Pfarrer a. D. D. Johannes Kuhlo ist am 16. Mai 1941 unerwartet gestorben. Ein allzeit ehrendes Gedenken ist unser Dank für seine Treue."[220]

Auch wenn Kuhlo Kind seiner Zeit war, stimmt doch seine Anfälligkeit für antisemitisch-faschistisches Gedankengut, seine blinde Verehrung und euphorische Gefolgsbereitschaft gegenüber Staatsmännern, die dieses Vertrauen keinesfalls verdient hatten, sehr bedenklich.[221]

Es wäre jedoch zu kurz gegriffen, wollte man nur Kuhlos politische Überzeugungen herausstellen, ohne seine Gesamtpersönlichkeit ins Blickfeld zu nehmen. Ohne Zweifel besaß Kuhlo eine *Originalität*, zu der es in der Posaunenchorbewegung seither nichts Vergleichbares gegeben hat. Originell war nicht nur sein ungewöhnliches Aussehen in seinen späteren Jahren – kleine Statur, hellwache Augen, imposanter Bart, ein Patriarch von Kopf bis Fuß. Originell war auch seine Kleidung – der Kneifer, den er wegen seiner schlechten Augen brauchte; die Knitterfalten in dem stets schwarzen Anzug, aus dem er tagelang nicht herauskam; das Netzhemd, das er oft genug aus Sparsamkeitsgründen ohne Unterhose und Strümpfe trug; die Pelzmütze, in die er sich ein Loch zur Beatmung der Kopfhaut gebohrt hatte; die Hemdmanschetten, auf die er mit seiner eigenartigen Kurzschrift hin und wieder seine Gedanken schrieb; und natürlich die Goldkette, an der das berühmte Kuhlohorn hing.

Originell war Kuhlos Schlagfertigkeit, mit der er auf gewisse Situationen reagieren konnte; sein Humor, der in allen Lebenslagen vorhanden war; seine packende Erzählergabe, mit der er aus der Fülle seines Erlebens Heiteres und Ernstes darbot. Als er einmal von Moskau zurückkehrte, berichtete er:

„Wir sahen die größte Glocke der Welt. Aber sie war abgestürzt und läutete nicht. Wir sahen die größte Kanone der Welt. Aber sie war rostig und schoß nicht. Wir sahen den größten Priester der Welt. Aber er predigte nicht. Er war immer voll ‚Wutki'."[222]

Kuhlo konnte auch täuschend echt Tierstimmen nachahmen und spielte vor der Weihnachtszeit gern den Nikolaus in Bethel.

Originell und von ökologischer Voraussicht war sein Umgang mit Nahrungsmitteln und mit seiner Gesundheit. Er aß wenig Fleisch, dafür viel Obst sowie Unmengen von Honig und Marmelade. Eier verspeiste er mit der Schale, um Knochen und Zähnen den notwendigen Kalk zuzuführen. Sein Abendbrot bestand aus einer Schale saurer Milch und einer trockenen Schwarzbrotscheibe. Er, der Naturheilmittel nutzte und sich Sitzbäder anrichtete, war mit einer so robusten Gesundheit ausgestattet, dass selbst Kopfschmerzen ihm fremd waren.

Kuhlo war ohne Zweifel im sprichwörtlichsten Sinn ein Mann des Volkes, der in seiner Schlichtheit und Einfachheit jeden erreichte.

Originell war schließlich Kuhlos Verbundenheit mit dem Instrument und mit der Musik. Immer trug er sein Flügelhorn unterm Arm mit sich. Während er schlief, lag es auf seinem Nachttisch. Auf der Kanzel passierte es nicht selten, dass er seine Predigt unterbrach, um ein Stück zu spielen. In Finnland blies er vor dem Absprung vom 10-Meter-Turm ein lustiges Lied hoch über den Köpfen seiner Zuschauer. Die Melodien der Lieder setzte er als Tonsprache im wörtlichen Sinn ein und blies z. B. das Lied „Tut mir auf die schöne Pforte", anstatt die Hausklingel zu betätigen. Kuhlo ließ seinen Kindern Musikunterricht zukommen, im Kreis der Familie pflegte er Gesang und Klavier.

Kuhlos *Persönlichkeit* war nicht nur originell, sondern zugleich auch von einer erstaunlichen Rastlosigkeit geprägt. Unermüdlich, leidenschaftlich setzte er sich mit Leib und Seele für die Bläsersache ein. In ganz Deutschland hielt er Bläserlehrgänge, schulte einzelne Posaunenchöre, dirigierte auf Posaunenfesten, führte Konzerte mit seinen Sondergruppen durch. Er war ständig mit der Bahn „auf Achse", bis ins hohe Alter hinein. In seinem 70. Lebensjahr beispielsweise wurden 77 Konzertreisen, Tagungen, Kurse und Einzelveranstaltungen gezählt. Sein Monatsprogramm konnte so aussehen: am 18. und 19.10. Posaunenfest in Dortmund, am 23.10. Besuche in Berlin, am 24.10. geistliche Musik in Breslau, am 25.10. Wiederholung wegen Überfüllung, am 26.10. geistliche Dienste in zwei Diakonissenhäusern, am 28.10. Musik in Chemnitz, am 29.10 dasselbe in Leipzig, und so ging es weiter. Zwischen den öffentlichen Auftritten unterwegs gab es ständig Proben, Besuche bei Verwandten und Freunden und einflussreichen Persönlichkeiten, Fahrten, Besichtigungen, Empfänge, Ausarbeiten von Festprogrammen, Anfertigen neuer Manuskripte, Korrekturlesen usw.

Die Liebe zu seinem Herrn und zum geistlichen Bläserwesen setzten bei ihm ungeahnte Energien frei. Kuhlos Stärken lagen dabei weniger in der wissenschaftlichen als in der praktischen Seite des *christlichen Glaubens*. Bereits in seiner Kinderzeit hatte er einen tiefen Eindruck von der Bibelkenntnis und dem Bibelglauben der Gohfelder Bauern empfangen. An ihnen als seine persönlichen Leitbilder hielt er für sein weiteres Leben fest, sodass er als gereifter Mann schreiben konnte:

> „Allen diesen Gottesmännern verdanke ich es, dass mir die Bibel unumstößliches, festes, gewisses Gotteswort wurde und ich bis heute vor jedem Zweifel an der Bibel in Gnaden bewahrt geblieben bin."[223]

Von den „Bibelbauern" übernahm Kuhlo den Grundsatz, die Bibel durch die Bibel auszulegen, von seinem Vater übernahm er die Verbalinspirationslehre sowie ein natürliches Misstrauen gegen die wissenschaftliche Theologie. Eduard Kuhlo hatte seinem Sohn folgenden Rat auf den Weg zum Universitätsstudium mitgegeben:

> „Du hast nun zu den Füßen der echten Bibelbauern sitzen dürfen, dabei hast du mehr Theologie lernen können als von allen heutigen Professoren der Theologie zusammengenommen."[224]

Kuhlo verfolgte durch sein *theologisches Studium* nur die Ziele, eine Anleitung für die Auslegung der Bibel und eine Vorbereitung für die Tätigkeit im Pfarramt an die Hand zu bekommen. An den Thesen und Ergebnissen der exegetischen und religionsgeschichtlichen Forschung war er weniger interessiert, obwohl es ihm bei seinen Rekursen auf Bibelstellen über das Blasen von Nutzen gewesen wäre, wenn er wenigstens die beiden hebräischen Vokabeln Chazozera und Schofar unterschieden hätte. Und hätte er sich ein wenig in der Kirchen- und Kulturgeschichte ausgekannt, hätte er wissen können, dass eben nicht nach der Zerstörung Jerusalems die kultische Blasmusik bei den Juden eingestellt wurde, wie er behauptete; und dass im Mittelalter und in der Neuzeit Blechbläser auch in den Gotteshäusern Dienste versahen. Als die beiden Grundgefahren, an denen die Studenten seiner Zeit an den Universitäten ausgesetzt wären, stufte Kuhlo den älteren Rationalismus und die neuere liberale Theologie ein. So war es nur folgerichtig, dass Kuhlo als Hörer in den Vorlesungen von Franz Delitzsch (1813–1890) in Leipzig und Theodor von Zahn (1838–1933) in Erlangen saß, die beide als konservativ-biblizistische Theologen galten. Durch seine schlicht gelebte Frömmigkeit und seine Praxisnähe konnte sich Kuhlo literarkritischen, form- und religionsgeschichtlichen Hypothesen und Fragestellungen entziehen. Kurz gesagt: Vom System her war er Lutheraner, von der Praxis her Pietist.

Seine *Predigten* waren recht einfach und scheuten auch vor derben volkstümlichen Vergleichen nicht zurück. Kunstvoll gedrechselte Sätze und eine durchreflektierte Disposition waren nicht seine Sache, dafür eine anschauliche, populäre und schriftgemäße Verkündigung, die den westfälischen Dorfbewohnern entgegenkam. Dass Kuhlo eine kindliche Glaubens- und Erlösungsgewissheit besaß, war für ihn ein großes Geschenk. Dies half ihm, der beide Ehefrauen und etliche Kinder verloren hat, über die vielen schweren Fügungen seines Lebens hinweg. Beeindruckend auch die Authentizität, mit der der Posaunen-General das vorlebte, wozu er andere aufforderte. Kuhlo predigte seinen Gohfeldern Gemeindegliedern nicht nur alkoholische Enthaltsamkeit, er praktizierte sie selbst von Kindheit an. Auch Nikotin verschmähte der leidenschaftliche Nichtraucher. Kuhlo führte fromme Sprüche nicht nur im Mund, er hatte eine tiefe, persönliche Bindung an Jesus Christus über das Bibellesen, das Gebet und die Gemeinschaft mit anderen Gläubigen. Im Hause Kuhlo wurde der Tag mit einer Morgenandacht begonnen und einer Abendandacht beschlossen. Dabei benutzte Kuhlo gern das Erbauungsbuch „Güldenes Schatzkästlein" des pietistischen Erbauungsschriftstellers Karl-Heinrich von Bogatzky (1690–1774), in das er persönliche Eintragungen vornahm. Nach dem Mittagessen las er die Losungen der Herrnhuter Brüdergemeine. Sonntags drang er auf einen geschlossenen Kirchgang der Familie und wiederholte manchmal die Gedankenführung der Predigt am Mittagstisch. Hatte er Gäste zu Besuch, sprach er sie auf ihren persönlichen Glauben an, und abends um 22 Uhr wurde die Gesellschaft pünktlich mit Choral und „Vaterunser" beschlossen. Mit seinen Familienangehörigen und Bläserfreunden pflegte er die freie Gebetsgemeinschaft im Knien, weshalb er sie „Kniebrüder" nannte.[225]

Eine positive *Vorbildfunktion* übte Kuhlo also durch seine unübertroffen originelle, vibrierend aktive und tief spirituell geprägte Persönlichkeit aus. Damit überdeckte er viele Schwächen und erreichte einen Bekanntheits- und Beliebtheitsgrad in westfälischen Posaunenchorkreisen – und weit darüber hinaus – wie nie jemand zuvor und danach. In diesem Zusammenhang sollten seine Verdienste neu gewichtet werden: Nur wenig beigetragen hat der Posaunen-General zur Bläserausbildung, zu bläserischen Organisationsstrukturen und zum Dialog mit der Kirchenmusikerschaft. Unbestritten sind dagegen seine herausragenden Leistungen im Bereich der Instrumentierung, der Literatur und des Sonderchorwesens. Gewürdigt hat sie Reichsobmann Fritz Bachmann im Jahr 1936 mit folgenden Worten:

> „Einen ganz ausgezeichneten Gedanken hatte er, als er um des reinen Klanges willen die Stimmung der Instrumente nach dem Grundton b festsetzte, und in den Chören die für Laienmusiker leichter zu beherrschenden Flügelhörner, Tenorhörner und Bombardons einführte. Auch die … jedem Fachmann … einleuchtende besondere Schreibweise der Noten ist hier zu erwähnen … Zu dem allen schenkte D. Kuhlo den Chören in seinen Posaunenbüchern eine wertvolle Notenliteratur, die auch vor der Fachkritik bestehen kann …"[226]

Von daher ist der Name Kuhlo mit der westfälischen Posaunenchorgeschichte unauflöslich verbunden und wird seinen ihm gebührenden Platz weiterhin behalten.

Walther Duwe

4 Die Ära Walther Duwes (1925–1945)

4.1 Das lokale Wirken Walther Duwes in Bethel

Walther Duwe hat als der „Posaunenmeister" Bethels nicht nur der westfälischen, sondern der gesamten Posaunenchorbewegung im deutschsprachigen Raum viele Impulse gegeben und sich weit über die Grenzen seiner Heimat hinaus bei Bläsertagen, Schulungen, Chorbesuchen und Verbandstreffen engagiert. Dass Westfalen und Deutschland zwei sich gegenseitig bedingende Kreise von Duwes Bläserarbeit waren, geht denn auch deutlich aus seinem *Lebenslauf* hervor.

Geboren am 30. Mai 1895 im westfälischen Rheda als zweiter Sohn des Diakonenehepaars Karl Duwe und Elise, geb. Budde, waren Walther Duwe die Verknüpfungen zu Bethel und zur Bläserei schon in die Wiege gelegt worden. Sein Vater, damals in der Nichtsesshaftenarbeit tätig, hatte seine Ausbildung zum Diakon im ersten Jahrgang der Westfälischen Diakonenanstalt „Nazareth" in Bethel erhalten. Von Anfang an gehörte – allerdings fakultativ – das Erlernen eines Blechblasinstruments dazu, sodass Karl Duwe seit 1881 im Betheler Posaunenchor mitblies und ihn von 1887 bis 1889 sogar leitete.

Es war darum eher selbstverständlich, dass Karl Duwe, als er 1900 eine neue Aufgabe in der damals entstehenden Zweiganstalt Freistatt (Wietingsmoor) bei Hannover übernahm, zwei Jahre später dort einen Posaunenchor gründete. Hier erlernte Walther Duwe als Siebenjähriger zusammen mit seinem älteren Bruder Karl das Blasen auf von Bethel ausgemusterten Instrumenten – er auf einem Flügelhorn, sein Bruder auf einem Tenorhorn. Im Jahr 1905 kehrte die Familie Duwe nach Bethel zurück und nachdem Walther Duwe mit seinem Bruder Karl noch im gleichen Jahr in den Bethel-Posaunenchor mittels Aufnahmeprüfung eingezogen war – sie mussten ihrem „Prüfer" Johannes Kuhlo Bachs „Wachet auf, ruft uns die Stimme", Händels „Jericho-" und „Siegesmarsch" vorspielen –, rückten bald darauf auch seine Brüder Fritz und Wilhelm nach, sodass neben dem Vater die vier Söhne einen festen Platz in der Bläsergemeinschaft des Posaunen-Generals gefunden hatten.

Karl Duwe wollte allerdings das Blasen über den üblichen Rahmen hinaus im Familienkreis pflegen und gründete 1907 mit seinen vier Jungen Karl am Waldhorn, Walther am Flügelhorn, Fritz ebenfalls am Flügelhorn und Wilhelm an Bariton, Ventilposaune oder Euphonium ein Sonderquartett. Es bestand bis in die Mitte der 1920er Jahre hinein und wurde von Kuhlo selbst geleitet, der dadurch eine kleine Besetzung zur Hand hatte, mit der er wesentlich flexibler auf die vielen Anfragen aus und außerhalb der Gemeinde reagieren konnte als mit dem großen Betheler Posaunenchor. Fast an jedem Wochenende war das Brüderquartett als musikalischer Botschafter Bethels zu vielfältigen kirchlichen und gesellschaftlichen Anlässen in West-, Mittel- und Norddeutschland unterwegs. Manchmal dauerten die Reisen auch mehrere Wochen, wobei das musikalische Programm nicht nur Bläser-, sondern bisweilen auch Vokalmusik umfasste, gesanglich vorgetragen unter anderem durch Pastor Adolf Schlemm (1879–1936), den Vater des späteren Leitenden Obmanns des Posaunenwerks der EKD, Hans Martin Schlemm (*1913).

Nicht selten traten in jener Zeit vor und nach dem Ersten Weltkrieg die vier blasenden Brüder gemeinsam mit einem Vokalquartett auf, das sich aus Kindern der Familie Kuhlo und Siebold zusammensetzte: Tilla Siebold, Lene Kuhlo, Hans Siebold und Martin Kuhlo. Die acht Sänger und Bläser firmierten dazu unter dem Oberbegriff „Kuhlo-Quartett", versehen mit dem Untertitel „Posaunen- und Gesangsquartett". Bezeichnend jedoch ist, dass die Instrumentalisten nicht gemeinsam mit den Vokalisten musizierten, sondern alternierend: Es wechselten sich ausschließlich Vokalstücke, mal bläserisch, mal sängerisch vorgetragen.

Daneben existierten noch die Solo-Bläserensembles der Familien Kuhlo, Heienbrok und Siebold, wobei sich diese Gruppen laut Aussage von Duwe nicht als Konkurrenz sahen, sondern als Ergänzung, sodass sie sich bei ihren Diensten Vertretung füreinander übernehmen konnten.

Die Schule besuchte Walther Duwe in Gadderbaum bei Bielefeld und wurde 1909 in der Zionskirche in Bethel durch v. Bodelschwingh konfirmiert. Nach der Schulentlassung und dem Absolvieren einer Tischlerlehre in Bethel besuchte er die Kunstgewerbeschule in Bielefeld, die er mit der Gesellenprüfung abschloss. Während seiner Bielefelder Zeit erhielt Duwe Instrumentalunterricht und pflegte Kontakte zu verschiedenen örtlichen Musikern. 1914 trat Walther Duwe als Diakonenschüler in das Brüderhaus Nazareth ein in der Absicht, als Diakon in die Missionsarbeit nach Deutsch-Ostafrika zu gehen. Doch stattdessen musste er von Mai 1915 bis Dezember 1918 Wehrdienst leisten, wobei er zeitweilig dem Militärmusikkorps angehörte und auch manche musikalische Anregungen von dort erhielt. Nach dem Ersten Weltkrieg kehrte er als Träger des Eisernen Kreuzes und mehrerer anderer Auszeichnungen wieder nach Bethel zurück, da eine Missionstätigkeit in der inzwischen verloren gegangenen Kolonie nicht mehr opportun erschien.

Bedeutsam wurde für Walther Duwe seine Mitarbeit im Kuhlo-Horn-Sextett, dem bedeutendsten Sonderchor der Posaunenchorbewegung vor dem

Zweiten Weltkrieg, der Kuhlos Klang-, Musizier- und Literaturideale weit über Westfalen hinaus bekannt machte. 1920 formierte sich diese Gruppierung aus jugendlichen Angehörigen Betheler Familien, wobei kurz nach der Bildung dieser Besetzung Duwe an die Stelle von Wilhelm Hünerhoff in das Kuhlo-Sextett überwechselte, um fortan bis zur Auflösung des Ensembles Anfang der 1930er Jahre mit seinem Flügelhorn die erste Stimme zu besetzen.[227]

Ein wichtiges Datum markiert das Jahr 1923, in dem Duwe die Nachfolge des alternden Kuhlo in der Leitung des Betheler Posaunenchors antrat und zudem hauptamtlich für die Bläserarbeit freigestellt wurde. Als Kuhlo 1925 in den Ruhestand verabschiedet wurde, erhielt Duwe von Fr. v. Bodelschwingh d. J. den Titel „*Posaunenmeister*". 1923 hatte der Betheler Posaunenchor einschließlich Anfängergruppen und Auswahlkreis wieder ca. 150 Bläser, weil Kuhlo intensiv um Bläsernachwuchs unter Lehrlingen und Handwerkern, Schülern und Studenten, Patienten und Krankenpflegern und vor allem unter der Brüderschaft geworben hatte, sodass Duwe auf ein großes Reservoir zurückgreifen konnte. Allerdings ist die Zahl nicht absolut zu sehen, wie aus einer Choraufstellung aus dem Jahr 1933 zu ersehen ist: Duwe gab dort die Gesamtzahl der Bläser mit 157 und die Gesamtzahl der choreigenen Instrumente mit 132 an. Der „Große Chor" umfasste danach 101 Bläser, davon 37 Diakone, 35 Schüler im Alter von 8 bis 22 Jahren, 22 Handwerker, Angestellte und Lehrlinge sowie sieben „Pfleglinge". In der Ausbildung begriffen, also noch nicht einsatzfähig, waren 17 Diakone, 23 Schüler und Studenten, fünf Lehrlinge, Handwerker und Angestellte sowie elf Patienten, also insgesamt 56 Anfänger. Von daher waren wohl eher 40 bis 50 Instrumentalisten bei den Proben und Einsätzen anwesend und kein „Massenchor". Ein Foto aus dem Jahr 1927 zeigt jedenfalls nur 37 Bläser, in der Mitte Kuhlo und Duwe. Außerdem bestanden in dieser Zeit noch zwei Hausposaunenchöre, deren Mitgliederzahl zwischen 25 und 30 Mitgliedern pendelte.

Am 12. Mai 1925 heiratete Walther Duwe Marie Rohde. Aus ihrer Ehe gingen fünf Kinder hervor, von denen die beiden Söhne Winfried und Karl-Friedrich wiederum langjährige Mitglieder des Betheler Posaunenchors wurden.

Die Zwangsmaßnahmen des Dritten Reiches blieben auch nicht ohne Folgen für den Betheler Posaunenchor. Seit Ende der 1870er Jahre Bundespräses Krummacher die Vereinigung als Mitglied im Westdeutschen Jünglingsbund aufgenommen hatte, blieb diese Verbindung bestehen, was sich nicht zuletzt in der regelmäßigen Entrichtung der Mitgliedsbeiträge Bethels nach Barmen niederschlug. Duwe allerdings sah sich gezwungen, am 28. September 1933 die Zugehörigkeit des Betheler Posaunenchors zum Westdeutschen Jungmännerwerk zu lösen. Der Grund dafür war folgender: Ein Großteil der Betheler Bläser war in SA, SS und HJ eingegliedert worden, wobei eine Doppelmitgliedschaft im Jungmännerwerk und in den Nazi-Organisationen verboten war. Duwe erblickte darin die Gefahr, dass den „eingereihten" Mitgliedern die weitere Zugehörigkeit zum Posaunenchor und damit die Bläserarbeit in Bethel unmöglich gemacht würde. Die einzige Chance zum Weiterbestand sah er in der Kündigung der Mitgliedschaft, ein Vorgang, der später im westfälischen Posaunenstreit 1955 wieder zum Politikum werden sollte. Bis 1937 waren alle Diakone in Bethel in die SA eingetreten, zumal Friedrich von Bodelschwingh, seit 1910 als Nachfolger seines Vaters amtierend, die Machtübernahme begrüßt hatte, weil er im Nationalsozialismus die Anliegen seines Vaters verwirklicht sah, z. B. „militärische Zucht und Sitte" für die Jugend oder „Heimat auf deutschem Boden" für das deutsche Volk.[228]

Der Beginn des *Zweiten Weltkriegs* brachte nicht nur die Posaunenarbeit in Westfalen größtenteils zum Erliegen, sondern bedeutete auch das Aus für den „Kleinen Chor der Posaunenmission Bethel". Nach 1945 begann Duwe zwar sofort mit dem Wiederaufbau der Betheler Posaunenmission, doch eine Wiederbelebung des Sonderchors kam nicht mehr zustande – zum einen wegen des fortgeschrittenen Alters des gesundheitlich angeschlagenen Duwe, der auf den Ruhestand zuging, zum anderen wegen der zunächst sehr jugendlichen Bläser, denn die Älteren waren gefallen oder in Gefangenschaft.

Während des Zweiten Weltkriegs von Sommer 1940 bis Sommer 1945 versah Walther Duwe den Sanitätsdienst in den Reservelazaretten in Bielefeld, Senne und Salzkotten, konnte aber als Sanitätsfeldwebel aufgrund der räumlichen Nähe zu Bethel und der Großzügigkeit seiner Vorgesetzten seine Bläserarbeit in eingeschränktem Maße weiterführen. In Paul Stich (1907 – 1980), einem seit 1925 sich im Haus Tabor aufhaltenden Patienten, hatte Duwe einen Mitarbeiter gefunden, der die Aufgaben der Geschäftsstelle versah. Während Diakon Gustav Schneider (1889 – 1962) den Bethel-Posaunenchor neben seiner Tätigkeit in der Bethel-Kanzlei leitete, sorgte Tenorhornbläser Stich dafür, dass bei besonderen Anlässen wie z. B. bei Gedächtnisgottesdiensten für Gefallene eine kleinere Bläsergruppe, notfalls ein Trio, zur Stelle war. In Stichs Erinnerungen aus jener Zeit heißt es:

> „Wir hatten bei sehr vielen Beerdigungen zu blasen (Bethel war in beiden Weltkriegen auch Lazarettstadt), da keine Überführungen von Kranken in ihre Heimat mehr stattfinden konnten … Jede Woche musste ich Ausschau halten für

die Übungsstunden der verschiedenen Chöre, um einen Dirigenten zu bekommen. Auch galt es, den Nachwuchs zu schulen. Ich musste mich nun auf die verschiedensten Blasinstrumente umstellen, um jedem gerecht zu werden."[229]

Außerdem führte Stich ab Juni 1944 ausführliche Rundbriefe ein, um mit im Krieg befindlichen Bläsern in Verbindung zu bleiben und die Gemeinschaft auf diese Weise weiterhin aufrecht zu erhalten.

Nach Kriegsende und der Rückkehr aus der kurzen amerikanischen Gefangenschaft nahm Duwe im Juni 1945 seine Tätigkeiten in Bethels Bläserarbeit wieder auf, die allerdings nicht mehr die Strahlkraft und den Wirkungsradius der beiden vergangenen Jahrzehnte erreichen sollte.[230]

4.2 Das überregionale Wirken Walther Duwes in Westfalen

Ganz in gewohnt traditionellen Bahnen verlief die Arbeit Duwes in den überregionalen Bereichen *Chorschulung* und Chortreffen. Aus der „Kuhloschen Erbmasse" stammten die 1911 ins Leben gerufenen Betheler Bläserlehrgänge, die seit den 1930er Jahren unter Duwe als musikalischem Leiter weiterhin einmal im Jahr zentral für Westfalen und das weitere Umland stattfanden. Um sich ein näheres Bild vom Ablauf dieser Freizeiten zu machen, sei folgender Bericht eines Zeitzeugen zitiert:

> „Vom 10. bis 15. Januar 1938 fand in Bethel bei Bielefeld der 21. Lehrgang für Chorleiter und fortgeschrittene Bläser statt. Es hatten sich etwa 40 Teilnehmer eingefunden, die sich in diesen Tagen für ihre Aufgaben in den Chören hin und her im Lande schulen ließen. Schon morgens war man fleißig bei der Arbeit; denn schon um 7.30 Uhr klang heller Posaunenschall über die ‚Stadt der Barmherzigkeit' dahin. Dann folgte das Kaffeetrinken mit anschließender kurzer Andacht des Hausvaters … Die Bibelarbeit selbst hatten Herr Pastor D. Brandt, Bethel, und Herr Jugendwart Walter Romann, Recklinghausen, übernommen … Die blastechnischen Übungen, aus der Posaunenschule von W. Koring unter der Leitung von Diakon W. Duwe, Bethel, vermittelten den Bläsern die notwendige Technik und Tonreinheit … Herr Hans Schultz, Essen, führte die Teilnehmer in das mehr oder weniger schwere Gebiet der Musiklehre und des Dirigierens ein. Sehr interessant und belehrend waren die Vorträge von Herrn Pastor Fliedner, Ostscheidt, der über die Themen: ‚Der Posaunenchor als volksmissionarisches Instrument' und ‚Der Posaunenchor als kirchenmusikalisches Instrument' sprach … Es war uns eine Freude, in körperlicher und geistiger Frische den Altmeister der Posaunenmusik, Herrn Pastor D. Kuhlo täglich unter uns zu haben. 11.45 Uhr bis 12.30 Uhr bliesen wir unter seiner Leitung an verschiedenen Stellen im Anstaltsgebiet der Kranken und Gesunden …"[231]

Hier hat Duwe an der ihm vorgegebenen und ursprünglich wegweisenden Konzeption über lange Jahre nichts verändert, wobei diese Stagnation schließlich in den Niedergang des traditionsreichsten Chorschulungslehrgangs führen sollte.

Die Minden-Ravensberger *Gau-Posaunenfeste* leitete Duwe zusammen mit Kuhlo ebenfalls in alter Form weiter, ohne sich an Neues zu wagen. Sie wurden unter Beteiligung von bis zu 800 Bläsern in der Sommerzeit in Verbindung mit dem Bethel-Jahresfest abgehalten, sodass bis 1939 immerhin 33 Treffen dieser Art stattfinden konnten. Eine große Herausforderung bedeutete für Duwe die Vorbereitung und teilweise Leitung des Treffens von 2.000 Bläsern beim Deutschen Evangelischen Kirchentag, der 1924 zur sozialen Frage in Bethel stattfand. Der Zweite Weltkrieg wurde zu einer tief einschneidenden Zäsur. Nicht nur, dass Johannes Kuhlo 1941 verstarb, nicht nur, dass wieder viele Betheler Bläser zur Wehrmacht einrücken mussten, auch die Arbeit in Bethel litt empfindlich unter den kriegsbedingten Einschränkungen. Die Reihe der Betheler Bläserlehrgänge wurde von 1940 bis 1945 unterbrochen, die Folge der Gau-Posaunenfeste wurde ab 1940 sogar völlig eingestellt, auch weil sie sich in ihrer Form wohl selbst überlebt hatten. Allerdings kamen im Sommer 1942 über 300 Bläser aus den benachbarten Posaunenchören zum 75. Jahresfest der v. Bodelschwinghschen Anstalten in Bethel zusammen.

Weiterhin führte die Siegerländer Posaunenvereinigung in jedem Jahr ihren eigenen Bläsertag durch. So trafen sich am 22. Juni 1932 in Remagen 800 Bläser, dazu noch viele Gäste zum Festgottesdienst um 10.00 Uhr und zur Nachmittagsveranstaltung um 14.00 Uhr im Hochwald. Die Festreihe wurde bis einschließlich 1944 fortgesetzt, so beispielsweise im August 1942 mit allerdings nur 95 Bläsern in Mittelwilden; erst 1945 setzte man für ein Jahr das jährliche Bläsergroßtreffen im Siegerland aus.

Dass es in Westfalen also nicht wie in anderen Landstrichen zur Ausformung einer eigenen Veranstaltungsreihe von regelmäßigen Landesposaunentagen kam, hat mit der starken Tradition der Minden-Ravensberger und Siegerländer Gau-Posaunenfeste zu tun. Dadurch sahen weder Kuhlo noch Duwe die Notwendigkeit, ein gesamtwestfälisches Bläsertreffen zu initiieren.[232]

Was die *Gremien- und Verbandsarbeit* im Westbund anging, so rückte der „Adjutant" Duwe seinem General „Kuhlo" in den 1920er Jahren in den Bundes-Posaunenausschuss des Westdeutschen Jungmännerbundes nach. Dort beschäftigten sie sich mit anderen Vertretern im September 1926 mit dem Rundschreiben einer „Arbeitsgemeinschaft der vereinigten evangelischen Posaunenchöre Deutschlands", die unter diesem Tarnnamen Marschheftausgaben an die Chöre vertreiben wollte. Bundeswart Humburg ließ daraufhin ein Schreiben an die Vorstände hinausgehen, in welchem er die Vereine vor diesem „Unternehmen" warnte. Aufregung verursachte auch ein Einladungsschreiben des „Bundes christlicher Posaunenchöre Deutschlands" (BCPD) an die Westbund-Posaunenchöre zu einem in Barmen geplanten Verbandsfest des rheinisch-westfälischen BCPD-Verbandes im April 1927, dem auch eine Aufforderung zum Eintritt in den BCPD beilag. Dazu muss man wissen, dass es in Westfalen neben den landeskirchlichen Posaunenchören, die hauptsächlich im Westbund organisiert waren, auch freikirchliche Posaunenchöre gab. Die Altlutheraner betreiben ihre eigene Bläserarbeit, aber auch die Methodisten und Baptisten, die sich 1909 im BCPD zusammengeschlossen hatten. 1912 hatte sich unter Johannes Pieper ein eigener Rheinisch-Westfälischer Verband im BCPD gebildet, der 1923 auf 19 Chöre mit 290 Bläsern angewachsen war. Es war dabei ein rechtes Sammelsurium an verschiedenen Schreibweisen (Klavierschreibweise, Militärschreibweise, Schweizer Militärschreibweise) und Instrumentierungen (reine Blechblasbesetzung, Harmoniebesetzung), das sich in den BCPD-Musikgruppen fand. Bundessekretär Hermann Schlingensiepen jedenfalls bat die Westbund-Chöre dringend, nicht dem BCPD beizutreten, da sie sonst vom eigentlichen Ziel der Vereinsarbeit abgezogen und dem Stammverein entfremdet würden.

1932 beschloss der Bundes-Ausschuss für Posaunenfragen „Richtlinien für die Posaunenchöre im Westbund", die Folgendes festlegten: Das Posaunenblasen der Vereine habe ausschließlich zum Lob Gottes und zur Erbauung seiner Gemeinde zu geschehen; jeder Chor solle daher regelmäßig an einem bestimmten Sonntag im Monat Straßenmission betreiben. Mitglied des Posaunenchors könne nur werden, wer einen ehrenhaften Lebenswandel führe. Alle Veranstaltungen des Posaunenchors hätten alkohol- und nikotinfrei zu sein. Festgehalten wird an der Klavierschreibweise sowie an den Posaunenbüchern Kuhlos. Als Marschmusik dürften nur Marschlieder verwendet werden, keinesfalls textlose Militärmärsche. Zur Uniformierung der Bläser wurden gleiche Mützen und Windjacken vorgeschlagen. Außerdem setzte sich der Ausschuss gegen den Plan des Deutschen Evangelischen Kirchenausschusses zur Wehr, für das geplante neue Gesangbuch ein Bläserchoralbuch in Militärschreibweise herauszugeben. Kuhlo führte dazu Verhandlungen mit Pfr. Dr. Eickmann, um ihn von diesem Vorhaben abzubringen. Das für 1933 in Düsseldorf oder Köln geplante erste Bundesposaunenfest wurde auf 1934 verschoben, als neuer Ort Wuppertal in Aussicht genommen. Es sollte nie stattfinden, denn die politischen Ereignisse des Jahres 1933 überrollten auch die westfälische Posaunenchorarbeit und schufen völlig andere Rahmenbedingungen.[233]

Mit der Machtergreifung Hitlers im Januar 1933 begann für die Posaunenchorbewegung, die zugleich eine bündisch-evangelische Jungmännerbewegung war, eine schwierige Zeit. Die Nationalsozialisten verfolgten im Blick auf die 23 evangelischen Jugendverbände mit mehr als 700.000 Mitgliedern, von denen der Reichsverband der ev. Jungmännerbünde mit Reichswart Stange an der Spitze ca. 270.000 junge Männer umfasste, mehrere Ziele: Zum einen sollten im Zuge der so genannten *Gleichschaltung* zuerst alle freien bündischen und konfessionellen Verbände zerschlagen und sämtliche Gruppen mit ihren Tätigkeiten der politischen Kontrolle und den ideologischen Zielen der NSDAP unterworfen werden. Zum anderen sollte das Monopol der Hitler-Jugend durchgesetzt werden. Erkannt wurde dies von den Verantwortlichen im Jungmännerwerk zu Beginn noch nicht, im Gegenteil; sie schwenkten begeistert auf die Linie des „nationalen Aufbruchs" ein, teils aus Angst vor dem Bolschewismus, teils aus deutschnationaler Gesinnung heraus. Am 25. März 1933 beschlossen die Bundeswarte des Jungmännerwerks aus ganz Deutschland mit ihrem Reichsführer in Potsdam folgende Erklärung:

> „Eine neue Stunde deutscher Geschichte schlägt! Hart am Abgrund des Bolschewismus wurde Deutschlands Schicksal noch einmal zurückgerissen. In dieser Stunde soll die evangelische Jugend Deutschlands wissen, dass ihre Führerschaft ein freudiges Ja zum Aufbruch der deutschen Nation sagt. Die Erkenntnis, daß es sich um eine Erneuerung der Lebensgrundlagen alles Volkstums geht, trifft das evangelische Jugendwerk im Herzen seiner geschichtlichen Sendung und ruft es zum Einsatz von Gut und Blut."[234]

Doch die neuen Machthaber zeigten bald ihr wahres Gesicht. Als am 17. Juni 1933 Baldur von Schirach (1907–1974) durch Verordnung des Reichskanzlers zum „Jugendführer des Deutschen Reiches" ernannt wurde, avancierte die Hitler-Jugend vom relativ kleinen Jugendverband zur staatlichen Jugendorganisation mit Absolutheitsanspruch. Einen Monat später schlossen sich die evangelischen Jugendverbände Deutschlands unter dem Vorsitz Stanges zum „Evangelischen Jugendwerk" zusammen, das dem Reichsjugendführer unterstellt wurde und in die staatlichen Organisationen eingegliedert werden sollte. Baldur von Schirach kündigte Anfang Oktober 1933 die Auflösung sämtlicher freier Jugendverbände und ihre Eingliederung in die Hitler-Jugend an. Ohne die Zustimmung des Ev. Jugendwerks schloss er mit dem von Hitler und den „Deutschen Christen" protegierten, seit September 1933 als „Reichsführer im Evangelischen Jugendwerk Deutschlands" amtierenden Reichsbischof Ludwig Müller (1883 – 1946) am 19. Dezember 1933 einen Vertrag ab, der als folgenreichsten Passus enthielt:

> „Die Jugendlichen des Evangelischen Jugendwerkes unter 18 Jahren werden in die Hitler-Jugend und ihre Untergliederungen eingegliedert."[235]

Dies bedeutete, dass innerhalb der auch in Westfalen bündisch organisierten Posaunenarbeit alle unter 18-jährigen Bläser gemeldet werden mussten und aus den Chorgemeinschaften auszuscheiden hatten. Dies traf die Posaunenchöre vor allem im Jungbläserbereich hart, auch wenn damals die überwiegende Mehrheit der Chormitglieder aus Erwachsenen bestand.

Betrafen diese Entwicklungen die Zusammensetzung der Chöre, so waren die Gleichschaltungsmaßnahmen im kulturellen Bereich noch folgenreicher, vor allem im Blick auf die Organisation und die Tätigkeit der Posaunenchöre. Zu diesem Zweck trat am 22. September 1933 das Reichskulturkammergesetz in Kraft, das die Bildung von sieben Einzelkammern vorsah:

> „§ 3. Die Reichskulturkammer hat die Aufgabe, durch Zusammenwirken der Angehörigen aller von ihr umfassten Tätigkeitszweige unter der Führung des Reichsministers für Volks-Aufklärung und Propaganda die deutsche Kultur in Verantwortung für Volk und Reich zu fördern, die wirtschaftlichen und sozialen Angelegenheiten der Kulturberufe zu regeln und zwischen allen Bestrebungen der ihr angehörenden Gruppen einen Ausgleich zu bewirken …"[236]

Eine dieser Kammern war die am 15. November 1933 eröffnete Reichsmusikkammer, die sich in sieben Reichsfachschaften aufgliederte, unter denen die Reichsfachschaft „Chorwesen und Volksmusik" die neue Zwangsheimat der Posaunenchöre werden sollte. Zu ihrem Leiter war Dr. Fritz Stein (1879 – 1961) ernannt worden, der sich von Reichsbischof Müller am 30. November 1933 den kirchlich legitimierten Auftrag zur einheitlichen Zusammenfassung und Eingliederung der Posaunenchöre in die Reichsmusikkammer geben ließ.[237]

Aufgrund dieser sich anbahnenden Entwicklung schlug Duwe in einem Schreiben vom 28. September 1933 an Pastor Eduard Juhl (1884 – 1975), Bundeswart von 1929 bis 1934, vor, die Posaunenarbeit aus dem Jungmännerwerk zumindest herauszunehmen und sie rein kirchlich „einzustellen", um die jungen Leute in den eigenen Reihen halten und sie weiterhin

„biblisch beeinflussen" zu können. Außerdem drängte Duwe darauf, möglichst rasch den Bundes-Posaunenausschuss einzuberufen, dessen Vorsitz Kuhlo ihm bis auf weiteres übertragen hatte. Juhl verwies Duwe in seinem Antwortschreiben vom 2. Oktober 1933 auf die Klärung dieser Fragen im seit 1926 bestehenden Reichs-Posaunenausschuss, der am 30. November und 1. Dezember 1933 im Reichsverbandshaus in Kassel-Wilhelmshöhe tagte. Auch Duwe nahm an dieser Tagung als Vertreter des Westbundes teil, auf der die *Gründung der „Evangelischen Posaunenmission Deutschlands"* beschlossen wurde. Mit dieser Maßnahme hoffte man von Seiten des Jungmännerwerks, die Posaunenchorarbeit im eigenen Zuständigkeitsbereich belassen zu können. Bei diesem Treffen waren bis auf den Oberrheinischen und Sächsischen Jünglingsbund alle deutschen Bünde vertreten. Man machte sich – bei bedingter Übernahme des Führerprinzips – an eine Zusammenfassung der Posaunenchöre, um der totalitären Gleichschaltung zu entgehen und staatlichen Maßnahmen zuvorzukommen. Die „Ev. Posaunenmission Deutschlands" gliederte sich in Führer, Führerrat und Führerschaft. Die Führerschaft sollte nicht nur aus den Abgeordneten der Bünde, sondern auch aus den Vertretern der sonstigen Posaunenverbände bestehen, ein reines Wunschdenken, da die anderen Vereinigungen nicht eingeladen worden waren. Als Reichsposaunenwart, dessen Aufgaben nicht näher bestimmt wurden, berief der Reichsverband den Hamburger Bundesagenten August Schröder, der vor allem die nord- und ostdeutsche Posaunenchorarbeit gefördert hatte. Zum Reichsführer wurde Johannes Kuhlo gewählt, zu seinem Stellvertreter Fritz Bachmann. Kuhlo stand damit erstmals nicht nur de facto, sondern auch de iure an der Spitze der deutschen Posaunenchorbewegung.[238]

Doch die Ereignisse überstürzten sich in den folgenden Wochen und ließen die Kasseler Vereinbarungen, mit denen der Reichsverband noch zu retten versucht hatte, was zu retten war, Makulatur werden. Am 29. Dezember 1933 ordnete Stein in seiner Eigenschaft als Leiter des „Reichsverbandes für Chorwesen und Volksmusik" in der Reichsmusikkammer (RMK) und als Präsident des „Reichsverbandes für ev. Kirchenmusik" aufgrund der §§ 4 bis 6 des Reichskulturkammergesetzes und des vom Reichsbischof Ludwig Müller erteilten Auftrages den Zusammenschluss aller evangelischen Posaunenchöre in einem *„Verband evangelischer Posaunenchöre"* (VeP) innerhalb des Reichsverbands für ev. Kirchenmusik an. Der den „Deutsche Christen" zugehörige Adolf Müller, seit 1930 NSDAP-Mitglied, wurde zum kommissarischen Reichsobmann ernannt und sollte zusammen mit Kuhlo den Verbandsaufbau in Angriff nehmen. Gleichzeitig wurde denjenigen Chören die Berechtigung zum öffentlichen Auftreten entzogen, die es unterließen, sich bei der Geschäftsstelle des „Reichsverbandes für ev. Kirchenmusik" in Berlin mit Adolf Strube als Geschäftsführer anzumelden. Diese ins Auge gefasste Maßnahme sollte also die Tätigkeiten der Chöre in der Öffentlichkeit reglementieren und zugleich eine einheitliche Zusammenfassung unter dem Dach der staatlichen Reichsmusikkammer herbeizwingen.

Bereits am 10. Januar 1934 fand in Berlin eine Sitzung über die Entwicklung der Posaunenchöre statt, zu welcher der Geschäftsführer des Reichsverbandes für ev. Kirchenmusik, Adolf Strube, Johannes Kuhlo, den sächsischen Posaunenmeister Adolf Müller, den Essener Pastor Fritz Bachmann und den Berliner Diakon Otto Redlitz (1902–1945) eingeladen hatte. Aufgrund des Reichskulturkammergesetzes sollte nun innerhalb des Reichsverbandes für evangelische Kirchenmusik neben den Kirchenmusikern und den Kirchenchören die sog. Dritte Säule, ein Verband evangelischer Posaunenchöre, aufgebaut werden. Müller wurde zum vorläufigen Reichsobmann ernannt, um im Einvernehmen mit Kuhlo, der in Kassel zum „Führer des Reichsausschusses für Posaunenmusik" bestellt worden war, den Aufbau der Organisation vorzunehmen. Der neue Verband sollte in Berlin eine Geschäftsstelle bekommen; als dessen Geschäftsführer wurde Redlitz vorgesehen, der seit 1924 maßgeblich am Aufbau der Posaunenarbeit in Mitteldeutschland mitwirkte.

Nicht eingeladen worden war Bundesagent August Schröder vom Nordbund, der sich als in Kassel gewählter Reichsposaunenwart übergangen fühlte und außerdem die Ausgliederung des Posaunenchorwesens aus den Bünden fürchtete. Schröder protestierte persönlich bei Kuhlo gegen diese Vorgehensweise und informierte die Posaunenchöre im Nordbund über den Vorgang aus seiner Sicht. Duwe dagegen wertete diesen Vorgang dabei ganz im Sinne Bachmanns und Kuhlos. Am 23. Januar 1934 schrieb er an den hannoverschen Landesposaunenwart Georg Denks (1878–1960) einen Brief, in dem er neben seinem Unverständnis über die Beschwerden Schröders klar zum Ausdruck brachte, dass die Posaunenchöre nicht mehr länger im Jungmännerwerk integriert bleiben könnten und der CVJM-Reichsverband dieses „Opfer" zu bringen haben werde, damit die unter 18-jährigen Bläser nicht zwischen drei Verbänden – Hitlerjugend, CVJM und Verband evangelischer Posaunenchöre – zerrieben würden.

Der Erlass Steins wurde von Kuhlo – verbunden mit der Einladung zu einer „Reichstagung" in Berlin – Anfang Februar 1934 an den Reichsverband und die Posaunenarbeitsverantwortlichen in den Bünden verschickt, ohne auch nur ein weiteres Wort zur „Evangelischen Posaunenmission Deutschlands" zu verlieren. Der Reichsverband in Kassel protestierte heftig gegen diese Vorgehensweise, doch die Würfel waren aufgrund der staatlichen Vorgaben längst gefallen. Duwe plädierte dabei für den Anschluss der Posaunenarbeit an den „Reichsverband für evangelische Kirchenmusik" und opponierte damit gegen die Bemühungen des Reichssekretärs Lüst aus Kassel. Am 2. Februar verabschiedeten die vollzählig in Berlin angereisten „Landesführer", darunter auch Duwe, eine vorläufige Satzung des „Verbandes evangelischer Posaunenchöre". In dem provisorischen Entwurf wurde das Bekenntnis zum nationalsozialistischen Staat und die Unterstellung unter die Reichsmusikkammer sowie die Eingliederung in den Reichsverband für Ev. Kirchenmusik festgeschrieben. Betont wurde ferner die Führungsrolle des Reichsobmanns, der wiederum vom Präsidenten des Reichsverbandes ernannt werden sollte. Außerdem wurde ein „Fachausschuss für Posaunenmusik beim Reichsverband für ev. Kirchenmusik" erwähnt, dessen Vorsitz man zusammen mit der Würde des Ehrenpräsidenten Kuhlo angetragen hatte. Der Organisationsrahmen war somit weitgehend abgesteckt, offen dagegen blieben noch die personellen Entscheidungen an der Spitze.

Im Vorfeld der offiziellen Gründung des „Verbandes evangelischer Posaunenchöre", die für Mai 1934 vorgesehen war, entbrannte nun ein interner Machtkampf um den wichtigen Posten des Reichsobmanns. Als Kandidaten wurden Bachmann und Müller gehandelt. Schröder sprach sich dabei für Müller aus, weil er der älteste Fachmann nach Kuhlo sei, Dresden näher als Essen an Berlin liege und man aus kirchenpolitischen Gründen einen Oberlandeskirchenrat der Deutschen Christen wählen solle. Duwe, Denks und Lüst unterstützten Bachmann. Lüst befürchtete, Müller würde die wichtigen Posten mit seinen Gefolgsleuten aus Sachsen besetzen und überall die Bläserliteratur der sächsischen Posaunenmission einführen wollen. Eigentlich schien offen zu sein, für welchen der beiden Kuhlo sich aussprechen würde, denn sowohl mit Müller als auch mit Bachmann verband ihn eine jahrelange Freundschaft. Der Betheler Pastor verschickte schließlich im März 1934 an alle entscheidenden Männer einen Brief, in dem er eindeutig für Bachmann und gegen Müller als neuen Reichsobmann votierte:

> „Nun hat der sächsische Posaunen-Pastor Müller die Leitung der sächsischen Posaunenchöre des Freistaates Sachsen abgegeben, weil er zum Landes-Oberkirchenrate und zum Stellvertreter des Landesbischofs aufgerückt ist, und nun nicht mehr die nötige Zeit erübrigen kann, während Bachmann als Jugendpfarrer freie Hand hat. Müller nähert sich den 60er Jahren – leider ist er auch gesundheitlich nicht mehr ganz auf der Höhe –, während Bachmann mit seinen 33 Jahren in der Vollkraft seiner Leistungsfähigkeit steht. Bachmann hat durch seine hervorragende Beteiligung zu den von mir geleiteten Posaunen-Lehrgängen für Deutschland, welche alljährlich in Bethel und auf Borkum gehalten werden, das Vertrauen auch der freikirchlichen Posaunenchöre gewonnen. So-

dann liegt Dresden zu weit an der Peripherie, während Bachmann ganz anders im Zentrum, nämlich in dem Teile von Deutschland wohnt, wo die Posaunenchöre entstanden und noch heute am zahlreichsten vertreten sind. Endlich kann ich mit meinem alten, langbewährten Freunde Müller wegen der weiten Entfernung nur selten raten und taten, während ich sehr häufig mit Bachmann zusammenkomme und Austausch halte."[239]

Fritz Bachmann

Dass Kuhlo seine ganze Autorität für den jungen Essener Pastor in die Waagschale warf, zeitigte Wirkung. Auf der am 8. Mai 1934 in Berlin stattfindenden Gründungsversammlung des „Verbandes evangelischer Posaunenchöre" (VeP) – ab 1935 mit dem Zusatz „… Deutschlands" (VePD) votierten 23 Stimmberechtigte für Bachmann, nur fünf dagegen für Müller. Das Amt ging von der Großväter- auf die Enkelgeneration über, unberücksichtigt blieb die Vätergeneration. Aus der Rückschau wird man dabei sagen müssen, dass den Ausschlag nicht die größere Fachkompetenz oder das größere Verdienst gab, sondern das geschicktere Taktieren und die politische Einstellung. Zu jenem Zeitpunkt hatte Bachmann nämlich sich noch nicht besonders hervorgetan, wohingegen Müller in vielen Bereichen die Bläserarbeit weitergebracht hatte.

Kuhlo wurde zum Ehrenpräsidenten des VeP gewählt, der mit seinen 26 Landes- und vier freien Verbänden (BCPD, Gnadauer, Altlutheraner, Brüdergemeine) erstmals alle in Deutschland an der ev. Posaunenarbeit beteiligten Gruppen umfasste. Als Ehrenpräsident hatte Kuhlo mehr repräsentative Aufgaben, wenngleich er sich im Reichsposaunenrat an den Diskussionen beteiligen und mit abstimmen durfte. Die eigentliche Macht aber lag in den Händen des Reichsobmanns, der von der „Führerschaft" auf vier Jahre gewählt worden war, allerdings die Zustimmung des Präsidenten des Reichsverbands für ev. Kirchenmusik benötigte.

Im Juni 1934 teilte Bachmann in der Zeitschrift „Spielet dem Herrn" den Chören die Neuerungen der Satzung mit, nicht ohne dabei einzuschärfen, dass aufgrund des Reichskulturkammergesetzes nur noch diejenigen Posaunenchöre öffentlich sich betätigen würden können, die den Anschluss an den VeP vollzogen hätten. Zudem stellte er nicht ohne Kalkül die Verdienste Kuhlos heraus, der an der Entwicklung „lebhaften Anteil" genommen hätte und „mit Freuden" in der neuen Organisation mitwirken würde.[240]

Bachmann nahm zur ungefähr gleichen Zeit Verhandlungen mit dem Westbund auf, um den *Landesverband Westfalen* zu konstituieren und gleichzeitig Befürchtungen der Bundesleitung in Wuppertal zu zerstreuen, dass diese „neue Querorganisation" des VeP zu einer Gefahr für das Jungmännerwerk werden könnte. Am 17. August 1934 kam es zu einer Vereinbarung zwischen dem frisch gewählten Reichsobmann und dem Westdeutschen Jungmännerbund, die Johannes Busch, damals stellvertretender Bundeswart im Westbund, den – wie sich später zeigte, voreiligen – Schluss ziehen ließ, dass der VeP organisatorisch im Westdeutschen Jungmännerbund verwurzelt und verankert wäre. Die Vereinbarung legte fest, dass die Landesverbände Rheinland, Westfalen-Lippe und Groß-Hessen des VeP Landesverbände des Westdeutschen Jungmännerbundes sind; dass die Ernennung und Abberufung der Landesobmänner sowie deren Leitung der Landesverbände im Einvernehmen mit dem Westdeutschen Jungmännerbund geschehen und dass der Westdeutsche Jungmännerbund zu den Landesposaunenräten je ein stimmberechtigtes Mitglied entsendet. Von daher war es nur folgerichtig, dass Busch in einem Brief vom 20. August 1934 Bachmann als Mann „unserer Richtung" bezeichnete, der klar zugesichert habe, dass er nur im engsten Einvernehmen mit dem Bundesvorstand seine Arbeit tun wolle.

Duwe hatte sich bisher als geschickter und diplomatisch vorgehender Macher im sich neu formierenden Gefüge der bläserischen Organisationsstrukturen erwiesen, was ihn schlussendlich bis an die Spitze trug. Im Mai 1934 erhielt der Betheler Diakon vom neuen Reichsobmann Fritz Bachmann seine Ernennung zum Landesobmann von Westfalen und Lippe, wobei Busch im August 1934 betonte, dass die Ernennung von Duwe nicht in freier Willkür durch Bachmann geschehen sei, sondern im „engsten Einvernehmen" mit der Bundesleitung. Seinem Freund Georg Denks riet Duwe, bevor in Schaumburg-Lippe irgendwelche Beschlüsse gefasst würden, doch dieses Gebiet Hannover einzuverleiben, da es seiner Meinung nach nicht angehen würde, dass jedes „kleine Ländchen" einen besonderen Verband habe. Duwe ging in dieser Weise vor, indem er Lippe (1934) und Bremen (1937) in Westfalen „eingliederte", sodass er schließlich als Landesobmann von ursprünglich drei Gebieten, nämlich Westfalen, Lippe und Bremen fungierte. Dabei kam ihm entgegen, dass die Chöre der reformierten bremischen Kirche nicht zum lutherischen Hannover zugehören wollten, sondern das unierte Westfalen vorzogen; außerdem gab es über Kuhlos seit 1909 bestehende Freundschaft zum aus Westfalen stammenden und in Bremen wirkenden Pastor Paul Tiefenthal (1866 – 1932), der seit der Jahrhundertwende die Chöre in der Hansestadt gefördert und gesammelt hatte, langjährige Beziehungen zwischen beiden Landschaften.

Demokratisch war diese Vorgehensweise trotzdem nicht zu nennen, zumal Duwe seine Legitimation nicht aus einer Wahl bezog; das so genannte Führerprinzip schlug sich auch darin nieder, dass gemäß den Richtlinien für den Aufbau der Landesverbände im VeP der Landesobmann den Landesposaunenrat und die Kreisobmänner selbst berief und entließ. Im ersten Rundschreiben an die westfälisch-lippischen Chöre teilte ihnen Duwe mit, dass es noch nicht gelungen sei, den Landesposaunenrat zu ernennen. Dafür gab er ebenfalls im Frühjahr 1934 die Einteilung des Landesverbandes in drei Gaue bekannt: den Gau Minden-Ravensberg-Lippe mit zehn Kreisverbänden, den Gau Ruhr-Münster-Sauerland mit 14 Kreisverbänden sowie den Gau Siegerland und Wittgenstein mit einem Kreisverband. In den „Richtlinien für den Anschluss der Posaunenchöre in Westfalen und Lippe an den Verband evangl. Posaunenchöre" vom Juni 1934 schärfte Duwe den Chören nochmals ein, dass sich nur noch diejenigen Posaunenchöre öffentlich betätigen könnten, die Mitglieder im VeP seien, weil dieser die einzige kirchlich und staatlich anerkannte Organisation der Posaunenchöre sei. Gleichzeitig betonte er, dass durch die Mitgliedschaft im VeP die Mitgliedschaft der Posaunenchöre zum Jungmännerwerk nicht berührt sei.

Mit der Statutenfrage tat sich Duwe im Unterschied zu seinen anderen Kollegen nicht ganz leicht: Noch Ende 1937 besaß der Landesverband Westfalen-Lippe-Bremen keine eigene Satzung, sodass Duwe, da Bachmann Druck machte, sich von Bayern und Kurhessen jeweils ein Exemplar von deren Statuten zusenden ließ, um sie mit je einem Vertreter der drei Untergaue durchzuarbeiten. Erst am 30. Dezember 1938 wurden bei der Sitzung des Landesposaunenrates in Bielefeld die entsprechenden zehn Paragraphen verabschiedet. Unter dem Titel „Aufgabe des Verbandes" ist in § 2 Folgendes festgehalten:

> „1. Der Landesverband Westfalen-Lippe-Bremen sieht im Sinne der vom Verband ev. Posaunenchöre Deutschlands aufgestellten Richtlinien seinen Auftrag in der Verkündigung des biblischen Evangeliums von Jesus Christus durch den Dienst der Posaunenchöre in Gemeinde, Kirche und Volk ... Durch einheitliche Arbeit, gegenseitige Anregung, Austausch von Erfahrungen und geordnetes Zusammenwirken bei gemeinsamen Veranstaltungen will der Landesverband die Posaunenarbeit fördern, die vorhandenen Chöre innerlich und äußerlich unterstützen und bei der Gründung neuer Posaunenchöre mit Rat und Hilfe dienen. 2. Der Erfüllung dieser Aufgaben sollen dienen: a) die Veranstaltung von Lehrkursen, Vorträgen und Vertreterversammlungen zur theoretischen und praktischen Weiterbildung der Chorleiter und Bläser; b) die Mitwirkung bei Festen und Feiern in den Gemeinden; c) die Veranstaltung von Turm- und Platzmusiken und sonstigem missionarischen Blasen im Freien; d) die Empfehlung guter Instrumente, Notenliteratur und der Fachzeitschrift ‚Spielet dem Herrn' ..."[241]

Die Strukturen waren dabei auf das „Führerprinzip" ausgerichtet und alles andere als demokratisch. Der Landesposaunenrat, bestehend aus dem Landesobmann, seinem Stellvertreter und mindestens fünf Kreisobmännern, Chorleitern oder sonstigen der Posaunenarbeit verbundenen Männern, wurde nicht von der Vertreterversammlung gewählt, sondern vom Landesobmann auf die Dauer von vier Jahren berufen. Dieses Gremium, das zudem noch der Bestätigung durch den Reichsobmann bedurfte, sollte den Landesobmann bei der Führung und Verwaltung des Verbandes unterstützen, insbesondere bei der Aufstellung von Richtlinien, der Anstellung von Berufsarbeitern, der Festsetzung der Jahresbeiträge usw. Die Vertreterversammlung, der neben dem Landesposaunenrat auch die Kreisverbandsvertreter angehörten, sollte einmal im Jahr zusammentreten, um den Jahresbericht entgegenzunehmen, Satzungsänderungen zu beraten und Vorlagen des Landesobmanns zu beschließen. Der Landesobmann wiederum wurde vom Reichsobmann nach bloßer Anhörung des Landesposaunenrats ernannt. Der Aufbau ging also nicht von unten nach oben, sondern von oben nach unten, mit sehr eingeschränkten Wirkungsmöglichkeiten der Basis, wobei Duwe aufgrund seines Bekanntheitsgrades und seiner unbestrittenen

Kompetenz auch bei einer Wahl sicherlich die Mehrheit erhalten hätte. Damit waren sämtliche zwischen Westbund und westfälischem Landesverband am 17. August 1934 getroffenen Vereinbarungen hinfällig. Dabei hatte sich die Bundesleitung im Vorfeld der Satzungsfragen um eine Klärung des Verhältnisses bemüht: Im Januar 1938 gestand die Wuppertaler Bundesleitung zu, dass die Zugehörigkeit der westfälischen Bläser zum westdeutschen Jungmännerwerk nur freiwillig und innerlich entschieden werden könne, da die Zugehörigkeit zum Landesverband Westfalen-Lippe-Bremen aufgrund der Forderung der Reichskulturkammer zwangsläufig sei. Von einem Ausscheiden eines Posaunenchors aus dem Westbund wurde dabei abgeraten, da der Jungmännerbund als Betreuer der „inneren Haltung" der Bläser fungiere, wohingegen der Landesverband die fachliche, musikalische und rechtliche Linie der Chöre vertrete. Man versuchte sich also auf Seiten des CVJM mit einer Arbeitsteilung nach innen und außen zu behelfen, die den damaligen staatlichen Rahmenbedingungen entsprach. Dennoch wollte der Westbund nicht ganz auf ein Mitsprache- und Mitgestaltungsrecht bei der westfälischen Bläserarbeit verzichten. Im März 1939 sandte die Bundesleitung Duwe seinen Satzungsentwurf zurück und empfahl zu § 7, der die Zusammensetzung des Landesposaunenrats festlegte, folgenden Zusatz: einen Vertreter des Westdeutschen Jungmänner-Bundes kraft Amtes hinzuzunehmen als Ausdruck der geschichtlichen Entwicklung der westfälischen Posaunenarbeit und in Anbetracht des Faktums, dass ein großer Teil der Posaunenchöre den Bundesvereinen angehörten. Duwe konnte und wollte diesen Wunsch nicht mehr berücksichtigen, da er bereits vollendete Tatsachen geschaffen hatte. So blieb die Beziehung zwischen Jungmännerwerk und Landesverband im Dritten Reich letztlich ungeordnet, was sich in der Nachkriegszeit noch als schwere Hypothek herausstellen sollte.[242]

Duwes Tätigkeit in seiner Eigenschaft als Landesobmann bezog sich nicht nur auf verwaltungstechnische Fragen wie die Erfassung der Chöre, das Einziehen ihrer Mitgliedsbeiträge und die Ausgabe der Ausweise, die zum öffentlichen Musizieren berechtigten. Er war auch unterwegs zu örtlichen und überörtlichen Chorschulungen und -treffen, nicht nur im westfälischen Raum, sondern teilweise weit darüber hinaus, sodass sein Bekanntheitsgrad zumindest im west- und norddeutschen Raum an den Kuhlos heranreichte.

Eine gewaltige logistische und organisatorische Herausforderung stellte für den westfälischen Landesobmann die Vorbereitung und Durchführung des sog. *Ersten Reichsposaunentages* in Bethel dar, in die er aufgrund seiner

Präsenz vor Ort stark involviert war. Dieses erste deutschlandweite Treffen in der Geschichte der Posaunenchorbewegung fand aus Anlass des 80. Geburtstags von Johannes Kuhlo an dem Wochenende 10./11. Oktober 1936 statt und wurde von 4.500 Bläsern sowie 40.000 Zuhörern besucht. Duwe erlebte wie die anderen Teilnehmer eine heute seltsam wirkende Mischung von „Widerstand und Ergebung", denn auf der einen Seite huldigte man dem Regime, das auf der anderen Seite nichts unversucht ließ, die Versammlung zu behindern bzw. zu verhindern. Die Bielefelder Behörden hatten nämlich kurzfristig die zweite Hauptfeier um 19.00 Uhr sowie die Benutzung der örtlichen Ausstellungshalle untersagt. Darum wichen die Bläser samt Besucher in die sog. Betheler Waldkirche aus, die schon Kuhlo für die Gau-Posaunenfeste gedient hatte. Dies hielt allerdings das Leitungsgremium des Reichsposaunentages, zu dem auch Duwe zählte, keineswegs davon ab, auf eben dieser Schlussveranstaltung ein Ergebenheitsgrußwort an Hitler samt dessen Dankestelegramm zu verlesen und durch ein dreifaches lautes „Sieg Heil auf den Führer" der Bläser „kommentieren" zu lassen.[243]

Doch immer mehr offenbarten die braunen Machthaber ihr wahres Gesicht und erschwerten den Posaunenchören ihr öffentliches Blasen sowie die Mitgliedschaft der unter 18-Jährigen in ihren Reihen. Duwe erreichten in seiner Eigenschaft als Landesobmann zunehmend Gravaminabriefe von Posaunenchorleitern, die sich über willkürliche *Repressalien* der Gestapo beschwerten. So empörte sich beispielsweise Pfarrer Heinrich Millard (1892–1969), Leiter vom Posaunenchor Schwerte, in einem Schreiben an Duwe vom 28. Dezember 1938, in welchem er mitteilte, dass die Geheime Staatspolizei am Heiligabend ihnen verboten habe, außerhalb geschlossener kirchlicher Räume zu blasen, womit faktisch die Tätigkeit des Posaunenchors unterbunden würde und dieser deshalb aus Protest seinen Beitrag zur Reichsmusikkammer einbehalten würde. In der Regel gab Duwe solche schwierigen Fälle an Bachmann weiter, zu dem er einen „kurzen Draht" hatte und der als Reichsobmann in juristischen und kirchenpolitischen Angelegenheiten effektiver agieren konnte als der Betheler Diakon. Nicht immer allerdings wandten sich die Chöre an Duwe. Der Vorstand der recht selbständigen Siegerländer Posaunenvereinigung verhandelte direkt mit den Behörden, als diese 1935 ein Verbot dieses Kreisverbandes erließen. Unter den Auflagen, dass keine 18-Jährigen in den Siegerländer Posaunenchören tätig werden und dass bei öffentlichen Veranstaltungen der geschlossene An- und Abmarsch unterbleibt, hob die Gestapo in Berlin Anfang 1936 das von der Staatspolizeistelle Dortmund ausgesprochene Verbot wieder auf.

Kraft seines Amtes als Landesobmann war Duwe auch Mitglied des *Reichsposaunenrates*, des obersten Beratungs- und Beschlussorgans des VeP(D), dem alle Landesobmänner sämtlicher 30 Verbände angehörten. Bei diesen jährlichen Treffen informierte zunächst der Reichsobmann über die aktuellen Entwicklungen, sodann gab jeder Landesobmann eine Übersicht über den Stand seiner Verbandsarbeit. 1935 setzte Duwe seine Kollegen beispielsweise davon in Kenntnis, dass in seinem Gebiet ca. 10 % der Chöre sich dem Anschluss an den Landesverband bisher entzogen hätten. Die neue Organisationsform stieß also nicht überall auf Gegenliebe, obwohl ohne den vom Verband ausgegebenen Chorausweis der Reichsmusikkammer ein öffentliches Musizieren nicht mehr möglich war. Manche Posaunenchöre in Westfalen hatten sich dabei bereits 1933 in SA-Kapellen umgewandelt.

Der Ausbruch des *Zweiten Weltkrieges* brachte auch in Westfalen mancherorts die Chortätigkeit zum Erliegen, doch die älteren Bläser und die Jugendlichen versuchten weiterhin, die „Blasfähigkeit" aufrechtzuerhalten. Mit der Einberufung Duwes zum Wehrdienst im Sommer 1940 ergaben sich auch Veränderungen bei der Geschäftsstelle des Landesverbandes, der seinen Sitz nach wie vor in Bethel hatte. Der stellvertretende Landesobmann Ernst Seidenfeld, Diakon Heitkamp sowie Paul Stich, Patient in Tabor, unternahmen es, die geschäftsführenden Aufgaben Duwes stellvertretend weiterzuführen. So wurden weiterhin die Mitgliederbeiträge eingezogen, auch bei Chören, deren Tätigkeiten ruhten. Sogar Bläsertreffen und Bläserschulungen fanden nach wie vor statt, wenn auch unter schwierigen Bedingungen. Mitten im Kriegsjahr 1942 veranstaltete der Landesverband trotz vieler Hindernisse fünf Fortbildungstage, die von rund 850 Bläsern besucht wurden. In Hamm kamen am 9. Mai 1943 über 80 Bläser zu einem Schulungstreffen mit anschließender Feierstunde zusammen, und am 20. Februar 1944 trafen sich 150 Bläser und Chorleiter in Bad Oeynhausen zu einer Arbeitstagung, die allerdings am Mittag wegen Fliegeralarms unterbrochen werden musste. Dies belegt, dass die Posaunenchöre und ihre Verbandsleiter aus dem Ersten Weltkrieg gelernt hatten, als viele in Erwartung eines raschen Sieges ihre Aktivitäten hatten ruhen lassen. Der Wiederaufbau der westfälischen Bläserarbeit nach dem Ende des Zweiten Weltkriegs sollte sich allerdings viel diffiziler und komplizierter gestalten, als viele zunächst annahmen.[244]

4.3 Die Ansichten Walther Duwes zu Bläserliteratur und Instrumentarium

Die Gebrüder Duwe hatten schon in ihrer Jugend die *musikalischen Bildungsmöglichkeiten*, die ihnen ihre westfälische Heimat bot, konsequent wahrgenommen. Walther nahm Unterricht beim ersten Trompeter des Bielefelder Orchesters Paul Sebastian (1880–1961), Fritz studierte am Dortmunder Konservatorium und wurde Organist am Diakonissenhaus Bethel, Wilhelm erhielt seine musikalische Weiterführung im Rahmen seiner Lehrerausbildung. Das Duwe-Quartett pflegte Kontakte zum Leiter des Bielefelder Konservatoriums, Musikdirektor Willy Benda (1870–1929), und zum Dirigenten des Bielefelder Musikvereins, Prof. Wilhelm Lamping (1861–1929), dem es regelmäßig zu Neujahr eine Bläser-Serenade darbrachte, sowie zum Leiter des Lehrergesangvereins, Kornfeld, der den Duwes Reger-Sätze zugänglich machte. Darüber hinaus bediente sich das Duwe-Quartett noch der Kuhlo-Bücher, ferner schöpfte es aus dem „Kümmerle", einer Ausgabe geistlicher Lieder und Choräle Alter Meister, einer Volksliederausgabe von Heim, die etwa 300 Volkslieder für gemischten Chor enthielt, und den „Kaiser-Liederbüchern", ebenfalls Volksliedersammlungen zur „Veredelung des Chorgesangs". Die Familienblasquartette blieben also bei den reinen Vokalsätzen stehen.

Musikalisch stand Duwe zunächst ganz im Schatten seines Übervaters der Posaunenarbeit. So zeigt das erwähnte Foto des Betheler Posaunenchors von 1927 bei der *Instrumentierung* deutlich die Handschrift Kuhlos: Außer Flügel-, Wald- und Tenorhörnern sowie Helikonen ist nur eine einzige Posaune als Vertreter der Tromba-Familie zu erkennen. Erst im Lauf der Jahre löste Duwe sich vom Kuhloschen Hornideal und begann die weit- mit eng mensurierten Instrumenten zu mischen. Eine wichtige Rolle im Zuge der Entwicklung neuer Klangvorstellungen spielte die Zusammenarbeit Duwes mit der Instrumentenbaufirma David in Bielefeld. Hier wurde bis Ende 1944, als Vater und Sohn David bei einem Bombenangriff ums Leben kamen, mit Mensurierungen und verbesserter Technik der Instrumente experimentiert. Duwe ließ in der von ihm nach dem Zweiten Weltkrieg zur Bethel-Werkstatt umfunktionierten Instrumentenbaufirma David ein engeres Flügelhorn bauen, um den Chorklang aufzuhellen. Das zweite Flügelhorn ersetzte er durch ein echtes Altinstrument, die Altposaune. Anstelle des dickeren Helikon verwandte er die schlankere Tuba, und der Buglehorn-Gattung fügte er Trompeten und Posaunen hinzu, wodurch er über ein doppelt registriertes Instrumentarium verfügte. Auf der breiten Basis des

Betheler Posaunenchors entstand in der zweiten Hälfte der 1920er Jahre ein leistungsfähiges Bläserdoppelquartett, das Duwe als neuer Posaunenmeister Bethels parallel zum langsam sich auflösenden Kuhlo-Horn-Sextett auf- und ausbaute. Aus diesem Oktett entwickelte er mit Zustimmung Kuhlos 1933 den „Kleinen Chor der Posaunenmission Bethel", dessen meist 15-köpfige Besetzung sich schrittweise vom Kuhlo-Modell fortbewegte. Im Sopran setzte Duwe neben der B- und C-Trompete auch die Bach-D-Trompete ein, den Alt verstärkte er mit Alt-Posaunen in Es, den Tenorklang spaltete er mit Hilfe der B-Posaune in enger Mensur sowie mit Hilfe des Waldhorns in F und in B auf. Im Bass kamen zu den üblichen Baritonen und Tuben noch Posaunen und Kontrabassposaunen in B. Ergänzt wurde dieses Ensemble je nach den Literaturanforderungen durch Kesselpauken. Dazu Duwe in eigenen Worten:

> „Bereits 1933 entwickelte ich aus dieser Besetzung den ‚Kleinen Chor der Posaunenmission Bethel'. Nicht ohne Schmerzen beobachtete Johannes Kuhlo, dass ich die Besetzung nach und nach veränderte. Im Sopran setzte ich die B-Trompete, die C-Trompete und zum Teil auch die Bach-D-Trompete ein. Der Alt bekam die Alt-Es-Posaune, dazu die Es-Trompete und das Alt-Es-Horn neben dem B-Flügelhorn. In den Tenor brachte ich die B-Posaune mit enger Mensur sowie das F-Waldhorn neben dem in B, neben den Hochbass die B-F-Posaune und in den Tiefbass die B-Kontrabass-Posaune neben der Tuba."[245]

Diese fortschrittliche Besetzung musizierte unter anderem beim Ersten Deutschen Reichsposaunentag in Bethel 1936 sowie beim Fest der Deutschen Kirchenmusik 1937 in Berlin vor einer breiten Öffentlichkeit. Duwe führte in diesem Zusammenhang manche Gespräche über die Horn- und Trombafamilie, auch über die im Grundton anders klingenden Instrumente. Während Kuhlos Klangvorstellungen stark von den Ausdrucksmöglichkeiten des Singens bestimmt waren, machte sich Duwe Gedanken über den „objektiven" Instrumentalklang, wie er in einem Aufsatz 1937 der Posaunenchorbewegung darlegte. Er gab dabei zu bedenken, dass alle von Gott geschaffenen „Instrumente", nämlich die menschlichen und tierischen Stimmen, keinen objektiven, sondern einen subjektiven Klang hätten, sodass ein Kollektivklang, in dem alle Instrumente gleich klingen würden, keine Seele haben und kein Herz bewegen könnte. Um jedoch die einzelnen musikalischen Linien der einzelnen Stimmen hörbar und durchsichtig zu machen, müsste man den Grundklang der verschiedenen Instrumente voneinander abzuheben versuchen, ähnlich den verschiedenen Registern alter Orgeln. Duwe plädierte also bereits damals für eine größere Bandbreite als nur die

B-Grundtonstimmung. Und er schlug weiter vor, neben der reinen Hornbesetzung die Familie der Tromba einzubauen. So könnten die Chöre versuchen, auf jeden vierten Bläser im Sopran eine gut stimmende und weit genug gebaute Trompete einzubauen, in den Alt die Altzugposaune in Es, in den Tenor das B-Waldhorn sowie die Tenorposaune und in den Bass die Basszugposaune mit Quartventil. Duwe war sich sicher, dass auf diese Weise der Gesamtklang des Chores wesentlich verbessert, weil lebendiger und aufgehellter, würde. Gleichzeitig wäre damit aber nicht der verkündigende Chorklang vom sog. objektiven verdrängt, sondern festgehalten.

Duwe erwies sich auf dem Feld der Instrumentierung als sehr flexibel und experimentierfreudig, eine Einstellung, die er bis ins hohe Alter beibehielt. So konnte er noch als 85-Jähriger ausführen:

> „Auf dem Gebiet der modernen Posaunenchorbesetzung sehe ich immer noch die Verwendung von Instrumenten der Horn- und Trompetenfamilie zu gleichen Teilen als das Richtige an. Nur Trompeten und Posaunen oder nur Hörner in der Besetzung sollte man nicht laufend gebrauchen; dadurch wird der Klang einseitig und ärmer. Ich spreche immer noch für die Alt-Es-Posaune und bin nicht – anders als manche andere – für die Verwendung der F-Posaune. Als Begründung möchte ich anführen, dass die Es-Posaune den Trompeten gegenüber den Klang spaltet und brillanter klingt. Die F-Posaune lehnt sich zu sehr dem Klang der B-Trompete an. Die sog. Barockinstrumente sollten nur Bläser in die Hand nehmen, die wirklich sauber in Ton und Intonation ihr Instrument beherrschen."[246]

Durch diese Weitsicht bewahrte sich Duwe vor den Extremen sowohl der Kuhlo-Ära, bei der fast nur die Hornfamilie in den Posaunenchorbesetzungen anzutreffen war, als auch der Ehmann-Ära, in der die Trompetenfamilie auf das „Besetzungspodest" gehoben wurde. Der Betheler Posaunenmeister plädierte also für einen vollständigen Klangkörper ohne Vereinseitigungen und Verarmungen und bejahte sogar theoretisch die Hinzunahme von Holzinstrumenten, wenn es sich um reine konzertante Aufführungen handle, warnte jedoch gleichzeitig vor der Umwandlung der Posaunenchöre in Blaskapellen.[247]

Duwe beschritt aber nicht nur neue Wege hinsichtlich der Instrumentierung, auch bei der *Bläserliteratur* war er Innovativem sehr aufgeschlossen. Die vier Kuhlo-Bände ergänzte er in seinem Betheler Posaunenchor durch die Chorbücher von Gölz und Grote und die Madrigalsammlung von Jöde; damit nahm er Verbindung zur Singbewegung auf. Ihr Pendant fanden die sängerischen Entlehnungen in den original-bläserischen Instrumentalstücken eines Reiche und Pezel, die der sächsische Posaunenpfarrer Adolf Müller in Dresden seit 1927 herausbrachte. Natürlich wusste Duwe zu Beginn der 1930er Jahre genau, dass diese Ausgaben „Vom Turm" und „Hora dezima" von der damaligen Horn-Besetzung seines Chores nicht adäquat aufgeführt werden konnten, darum verkoppelte er Literatur und Instrumentierung miteinander. Zugang fand er darüber hinaus zu den Notengaben des schleswig-holsteinischen Posaunenarztes Dr. Fritz Fliedner und des württembergischen Landesposaunenwarts Hermann Mühleisen; von Letzterem empfahl er beispielsweise dessen 50-seitiges Heft „Für die Feierstunde" in einem Rundschreiben von 1938, das die empfindliche Lücke der c.f.-gebundenen Choralvorspiele schloss.

Auch Verbindungen zu Komponisten der Gegenwart mit ihrer bläsereigenen Musik suchte und fand der Adjutant Kuhlos im Unterschied zu seinem General. Beim Berliner Fest der Kirchenmusik vom 7. bis 13. Oktober 1937 führte Duwe eigens dafür komponierte Werke mit seinem Betheler Posaunenchor von Fiebig, Kickstat, Mahler, Utz u. a. auf. Zum Auftakt trug die Betheler Posaunenmission als Premiere die Choralsuite „Nun freut euch, lieben Christen gmein" des zeitgenössischen Tonsetzers Johann Nepomuk David (1895–1977) vor mit den Sätzen Choral – Kanon – Ostinato – Schlusschoral. Am Sonnabend folgte eine Reihe von Uraufführungen zeitgenössischer Choral- und Instrumentalmusik von Fiebig, Kickstat, Mahler, Utz u. a. im Wechsel mit dem Chor der Hamburger Volksmusikschule und dem Organisten Kurt Utz (1901–1974).

Allerdings mahnte Duwe später trotz seiner avantgardistischen Unternehmungen, dass um der Breitenwirkung willen die Literatur dem Posaunenchor von seinen musikalischen Möglichkeiten her gerecht sein und von der Gemeinde mitgetragen werden müsse. Darum solle man volkstümlich blasen, was nicht gleichbedeutend sei mit niedrigem Niveau, sondern was vom instrumentalen Spiel noch beim entchristlichten Hörer ankomme.

In der Rückschau auf sein Lebenswerk freute sich Duwe darüber, dass das Bild bunter und vielfältiger geworden sei, da es den Chören neue Möglichkeiten zum Musizieren in größerem Rahmen ermögliche. Gleichzeitig bat er darum, den Choral, der sich wie ein roter Faden durch die gesamte Bläsergeschichte ziehe, nicht zu vernachlässigen, sondern als Musiziergrundlage beizubehalten.[248]

4.4 Das Verhältnis Walther Duwes zu Johannes Kuhlo und Fritz Bachmann

Charakterisiert hat man Duwes *Verhältnis zu Kuhlo* mit den Begriffspaaren „Schüler – Lehrer", „Mitarbeiter – Vorarbeiter" oder – am bekanntesten, weil von Kuhlo selbst stammend – „Adjutant – General". Diese Zuordnung trifft allerdings eher auf die ersten beiden Jahrzehnte ihres gemeinsamen Bläserweges zu als auf die letzte Dekade, in der sich Duwe zunehmend von Kuhlos Vorstellungen und Vorgaben löste.

Natürlich war Kuhlo für den jungen Duwe zunächst das große Vorbild, dem es nachzueifern galt. Ganz zu schweigen von den ersten Schritten auf dem Blechblasinstrument, die ihm gerade der Betheler Pastor ermöglichte – gegen den Vorbehalt des eigenen Vaters. Denn Karl Duwe ließ seinen Sohn zunächst nur als Zuhörer am Posaunenchor teilnehmen und ihn stattdessen als Altist im Familienchor singen.

Von der ersten Begegnung mit Johannes Kuhlo berichtete Duwe im Rückblick:

> „Im Winter 1902/03 erlernte ich (angeleitet durch meinen Vater) das Blasen. In diesen Wintermonaten besuchte Pastor D. Kuhlo anlässlich einer Inspektionsreise die Brüder in Freistatt (Wietingsmoor), darunter auch meinen Vater. Kuhlo musste vom Bahnhof abgeholt werden ... Wir empfingen ihn bei der heutigen Moorburg und bliesen u. a. ‚Gott ist die Liebe'. Kuhlo nahm sein Flügelhorn aus der Tasche, das er ständig bei sich trug, und blies die Oberstimme, die von uns noch keiner blasen konnte. Bei dieser Begegnung habe ich den festen Entschluß gefasst: Du musst auch einmal das können, was ‚der Alte'... kann."[249]

Auf Kuhlos Initiative hin bekam Walther Duwe in der anschließenden Chorprobe zusammen mit seinem Bruder Karl zwei von Bethel ausrangierte Klangwerkzeuge in die Hand und durfte endlich mitblasen.

Mit seiner Familie nach Bethel zurückgekehrt geriet Duwe selbstverständlich erst recht in den Bannkreis der charismatischsten Führerfigur der Bläserbewegung in Deutschland, die schon zu Lebzeiten eine Legende war. Ob im Betheler Missionschor, bei den Betheler Bläserfreizeiten, in der Sonderchorarbeit – überall stand er dem patriarchalisch-autoritären Kuhlo zur Seite und ordnete sich ihm unter. Erst als Duwe 1925 die Nachfolge Kuhlos in Bethel und in Westfalen antrat, begann er sukzessive, das musikalische Erbe des Mannes, den er wohl am meisten bewunderte und verehrte, zu modifizieren – behutsam und vorsichtig, aber doch zielstrebig und konsequent. Dass dies nicht immer spannungsfrei geschah, zeigt eine kleine Episode aus dem Jahr 1936, als Duwe einen neuen Satz des zeitgenössischen Kirchenmusikers Kurt Utz über ‚Wunderbarer König' zum 80. Geburtstag seines Lehrers probte, woraufhin der auf diese Weise Gefeierte erbost den Raum verließ.

Trotzdem ließ Duwe an seiner Loyalität und Ergebenheit gegenüber Kuhlo in den 39 Jahren ihrer Freundschaft nie einen Zweifel aufkommen, zumal Kuhlo aufgrund seiner dominanten Persönlichkeit kaum jemand auf der gleichen Ebene neben sich geduldet hätte. Darum konnte Duwe im Rückblick auf sein Verhältnis zu Kuhlo auch sagen:

„Ich bin halt immer den unteren Weg gegangen."[250]

Allerdings ging Duwe nach dem Tod Kuhlos noch stärker einen neuen Weg, den sein Vorgänger und Vordenker Kuhlo kaum gutgeheißen hätte. Was Duwe nicht davon abhielt, zeit seines Lebens Kuhlo ein ehrendes Andenken zu bewahren und sein Licht weiter auf den Leuchter der Bläserbewegung zu stellen, um auf diese Weise an der unkritischen Kuhlo-Rezeption weiterzustricken. Duwe übernahm das Geschichtsbild seines Meisters ohne nähere Überprüfung: Für ihn war Johannes Kuhlo der Mann, der die von seinem Vater Eduard angefangene Posaunenarbeit weiter ausgebaut hatte. Hier überschätzte Duwe mit Johannes Kuhlo die Rolle von Eduard Kuhlo, die aufgrund neuer Forschungsarbeiten von ihren legendenhaften Ausmaßen auf ein reales Normalmaß zurückgeführt wurde.

Zutreffend dagegen ist Duwes Wertung, Johannes Kuhlo sei es vor allem um die geistliche und musikalische Betreuung der Bläser gegangen und weniger um organisatorische Fragen. Hervorgehoben an bleibenden Leistungen hat Duwe bei Kuhlo erstens dessen literarische Herausgebertätigkeit, die den Posaunenchören ganz neue Möglichkeiten zum Musizieren erschloss, zweitens dessen Reiseaktivitäten mit dem Kuhlo-Horn-Sextett, die vielerorts zur Gründung von Posaunenchören angeregt hätten, drittens dessen Fortbildungsmaßnahmen in den Betheler Bläserlehrgängen, die eine große Multiplikationswirkung gezeigt haben. So gelangte Duwe in der Rückschau als 80-Jähriger zu dem Fazit:

„Alles in allem: Pionierleistungen ersten Ranges, deren Auswirkungen bis in unsere Zeit spürbar sind."[251]

Dies ist gewiss richtig, aber es wäre – ohne die Lebensverdienste Kuhlos schmälern zu wollen – sicher auch nicht nötig gewesen, dessen Schwächen und Defizite völlig zu verschweigen. Stattdessen hat Duwe es nie für opportun angesehen, an dem Nimbus der bläserischen Vaterfigur Kuhlos zu rütteln, und so blieb er zeit seines Lebens trotz aller eigenständigen Ansätze der devote Adjutant seines Posaunen-Generals.[252]

In einem etwas anderen *Verhältnis stand Duwe zu Bachmann*. Der Essener Pastor war von seinen Blas- und Dirigierkünsten her gesehen Duwe mit Sicherheit unterlegen. Was das Taktieren und Strukturieren, das Verhandeln und Organisieren anging, hatte Bachmann jedoch weitaus mehr Qualitäten aufzuweisen als der geradlinige Diakon. Bundessekretär Schlingensiepen empfahl bereits im April 1927 seinem Bundeswart Humburg den an der Bläsersache interessierten Geistlichen als Nachfolger Kuhlos im Amt des Bundesposaunenmeisters. Er begründete dies damit, dass Bachmann als Pfarrer in ungleich höherem Maße als Respektperson angesehen werden könne wie der „schlichte" Diakon Duwe. Außerdem lobte er die Durchsetzungskraft Bachmanns in den Verbandsstrukturen, die Kuhlo immer gefehlt habe. Bachmann rückte im September 1927 in den Bundes-Posaunenausschuss des Westbundes auf und trat dort Anfang 1932 mit dem dezidierten Vorschlag auf, die Posaunenchöre in einer eigenständigen Vereinigung sowohl auf Westbund- wie auf Reichsebene zusammenzuschließen. Der damalige Bundeswart Juhl wies allerdings diese Pläne zurück mit dem Hinweis, dass die Posaunenchöre auf Kreisverbandsebene organisiert werden müssten. Noch Ende 1932 versprach Bachmann im Bundes-Posaunenausschuss, die Augen offen zu halten gegenüber Bestrebungen, die die Posaunensache „verkirchlichen" wollten. Die Zwangsmaßnahmen des Dritten Reiches ermöglichten Bachmann aber schließlich, seine Vorhaben rascher in die Tat umzusetzen, als er sich hatte erhoffen können. Und so fasste er die Gelegenheit beim Schopf, unterstützt von Duwe, der sich in bläserpolitischen Belangen immer mehr im Fahrwasser Bachmanns bewegte. Dieses enge Verhältnis zwischen dem visionären Pfarrer und dem folgebereiten Diakon sollte sich nach dem Zweiten Weltkrieg mit weit reichenden Folgen für die westfälische Posaunenarbeit auswirken.[253]

5 Die Nachkriegsära (1945 – 1970)

5.1 Die Auseinandersetzungen zwischen Westbund und Posaunenwerk

Durch den Zusammenbruch des Dritten Reiches samt dem Wegfall seiner Zwangsmaßnahmen wie der Zugehörigkeit zur Reichsmusikkammer, durch die auch die Posaunenchöre zum ersten Mal in eine Verbandsform gezwungen worden waren, stellte sich 1945 die Frage nach der organisatorischen Weiterführung der Posaunenarbeit. Es zeigte sich recht rasch, dass zwei unvereinbare Positionen aufeinander stießen, die sich schon 1933 angekündigt hatten: Verankerung der Posaunenchorarbeit im Jungmännerwerk oder in der Kirche, im Verein oder in der Gemeinde. Am härtesten wurde der Konflikt zwischen den Nachfolgern des VeP(D) und dem Jungmännerwerk in Westfalen geführt, in der „Herzkammer" der Posaunenchorbewegung. So waren Bachmann und Duwe auf der Seite der kirchlich verankerten Bläserarbeit und Busch sowie Lörcher als Vertreter der bündisch organisierten Bläserarbeit die Hauptprotagonisten in diesem interessanten, wenn auch unrühmlichsten Kapitel der deutschen Posaunenchorgeschichte.

Johannes Busch, seit 1935 als Bundeswart der führende Mann des CVJM-Westbundes bis zu seinem Tod 1956, schlug einen konsequenten Weg der Rückführung der Posaunenchöre in den Verantwortungsbereich des Jungmännerwerks ein. Er hatte bereits die im August 1934 mit Bachmann getroffene Vereinbarung mit gewissem Misstrauen betrachtet, wie er damals schrieb:

> „… es hat mich von Anfang, seitdem ich Bundeswart sein darf, bewegt, ob nicht diese Querorganisation des V.e.P.D. einmal zu einer Gefahr für unser Werk werden könnte … Es wäre der Tod unserer Posaunenchöre, wenn sie sich von der missionarischen und evangelistischen Arbeit unserer Vereine lösen wollten. Wir werden heute ganz energisch kundtun müssen, dass die Posaunenchöre ein Kernstück unserer Arbeit sind, das wir nicht missen möchten …"[254]

So war es nur folgerichtig, dass Busch, der sein Amt als Bundeswart am 31. Juli 1945 nach seiner Rückkehr aus dem fünfjährigen Wehrdienst wieder angetreten hatte, bereits im Herbst 1945 energische Schritte unternahm, die *eigenständige Verbandsarbeit der CVJM-Bläserchöre* wieder zu konstituieren. Für die von 1933 bis 1945 dem VeP(D) angeschlossenen CVJM-

Johannes Busch

Posaunenchöre, die sich gleichzeitig auch als dem Westbund zugehörig betrachtet hatten, bedeutete dies, dass sie sich wieder als Spartenarbeit des CVJM eingliedern sollten, wie es vor 1934 der Fall gewesen war.

Doch auch Bachmann hatte seine bestimmten Vorstellungen: Er wollte aus der im Dritten Reich geborenen Not eine Tugend machen und die Posaunenarbeit als selbständigen Bereich innerhalb der Kirche fortführen, wie er es schon 1932 angestrebt hatte. Von daher sollten seiner Meinung nach auch die CVJM-Posaunenchöre weiterhin einem deutschlandweiten Bläserverband angehören.

Busch und Bachmann versuchten nun, ihre „Truppen" für den bevorstehenden „Kampf" zu mobilisieren. Jedenfalls setzte ein Wettrennen um Duwe ein, denn beiden Protagonisten war klar, dass, wer immer den Posaunenmeister auf seine Seite ziehen könnte, sich eine wesentliche Verbreiterung seiner Ausgangsmöglichkeiten für die Einbindung der westfälischen Posaunenchöre verschafft hatte. Der Wettlauf führte schließlich in die Wohnung Duwes am 19. September 1945, wo Busch als erster auftauchte und dem Diakon eine Anstellung als Bundesposaunenwart beim Westbund antrug. Duwe gab zunächst seine Zusage, im Westdeutschen Jungmännerbund mitzuarbeiten, schränkte allerdings ein, dass er mit Rücksicht auf seine hauptberufliche Anstellung in der Anstalt Bethel nicht in den hauptamtlichen Dienst des Westbundes werde treten können. Kurz darauf traf Bachmann bei Duwe ein und war erstaunt, Busch hier anzutreffen. Eine hitzige Kontroverse entlud sich zwischen den beiden Pastoren, die darin gipfelte, dass Busch erklärte, dass der VeP(D) für ihn nicht mehr existiere, wohingegen Bachmann sich immer noch als Reichsobmann sah.

Nach dieser Auseinandersetzung um und vor Duwe schlugen beide Männer eine unterschiedliche Taktik ein. Bachmann versuchte, die bisherige Organisationsform zu bewahren und Zeit herauszuschlagen, um Terrain auf kirchenamtlicher Seite zu gewinnen, indem er am 11. Oktober 1945 – noch im Namen des VeP(D) – an die Kanzlei der EKD schrieb:

„Im Zuge der Neuordnung der Kirche bedarf auch das Posaunenwerk neuer Ordnung und Verankerung … Es ist nunmehr zu entscheiden, welche äußere Form der Posaunenarbeit gegeben werden soll. Ich sehe drei Möglichkeiten: 1. Das Gesamtwerk, das zwar unter äußerem Druck entstanden ist, aber nunmehr über 11 Jahre im Segen gearbeitet hat, löst sich wieder auf. Dann würden die früheren alleinigen Träger der Posaunenarbeit ohne Zusammenhang untereinander und ohne ausdrückliche kirchliche Legitimation sein. 2. Das Posaunenwerk setzt in Form eines freien kirchlichen Verbandes als ‚Verband ev. Posaunenchöre in Deutschland' in mehr oder minder enger Fühlung mit der Kirche und ihrer Leitung die Arbeit fort. 3. Die Gesamtkirche und entsprechend die

Landeskirche erklären die Posaunenarbeit zum Werk der Kirche und geben ihr damit den kirchlichen Auftrag und zugleich die kirchliche Legitimation. Die Frage der Organisation im einzelnen soll späterer Beschlussfassung vorbehalten bleiben. In Anbetracht der vollzogenen Neuordnung der Kirche erscheint mir der letztgenannte Weg als der gegebene. Es darf m. E. nicht so sein, dass die Posaunenchöre, die vielfach zugleich Glieder eines Jungmänner- oder Männerwerkes oder irgendeiner sonstigen kirchlichen Gruppe oder Organisation sind, der einheitlichen Zusammenfassung und fachlichen Betreuung entzogen werden. Um einer umfassenden kirchenmusikalischen und missionarischen Ausrichtung willen ist es wichtig, dass die Posaunenchöre solchen fachlich nicht interessierten und darum wenig fördernden Organisationen nicht allein angehören, denen die Posaunenarbeit zwar erwünscht ist, die sie aber letztlich als Nebenzweck ansehen."[255]

Bachmann erhielt am 8. November 1945 ein Antwortschreiben der Kanzlei, in welchem diese die geleistete Arbeit anerkannte und sich einverstanden erklärte, die Posaunenarbeit organisatorisch unter der Benennung „Posaunenwerk in der EKiD" weiterzuführen. Dieses neue Werk sollte dann in die bei der Kanzlei zu errichtenden Kammern für Kirchenmusik und Männerarbeit Mitglieder entsenden.

Ziemlich zeitgleich mit seinem Schreiben an die EKD signalisierte Bachmann in einem Brief an Busch am 8. Oktober 1945 seine Verhandlungsbereitschaft, die Posaunenchorfrage sowohl im Blick auf den Westbund als auch reichsweit zu regeln, um eine Lösung zu finden, die einerseits den berechtigten Anliegen des Jungmännerwerks genügen solle, andererseits aber nicht etwas „in gemeinsamen Kampf und gemeinsamer Arbeit Gewachsenes" unnötig zerschlage, womit Bachmann natürlich den VeP(D) meinte. Darüber werde er mit Reichswart Erich Stange als auch mit dem Rat der EKD verhandeln.

Busch wiederum ging auf den genauen Gegenkurs mit der Herauslösung der Chöre aus den im Dritten Reich zustande gekommenen Strukturen und unternahm den – eigentlich von Anfang an aussichtslosen – Versuch, Bachmann zu gewinnen. In seinem Antwortschreiben vom 12. Oktober 1945 stellte Busch zunächst klar, dass er sich an keine Besprechungen, die Bachmann mit kirchlichen Stellen führen wolle, gebunden fühlen werde. Es sei vielmehr erforderlich, dass die Bläser von der Bundesleitung und nicht von einer zweiten Stelle aus betreut würden, um den Posaunendienst zentral einzubauen. In diesem Zusammenhang erwähnte Busch auch, dass Duwe im Rahmen des Westbundes seinen Dienst als Posaunendiakon tun wolle, und lud Bachmann dazu ein, ebenfalls seinen Auftrag im Rahmen des Jungmännerwerks zu verrichten. Busch interpretierte die schwankende Haltung Duwes bei dem Gespräch vom 19. September 1945 demnach als Zusage, wie er auch noch in dem Brief vom 26. Oktober 1945 an Bachmann hervorhob:

> „Der Bundesvorstand hat sich in seiner gestrigen Sitzung [sc. 25.10.1945] ausführlich mit der Posaunenfrage beschäftigt. Ich bin sehr dankbar dafür, dass in der sehr zahlreich besuchten Sitzung eine völlige Einmütigkeit darüber bestand, dass nunmehr, nachdem die Notwendigkeit, zur Reichsmusikkammer zu gehören, entfallen ist, die Pflege und Betreuung unserer Posaunenchöre allein durch unser Werk geschehen muss. Besonders dankbar waren die Brüder für die Nachricht, dass Bruder Duwe bereit ist, innerhalb unseres Werkes die Betreuung der Posaunenchöre durchzuführen. Es ist mir aber … ein ganz besonderes Anliegen gewesen, auch dem Bundesvorstand etwas davon zu sagen, mit welcher Mühe Sie den Posaunenverband gepflegt haben. Ich war deshalb besonders dankbar, dass der Vorstand einmütig meinen Vorschlag annahm, Sie, lieber Bruder Bachmann, zu bitten, im Rahmen unseres Vorstandes das Sachgebiet Posaunendienst mitzubetreuen … Es wird Ihnen recht sein, wenn ich zur Orientierung einen Durchschlag dieses Briefes an Bruder Duwe schicke."[256]

In seinem Antwortschreiben vom 2. November 1945 ging Bachmann mit keinem Ton auf das Angebot von Busch ein, äußerte vielmehr Protest gegen die angeblich „diktatorische" Form der beiden Briefe Buschs vom 12. und 26. Oktober 1945, die jede Aussprache von vornherein abschneiden würden. Keinesfalls sei er bereit, nach Witten zu Busch zu kommen, um ein auch wie geartetes Diktat entgegenzunehmen. Im Gegenzug schlug er ihm eine „brüderliche" Aussprache am 8. November 1945 in der Wohnung von Busch in Witten – evtl. mit Duwe – vor, wobei für ihn die „Marschrichtung" allerdings klar war:

> „Ich hoffe zuversichtlich, dass es möglich sein wird, im Rahmen der von mir an den Rat der EKiD gemachten Vorlage über die Posaunenarbeit eine Lösung für das Gebiet des Westdeutschen Jungmännerbundes zu finden, die ich gegenüber dem Rat der EKiD verantworten kann, und die den berechtigten Anliegen des Westbundes entspricht."[257]

Busch ließ sich von dieser Absage Bachmanns nicht beirren, an Duwe am 9. November 1945 mit einer neuerlichen Offerte heranzutreten, um ihn doch noch umzustimmen und sich so eine gute Startposition gegen Bachmann zu sichern:

> „Ich möchte Sie noch einmal fragen: Sind Sie angesichts dieser Lage innerlich frei und unbeschwert, der Posaunensekretär unseres Werkes zu werden? Ich wäre Ihnen herzlich dankbar dafür. Lassen Sie uns zusammenarbeiten! … Es ist

immer wieder die Not in unseren Jungmännerkreisen, dass die Posaunenchöre zu sehr selbständig werden, sich dem missionarischen Angriff des Wortes entziehen und vollkommen durch die musikalische Seite ihrer Aufgabe beschlagnahmt und aufgesogen werden. Wer Jungmännerarbeit treibt, ringt darum, die Posaunenchöre so eng wie möglich in das Werk hineinzuziehen, damit sie wirklich mit der innersten Botschaft des Werkes erfasst sind und von da aus ihren Dienst tun. Darum legt ein Jungmännerwerk größten Wert darauf, dass seelsorgerliche und fachliche Betreuung der Posaunenchöre in einer Hand liegen. Kein Leben verträgt, dass man Geist und Leben scheidet."[258]

Was nun Duwes Reaktion auf das Ansinnen von Busch anging, so konnte und wollte der Betheler Diakon dieser Bitte nicht entsprechen, weil er davon überzeugt war, dass die Einheit aller Posaunenchöre in der 1934 gefundenen Form des Zusammenschlusses im VeP(D) organisatorisch weiterbestehen solle. Damit nahm die Nachkriegsgeschichte der Posaunenarbeit zumindest in Westfalen einen entscheidend anderen Verlauf, denn wenn Duwe Mitarbeiter beim Westbund geworden wäre, hätte es Bachmann ungleich schwerer gehabt, in Westfalen einen eigenständigen Verband zu halten.

Bachmann schrieb an Duwe in Rückschau auf das Gespräch mit Busch am 21. November 1945:

„Ich kann natürlich auf unser Werk nicht verzichten ... Ich muss abwarten, ob Busch es wagen wird, den Westbundchören den Austritt aus dem Posaunenwerk zu empfehlen. Was Sie persönlich betrifft, so sind Sie m. E. bei der Kirche mindestens so gesichert wie beim Westbund."[259]

Damit waren die gegensätzlichen Auffassungen zwischen Bachmann und Busch klar abgesteckt. Auf die heutige Generation mag diese Auseinandersetzung befremdlich wirken, denn beide Seiten nahmen für sich in Anspruch, den missionarischen und fachmusikalischen Bereich bei den Posaunenchören abdecken zu wollen, auch wenn das Posaunenwerk dem Jungmännerwerk unterstellte, die fachmusikalischen Aspekte zu vernachlässigen, und das Jungmännerwerk seinerseits dem Posaunenwerk vorwarf, die missionarischen Gesichtspunkte auszublenden. Im Letzten ging es wohl weniger um theologische und musikalische Differenzen, als vielmehr um strukturelle, nämlich ob die Posaunenchorbewegung in der Kirchenmusik und damit in einem Bläserverband oder in der Jugendarbeit und damit im Jungmännerwerk verankert werden solle. Gestellt war also eigentlich die Machtfrage, auch wenn dies alle damals Beteiligten weit von sich gewiesen hätten. Welche Motive auch immer die damals handelnden Personen geleitet haben mögen, wägt man die im Laufe der Streitigkeiten genannten Argumente ab, so kommt man nicht umhin zu konstatieren, dass neben sachlichen Diskussionspunkten auch emotional-persönliche Elemente eine große Rolle gespielt haben, wobei der Umstand, dass alle Beteiligten sich als bewusste Christen verstanden, die Sache besonders schmerzhaft machte.

Eines kann man den führenden Leuten dieses „Posaunenkrieges", wie er später genannt werden sollte, nicht vorwerfen: dass sie zuerst nur die Konfrontation gesucht und nicht um einen Konsens miteinander gerungen hätten. Nachdem Ende 1945 die Positionen eindeutig markiert waren, kam es zunächst zu Verständigungsgesprächen mit dem Ziel einer Annäherung. Am 26. März 1946 beschloss der Bundesvorstand des Westdeutschen Jungmännerbundes Folgendes:

„Die Mitgliedschaft in der Reichsmusikkammer ist kein Zwang mehr. Der Posaunenverband mit Pastor Bachmann will aber auf sein Weiterbestehen nicht verzichten. Da auch dem Posaunenverband an einer Zusammenarbeit mit dem Westbund liegt, soll der Westbund die korporative Mitgliedschaft im Posaunenverband anstreben."[260]

Dass beide Seiten miteinander verhandelten, hielt sie aber keineswegs davon ab, die jeweils andere Partei vor vollendete Tatsachen zu stellen. Der Westbund stellte im Juni 1946 Richard Lörcher (1907 – 1970) als Gauposaunenwart für das Ravensberger Land ein, worin Bachmann und Duwe einen eindeutigen Affront sahen. Lörchers Vita konnte ähnliche – und natürlich beabsichtigte – Referenzen aufweisen wie die Duwes: Er blies Flügelhorn, er hatte seine vierjährige Ausbildung in Bethel erhalten und er hatte für kurze Zeit noch im berühmten Kuhlo-Horn-Sextett mitgewirkt. Allerdings muss der Vollständigkeit halber hier nachgetragen werden, dass der Bundesvorstand des Westbundes bereits am 29. Mai 1934 an Lörcher eine Anfrage gerichtet hatte, ob er nicht einem Ruf in die Posaunenarbeit des Westbundes folgen könne, da Kuhlo ihn weiterempfohlen hatte. Lörcher, damals Gemeindediakon in Steinhagen, lehnte zu jener Zeit noch ab, fand aber 1946 ein Ja.

Bachmann wiederum nahm energisch die Neuordnung seines Verbandes in Angriff, der sich von den Namen und Statuten des Dritten Reiches lösen musste. In seinem Rundschreiben vom 7. Februar 1946 legte er seine Zielsetzungen offen:

„Wenn die früher ohne enge Verbindung untereinander bestehenden Posaunenverbände Deutschlands auch in erster Linie zwecks Erhaltung ihrer Arbeitsmöglichkeiten den Weg zum Zusammenschluß fanden, so war diese Einheit doch von den Besten unseres Werkes seit langem erstrebtes Ziel. Wenn also zwar der Anlaß zum Zusammenschluß ein äußerer war, so ist daraus dennoch ... eine brüderliche und gesegnete Zusammenarbeit geworden. Niemand von uns wird daran denken, sie preiszugeben."[261]

Vom 5. bis 7. August 1946 berieten die Landesobmänner der amerikanischen Besatzungszone – allerdings ohne den württembergischen Landesposaunenwart Hermann Mühleisen – in Treysa die weitere Vorgehensweise. Die von Bachmann, Duwe, Denks, Reuse und Siebert vorbereiteten Leitsätze wurden für die Arbeit des „Posaunenwerks der EKD" umgestaltet und einstimmig beschlossen. Dies war die Geburtsstunde des „Posaunenwerks der EKD", historisch und organisatorisch gesehen eine Nachfolgeorganisation des VeP(D), wobei es diesen Geruch nicht ohne weiteres abstreifen konnte, denn später bezeichnete der Reichswart der Jungmännerbünde in einem Brief an den württembergischen Landesbischof und EKD-Ratsvorsitzenden Theophil Wurm (1868 – 1953) das Posaunenwerk polemisch als „Missgeburt des Dritten Reiches".[262]

Auf der Tagung der Landesobmänner der britischen Besatzungszone vom 10. bis 12. September 1946 in Bethel, die sich noch unter dem alten Dachverbandsbegriff „VeP(D)" zusammenfanden, wurden die von den Obmännern der amerikanischen Zone in Treysa vorbereiteten Leitsätze für das *„Posaunenwerk der EKD"* und die Leitsätze für die „Posaunenwerke der Landeskirchen und freien Chorvereinigungen" beschlossen. Duwe war selbstverständlich persönlich anwesend bei diesem Treffen, das sich ausführlich mit dem problematischen Verhältnis zum Westbund beschäftigte. Zunächst wurde im Hinblick auf die Verhandlungen mit dem Jungmännerwerk die bisherige Verhandlungsführung durch den Reichsobmann einstimmig gebilligt. Die weiteren Verhandlungen sollten im Rahmen der soeben in Kraft getretenen Leitsätze geführt werden. Der Westbund hatte dabei eine „Arbeitsgemeinschaft westdeutscher Posaunenchöre im Posaunenwerk der EKD" vorgeschlagen, in der sämtliche Posaunenchöre des Westbundgebietes einschließlich Hessen vom Westbund aus betreut werden sollten. Diesen Vorschlag wies Bachmann mit der Begründung zurück, dass ein großer Teil der hessischen Posaunenchöre die Geschäftsführung durch den Westbund ablehne und dass die Geschäftsführung in Rheinland und Westfalen, da es sich in diesen Gebieten nicht um geschlossene Jungmännerwerksverbände handelte, ebenfalls nicht in den Händen des Westbundes liegen könne. Keine Bedenken wurden dagegen erhoben, dass der Westbund in den Landesposaunenräten von Rheinland und Westfalen Sitz und Stimme haben solle. Schließlich wurde einstimmig festgestellt, dass die Anstellung von Berufsarbeitern nur durch das Posaunenwerk der EKD und die Posaunenwerke der einzelnen Landeskirchen erfolgen könne, allerdings unter wünschenswerter vorheriger Einigung mit dem Westbund.

Einer der Hauptstreitpunkte stellte also nach wie vor die Regelung bei der Einstellung von Posaunenwarten und deren Kompetenzen bei der Geschäftsführung dar. Einen Monat später schien bereits eine Lösung in Sicht, denn am 11. Oktober 1946 wurde in Essen ein erstes Übereinkommen getroffen zwischen den Teilnehmern Bachmann, Busch, Duwe, Lörcher, Hennes, Link, Römer und Schlingensiepen über die Posaunenarbeit in Rheinland und Westfalen zwischen Westbund und Posaunenwerk. Der Westdeutsche Jungmännerbund würde seine Chöre an das Posaunenwerk der EKD unter folgenden Voraussetzungen anschließen:

1. Der Westbund wird im jeweiligen Landesposaunenrat durch einen der zuständigen Berufsarbeiter vertreten.
2. Die Berufung eines Landesobmannes kann nur im Einvernehmen mit dem Westbund geschehen.
3. Die Aufstellung der Arbeitspläne – Freizeiten und Treffen – geschieht in gegenseitigem Einvernehmen.
4. Es bleibt dem Westbund freigestellt, zur Betreuung seiner Chöre Berufsarbeiter einzustellen. Ihre Einstellung geschieht im Einvernehmen mit dem Posaunenwerk.
5. Bei der Einstellung eines Berufsarbeiters im Gebiet des Westbundes durch das Posaunenwerk ist das Einverständnis des Westbundes erforderlich.

Dieses erste Übereinkommen wurde allerdings von der Bundesvertretung des CVJM-Westbundes in Barmen am 7. November 1946 nicht bestätigt. Sie stellte fest, dass der Stand der Verhandlungen eine Entscheidung noch nicht ermöglichen würde und gab das bisher Erarbeitete dem Bundesvorstand zur weiteren Bearbeitung zurück. Zusätzlich beschloss sie folgende grundsätzliche Linien:

1. Die unter dem Druck des Nationalsozialismus neu entstandene Organisation eines isolierten Reichsposaunenwerks wird als Gefährdung des geistlichen Zusammenhangs von Jungmännerwerk und Posaunenmission und deshalb nicht länger als tragbar empfunden.
2. Das Reichswerk wird aufgefordert, im Rahmen seines Aufbaus breiten Raum zu schaffen für ein Posaunenwerk, das die geistliche und fachliche Pflege durch Reichsposaunenwart und Bundesposaunenwarte übernimmt und einen Dienst ohne Rücksicht auf organisatorische Grenzen allen Po-

saunenchören anträgt, ebenso aber das Gesamtwerk in die Mitverantwortung hineinzieht.

Damit schob der Bundesvorstand die Verantwortung für eine Klärung der Verhältnisse dem Reichsvorstand zu, der eine gesamtdeutsche Lösung anstreben sollte, um dort dann auch das Westbund-Westfalen-Problem zu integrieren. Kurz darauf wurden die Hauptverantwortlichen denn auch aktiv und am 21. November 1946 traf der Reichswart der Jungmännerbünde, D. Erich Stange, mit Reichsobmann Bachmann in Kassel zu einer Besprechung zusammen, dessen Ergebnis in den wichtigsten Punkten wie folgt ausfiel:

1. Das Posaunenwerk der EKiD und das Ev. Jungmännerwerk verbinden sich in der Weise, dass das Posaunenwerk einen selbständigen Organismus des Jungmännerwerks bildet.
2. Das Posaunenwerk wird von einem Reichsposaunenrat geleitet, zu dem alle im Posaunenwerk zusammengefassten Gliederungen entsprechend seinen Satzungen ihre Vertreter abordnen.
3. Der Reichsposaunenrat wählt zu seiner Leitung einen Reichsposaunenwart/-obmann, den das Jungmännerwerk zu bestätigen hat.
4. Das Posaunenwerk wird im Jungmännerwerk in der Reichsvertretung durch drei Abgeordnete und im Reichsvorstand durch seinen Vorsitzenden vertreten sein. Das Jungmännerwerk entsendet seinerseits drei Vertreter zum Reichsposaunenrat.
5. Die Berufung von hauptamtlichen Berufsarbeitern erfolgt im Zusammenwirken von Reichsposaunenrat und Reichsvorstand.
6. In den landschaftlichen Gliederungen werden beide Werke in einer der vorstehenden Lösung entsprechenden Weise einander zugeordnet. Ausnahmen können vom Reichswart und vom Reichsobmann festgelegt werden.
7. Die Zugehörigkeit der einzelnen Posaunenchöre zum Jungmännerwerk wird durch diese Vereinbarung nicht berührt.

Dieser Vereinbarungsentwurf wurde am 5. Dezember 1946 vom Reichsvorstand des Jungmännerwerks nochmals beraten und gutgeheißen als geeignete Grundlage zur Regelung des Verhältnisses zwischen Jungmännerwerk und Posaunenwerk, wobei der Wunsch ausgesprochen wurde, dies auch nach außen hin im Namen zum Ausdruck kommen zu lassen, etwa durch die Formulierung „Reichsposaunenwerk im Ev. Jungmännerwerk Deutschlands". Ein besonders heikler Punkt, die Einstellung von Posaunenwarten und damit direkte Gestaltung der Basisarbeit, wurde vom Vorstand folgendermaßen präzisiert:

1. In denjenigen Bünden, deren Gebiet mit demjenigen einer Landeskirche zusammenfällt (z. B. Bayern, Baden, Württemberg, Hannover ...), verzichtet das Jungmännerwerk darauf, neben dem Landesposaunenrat noch ein eigenes Bundesposaunenwerk zu stellen.
2. Innerhalb der landschaftlichen Posaunenwerke erfolgt die Anstellung von hauptamtlichen Mitarbeitern so, dass die Anstellung durch das Jungmännerwerk nach vorheriger Zustimmung des Landes-Posaunenwerks vorgenommen wird, soweit nicht in einzelnen Gebieten eine anderweitige Regelung vereinbart wird.
3. In denjenigen Bundesgebieten, die mehrere Landeskirchen umschließen (z. B. Westbund, Nordbund, Ostbund), werden Landesposaunenräte nur für diese einzelnen Kirchengebiete geschaffen. Dagegen wird auf die Einrichtung eines Bundesposaunenrats für das gesamte Bundesgebiet verzichtet. Stattdessen schaffen diese Bünde ein Bundesposaunenamt, für das sie in Verbindung mit den Landesposaunenwarten einen Bundesposaunenmeister ihres Gebietes haupt- oder nebenamtlich bestellen.
4. Der Reichsverband soll den derzeitigen Reichsobmann Bachmann als Reichsposaunenwart bestätigen sowie einen kirchenmusikalisch „durchgebildeten" Reichssekretär als Reichsposaunenmeister berufen und ihn dem Reichsposaunenrat als Reichsposaunenmeister zur Verfügung stellen.

Bachmann interpretierte diese Ausführungen des Reichsvorstands als generelle „Forderung der Anstellung hauptamtlicher Berufsarbeiter im Posaunenwerk durch das Jungmännerwerk" und wies dies zurück, weil sich in einer Reihe von Kirchengebieten die Posaunenarbeit geschichtlich selbstständig ohne Verbindung mit dem Jungmännerwerk entwickelt hätte. Die Positionen beider Seiten lagen also trotz bilateraler Gespräche weit auseinander. Mit Schreiben vom 11. Dezember 1946 fragte Stange bei Bachmann an, ob er bereit wäre, das Amt eines Reichsposaunenmeisters – im Unterschied zum Vorgänger Kuhlo jedoch hauptamtlich – zu übernehmen und dabei diese neue Aufgabe mit der des Reichsobmanns zu vereinen. Auf diese Anfrage gab Bachmann am 3. Januar 1947 als vorläufige Antwort, dass der Reichsposaunenrat darüber entscheiden müsse. Auf bis heute ungeklärte Weise kam der am 4. Januar 1947 abgestempelte Brief Bachmanns aber erst am 1. Februar 1947 in Kassel an, sodass Stange sein scheinbar unbeantwortet gebliebenes Schreiben als Ablehnung von Seiten Bachmanns deutete. Aufgrund dieses postalischen Übermittlungsfehlers kam es zur deutschlandweiten Trennung zwischen Posaunenwerk und Jungmännerwerk, denn noch im Januar 1947 stellte der Reichsvorstand mit dem schlesischen Pfarrer Hans Mrozek (1906 – 1998) einen „Sing- und Posaunenwart" im Reichsverband des deutschen CVJM mit Sitz in Willingen ein. Bachmann warf in der Rückschau dem CVJM-Reichsvorstand vor, er habe mit dieser Berufung „fertige Tatsachen" geschaffen, obwohl die Anfrage an ihn noch gelaufen sei und der Reichsposaunenrat sich noch nicht damit hätte beschäftigen können. Andererseits ist sehr die Frage, ob Bachmann wirklich ernsthaft das Angebot in Erwägung gezogen hätte, denn er verfolgte – wie die Entwicklung der Bläsergeschichte in der Nachkriegszeit deutlich aufzeigt – sehr konsequent und beharrlich seine eigenen Ziele, sodass das Ganze wohl nur ein verzögerndes Taktieren war.

Ungefähr zur gleichen Zeit, am 7. Januar 1947, berief der Westbund, mit dem ebenfalls die Verhandlungen noch im Fluss waren – ohne vorherige Fühlungnahme mit dem Posaunenwerk, wie Bachmann sich später beklagte –, den bisherigen Bundesgauwart Richard Lörcher zum Posaunenwart für das gesamte Gebiet Westfalen, was Duwe als Brüskierung empfand und als Aufspalten eines „einheitlichen Werkes" beklagte, sah er sich doch selbst als der einzig rechtmäßige – wenn auch nicht gewählte – Nachfolger Kuhlos für die westfälische Posaunenarbeit. So schrieb bereits vor dem Dritten Reich Bundessekretär Hermann Schlingensiepen an Bundeswart Paul Humburg:

> „Pastor D. Kuhlo ist alt und wird nach menschlicher Auffassung nicht mehr lange dem Posaunenwesen unseres Bundes vorstehen können. Er selbst hat zu seinem Nachfolger den mir persönlich sehr lieben und tüchtigen Posaunenfachmann Diakon Duwe ausersehen ..."[263]

Gerade das aufgrund dieser persönlichen Gespräche mit Kuhlo entstandene Sukzessionsverständnis machte es Duwe nicht leicht, plötzlich nun eine Zusammenarbeit mit gleichberechtigten Kollegen im Bereich der westfälischen Posaunenarbeit zu suchen.

Der Bundesvorstand des Westbundes begründete jedenfalls seinen Schritt damit, dass es ein unaufgebbares Anliegen des Jungmännerwerks sei, dass sich die Bundesleitung auch um ihre Posaunenchöre kümmere. Einige Monate danach – am 14. Juni 1947 – berief der Bundesvorstand entgegen dem Rat des Reichsobmanns den Kirchenmusiker und ehemaligen Mitarbeiter Adolf Müllers in Sachsen, Martin Wolfram (1904–2002), zum Bundesposaunenwart für das Rheinland. In dieser Vorgehensweise erblickte Bachmann einen weiteren vertrauensmindernden Akt, da die Verhandlungen noch nicht abgeschlossen waren.

In einem Brief Buschs an Bachmann vom 9. Januar 1947 brachte der Bundeswart ihm den Unmut des Bundesvorstandes darüber zur Kenntnis, dass noch keine Regelung in der Posaunenfrage erreicht worden sei. Außerdem beklagte sich Busch darüber, dass Duwe durch regelmäßige Chorrundschreiben und Spendenaufforderungen immer mehr einen selbstständigen Posaunenverband aufbauen würde. Bachmann selber wiederum forcierte den Aus- und Aufbau eines deutschlandweiten Verbandes mit kirchlicher „Rückendeckung". Anfang 1947 ersuchte er die Kanzlei der EKD, die verschiedenen Kirchenleitungen zu bitten, sich gutachtlich in der Frage der Organisationsform der Posaunenarbeit zu äußern. Die Alternative bestand entweder in der Rückkehr zu der vom Jungmännerwerk gewünschten bündischen Gliederung oder in der Weiterführung der Form eines kirchlichen Werkes. Das Ergebnis der mit Schreiben vom 19. Februar 1947 gestarteten EKD-Umfrage fiel wie erwartet eindeutig aus: Außer zwei Enthaltungen und zwei Gegenvoten – Württemberg und Pfalz – stimmten 18 von 22 Landeskirchen für das „Posaunenwerk der EKD". Allerdings war damit immer noch nicht die Lage in Westfalen und im übrigen Westbundgebiet geklärt.[264]

Einen weiteren Höhepunkt erreichte der „Posaunenstreit" auf der *Sitzung des westfälischen Landesposaunenrates* am 5. Februar 1947 in Bethel: Duwe eröffnete in seiner Eigenschaft als Landesobmann die Sitzung kurz nach 10.00 Uhr. Anwesend waren neben fünf Mitgliedern des Landesposaunenrats auch Prof. Dr. Wilhelm Ehmann sowie – uneingeladen – Bundeswart Busch vom Westbund; um 11.00 Uhr stieß noch Bachmann dazu. Als Duwe gerade die Neuberufung von vier Personen in den Landesposaunenrat bekannt gegeben hatte, meldete Busch seinen Protest gegen diese Ernennungen sowie gegen die ganze Sitzung an. Er stellte fest, dass die Chöre des Westbundes die stärkste Gruppe innerhalb des Landesverbandes bildeten, zudem liefen seit anderthalb Jahren Verhandlungen über eine möglichst weitgehende Verzahnung beider Werke. Wie könne Duwe da den Landesposaunenrat ergänzen und ihn zu einer Beratung über Satzungsänderungen einberufen, ohne vorher den Westbund zu verständigen? Duwe wies auf die noch bestehenden Satzungen aus der Vorkriegszeit hin, die nach wie vor gültig seien. Busch bezeichnete daraufhin das Vorgehen Duwes als zwar juristisch korrekt, jedoch unbegreiflich und unmöglich, da diese alten Statuten aus der Nazi-Zeit nicht mehr tragbar seien. Gegen neue Satzungsverhandlungen habe er nur dann nichts einzuwenden, sofern auf dieser Sitzung nicht bindende Beschlüsse gefasst würden. Duwe stellte fest, dass der jetzige Landesposaunenrat nur die Aufgabe habe, die neuen Satzungen vorzubereiten. Ihre endgültige Annahme sei natürlich Sache einer Vertreterversammlung, der dann auch die Neuberufung des Landesposaunenrates obliege. Anschließend verlas Duwe ein Schreiben der Kirchenleitung vom 20. Dezember 1946, das sich mit dem satzungsgemäßen Einfluss der Kirchenleitung auf die kirchenmusikalischen Verbände befasste. Busch äußerte dazu starke Bedenken und erklärte, er wolle der Kirchenleitung keine besondere Einflussnahme auf die Posaunenarbeit gestatten. Kirche wäre immer in der Gefahr, Organisation zu sein und das freie Leben einer Jugendbewegung einzudämmen.

Bachmann griff nun in die hitzige Diskussion ein und erklärte, die Errichtung eines besonderen Posaunenwerks als Zusammenfassung aller Posaunenchöre sei keine durch den Nazi-Staat aufgezwungene Sache, sondern ein von der Kirche her zu begrüßender Fortschritt. Man könne jetzt diese Zusammenfassung nicht zerschlagen, ohne wichtige kirchliche Belange außer Acht zu lassen. Die Frage sei, so Bachmann weiter, wie man innerhalb dieses rein fachlich-kirchenmusikalischen Zusammenschlusses den Einfluss des Jungmännerwerks so sichern könne, dass eine Zusammenarbeit möglich sei mit dem Ziel, gute Kirchenmusik zu machen. Busch hielt dagegen, die vordringlichste Aufgabe der Posaunensache sei es, junge Menschen zu Jesus Christus zu führen, was nicht daran scheitern dürfe, dass eine neue Nebenabteilung entstünde, die sich dem Einfluss des Wortes entzöge. Darum müssten Nebenabteilungen wie das Posaunenwerk fest mit dem Hauptwerk und seiner Zentrale, der Bibelstunde, verbunden sein. Das Posaunenwerk sei für das Jungmännerwerk nur dann tragbar, wenn die Leitung und die Anstellung der Berufsarbeiter in den Händen des Westbundes liege. Ein Mitglied des Landesposaunenrats widersprach Busch: vordringlichste Aufgabe der Kirche müsse die Gewinnung aller Menschen für Christus sein, und damit dies keiner Einschränkung unterliege, brauche es ein eigenständiges Posaunenwerk.

Grundsätzlich einigten sich alle Beteiligten auf folgendes Verfahren: Bachmann solle die neue Satzung des Posaunenwerks überarbeiten und dabei die Anstellung von Berufsarbeitern des Posaunenwerks durch den Westbund unter vorheriger Zustimmung des Landesposaunenrats und dauernder fachlicher Ausrichtung durch Reichs- und Landesobmann vorsehen. Bei der Sitzung des Bundesvorstands des Westbundes am 18. März 1947, an der Bachmann und Duwe teilnehmen sollten, würde eine endgültige Einigung versucht werden.

Man kann den damals beteiligten Personen nicht den Willen absprechen, dass sie nicht versucht hätten, zu einer Verständigung zu kommen. Jedoch lagen die Vorstellungen bereits so weit auseinander, dass jeder Kompromiss den Keim zur endgültigen Trennung in sich trug.

Duwe schrieb am 13. Februar 1947 im Rückblick auf diese die Wogen hochschlagende Sitzung an den Betheler Pastor Rudolf Hardt (1900–1959):

> „Es war einfach nicht möglich, mit ihm [sc. Busch] und den im Landesposaunenrat vertretenen Mitgliedern des Jungmännerwerks eine Einigung zu erzielen, es sei denn unter restloser Selbstaufgabe. Diese aber können wir keinesfalls eingehen."[265]

Und an den damaligen Herforder Superintendenten Hermann Kunst (1907 – 1999) richtete er am 14. Februar 1947 unter anderem die Zeilen:

> „Wenn wir uns nicht durch ihn [sc. Busch] auf Tod und Verderb, dem Jungmännerwerk einverleiben lassen wollen, unseren Anspruch auf eine selbständige Führung und kirchenmusikalische Ausrichtung aufrecht erhalten wollen, dann bleibt wohl nur der Weg der stillen Kampfansage offen."[266]

Duwe gab in diesem Brief auch seiner Hoffnung auf die Unterstützung durch die westfälische Kirchenleitung Ausdruck und betonte nochmals, dass er nicht die Chöre aus den ihnen bisher angeschlossenen Vereinen herauslösen wolle. Gegenüber Bachmann schlug Duwe in einem Schreiben vom 22. Februar 1947 vor, einen Jahresschulungsplan für Westfalen festzulegen, dem Jungmännerwerk eine Posaunenfreizeit nach der anderen „vor die Nase zu setzen" und von Kreisverband und Kreisverband zu Wochenendschulungen mit Ehmann, Schütz und anderen Kirchenmusikern einzuladen. Die Fronten waren also nach dem missglückten Gespräch in Bethel sehr verhärtet. Duwe sah nur die Möglichkeit einer Einigung, wenn beide Seiten auf einen Machtanspruch verzichten würden, wie er Busch am 13. März 1947 schrieb.

Am 18. März 1947 fand die oben erwähnte Vorstandssitzung des Westbundes statt, an der Bachmann teilnahm, nicht aber Duwe, der die Berufung Lörchers immer noch nicht akzeptiert hatte. Es war wohl die letzte Chance für beide Parteien, die Konfrontation durch Kooperation zu ersetzen, und sie wurde nach einer vierstündigen harten Aussprache denn auch genutzt. Nachdem Busch drei Möglichkeiten zur Beschlussfassung vorgelegt hatte – Fortsetzung der bisherigen Verhandlungen, Lösung jeglicher Verbindung oder korporativer Anschluss der Chöre des Westbundes an das Posaunenwerk –, entschied sich der Bundesvorstand für die dritte Lösung, wobei die Verantwortlichen intern das Ganze eher nüchtern sahen. Bachmann bewertete in einem Rundschreiben vom 19. März 1947 das Modell nicht als „Patentlösung", da es die Schwierigkeiten nicht löse, sondern nur verlagere. Gleichzeitig unterstellte er Busch taktische Erwägungen, um Handlungsfreiheit gegenüber der Kirchenleitung zu bekommen. Busch wiederum warf Bachmann in einem Brief vom 16. Mai 1947 vor, das Posaunenwerk wolle den Beschluss des Bundesvorstands nicht praktizieren, sodass die ganzen Verhandlungen wieder ins Stocken geraten waren.[267]

Trotzdem wurde in der Sitzung des Bundesvorstandes vom 20. Mai 1947 der Anschluss bestätigt und schriftlich an Bachmann eingesandt. In mündlichen Beratungen zwischen Busch und Bachmann am 27. Mai und 3. Juni 1947 wurde in Zusatzbestimmungen festgelegt, wie die Dinge im Einzelnen geregelt werden sollten. Der Bundesvorstand stimmte dieser ausgehandelten Abmachung im Wesentlichen zu, sodass Busch in einem Sonderrundbrief vom 23. Juni 1947 an die Westbund-Posaunenchöre den *korporativen Anschluss* erläuterte und würdigte. Unter anderem führte er aus:

> „… darum bin ich so dankbar, das uns nun der Weg des korporativen Anschlusses … geschenkt worden ist; denn damit sind wir mit allen Posaunenbläsern verbunden und sind befreit von einem unguten und unfruchtbaren Gegensatz …"[268]

In einem Rundbrief am 14. August 1947 informierten Bachmann und Duwe ebenfalls die Posaunenchöre im Rheinland und in Westfalen über die getroffene Vereinbarung und konstatierten dabei:

> „Ein großzügiger Lösungsversuch zwischen den beiden Reichswerken, der den Einbau des Posaunenwerkes als selbständigen Organismus in das Jungmännerwerk vorsah, führte darum nicht zum Ziele, weil das Jungmännerwerk seinerseits nicht auf die Anstellung von Posaunenberufsarbeitern verzichten zu können glaubte … Mit großer Dankbarkeit darf festgestellt werden, dass über die innere Seite unserer Arbeit volle Übereinstimmung zwischen unseren beiden Werken besteht … Wenn also jetzt die Chöre sich entscheiden müssen, ob sie korporativ über den Westdeutschen Jungmännerbund oder direkt dem Posaunenwerk angeschlossen sein wollen, handelt es sich nur um verschiedene Formen der Arbeit, aber keinesfalls um einen inneren Gegensatz."[269]

Beide Seiten waren also bemüht, ihrer jeweiligen Klientel den mühsam ausgehandelten Vertrag möglichst gut „zu verkaufen", wobei Duwe eigentlich schon zu tief verletzt war, um diesen Neuanfang mittragen zu können, denn er schrieb am 7. Juni 1947 an Bachmann:

> „Am liebsten stellte ich der Kirche das Amt des Landesobmanns zur Verfügung … Bin ich der Landesobmann oder bin ich ein Spielball der Willkür des Herrn Busch in Witten, der von Blasen und Musik soviel Ahnung hat wie ein kleines Kind von einem Sinfoniekonzert."[270]

Im Einzelnen sahen die Vereinbarungen folgendermaßen aus:

1. Die Posaunenchöre des Westbundes haben das Recht, an allen Tagungen und Kursen des Posaunenwerks teilzunehmen …
2. Der Westbund hat das Recht, im Einvernehmen mit dem Posaunenwerk eigene Berufsarbeiter zur Betreuung seiner Posaunenchöre anzustellen.
3. Die Rundschreiben des Posaunenwerks werden den Chören des Westbundes über den Westbund zugeleitet.
4. Der Westbund entsendet einen Vertreter sowie seine Berufsarbeiter in den Reichsposaunenrat.
5. Der Westbund verpflichtet sich, seine Arbeit in enger Verbindung mit dem Posaunenwerk zu tun.
6. Das Posaunenwerk entsendet einen Vertreter in den Vorstand des Westbundes, der Mitglied des Westbundes sein muss.
7. Der Westbund beruft zur Leitung seiner Posaunenchöre Vertreter aus der Leitung des Posaunenwerks.
8. Die musikalische Schulung der Chöre geschieht nach den Richtlinien des Posaunenwerks.
9. Die Rundschreiben des Westbundes werden dem Posaunenwerk zur Kenntnisnahme zugestellt.
10. Die Chöre beider Organisationen nehmen auch an jeweils anderen Veranstaltungen teil gemäß einem Jahresarbeitsplan, der gemeinsam erstellt wird.
11. Der Westbund zahlt einen jährlich neu zu vereinbarenden Pauschalbetrag für alle seine Chöre an das Posaunenwerk.

So weit die Vereinbarung, die der Westbund-Vorstand mit dem Posaunenrundbrief Nr. 1 vom 22. September 1947 nochmals allen seinen Posaunenchören bekannt gab mit der Bitte um deren Mitarbeit.

Doch der in den vorausgegangenen Auseinandersetzungen geführte Schlagabtausch war bereits zu heftig gewesen und das gegenseitige Misstrauen saß zu tief, als dass der korporative Anschluss der Westbundchöre von Bestand hätte bleiben können. Der Kampf um die Zugehörigkeit der Chöre spitzte sich zu, denn im Herbst 1947 schickte der Bundesvorstand allen 400 westfälischen Chören einen Fragebogen zu, in welchem sie ihre Zugehörigkeit zum Westbund erklären sollten, doch nicht einmal die Hälfte meldete sich zurück. So gaben 49 von den 158 Posaunenchören Minden-Ravensbergs den Westbundfragebogen ab, wobei 22 Chöre wünschten, in direkter Verbindung mit dem Posaunenwerk zu stehen. Allerdings blieb die Kreisverbindung Siegerländer Posaunenchöre, so die Namensänderung ab 1944, unter ihrem Vorsitzenden Heinrich Klein geschlossen innerhalb des Jungmännerwerks. Der Vorstand hatte sich entschieden, die Antwortkarten erst gar nicht an die 49 Mitgliedschöre weiterzugeben, sondern aufgrund des Votums der Vertreterversammlung weiterhin den Anschluss an den Westbund beizubehalten. Auf diese Weise behielt der Westbund eine starke Basis im Siegerland, denn bereits 1946 betrug die Zahl der aktiven Bläser in dieser Kreisverbindung wieder 774, auch wenn über 250 Chormitglieder gefallen oder vermisst waren. Im Jahr 1947 war ihre Zahl wieder auf Vorkriegsniveau, das heißt auf über 1.000 angewachsen.

Ungeachtet der Voten an der Basis erhoben beide Seiten weiterhin den Anspruch, die Bläsergruppen besser betreuen zu können, sei es durch Notenmaterial, sei es durch Schulungen usw.

Am 1. Juli 1948 lud Bachmann Busch und Lörcher zu einem Treffen in Essen ein, bei dem auch Duwe und der rheinische Landesposaunenwart Walter Mackscheidt (1905 – 1965) anwesend waren. Beide Parteien legten noch mal ihre Standpunkte dar, ohne dass sich etwas an der Gegensätzlichkeit der Positionen geändert hätte. Eine „württembergische" Lösung – das württembergische Jungmännerwerk hatte die korporative Mitgliedschaft seiner Posaunenchöre beim Posaunenwerk am 12. März 1948 gekündigt – sahen Bachmann und Duwe als verhängnisvoll an um der besonderen Verhältnisse im Westbund willen. Denn anders als in Württemberg, wo praktisch alle Chöre dem Jungmännerwerk angehörten, gab es in Westfalen und Rheinland Chöre mit unterschiedlicher organisatorischer Zugehörigkeit, teilweise auch mit Doppelmitgliedschaft, was das Ganze sehr unübersichtlich machte. Bachmann und Duwe schlugen Busch und Lörcher vor, das neu zu gewinnende Vertrauen dadurch zu dokumentieren, indem der Westbund den Reichsobmann zum Leiter der Posaunenchöre des Westbundes machen sollte. Busch sagte zu, seinem Vorstand dieses Anliegen vorzutragen, doch war es natürlich utopisch anzunehmen, der Westbund würde auf ein solches Ansinnen eingehen.

Um im Bild zu sprechen: Die Ehepartner hatten sich schon längst auseinander gelebt, bevor sie geheiratet hatten, sodass die Trennung ihrer von Anfang an zerrütteten Partnerschaft nur eine Frage der Zeit war. Die Scheidung erfolgte relativ rasch und keineswegs schmerzlos: Am 19. Oktober 1948 fasste der Bundesvorstand des Westbundes nach längerer Beratung, bei der auch Bachmann zugegen war, folgenden Beschluss:

„Da der korporative Anschluss an das Posaunenwerk sich als nicht arbeitsfähig und nicht zweckdienlich erwiesen hat, beschließt der Vorstand den Austritt aus dem Posaunenwerk. Der Bundesvorstand ist bereit, nach erfolgter Umgestaltung des Posaunenwerks neue Verhandlungen aufzunehmen."[271]

Es folgte eine ausführliche Apologie dieses Schritts durch Busch, in welcher er die Entstehung und den Inhalt des Gegensatzes erläuterte und erklärte, dass es sich nicht einfach nur um organisatorische Fragen handele, sondern um geistliche, und dass der Bundesvorstand alles unternommen habe, um den aufgebrochenen Gegensatz zu überbrücken. Zum Schluss äußerte Busch die – sich leider in den nächsten beiden Jahrzehnten nicht erfüllende – Hoffnung, dass beide Werke im Frieden nebeneinander leben könnten.

Bachmann setzte die Landesobmänner bereits am 8. November 1948 von diesem, wie er es nannte, folgenschweren Schritt des Westbundes in Kenntnis und kündigte eine baldige Stellungnahme an, die schon am 6. November 1948 an alle Posaunenchöre in Rheinland und Westfalen-Lippe hinausgegangen und auch von Duwe mit unterzeichnet war. Darin heißt es unter anderem:

> „Auf uns allen lag in den letzten Jahren die schwere Not, dass es nicht zu einer wirklich brüderlichen Zusammenarbeit zwischen Westbund und Posaunenwerk kommen wollte … Darum bestand man darauf, die Betreuung der Chöre … nunmehr selbst und zwar allein in die Hand zu nehmen. Daraus ergab sich aber, wie immer deutlicher geworden ist, eine Zerspaltung der ganzen Posaunensache … Wir sind daher tief betroffen über die Entscheidung des Vorstandes des Westdeutschen Jungmännerbundes, den Austritt aus dem Posaunenwerk zu erklären."[272]

Diese *Spaltung*, die in dieser Deutlichkeit wohl keiner der damaligen Verantwortlichen gewollt, aber aufgrund der je eigenen Vorgehensweise billigend in Kauf genommen hat, bestimmte fortan das Geschehen in Westfalen. Besonders schmerzlich für den Westbund war, dass sowohl Duwe als auch Bachmann aus der Jungmännerarbeit stammten und in ihr groß geworden waren und doch ihre Haltung in der Organisation der Posaunenchöre so weit von dem entfernt lag, was der Bundesvorstand anstrebte. Jedenfalls war das Tischtuch zerschnitten und was in den nächsten beiden Jahrzehnten folgte, gehörte zu den unrühmlichsten Kapiteln der deutschen Posaunenchorgeschichte. Die Unterstellungen, Verdächtigungen und Vorwürfe wurden nun von beiden Seiten nicht mehr wie vor 1949 hinter verschlossenen Türen geäußert, sondern vor der gesamten – und sicher manchmal staunenden – Bläseröffentlichkeit ausgebreitet. Auffallend ist bei der Auseinandersetzung die Ähnlichkeit in der Argumentation der Kontrahenten: Beide Gruppierungen hielten sich vor, Monopolansprüche zu vertreten und sich gegenseitig die Chöre abzuwerben; beide nahmen für sich in Anspruch, kompromissbereit gewesen, aber an der Uneinsichtigkeit des anderen gescheitert zu sein; beide beriefen sich auf die geschichtlichen Vorgänge und Wurzeln, in deren Tradition sie stünden; beide behaupteten, es gehe ihnen nicht um ein organisatorisches, sondern um ein geistliches Anliegen. In der Rückschau lässt sich aus der Distanz natürlich manches leichter und klarer beurteilen als inmitten der Auseinandersetzung, doch darf die Frage erlaubt sein, ob denn wirklich das Wohl aller Posaunenchöre bei diesem ganzen Disput im Vordergrund stand, oder ob nicht auch handfeste eigene Interessen involviert worden sind.

Wie ging es weiter? Zunächst einmal zementierte jedes der beiden Werke auf seine Weise das Auseinandergehen. Bachmann verfasste ein ausführliches Rundschreiben am 15. Januar 1949, diesmal aber an alle Posaunenchöre gerichtet, in dem er ausführlich auf die ganze Nachkriegsentwicklung einging und sie aus seiner – natürlich subjektiven – Sicht schilderte. Der Reichsobmann schloss sein Schreiben mit einem pathetischen Aufruf:

> „Keine falschen Fronten! Lasst uns zusammenarbeiten in der Verkündigung des Evangeliums mit Posaunen unter der Zucht des Wortes Gottes und des heiligen Geistes!"[273]

Die Mitglieder des Posaunenausschusses nahmen im Rahmen der Bundesvertretung des CVJM-Westbundes am 17./18. Oktober 1949 nochmals eindeutig Stellung:

> „1. Wir verkennen nicht die Nöte, die im Zusammenhang mit der Trennung in manchen Chören und insbesondere in solchen Kreisverbänden entstanden sind, in denen Chöre des Westbundes und des Posaunenwerkes zusammengefasst sind.
> 2. Wir sind aber der Auffassung, dass die Schwierigkeiten umso geringer sein werden, je eindeutiger sich die Chöre hinter den Beschluss des Bundesvorstandes stellen.
> 3. Wir sind dankbar für die durch den Trennungsbeschluss herbeigeführte Klärung. Wir sind vor Gott innerlich ruhig über die getroffene Entscheidung und stehen unter dem Eindruck, dass der nach den langwierigen Auseinandersetzungen getroffene Beschluss ein geistlicher und damit rechtens ist.
> 4. Die Tatsache, dass der Weg für neue ... Verhandlungen offengehalten wurde, darf keineswegs dazu führen, dass um eines falschen Friedens willen die geschichtliche Linie unserer Posaunenchöre verwässert wird."[274]

Fortan gingen beide bisherigen Partner getrennte Wege: Jeder Verband beschäftigte seine eigenen Mitarbeiter – das Posaunenwerk Duwe, das Jungmännerwerk Lörcher –, jeder veranstaltete seine eigenen Lehrgänge und Bläsertage – das Posaunenwerk Landesposaunentage, das Jungmännerwerk Bundesposaunenfeste –, jeder gab seine eigene Literatur heraus – das Posaunenwerk „Lass dir unser Lob gefallen", das Jungmännerwerk „Lobt Gott" –, jeder veröffentlichte eigene Rundschreiben und Verbandszeitschriften – das Posaunenwerk „Spielet dem Herrn", das Jungmännerwerk „Zu Gottes Lob und Ehre". Konkurrenzdenken und persönliche Zwistigkeiten erschwerten ein geordnetes Nebeneinander, wie z. B. der kurz aufflackernde Streit um eine Stellungnahme Buschs in der Nr. 11 „Licht und Leben" zu einem Bericht in der Westfalenzeitung vom 18. Juni 1949 über das Posaunenwerk, die Auseinandersetzung Ende 1949 über die Zugehörigkeit der Betheler Posaunenmission zum Westbund oder die Ablehnung eines von Lörcher in Bethel geplanten Bläserkurses durch Friedrich v. Bodelschwingh (1902–1977) und Duwe.

Unübersichtliche Zugehörigkeiten entstanden, weil verschiedene Posaunenchöre Doppelmitgliedschaften pflegten und weil CVJM-Chöre unaufgefordert Rundbriefe und Einladungen des Posaunenwerks erhielten. Anfang der 1950er Jahre gab es nämlich in Westfalen ungefähr 500 Posaunenchöre, von denen 200 dem Posaunenwerk angehörten, 200 dem Westbund und 100 beiden Dachorganisationen, wobei gerade die „Zwillinge" Kopfzerbrechen bereiteten.[275]

Angesichts dieser weiter bestehenden Unstimmigkeiten kam es unter der Schirmherrschaft der westfälischen Kirchenleitung am 25. Oktober 1951 zu einem ersten *„Befriedungsgespräch"*, an dem außer Präses Ernst Wilm (1901–1989) und Ehmann auch Busch, Westbund-Vorstandsmitglied Pastor Tegtmeyer und v. Bodelschwingh teilnahmen, allerdings kein Vertreter des Posaunenwerks, was sich im Nachhinein als großer Fehler erweisen sollte. Als Ergebnis dieses Gesprächs in Bielefeld wurde zunächst Folgendes festhalten:

> „Es herrscht Einmütigkeit darüber, dass die Posaunenarbeit in Westfalen in Zukunft nur noch durch die sogenannten zwei Säulen (Posaunenwerk und CVJM) erfolgen kann. Ein Führungsanspruch der einen oder anderen Gruppe kann nicht anerkannt werden. Prof. Ehmann wird ermächtigt, über diese Frage mit Pastor Bachmann/Essen zu sprechen und ihn zu fragen, ob er diese Sicht der Dinge teilt und bereit sei, sich auf den Boden dieser Tatsachen zu stellen. Es soll ein Posaunenausschuss gebildet werden als Unterausschuss des Kirchenmusikalischen Ausschusses. In diesen Posaunenausschuss sollen beide Bläsergruppen Vertreter entsenden. Die Leitung hat Prof. Ehmann. Hiervon wird eine fruchtbare Zusammenarbeit für die Zukunft erwartet."[276]

Pastor v. Bodelschwingh ergänzte am 3. Dezember 1951 Folgendes zu dem Gespräch:

1. Busch sei bereit, eine entsprechende Sonderleitung für alle nicht im CVJM zusammengefassten Posaunenchöre anzuerkennen.
2. Die Leitungsansprüche sollen klar getrennt sein und beide „Säulen" der Bläserarbeit sollen einander treffen und helfen, z. B. gemeinsame Freizeiten veranstalten.
3. Die Anstalt Bethel müsse den zweiten Posaunendiakon einziehen, wodurch Duwe zwangsläufig stärker an Bethel gebunden und genötigt würde, die auswärtige Posaunenarbeit einzuschränken. Eine Einschränkung der Reisetätigkeit Duwes sei auch aus gesundheitlichen Gründen dringend geboten. Von daher müsse ein Adjutant Duwes herangezogen werden.
4. Alle Chöre sollten erklären, wohin sie gehörten, damit nicht Rundschreiben als Eingriffe in das eigene „Revier" angesehen würden.

Busch gab am 12. Dezember 1951 in einem Brief an die Gesprächsteilnehmer noch einige zusätzliche Anregungen und Bedenken zu Protokoll:

1. Die Gleichberechtigung beider Werke müsse gewährleistet sein, von daher dürfe die Kirchenleitung nicht einfach dem Posaunenwerk eine hauptamtliche Stelle finanzieren, dem Westbund aber die Finanzierung selbst überlassen.
2. Nach innen und außen müsse die Verdächtigung weggenommen werden, als ob das eine Werk kirchlicher sei als das andere.
3. Prof. Ehmann sei eventuell voreingenommen, weil der von ihm einzuweisende Berufsarbeiter sich nur um das Posaunenwerk kümmern solle.

Bei der Bundesvorstandssitzung am 15. Januar 1952 berichtete Busch über das Gespräch mit dem westfälischen Präses Wilm, wobei der Bundesvorstand sich mit der Weiterführung der Gespräche einverstanden erklärte. Aufgrund dieser Resonanz ging Busch an die Bläseröffentlichkeit und schrieb in einem Westbund-Rundbrief von 1952:

„Wir haben diese Dinge schweigend ertragen, obwohl es, abgesehen von der Geschichte der Deutschen Christen, in der Kirchengeschichte einmalig ist, dass ein Werk in die Arbeit eines anderen Werkes ungerufen und ungefragt und ohne Verbindung mit der Leitung ständig Weisungen, Aufforderungen und Rundbriefe aller Art hineinsendet. Nun sind seit einiger Zeit recht fruchtbare Gespräche im Gange, zunächst mit der westfälischen Kirchenleitung, die die so heillos verwirrte Posaunensache in eine Ordnung bringen sollen, die alle Teile befriedigen kann."[277]

Dass dieser optimistische Tenor viel zu verfrüht war, konnte angesichts dessen, dass Duwe zu diesem Gespräch überhaupt nicht eingeladen worden war, niemanden überraschen. Die Vorschläge aus diesem Vermittlungsversuch von Wilm wurden in einem persönlichen Gespräch zwischen Tegtmeyer und Duwe von Letzterem als unannehmbar abgelehnt. Der Betheler Diakon stellte fest, dass er nicht daran denke, seine Arbeit im Posaunenwerk niederzulegen, weil dort die „diakonische Linie" gewahrt bleiben müsse. In diesem Zusammenhang behauptete er, dass drei Kreise wartend bereit stünden, um sich nach seinem Weggang die „Beute" zu greifen: Zum Ersten Ehmann, der sich des Posaunenwerks bemächtigen wolle, indem er von sich aus einen Fachlehrer an der Kirchenmusikschule Herford zum Nachfolger Duwes zu machen beabsichtige; zum Zweiten Bachmann, der nur darauf warte, die gesamte Direktive des Posaunenwerks nach Essen zu ziehen und total in die eigene Hand zu nehmen; zum Dritten Busch, der die gesamte Bläserarbeit innerhalb seines Bereichs unter die „eigene Herrschaft stellen" wolle. Auch Bachmann stellte ausdrücklich fest, dass diese Besprechung vom 25. Oktober 1951 ohne Hinzuziehung der maßgebenden Vertreter des Posaunenwerks für ihn unverbindlich sei. Außerdem vertrat er die Meinung, dass man zu endgültigen Besprechungen auch die rheinischen Vertreter hinzuziehen solle.

Aufgrund des beharrlichen Widerstands Duwes und Bachmanns war das Unternehmen der westfälischen Kirchenleitung, einen Posaunenwart von Herford aus einzusetzen und Duwe auf die Betheler Bläserarbeit zu beschränken, beendet, bevor es richtig begonnen hatte. Der neuerliche Anlauf zu einem weiteren Gespräch am 21. März 1952, zu dem Präses Wilm außer den bisherigen Teilnehmern noch Duwe, Hardt und Lörcher eingeladen hatte, verlief im Sande, da Duwe sich weigerte, sich ohne Bachmann daran zu beteiligen. Bei der Sitzung des Reichsposaunenrats am 10./11. Oktober 1952 berichtete Duwe, dass der Versuch, das Posaunenwerk in Westfalen auszuschalten, indem er als Berufsarbeiter des Jungmännerwerks geworben werden sollte, misslungen sei; und die von v. Bodelschwingh und Busch unter Leitung von Ehmann angestrebte Posaunenkammer sei keine wirkliche Lösung. Lag es an persönlichen Animositäten zwischen den Hauptpersonen?

Man hat zwar des Öfteren von Duwe und Lörcher gemeint, die beiden Posaunenwarte trügen nur ihre persönlichen Machtkämpfe auf dem Rücken der Posaunenchöre aus. Dazu wird man allerdings in Betracht ziehen müssen, dass sowohl Duwe als auch Lörcher sich in einer Abhängigkeit zu ihrem jeweiligen Arbeitgeber befanden und nur im zweiten Glied standen im Unterschied zu Bachmann und Busch, die an vorderster Stelle agierten.

Außerdem waren beide auf ihre Weise von der rein sachlichen Richtigkeit ihres Anliegens und ihrer Position überzeugt – sie hätten sonst gar nicht ihre Stelle weiterhin ausfüllen können. Hinzu kam, dass beide geistlich eng verwandte Bethel-Diakone waren, die sich im Auftrag ihres jeweiligen Werkes um die gleiche Zielsetzung – „Lobet den Herrn mit Posaunen" – kümmerten.

Dass sowohl Walther Duwe als auch Richard Lörcher unter der Trennung gelitten haben, belegen zwei Briefe aus jener Zeit. Duwe schrieb am 5. August 1953:

> „… Notwendig war dieser Schritt nicht. Von mir aus bedaure ich es sehr, dass es dahin kommen musste. Ob der Westbund zu diesem Schritt Veranlassung hatte? Wir alle wissen etwas von dem Segen, der uns auch von der Arbeit des Westbundes in unserer Jugend zuteil wurde. Darum ist eben diese Trennung für uns auch ein großer Schmerz. Über all diesen organisatorischen Fragen aber muss an erster Stelle unser Dienst stehen, Evangelium mit unseren Instrumenten zu verkündigen …"[278]

Und Lörcher brachte am 28. Mai 1955 folgende vielsagenden Zeilen zu Papier:

> „… im übrigen liegt Bruder Duwe wieder in Bethel in Nebo … Ich träumte kürzlich: Er lag in Nebo und winkte mir zu und dann weinte er und zog mich an sich. Und mit dem unbeschreiblich starken Gefühl, dass der Heiland wieder alles heil gemacht hat, wachte ich mitten in der Nacht auf und musste mich erst wieder in die Wirklichkeit zurückfinden … O, dass dieser Traum noch auf Erden wahr würde und Jesu Macht den Riss heilte."[279]

Immerhin erbrachte die Wilm-Initiative von 1951, dass in Westfalen von Seiten der Landeskirche beide Werke als gleichberechtigt anerkannt wurden. Auch von Seiten der rheinischen Kirchenleitung wurde 1955 auf Anfrage von Busch bestätigt, dass das Posaunenwerk ein freies kirchliches Werk ohne Monopolanspruch sei und es jedem Posaunenchor freistehe, sich dem Posaunenwerk anzuschließen oder nicht. Trotz allem stellte Busch ernüchternd in seinem letzten Bundeswartsbericht von 1955 fest:

> „Es sind nun bald vier Jahre her, dass der Westbund in Rheinland und Westfalen einen Vorschlag zur Befriedung der Posaunenfrage vorgelegt hat, der immerhin so ernsthaft war, dass die beiden Leiter dieser Kirchen, Präses D. Held und Präses D. Wilm, diesem Plan zugestimmt haben. Es entzieht sich unserer Kenntnis, welche Kräfte ein Interesse daran haben, dass in vier Jahren die Durchführung dieses also immerhin möglichen Befriedungsplanes nicht möglich war."[280]

Doch die Gründe dafür lagen auf der Hand: Zum einen hatten die Vertreter des Posaunenwerks – allen voran Duwe – bei der Besprechung gefehlt, zum anderen füllte Ehmann seine ihm zugedachte Rolle als Moderator und Schlichter überhaupt nicht aus. Außerdem goss ein Artikel von Wilhelm Busch in der Zeitschrift „Licht und Leben" im Juli 1955 erneut „Öl ins Feuer", der eine scharfe Reaktion des Reichsposaunenwarts auf ihrer Tagung vom 20. bis 22. Oktober 1955 in Dassel/Solingen hervorrief.

Kurz vor seinem Tod schrieb Busch am 25. Januar 1956 nochmals an die Kirchenleitungen von Westfalen und Rheinland:

> „Nach Klarstellung, dass das Posaunenwerk ebenfalls wie der CVJM-Westbund seitens der Landeskirche als freies Werk betrachtet wird, sollte eine Möglichkeit geschaffen werden, dass ohne Reibung und Schwierigkeit die Posaunenchöre, gleichgültig, an welcher Stelle sie betreut werden, zusammen blasen können. Es muss ein geordnetes Zusammenleben geben! Wir schlagen vor, dass im Rahmen der Landeskirchen Posaunenausschüsse und Posaunenkammern gebildet werden. In diesen Posaunenkammern müssten folgende Dinge besprochen werden: a) Austausch über Instrumentenbeschaffung; b) die gesamte Notenfrage; c) Abstimmung der Programme und u. U. Planung gemeinsamer Dinge."[281]

Busch starb am 14. April 1956 an den Folgen eines Autounfalls, doch sein letzter Brief zeitigte noch Wirkungen. Am 10. März 1957 lud Präses Heinrich Held (1897 – 1957) seinen Kollegen Wilm sowie Superintendent Bachmann für das Posaunenwerk und Pastor Rudolf Schmidt (1908 – 1996), vertretungsweise Bundeswart von 1956 bis 1958, für den Westbund zu einem Austausch ein. In einem – wie es hieß offenen und guten – Gespräch kam man zur *Übereinstimmung* in folgenden Punkten:

1. Beide Posaunenarbeit betreibenden Werke sind sich darin einig, dass sie ihren Dienst im Gehorsam gegen den einen Herrn der Kirche tun, sodass die in Vergangenheit aufgetretenen Spannungen in brüderlichem Einvernehmen überwunden werden sollen.
2. Es soll eine Arbeitsgemeinschaft (AG) gebildet werden, zunächst für den Bereich der beiden Landeskirchen. Ihr sollen angehören: ein Vertreter der westfälischen Kirchenleitung, ein Vertreter der rheinischen Kirchenleitung, ein Vertreter des Posaunenwerks, ein Vertreter des Westbunds. Den Vorsitz führt ein Vertreter des Präses.
3. Die AG soll auf der Grundlage gegenseitiger Gleichberechtigung bestehen und arbeiten und greift nicht in die bestehende Arbeit der Werke ein.
4. Anschreiben und Benachrichtigungen gehen nur über die Leitungen der einzelnen Werke.

Der rheinische Präses Held wurde gebeten, ein entsprechendes Schreiben an die Leitung von Posaunenwerk und Westbund zu schreiben mit der Bitte, der Bildung dieser AG zuzustimmen und ihren Vertreter für die AG zu benennen. Lörcher bekannte in einem Brief an Buschs provisorischen Nachfolger Schmidt vom 31. Januar 1957, dass ihn die Fragen mit der Regelung der Posaunenarbeit sehr umtreiben würden. Eine „Posaunenkammer" müsste über die Absprache und Regelung gemeinsamer Aufgaben noch mehr Möglichkeiten erhalten, etwa in der Gestaltung von Lehrgängen, Literatur, Schaffung von Begegnungen zwischen Komponisten und Bläsern usw. Vor allem aber sollte man den Status der Chöre ordnen, entweder indem man den Status quo festschreiben oder aber das Hinüberwechseln aus dem einen in den anderen Verband in Absprache eröffnen würde. Gleichzeitig wurde das Posaunenwerk in der März-Nummer 1957 von „Licht und Leben" aufgefordert, auf seinen „irreführenden" Namen, auf den Anspruch, die Dachorganisation aller Posaunenchöre zu sein, und auf alle Eingriffe in andere Posaunenverbände zu verzichten. Damit verbunden sei die Bereitschaft zu einer „brüderlichen" Zusammenarbeit in einer Posaunenkammer mit allen anderen Posaunenverbänden, die das Posaunenwerk als gleichberechtigt anerkennen solle.

Bundeswart Pastor Rudolf Schmidt bat am 7. März 1958 Präses Wilm und Held-Nachfolger Präses Joachim Beckmann (1901 – 1987), „das Bemühen, Posaunenwerk und CVJM-Westbund zu einem geordneten Miteinander zu bringen, nun baldmöglichst mit der Bildung der Arbeitsgemeinschaft zu einem guten Ende zu bringen".[282]

In einem Rundbrief vom 28. April 1958 an alle Posaunenchöre im CVJM-Westbund berichtete Bundeswart Schmidt über den Gesprächsstand und äußerte zugleich die Hoffnung, dass aus dem Gegeneinander der letzten Jahre ein geordnetes Nebeneinander, ja sogar ein Miteinander entstehen könnte.

Die im Jahr 1957 anvisierte rheinisch-westfälische Arbeitsgemeinschaft hat nie getagt; dafür unternahm die westfälische Kirchenleitung Anfang der 1960er Jahre Bemühungen zur Ordnung des Verhältnisses beider Bläserverbände auf ihrem Gebiet. Bei der Sitzung des Landesposaunenrats am 5. Januar 1963 gab Bachmanns Nachfolger im Amt des Reichsobmanns von 1962 bis 1986, der westfälische Pfarrer Hans Martin Schlemm, die geplante Zusammensetzung einer nun rein westfälischen Posaunenkammer bekannt: Angehören sollten ihr Rudolf Schmidt, inzwischen Oberkirchenrat, als Vorsitzender, der Betheler Pastor Hermann Wilm, Ehmann sowie je zwei Verbandsvertreter. Die endgültige Bildung ließ aufgrund des anstehenden Kirchentages auf sich warten, wobei der CVJM-Bundesposaunenwart Wilhelm

Mergenthaler (*1919) etwas vorschnell in der 1964 erschienenen „Handreichung für Posaunenbläser" auf S. 60 behauptete, es sei 1962 in Westfalen zur Bildung einer Posaunenkammer gekommen, in der beide Werke paritätisch zusammenarbeiten sollten und die als Vorbild für andere Kirchengebiete angesehen werden könne. Der westfälische Landesobmann Pfarrer Wilhelm Sichtermann (1899–1976) gab auf der Sitzung des Reichsposaunenrates vom 31. März bis 3. April 1964 in Königsfeld zu Protokoll, dass die vom Jungmännerwerk mehrfach erwähnte Posaunenkammer bis zur Stunde noch nicht konstituiert worden sei und dass dafür auch noch keinerlei Anzeichen vorhanden seien, denn die Kirchenleitung warte das Fuldaer Gespräch ab. Erst am 15. Januar 1965 fand die erste (und letzte?) Sitzung der „Posaunenkammer der Ev. Kirche von Westfalen" statt, doch zeitigte dies keine weit reichenden Folgen.

Die sog. Posaunenkammer blieb eine Illusion, insofern wurde von allen Beteiligten – Kirchenleitungen, Westbund und Posaunenwerk – eine große Chance vertan, sodass weitere Probleme und Reibungen vorprogrammiert waren.[283]

Dafür gelang an ganz anderer Stelle ein Durchbruch: Am 17. Dezember 1954 fand im Eichenkreuzhaus in Kassel-Wilhelmshöhe eine Besprechung zwischen dem Posaunenwerk der EKD und dem Reichsverband der ev. Jungmännerbünde Deutschlands statt. Reichsobmann Bachmann einigte sich bei diesem Gespräch mit Reichswart Pfr. Fritz Bopp auf die gemeinsame Herausgabe eines Volksliederbuches für Posaunenchorbläser. In Arbeitsgemeinschaft mit dem württembergischen Kirchenmusiker Hermann Stern (1912–1978) gab das Posaunenwerk 1956 die 226 Volkslieder umfassende Sammlung „An hellen Tagen" heraus, dessen Inhalt unter dem Titel „Bläserbuch zu ‚Wachet auf' Bd. 3" im gleichen Jahr vom Jungmännerwerk publiziert wurde.

Und im Jahr 1955, als nochmals die Wogen beim Posaunenstreit in einer öffentlichen Brieffehde zwischen Busch und Bachmann hochschlugen, konnte im Bereich des Deutschen Evangelischen Kirchentages (DEKT) eine Einigung erzielt werden. Die Kirchentagsleitung erklärte nach den negativen Erfahrungen mit dem Kirchentag 1952 in Stuttgart, als es zum Streit zwischen Mühleisen und Bachmann gekommen war, sie wolle nicht die Hälfte, sondern alle Posaunenchöre zur Mitarbeit beim Kirchentag einladen. So versammelten sich am 22. November 1955 im Präsidialbüro des DEKT Vertreter des Posaunenwerks und des Jungmännerwerks – unter anderem Bachmann und Reichswart Bopp – im Blick auf die Posaunenarbeit und erstellten ein Kommuniqué. Zentraler Inhalt stellte die Berufung eines

„Arbeitskreises für Posaunenmusik beim Kirchentag" durch den Präsidenten des DEKT dar, bestehend aus drei Vertretern des Posaunenwerks und drei Vertretern des Jungmännerwerks unter Vorsitz von Pastor Heinrich Giesen (1910 – 1972). Dieser Arbeitskreis sollte folgende Aufgaben versehen:

1. Er gibt dem Posaunenausschuss musikalische und personelle Richtlinien zur Bewältigung des Kirchentagsprogramms.
2. Er entsendet in den Posaunenausschuss je ein Mitglied des Posaunenwerks und des Jungmännerwerks.
3. Er tagt je nach Notwendigkeit einmal vor und einmal nach dem Kirchentag.
4. Beide Werke rufen in ihren Organen alle Posaunenchöre zur Teilnahme an allen Kirchentagen auf.

Allerdings erwies sich das Fuldaer Kommuniqué in der Praxis als nicht ausreichende Basis für den Bläserdienst bei den Kirchentagen, so konkret bei den Konflikten zwischen Westbund und Posaunenwerk um den 11. Deutschen Evangelischen Kirchentag in Dortmund 1963, an dem sich aus 127 Chören 621 Bläser als Dauerteilnehmer und 1.761 als Wochenendteilnehmer beteiligten und bei dessen Schlussgottesdienst die Gesamtleitung im Wechsel bei Duwe und Lörcher lag. Aufgrund der dabei erneut zu Tage getretenen Spannungen fanden sich am 27. Mai 1964 erneut Vertreter beider Werke zusammen, um nach gründlicher Aussprache eine Neuregelung zu treffen. Vereinbart wurde die Berufung eines „Ständigen Ausschusses für Bläserdienst beim DEKT", dem vier Vertreter des Posaunenwerks, vier Vertreter des Jungmännerwerks und ein Vertreter aus dem Bereich der östlichen Gliedkirchen angehören sollten. Der Ausschuss trat nun mindestens einmal im Jahr zusammen und musste einberufen werden, wenn mindestens drei seiner Mitglieder es beantragten. Als Aufgaben wurden definiert:

1. Die Erarbeitung von Richtlinien für die Durchführung des Bläserdienstes bei den Kirchentagen.
2. Das Anbringen von Vorschlägen für die Zusammensetzung des örtlichen Fachausschusses für den Bläserdienst bei den Kirchentagen, wobei die regionale Situation berücksichtigt werden soll.

Dieser kleine Exkurs sollte verdeutlichen, wie heikel und sensibel die Interessen der beiden Werke auch auf gesamtdeutscher Ebene austariert werden mussten. Duwe war allerdings bei diesen Treffen im Unterschied zu Lörcher nicht mit von der Partie.

Es gab aber auch in Westfalen selbst erste Versuche einer Kooperation zwischen Posaunenwerk und Westbund, so z. B. bei dem vom Posaunenwerk veranstalteten westfälischen Landesposaunentag in Münster am 8. Juni 1958, an dem sich auch Münsterländer CVJM-Chöre beteiligten und wo auf Wunsch von Präses Wilm Bundeswart Rudolf Schmidt die Ansprache am Nachmittag hielt. Allerdings beklagte Lörcher in der Rückschau auf diese Großveranstaltung, dass das Posaunenwerk weiterhin versuche, in der Westbund-Bläserarbeit Fuß zu fassen.

Trotz dieser zaghaften Anfänge eines Miteinanders zog Reichsobmann Schlemm im Endstadium der aktiven Zeit Duwes und Lörchers auf der Tagung des Reichsposaunenrates in Königsfeld Anfang April 1964 eine recht ernüchternde Bilanz: Die augenblickliche Lage zwischen Posaunenwerk und Jungmännerwerk hätte sich trotz mancherlei Hoffnungen nicht gebessert. Ein Grund dafür war die Empörung der Posaunenwerk-Verantwortlichen über eine Veröffentlichung des Westbundes, die bereits erwähnte „Handreichung für Posaunenbläser". Am 25. November 1964 traf sich der Vorstand des Posaunenwerks der EKD darum zu einer außerordentlichen Vorstandssitzung in Essen, an der unter anderem auch Duwe teilnahm. Der Vorstand wollte den seiner Meinung nach polemischen Spitzen in der Geschichtsdarstellung dieses Buches durch Gegendarstellungen (Faltblätter und ausführliche Dokumentation) sowie einen Brief an den Westbund-Präses entgegentreten. Für die Dokumentation, die allerdings nie erschien, wurde Duwe gebeten, sein Wissen um die Geschichte der Posaunenarbeit unter Zuhilfenahme eines Tonbandes aufzuzeichnen.

Dass Duwe hier nicht mehr zu einer Verständigung beitragen konnte, ja, dass an und durch seine Person sich die Gegensätze im sog. Posaunenstreit teilweise noch vertieften, ohne dass dies in der Absicht des Betheler Posaunenmeisters lag, gehört zur besonderen Tragik seines sonst so segensreichen Wirkens. Es blieb einer jüngeren Generation in den Leitungsfunktionen beider Werke vorbehalten, 20 Jahre später unvorbelastet neue Schritte auf einem gemeinsamen Weg zu wagen und die Schatten der Vergangenheit abzustreifen. Erlebt hat also Duwe im Unterschied zu Lörcher noch die Beendigung des unglückseligen Posaunenstreites in Westfalen, ohne jedoch Anteil daran zu haben.[284]

5.2 Die Ära Walther Duwes im Posaunenwerk

Der mühsame Aufbau in Bethel begann für Duwe nach seiner Rückkehr aus der amerikanischen Gefangenschaft im Juni 1945. Der Posaunenchor war auf 30 Bläser geschrumpft und bestand zu 90 % aus Teenagern – Frauen hatte man noch keine aufzuweisen. Doch rasch brachte Duwe die Betheler Posaunenmission wieder auf etwa 100 Instrumentalisten, zu denen noch 40 bis 50 Anfänger kamen. Am 16. Oktober 1948 feierte Duwe sein 25-jähriges Jubiläum als hauptamtlicher Berufsarbeiter im Posaunendienst der Anstalt Bethel, wozu ihm Reichsobmann Bachmann sowie der hannoversche Landesposaunenwart Georg Denks die Segenswünsche des Posaunenwerks der EKD aussprachen, umrahmt von musikalischen Darbietungen verschiedener Chöre der Betheler Posaunenmission.

Duwe begann 1946 wieder mit den *Betheler Bläserlehrgängen,* die er bis 1966 durchführte. Allerdings versäumte er, die Kurse den veränderten Zeiten entsprechend fachlich, methodisch und strukturell zu erneuern, und beließ es bei der überkommenen Form aus der Wilhelminischen Epoche – trotz verändertem Freizeitverhaltens und pädagogisch fortschreitender Ansprüche. Erst 1960 teilte Duwe das Ganze in einen viertägigen Bläserlehrgang und einen zweitägigen Chorleiterlehrgang auf und folgte damit viel zu spät dem Beispiel anderer Verbände, die schon wesentlich länger eine Trennung nach Zielgruppen vorgenommen hatten. So nimmt es nicht wunder, dass weder sein Betheler Nachfolger Johannes Gottwald (*1910) noch sein Posaunenwerks-Nachfolger Werner Benz (*1935) die Reihe fortsetzten, weil sie den aktuellen Anforderungen im blastechnischen Bereich einfach nicht mehr entsprach.

Innovativer dagegen war Duwe auf einem ganz anderen Gebiet: Als die Bielefelder Instrumentenbau-Firma David, die Kuhlo jahrzehntelang zugearbeitet hatte, in Schwierigkeiten geriet, machte Duwe daraus eine Bethel-Werkstatt. In den Räumen der Bethel-Schlosserei richtete er 1957 eine Instrumentenbau- und -reparaturwerkstatt ein, in der Metallblasinstrumentenmacher-Meister Ernst Höner mit gesunden und kranken Lehrlingen und Gesellen zusammenarbeitete.

Bedeutende Impulse erhielt die Posaunenmusik in Bethel in der Nachkriegszeit außerdem durch die Zusammenarbeit Duwes mit dem von 1938 bis 1976 in der Zionsgemeinde tätigen Kantor Kirchenmusikdirektor Adalbert Schütz (1912 – 1993). Beide sahen sich dem Dienst an der Gemeinde im Medium der Kirchenmusik verpflichtet und wirkten auch bei den Betheler Bläsertagen 1947 mit, zu denen namhafte Kirchenmusiker teilweise sehr anspruchsvolle Kompositionen für Bläserchöre einsandten, die vom kleinen und großen Posaunenchor Bethel erprobt und aufgeführt wurden.

Nachdem Duwe im Sommer 1945 seine Arbeit in Bethel wieder aufgenommen hatte, fungierte er auch weiter als *Landesobmann für das Posaunenwerk* in Westfalen-Lippe. Der Titel klang allerdings großartiger als die Arbeit, die dahinter stand. Denn Duwe war ja vorrangig für die Betheler Posaunenmission abgestellt und erledigte die Aufgaben für das westfälisch-lippische Posaunenwerk quasi nebenher, also mehr oder weniger ehrenamtlich. Die technisch-räumliche Ausstattung der sog. Geschäftsstelle des Posaunenwerks war primitiv: Es handelte sich um ein 25 m^2 großes Turmstübchen der alten Bethel-Pforte mit einer Schreibmaschine und einem Vervielfältigungsapparat aus Kuhlos Zeiten. Eine personelle Ausstattung war nicht vorhanden: Duwe erledigte den Brief- und Zahlungsverkehr selbst unter sporadischer Mit- und Aushilfe von Ruheständlern und Patienten. Selbst am Ende seiner Amtszeit im Jahr 1966 reichten die damaligen jährlichen Chorbeiträge in Höhe von 12.000 DM nicht aus, um eine ganztägige Bürokraft einzustellen. Erst unter seinem Nachfolger Werner Benz, der im Oktober 1967 sein Amt als Landesposaunenwart im Posaunenwerk Westfalen-Lippe antrat, sollten sich die Verhältnisse grundlegend wandeln, sodass die heutige Geschäftsstelle und Geschäftsführung in Bielefeld-Brackwede überhaupt nicht mit den bescheidenen Anfängen der Duwe-Ära zu vergleichen sind.

Jedenfalls ging Duwe relativ zügig eine Neuordnung der organisatorischen Verhältnisse an, und das nicht ohne Grund, denn die Auseinandersetzungen mit dem Westbund ab 1945, die Umbildung des VeP(D) zum Posaunenwerk der EKD 1946 und das Selbstständigwerden Bremens 1949 machten eine Umstrukturierung der Vorkriegsverhältnisse dringend notwendig. Im Januar 1947 begann der Landesposaunenwart seine mühsamen und zähen Beratungen über die Veränderung der vom 1. April 1939 stammenden *Satzungen* des „Landesverbandes Westfalen-Lippe-Bremen im VeP(D)". Nach vielen Gesprächen und Beratungen mit der Kirchenleitung und dem Vorstand des Westbundes beschloss der Landesposaunenrat erst am 22. Juni 1952 die endgültige Abfassung, die als „Leitsätze für das Posaunenwerk der Evangelischen Landeskirchen in Westfalen und Lippe" am 2. Februar 1953 bei der Vertreterversammlung in Bethel verabschiedet und bereits am 31. Januar 1955 sowie am 10. Januar 1960 überarbeitet wurden. Die Unterschiede zur Vorkriegsfassung beschränkten sich dabei nicht nur auf einige Modernisierungen – z. B. wurde der autoritäre Passus in § 3.1 von 1939 „Tanzmusik ist untersagt, und nur solche Noten sind zu verwenden, die vom Landesverband gutgeheißen werden", ersatzlos gestrichen –, sondern machten sich auch in einer grundlegenden Demokratisierung bemerkbar: Das Führerprinzip mit seinem von oben nach unten wurde ausgewechselt durch das Basisprinzip von unten nach oben: Nicht mehr der Reichsobmann ernannte den Landesobmann und der wiederum berief den Landesposaunenrat, sondern die alljährlich zusammentretende Vertreterversammlung aller Mitgliedsposaunenchöre wählte auf die Dauer von sechs Jahren die Mitglieder des Landesposaunenrates, der wiederum aus seiner Mitte heraus den Landesobmann bestimmte. Die Vertreterversammlung konnte Satzungsänderungen und sogar die Auflösung des Werkes beschließen, der Landesposaunenrat Richtlinien für die Arbeit des Verbandes herausgeben. Außerdem wurde in § 9 festgeschrieben, dass zur Entlastung des Landesobmanns ein besonderer Vorsitzender gewählt werden könne.[285]

Duwe selbst erkannte recht früh die Hilfskonstruktion zwischen Betheler Posaunenmission und westfälischem Posaunenwerk und strebte die *Einstellung eines Hauptamtlichen* für das Posaunenwerk an. Das immer umfangreicher werdende musikalische Tätigkeitsfeld in Bethel, bei der vor dem Zweiten Weltkrieg noch Kuhlo mitgeholfen hatte, machte es unumgänglich, dem zum General aufgerückten Adjutanten nun seinerseits einen Helfer zur Seite zu stellen, denn bisher hatte Duwe allein die ganze überregionale Arbeit wie Lehrgänge, Chorbesuche, Bläsertreffen und Verbandsverwaltung ehrenamtlich getan. Am 12. Februar 1947 richtete er deshalb ein Bittschreiben an die westfälische Kirchenleitung, in welchem er um die Bewilligung von Geldern für die Anstellung eines hauptamtlichen Berufsarbeiters bat, da weder Bethel noch der Landesverband des Posaunenwerks die Mittel dafür aufbringen könnten. Im gleichen Jahr noch wurde Diakon Friedrich Meyer (1889 – 1969), vormals Landesposaunenwart in Brandenburg, zur Entlastung Duwes in den Bereich der Posaunenchorarbeit eingeführt. Als er am 1. Oktober 1951 ausschied, stellte Friedrich von Bodelschwingh aufgrund der gesundheitlichen Probleme Duwes, die den vorzeitigen Ruhestand immer wahrscheinlicher werden ließen, Überlegungen für eine personelle Weichenstellung in der Nachfolgefrage an:

> „So ergibt sich zwanglos aus den verschiedenen obigen Gründen, dass ein junger Adjutant für Bruder Duwe herangebildet wird, der allmählich in die Arbeit hereinwächst."[286]

Am 1. Januar 1953 holte v. Bodelschwingh Johannes Gottwald nach Bethel, um ihn in der Posaunenarbeit der Anstalten einzusetzen. Gottwalds Vita weist etliche Gemeinsamkeiten mit der seines Vorgängers Duwe auf: Als Sohn eines Nazareth-Diakonenehepaares kam er bereits mit neun Jahren nach Bethel, absolvierte wie Duwe eine Tischlerlehre und trat 1931 in das Brüderhaus ein, wo er das Blasen erlernte. Nach der Unterbrechung durch den Zweiten Weltkrieg setzte er seine musikalische Ausbildung fort, um in Steinhagen als Chorleiter und Organist seine Gaben einzubringen. Angestellt wurde Gottwald von Bethel aus, das jedoch einen Zuschuss für dessen Arbeit im Rahmen des Posaunenwerks vom westfälischen Landeskirchenamt zur Verfügung gestellt bekam. Vom 1. Dezember 1955 ab, als Duwe aus gesundheitlichen Gründen in den vorzeitigen Ruhestand ging, fungierte Gottwald offiziell als Leiter der Betheler Posaunenmission, gleichzeitig kümmerte er sich zusammen mit Duwe um die musikalische und organisatorische Betreuung der Posaunenchöre im westfälischen Posaunenwerk. Trotzdem war der Adjutant Kuhlos immer noch Bethels Posaunenmeister. Nicht Gottwald, sondern er verfasste weiterhin die Arbeitsberichte für die Posaunenmission des Posaunenchores der Anstalt Bethel. Aufschlussreich ist dabei sein Bericht für das Jahr 1957, das interessante Einblicke in das Chorleben und Chorgefüge gewährt: Die Bläserzahl für dieses Jahr wird mit 130 angegeben, im Alter von acht bis 21 Jahren. Im Chorbesitz befanden sich damals 82 Blasinstrumente sowie zwei Paar Kesselpauken. An Literatur waren neben den Kuhlobüchern das Posaunenbuch „Lass dir unser Lob gefallen" sowie das Volksliederbuch „An hellen Tagen" vorhanden. Zur Ausbildung der Bläser, für die vier bis fünf Stunden wöchentlich veranschlagt wurden, zog Duwe die Posaunenschulen I und II von Theodor Bauer sowie die Bläserfibel von Ehmann heran. An Einsätzen des Chores wurden 1.059 Anlässe innerhalb und 21 außerhalb Bethels einschließlich der Übungsstunden angeführt, wobei der Schwerpunkt weniger auf die Mitgestaltung der Gottesdienste (46) als vielmehr traditionell auf den Geburtstagsständchen (227) und dem Beerdigungsblasen (146) lag.

Als nach dem endgültigen Ausscheiden Duwes, der bis 28. Februar 1964 noch ehrenamtlich in Bethel mitgearbeitet hatte, die Arbeitsgemeinschaft zwischen Bethel und dem Posaunenwerk aufgelöst wurde, konnte sich Gottwald ausschließlich auf die Posaunenmission konzentrieren, deren 80 Mitglieder er bis 1974 anleitete und mit denen er beispielsweise 3.000 Beerdigungen in Bethel musikalisch umrahmte.

Die Einstellung Gottwalds 1953 brachte jedoch keine wirkliche Entlastung für den damals gesundheitlich angeschlagenen Posaunenmeister Bethels, denn auch Gottwalds Arbeitszeit galt nur zum geringeren Teil dem Posaunenwerk. So versuchte es der Landesposaunenrat mit anderen Hilfskonstruktionen: Am 30. Januar 1955 wurde Pastor Hans Martin Schlemm aus

Hans Martin Schlemm

Unna zum Vorsitzenden des Posaunenwerks Westfalen-Lippe gewählt, um Duwe wenigstens einen Teil der Verwaltungs- und Repräsentationsaufgaben abnehmen zu können. So konnte Duwe beispielsweise 1960 aus dem kirchenmusikalischen Ausschuss der Landeskirche ausscheiden und Schlemm auf Vorschlag Ehmanns nachrücken. 1963 wurde außerdem durch die Initiative von Duwe ein leitender Arbeitsausschuss gebildet, der neben dem Landesposaunenrat kurzfristiger zusammentreten konnte und dem neben Duwe vier weitere Personen angehörten, darunter auch der seit 1. Mai 1963 zum Nachfolger Schlemms in das Amt des Vorsitzenden gewählte Pastor Wilhelm Sichtermann aus Hamm.

Was die Gremienarbeit betraf, so gehörte Duwe auch weiterhin nach Kriegsende dem Reichsposaunenrat an, der jährlich zusammentrat, sowie dessen geschäftsführendem Vorstand. Als 1961 nach dem Tod des Reichsobmanns Bachmann und seines Stellvertreters Schlees beide Leitungsplätze plötzlich vakant geworden waren, hätte Duwe entsprechend dem Dienstalter den Vorsitz im geschäftsführenden Vorstand übernehmen müssen, bat jedoch den hannoverschen Landesobmann Pastor Georg Albrecht (*1909) aus Hermannsburg, dies zu tun. 1962 zum Ehrenpräsidenten ernannt, nahm Duwe noch weiterhin bis in die 1970er Jahre an den Sitzungen des Reichsposaunenrates teil.

Als „Herzstück" seiner Arbeit als Landesobmann bezeichnete Duwe 1952 auf der Sitzung des Reichsposaunenrates den alljährlich im Januar stattfindenden Lehrgang für Chorleiter und fortgeschrittene Bläser mit Prof. Ehmann, Kantor Schütz und dem Landesobmann in Bethel, zu dem sich zwischen 50 und 80 Teilnehmer einfanden. Allerdings ist nie letztlich geklärt worden, ob dieser Lehrgang nun dem Posaunenwerk oder der Betheler Posaunenmission zuzurechnen war. Da Duwe als Posaunenmeister und als Landesobmann in Personalunion beide Bereiche vereinigte, war eine klare Trennung jedoch auch nicht notwendig. Darüber hinaus war der Adjutant Kuhlos auf vielen weiteren Schulungen und Lehrkursen in seiner Eigenschaft als Landesobmann aktiv, nicht nur in Westfalen, sondern auch weit darüber hinaus im Hannoverschen, in Bremen, in Oldenburg, im Rheinland usw.[287]

Bewegte sich Duwe im Bereich der Betheler Bläserlehrgänge noch ganz in den Bahnen von Altmeister Johannes Kuhlo, probierte er nach dessen Tod neue Formen im Bereich der *Bläsergroßtreffen*. In Westfalen hatten die Minden-Ravensberger Gauposaunenfeste zwar seit Eduard Kuhlo Tradition, doch kam es nach 1945 nicht zu einer Neubelebung. Stattdessen versuchte Duwe, – ähnlich wie andere große Verbände in Württemberg, Bayern, Hannover oder Sachsen – Landesposaunentage zu veranstalten, um darin auch seine Erfahrung des ersten Reichsposaunentages von 1936 einfließen zu lassen. Beim ersten „Test" sicherte sich Duwe durch einen Schulterschluss mit dem Rheinland ab; mit dem rheinischen Landesobmann Mackscheidt veranstaltete er 1952 in Essen einen rheinisch-westfälischen Landesposaunentag, zu dem immerhin 1.100 Bläser kamen. Zwei Jahre später startete Duwe mit dem von 1.500 Bläsern besuchten westfälischen Landesposaunentag in Hamm einen Alleingang. Der „2. Deutsche Evangelische Posaunentag" in Dortmund im Jahr 1956 aus Anlass des 100. Geburtstags von Johannes Kuhlo bot natürlich den geeigneten Rahmen für ein Treffen der westfälischen Bläser, sodass in jenem Jahr auf einen speziellen Landesposaunentag verzichtet wurde. Von den 6.000 Teilnehmern stammten denn auch 2.000 aus Westfalen, wobei die Begeisterung über dieses Mammuttreffen in Westfalen so groß war, dass der Landesposaunenrat 1957 dem Reichsposaunenrat vorschlug, doch alle fünf Jahre solch eine Veranstaltung abzuhalten. Im Zwei-Jahres-Rhythmus weiter verfahrend wurde in Münster 1958 der dritte Landesposaunentag abgehalten, erstmals unter Beteiligung von Westbundposaunenchören aus der näheren Umgebung, sodass 1.850 Bläser zusammen musizierten. Das Treffen in Münster sollte das letzte seiner Art in der Ägide Duwe werden, denn von nun an trafen sich die westfälischen Posaunenchöre des Posaunenwerks nur noch im Rahmen anderer Großveranstaltungen: so beim 11. DEKT in Dortmund vom 24. bis 28. Juli 1963 mit 1.800 Bläsern und bei den westfälischen Kirchenmusiktagen vom 21. bis 24. Mai 1964 in Münster, bei dem 1.100 Bläser mitwirkten.[288]

Kontakt zu den Chören hielt Duwe durch seine später monatlich erscheinenden Rundschreiben sowie durch die Bläserzeitschriften „Spielet dem Herrn" und „Der Chorleiter", außerdem gab er den Chorleitern das Andachtsheft „Wochenandachten" vom hannoverschen Posaunenwerk an die Hand und die in Gemeinschaft mit dem Verband Ev. Kirchenmusiker und Ev. Kirchenchöre Westfalens herausgegebene Zeitschrift „Singet fröhlich".

Was die *Notenliteratur* betraf, so machte Duwe auch hier hauptsächlich Anleihen bei von anderen herausgegebenem Material im Unterschied zu anderen Landesverbänden wie Sachsen oder Bayern, die eigene Hefte und Heftreihen verlegten. 1965 wurden als Standardliteratur für Westfalen genannt: Kuhlos „Jubilate" Bd. 1, Kuhlos „Choralbuch zum Einheitsgesangbuch" (1931), das Bläserchoralbuch zum EKG (1953), „Laß dir unser Lob gefallen" Bd. I (1949) und Bd. II (1962), das Volksliederbuch „An hellen Tagen" (1956) sowie die Schule „Blast an – spielt mit" (1962).

Im Einzelnen: Das Kuhlosche Werk wurde teilweise ersetzt, teilweise ergänzt durch das von Bachmann mit Ehmann, Stern, Hans Weber und Georg

Schwarz im Auftrag des Posaunenwerks der EKD herausgegebene, 285 Seiten umfassende „Bläserchoralbuch" zum Stammteil des EKG. Die 247 vierstimmigen Sätze zu den Gesangbuchmelodien (Nr. 13 und 135 waren dreistimmig) wurden sämtlich von zeitgenössischen Tonsetzern eigens für diese Sammlung geschrieben und entsprachen in Tonart, Gliederung und Nummerierung dem EKG – dadurch war fast die Hälfte der Sätze in ungewohnten Kreuztonarten notiert. Jedem Choral wurde als Wiederbelebung der von Michael Altenburg erfundenen Form eine kurze, imitatorisch arbeitende, von Gehör und Ansatz der Bläser einiges verlangende Intonation vorangestellt und im Anhang eine „Erläuterung für den Chorleiter", Rhythmus, Tempo und Dynamik betreffend, beigefügt. Die Tonsätze besorgten Kirchenmusiker wie Koch, Micheelsen, Stern, Weber, Zipp usw., die die Leitidee des bläserischen Satzes in eine Reihe differenzierter Satzformen umzusetzen versuchten und dabei auch manche Experimente wagten: Mit Halbtönen, ungewohnten Harmonien, selbständiger Führung der Stimmen, Unterbrechung der Vierstimmigkeit u. a. wollte man den traditionellen Cantionalsatz erneuern und ein fließenderes Singen der Lieder erreichen. Da das Ev. Jungmännerwerk Deutschlands die gleichen Weisen und Sätze in seinem Choralbuch „Wachet auf", 1955 von Mrozek herausgegeben, aufnahm, fungierte das Bläserchoralbuch als Einheitsband aller westfälischen Posaunenchöre mit Ausnahme der freikirchlichen.

Das erste neue Nachkriegsposaunenbuch, das von den westfälischen Posaunenwerks-Chören in der Zeit nach dem Zweiten Weltkrieg in Gebrauch genommen wurde, war der im Frühjahr 1949 von Reichsobmann Bachmann im Auftrag des Posaunenwerks der EKD herausgegebene Band I „Laß dir unser Lob gefallen". Er gliederte sich in zwei Teile, wobei der erste Teil auf 103 Seiten 78 Choralsätze bzw. -bearbeitungen vornehmlich zeitgenössischer Komponisten enthielt mit einer entschiedenen Abkehr vom bisher favorisierten vierstimmigen Cantionalsatz, der zweite, wesentlich kleinere Teil auf 25 Seiten mehr zufällig zusammengestellte freie Bläsermusiken brachte. Aufgrund der ungewohnt herben und strengen Klangstrukturen wurde es trotz seiner zwölf Auflagen bis 1978 von den Bläsern nur sehr zögerlich aufgenommen und verschwand schließlich aus dem Repertoire im Unterschied zu seinem Folgeband „Laß dir unser Lob gefallen" II, der von Pfarrer Hans Martin Schlemm im Auftrag des Posaunenwerks der EKD im Jahr 1962 herausgegeben wurde. Er brachte dabei in größerem Umfang als „Lob I" neu ausgesetzte Kirchenliedweisen, die Bachmann seit Mitte der 1950er Jahre gesammelt hatte. Von den 320 Seiten blieben 224 den c.f.-gebundenen Musiken (Kirchenliedsätze, Kantaten, Vorspiele, ein Choralkonzert) vorbehalten, 96 gehörten den chronologisch geordneten, vier- bis sechsstimmigen

Bläsermusiken, unter denen sich neben Intraden und Tanzsuiten Alter Meister von Haßler bis Störl auch vier zeitgenössische Bläserstücke befanden. Das gesamte Material stellte eine Zusammenfassung der Beilagen dar, die von 1952 bis 1962 in der Bläserzeitschrift „Spielet dem Herrn" erschienen waren. Aufgrund der dieses Mal gelungenen behutsamen Balance zwischen Bewährtem und Neuem und des ausgewogenen Schwierigkeitsgrades erfuhr das Posaunenbuch eine breite Resonanz bei der Basis, die bis in die Gegenwart anhält.

Zur umfassenden Sammlung der für Bläser neu gesetzten Volkslieder avancierte das im Auftrag des Posaunenwerks der EKD von Bachmann in Arbeitsgemeinschaft mit dem württembergischen Kirchenmusiker Hermann Stern 1956 herausgegebene Buch „An hellen Tagen". Sein Inhalt wurde unter anderem Titel – „Bläserbuch zu ‚Wachet auf'" Bd. 3, herausgegeben von Erich Gruber – im gleichen Jahr vom Jungmännerwerk für die CVJM-Posaunenchöre übernommen, wodurch es neben dem Posaunenchoralbuch als einigendes Band in Westfalen fungierte. Die Gemeinschaftsarbeit umfasste 226 Volkslieder in drei- und vierstimmigen Sätzen und kurzen, auch als Zwischenspiel verwendbaren Intonationen von 15 Alten Meistern und 33 zeitgenössischen Tonsetzern, wobei 18 Kanons und zu 13 Liedern mehrere Sätze aufgenommen waren.

Die von Duwe angeführte Bläserschule „Blast an – spielt mit. Ein Übungsbuch für Bläser und Posaunenchöre", herausgegeben von Schlemm unter der Mitarbeit von sieben Landesposaunenwarten, trat in Westfalen in Konkurrenz zur „Bläser-Fibel" von Ehmann. 1962 erschienen, enthielt diese erste offizielle, auf Teambasis erstellte Verbands-Bläserschule auf 84 Seiten neben einer theoretischen Anleitung eine Einführung in die musikalische Elementarlehre und in die Kirchentonarten, sehr knapp bemessene Elementarübungen sowie Übungen in Dur- und Molltonleitern, Lockerungs- und Bindeübungen sowie rhythmische Übungen. Sie wurde 1969 durch ein Ergänzungsheft erweitert, bei dem auf 25 Notenseiten weitere Anfangsetüden zu finden waren. Trotz ihrer eingeschränkten Verwendbarkeit für primäre Ausbildungszwecke stellte sie aufgrund fehlender Angebote in den 1960er Jahren die alleinige Alternative zur Ehmannschen Fibel dar.

Die einzige von Duwe verantwortete Notenausgabe erschien 1962; es handelte sich um ein Heft mit Bläsermusiken zum westfälischen Gesangbuchbeiheft. Auffallend bei der erwähnten Literaturliste von 1965 war, dass es sich bei den Nachkriegspublikationen ausschließlich um vom Posaunenwerk der EKD herausgegebene Notensammlungen handelte; Ehmannsche Editionen tauchten nicht auf, von Westbund-Literatur ganz zu schweigen.[289]

Obwohl Duwe im Unterschied zu den Betheler Diakonen Meyer und Gottwald offiziell nie den Titel Landesposaunenwart geführt hatte, fungierte er doch rein faktisch und praktisch als solcher, weil seine besondere Situation für ihn geschichtlich gewachsen war. Dies ist deutlich ablesbar an Duwes Arbeitsberichten, so beispielsweise für das Jahr 1963: Für diesen Zeitraum wurden von Duwe an Schulungsarbeit der 40. Betheler Lehrgang für Chorleiter und fortgeschrittene Bläser mit 63 Teilnehmern angeführt sowie ein Betheler Lehrgang für Schüler mit 74 Teilnehmern. Insgesamt war Duwe in diesem Berichtsjahr zu 54 Anlässen an 186 Tagen „im Dienst" des „Posaunenwerkes der Ev. Kirchen für Westfalen und Lippe" unterwegs, sein Mitarbeiter Gottwald zu 87 Chor- und Wochenendschulungen an 115 Tagen.

Als Duwe 1965 vor seinem 70. Geburtstag äußerte, das Amt des Landesobmanns niederlegen zu wollen, war den Verantwortlichen klar, dass eine Aufgabenteilung im westfälischen Posaunenwerk unumgänglich sein würde. Als Leiter der Betheler Posaunenmission würde Gottwald weiterhin tätig sein, das Amt des Landesobmanns sollte der bisherige Vorsitzende Sichtermann übernehmen und für das neu zu schaffende Amt des Landesposaunenwarts sollte ein junger, fähiger Mann gesucht werden. Damit würde dann endlich auch für das westfälische Posaunenwerk eine hauptamtliche Berufsarbeiterstelle geschaffen werden. Bei der Sitzung des Landesposaunenrats am 26./27. Februar 1966 in Bethel stellte Duwe die Weichen in Richtung *Neuordnung*: Er trat von seinem Amt als Landesobmann zurück, und wie geplant wurde Sichtermann einstimmig zu seinem Nachfolger gewählt. Außerdem ernannte der Landesposaunenrat Duwe zum Ehrenmitglied auf Lebenszeit, weshalb Duwe auch noch bis in die 1970er Jahre hinein an den Sitzungen teilnahm. Schließlich fasste man den Beschluss, einen hauptamtlichen Landesposaunenwart zu berufen.

Die Dinge entwickelten sich allerdings nicht ganz so reibungslos, wie die Beteiligten gehofft hatten. Die Suche nach einem Landesposaunenwart gestaltete sich recht kompliziert, da verschiedene Vorstellungen hinsichtlich seines Alters und seiner Kompetenz im Raum standen und zudem die Finanzierung dieser neuen Stelle noch nicht geklärt war. So führten schließlich die Differenzen im Landesposaunenrat dazu, dass Pfarrer Sichtermann sein Amt als Landesobmann am 22. Dezember 1966 zur Verfügung stellte. Zum geschäftsführenden Landesobmann wurde Pfarrer Otto Mengedoth (*1912) aus Bad Meinberg gewählt. Duwe stellte seine Arbeit auf der Geschäftsstelle des westfälisch-lippischen Posaunenwerks in Bethel zum 1. Januar 1967 ein. Nachdem das Landeskirchenamt der Einrichtung einer hauptamtlichen Stelle zugestimmt hatte, beschloss der Landesposaunenrat am 25. Februar 1967,

Werner Benz, bis dato Landesposaunenwart in Lippe, als Landesposaunenwart für Westfalen zum 1. Oktober 1967 einzustellen. Er wurde am 30. März 1968 in der Zionskirche in Bethel im Beisein Duwes und unter Mitwirkung des Bläserkreises der Landeskirchenmusikschule Herford in sein neues Amt eingeführt, wodurch ein lang gehegter Wunsch Duwes endlich in Erfüllung ging.

Insgesamt war es mit der Entwicklung der Bläserarbeit im Posaunenwerk Westfalen-Lippe unter Duwe im Unterschied zu anderen Landesverbänden recht mühsam vorangegangen, wie auch an den Chor- und Bläserzahlen abzulesen ist. Gab es 1949 nach der Aufkündigung der korporativen Mitgliedschaft durch den Westbund in Westfalen-Lippe 108 Chöre mit 1.300 Bläsern, so belief sich ihre Summe am Ende der Duwe-Ära auf 189 Chöre mit 2.200 Bläsern. Duwe selbst hatte im Jahr 1966 in seiner Statistik 269 Chöre mit 3.800 Bläsern ausgewiesen, doch musste sein Nachfolger Benz feststellen, dass darunter nicht nur die 40 lippischen Posaunenchöre mitgezählt waren, sondern sich auch 40 „Karteileichen" befanden.

Duwe, der nach dem Tod seiner Frau 1952 ein Jahr später Marie Böke geheiratet hatte, wurden im Laufe seines Lebens mehrere Ehrungen zuteil: 1956 zeichnete ihn die Innere Mission mit der Wichern-Plakette aus, 1962 wählten ihn die Landesobmänner zum Ehrenpräsidenten des Posaunenwerks der EKD, 1965 erhielt er das Bundesverdienstkreuz 1. Klasse durch den zuständigen Regierungspräsidenten, 1975 zum 80. Geburtstag wurde ihm der Ehrenring des Posaunenwerks verliehen, außerdem brachten ihm im Mai 350 Bläser aus ganz Westfalen in Park und Kirche in Eckardtsheim eine musikalische Ehrung dar, 1985 bekam er als Erster die neu geschaffene Ehrenplakette der westfälischen Landeskirche.

Walther Duwe, der bis in seine letzten Lebensjahre hinein regen Anteil an der Posaunenchorbewegung nahm, verstarb am 11. Oktober 1992 in seinem Haus in Bielefeld-Sennestadt, wo er seit seiner Pensionierung 1955 gewohnt hatte. Die Trauerfeier fand am Montag, 19. Oktober 1992, in der Zionskirche in Bethel statt. Die Würdigung in der Zeitschrift „Posaunenchor" durch den Leitenden Obmann, den Bremer Pastor Günther Schulz (*1928), und den westfälischen Landesobmann, den Bielefelder Lehrer Dieter Mayer (*1936), schloss mit folgenden Worten:

> „Wir trauern um ihn und sind zugleich Gott dem Herrn dankbar für alles, was er in diesem langen Menschenleben gewirkt hat zum Lobe seines Namens und zum Dienst in seinem Reich."[290]

Der Adjutant hatte einen wichtigen Abschnitt der evangelischen Posaunenchorgeschichte in Deutschland nicht nur miterlebt, sondern in Zusammenarbeit mit Johannes Kuhlo und Fritz Bachmann mitgestaltet. Er hatte sich darüber hinaus für die stetige Weiterentwicklung der bläserischen Literatur und des Instrumentariums eingesetzt und war allem Neuen in diesen Bereichen gegenüber aufgeschlossen, auch wenn er der Auffassung war, dass die Posaunenarbeit nicht jedem modischen Trend nachlaufen müsse. Was an Duwe beeindruckt, ist gerade diese Offenheit, die bei Kuhlo kaum und bei Müller und Ehmann weniger vorhanden war, diese Bereitschaft, den eigenen Standort und den weiteren Weg zu überdenken, um nicht in Einseitigkeiten zu verfallen. Darum war Duwe in musikalischer Hinsicht in den 1930er Jahren schon auf dem Stand der 1970er Jahre und somit seiner damaligen Zeit weit voraus.[291]

Starr traditionell dagegen verhielt er sich in blaspädagogischer Hinsicht, und so war mit seiner Amtszeit auch die Zeit der früher so „ruhmreichen" Betheler Bläserlehrgänge zu Ende, an denen zeitweise bis zu 300 Chorleiter und Bläser teilgenommen hatten, eine heute kaum mehr vorstellbare Zahl. Was jedoch nicht weiterentwickelt wird, verkümmert, und so blieb es seinen Nachfolgern überlassen, neue Formen zu finden.

Hinsichtlich seiner *politischen Einstellung* hat Duwe sich im Dritten Reich nicht von einer falschen Euphorie anstecken lassen, der Kuhlo, Müller, Ehmann und anfänglich auch Bachmann zum Opfer fielen. Jahrzehnte später gab er zu Protokoll:

> „Wenn man zum Beispiel den 1. Mai 1933 mit dem 1. Mai 1934 in Bethel und Bielefeld vergleicht: 1933 hatten wir in Bethel eine eindrucksvolle Maifeier, die von allen Gemeinden mitgestaltet und ausgerichtet wurde. 1934 dagegen merkten wir schon, dass wir fehl am Platz waren. Wer in diesen Jahren noch nicht gemerkt hatte, wohin der Karren lief, dem war nicht mehr zu helfen. Von da ab war bei allen Verhandlungen mit örtlichen Parteistellen Vorsicht am Platze."[292]

Duwe ist weder Parteisoldat noch Widerstandskämpfer gewesen, sondern versuchte wie so viele andere, möglichst unbeschadet und seine Arbeit absichernd diese schwierigen zwölf Jahre zu überstehen. Er hatte darum auch im Unterschied zu manchen selbst ernannten Richtern vollstes Verständnis für seine Mitbrüder, die sich zu Beginn oder auch dauerhaft blenden ließen.

> „Nicht nur der sogenannte ‚kleine Mann' ist ja auf Hitler hereingefallen, sondern auch andere, von denen man es nicht so erwartet hätte … Wenige Tage vor der ‚Machtergreifung' am 30. Januar 1933 wurde eine große Versammlung der NSDAP aus Königsberg über alle deutsche Sender ausgestrahlt, auf der Joseph Goebbels sprach. Am Schluss ließ Goebbels singen: ‚Wir treten zum

Beten vor Gott den Gerechten.' Dazu läuteten alle Glocken der Stadt. Man kann also in gewisser Weise verstehen, dass die Menschen auf solche geschickten Demonstrationen hereingefallen sind und die Ideologie, die dahinter steckte, nicht erkennen konnten."[293]

Seine klaren Grenzen hatte Duwe im Organisationsbereich – es gelang ihm nicht, nach dem Krieg eine Geschäftsstelle aufzubauen, die diesen Namen verdient hätte, einen Berufsarbeiter für die westfälische Bläserarbeit im Posaunenwerk zu gewinnen, seine Nachfolge geordnet zu übergeben usw. Vor allem aber beim sog. Posaunenstreit wurde er selbst zum Streitfall, ohne dass es ihm geglückt wäre, die unübersichtliche und damit auch leidvolle Situation zu ordnen und abzufedern. Aber er war wie wohl alle Verantwortlichen damals zu sehr emotional involviert, als dass er auf Kompromisse angelegte Lösungsvorschläge hätte machen können. Gegen Ende seines langen Lebens durfte Duwe allerdings noch die Früchte der Versöhnungsarbeit seiner Nachfolger nicht nur aus der Ferne sehen, sondern sogar selbst ernten. Am 30. Mai 1985 besuchten Hans Joachim Braach (*1938) als Vorsitzender des Westbund-Posaunenarbeitskreises und CVJM-Bundesposaunenwart Wilhelm Schmidt den greisen Posaunenmeister zum 90. Geburtstag, eine Geste, deren Symbolik angesichts der Vergangenheit nicht hoch genug veranschlagt werden kann. Der Kreis hatte sich doch noch geschlossen.[294]

5.3 Die Ära Richard Lörchers im Westbund

Was Duwe für das Posaunenwerk Westfalen-Lippe bedeutete, verkörperte Richard Lörcher für den CVJM-Westbund in Westfalen, auch wenn er nicht dessen einziger Bundesposaunenwart in der Nachkriegszeit bleiben sollte. *Richard Lörcher* wurde am 15. März 1907 als viertes Kind des württembergischen Pfarrers Friedrich Lörcher in Cleebronn geboren. Nach der mittleren Reife 1921 auf dem Gymnasium in Nürtingen ließ sich Lörcher drei Jahre lang zum Maschinenschlosser ausbilden, um anschließend die Ingenieurslaufbahn einschlagen zu können. In Oberboihungen bei Nürtingen, wo sein Vater seit 1914 als Pfarrer tätig war, schloss er sich nach einer Evangelisation 1922 dem dortigen Jungmännerverein an. Ein Jahr später fassten die jungen Männer des Vereins den Entschluss, einen Posaunenchor ins Leben zu rufen. Richard Lörcher und sein älterer Bruder Ludwig erlernten mit anderen zusammen das Blasen nach Militärgriffen, angeleitet durch einen alten Berufsbläser. Als sie nach sechs Monaten Schulung nur zwei Choräle und einen Marsch spielen konnten, protestierten die Brüder, woraufhin der

Fachmusiker sein Amt als Dirigent zur Verfügung stellte. So kam es 1924 in Oberboihingen zu einem Neuanfang, indem Ludwig Lörcher die Chorleitung übernahm und die Blasneulinge nun die „Kuhlogriffe" erlernten. Richard Lörcher kaufte sich von seinem ersten selbst verdienten Geld ein Kuhlo-Flügelhorn, das ihn viele Jahre hindurch begleitete und sein Bläserdasein prägte.

Richard Lörcher

1926 orientierte sich der junge Maschinenschlosser, inzwischen als Praktikant in einer Gießerei und in einem Zeichenbüro tätig, beruflich um und schlug die Diakonenlaufbahn ein. Er begann die Ausbildung im Brüderhaus Nazareth unter der Leitung des Kuhlo-Nachfolgers Pastor Paul Tegtmeyer, der später sein Schwiegervater wurde und bis 1954 als Vorsteher der Diakonenanstalt tätig war. Die Zeit in Bethel brachte Lörcher natürlich mit Kuhlo in Kontakt, sodass der Schwabe als guter Bläser nicht nur mehrere Jahre im Bethel-Posaunenchor unter der Leitung von Duwe, sondern auch noch kurze Zeit im Kuhlo-Horn-Sextett mitwirkte. Nach dem Krankenpflegerexamen 1930 und der Einsegnung 1932 nahm Lörcher seine Tätigkeit als Gemeindediakon in Steinhagen auf, wobei er sich auch in dessen Posaunenchor einbrachte. 1936 wurde Lörcher innerhalb des Landesverbandes Westfalen-Lippe Kreisobmann im Kreisverband Gütersloh, der zu jener Zeit 16 Posaunenchöre umfasste. Doch nicht nur im bläserischen, auch im vokalen Bereich war Lörcher aktiv: Aus seinen Bibelarbeiten erwuchsen kurze, liedhafte Texte, zu denen er einfache Weisen ersann, sodass er etliche Lieder verfasste. Das bekannteste davon ist sein Bekenntnislied aus dem Jahr 1937 „Jesus Christus, König und Herr". Seine Melodie zu v. Bodelschwinghs d. J. Text „Nun gehören unsre Herzen ganz dem Mann von Golgatha" von 1946 hat sogar Eingang in den Stammteil des Evangelischen Gesangbuchs gefunden. Von 1932 bis 1938 nahm der junge Gemeindediakon jährlich an Singwochen des sächsischen Kirchenmusikers Alfred Stier (1880 – 1967) teil, von dem er wesentliche Anregungen zu Melodiegestaltungen erhielt, und förderte das Jugend- und Gemeindesingen vor Ort mit „Hellem Ton". 1937 heiratete Lörcher Anni Tegtmeyer aus Bethel, mit der er drei Töchter und einen Sohn hatte; der Sohn erlernte später den Metall-Blasinstrumentenbau und wurde in der Instrumentenwerkstatt Bethel tätig.

Lörcher schloss sich auch der Bekennenden Kirche an, bereits 1933 nahm er an der außerordentlichen Bundesvertretung in Barmen teil, die den Weg des Bundes bei der „Bekennenden Kirche" festlegte. 1940 wurde er zum Frankreichfeldzug eingezogen und blieb Soldat, bis er gegen Kriegsende bei Cherbourg in französische Gefangenschaft geriet, aus der er allerdings bereits im Oktober 1945 wieder entlassen wurde. Als mit dem Ende des „Dritten Reiches" der Zwang der Mitgliedschaft in der Reichsmusikkammer entfiel, leitete der Westbund den Neuaufbau seiner Posaunenchorarbeit in die Wege. Im Juni 1946 berief ihn Johannes Busch zum Bundesgauwart zunächst für das Ravensberger Gebiet, in der Sitzung am 7. Januar 1947 beschloss der Bundesvorstand, Richard Lörcher als Bundesposaunenwart für das gesamte Gebiet des Westbunds einzustellen.

Bereits in diesen ersten Jahren nach dem Zweiten Weltkrieg, als das Reisen zwischen den Besatzungszonen noch schwierig war und viele junge Männer erst aus der Gefangenschaft zurückkehrten, begann der Bundesgau- bzw. -posaunenwart mit einer intensiven Chorbetreuung. Im Festbuch zur Hundertjahrfeier des Westbundes im Jahr 1948 berichtete er über seine Arbeitsfelder Choraufbau, Chorfeste und *Chorfreizeiten*:

> „Auf einem Bauernhof des Bentheimer Landes war es. Die ehemaligen Bläser dort sind fast alle gefallen oder vermisst. Wie an so vielen Orten konnte die Jugend auch hier nicht mehr erwarten, bis es mit dem Blasen losging. So hatten sie einfach angefangen, schlecht und recht … Ein alter Vater, dessen drei Söhne – alle Bläser – im Krieg geblieben waren, wachte über den Jungen. Einige Tage durfte ich dort weilen. Wir bliesen tüchtig, sangen aber auch als Jugendchor, kamen doch abends die Jungmädchen und wollten unbedingt auch mitmachen. Und dann vereinigte der Sonntag die ganze Gemeinde mit ihrem Posaunenchor und dem Jugendchor im alten Kirchlein … Feste auf den Höfen des Ravensberger Landes muss man einmal miterlebt haben … Man muss es gesehen haben, wie die geschmückten Leiterwagen daherkommen, wie über alle Wege Posaunen- und Jugendchöre ziehen und mit ihrem Lied die Gegend erfüllen. Eine kleine Kanzel … steht unter schattigen Bäumen. Hunderte … sitzen auf schlichten Bretterbänken davor … Und dann wechselt Hören und Singen, Wort Gottes und Antwortlied der Gemeinde … Wir durften viele große und kleine gesegnete Treffen abhalten … Unsere Freizeiten! Ich muß von einer erzählen: Etwa 40 Bläser aus dem Ruhrgebiet, Sauerland und Ravensberg sind gekommen … Jeden Morgen klingt unser Morgenchoral vom Kirchberg aus ins Land. Nach dem fröhlichen Frühstück haben wir viel Zeit zur Bibelarbeit … Dann haben wir den ganzen Tag Zeit zum Blasen und zur Aussprache über alle Fragen, die uns dabei bewegen, etwa wie weit sich die Blasmusik dem Singen ein- und unterordnen soll, über Ansatztechnik und das richtige Atmen, über Bau und Behandlung unserer Instrumente, über die Geschichte geistlichen Blasens, über Programmgestaltung, über gute und schlechte Musik …"[295]

Aufgrund der weitläufigen Ausdehnung von Westfalen über das Rheinland bis ins Saarland und Hessen wurde der Kantor und sächsische Posaunenwart Martin Wolfram, der die Ostzone mit seiner Familie verlassen wollte, im Juni 1947 als *Bundesposaunenwart* für das Rheinland eingestellt, wohingegen Lörcher für Westfalen und Hessen zuständig blieb. Martin Wolfram war 1924 von Adolf Müller als erster hauptamtlicher „Chorpfleger" für Sachsen eingestellt worden, um schwache oder neue Chöre im Land durch mehrtägige Kurse zu schulen. 1928 übertrug ihm Müller die Leitung der Leipziger Posaunenmission mit ihrem hauptamtlichen Bläserquartett. In Leipzig begann Wolfram sein Studium am Kirchenmusikalischen Institut, das er in

Halle fortsetzte, zunächst mit dem Teilziel der C-Prüfung. Wolfram übernahm 1937 sein erstes Kantoren- und Organistenamt in Markranstädt, neben einer kriegsbedingten Mitarbeit im Kreiskirchenamt Leipzig als Rechnungsprüfer. Nach der Zeit als Soldat 1944/45 an der Ostfront war Wolfram von 1945 bis Ende 1946 in amerikanischer und französischer Kriegsgefangenschaft, bis er von Busch für den Westbund angefragt wurde. Doch tief gehende Zerwürfnisse über die Wohnungsfrage und die fehlende Identifikation Wolframs mit dem Westbund führten bereits am 11. August 1948 zu dessen Kündigung, obwohl der sächsische Kantor noch im Dezember 1948 von seinem Wohnort Haan im Rheinland aus den Versuch unternahm, ein hauptamtliches Bläserquartett mit dem Namen „Westdeutsche Posaunenmission" zu bilden. Lörcher aber stand wieder ohne Kollegen da. Gelöst wurde das Personalproblem, als mit dem in Hephata zum Diakon ausgebildeten Hessen Wilhelm Römer (1904–1996) und dem Schwaben Wilhelm Mergenthaler seit dem 1. September 1949 zwei weitere Bundesposaunenwarte ihren Dienst beim Westdeutschen Jungmännerwerk aufnahmen.

Mergenthaler, geboren am 13. November 1919 in Möglingen bei Ludwigsburg, war von Jugend auf mit der CVJM-Arbeit verbunden gewesen. Seit 1931 als Bläser im heimatlichen Posaunenchor aktiv, war der Württemberger seit 1946 als Bezirksjugendwart in Ludwigsburg tätig, ließ sich von 1947 bis 1949 an der CVJM-Sekretärsschule in Kassel ausbilden und erwarb als Gaststudent an der Kirchenmusikschule in Esslingen 1949 seine musikalischen Grundlagen.

Nun konnte die Bläserarbeit gebietsmäßig aufgeteilt werden, indem Lörcher schwerpunktmäßig in Westfalen, Mergenthaler im Rheinland und Ruhrgebiet sowie Römer in Hessen für die dortigen Chöre zuständig waren. Insgesamt war die Westbund-Posaunenarbeit in sechs Landschaften aufgegliedert: Bentheim,

Wilhelm Mergenthaler

Hessen-Nassau, Kurhessen, Lippe-Rheinland, Schaumburg-Lippe und als stärkster Verband Westfalen.

Zwei Personalwechsel bei den Bundesposaunenwarten gab es in der Ära Lörchers: Am 1. Oktober 1953 übernahm *Paul Beinhauer* (*1928) aus Unna, Bläser seit 1940, den Bereich Hessen von Wilhelm Römer, der ausschied, um einen Dienst im Männerwerk zu übernehmen. Mit Beinhauer, der von 1942 bis 1944 am Konservatorium in Dortmund Trompete studiert hatte und nach einer zweijährigen Autoschlosserlehre von 1947 bis 1953 als 2. Trompeter dem Kreis-Symphonie-Orchester Unna angehört hatte, wurde zum ersten Mal ein Berufsbläser in der westfälischen Posaunenchorarbeit tätig. Dadurch nahm eine Entwicklung für den Berufsstand des Posaunenwarts ihren Anfang, die sich in den kommenden Jahrzehnten in ganz Deutschland durchsetzen sollte: Wiesen vor dem Zweiten Weltkrieg sämtliche hauptamtlich in der Posaunenarbeit Tätigen eine diakonische oder theologische Ausbildung aus, so gingen nach 1945 die meisten Verbände dazu über, Berufsarbeiter anzustellen, die von Haus aus praktische Bläser- oder Chorleitererfahrung sowie – wenn möglich – eine kirchenmusikalische Ausbildung mitbrachten. Weil aber die Erwartungen in blastechnischer Hinsicht ständig gestiegen sind, wird inzwischen fast überall ein abgeschlossenes Studium an einer Musikhochschule mit Orchesterfach Posaune, Trompete, Horn oder Tuba als Voraussetzung zur Übernahme einer Posaunenwartsstelle angesehen.

Paul Beinhauer

Außerdem trat am 1. Oktober 1967 *Ernst Klocke* (*1924), vormals Kreisposaunenwart in Mülheim-Oberhausen, seinen Dienst als Bundesposaunenwart für das Rheinland und das Ruhrgebiet an. Noch drei Monate arbeitete er mit seinem Vorgänger Mergenthaler zusammen, der am 1. Januar 1968 die württembergische Landesposaunenwartsstelle in Stuttgart übernahm. Klocke hatte mit neun Jahren das Blasen auf dem Flügelhorn in seinem Heimatposaunenchor Essen-Dellwig erlernt und war auch nach seiner kaufmännischen Ausbildung dem Blasen treu geblieben. In der Nachfolge Mergenthalers trat er dessen „Rheinischen CVJM-Posaunendienst" an, in welchem er selbst mitgeblasen hatte und der aus einem anlässlich des Kirchentages in Essen 1950 gebildeten Sonderchor erwachsen war. Seither trafen sich die zehn bis 14 Bläser vierzehntägig zu den Proben, bis 1990 schließlich die Gruppe aufgelöst wurde, wobei nur anfänglich auch Horninstrumente eingesetzt worden waren.

Ernst Klocke

Unberührt von dem Personalwechsel blieb die Zuständigkeit Lörchers für Westfalen, da die Gebietsaufteilungen beibehalten wurden.

Richard Lörcher stand zu Beginn seiner Tätigkeit vor der großen Herausforderung, dass er den durch die Geschichte gegebenen *inneren Zusammenhang von Posaunenchor und Jungmännerverein* bewahren und weiterführen wollte:

"Je mehr ich über die Geschichte unserer Posaunenchöre nachsinne, desto deutlicher wird mir, dass es die eigentlich gar nicht gibt, sondern dass es nur eine Geschichte und Entwicklung der *Vereine* gibt. Wie oft hat Vater Kuhlo von unserem Segenserbe gesungen und dabei auf die innige Verbundenheit zwischen lebendiger, aktiver Jungmännerarbeit und den Posaunenchören hingewiesen, die nicht abreißen dürfe. Es war ihm einfach ein Herzensanliegen, dass seine Posaunenchöre in dem Mutterboden der Vereine blieben."[296]

Trotzdem konnte Lörcher nicht verhindern, dass sich nicht wenige Posaunenchöre vom CVJM trennten und sich beim Posaunenwerk anschlossen. Zeit seines Lebens beschäftigten ihn die Fragen zum Selbstverständnis der Posaunenarbeit, wie seine Denkschrift zur Lage der Posaunenarbeit im Westbund zur Bundesvorstandssitzung vom 11. Dezember 1965 belegt. Lörcher warnte hier nochmals eindringlich vor der alten Versuchung der CVJM-Posaunenchöre zur organisatorischen Verselbstständigung und zum musikalischen Perfektionismus. Gleichzeitig appellierte er an die Verantwortlichen, die Verbindung zur Jungschar, Jungenschaft und Jungmännergruppe nicht abreißen zu lassen und den Zusammenhalt in Gottes Wort zu suchen. Im Blick auf die weitere Entwicklung befürchtete er das „Einfluten der von Kantoren und Berufsmusikern ausgeübten Kirchenmusik" mit einer Gefährdung des Laiencharakters der Posaunenarbeit.

Den *Kontakt zu den Chören* hielt zunächst Busch durch spezielle Rundschreiben ab Juli 1945 und Posaunenrundbriefe ab September 1947, an denen sich auch Lörcher und später Mergenthaler und Römer beteiligten. Notwendig waren diese Rundschreiben deshalb, weil die ca. 50 Kreisverbände im Westbund vor dem Zweiten Weltkrieg ein recht eigenständiges Leben geführt hatten und nun besser vernetzt werden sollten. Ab September 1952 traten an die Stelle dieser Sonderbriefe die Nachrichten an die Chöre in der Zeitschrift „Leuchtturm – Mitteilungen für Mitarbeiter im Westdeutschen CVJM-Bund" unter der Rubrik „Posaunen", die neben Terminankündigungen auch grundsätzliche Themen zur Instrumentenfrage oder zum Frauenblasen brachten.

Im Blick auf die *Organisationsstruktur* wurde mit der Einstellung Lörchers im CVJM-Westbund auch ein Posaunenrat gebildet, der allerdings im Unterschied zum Bundesvorstand keine beschließende, sondern beratende Funktion hatte. Das aus ehrenamtlichen Verantwortlichen zusammengesetzte, zunächst durch Berufung, später durch Wahl der Bundesvertretung gebildete Gremium befasste sich mit Fragen der Literatur, der Schulungen, der

Bläser- und Bundestreffen und begleitete die hauptamtlichen Posaunenwarte in ihrem Dienst. 1952 war dieser Posaunenrat allerdings nicht mehr arbeitsfähig, sodass Bundeswart Busch eine Erneuerung anstrebte mit dem Vorschlag, unter Beteiligung aller Kreisverbände 13 Mitarbeiter – die drei Bundesposaunenwarte, den Bundeswart, den Bundessekretär sowie acht Laien – in den Westbund-Posaunenrat zu berufen. Weitere Anregungen für die Vernetzung der Bläserarbeit in den einzelnen Kreisverbänden folgten 1955: Vorgesehen waren nun regelmäßige Zusammenkünfte der Chorleiter, regelmäßige Kreisproben aller Bläser, ein jährlicher Kreisposaunentag sowie die Bildung einer Kreisvertretung mit der Wahl eines Kreisposaunenwarts. Dieser Kreisposaunenwart wurde alle sechs Jahre von der Chorleiterversammlung in den CVJM-Kreisvorstand gewählt, dem die Chöre der jeweiligen Kreisverbindung leitungsmäßig unterstanden. Er sollte Kontakt zu den Chorleitern und Chören halten, regelmäßige Treffen aller Chöre im Kreisverband organisieren, ihnen bei der Durchführung von Feiern beratend zur Seite stehen, Schulungsabende für die Chorleiter veranstalten usw. Auf jeden Fall sollte er neben musikalischen und organisatorischen Fähigkeiten ein klares Ja zur Arbeit des gesamten Jungmännerwerks haben und eine „klare Stellung in der Nachfolge Jesu" aufweisen. Nach der Neuordnung des Westbundes über Beiräte, Ausschüsse und Arbeitskreise wurden 1965 die beiden Arbeitskreise Posaunenarbeit und Singarbeit zum Sing- und Posaunenrat vereinigt.[297]

Als zentral wichtig zur eigenständigen, von der Kirchenmusik unabhängigen Gestaltung der Bläserarbeit sah Lörcher die *Willinger Lehrgänge* an, wie er in der Denkschrift ausführte. Das vom Reichsverband 1946 in Willingen eingerichtete Sing- und Posaunenamt – zunächst mit Pfarrer Hans Mrozek als Reichsmusikwart, danach von 1956 bis 1963 mit Dr. Erich Gruber (1910 – 1971) als Reichsmusikwart und schließlich von 1963 bis 1970 mit Lörcher selbst als kommissarischem Reichsmusikwart – hatte daran wesentlichen Anteil; beim 1956 eingerichteten Sing- und Posaunenrat im Reichsverband des CVJM arbeitete Lörcher ohnehin von Anfang an mit. Vom 8. bis 15. November 1948 hielt Mrozek, der nach eigener Aussage wesentliche Impulse von Ehmann erhalten hatte, zusammen mit dem Herforder Professor, Bundesposaunenwart Lörcher sowie Landesposaunenwart Hermann Mühleisen den ersten „Willinger Bläser-Lehrgang" ab. Für diese im Eichenkreuzheim in Willingen stets im November stattfindenden einwöchigen Kurse – jeweils für Bläser und Chorleiter aus dem Westbund und aus Württemberg – richtete Mrozek abschließende, in mündlicher und schriftlicher Form einschließlich Vorblasen erfolgende Prüfungen ein. So wurde zunächst für die fortgeschrittenen Bläser die „Kleine Bläserprüfung" angeboten, später ergänzt durch die darauf aufbauende „Abschlussprüfung über den Chorleiterlehrgang" für die Dirigenten, über deren Resultate der Examinierte vor einer mindestens dreiköpfigen Kommission ein Zeugnis mit 13 bzw. 15 Einzelergebnissen für die Einzelfächer und einer Gesamtnote ausgestellt bekam, damit er die Möglichkeit hatte, Lücken in einem Fach durch gute Leistungen in einem anderen Gebiet zu kompensieren. Das Mindestalter der auf 20 Teilnehmer begrenzten Bläserlehrgänge sollte nach dem Bekunden der Veranstalter 16 Jahre betragen, als weitere Voraussetzungen wurden die Teilnahme an regionalen Bläserschulungen und die zu Hause mit Hilfe angegebener Literatur erfolgende Vorbereitung genannt.

Beim „Posaunen-Chorleiter-Lehrgang mit Abschlussprüfung" war das Mindestalter auf 18 Jahre heraufgesetzt, menschliche und pädagogische Reife wurden erwartet, die Beherrschung der Schlagtechnik vorausgesetzt, die abgelegte Bläserprüfung war erwünscht. Die Vermittlung des Lehrstoffes, die durch ein Leitungsteam erfahrener Musikdozenten – u. a. Ehmann – und Posaunenwarte geschah, erfolgte in Referaten, Arbeitsgemeinschaften und praktischen Übungen, und zwar auf solche Weise, dass jedem Teilnehmer trotz des Arbeitspensums ermöglicht wurde, die Prüfung zu bestehen. Bis 1965 legten über 700 Bläser und Chorleiter ihre Prüfungen bei den „Willinger Bläser-Lehrgängen" ab, die ab 1953 noch durch die „Reichsstudientagungen" in Schmie ergänzt wurden. Bei diesen alle zwei Jahre stattfindenden Studienwochen trafen sich führende Bläser, Chorleiter und Verantwortliche der CVJM-Musikarbeit unter der Leitung von Lörcher im schwäbischen Schmie zu Vorträgen, praktischen Übungen, Bibelarbeiten und zum Singen, wobei eine Hälfte der Teilnehmer aus dem Westbund, die andere aus Württemberg kam. Erst 1996 wurden die Willinger Bläserlehrgänge eingestellt und auch die gemeinsamen Lehrgangstreffen mit dem württembergischen Jugendwerk aufgegeben, weil der CVJM-Gesamtverband mit der Auflösung des Musikreferats zentrale, werksübergreifende Schulungsmaßnahmen nicht mehr forcierte.

Im Westbund selbst wurden laut Mergenthaler folgende Schulungsformen gepflegt: Chorbesuche der Bundesposaunenwarte vor Ort; Bläserfreizeiten, in denen außer dem Bibelwissen das bläserische Können erweitert werden sollte; Posaunenmissionsfreizeiten, bei denen viele praktische Einsätze in Diasporagemeinden – auch im Ausland – durchgeführt wurden; Studientagungen für Bläser, in denen neben viel praktischem Üben vor allem Grundfragen aktueller Chorarbeit behandelt wurden; Bläser-Familienfreizeiten, die mehr der Erholung dienten, bei denen aber auch gerade in den Erholungsgebieten morgens und abends bläsermissionarische Einsätze gemacht wurden; seit 1961 Wochenendfreizeiten als Kurzlehrgänge als Reaktion auf die Einführung des freien Samstags in der Industrie. Laut statistischer Zählung führten die Bundesposaunenwarte im Jahr 1953 neun Bläserlehrgänge und -seminare mit insgesamt 268 Teilnehmern durch; acht Jahre später war die Zahl der schulischen Veranstaltungen bereits auf 16 angewachsen, die Zahl der Teilnehmer auf 377 gestiegen.

Wie Kuhlo, Duwe und Ehmann ist auch Lörcher im Bereich der *Sonderchorarbeit* tätig gewesen. Schon als Gemeindediakon gründete er 1933 mit fünf anderen begabten Bläsern das Steinhagener Sextett, das vor dem Zweiten Weltkrieg in vielen Gemeinden, an Kantatefesten und Singabenden in Aktion trat. Aus diesem Steinhagener Sextett wuchs nach 1945 das Lörcher-Oktett heraus, das sich aus vier Bläsern zusammensetzte, die auf Instrumenten der von Kuhlo favorisierten Hornfamilie spielten, sowie aus vier weiteren Bläsern, die auf den von Ehmann entwickelten besonders eng mensurierten Trompeten und Posaunen – bekannt unter dem Namen Barockinstrumente – musizierten. In den 1960er Jahren war die Besetzung, obwohl der Name Oktett beibehalten wurde, auf zehn Bläser angewachsen: Zwei Trompeten und drei Posaunen stellten das Tromba-Register, zwei Flügelhörner, zwei Waldhörner sowie eine Tuba das Buglehorn-Register. Diese Zusammensetzung ermöglichte ein vielfältiges Zusammenspiel und eine bunte Abwechslung bei Feierstunden, Posaunenfesten und Festgottesdiensten. Auf vielen Bläsereinsätzen im Inland und Bläsersendfahrten in das benachbarte europäische Ausland – Schweiz, Österreich, Niederlande, Großbritannien, Frankreich – trug es das posaunenmissionarische Anliegen seines Gründers in die Öffentlichkeit.[298]

Auf dem Gebiet der *Bläserliteratur* versuchte Lörcher, auch wenn er an dem traditionellen Bestand der Kuhlo-Ära festhielt, neue Wege zu beschreiten. Seine Offenheit für zeitgemäße Lieder und Sätze belegt folgende Äußerung:

> „Wir hören wachsam hinein in dieses Aufklingen, und jedes Mal, wenn uns ein neues Lied begegnet oder ein altes in neuem Gewand, stimmen wir es an und freuen uns, wenn wir dabei auch unseren Chören (neue) Lieder an die Hand geben können und Sätze, von denen wir hoffen, sie werden uns auch zu einer musikalischen Bereicherung verhelfen."[299]

Unter Beweis stellte Lörcher seine innovative Einstellung bei den „Festlichen Tagen Berlin 1962": Im Konzertsaal der Hochschule für Musik gestaltete er und sein Kollege Mergenthaler mit zwei Posaunenchören unter der Mitwirkung zweier Singchöre, dirigiert von Erich Gruber und Jochen Schwarz, „Geistliche Musik in neuen Formen". Dieses Musizieren mit Sätzen von P. E. Ruppel, E. Gruber, K. Kirschnereit u. a. stieß in der Öffentlichkeit auf breite Resonanz und ermutigte die Ausführenden, auf dem begonnenen Weg – belebende Elemente neuer Musik in spielbaren Formen hineinzunehmen, ohne den Choral als Zentrum zu vernachlässigen und ohne Effekthascherei nach Jazz- oder Marschmusik – weiter voranzuschreiten. Von daher hielt Lörcher Kontakt zu den Kirchenmusikern seiner Zeit wie z. B. zu Johannes Hermann Ernst Koch (*1918), um durch ihre Kompositionen eine gewisse künstlerische Qualität in die Laienchöre hineinzutragen, als auch zu Berufsmusikern wie dem Orchestertrompeter Walter Holy, die die Kreisposaunenwarte zum druckschwachen Blasen anleiten und in der Instrumentengeschichte unterweisen sollten.

Auf der anderen Seite konnten Lörcher und seine Kollegen auch sehr stark gegen eine von ihnen befürchtete Überbetonung der Musik polemisieren, wie eine 1960/61 breit geführte Diskussion im Westbund anhand der Frage „Seid ihr nur Musiker – oder Zeugen Jesu?" belegt. Von Mergenthaler wurde klar festgestellt, dass Marsch- und Tanzmusik zur Blaskapelle gehören, wohingegen die Posaunenliteratur vom schlichten Liedsatz bis zu Kantaten und Doppelchören reiche. Der Bundesposaunenwart geißelte in diesem Zusammenhang die Feierstunde eines Posaunenchors, der mit Opernmelodien und flotten Märschen die Zuhörer unterhalten habe, und stellte die Frage, ob diese Gruppe sich noch Posaunenchor nennen dürfe. Dies sei nicht nur wegen der „wesensfremden" Nachahmung vokaler Musik eine Stilfrage, sondern auch eine geistliche Frage, weil es darum gehe, den Menschen „das Evangelium ins Herz hineinzuspielen". Deshalb sollten die Chöre als „geistliche Bruderschaften" nicht Stimmungsmusik verbreiten, sondern durch ihr Spiel ein Glaubenszeugnis ablegen, ohne dass damit ein musikalisches Geschmacksverbot ausgesprochen sei.

Die Notensituation nach dem Zweiten Weltkrieg stellte sich in Westfalen folgendermaßen dar: Zwar war 1946 die 31. Auflage des Kuhloschen Posaunenbuches als erster Neudruck erschienen, doch nach dem musikalischen Neuaufbruch durch die Betheler Bläsertage mit der Hinwendung zum „bläsergerechten Bläsersatz" und zur „bläsergerechten Bläsertechnik" war klar, dass das Bedürfnis der Chöre nach neuer und zeitgemäßer Literatur nicht einfach durch Wiederauflagen befriedigt werden konnte. Nachdem Reichsobmann Bachmann durch die Herausgabe des Posaunenbuches „Laß dir unser Lob gefallen" 1949 den Chören des Posaunenwerks eine erste größere Notensammlung choralgebundener und freier Musik zur Verfügung gestellt hatte, befand sich Lörcher in einem gewissen Zugzwang. Hier kam ihm zupass, dass im gleichen Jahr mit der Herausgabe des Posaunenbuches „Posaunenklänge" dem schwäbischen Landesposaunenwart Hermann Mühleisen ein großer Wurf gelungen war. In Aufriss und Inhalt lehnte sich der Band sehr stark an die bahnbrechende Sammlung „Mit Posaunen" II des sächsischen Posaunenpfarrers Adolf Müller an, durch die dieser 1936 den bis heute gültigen Typus des Posaunenbuches geschaffen hatte, in dem neben Choral- und Volksliedsätzen sowie Evangelisationsweisen nun auch Choral- und Volksliedervorspiele sowie erstmalig liedfreie Bläserstücke wie Turmsonaten, Bläserfugen, Intraden usw. aufgenommen waren. Da die „Posaunenklänge" eine Fülle von Chorälen, darunter viele von J. S. Bach, für das ganze Kirchenjahr, freie Bläsermusiken von Prätorius, Franck und Pezelius sowie Volkslieder für jeden Anlass bot – insgesamt 425 Nummern auf 405 Seiten –, erfuhr es großen Zuspruch; allerdings zunächst nur bei den CVJM-Chören in Württemberg, weil Mühleisen z. B. die Bitte des badisches Landesverbandes ablehnte, es den dortigen Chören auch zugänglich zu machen.

Mehr Erfolg bei Mühleisen hatte Lörcher, der seinen Kollegen dazu überreden konnte, ihm das Material der „Posaunenklänge" für ein eigenes Posaunenbuch zur Verfügung zu stellen. So erschien im Sommer 1950 eine von 425 auf 320 Titel gekürzte Lizenzausgabe des württembergischen Buches beim CVJM-Westbund unter der Überschrift „Lobt Gott", herausgegeben von Lörcher und Mühleisen. Im Vorwort führte der Bundesposaunenwart dazu Folgendes aus:

> „Wir setzen voraus, dass unsere Chöre bei der Begleitung der singenden Gemeinde im Gottesdienst meist das Kuhlo-Choralbuch benutzen. ‚Lobt Gott' will eine Hilfe sein für alle weiteren Bläserdienste in Gottesdiensten und Feierstunden ebenso wie bei Familienabenden, Wanderungen und Freizeiten. Darum stehen neben den vielen Choralsätzen Alter Meister, die den Hauptteil bilden, und neben den Choralvorspielen die Volkslieder, Intraden und Bläservorspiele in großer Zahl und Auswahl. In der Aufnahme neuer Musik ist Zurückhaltung geübt. Die beigefügten Grifftabellen umschließen auch die Kreuztonarten. Sie bieten die Möglichkeit, auch nach dieser Seite hin weiterzulernen und machen gleichzeitig das Buch geeignet zur Ausbildung unserer Anfänger."[300]

Die 320 Nummern – 180 alte Kirchenliedsätze, 20 alte Choralvorspiele, 25 Bläservorspiele und Intraden, 60 Volkslieder, 25 zwei- bis dreistimmige Kanons, zehn neue Lieder – waren in drei Teile gegliedert: Kirchenjahr, Ausbreitung des Reiches Gottes sowie Morgen und Abend. Da es sich weniger als „Lob I" dem zeitgenössischen Musikschaffen geöffnet und damit an den Zeitgeschmack gebunden hatte, erlebte das Posaunenbuch „Lobt Gott I" eine weite Verbreitung bei den Westbund-Chören, dokumentiert durch die hohen Auflagenzahlen und die Verwendung bis in die Gegenwart hinein.

Angeregt durch die Neuausgabe der von 420 auf 385 Titel gestrafften „Posaunenklänge" 1958 und ermutigt durch zahlreiche Bitten von Bläsern um ein ähnliches Buch wie „Lobt Gott I" veröffentlichte Lörcher 1961 im Auftrag des Westdeutschen Jungmännerbundes den nach Liedgruppen gegliederten Nachfolgeband „Lobt Gott II", der ebenfalls einen großen Teil seiner Sätze dem Buch „Posaunenklänge" verdankte. Auf 370 Seiten brachte er unter 257 Nummern 331 Sätze: 107 Choralsätze Alter Meister, 161 Choralvorspiele und Volksliedsätze zeitgenössischer Komponisten, 38 Choralvorspiele, 43 Psalmsätze der Reformationszeit, 18 Volkslieder, 31 Bläserstücke und Intraden aus alter Zeit sowie zehn Bläserstücke und Intraden zeitgenössischer Tonsetzer. Sein posaunenmissionarisches Anliegen, das sich auch darin niederschlug, dass er in den Übungsstunden im Wechsel die Melodie blasen und den Text sprechen oder singen ließ oder beim Spielen auf den Straßen und Plätzen, in Krankenhäusern und Gefängnissen die Texte der geblasenen Lieder ausrufen ließ, stellte Lörcher im Vorwort wie folgt heraus:

> „Unentbehrlich sind Lieder, die erwecklich von der Rechtfertigung in Jesus Christus reden und zur Heilsaneignung auffordern."[301]

Ergänzt durch Hinweise zur Gestaltung der Psalmsätze von Bourgeois, Goudimel und anderen leistete das Buch einen so guten Dienst in den Westbund-Chören, dass es bereits 1962 zum zweiten Mal aufgelegt wurde.

Zur Standardliteratur der CVJM-Westbundchöre in der Nachkriegszeit zählten ferner die Volksliedersammlung „Bläserbuch zu ‚Wachet auf' Bd. 3" von 1956, die unter dem Titel „An hellen Tagen" im Posaunenwerk erschienen war, sowie das Bläserchoralbuch „Wachet auf", im Juni 1953 erschienen, ebenfalls ein Gemeinschaftsunternehmen mit dem Posaunenwerk.

Weit verbreitet bei den Westbundchören war ferner die Reihe „Zu Gottes Lob und Ehre", die Hans Mrozek noch im gleichen Jahr seines Amtsantritts als Reichs-Sing- und Posaunenwart herausgab und die es in den 48 Jahren ihres Erscheinens bis 1996 auf ca. 600 Titel bringen sollte. Zunächst erschienen jedes Quartal vierseitige Notengaben, an denen v. a. Erich Gruber und Hermann Stern mitarbeiteten. Verzichtet wurde weitgehend auf ältere Spielmusik, dafür legten die Herausgeber, unter ihnen auch der damalige Bundesposaunenwart Wilhelm Mergenthaler (Schriftleiter von 1963 bis

1984), Wert auf anspruchsvolle neue bläserische Musik sowie auf schlichte Gebrauchssätze. Zu den zeitgenössischen Kompositionen steuerte auch Lörcher im Laufe der Jahre neun Stücke bei, sein Kollege Mergenthaler brachte es auf zwölf.

Außerdem wurden von den Bundesposaunenwarten Mitte der 1960er Jahre zum Fundus der Chöre gehörend noch die Ehmannschen „Bläser-Intraden zum Wochenlied", die Ehmannsche „Bläser-Fibel", die württembergischen „Posaunenklänge", die sieben Hefte umfassende württembergische Reihe „Singet dem Herrn" (1949 ff.) mit Choral-Motetten und Choralintraden sowie der badische Band „Bach-Choräle" (1950) bezeichnet.[302]

Die Schaffung eines eigenen Literaturrepertoires zur Identitätsstiftung der CVJM-Bläserarbeit war genauso wichtig wie die Initiierung einer eigenen *Bläsertags-Tradition*. Bereits Anfang der 1930er Jahre hatte es im Westdeutschen Jungmännerbund Überlegungen zur Veranstaltung eines eigenen Bläsertreffens gegeben. Die Notwendigkeit dazu war bis dato als nicht so zwingend erachtet worden, da sich die westfälischen Posaunenchöre zu den jährlichen Bundesfesten unter der Leitung Kuhlos trafen, so beispielsweise 1921 beim 73. Bundesfest in Hamm mit 400 Bläsern oder 1930 beim 82. Bundesfest in Dortmund mit 800 Bläsern. Aufgrund der sich überstürzenden politischen Entwicklungen kam jedoch dieses für 1933 angedachte Bundesposaunenfest nicht zustande.

Nach dem Zweiten Weltkrieg fand als erstes Bläsergroßtreffen im Westbund das Siegerländer Posaunenfest am 4. Juli 1948 in Rödgen statt, verbunden mit der Feier des 50-jährigen Bestehens der Kreisverbindung Siegerländer Posaunenchöre sowie des 50-jährigen Dienstjubiläums des Kreisdirigenten Heinrich Klein, der erst Anfang 1952 von seinem Amt zurücktrat. Beim Vormittagsgottesdienst predigte Busch über 2. Chronik 20, bei der Nachmittagsveranstaltung spielte das „Betheler Sextett" unter Leitung von Lörcher von der Empore. 1.030 Bläser und etwa 10.000 Besucher hatten sich zu diesem Jubiläumstag eingefunden, unter ihnen auch der damalige Westbund-Präses Wilhelm Jung (1894–1983) aus Siegen sowie der Leiter des Sing- und Posaunenamtes im Reichsverband, Pastor Mrozek. Ermutigt durch diese positive Erfahrung forcierte Busch in Anknüpfung an die Tradition von Volkening und Eduard Kuhlo die Abhaltung eines Westbundweiten Bläsertages. Schließlich fand der erste Bundesposaunentag am 24./25. September 1949 in Lüdenscheid statt, zu dem sich 3.000 Bläser einfanden, etwa die doppelte Zahl, mit der die Veranstalter gerechnet hatten. Eingeleitet durch eine Feierstunde am Samstagabend erreichte das Fest nach dem Gottesdienst am Sonntagmorgen in der Schützenhalle seinen Höhepunkt bei der Kundgebung im Stadion am Sonntagnachmittag. Motiviert durch diese Resonanz organisierte Lörcher bereits zwei Jahre später das nächste Bundesposaunenfest in der von den Siegermächten demontierten Werkhalle des Stahlwerkes Bochumer Verein in Bochum, da andere größere Räumlichkeiten in dem weithin noch zerstörten Industriegebiet nicht vorhanden waren. Den 4.000 Bläsern hörten über 15.000 Festteilnehmer aus dem ganzen Bereich des Westbundes zu. Nach dem dritten Bundesposaunenfest 1953 in Dortmund, zu dem sich ebenfalls 4.000 Bläser eingefunden hatten, fand das vierte 1955 in Frankfurt am Main statt, wo als besonders eindrucksvoll das gut aufeinander abgestimmte wechselweise Musizieren der Chorgruppen sowie das gemeinsame Musizieren mit den 1.000 Sängern der Männerchöre des Westbundes in den Feierstunden hervorgehoben wurde. 1957 wurde das Bundesposaunenfest mit dem Kirchentag in Essen verbunden, danach wurde der zweijährige Turnus etwas aufgeweicht: Anstelle eines gemeinsamen großen Treffens wurden 1959 Regional-Posaunentage abgehalten, beginnend mit dem Treffen am Ostermontag in Essen. Die Leitung dieser Mammutveranstaltungen hatten die drei Bundesposaunenwarte inne, die auf diese Weise die Bläser auch mit neuen Werken der Bläsermusik vertraut machten. Der Ablauf des Bundesposaunenfestes 1962 in Dortmund soll mit Lörchers eigenen Worten wiedergegeben werden:

„Die Westfalenhalle Dortmund nahm in ihrem riesigen, von keiner Säule beeinträchtigten Raum, nicht nur die gut 4.000 Bläser in ihre Mitte, sondern bot auf den Rängen den übrigen 13.000 Teilnehmern aus der großen Bundesfamilie Gelegenheit, das Geschehen des Festes ganz nahe mitzuerleben. Wie eindringlich war die Predigt von Bundeswart Karl Sundermeier über ‚Gottes Einladung und unsere Entschuldigung' ... Für die Festfeier am Nachmittag war versucht worden, das Programm einmal ganz anders als sonst zu gestalten. Die Jahreslosung, von allen gesungen, stand immer wieder über der Stunde. Ihr Weg als Evangelium ... wurde dargestellt in einzelnen Anspielszenen aus der Geschichte des Alten wie des Neuen Testaments. Die letzten 500 Jahre des Weges der Frohbotschaft zu uns wurden veranschaulicht in Liedern, die überall entstanden, wo das Wort Gottes einschlug. Unter den Klängen des Verses ‚Dunkelheit, die musste weichen ...' brachten sechs Boten als Zeugen ihrer Zeit ihr Lied zum Kreuz in der Mitte der Halle. Dort nahmen Bläser aus dem ältesten Chor des Westbundes, aus Jöllenbeck, die Melodien der Lieder auf und ließen sie erstmals anklingen. Das Lied der Böhmischen Brüder, Luthers Choral, Calvins Psalm, Paul Gerhardts Trostlied, das Siegeslied des Pietismus, das Missionslied des letzten Jahrhunderts, alles wurde feierlich in unsere Mitte gebracht und als Gabe Gottes von uns aufgenommen. Und dann verwandelte es sich zum tönenden Zeugnis der Herrlichkeit Gottes ..."[303]

Lörcher und seine Kollegen veranstalteten weiterhin in einem Abstand von zwei bis drei Jahren Bundesposaunenfeste, hauptsächlich in Dortmund, zu denen sich zwischen 3.000 und 5.000 Bläser einfanden. Das letzte Mammuttreffen dieser Art, das Lörcher mitorganisieren sollte, fand 1967 statt, danach führten die anderen Bundesposaunenwarte die Reihe ohne deren Mitinitiator fort.

Neben den großen Bläsertreffen beschäftigte sich Lörcher mit der Gestaltung von *Bläserfeierstunden* als weiterer Veranstaltungsform. Lörcher selbst hat in seinen Posaunenfeierstunden Musik und Text in spontaner Weise verbunden: Ohne sich an ein starres Schema zu binden, entwickelte er von einem biblischen Thema her immer wieder Bläserfeierstunden, Gottesdienste in neuer Gestalt, Liedbibelstunden und Straßenmissionsmodelle. Allerdings war es für andere nicht immer leicht, seine Feierstundenprogramme zu übernehmen, da seine situationsbezogenen, zeugnishaften Überleitungen nicht ohne weiteres übertragbar waren.

Anders verhielt es sich bei seinem Kollegen Mergenthaler, der mit dezidierten Vorschlägen für die Gestaltung eigenständiger Bläserveranstaltungen hervortrat. Die Aufgabe einer geistlichen Abendmusik bzw. Posaunenfeierstunde sah er hauptsächlich in der überzeugenden Verbindung von Musik und Verkündigung, die der Gemeinde ein inneres Mitvollziehen der Botschaft ermögliche. Der Ausgangspunkt der Planungsüberlegung für die Durchstrukturierung sollte ein theologischer Grundgedanke sein – Dank, Lob, Zeugnis, Einladung, Freude usw. –, der zur Auswahl eines biblischen oder geistlichen Hauptthemas (Jahreslosung, Liedvers, freie, u. U. der Kirchenjahreszeit entsprechende Formulierung) führte, zu dem wiederum die dazu passenden Schriftlesungen, Liedtexte und Musikstücke ausgesucht wurden, also nicht in umgekehrter Reihenfolge die Zusammenstellung einer Liste von c.f.-gebundener und -freier Bläsermusik, der im Nachhinein mehr oder weniger passende Texte beigefügt wurden.

Mergenthaler stand in dieser Hinsicht ganz in der Tradition der Kuhloschen Feierstunde, bejahte deshalb auch die Verbindung von gesprochenem, gesungenem und geblasenem Wort; er ging aber insofern über Kuhlos Feierstunde und Ehmanns Bläservesper bzw. Bläserkonzert hinaus, als er neben der Lesung von Bibelperikopen und anderen Texten eine zusammenfassende geistliche Kurzansprache des Chorleiters oder des Pfarrers mit ca. sieben bis zehn Minuten für unabdingbar hielt, weil sonst das Wort zu sehr in den Hintergrund gedrängt würde. Hierin lag für ihn der wesentliche Unterschied zu einer geistlichen Abendmusik eines Singchores begründet, der ja anstelle von Lesungen singend das Wort Gottes weitergeben könne. Empfohlen wurden von dem Bundesposaunenwart ferner eine sinnvolle Einteilung des Wechsels zwischen gesprochenen Texten, Vorspielen, Bläserchorälen und Gemeindegesang, indem das Gros der Bläser gelegentlich unter Begleitung einzelner Mitspieler die Melodie eines Liedes singen und die Gemeinde durch das Singen einzelner Strophen oder Einüben einfacher vierstimmiger Sätze einbezogen werden sollte.

Mergenthaler übersah dabei, dass in seinem eigenen Entwurf das Wort in gesungener Form sowohl durch die Bläser als auch durch die Gemeinde vorgetragen wurde, sodass seine Begründung für die Notwendigkeit einer Kurzansprache entfällt; sinnvoller wäre es, eine der liturgischen Lesungen durch ein freies Zeugnis zu ersetzen.

Mergenthalers Programmentwürfe waren triadisch angelegt, indem er das Hauptthema dreifach variierte, z. B. „Weise mir, Herr, deinen Weg" in „Gottes Wegweisung erbitten", „Schritte wagen in der Nachfolge", „Danken für Gottes Führung", wobei jeder Teil mit einer Lesung eingeleitet wurde. Als Grundstruktur seiner Vorschläge lässt sich folgendes Schema erkennen: Freies Bläservorspiel – Gemeindelied mit Bläservorspiel und -begleitung – Gebet – (freies) Bläserspiel – Lesung – Hauptthema gesungen und gespielt – Lesung – freier Bläservortrag, Gemeindelied und Bläsergesang bzw. -begleitung – Lesung – Bläservortrag – Gemeindelied – Kurzansprache – Bläservortrag – Lesung – zwei Bläservorträge – Gemeindelied mit Bläsergesang bzw. -begleitung – Gebet – freies Bläsernachspiel – Segen.

Auffällig im Unterschied zu Kuhlo war bei Mergenthaler, dass die „musikalisch-religiösen" Interpretationen zu den einzelnen Liedern, die sowohl der Hinführung als auch der Überleitung dienten, vollständig zugunsten liturgisch gebundener Lesungen entfielen; und dass neben c.f.-gebundenen Sätzen auch freie Bläsermusiken vorgeschlagen wurden.[304]

Weil sich auch beim *Instrumentarium* der Westbund-Posaunenchöre in den 1950er Jahren mit der Abkehr von der einseitigen Hornbesetzung ein bedeutender Wandel vollzog, versuchten die Bundesposaunenwarte, einer dem Chorklang abträglichen Zufallsbesetzung durch Instrumentierungsvorschläge entgegenzusteuern. Die Stimmen sollten nicht jeweils mit der Horn- und der Trombafamilie besetzt werden, vielmehr sollte ein Posaunenchor zwei Register anstreben: ein in allen Stimmen durchbesetztes, weit mensuriertes Register mit Flügelhörnern und Tenorhörnern und ein ebenso in allen Stimmen durchbesetztes, eng mensuriertes Register mit Trompeten und Posaunen. Schon 1952 hatte Mergenthaler eindringlich vor Einseitigkeiten gewarnt, als die Hornfamilie in die Kritik geraten war, und sah in einer gesunden Mischung beider Gattungen auch beim Westbund das „Richtige", ohne dass die Trompeter mit einem harten, schmetternden Spiel die anderen übertönen dürften.

Nur bedingt empfohlen wurden von den Verantwortlichen die sog. Barockinstrumente von Ehmann, da diese nach historischem Vorbild nachgebauten „Clarinen" nicht für die allgemeine Verwendung im Posaunenchor, sondern für spezielle Aufführungen von Barockmusiken gedacht wären. Als geeignet sah man sie nur für das Zusammenwirken mit Singchören oder bei mehrchörigen Werken als Sonderchor an. Bei der zweiten Stimme präferierten die Berufsarbeiter im Westbund zur klanglichen Verbesserung außer den Flügelhörnern und Trompeten in Anlehnung an die Vorschläge des von 1948 bis 1973 aktiven badischen Landesposaunenwarts Emil Stober (1908–1994) noch besondere Alt-Instrumente wie die Altposaune in Es, die Alttrompete in F und das F-Althorn. Ganz ablehnend dagegen war die Haltung der Bundesposaunenwarte bei der Verwendung einzelner Klarinetten, da mit diesen Instrumenten „ein fremder Geist von der weltlichen Blasmusik" in die Chöre hineingetragen würde.

Über den *Aufbau des Chorabends* machten sich die Bundesposaunenwarte ebenfalls Gedanken und schlugen vor, nach einem zehnminütigen Einblasen (Töne aushalten, an- und abschwellen lassen, Tonleitern und deren Dreiklänge spielen, Zungenübungen machen) ein erstes gemeinsames Lied aus einem Liederbuch zu singen, um alle Strophen kennen zu lernen. Der Verlesung von Losung und Lehrtext sowie einem kurzen Gebet sollte sich die Erarbeitung des Hauptwerks innerhalb von 45 Minuten anschließen. Um den Bläsern eine Spielpause zu gönnen, setzten die Verantwortlichen zehnminütige Bekanntmachungen an, um den „Leuchtturm" mit seinen Nachrichten zu verlesen und die vorgeplanten Dienste zu besprechen. Einen breiten Raum mit insgesamt 35 Minuten sollte nun die Wiederholung des Hauptwerks der vorigen Stunde einnehmen, um das Ganze zu vertiefen. Als Abschluss war eine fünfzehnminütige Andacht vorgesehen, die möglichst reihum von allen Bläsern gehalten werden sollte, mit folgendem Ablauf: Lied, Lesung, kurze Auslegung sowie Gebetsgemeinschaft. Als wichtig erachteten die Hauptamtlichen, dass die Andacht den Mittelpunkt der Zusammenkünfte darstellen sollte, unabhängig davon, ob sie nun am Anfang, in der Mitte oder am Ende des Abends liege. Der Zeitplan sah insgesamt eine zweistündige Probe vor, sicher die Obergrenze für Laien, von denen viele nur einmal in der Woche das Instrument zur Hand nehmen – nämlich bei der Übungsstunde.

Was das innere Chorgefüge betraf, plädierten Lörcher und seine Kollegen für eine Verteilung der „innerbetrieblichen" Tätigkeiten auf mehrere Personen. Zum einen sollte der Chorleiter entlastet werden, der nicht nur als Dirigent, sondern als Leiter einer Lebensgemeinschaft gesehen wurde, als der geistliche, musikalische und menschliche Chorvorsteher, der sich zu einer Chorprobe im Vorfeld viele Gedanken zur Satzauswahl, zur Förderung schwacher Bläser usw. zu machen hatte. Zum anderen sollten die verschiedenartigen Begabungen zum Zuge kommen und die Einzelnen zur Verantwortlichkeit für die Gemeinschaft erzogen werden. Zu diesem Zweck schlugen die Bundesposaunenwarte verschiedene Dienste vor wie Noten-, Instrumenten-, Notenständer- und Kassenverwaltung, Schriftführung, Nachrichtenaustausch, Anfängerausbildung und Saalordnung. Auf jeden Fall aber sollte der Chorleiter Laie sein; hierin war Lörcher anderer Meinung als Ehmann, der seine Kantoren und Organisten in diesem Amt tätig sehen wollte.

Traditionsgemäß war es viele Jahrzehnte nur Männern und „Jünglingen" vorbehalten gewesen, in einem Posaunenchor mitzublasen. Vor dem Zweiten Weltkrieg gab es allenfalls ein paar Schwesternchöre in Diakonissenanstalten, deren „zartes Spiel" Johannes Kuhlo anlässlich einer Schulung sogar den Kursteilnehmern empfahl. Zu „gemischten" Posaunenchören kam es in größerer Anzahl erst im Zweiten Weltkrieg, als durch den Militärdienst die Mehrzahl der Männer als Bläser ausfiel und die dadurch entstandenen Lücken nicht nur durch männliche Kinder und Jugendliche, sondern teilweise auch durch *Mädchen und Frauen* ausgefüllt wurden. Allerdings machten sich nach der Kapitulation und der Rückkehr vieler Soldaten aus der Kriegsgefangenschaft die Verantwortlichen in der Posaunenarbeit sogleich daran, die Mädchen und Frauen wieder aus den Chören hinauszudrängen. Zu einem Aufsehen erregenden Präzedenzfall kam es beim Kirchentag 1950 in Essen, als Manfred Büttner, zu jener Zeit Dirigent des Gelsenkirchener Posaunenchors, Bläserinnen bei der Aufführung einer Kantate von J. H. E. Koch für Instrumentalisten und Sänger einsetzen wollte. Reichsobmann Bachmann äußerte sich vorsichtig reserviert dazu, Ehmann dagegen lehnte es rundweg ab, dass Bläserinnen sich an der öffentlichen Uraufführung beteiligen sollten. Erst aufgrund eines Votums des westfälischen Präses Wilm kam der erste Auftritt von Posaunenchorspielerinnen auf einer Großveranstaltung zustande. Allmählich fanden sich in den 1950er Jahren immer mehr Mädchen und Frauen bereit, die männliche Monopolstellung im geistlichen Bläserwesen durch ihren Eintritt in den Posaunenchor aufzubrechen. Trotzdem wurde der frauenfeindliche Grundtenor auf Seiten der Verantwortlichen bis in die 1960er Jahre beibehalten, wie folgende Äußerungen Lörchers in einem Artikel von 1960 unter der Überschrift „Posauneblasen ist Männersache" belegen: Posaunenarbeit sei bis zum Zweiten Weltkrieg eine reine Jungmänner- und Männerarbeit gewesen; erst nach 1945 hätte sich dort, wo man den Posaunenchor als kirchenmusikalische Gruppe verstünde, die Sache mit den Bläserinnen ausgebreitet, was von der Geschichte her mehr als bedenklich sei. In der Bibel erscheine zudem das Blasen nicht als Musik, sondern als Zeugnisdienst nach außen, der eine reine Männerangelegenheit sei. Lörchers Kollege Mergenthaler sekundierte ihm mit folgenden Behauptungen: Blechblasinstrumente seien für Mädchen ungeeignet, sogar gesundheitsschädlich; Frauen und Mädchen würden Probleme für das Miteinander der Geschlechter in die Chöre hineintragen; bei Hochzeit und Schwangerschaft würden sie mit dem Blasen wieder aufhören; die innere Prägung des Chores als Bruderschaft und sein missionarischer Diensteinsatz könnten von Bläserinnen nicht mitgetragen werden; Mädchen würden Jungen aus den Chören wegdrängen usw. Allenfalls konnten sich die leitenden Männer noch dazu bereit finden, in der Diaspora aufgrund der geringen Kandidatenzahlen Bläserinnen zu tolerieren oder die Anwerbung als große Ausnahme zu verstehen, sodass unter hundert Bläsern sich vielleicht ein Mädchen befinde.

Insofern stellte der Bundesposaunenrat des Westbundes als auch der Bundesvorstand Anfang der 1960er Jahre fest, dass sie die Durchmischung der Posaunenchöre mit Mädchen für eine ungute Entwicklung hielten und deshalb dringend davon abraten würden, Mädchen in die Chöre hineinzunehmen. Bei Freizeiten und Lehrgängen des Westbundes wurden darum weiterhin keine Mädchen zugelassen. Die Diskussion kam allerdings erst richtig in Gang, als in einem offiziellen Schreiben des Westbundes, unterzeichnet vom Bundeswart sowie allen Bundesposaunenwarten, festgestellt wurde, dass beim Bundesposaunenfest 1962 in Dortmund Mädchen und Frauen nicht mitblasen sollten, sondern freundlichst eingeladen seien, als Festgäste auf den Rängen Platz zu nehmen. Dieses Dokument löste einen Sturm der Entrüstung unter verschiedenen Bläsern und Chorleitern aus, die sich schriftlich an den Bundesvorstand und die Bundesposaunenwarte wandten, um ausführlich zu begründen, warum weibliche Bläser einen Platz nicht nur im Chor, sondern auch beim Bundesfest verdient hätten. Der Siegeszug des femininen Geschlechts ließ sich nicht mehr aufhalten, auch wenn Richard Lörcher nicht mehr miterlebte, dass spätestens seit den 1970er Jahren Frauen und Mädchen vielerorts selbstverständlich zum Erscheinungsbild eines westfälischen Posaunenchors gehörten. So betrug 1981 die Anzahl der Bläserinnen im Westbund 1.299 bei einer Gesamtzahl von 9.095, was einem Anteil von 14,28 % entspricht. Zwanzig Jahre später war er sogar auf 23,5 % angestiegen, sodass etliche Chöre gar nicht mehr spielfähig wären, wenn sie nicht weibliche Bläser in ihren Reihen hätten.

Eine konsequente Haltung nahm Lörcher nicht nur beim Mädchenblasen, sondern auch im Blick auf die Frage des *Alkohols* beim Ständchenblasen ein: Er schlug vor, dass jeder örtliche CVJM-Vorstand beschließen solle, dass der Posaunenchor im Dienst Alkohol ablehne aufgrund der Verantwortung für seine jungen Bläser wie auch von seinem Verkündigungsauftrag her.

Lörchers konservative Einstellung setzte sich fort im Blick auf seine eindeutige Position in den theologischen und kirchenpolitischen Auseinandersetzungen seiner Zeit, indem er sich auf Anraten seines Schwiegervaters Paul Tegtmeyer und von Karl Sundermeier (*1930), Bundeswart beim CVJM-Westbund von 1958 bis 1971, der 1966 aus dem „Bethel-Kreis" entstandenen Bekenntnisbewegung „Kein anderes Evangelium" anschloss. Wegen seiner religiösen Biografie und seiner biblizistischen Grundhaltung fühlte er sich diesem Zusammenschluss von bekennenden Christen verbunden, der sich vehement gegen die historisch-kritische Methode, Synkretismus u. a. zur Wehr setzte. An der öffentlichen Kundgebung am 6. März 1966 in der Dortmunder Westfalenhalle, in der inzwischen traditionell die Bundesposaunenfeste stattfanden und zu der 24.000 Besucher kamen, nahm der Bundesposaunenwart auch teil. Drei Jahre lang gehörte er dem Vorstand an und bereitete die großen Kundgebungen in Essen und Dortmund vor, an denen sich auch viele Bläser beteiligten.[305]

Nach einem schweren Herzinfarkt musste sich Richard Lörcher am 1. November 1967 auf ärztliche Anweisung hin in den *Ruhestand* versetzen lassen. In den kommenden Monaten betreute er noch Minden-Ravensberg, Klocke nahm das Ruhrgebiet hinzu und Beinhauer die restlichen westfälischen Chöre. Als sich abzuzeichnen begann, dass Lörcher keine weiteren Dienste mehr übernehmen konnte, teilten sich die beiden verbliebenen Posaunenwarte die Zuständigkeiten wie folgt auf: Beinhauer übernahm Westfalen und Kurhessen, Klocke das Ruhrgebiet, das Rheinland und Hessen-Nassau. Trotz der schwierigen Finanzlage beschloss der Bundesvorstand 1968, wieder einen dritten Bundesposaunenwart einzustellen. Am 1. Januar 1970 trat Wilhelm Schmidt, Posaunenbläser und C-Kirchenmusiker aus Neunkirchen, seinen Dienst auf der Stelle Lörchers an. Beim Abschluss der Bundesmitarbeitertagung am 25. Mai 1968 in Kassel wurde Lörcher offiziell von Bundeswart Karl Sundermeier aus dem Dienst des Westbundes verabschiedet, am 15. Januar 1970 bei einer Mitarbeiter-Veranstaltung im Kasseler Eichenkreuzheim aus dem Dienst des CVJM-Gesamtverbandes. Trotzdem übernahm er noch sporadisch Dienste, so die Bibelarbeit bei der Tagung der Kreisposaunenwarte im Frühjahr 1969. Als Lörcher mit seiner Familie am 13. Juli 1970 im nordhessischen Spangenberg Urlaub machen wollte, starb er an Herzversagen. Auf dem Betheler Friedhof wurde er in der Nähe des Grabes von Johannes Kuhlo beigesetzt, mit dem er durch die Bläserarbeit ein Leben lang verbunden gewesen war.

Richard Lörcher hat unzweifelhaft in der CVJM-Bläserarbeit viele Akzente gesetzt und Impulse gegeben – vor allem im Blick auf die Willinger Bläserlehrgänge und die Bundesposaunenfeste – und so den ersten drei Nachkriegsjahrzehnten seinen Stempel aufgedrückt. Eigenes Profil gewann er durch seine streitbare theologische Position, seine konservative Haltung, seinen missionarischen Eifer und sein Eintreten für die Anliegen des Jungmännerwerks in der Auseinandersetzung mit dem Posaunenwerk, auch wenn er den gordischen Knoten dieses Konflikts nicht zerschlagen konnte. Ein genialer Vordenker im Musikalischen wie die Kuhlos oder Ehmann war er nicht, sondern wie sein Antipode Duwe in diesem Bereich mehr Adjutant als General. Er übernahm viele Ansichten und Einsichten seiner Vorbilder, machte sie natürlich auch publik und verschaffte ihnen weiterhin Breitenwirkung, ohne originär zu sein. Unkritisch war er bei der völligen Übernahme der Ehmannschen Bläsergeschichtsdeutung, sodass er dessen unhistorische Thesen nicht hinterfragte, sondern einfach wiederholte. Dafür widerstand er im Unterschied zum Herforder Professor und zum Betheler Posaunenmeister der Versuchung und Faszination des Nationalsozialismus. Nicht das Handwerkliche des Blasens stand bei ihm im Vordergrund, sondern das Dienende, darum war die Musik für ihn die Magd der Mission. Seine Liedschöpfungen sind inzwischen nicht mehr fester Bestandteil der Jugendarbeit, und was sonst von seinem Vermächtnis die Zeiten überdauern wird, ist fraglich. Diejenigen, die ihm persönlich begegnet sind und mit ihm zusammengearbeitet haben, haben ihn in bleibender Erinnerung behalten aufgrund seiner verbindlichen, engagierten, authentischen Art. Bezeichnend ist jedenfalls, dass der damalige leitende Generalsekretär Walter Arnold (1929–1994) seine Dankesansprache an den scheidenden Bundesposaunenwart unter das Thema „Richard Lörcher – Schwabe – Diakon – Lehrer" stellte, denn in diesen Stichworten spiegelt sich die Größe, aber auch die Grenze der Persönlichkeit Löchers wider. Er selbst sah sich als musikalisch geschulter Laie, der zwar engen Kontakt mit den Fachleuten hielt, aber sich nicht ihnen überantwortete. Auf diese Weise behielt er seine spezifische Sichtweise der Bläserarbeit, die in den folgenden Sätzen in einem Brief Lörchers an Busch vom 1. Februar 1955 zum Ausdruck kommt:

„Es hat offenbar Gott gefallen, grade ein von den Fachleuten mit so viel Fragezeichen versehenes Werk wachsen zu lassen bis auf diesen Tag. Das Werk wächst von seiner Mitte her: Jugend unter dem Wort."[306]

5.4 Die Ära Wilhelm Ehmanns in Westfalen

Was für eine schillernde, polarisierende Persönlichkeit Wilhelm Ehmann gewesen sein muss, zeigten die Diskussionen um die vom Landeskirchlichen Archiv der Evangelischen Kirche von Westfalen konzipierte Wanderausstellung „Mit Posaune, Chor und Taktstock. Wilhelm Ehmann (1904 – 1989) und die Kirchenmusik", die am 21. Oktober 1999 während der Westfälischen Landeskirchenmusiktage in Recklinghausen eröffnet wurde. Empörte Ehmann-Verehrer, die in der Ausstellung eher eine Abrechnung als eine Ehrung erblickten, meldeten sich genauso zu Wort wie Ehmann-Kritiker, die befürworteten, endlich die Schattenseiten dieses Mannes zu nennen. Von dürftig und tendenziös bis gelungen und befreiend reichten die Reaktionen der Besucher. Es muss also eine nicht einfach zu erklärende Aura an Ehmann haften, der sich nicht nur um die Kirchenmusik, sondern auch in besonderer Weise um die Posaunenchorbewegung verdient gemacht hat.

Wilhelm Christoph Ernst Walter Ehmann wurde am 5. Dezember 1904 als ältester Sohn des Jugendheimleiters Wilhelm Ehmann und seiner Frau Frieda, geb. Borges, in Freistatt/Wietingsmoor, einer Zweigstelle der Anstalt Bethel, geboren. Als sein Vater nach einer Zwischenstation sein Arbeitsfeld als Diakon in den v. Bodelschwinghschen Anstalten in Bethel bei Bielefeld fand, konnte Wilhelm in einer reichen Musiktradition aufwachsen. Mit dem Bläser-

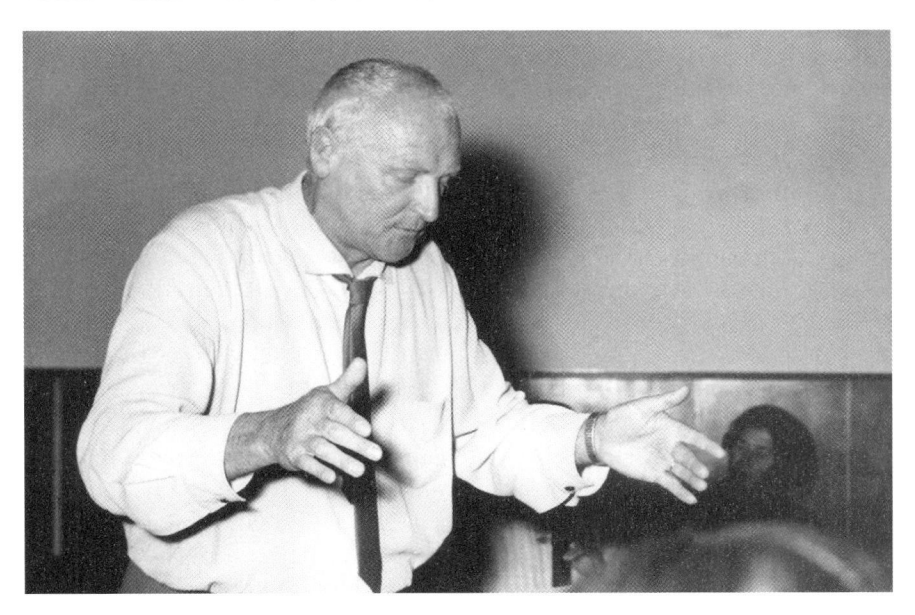

Wilhelm Christoph Ernst Walter Ehmann

wesen, der Kirchenmusik und der Singbewegung kam er dadurch schon früh in Berührung, Begegnungen, die ihn stark prägten und den weiteren Verlauf seines Lebens entscheidend mitbestimmten.

In Bethel besuchte er seit 1911 die Volksschule in Gadderbaum, durchlief die Mittelschule in Bielefeld und die Präparandenanstalt in Schildesche. Das Lehrerseminar in Schildesche, an dem er eine Ausbildung in Geige, Orgel und Chorleitung erhielt, schloss er 1925 mit der Lehrerprüfung ab, um dann am Realgymnasium in Bielefeld bis zur Reifeprüfung 1928 vorzudringen. Als Schüler gründete er 1924 in Bethel als Folge der Singtage unter Fritz Jöde und Vogelsang einen bis 1928 bestehenden Singkreis, mit dem er Fahrten bis ins Baltikum und nach Finnland unternahm. Nach dem Abitur studierte Ehmann nach eigenen Aussagen an den Universitäten Freiburg und Leipzig Musikwissenschaft bei Gurlitt, Kroyer und Zenck, Geschichte, neuere Literatur, Kunstgeschichte und Philosophie. Neben pädagogischen und wissenschaftlichen Studien blieb Ehmann der musikalischen Praxis verbunden: Er übernahm das Kantorat an der Christuskirche in Freiburg, gründete und dirigierte von 1928 bis 1938 den dortigen Chor, leitete von 1932 bis 1938 den Lobeda-Chor, der sich 1933 in die NS-Gemeinschaft „Kraft durch Freude" eingliederte, betreute von 1934 bis 1938 das Collegium musicum vocale et instrumentale am musikwissenschaftlichen Seminar und engagierte sich im völkisch-nationalistischen Flügel der Singbewegung, dem Finkensteiner Bund.

Professor Willibald Gurlitt (1889 – 1963), Begründer des musikwissenschaftlichen Seminars in Freiburg, vertraute Anfang der 1930er Jahre seinem Schüler Ehmann als Forschungsaufgabe eine Promotion über Adam von Fulda an. Nicht von ungefähr: Gurlitt, von faschistisch-nationalistischem Gedankengut durchdrungen und vom Hitlerschen „Neuaufbruch" begeistert, wollte besonders in der „nordischen" Musik der Reformationszeit die „bodenständigen nationalen Kräfte des Deutschtums" zu Tage bringen. Ehmanns Dissertation „Adam von Fulda als Vertreter der ersten deutschen Komponisten-Generation", mit der er am 1. April 1934 Gurlitts Assistent wurde, verzichtete zwar auf aktuelle politische Bezüge, hatte jedoch das rassistisch bestimmte Ziel, das Musikideal von der „völkischen Überfremdung" zum „arischen" Ursprung zurückzuführen. Zu seiner Assistentenzeit leitete er durch mehrere Semester eine Arbeitsgemeinschaft über die Geschichte der Singbewegung, die Studenten aller Fakultäten offen stand.[307]

Noch während seiner Studienzeit hatte Ehmann zeitweise im Haus des Freiburger Universitätsprofessors Dr. med. Karl Hegar gewohnt. Dort lernte er dessen Tochter Elisabeth kennen, eine promovierte Musikwissenschaftlerin, die er 1934 heiratete. Aus ihrer Verbindung gingen drei Kinder hervor: Hedwig, Jutta und Heinrich.

Zu einem ersten Bruch in Ehmanns Biografie – allerdings privater Natur – kam es 1938 durch die Scheidung von Elisabeth Hegar, ein Umstand, den Ehmann in seinen späteren selbst verfassten Lebensläufen durchgehend unterschlug. Im Februar 1939 heiratete er deren Schwester Irmgard, die ihm die Zwillinge Ulrike und Friederike sowie die Söhne Wilhelm und Johannes gebar. Das Sorgerecht für seine drei Kinder aus erster Ehe erhielt er im Mai 1939 vom Vormundschaftsgericht zugesprochen.

Ehmann entfaltete im Rahmen seiner umfangreichen Aktivitäten auch eine rege schriftstellerische Tätigkeit. Er verfasste in der zweiten Hälfte der 1930er Jahre verschiedene Aufsätze und Abhandlungen, die allerdings in seiner Bibliografie von 1976 unterschlagen wurden, da sie eindeutig von seinem nationalsozialistischen Gesinnungsgut Zeugnis ablegen. Unter ihnen finden sich so aufschlussreiche Titel wie „Die Liederstunde des Volkes" (1936/37), „Vom Marschlied und seiner Lebensform" (1938) oder „Musikalische Feiergestaltung. Ein Wegweiser guter Musik für die natürlichen und politischen Feste des Jahres" (1938/39).

Anfang 1939 bewarb sich Ehmann, nachdem seine Habilitationsschrift „Ein musikalischer Nachlaß Wilhelm Jakob Behagels aus der Schule Anton Friedrich Justus Thibauts in der Universitätsbibliothek Freiburg i. Br." aufgrund großer Mängel erst im zweiten Anlauf am 25. Juni 1937 angenommen worden war, für die Nachbesetzung des seit April 1938 vakanten Lehrstuhls für Musikwissenschaft in Innsbruck, um endlich seine höchste akademische Sprosse zu erklimmen und damit seinen Lebenstraum zu verwirklichen. Die Stelle war allerdings nur frei geworden, weil der bisherige Lehrstuhlinhaber Wilhelm Fischer (1886 – 1962) kurz nach dem Anschluss Österreichs an Hitler-Deutschland wegen seiner jüdischen Abstammung seines Amtes enthoben worden war. Dass am 9. Januar 1940 der Ruf an Ehmann erging, obwohl außer ihm noch die ihm fachlich überlegenen Dozenten Hans Engel (1894 – 19??) aus Königsberg und Werner Korte (1906 – 1982) aus Münster vorgeschlagen waren, verdankte der Freiburger Dozent vor allem der tatkräftigen Unterstützung des Tiroler Gauleiters Franz Hofer (1902 – 1975), der die „besonderen Führereigenschaften" Ehmanns kulturpolitisch nutzen wollte, sowie der Protektion des Innsbrucker Universitätsrektors Harold Steinacker (1875 – 1965), der als SA-Sturmführer Ehmanns Reputation als SA-Kamerad zu schätzen wusste.[308]

Am 16. Juni 1943 wurde Ehmann zur *Wehrmacht* eingezogen und nach Rekrutendienst in Innsbruck und Zwischenstation in Berlin auf Vermittlung seines Freundes Dr. Herbert Just noch im Herbst 1943 als Kapitänleutnant zur Wehrbetreuung bei der Marine versetzt. Als Referent für Erziehung, Menschenführung und Feiergestaltung im NS-Führungsstab des OKM erhielt er folgende Beurteilung:

> „Militärisch weit über dem Durchschnitt, vorbildliche Leistungen auf dem Gebiet der NS-Führung ... Starke Seiten: Vorbildliche Einsatzbereitschaft, auch in Dingen, die außerhalb des normalen Dienstes liegen; Erfahrungen in der Menschenführung und Geeignetheit f. die NS-Führung; Organisations- u. Rednertalent. Schwache Seiten: sind nicht in Erscheinung getreten. E. vereinigt auf seine Person alle guten Eigenschaften, die ihn befähigen ein guter Res.-Offz. zu werden. Als hauptamtlicher NSFO, aber auch zur Verwendung im Truppendienst vorzüglich geeignet."[309]

Gegen Ende des Krieges kam Ehmann als „Singeleiter" zur Marinekriegsschule in Mürwick bei Flensburg, wo er nach der Kapitulation bis Sommer 1945 interniert blieb. An eine Rückkehr nach Innsbruck war ohnehin nicht mehr zu denken, da die französischen Besatzer in Tirol am 30. Juni 1945 alle „Reichsdeutschen" aus ihren dienstlichen Stellungen entlassen hatten. Am 22. Juli 1945 wurde Ehmanns Familie aus Österreich ausgewiesen, ihr Vermögen beschlagnahmt. Sein Vorgänger Fischer wurde rehabilitiert und hielt von 1948 bis 1957 wieder in Innsbruck als Ordinarius Vorlesungen. So blieb Ehmann nichts anderes übrig, als erst einmal von Schleswig-Holstein nach Ostwestfalen in seine Heimat zurückzukehren. Von Bethel aus siedelte er noch 1945 nach Lippinghausen bei Herford über, um dort für die ersten fünf Jahre in einem kleinen Flüchtlingsheim Unterkunft zu finden. Gleichzeitig übernahm er das Kantorenamt in dieser Gemeinde und fasste damit im Bereich der Kirchenmusik beruflich wieder Fuß.

Ehmanns Ruf war zwar durch seine Tätigkeiten im sog. Tausendjährigen Reich diskreditiert, doch arbeitete er mit der ihm eigenen Beharrlichkeit und Zähigkeit an seinem gesellschaftlichen Comeback. Dass er in den politischen Gliederungen des Nazi-Staates an führender Stelle mitgearbeitet hatte, konnte er zwar nicht leugnen, gab aber vor, dass er innerhalb dieser Formationen als Widerstandskämpfer gegen sie habe arbeiten wollen, als eine Art Doppelagent. 1947 organisierte Ehmann mit anderen alten Kameraden der Singbewegung auf der Jugendburg Vlotho die Tagung „Deutsche Musikbewegung", die den Grundstein zur Sammlung der alten Kreise der Jugendmusikbewegung legte. Angeblich zu kritischer Selbstbesinnung, wie Ehmann später ausführte, in Wirklichkeit jedoch, um durch nachträgliche Geschichtsverfälschung für sich in Anspruch zu nehmen, im Grunde genommen Widerstandskämpfer im NS-Reich gewesen zu sein. Diese Reorganisation der Jugendmusikbewegung stieß vor allem bei dem aus dem Exil zurückkehrenden Philosophen Theodor W. Adorno (1903–1969) auf schärfste Kritik, der Ehmann als denjenigen Exponenten der Musikbewegung nannte, der ihre antidemokratischen Tendenzen am weitestgehenden durchdacht habe und am hartnäckigsten zu verteidigen suche.

So versuchte Ehmann, seinen Lebenslauf an verschiedenen Stellen zu schönen, was besonders in seinem Schreiben an den Entnazifizierungsausschuss in Bünde vom 23. Januar 1948 zum Ausdruck kommt. Hier behauptete der westfälische Diakonensohn, er habe von der SA loszukommen versucht, indem er sich bei seinem Wohnortwechsel 1940 von Freiburg nach Innsbruck nicht umgemeldet habe, obwohl seine An- und Abmeldung vorliegen. Ferner stellte er heraus, dass er wegen politischer Untragbarkeit aus der Kulturarbeit der Marine durch die NS-Führung zur Truppe versetzt wurde, nämlich zu einem Lehrgang für Reserveoffiziersanwärter. Weiter betonte Ehmann in dem Schreiben, das Collegium musicum der Universität Freiburg sei sogar als Widerstandsgruppe bekannt gewesen und er habe durch seine Singarbeit mit dem guten Volkslied lediglich den Kitsch und das Nazilied zurückdrängen wollen. Trotz dieser geschichtsfälschenden und wahrhaft abenteuerlichen Behauptungen stufte die Denazifizierungskammer ihn für den Landkreis Herford am 5. Februar 1948 in die Kategorie N ein, was „negativ. Keine Bedenken gegen die Anstellung" bedeutete. Damit galt Ehmann, seit 1933 Mitglied der SA und seit 1937 Parteianwärter bei der NSDAP, als entlastet, um sich nach dem großen Bruch in seiner Biografie fortan nicht mehr politisch zu engagieren.

Das abrupte Ende seiner musikwissenschaftlichen Laufbahn aufgrund seiner einseitigen politischen Einstellung und seiner mangelnden wissenschaftlichen Kompetenzen[310] markierte die nächste Bruchstelle in Ehmanns Leben, die er zeit seines Wirkens nicht verarbeiten konnte. So bemerkte er 1953 resignierend:

„Wenn ich sagen würde, es ginge mir schlecht, so wäre das gewiss nicht richtig, wenn mein Leben auch einen ganz anderen Weg zu nehmen scheint, als ich das mir ursprünglich vorgestellt hatte und als es eigentlich in meinen Wünschen lag. Gewiss fahre ich wöchentlich nach Münster zu meinen Vorlesungen, jedoch hat sich das Schwergewicht meiner Tätigkeit weitgehend auf das praktische Gebiet verschoben. Zu den Chorleiterkursen und mit meinem Chor bin ich viel unterwegs, häufig auch im Ausland und die Dinge machen Freude. Nur verzehrt ein solches Leben viel mehr Kraft als das stille Dasein in den kühlen Räumen der Wissenschaft."[311]

Ehmann wandte sich deshalb – wohl eher zwangsläufig als aus freiem Entschluss – wieder verstärkt der Kirchenmusik zu und versuchte in diesem

Bereich, die zweite Phase seiner Karriere einzuleiten. Er ging die Landessynode der Evangelischen Kirche in Westfalen und deren Präses Wilm darum an, ihm doch die Möglichkeit zur Gründung und Leitung einer Landeskirchenmusikschule zu geben. Trotz mancher Widerstände – Ehmann war weder ausgewiesener Organist noch hatte er ein Kirchenmusikstudium abgeschlossen – wurde er, protegiert vom Herforder Superintendenten Hermann Kunst, mit dem Aufbau der westfälischen Landeskirchenmusikschule betraut, die am 3. Januar 1948 in Herford mit Kirchenmusikkursen als Vorstufe für 47 Studierende begann. Gemeinsam mit dem Musiktheoretiker Johannes Hermann Ernst Koch und dem Organisten Arno Schönstedt (1913–2002), die beide aus Leipzig kamen, bildete er unter seiner Leitung das erste Lehrerteam der Herforder Kurse, die erst im Januar 1950 offiziell in die „Westfälische Landeskirchenmusikschule" umgewandelt wurden. Begonnen wurde damals mit 16 Schülern, deren Zahl beim Ausscheiden Ehmanns auf 66 angewachsen war, sodass die Landeskirchenmusikschule sich zur weitaus größten kirchenmusikalischen Ausbildungsstätte Deutschlands entwickelt hatte.

Im Jahr 1948 wurde Ehmann Mitglied der Landessynode, Leiter des kirchenmusikalisch-liturgischen Ausschusses und Landesobmann des Westfälischen Kirchenmusikerverbandes. Außerdem berief ihn die Kirchenleitung am 1. August 1948 zum Landeskirchenmusikwart. Ehmann saß also bereits drei Jahre nach seinem beruflichen Tiefpunkt wieder fest im Sattel, weil er es verstanden hatte, seine Vorstellungen im Blick auf zukünftige Aufgaben der veränderten gesellschaftlichen Geisteshaltung anzupassen.

Von seiner westfälischen Wirkungsstätte aus rief Ehmann noch im Jahr 1948 die Westfälische Kantorei ins Leben, die aus Berufsmusikern bestand, vornehmlich aus eigenen Kollegen und Schülern. Die „Ravensberger Kantorei", wie sie zunächst hieß, hatte ihren ersten Auftritt am 13. Juli 1948 zur Tausendjahrfeier der Stadt Enger. Ein Jahr später entstanden die ersten Rundfunkaufnahmen, aus denen sich eine intensive Zusammenarbeit v. a. mit dem WDR entwickelte, der zeitweise wöchentlich eine Sendung mit der Kantorei brachte. Mit diesem stimmlich bestens geschulten und zahlenmäßig auf ca. 30 Mitglieder begrenzten Vokalensemble erprobte Ehmann eine möglichst werkgetreue Aufführung der Chormusiken Alter Meister wie Schütz, Bach oder Prätorius, aber auch zeitgenössischer Komponisten wie Distler, Pepping oder Reda. Bis 1974 leitete Ehmann die „Westfälische Kantorei", mit der er sich einen exzellenten Ruf als Chorleiter und Chorpädagoge verschaffte. Er folgte mit seinem Chor Einladungen in alle westeuropäischen Länder und auf nahezu alle Kontinente, zu vielen Musikfesten und Funkaufnahmen im In- und Ausland. Insgesamt rund 600 Veranstaltungen –

Konzerte, Serenaden, Gottesdienste und Rundfunkauftritte – bestritt er in diesem Zeitraum mit seinem Gesangsensemble, das damit den Ruf als einer der besten Chöre Deutschlands festigte. Ehmann profilierte sich als führender Musikerzieher durch seine praktische Chorarbeit, die ihren literarischen Niederschlag 1948 in seinem doppelbändigen Werk „Chorführung" fand, das in den USA 1968 erschien und dort als „bible of choir directing" bezeichnet wurde.

Ehmann wurde einer der einflussreichsten Publizisten für den Bereich evangelischer Kirchenmusikpflege, Chor- und Blasmusik. Seine Bibliografie von 1976 weist elf Bücher und Schriften sowie 89 Abhandlungen und Aufsätze auf, von Rezensionen, Musik- und Arbeitsberichten, Plattenbegleittexten, Gedenk- und Denkschriften, Zeitschriften-Interviews und kirchenmusikalischen Verordnungsvorlagen einmal ganz abgesehen. Ungenannt blieben allerdings – wie bereits erwähnt – seine Arbeiten aus der Zeit des Dritten Reiches.

Im Rahmen seiner westfälischen Aufgaben arbeitete er als Leiter oder Mitarbeiter von landeskirchlichen Fachausschüssen an der Erstellung von Agenden, Gesetzen, kirchenmusikalischen Ausbildungs- und Prüfungsordnungen, an der Einführung liturgischer Weisen und des Evangelischen Kirchengesangbuches mit. Als Ehmann 1955 erneut zum Landesobmann des Westfälischen Kirchenmusikerverbandes gewählt wurde, ein Amt, das er bis 1963 bekleidete, regte er an, den bisherigen „Westfälischen Kirchengesangstag" des Kirchenchorverbandes in die „Westfälischen Kirchenmusiktage" umzuwandeln, die nunmehr von allen drei Verbänden zu gestalten waren. Die jährlichen „Ravensburger Musiktage", die bereits seit 1948 von Ehmann initiiert und geleitet worden waren, sollten nach und nach darin aufgehen.

Über seine westfälischen Aufgaben hinaus arbeitete Ehmann in einer Vielzahl von Gremien, Einrichtungen und Verbänden mit. 1951 wurde er Vorstandsmitglied im „Arbeitskreis für Haus- und Jugendmusik" und im „Internationalen Arbeitskreis Musik", für den er von 1946 bis 1966 bei insgesamt 25 Lehrgängen mitwirkte. 1952 wurde er Vorstandsmitglied des „Verbandes Gemischter Chöre Deutschlands" und 1956 der „Internationalen Heinrich-Schütz-Gesellschaft", der er den Anstoß gab, die seit 1933 unterbrochene Folge der Schütz-Feste fortzusetzen: 1953 fand in Herford das erste Schütz-Fest der Nachkriegszeit statt. Auch auf den schwedischen Heinrich-Schütz-Wochen 1953–1959 war der omnipräsente Kirchenmusiker zugegen. 1959 wurde Ehmann in den Vorstand der „Weltkonferenz für evangelische Kirchenmusik" und ebenfalls im gleichen Jahr in den „Deutschen Musikrat" als Einzelmitglied berufen. Von 1958 bis 1984 stand Ehmann für 28 Kurswochen im Laudinella-Zentrum in St. Moritz zur Verfügung, das die Engadiner Kantorei 1957 eingerichtet hatte. Auch Workshops, Summer-Sessions und Seminare in den USA, auf denen Ehmann von 1968 an als der Repräsentant für deutsche Kirchenmusik dirigierte bzw. Referate hielt, zeugen von dem internationalen und viel beachteten Wirkungskreis, den sich der Herforder Professor mit der Zeit erschlossen hatte.

Bei so vielen weitumspannenden Meriten blieben die Würdigungen natürlich nicht aus: 1969 wurde Ehmann das Bundesverdienstkreuz 1. Klasse verliehen, 1977 der Laudinella-Kulturpreis, 1978 die Ehrendoktorwürde des Westminster Choir College in Princeton.

Mit zunehmendem Alter und wachsenden gesundheitlichen Problemen trennte sich Ehmann jedoch von verschiedenen nebenamtlichen Tätigkeiten; so gab er 1970 sein Amt als Landeskirchenmusikwart ab, schied aus der Landessynode aus und zog sich aus dem liturgisch-musikalischen Ausschuss zurück.

Der Eintritt in den Ruhestand am 10. April 1972 bedeutete allerdings keine Schaffensgrenze, blieb doch die Westfälische Kantorei bis 1974, die Bläserabteilung sogar bis 1976 unter seiner Leitung, sodass die offizielle Übergabe an seinen Nachfolger Uwe-Karsten Groß (*1930) erst 1976 erfolgte. Mit dem Umzug von Herford nach St. Peter im Südschwarzwald im Januar 1986 wurde es stiller um den Westfalen, der seine Heimat sehr vermisste, obwohl er in die Nähe seiner alten Wirkungsstätte Freiburg zurückgekehrt war. Aber auch jetzt beschäftigte er sich noch mit etlichen Vorhaben und Projekten. Gezeichnet von Krankheit und den Gebrechen des Alters musste Ehmann schließlich Anfang 1989 in ein Freiburger Altenheim umziehen, wo er am 16. April 1989 verstarb. Auf seinen eigenen Wunsch fand vor der Beisetzung in Freiburg am 21. April 1989 eine Aussegnung im engen Kreis der Familie statt; ein Gedächtnisgottesdienst mit den von Ehmann gewünschten Schützschen Exequien folgte erst am 6. Januar 1990 in der Herforder Kirche. Bei diesem Gottesdienst kam es zu einem Eklat, als Christian Blümel und Ekkehard Lippold von der „Gesellschaft christlicher Bläserfreunde" mit Plakaten und Flugblättern vor und in der Kirche auf die nationalsozialistische Vergangenheit Ehmanns aufmerksam zu machen versuchten.[312]

Ehmanns selbst verfasste Lebensläufe geben über seine *bläserischen Aktivitäten* nur marginal Auskunft, vieles bleibt nur angedeutet, vieles unerwähnt im Gegensatz zu seinen sonstigen kirchenmusikalischen Tätigkeiten. Er hat die Bläserei nach eigenen Aussagen nur als „ein fünftes Rad am musikwissenschaftlichen Wagen" betrachtet, auch wenn die Posaunenchorbewegung der Nachkriegszeit lange Jahre in ihm ihren richtungsweisenden Spiritus rector sehen wollte. Ehmanns musikalisch-bläserische Biografie ist dabei ohne seine geografische nicht deutbar:

In Bethel, das durch Johannes Kuhlo bereits vor dem Ersten Weltkrieg zum Zentrum der westfälischen Bläserarbeit avancierte, kam der junge Ehmann schon früh mit den metallenen Polsterzungen-Instrumenten in Berührung. So schien es fast vorprogrammiert, dass er 1919 zu dem inzwischen legendären „Kuhlo-Horn-Sextett" hinzustieß, bei dem er elf Jahre lang zu Gottesdiensten, Musikalischen Feierstunden und Kurrenden Cantionalsätze von Eccard bis Reger und Volkslieder in den Sätzen der Romantik auf seinem B-Flügelhorn spielte. Unter der Leitung von Johannes Kuhlo blies Wilhelm Ehmann zusammen mit Walther Duwe die 1. Stimme, wohingegen Ehmanns Bruder Gerhard die 3. Stimme mit dem Waldhorn besetzte.

In seiner Freiburger und Innsbrucker Zeit wandte sich Ehmann ganz der Musikwissenschaft und der Singbewegung zu, sodass das geistliche Bläserwesen auf der theoretischen und praktischen Ebene fast vollständig aus seinem Blickwinkel verschwand, sieht man einmal von der Leitung eines Freiburger Posaunenchors und dem 1931 publizierten Artikel „Neue Literatur für Posaunenchöre" ab. Erst ab 1947, nach der Rückkehr in sein westfälisches Stammland und zugleich in das bläserische Kernland Deutschlands, nahm sich Ehmann wieder der Bläsersache an und beschäftigte sich erstmals ausführlicher mit der Posaunenchorbewegung, die ihn von nun an begleiten sollte.

Als entscheidend prägend und richtungsweisend für die westfälische Bläserarbeit – und weit darüber hinaus – sollte sich der Eröffnungsvortrag Ehmanns „Formen und Reformen" auf den *Betheler Bläsertagen* 1947 erweisen. Zu diesem ersten großen Treffen aller an der Posaunenchormusik Interessierten nach dem Zweiten Weltkrieg hatte das Amt für Liturgie und Kirchenmusik der EKvW in die v. Bodelschwinghschen Anstalten eingeladen. Den Auftakt bildete am Freitagabend, 26. September, ein geselliges Beisammensein im Jünglingssaal des Assapheums, bei dem die Teilnehmer – Posaunenwarte, Kirchenmusiker, Komponisten, Pfarrer – durch v. Bodelschwingh begrüßt wurden. Am Samstagvormittag trug Ehmann nach einem Grußwort durch den westfälischen Präses Karl Koch (1876 – 1951) den Teilnehmern seine berühmten sechs Thesen von 10.00 Uhr bis 10.45 Uhr im großen Saal des Assapheums vor. Daran schloss sich eine Aussprache bis 13.00 Uhr an. Für den Samstagnachmittag war ein Vortrag des niedersächsischen Theologen und Liturgikers Christhard Mahrenholz (1900 – 1980) über

„das Instrumentarium der Posaunenchöre" vorgesehen, doch musste der hannoversche Professor absagen. Am Samstagabend musizierten der kleine Posaunenchor und der Heinrich-Schütz-Kreis Bethel unter der Leitung von Ehmann, um unter dem Titel „Blasen und Singen" Anstöße zur sog. Kantoreipraxis zu geben. Der Sonntagmorgen war dem Hauptgottesdienst in der Zionskirche vorbehalten; um 15.00 Uhr folgte im großen Saal des Assapheums der Vortrag „Die Posaunenchöre im Gottesdienst" des Pfarrers und Liturgiewissenschaftlers Karl Honemeyer (1913 – 1972), der sein Referat unter gleichem Titel 1951 veröffentlichte. In der Zionskirche fanden sich am Sonntagabend Mitglieder des städtischen Orchesters Bielefeld, der kleine Posaunenchor Bethel, der Kirchenchor Bethel und der Münster-Kirchen- und Posaunenchor Herford zu einem gemeinsam gestalteten Kirchenkonzert zusammen. Den Abschluss bildete der Montagmorgen mit Ausführungen des Trossinger Kompositionsdozenten Helmut Degen (1911 – 1995) unter der Überschrift „Die Posaunenchöre und die zeitgenössische Komposition" um 9.00 Uhr im großen Saal des Assapheums. Insgesamt 19 Komponisten beteiligten sich mit eigenen Beiträgen, sodass viele neue Formen der Bläsermusik diskutiert und erprobt werden konnten. In der Rückschau lobte der Bielefelder Generalmusikdirektor und Musikwissenschaftler Professor Hans Hoffmann diesen geschichtlichen Neuanfang mit folgenden Worten:

> „So ist es ... ein besonderes Ereignis gewesen, nur zu vergleichen mit der Freiburger Orgeltagung von 1926, daß im Herbst 1947 in Bethel Bläsertage stattfanden, die die Situation der kirchlichen Bläsermusik kritisch beleuchteten und neue Wege weisen sollten."[313]

Die neue Sicht eines jetzt nicht mehr vokalen, sondern instrumentalen Klangideals, die sich bereits seit den 1920er Jahren angedeutet hatte, brach sich von nun an durch die Ehmannschen Ausführungen über die Teilnehmer als Multiplikatoren Bahn in die Gemeindechöre.

Ehmann publizierte schließlich seinen um weitere Ausführungen ergänzten Eröffnungsvortrag 1950 unter dem Titel *„Tibilustrium"* für eine breitere Öffentlichkeit. Allerdings behandelte das Buch auf mehr als der Hälfte seiner 169 Seiten gar nicht die Posaunenchöre, sondern v. a. die Zunftbläserei und die kirchenmusikalische Restauration.[314] Über Formen und Reformen des geistlichen Blasens, so im Untertitel intendiert, wurde man also unter historischen Gesichtspunkten auf nur unzureichende Weise informiert, zumindest was den Zeitraum ab 1840 betraf.

Dies würde noch angehen, wenn der Stoff, den Ehmann vor seinen geneigten Lesern ausbreitete, exakt wissenschaftlich anhand von zuverlässigen Quellen selbstständig aufgearbeitet und geordnet worden wäre. Leider war dies nur in Teilabschnitten der Fall, sodass der unkritische Leser weder ein zutreffendes Bild von der Zunftbläserei noch von der Posaunenchorbewegung erhielt, da er Richtiges von Falschem, die beide in Ehmanns Werk ineinander verwoben waren, nicht unterscheiden konnte.

Bereits der Titel stand programmatisch für die Qualität dieser Abhandlung: nicht „Tibilustrium" vom lat. tibia (Flöte), sondern „Tubilustrium" vom lat. tuba (Posaune) müsste er eigentlich lauten. Ehmann selbst entschuldigte diese Peinlichkeit, auf die ihn etliche des Lateins Kundige aufmerksam gemacht hatten, später folgendermaßen:

> „Das Versehen erklärt sich daraus, dass ich gezwungen war, die Arbeit auf Bitten von Posaunen-Chor-Kreisen unmittelbar nach dem Krieg als Flüchtling in einem Behelfsheim anzufertigen, ohne die Quellen selbst aufsuchen zu können. Ich musste mich auf Abschriften verlassen, die mir Kollegen und Schüler bei den außerordentlichen Schwierigkeiten in der damaligen Bibliothekslage in mühevoller Arbeit anfertigten und zuleiteten … An welcher Stelle sich der Schreibfehler eingeschlichen hat, kann heute nicht mehr ermittelt werden …"[315]

Dass es sich nicht um ein zufälliges Versehen bzw. um einen einmaligen Schreibfehler gehandelt hat, sondern vielmehr um schlichte Unkenntnis philologischer und historischer Sachverhalte, zeigt der Umstand, dass auf S. 3 des „Tibilustriums" der Begriff wiederholt in seiner falschen Variante auftaucht und dass auf S. 5 der angeblich über den Tribunen stehenden Garde der „Tibienbläser" ein eigenes Fest der „Tibilustrien" unterstellt wird, das Ende April stattgefunden haben soll. Richtig ist, dass das Fest für die kultische Reinigung der Trompeten, das „Tubilustrium", zweimal im Jahr gefeiert wurde, nämlich am 23. März und am 23. Mai, und in diesem Zusammenhang nicht die gesellschaftlich eher niedrig stehenden Tibicines erwähnt werden, die es auch gab, sondern die in hohem sozialen Ansehen stehenden Tubicines.[316]

Wenn denn die Quellenlage so schwierig gewesen wäre, wie Ehmann zu seiner Rechtfertigung vorbringt, drängt sich natürlich die Frage auf, warum er das Tibilustrium überhaupt verfasst und nicht von vornherein seine Begrenztheiten erkannt hat, wie dies bei einer Absage für ein Referat auf dem Leipziger Bachfest 1950 zum Ausdruck kommt:

> „Ich habe als Flüchtling auf einem stillen Dorf Zuflucht gefunden und alles eingebüßt, was man an greifbaren Dingen besaß, also auch meine Bücherei und mein Forschungsmaterial. Die mir erreichbaren Bibliotheken, auch diejenige in Münster, sind jedoch derartig beschädigt, daß sie für den Ansatz neuer For-

schungen, die man als wesentlich betrachten könnte, nicht in Frage kommen. So bin ich leider gezwungen, wissenschaftlich gleichsam aus der Hand in den Mund zu leben und auf meine Beteiligung an Ihrem Fach-Kongress zu verzichten."[317]

Ehmanns ehemaliger Schüler Manfred Büttner hat in seiner Doktorarbeit „Studien zur Geschichte der Trompete" (Münster 1953) in mustergültiger Weise nachgewiesen, dass sein Lehrer etliche unrichtige Behauptungen und falsche Rückschlüsse bzw. Theorien über das biblische sowie über das europäische Bläserwesen der ersten anderthalb Jahrtausende aufgestellt hat.[318] Um nur einige Beispiele zu nennen: Falsch ist die Behauptung auf S. 53, dass Gideon mit Hilfe von „Posaunen", nach Ehmann „große Trompeten mit Zug bzw. Blechblasinstrumente", die Midianiter in die Flucht geschlagen hätte, denn die Posaune wurde erst im 15. Jahrhundert in Burgund entwickelt. Vielmehr handelt es sich gemäß dem hebräischen Urtext um das Schofar (Widderhorn), das überhaupt nichts mit einem Blechblasinstrument heutiger Bauart gemein hat. Falsch ist die Behauptung auf S. 6, dass die Römer nur beim Gottesdienst geheiligte Trompeten geblasen hätten, denn es gab damals verschiedene Metallblasinstrumente wie Tuba, Lituus, Cornu und Buccina, die nicht als sakrosankt galten, weil sie außer bei kultischen Anlässen auch zu militärischen Zwecken, bei Leichenbegängnissen, Sportfesten, Triumphzügen und sonstigen Staatsfeierlichkeiten Verwendung fanden. Falsch ist die Behauptung auf S. 6 f., dass eine Entwicklungslinie von den römischen Tubicines der Antike über die Joculatores und Fistulatores der Völkerwanderungszeit bis zur höfischen Kameradschaft der Trompeter und Pauker des Spätmittelalters existiert hätte, denn die Trompeteninstrumente wurden wohl im Früh- und Hochmittelalter aus dem Orient neu nach Mitteleuropa eingeführt, vielleicht haben sich auch einzelne Traditionen im kirchlichen Bereich gehalten.[319]

Schon das erste Kapitel des „Tibilustriums" stellte also ein Konglomerat aus Fakten und Fiktionen, Wahrheiten und Halbwahrheiten dar, weil, so vermutete Büttner, Ehmann nicht Quellen ausgewertet, sondern sich nur auf teilweise unzuverlässige Sekundärliteratur gestützt hätte, hauptsächlich auf J. E. Altenburgs Werk „Versuch einer Anleitung zur heroisch-musikalischen Trompeter- und Paukerkunst" von 1795.

Im Zuge seiner Darstellung der Posaunenchorbewegung ging Ehmann im Tibilustrium so freimütig mit seiner schmalen Quellenbasis um, dass er daraus des Öfteren unhaltbare und in sich unschlüssige Theorien vor allem im Hinblick auf die beiden Kuhlos Vater und Sohn ableitete, die er dem unaufgeklärten Leser als historisch und empirisch evident präsentierte. Diese

Vorgehensweise, die auf einem Defizit an sauberem Recherchieren beruhte, hat der Herforder Professor leider bei seinen späteren Abhandlungen „Das Bläserspiel", „Johannes Kuhlo" sowie im „Der Bläserchor" beibehalten und teilweise sogar weiter ausgebaut.

Ehmann hat beispielsweise im Anschluss an analoge Vorgänge bei der *Zunftbläserei* vermutet, dass die evangelischen Laienmusikanten die Blechblasinstrumente präferiert hätten wegen ihres metaphysischen Symbolcharakters, der die Erhabenheit und Gegenwart Gottes versinnbildlichen und klanglich vor Augen führen würde, und wegen ihres Klangethos, dessen „Herbheit und Strahlkraft" in eine bestimmte Haltung versetzen würde. Zunächst einmal hat das Blechblasinstrument im Laufe der Musikgeschichte Wandlungen durchgemacht, sodass es bereits in der Mitte des 19. Jahrhunderts nicht mehr unangetastet als das klingende Wahrzeichen Gottes erschien. Dennoch glaubten der Herforder Professor und andere innerhalb der evangelischen Bläserbewegung mit ihm, dass man der Zeichenhaftigkeit der Bläsermusik als solcher noch einiges zutrauen könne und dass die Beschaffenheit der Wesensart des Blechblasinstruments auch jetzt etwas davon ahnen lasse, und zwar v. a. dort, wo man noch in einer entsprechenden Überlieferung lebe.

Es bleibt aber nachzufragen, ob die Klangvorstellungen der breiten Masse inzwischen nicht durch die Verwendung der metallenen Polsterzungen-Tongeräte in den Militärspielmannszügen, in den Volksmusikkapellen, in den Jazzbands sowie in den Schlager- und Popgruppen so weit geprägt waren, dass die mit alter und neuer Kirchenmusik als kleinem Ausschnitt des gesamten euro-amerikanischen Musiklebens verbundenen Assoziationen kaum noch im Bewusstsein der Hörer von Posaunenchordarbietungen virulent geblieben sind. Es ist heute mehr als vor 150 Jahren unwahrscheinlich, dass trotz der Verwischung des ursprünglichen Klangbildes, sofern es überhaupt jemals in der behaupteten Weise existiert hat, und der Beeinträchtigung der menschlichen Hörweise durch die Auflösungserscheinungen der alten Klang- und Hörordnungen auch das moderne Ohr noch aus dem Phänomen des Blechbläserklangs etwas Überkreatürlich-Herausgehobenes vernimmt.

Ausschlaggebend für die Ablehnung dieses Begründungszusammenhangs anhand metaphysischer Symbolik im Blick auf die Wahl der Blechblasinstrumente durch die ersten Posaunenchöre ist aber letztlich, dass er erst nach dem Zweiten Weltkrieg v. a. durch Ehmann weiten Bläserkreisen bewusst gemacht wurde; in den Überlegungen der einfachen Jünglingsvereinsmitglieder und der pietistischen Pastoren des 19. Jahrhunderts hat er sicherlich keine Rolle gespielt.[320]

Ferner hat Ehmann die These aufgestellt, dass Eduard Kuhlo in seiner Berliner Studienzeit 1842/43 von der dortigen *Militärblasmusik* so tief beeindruckt und angeregt worden wäre, dass ohne jene Wieprechtschen Reformen, die die Trompeten „entthront" und die Flügelhörner in den Mittelpunkt gestellt hätten, der Ausbau der Ravensberger Posaunenchöre nicht denkbar gewesen wäre, weil Eduard Kuhlo als Kern des Wieprechtschen Bläserchors die Bügelhornfamilie übernommen hätte. Diese sich historisch gebende Ableitung ist nicht zutreffend, denn erstens erweckt sie den verzerrenden Eindruck, als habe der Nichtbläser Eduard Kuhlo das Instrumentarium der westfälischen Posaunenchöre entscheidend geprägt; zweitens fußt sie auf einer verzeichnenden Interpretation einer angeblich dominanten Stellung des Flügelhorns und der Bügelhornfamilie innerhalb der Wieprechtschen Militärmusikbesetzung; und drittens wird der Einfluss des Militärmusikinstrumentariums auf Eduard Kuhlo völlig überschätzt.

Zum ersten Einwand: Eduard Kuhlo hat sich trotz seines Dirigentenamtes in Gohfeld und seines Präsespostens nicht sehr intensiv um das Instrumentarium der Bläser gekümmert. Erst 1881 trat er mit dezidierten Vorschlägen im Vorspann zu seinem Posaunenbuch an die Öffentlichkeit, denen allerdings kein großer Einfluss beschieden war, da bereits 1891 nach seinem Tod sein Sohn Johannes in der vierten Auflage grundlegende Veränderungen vornahm.

Zum zweiten Einwand: Wilhelm Wieprecht hat in seiner Funktion als preußischer Armeemusik-Inspizient den Flügelhörnern zwar einen Platz in seinen Instrumentierungs-Zusammenstellungen eingeräumt, doch erscheinen sie nur als eine relativ kleine Klangwerkzeuggruppe unter anderen, gewichtigeren.

Zum dritten Einwand: Vermutlich hat sich Eduard Kuhlo fachlichen Rat beim Leiter des Mindener Infanterie-Regiments Nr. 15 Carl Wahnschaffe (1820–1880) und bei anderen Militärmusikern geholt, aber bestimmt nicht im Blick auf die Zusammenstellung von geeigneten Tongeräten für die christlichen Bläserchöre, sondern im Blick auf blastechnisch-musikpädagogische Fragen. Letzteres tritt deutlich in den Empfehlungen zu Tage, die Eduard Kuhlo unter der Überschrift „Charakter und Auswahl der Instrumente" im zweiten Kapitel seines Posaunenbuches gab und in denen er eine reine Blechbläserbesetzung unter Ausschluss der Holzbläser und des Schlagzeugs empfahl, um sich so markant von der Harmoniebesetzung der Wieprechtschen Kapellen abzusetzen. Deshalb war es von Ehmann irreführend zu behaupten, Eduard Kuhlo hätte Teile der transponierenden Harmoniebesetzung benutzt.[321]

Der Herforder Professor wurde dem historischen Tatbestand auch nicht gerecht, als er die Posaunenchorbewegung insgesamt als Wirkung aus der Begegnung mit *„Posaunenbibelstellen"* begreifen wollte:

> „Aus einer erneuten Begegnung mit der Heiligen Schrift ist das geistliche Blasen wieder erstanden."[322]

Vielmehr lernten die in den Jünglingsvereinen zusammengeschlossenen Männer die geistliche Bläsermusik als ein Mittel kennen, ihre spezifische Form der Frömmigkeitsausübung symbolisch mit den „göttlichen Instrumenten" zu bekräftigen, ihren Gebeten, Bibelauslegungen und geistlichen Gesängen besonderen Nachdruck zu verleihen und die Schar ihrer Gemeinschaft zu vergrößern.

Lörcher stellte in diesem Zusammenhang Ehmanns Behauptung in Frage, die Posaunenchorbewegung habe ihr tragendes Glaubensfundament und ihre wirksame Stoßkraft von den Bibelstellen her bekommen, die von Blasinstrumenten handelten, und führte weiter aus:

> „Hier ist offensichtlich Ursache und Wirkung verwechselt. Die junge Bewegung entstand nicht durch die ‚Posaunenbibelstellen'; sie war vielmehr eine Folge vollmächtiger Wortverkündigung und wuchs als echte Gemeinde Jesu Christi. Als das geistliche Blasen bei ihr aufkam, beschäftigten sich natürlich die, die es anging, mit jenen Schriftstellen. Fundamente und Stoßrichtung aber waren schon vorhanden."[323]

Die Feststellungen Lörchers sind im Großen und Ganzen zutreffend, da die sich formierenden Bläsergruppen zunächst hauptsächlich aus Jünglingsvereinen hervorgingen und beim Rückgriff auf die Blechblasinstrumente mehr an deren Freiluftcharakter und ihre daraus resultierenden Begleitmöglichkeiten sowie an deren technische Handhabung dachten als an die Nachahmung biblischer Vorbilder.[324]

Ehmann unternahm im „Tibilustrium" auch den Versuch, historische Entwicklungslinien bei der *Schwerpunktsetzung der bläserischen Dienste* aufzuzeigen, indem er auf einen Ansatz des niedersächsischen Liturgikers Christhard Mahrenholz zurückgriff, der wiederum auf Überlegungen des sächsischen Posaunenpfarrers Adolf Müller fußte. Die dabei in Gang gekommene Diskussion samt ihren Ergebnissen wurde von Ehmann allerdings nicht registriert, denn zwei Jahrzehnte später rekapitulierte er rückblickend nur das starre Stufenmodell von Mahrenholz.

Zunächst seien die Posaunenchöre, die als Spielgruppen dem CVJM angehörten, Vereinskapellen gewesen und hätten die Vereinsversammlungen verschönert, wobei dies mancherorts bis heute so geblieben sei und die Gefahr der Abkapselung mit sich brächte. Viele Chöre hätten sich aber dann von dieser Grundlage aus zu Missionschören entwickelt, die in der Evangelisation der „glaubenserstarrten Massen" ihr zentrales Anliegen erblickten; ihre Gefahr bestehe allerdings in der Verengung auf einen Einzelauftrag und in einem gewissen Gefälle zur Heilsarmee. Andere Vereinschöre hätten sich zu Gemeindechören entwickelt und wären in einen vielfältigen musikalischen Gemeindedienst innerhalb und außerhalb des Gotteshauses hineingewachsen. Doch sei auch hier eine Gefahr gegeben, nämlich in der Tendenz zu einem zu lockeren „Zusammenhang" der Bläser und dem starken Angewiesensein auf eine gute Leitung.

Was ist historisch verifizierbar an dem eine Umschichtung des Wirkungskreises behauptenden Dreistufenmodell Vereinschor-Missionschor-Gemeindechor? Richtig und zutreffend ist die Feststellung, dass die meisten Chöre zunächst aus der bündisch organisierten Erweckungsbewegung herauswuchsen. Doch viele Zeugnisse aus der zweiten Hälfte des vorletzten Jahrhunderts zeigen deutlich auf, dass der Tätigkeitsbereich der ältesten Posaunenchöre nicht alternativ auf einen Vereins-, Gemeinde- oder Missionsrahmen festgelegt war, sondern so umfassend und facettenreich, wie er sich auch heute darstellt. Es ist nirgends die Rede davon, dass ein Posaunenchor nur dazu gegründet worden wäre, um ausschließlich einem Jünglingsverein zu dienen, oder dass er sich bewusst von liturgisch-missionarisch-diakonischen Aufgaben in der Gemeinde wie Gottesdienst-, Kurrende- oder Turmblasen ferngehalten hätte. Natürlich mag es da und dort zu Schwerpunktsetzungen spezifischer Art bei den Einsätzen, vielleicht sogar zu Verengungen gekommen sein. Aber dass es zunächst hauptsächlich Vereinschöre, dann Missionschöre und zuletzt Gemeindechöre gegeben hätte, ist eine durch nichts zu erhärtende These. Diese Fiktion beruht auf einer idealisierenden, simplifizierenden Deutung einer vielschichtigen Wirklichkeit, die sich eben nicht in konstruierte Schemata einfangen lässt.[325]

Auch bei einer anderen, nachhaltig wirkenden Hypothese versuchte Ehmann, komplexe und komplizierte Entwicklungsabläufe auf eine einfache und griffige Formel zu bringen, um sie dadurch zu verengen: Die beiden Kuhlos hätten ihren Auftrag von Anfang an als wesentlich volksmissionarisch verstanden und daher ihren Musiziergruppen zunächst Aufgaben im Freien zugewiesen; deshalb hätte das eigentliche Schwergewicht ihres bläserischen Dienstes in seinen geschichtlichen Ursprüngen außerhalb des Gotteshauses gelegen.

Unbestritten ist, dass es von der Entstehungsgeschichte des geistlichen Bläserwesens aus der Erweckungsbewegung her im 19. Jahrhundert zu einer Verbindung von Bläserarbeit und Innerer Mission und Diakonie gekommen ist. Aber diese Verknüpfung und auch die Tatsache, dass die Posaunenchöre von Anfang an missionarische Dienste wie Kurrendeblasen u. Ä. verrichteten, lassen noch nicht den Rückschluss zu, dass es sich hierbei um den herkömmlichen Schwerpunkt oder gar um den ursprünglich alleinigen Aspekt ihres Auftrages gehandelt habe. Aus keiner öffentlichen Stellungnahme von Männern der Posaunenchorbewegung vor dem Ersten Weltkrieg ist zu entnehmen, dass sie auf diese Aufgabe besonderes Gewicht gelegt hätten; vielmehr erscheinen bei der Aufzählung der Einsatzbereiche die verschiedenen Wirkungskreise in Gottesdienst, Volksmission und Verein ohne exponierte Stellung nebeneinander.

Erst in der Zeit der Weimarer Republik ist es durch Adolf Müller zu einer theoretisch durchdachten Festlegung des Aufgabenschwerpunktes der Bläserchöre auf die Volksmission gekommen. Der Wirklichkeit des Choralltags hat dieses Wunschprofil des rein missionarischen Bläserstoßtrupps dabei noch zu keiner Zeit in allen Teilen entsprochen, sodass Ehmanns Darstellung schlichtweg falsch ist, wenn er ausführt:

> „Als vor hundert und mehr Jahren die Posaunenchöre entstanden, gab es keine Musizierform, in der das geistliche Blasen seinen gesicherten Platz gehabt hätte … Im geistlichen Bereich mussten sie [sc. die Musizierformen] jedoch erst wieder geschaffen werden. Die beiden Kuhlos haben diese Aufgabe für ihre Zeit gültig erfüllt … An erster Stelle stand die Posaunenmission."[326]

An anderer Stelle trug Ehmann sogar die gewagte These vor, Eduard Kuhlo hätte verschiedene „*gemeindliche Anlässe* aufgerichtet" und Johannes Kuhlo hätte sie dann gefestigt. Unter diesen Anlässen verstand er

> „… das Blasen vom Turm, die Posaunenkundgebung, das Spiel bei Gemeindefeiern, das Blasen bei Beerdigungen im Trauerzug, das Blasen bei geistlichen Umgängen mit Konfirmanden, bei der Einweihung einer Kirche, im Erntedankzug usw., das Anblasen eines neuen Jahres in der Silvesternacht, das Dreikönigsblasen zu Weihnachten, das Blasen auf Friedhöfen am Totensonntag und zu Ostern, das Kurrendeblasen bei Kranken, Alten, Jubilaren, Geburtstagen usw., Ständchen vielerlei Art."[327]

Durch diese Darstellung erweckte Ehmann den Eindruck, alle Dienstgestalten des geistlichen Blasens seien in monogenetischer Weise auf die beiden Kuhlos zurückzuführen – ein ganz und gar schiefes, unzureichendes Bild einer in vielen Traditionssträngen verlaufenden Entwicklung, weil es die Rolle der beiden Kuhlos völlig überzeichnet. Was die Dienstgestalten anbelangt, deren Initiierung Ehmann den beiden Posaunenvätern zuschreiben möchte, so ist schon aus den Zeitzeugnissen eindeutig ersichtlich, dass sie, abgesehen von der musikalischen Feierstunde, bereits gang und gäbe waren, als Eduard Kuhlo sein bläserisches Wirken zu entfalten begann. Darüber hinaus wird in Aufzählungen der Einsatzarten aus dieser Zeit nirgends deren Aufkommen und Ausgestaltung den beiden Kuhlos zugeschrieben, obwohl sie schon damals ein bestimmtes Ansehen innerhalb der Bewegung genossen. Die einzelnen bläserischen Darstellungsweisen verdankten ihre Entstehung nicht der schöpferischen Planung der Kuhlos, sondern sind eher organisch aus Vereins- und Gemeindeleben den Posaunenchören zugewachsen.[328]

Um die Notwendigkeit seiner Forderung nach der Aufnahme einer *Musizierverbindung zwischen Posaunenchören und anderen Musikgruppen* wie Orgel, Kirchenchor usw. zu unterstreichen, entwarf Ehmann im „Tibilustrium" ein unzulängliches Bild der Vergangenheit, indem er den Hang des geistlichen Bläserwesens zur Abkapselung in einer Absolutheit beschrieb, die nicht der geschichtlichen Wirklichkeit entsprach. Er unterstellte den christlichen Bläserchören, dass sie sich von Anfang an von den anderen Chorkreisen und Musiziergemeinschaften abgeschlossen und immer nur unter sich als reine Blasvereinigungen gespielt hätten, sodass ihre Instrumente niemals mit anderen Klangkörpern gekoppelt worden wären. Die Gründe für diese musizierförmige Isolierung des geistlichen Blasens sah er erstens in der Natur des Bügelhorntypus gegeben, das über das Schlicht-Liedmäßige hinaus keine weitere künstlerische Entfaltung zulasse und in seiner Schwerfälligkeit ein Zusammengehen mit anderen Tongeräten kaum ermögliche; ferner in der gegen originale Bläsermusik und zeitgenössische Komposition abgeschirmten Festlegung auf die Vokalliteratur, obgleich gerade dadurch sich eine Musizierverbindung wenigstens zu den gemischten Chören hätte ergeben müssen; schließlich in der religiösen Grundhaltung der aus der Erweckungsbewegung erwachsenen Bläserkreise, die stets zu einer zirkelhaften pietistischen Abkapselung gegenüber der Umwelt geneigt hätten.

Nun haben bereits bei den Minden-Ravensberger Gau-Posaunenfesten und bei den Herforder Kantatenfesten Jungfrauen-, Jünglings- und Kinderchöre, Orgel und Orchester nicht nur im Wechsel, sondern auch gemeinsam mit den Posaunenchören musiziert. Zum anderen gab es bereits in den 1920er und 1930er Jahren Bestrebungen von verschiedenen Seiten, die in die gleiche Richtung zielten, aber von Ehmann entweder nicht zur Kenntnis genommen oder unterschlagen wurden.

Bereits 1929 äußerte der Dortmunder Kantor Fr. de Fries die Ansicht, dass es in kleineren Verhältnissen besser sei, den Kirchenchor durch einen nicht zu stark besetzten und sauber blasenden Posaunenchor zu stützen, als ihn chorisch anspruchsvolle Sätze a cappella singen zu lassen. Im gleichen Jahr betonte Mahrenholz, dass eine ganz wesentliche Aufgabe des Posaunenchors im gemeinsamen Musizieren mit der Orgel bzw. dem Kirchenchor liege, und brachte dafür verschiedene Literaturvorschläge. Die Kirchenmusiker Utz und Stern schlugen in den 1930er Jahren eine besondere Form des Zusammenwirkens von Bläsern und Orgel vor, nämlich das Umspielen eines vom Posaunenchor unisono in jeder beliebigen Stimmlage vorgetragenen c.f. durch reiche Figurationen der Orgel. Bachmann berichtete auf den Berliner Kirchenmusiktagen 1937 vom Zusammenwirken aller kirchenmusikalischen Faktoren und auf der Vorstandssitzung des BCPD 1939 in Scheibenberg gab der Reichsobmann die Anregung, eine möglichst breite Zusammenarbeit zwischen Sänger- und Bläserchören herbeizuführen.[329]

Man wird allerdings eingestehen müssen, dass diese verbalen Appelle und avantgardistischen Experimentieraufführungen die breite Masse der Bläserchöre mehr oder weniger unberührt ließen, zumal es vor 1945 an geeigneter, leicht zugänglicher und umsetzbarer Literatur für ein Zusammenwirken von Posaunenchor, Sängerchor und Orgel fehlte, sodass Ehmann trotz seiner einseitigen Darstellung geschichtlicher Entwicklungsprozesse zu Recht ein Derivat konstatierte.

Als Schlussbeurteilung im Blick auf die angeführten Thesen und Darstellungen in den Ehmannschen Veröffentlichungen müsste man sich eigentlich Büttners grundsätzlicher Einschätzung anschließen. Er warf in diesem Zusammenhang Ehmann vor, er komme aufgrund mangelnder Sachkenntnisse zu falschen Schlüssen, weil er vorhandene Primär- und Sekundärliteratur zum großen Teil nicht oder falsch benutzt habe und weil er neue Behauptungen aufstelle, ohne danach zu fragen, ob sie bewiesen oder beweisbar seien.

Aber noch an ganz anderer Stelle im „Tibilustrium" kam die unwissenschaftliche Vorgehensweise Ehmanns zum Tragen: Bei seinen *sechs Thesen* im letzten Kapitel, denen eine wohl von ihm selbst nicht erwartete Wirkungsgeschichte beschieden war und die nicht nur die westfälische, sondern die deutsche Posaunenchorarbeit der Nachkriegszeit revolutionierten. An keiner einzigen Stelle verwies Ehmann darauf, dass er sich bei seinen Überlegungen auf den epochalen Aufsatz von Christhard Mahrenholz „Über Posaunenmusik" aus dem Jahr 1929 stützte, ja, dessen innovative Anregungen und Vorschläge über weite Strecken nur etwas abgeändert und dezidierter wiederholte – sogar in der Abfolge seiner sechs Thesen hielt Ehemann sich weitgehend an die Mahrenholzsche Gliederung.

Zu These 1: „Das flügelhorngebundene Klangideal sollte überwunden werden; der Trompeten- und Posaunenklang muss wieder in den Vordergrund treten."[330] Nichts anderes hatte bereits Mahrenholz gefordert, nur dass er weniger die Trompete als vielmehr die unpraktikable Diskantposaune bevorzugte.[331]

Zu These 2: „Das Blasen muss aufhören, ausschließlich eine Kunst des Nachahmens zu sein; es sollte sich die eigenständige Bläsermusik wieder erschließen."[332] Auch hier, auf dem Gebiet der Literaturfrage, hatte Mahrenholz bereits 18 Jahre vor Ehmann das Kuhlosche Monopol der bläserischen Vokalmusik in Frage gestellt und für die Instrumentalliteratur aus dem Orgelbereich und der Zeit der Zunftbläserei geworben.[333]

Zu These 3: „Das geistliche Blasen muss das klassizistische A-cappella-Dogma überwinden und den Anschluss an die zeitgenössische Komposition gewinnen."[334] Mahrenholz verwies an verschiedenen Stellen seines Aufsatzes auf die Verbindung zwischen Posaunenchorbewegung und kirchenmusikalischer Restauration und kam zum gleichen Ergebnis wie Ehmann: Schaffung einer dem Stil der Instrumente gerechten Literatur.[335]

Zu These 4: „Die christlichen Posaunenchöre müssen ihre Abkapselung als Chorgemeinschaften sprengen und Musizierverbindungen zu anderen Musikgruppen aufnehmen."[336] Bereits Mahrenholz erblickte im gemeinsamen Musizieren von Orgel bzw. Kirchenchor und Posaunenchor eine ganz wesentliche Aufgabe für das gottesdienstliche Wirken der Blechbläsergruppe.[337]

Zu These 5: „Die christlichen Posaunenchöre sollten den Hang zur Masse überwinden und das Musizieren in kleinen Gruppen wieder neu schätzen."[338] In seiner Abhandlung plädierte Mahrenholz für die Erziehung der Bläser zum Quartettspiel und begrüßte die Einführung zwei- und dreistimmiger polyphoner Werke.[339]

Zu These 6: „Die christlichen Posaunenchöre müssen eine intensive Durchbildung ihrer Bläser und Chorleiter erstreben und eine systematische Verbindung zum Berufsmusiker aufnehmen."[340] Dies war die einzige These Ehmanns, die er nicht aus den Mahrenholzschen Überlegungen schöpfte, wenngleich auch sie bereits in den 1920er Jahren an anderer Stelle von Adolf Müller aufgestellt worden war.[341]

Weshalb schwieg sich Ehmann im „Tibilustrium" so auffällig darüber aus, dass seine Reformvorschläge im Blick auf das „geistliche Blasen in der Entscheidung der Gegenwart" weitgehend auf dem Mahrenholzschen Aufsatz beruhten, den er ja im Literaturverzeichnis aufführte? Wollte er den Eindruck der Originalität seiner Gedanken erwecken? Oder war es schlicht Unwissenschaftlichkeit im Blick auf Nachprüfbarkeit und Herkunftsnachweis? Trotz allem – Ehmann gebührt das Verdienst, die Mahrenholzschen Innovationsversuche nicht nur gebündelt, sondern ihnen auch mit den Betheler Bläsertagen 1947 und der Veröffentlichung im „Tibilustrium" 1950 ein breites Forum zur Verfügung gestellt zu haben. Sie konnten dadurch eine Stoßkraft innerhalb der Posaunenchorbewegung entwickeln, die ihnen durch die abgelegene Publikation von Mahrenholz in der Kirchenmusiker-Fachzeitschrift „Musik und Kirche" nicht beschieden worden war.

Durch seine sechs Thesen, die er in den ersten drei Nachkriegsjahrzehnten in systematischer Weise theoretisch ausgebaut und praktisch gefördert hat, avancierte Ehmann nicht nur zu einer der „letzten großen Persönlichkeiten, die sich nach dem 2. Weltkrieg um die Kirchenmusik und die Bläserarbeit besonders verdient gemacht haben"[342], wie der westfälische Landesposaunenwart Karl-Heinz Saretzki (*1942) in seiner Laudatio 1989 schrieb, sondern hat einer ganzen Epoche der westfälischen und deutschen Posaunenchorgeschichte ihr unverwechselbares Profil aufgedrückt.[343]

Zu Ehmanns *Instrumentierungsvorschlägen*: Auf den Betheler Bläsertagen 1947 wurde über die Klangprobleme der Bügelhornchöre und ihre künftige Verwendbarkeit eifrig diskutiert. Unter anderem sollte Mahrenholz am Samstagnachmittag, den 27. September, darüber anhand von bläserischen Mensuren sprechen, doch wegen seiner Verhinderung hielt der hannoversche Landeskirchenrat Rudolf Utermöhlen (1906 – 1982) den Vortrag „Das Instrumentarium der Posaunenchöre". Entscheidend für den Fortgang der Instrumentierungsfrage wurde jedoch die erste der sechs Thesen Ehmanns in seinem Referat über die Geschichte des geistlichen Blasens. Seine Forderung nach einer Überwindung der Bügelhorn-Familie zugunsten der Trombafamilie in der „Besetzungspolitik" der Posaunenchöre begründete der westfälische Professor auf verschiedene Weise, sowohl mit musikgeschichtlichen als auch mit musikinstrumentalen Argumentationsgängen.

Zunächst hob er auf den Wandel im Klangideal ab und versuchte den Laienbläsern deutlich zu machen, dass es aufgrund dieser Veränderungen kein für alle Zeiten gültiges Instrumentarium geben könne, da eine Verabsolutierung des Klanges und eine spirituelle Überhöhung seiner Werkzeuge der geschichtlichen Entwicklung widersprächen. Von daher sei es weder künstlerisch noch theologisch haltbar, ein bestimmtes Instrumentarium für eine Aufgabe zu reservieren und ein bestimmtes Klangideal für verbindlich erklären zu wollen. Weil der Wandel in der Theologie ein freieres Verhältnis zum ersten Artikel der Schöpfung gebracht habe, müssten die Bemühungen um das Instrumentarium der christlichen Bläserchöre dahin gehen, die Trompeten und Posaunen aus ihrer musikalischen und theologischen Verbannung zu befreien und das Gegenüber von geistlich und weltlich nicht mehr wie zur Gründerzeit der Chöre auf die Bugle- und die Trombafamilie zu verteilen.

Nachdem er auf diese Weise klar gemacht hatte, dass Dogmatisierungen im Blick auf die Historie fehl am Platz seien, unternahm Ehmann den Versuch, den Posaunenchören nahe zu bringen, weshalb sich das Klangbild der Tromba-Gruppe für ihren Auftrag mehr anbiete als das der Bugle-Gruppe. Wenn, so Ehmann, die Posaunenchöre die Verkündigung des Wortes Gottes an die Gemeinde mit dem Choral als ihrer vornehmsten Aufgabe ansehen würden, könnten sie dieses Ziel nicht ohne den hohen und strengen Klang der Trompeteninstrumente erreichen. Denn im Gegensatz zum Hörnerton, der mehr für das persönlich-gefühlige und privat-erbauliche Klangideal der Romantik stehe, das Menschlich-Subjektive und Individuell-Beseelte zum Ausdruck bringe und so zum Vehikel menschlicher Empfindungen würde, eigne sich jener helle, starre, undynamische Klang der Trompeten und Posaunen – wie an den Bläserzünften ablesbar sei – zum Träger und Vermittler eines verbindlich-objektiven und allgemein-überpersönlichen Sinngehaltes, der eben nicht das weiterleite, was aus dem Menschen herauskomme, sondern das, was auf den Menschen zukomme. Dies korrespondiere mit einem durchgreifenden Wandel des Klangideals überhaupt, nämlich dass nun die Kirchen- und Profanmusik nach hellen, harten, scharf zeichnenden Klängen strebe und den romantischen Klangvorstellungen reserviert gegenüberstehe. Die Hörnerchöre fußten darüber hinaus keineswegs auf der älteren Bläsertradition, sondern auf der jüngeren Sängerüberlieferung, und könnten sich erst als Erben der „stolzen" Bläserzünfte fühlen und die „besten" Kräfte der Luther- bis Bachzeit zu Zeugen ihres Tuns anrufen, wenn sie Trompeten und Posaunen in ihre Besetzung aufnähmen.

Nach diesen grundsätzlichen Überlegungen, die allerdings als ideologisch durch Ressentiments gegen die sog. natürliche Theologie eingefärbt sowie sehr zeitverhaftet zu sehen sind, zeigte Ehmann noch instrumentale Gesichtspunkte auf, nämlich die baulichen und klanglichen Mängel des Bügelhorns. Sein Ton lasse wegen seiner durch die weite Mensur bedingten Obertonarmut Lichtigkeit und Tragfähigkeit vermissen, sei dick, stumpf, blind, verschwimmend, kernlos, unelastisch, tutend. Da sich das Bügelhorn aus dem Signalhorn entwickelt habe und ein signalhaftes Rufinstrument geblieben sei, könne es kaum als Musikinstrument im eigentlichen Sinn bezeichnet werden, sondern sei ein „Halbinstrument", obwohl man gegenwärtig kein Wort-, sondern ein Musikinstrumentarium brauche.

Daraus ergaben sich für Ehmann zwei weitere frappierende Nachteile: Erstens sei das Bügelhorn begrenzt hinsichtlich der großen bläsereigenen Ensembleliteratur der Geschichte und der Gegenwart wie Choralbearbeitungen, Turmsonaten, Festmusiken usw., weil sich dieses dicke Rufwerkzeug im Filigran des Stimmennetzes von Figuralwerken viel zu schwerfällig bewege und diese weder klanglich noch spieltechnisch und ansatzmäßig bewältigen könne. Alles über das bloße Liederspiel Hinausgehende übersteige eben die natürlichen Kräfte des Bügelhorns. Dagegen könne mit Trompeten und Posaunen als dem Bügelhorn weit überlegenen Instrumenten die alte originale Bläsermusik sachgerecht wiedergegeben werden, weil auch die musikalischen Linien in den polyphonen Sätzen auf diese Weise profiliert und deutlich zur Geltung kämen und die zeitgenössischen Tonsätze ihren von den Komponisten gewünschten hellen Klang erhielten; außerdem könne man so manche Bläsergruppen leichter von einer minderwertigen Literatur der Militär- und Unterhaltungskapellen lösen, ohne das sängerische Gebiet zu verlieren.

Zum Zweiten sei das Bügelhorn hinsichtlich seines Zusammenwirkens mit anderen Instrumenten begrenzt, und zwar nicht nur bei der weltlichen Kammermusik, sondern auch bei der Kirchenmusik, denn es füge sich schlecht mit anderen Tongeräten zusammen und könne sich nicht durch seinen besonderen Klangcharakter, sondern nur durch seine Lautstärke durchsetzen. Daher bleibe es aufgrund des Baus, der Handhabung und der erlernten Spielweise dieses Instruments äußerst unbefriedigend, wenn ein Flügelhornist etwa eine Bläserstimme in einer Kantate übernehmen oder den c.f. „in die Orgel" spielen würde. Man solle aber den Bläserchören ein Instrumentarium zur Verfügung stellen, das nicht der Isolation von anderen Musiziergruppen Vorschub leiste, sondern sie aufzubrechen helfe.

Als entscheidendes Resultat der Betheler Bläsertage betrachtete Ehmann daher die Erkenntnis, dass das Kuhlo-Horn von einem eng mensurierten Trompeteninstrument abgelöst werden müsse, sodass die Posaunenchöre vor der Aufgabe stünden, von Hornchören zu eigentlichen Posaunenchören, von verhinderten Sängerchören zu rechten Bläsergruppen im Vollsinn des Wortes zu werden, um ihren verpflichtenden Namen zu verdienen. Um aber nicht missverstanden zu werden, betonte Ehmann, dass es ihm weder praktisch durchführbar noch ideell erstrebenswert erscheine, die Bügelhornchöre vollständig durch Gruppen mit Trompeten und Posaunen zu ersetzen und die Buglefamilie aus den Posaunenchören zu verbannen, da man dadurch nicht nur den hundertjährigen Tragboden zerstören und das Wesen dieser

Vereinigungen tief verletzen, sondern sich auch die Chancen zu einer reicheren musikalischen Gestaltung nehmen würde.

Empfehlenswert sei daher, den Chören wieder Grundformen bläserischer Klangwerkzeuge, nämlich Trompeten und Posaunen, in die Hand zu geben, daneben aber die Hörner als „Sonderabteilung" bestehen zu lassen, da durch eine Verwendung der Bügelhorngruppe neben der Trompeten-/Posaunengruppe ein zweites Register ermöglicht werde. Dies sei nur dann sinnvoll, wenn gut bestückte Posaunenchöre durch Entmischung ihres Instrumentariums sowie durch Neukäufe zwei geschlossene, rein chorisch gebundene „Farben-Familien" vom Diskant- bis zum Bassinstrument zusammenstellten, nämlich eine eng mensurierte Besetzung mit zylindrischen Rohren und Kesselmundstücken sowie eine weit mensurierte Gruppe mit konischen Rohren und Trichtermundstücken. Auf diese Weise erhalte der Chorleiter die Gelegenheit zu registrieren, indem er strophen- und zeilenweise wechsle, bei Doppelchören beide Register klanglich abspalte, den c.f. und den Nebenstimmenbereich gegeneinander absetze oder bei Höhepunkten beide Register koppele, wobei er dann darauf achten müsse, dass sich die einzelnen Familien nicht gegenseitig überschreien würden, sondern in diesem Tutti-Klang in einem rechten Verhältnis zueinander stehen sollten. Allerdings werde dadurch eine planvolle Politik der Instrumentenbeschaffung und -besetzung erforderlich, die die Bläserverbände nicht dem Zufall überlassen dürften, sondern verantwortlich die Anschaffung der Tongeräte von oben her zu steuern und zu regeln hätten.

15 bis 20 Jahre nach den Betheler Bläsertagen präzisierte Ehmann seine Vorstellungen noch etwas genauer und stellte dabei nun auch die einheitliche B-Stimmung zur Diskussion, die sich zwar seit Generationen in den Posaunenchören durch den Wegfall des Transponierens bewährt habe, aus der man aber keinen Grundsatz machen dürfe, da manche Instrumente auf diese Weise an die Grenze ihrer klanglichen Möglichkeiten gedrängt würden und gepresst, gekünstelt und rau klingen würden, wie z. B. eine B-Trompete oder ein B-Flügelhorn in der Altlage. Hier klängen eine Alttrompete, ein Waldhorn oder besser eine Altposaune in Es bzw. noch besser in F in sich ruhender, sauberer und organischer, während im Sopran wegen des helleren Klanges und der größeren Höhe eine Trompete in F zu bevorzugen sei, sodass der Gesamtklang durch die Benutzung transponierender Instrumente zwar an Einheitlichkeit verliere, aber dafür an Natürlichkeit, Sicherheit und Farbigkeit gewönne.

Soweit die Ausführungen Ehmanns, die er auf den Betheler Bläsertagen zum ersten Mal einer breiten Öffentlichkeit vorgetragen hatte und deren darin zum Ausdruck gekommenen Grundanschauungen er auch in den folgenden

Jahrzehnten treu blieb. Als grundsätzliche Kritik an seinem Gedankengang ist anzumelden, dass er die Nachteile der Bügelhörner zu einseitig schilderte, unter Weglassung ihrer Vorzüge sowie der Mängel der Trompeten und Posaunen, teilweise erklärbar aus seinem Anliegen, etwas in Bewegung zu bringen.

Die Entwicklung an der Basis sollte ihm Recht geben: Im Laufe der 1950er und vollends mit den 1960er Jahren gaben viele Chöre ihre anfängliche Zurückhaltung gegenüber der Trombafamilie auf und ersetzten in den Oberstimmen die Flügelhörner mehr und mehr durch Trompeten in B und teilweise in F, im Tenor die Tenorhörner durch Tenorposaunen, im Bass die Kaisertuben durch schlankere Viertelbässe als 16er Register. Versuche mit Alt- und Kontrabassposaunen dagegen setzten sich nicht durch. Es entwickelte sich mit der Zeit sogar eine von Ehmann nicht vorhersehbare Eigendynamik, die zu einer Gegenbewegung führte. Sie machte alle Instrumente der Bügelhorn-Familie verächtlich und verdrängte sie zusehends, sodass es v. a. bei kleineren Chören zu einer einheitlichen Ausstattung durch die Trombafamilie kam.

Diese Entwicklung rief die Besorgnis Ehmanns hervor, der zwar durch seine pointierten Beschreibungen des Bügelhorns diesem Prozess unfreiwillig Vorschub geleistet hatte, dem die Wandlung nun aber allzu durchgreifend und gar zu unbedacht vor sich ging. Er mahnte darum die Laienbläser zur Vorsicht, jetzt nicht im Sinne eines „Entweder-Oder" mit bestimmten Instrumentengattungen einen „Scheiterhaufen anzurichten", sondern ein „Sowohl-als-auch" in recht verstandenem Sinne zu praktizieren, um die registermäßige Bereicherung nicht wegfallen zu lassen. Dass es zu solchen Überreaktionen gekommen war, führte der Herforder Professor darauf zurück, dass die Auflockerung und Entspannung der nahezu theologischen Klangdeutung und -festlegung in den Kreisen der Posaunenchöre weniger die Folge von Einsichten gewesen, sondern man vielmehr dem Zug der Zeit gefolgt sei.

Auf den Betheler Bläsertagen 1947 rückten zwar die Trompeten und Posaunen in den Vordergrund des Interesses im Blick auf die Umgestaltung des Instrumentariums, doch neue Blechaerophone wurden auf diesem Treffen weder konzipiert noch präsentiert. Zwei Faktoren gaben schließlich den Ausschlag, dass der Herforder Professor mit Neukonstruktionen zu experimentieren begann: Einmal machte er zunächst an der Westfälischen Kirchenmusikschule seit 1948 zahlreiche Versuche mit Trompeten und Posaunen üblicher Bauart für das Zusammenwirken mit einem Vokalchor. Im Verhältnis zu den Sängern erschienen die Blechtongeräte aber zu laut, und alle Anfang der 1950er Jahre gemachten Versuche wie Pianissimo-Spiel,

Dämpfer, Kesselmundstücke oder veränderte Aufstellungspositionen blieben wegen der Klangverfremdung und Intonationsprobleme unbefriedigend, sodass sich dem Herforder Professor die Frage nach einer Veränderung der Bauart selbst aufzudrängen begann. Zweitens wusste Ehmann um die Versuche Bachmanns und Duwes in den 1930er Jahren, den Chören Instrumente engerer Mensur zur Eindämmung des romantisch zerfließenden Klanges anzubieten und zahlreiche historische Instrumente wie Zinken, Sorduns, Dulcians, Pommern usw. nachzubauen, sodass schließlich in ihm der Plan reifte, nicht wie Duwe und Bachmann vom heute gebräuchlichen Instrument auszugehen, sondern das historische Modell als Ausgangspunkt zu nehmen und entsprechende Blechblasinstrumente nachzubauen.

Während des Heinrich-Schütz-Festes in Herford 1953 fuhr Ehmann zusammen mit Dr. Eduard Gröninger vom WDR Köln zu Pfarrer Bernoulli nach Greifensee bei Zürich und ließ dort von einem Posaunisten des Züricher Tonhallenorchesters sämtliche in Frage kommenden Trompeten und Posaunen aus der historischen Instrumentensammlung des Geistlichen ausprobieren. Anschließend liehen sie sich eine Altposaune in F (1795), eine Tenorposaune in C und eine Bassposaune in C (1785), dazu eine Trompete in C, gaben diese Museumsinstrumente Berufsbläsern vom Kölner Gürzenich- und Rundfunkorchester zum Einspielen in die Hand und setzten sie während des Schütz-Festes in verschiedenen Musiken der Schütz-Zeit ein, wo sie sich nach Ehmanns Meinung hinsichtlich ihres zurückhaltenden, schmalen, lichten, beweglichen, strukturierenden Tones klanglich überzeugend bewährten. Im Anschluss daran besuchte Ehmann das Germanische Museum in Nürnberg und die Sammlung Rück, probierte auch dort sämtliche Trompeten und Posaunen mit Hilfe seines Mitarbeiters Hans Leissner durch und wählte in der musikhistorischen Abteilung einige geeignete Instrumente aus: eine Trompete in C (1733), eine Altposaune in F (1670), eine Tenorposaune in C (1551) sowie eine Kontrabassposaune in C (1612).

Der WDR Köln ließ diese Instrumente dann bei der Instrumentenbau-Firma Alexander in Mainz, die schon für die Kasseler Musikfeste vor einigen Jahren alte Blechblasinstrumente rekonstruiert hatte, für seine Capella Coloniensis in der sog. alten Stimmung, also einen halben Ton tiefer, nachbauen. Da es Ehmann aber darauf ankam, Instrumente zu gewinnen, die nicht nur von Fachmusikern, sondern auch von Laien innerhalb der Posaunenchöre benutzt werden konnten, ließ er keine genauen Kopien anfertigen, sondern bewegte die Instrumentenbau-Firma Finke in Herford dazu, ein neues, gegenwärtiges, voll einsetzbares, das heutige Ohr ansprechendes Gebrauchsinstrument in enger Mensur mit dünnwandigem Metall, kleiner Stürze und wenig Beschlägen zu schaffen, in dem zwar die Maße und das

Klangideal der alten Instrumente als Leitbild gewählt waren, aber die notwendigen technischen Hilfen des modernen Instrumentenbaus wie Stützen, Wasserklappen, Federn, Neusilberzüge behutsam angewandt wurden; zudem ließ Ehmann die C-Instrumente auf den Grundton B stimmen sowie der Trompete eine Ventilmaschine und der Bassposaune ein Quartventil einbauen, um sie für das diatonische und chromatische Spiel geeignet zu machen.

Aus diesem Grund verwahrte sich der Herforder Professor später gegen die in Laienbläserkreisen übliche Bezeichnung „Barockinstrumente" für diese Art von Tongeräten, in der er eine abfällige historisierende Etikettierung sah, weil man den Klang der Posaune der Renaissance zuschreiben solle und weil es in der Barockzeit eben keine Ventiltrompeten gegeben habe; angemessenerweise solle man von eng mensurierten Trompeten und Posaunen sprechen. Um sicher zu gehen, probierte Ehmann diese Nachbauten mit Laien und Berufsmusikern als einem gesonderten Bläserensemble aus, auch in Verbindung mit anderen Melodie-Instrumenten, so beim Heinrich-Schütz-Fest 1957 in Bern. Aufgrund der dabei gemachten Erfahrungen gab der Herforder Professor diese Instrumente bei der Firma Finke in Serienherstellung, die Ende der 1950er Jahre Trompeten und Posaunen in F und B anbot.

Charakterisiert hat Ehmann diese eng mensurierten Instrumente folgendermaßen: Sie hätten eine ursprüngliche, natürliche Resonanz sowie eine leichtere und unmittelbarere Ansprache als die Bügelhörner und die gewohnten Trompeten und Posaunen; der Ton klinge schmal, kernig, hell und dicht, er komme direkt und sofort, dagegen sitze er nicht so sicher auf dem Instrument, druckschwacher Ansatz und ein gut ausgewogenes Verhältnis zwischen Stütze, Atem und Lippendruck seien daher Vorbedingung und eine gute Gehörkontrolle sowie eine sichere Intonation blieben erforderlich. Bei der engen Mensur sprächen die tiefen Töne verhältnismäßig schwer an, die hohen seien aber umso besser erreichbar; es fehle der schmetternde Blechklang, der Ton könne erstaunlich leise gehalten werden, er decke nicht alles zu, wirke nicht maschinell, sondern ursprünglich, natürlich und obertonreich. Der Klang der Posaune stehe an sich der Renaissance nahe, der Klang der Trompete der barocken Tonwelt, der Klang beider komme zugleich auch dem modernen Tonwollen entgegen, da er kühl und dem Rhythmischen zugewandt sei. Die Nachbauten mit Kopien historischer Mundstücke zu versehen, wollte Ehmann nicht behagen, da sie sehr schmal, flach und scharfkantig seien, sodass der Ton zische; deshalb empfahl er, zunächst die aktuellen Mundstücke mit flachem Kessel und enger Bohrung zu gebrauchen.

An Verwendungsmöglichkeiten für seine neu konstruierten Tongeräte sah der Herforder Professor eine ganze Reihe gegeben: Mit diesem Instrumentarium könne man die ältere originale Bläsermusik in der ihr zukommenden Klanggestalt überzeugend darstellen und darüber hinaus diese Werke spieltechnisch leichter bewältigen. Ihr zurückhaltender Ton lasse sie für das gemeinsame Musizieren mit anderen Klanggruppen – Sängern, Holzbläsern, Streichern usw. – willkommen erscheinen. Daher würden sie sich bei Bläserkantaten mit Sängerchören und v. a. in der Kantoreipraxis bewähren, da man die sängerischen und bläserischen Klanglinien neben- und miteinander höre und der Text nicht verschluckt werde; selbst die Blockflöte könne diese klangliche Konkurrenz aushalten. Auch für obligates Spiel in Solo-Konzerten und bei der Ausführung des Generalbasses könne das enge Instrumentarium gute Dienste leisten. Diese Instrumente ließen sich aber auch in den üblichen Posaunenchören gemeinsam mit den vorhandenen Klangwerkzeugen verwenden, indem sie den Gesamtklang würzten, ihn mit Obertönen anreicherten und als zusätzliches drittes Register neben der Hörner- und der Tromba-Gruppe dienten, was allerdings nur möglich sei, wenn man eine ganze Familie dieser Tongeräte anschaffe und einfach vereinzelt eine „Finke-Posaune oder -Trompete" dazwischen stecke.

Wie sah es nun mit der Aufnahme dieser Instrumente bei den Posaunenchören aus? Ende der 1950er Jahre berichtete Ehmann, dass es Unbehagen, Unruhe und Abwehr gegeben habe, wenn er sein enges Instrumentarium bei Tagungen im Kreise von Posaunenchörlern vorgestellt habe, weil man sich angegriffen und in Frage gestellt fühlte. Ehmann versuchte, die Ängste abzubauen, indem er versicherte, dass er die schmalen Trompeten und Posaunen zunächst entwickelt habe, um in seiner Kantorei Chorwerke mit Bläsern sachgerecht aufführen zu können und um mit anderen Tonträgern gemeinsam musizieren zu können; niemals sei er der Meinung gewesen, man solle die landesüblichen Posaunenchöre von weit auf eng umrüsten. Andererseits sei es ebenso falsch, wenn sich die Verbandsfunktionäre von diesem Problem selbstzufrieden beurlauben würden, denn die Ergebnisse auf diesem Gebiet müssten eine Rückwirkung auf die Posaunenchöre auslösen.

Ehmann sollte Recht behalten, und das Echo aus der westfälischen Posaunenchorarbeit sollte stärker ausfallen, als er wohl vermutet hatte, denn die anfänglich in den 1950er Jahren vor allem in Ostwestfalen noch spürbare Skepsis bei den Laienbläsern gegenüber diesen eng mensurierten Instrumenten, die mit dem Zusatz „Barock" versehen wurden, schwand in wenigen Jahren. In den 1960er Jahren brach schließlich eine regelrechte Barockinstrumenten-Hysterie aus: Bläser, die etwas auf sich hielten, kauften die neuen eng mensurierten Instrumente, ganze Chöre stellten damals entgegen dem Anliegen Ehmanns ihr gesamtes Instrumentarium auf die weithin ohne Konkurrenz dastehenden Finke-Instrumente um, sodass aufgrund dieser großen Nachfrage andere Instrumentenbauer auf den Zug aufsprangen und diese Bauweise mit in ihr Programm aufnahmen. Es kam dabei auch zu Auswüchsen, denn nur drei Hersteller neben der Herforder Firma lieferten einigermaßen brauchbare Kopien; andere Betriebe gingen Messungen und Versuchen aus dem Weg und schnitten einfach den Schallbecher ab, sodass sich der Stürzendurchmesser verkleinerte, ansonsten aber die übliche Bauart vollständig erhalten blieb. Deshalb warnte Bundesposaunenwart Lörcher schon im Jahr 1960 vor dem Kauf sog. Barockinstrumente und riet den Bläsern, die Tongeräte vorher genau zu prüfen.

Obwohl das Ehmannsche Instrumentarium in den 1960er Jahren vom Ruhrgebiet her immer mehr in Westfalen an Boden gewann, entdeckte man mit der Zeit doch die Mängel dieser eng mensurierten Tongeräte: Die Mensuren der einzelnen Firmen seien nicht einheitlich, ebenso die handwerkliche Verarbeitung, sodass die Stimmung sowie die Intonation der Instrumente häufig zu wünschen übrig ließen. Überhaupt lägen die Unsauberkeiten bei so eng gebauten Blechaerophonen viel näher und fielen unangenehm auf, sodass man überdurchschnittlich gute Bläser mit kritischem Gehör bräuchte, für die ein zusätzliches Maß an Sonderproben unerlässlich sei, woraus wiederum Spannungen unter den Bläsern resultieren könnten, weil dadurch so etwas wie eine Elite entstünde. Für das chorische Blasen seien sie ungeeignet, weil sie sich untereinander nicht mischen ließen und das Kräfteverhältnis zwischen den stärkeren Trompeten und den schwächeren Posaunen nicht ausgeglichen wäre; aber auch ein Mitblasen der sog. Barockinstrumente im Normalchor sei unangebracht, weil beide Gruppen sich nicht mischen lassen würden. Die notwendige Folge wäre, dass jeder „Barockbläser" ein kleiner Solist und in der Lage sein müsse, schwierige Stimmen alleine durchzuhalten. Hinzu komme, dass diese historisierenden Nachbauten im Freien wenig sinnvoll wären, weil der Ton so dünn sei, dass er infolgedessen völlig untergehe. Schließlich würden die geringe Verschmelzungsbereitschaft und die dynamischen Eingrenzungen dieser Instrumente Probleme bei der Interpretation zeitgenössischer Bläsermusik oder gar bei der Gestaltung romantischer Tonkunst aufwerfen und gegenüber dem modernen Instrumentarium zu stilistischen und klanglichen Einengungen führen.

Mit dem Ende der Ehmann-Ära in Westfalen Anfang der 1970er Jahre wurde die Tendenz, Posaunenchorbläser mit eng mensurierten Posaunen und Trompeten auszustatten, zunehmend rückläufig, nicht nur, weil man sich nun ihrer Nachteile bewusst geworden war, sondern auch weil der Reiz des Neuen verflogen war. Ablesbar ist dies an den Produktionszahlen der Firma Finke: Wurden in den 1960er Jahren noch 100 bis 150 Stück dieser Instrumente pro Jahr produziert, ebbte Anfang der 1970er Jahre der Verkauf so stark ab, dass nur noch 40 bis 50 Exemplare per anno hergestellt wurden. Für Ehmann selbst allerdings blieben diese Klangwerkzeuge, die sich nicht durchsetzen konnten und wie alle Modeerscheinungen im Sande verliefen, mehr als ein flüchtiger Versuch, denn bis kurz vor seinem Tod beschäftigte er sich intensiv mit diesem Thema und gab die Aufgaben der praktischen Weiterführung an einige seiner ehemaligen Schüler und jetzigen Verantwortlichen in der Posaunenarbeit weiter.[344]

In verschiedenen *Gattungsbereichen der Bläsermusik*, hauptsächlich auf dem Gebiet der choralgebundenen und c.f.-freien Tonkunst, tat sich Ehmann als Sammler, Bearbeiter und Herausgeber hervor. Ausgeklammert blieben bei ihm ohnehin kirchenmusikalisch vernachlässigte Sparten wie Märsche, Spirituals u. Ä.

Besonders bei den Choralbearbeitungen hat Ehmann sich verdient gemacht: Seine Sammlung „Geistliches Zweierspiel für Bläser. Das Wochenlied und andere Choräle in neuen Tonsätzen", 1950 publiziert, diente dem Ziel, ursprüngliche Bläserpraktiken in begrenztem Raum umzusetzen und das gewohnte vierstimmig-chorische Spiel zu durchbrechen. Die dritte Auflage von 1956 passte dazu die 160 Weisen der zweistimmigen, polyphon durchgeformten Sätze für gleiche und gemischte Stimmen, wo es nötig war, den Fassungen des EKG an. Programmatischen Rang sprach man den 1957 von Ehmann herausgegebenen „Bläser-Intraden zum Wochenlied" zu, die auf 123 Seiten zu 65 Wochenliedern vom 1. Advent bis zum Ewigkeitssonntag 75 anspruchsvolle Bläserintraden von 31 ausschließlich zeitgenössischen Komponisten zu vier bis sechs Stimmen brachten. Die zumeist in der Tonart des Posaunenchoralbuchs stehenden Sätze von Helmut Bornefeld (1906–1990), Karl Marx (1897–1985) u. a. sollten in den Choral einführen und konnten auch mit anderen Melodie- oder Tasteninstrumenten besetzt werden.

1970 stellte Ehmann unter dem Titel „Junktimsätze" doppelchörige Choralsätze für Bläser oder für Sänger und Bläser vor; er machte dabei für die Bläser ein Kompositionsprinzip nutzbar, für das es bereits in Bachs Kantatenschaffen zahlreiche Beispiele gab: Zu 37 Liedern des EKG, gegliedert nach Kirchenjahr, Gottesdienst, Morgen und Abend, Bitt- und Lobgesängen, fand sich ein schlichter, vierstimmiger Cantionalsatz Alter Meister vornehmlich aus dem 17. Jahrhundert, der in Verbindung mit einem echt bläserisch gehaltenen Instrumentalsatz, von Autoren der Gegenwart hinzukomponiert, erklingen sollte.

Ein Jahr zuvor hatte Ehmann eine weitere c.f.-Ausgabe herausgebracht, die zwölf „Choralpartiten für Bläser", der er eine Reihungsform zugrunde legte. Bekannte musikschaffende Zeitgenossen unterzogen sich der Aufgabe, zu gebräuchlichen Liedweisen des EKG, vorwiegend zum Kirchenjahr, drei- bis fünfstimmige Sätze in der Form einer Variationsreihe unter Ausnutzung satztechnischer und klanglicher Kontraste durchzukomponieren, sodass die gleiche Choralmelodie durch die differenzierten Strophen in immer anderer Beleuchtung ausgedeutet wurde.

Als letztes Werk Ehmanns auf dem Gebiet der Choralbearbeitungen seien noch die „Leichten Choralpartiten" – acht Partiten und Variationen zu zwei bis sechs Stimmen ausschließlich zeitgenössischer Tonsetzer auf 44 Seiten – von 1977 genannt, denen das Bemühen zugrunde lag, diese wichtige Gattung der Partiten mit dem Versuch aufzugreifen, einen leichteren Zugang und geringeren Anspruch als bei den „Choralpartiten für Bläser" zu erreichen oder zu verlangen. Insgesamt stießen diese Ehmannschen Veröffentlichungen aufgrund ihres Schwierigkeitsgrades bis auf die Junktimsätze, denen ein erfreulicher Zuspruch beschieden war, auf keine breite Resonanz und wurden daher nur vereinzelt bei leistungsfähigeren Posaunenchören in Gebrauch genommen.

Mehr Erfolg hatte Ehmann mit der Repristination des Kuhloschen Erbes: Da nach dem Zweiten Weltkrieg die Kuhlobücher nicht mehr alle neu aufgelegt wurden, die Nachfrage nach geeigneten Choralsätzen aber durch das Entstehen neuer Chöre ständig wuchs, gab Traugott Kuhlo (1906 – 1985) unter dem Namen seines Vaters Johannes Kuhlo zusammen mit Ehmann im Jahr 1950 das „Neue Posaunenbuch I. Klassische Choralsätze" heraus: 226 drei- bis sechsstimmige Sätze mit und ohne Oberstimmen aus der Blütezeit evangelischer Kirchenmusik von Johann Walther bis Johann Sebastian Bach – allein von Bach stammen 83 Sätze – sowie sieben Originalsätze von Johannes Kuhlo, gegliedert nach Kirchenjahr, Gottesdienst, Bitt- und Lobgesängen, Lieder für besondere Zeiten und Anlässe, wurden aufgenommen. Auswahl, Melodiefassung und Tonart dieses Buches entsprachen allerdings nicht dem EKG.

Ehmanns auf den Betheler Bläsertagen 1947 vorgetragenes Anliegen, die Posaunenchöre aus ihrer engen Bindung an die Vokalmusik weiter herauszulösen und ihnen die originale Bläsermusik als eigenständiges Feld freier künstlerischer Entfaltung zu erschließen, wurde von ihm selbst 17 Jahre später in die Tat umgesetzt.

Den ersten, gleich erfolgreichen Vorstoß in diese Richtung wagte Ehmann 1964 mit der „Alten Spielmusik für Bläser I", die 18 zwei- bis sechssätzige Partiten zu vier bis sechs Stimmen von Komponisten des 17. Jahrhunderts – Haußmann, Franck, Prätorius, Posch, Peuerl, Vintz und Schein – enthielt. Erstmals wurden hier kurze Bläserstücke zu den größeren musikalischen

Reihungsformen der Suite und Partita zusammengestellt, die bisher in der Literatur fehlten. Da sich diese Ausgabe für vielfältige Musizieranlässe eignete und den meisten Chören von der Ausdauer und musikalischen Bewältigung leicht zugänglich war, gehörte sie etliche Jahrzehnte zum festen Bestand.

Ehmann beließ es allerdings nicht bei diesem historischen Ansatz und schob schon zwei Jahre später die „Neue Spielmusik für Bläser" nach, für die er bewährte Autoren wie Zipp, Gadsch oder Koch gewinnen konnte, die ihm zwölf zwei- bis achtstimmige Festmusiken, Intraden, Tanzsuiten, Volksmärsche, kleine Variationen und Einzelsätze lieferten. Dieses Heft wurde allerdings nur wenig in Gebrauch genommen, vermutlich aufgrund seines Schwierigkeitsgrades und seiner fehlenden Einpassung in den alltäglichen Dienstauftrag der Chöre.

Wünsche nach der Erweiterung des ersten Bandes „Alte Spielmusik" griff der Herforder Professor 1972 auf: 22 vielfältige Satzformen, von der Partita über die Sonata bis zur Canzona, von barocken Tonsetzern wie Prätorius, Franck, Scheidt, Haußmann, Störl, Speer u. a. fasste die „Alte Spielmusik für Bläser II" auf hoher künstlerischer Ebene zusammen, sodass sie nur für fortgeschrittene Chöre zugänglich war.

Eine Vertiefung seines Ansatzes unternahm Ehmann schließlich 1975 mit seinem Heft „Alte Bläserpartiten", das sechs Partiten, ein Bransle und eine Galliarde zu vier bis sechs Stimmen von Prätorius, Franck, Scheidt und Moritz von Hessen enthielt; und mit seiner Reihe „Neue Musik für Bläser", die 1974 mit größeren Werken von Ulrich Baudach (1921–1992), Magdalene Schauß-Flake (*1921) und Johannes Driessler (*1921) begann und bis 1977 auf sieben Hefte angewachsen war. Sie sollte nach dem Willen des Herausgebers eine lied- und textfreie Bläsermusik unter Benutzung zeitgenössischer Satzpraktiken erschließen.[345]

Die auf den Betheler Bläsertagen 1947 von Ehmann unternommenen Bestrebungen, die Posaunenchöre aus ihrer Isolierung als Musiziergruppen der Gemeinde zu befreien und sie zum *gemeinsamen Spielen mit anderen Gruppen* und Partnern zu motivieren, fanden zunächst ihren Niederschlag in der „Werkreihe für Bläser und Sänger", mit der Ehmann 1954 startete und durch die er versuchte, das evangelische Kirchenlied zu Choralkantaten auszubauen. Die Reihe, die inzwischen 29 Titel aufweist, konzentrierte sich zunächst auf die Entfaltung des Gesangbuchliedes in den Großformen strophisch durchkomponierter Kantaten von zeitgenössischen Autoren wie Johannes H. E. Koch, Karl Marx, Hans Friedrich Micheelsen (1902–1973), Hermann Stern, Friedrich Zipp (*1914) u. a. In den letzten Jahren erschienen auch

Psalmenkompositionen sowohl Alter Meister wie Hammerschmidt als auch von Tonsetzern der Gegenwart wie Stockmeier. Die neuen Kantaten für Sänger- und Bläserchöre über bekannte Lieder bezogen beliebig die Gemeinde ein und verwandten auch gelegentlich Einzelsänger und -bläser.

Die Bemühungen Ehmanns, Posaunenchöre und Kirchenmusiker durch gemeinsames Musizieren einander näher zu bringen, mündeten in der von ihm herausgegebenen Reihe „Musik für Blechbläser und Tasteninstrumente", die 1966 mit den Choralkonzerten für Bläser und Orgel „Der Tag, der ist so freudenreich" von Koch und „Sonne der Gerechtigkeit" von Zipp startete und später Einrichtungen älterer Orgel- bzw. Instrumentalwerke für Orgel und Bläser anfügte, wobei die letzte Veröffentlichung dieser 13 Titel umfassenden Serie – „Festliche Barockmusik", herausgegeben vom Pforzheimer Kirchenmusiker Rolf Schweizer (*1936) – bereits von 1981 datiert. Bei diesen vornehmlich neuen Bläser-Orgelkonzerten fiel die technisch anspruchsvolle Aufgabe der Orgel zu; dafür sollten die Bläser in Einzelbesetzung oder im kleinen Chor eingesetzt werden.

1956 begann Ehmann eine Reihe „Kleine Blasmusikhefte", in der er kleine Kammermusiken brachte, sowie zwei- und dreistimmige Spielmusiken über Volkslieder – Tanz-, Wander-, Jäger- u. a. Lieder – in originalen Bläsersätzen, oft in der Form von Varianten; bis 1976 waren insgesamt elf Hefte erschienen.[346]

Einhergehend mit dieser praktischen Notenausgabetätigkeit setzte bei Ehmann der Versuch einer theoretisch-musikwissenschaftlichen Durchdringung der verschiedenen *Musizierformen* ein. Maßgeblich an der Schaffung „blasgemäßer" Posaunenmusik beteiligt, versuchte Ehmann zu definieren, was man unter „arteigenen Handwerkspraktiken" zur Komposition bläserischer Instrumentalstücke zu verstehen habe: lange Haltetöne auf großem Atem, Tonteilungen durch Zungenstoß, weit gespannte Melodiebögen, scharfe Rhythmen, Tonschritte in Quarten, Quinten und Oktaven, Stimmkoppelungen, Fugato, Wechsel zwischen hohen und tiefen Klängen, paarige Stimmführungen in Terzen und Sexten, ostinate Gesänge, Einfügen von Pausen zum Sammeln von Ansatz. Es wäre aber nachzufragen, inwiefern sich die von Ehmann aufgestellten Stilkriterien als praktikables Analyseinstrument erweisen, da er aufgrund seines ideologischen Hintergrundes der Jugend- und Singbewegung bei seiner historischen Deduktion bläserische Stilmittel das 19. Jahrhunderts vollständig ausklammerte.

Die von Ehmann angeregten neueren Kompositionen von Bläsersätzen in den 1960er und 1970er Jahren, die dem instrumentalen Charakter und den klanglichen Eigentümlichkeiten der Blechaerophone Rechnung tragen sollten, wurden verschieden gewertet. Eine mehr konservative Gruppierung sah im bläsereigenen Satz etwas schlechthin Neues, hielt seine Um- und Durchsetzung für geglückt und lehnte avantgardistische Experimente ab, da diese sowohl das technische Vermögen der Laienbläser als auch die Hörfähigkeiten der Gemeinde überfordern würden. Dagegen kritisierten die mehr Progressiven die zeitgenössische Literatur der Posaunenchöre als traditionell und neobarock, weil sie sich nur geringfügig von den Bläsermusiken des 17. Jahrhunderts unterscheiden würde, und zwar mehr im Harmonischen als im Formalen und Rhythmischen, was aber bei diesem Klangkörper schon durch die Klangfarbe weitgehend neutralisiert würde. Überhaupt solle man nicht von bläserspezifischen Tonsetzungen sprechen, da es sich eigentlich um „Orgelmusik" für Bläser handle, zumal die Komponisten durchweg Organisten waren.

In diesem Zusammenhang der Erstellung neuer bläsereigener Kompositionen griff Ehmann ein Anliegen auf, das bereits in der Zeit des Dritten Reiches aufgekommen war: die Beendigung der Vorherrschaft der Vierstimmigkeit. Ehmann erneuerte die Anläufe zur Aufhebung des vierstimmigen Musizierdogmas, weil es aus der romantischen Palestrina-Renaissance und der aus ihr entwickelten Lehre vom reinen Satz stamme, obwohl in der tausendjährigen europäischen Musikgeschichte weit länger und häufiger ein-, zwei-, drei-, fünf-, sechs-, sieben-, acht- und mehrstimmig komponiert und musiziert worden sei als gerade vierstimmig. Als weitere Gründe führte er an, dass in der Spannungs- und Strahlkraft beispielsweise zweier musikalischer Linien mehr Musik enthalten sein könne als in vier Füllstimmen, die das Ohr mit ihrem dicken Klang gefangen nehmen würden; dass sich die Spielfolge auf diese Weise sinnvoll aufbauen und gliedern lasse; dass die Hörer nicht in ständiger Gleichmäßigkeit ermüden, sondern durch bedachte Abwechslung frisch gehalten würden; dass die einzelnen Spieler nicht die ganze Spielfolge durchhalten müssten, sondern sich wechselweise ausruhen und Ansatz sammeln könnten; dass die Verabsolutierung eines Satztypus zur Degeneration und Stagnation führe. Zwei Jahrzehnte später konnte Ehmann aufgrund des bis dato vorhandenen Angebots an Besetzungsvarianten vom Bicinium bis zur Doppelchörigkeit konstatieren, dass das starre Schema der chorischen Vierstimmigkeit endgültig durchbrochen worden sei.

Dass Ehmann bei seiner Beurteilung musikalischer Gattungen durchaus nicht starr festgelegt blieb, zeigt seine flexible Haltung im Blick auf Motetten: Noch 1947 auf den Betheler Bläsertagen legte er wegen seiner Kritik am Imitationsprinzip den Bläsern nahe, sich grundsätzlich von diesen Bearbeitungen und Entlehnungen aus dem vokalen Bereich zu befreien, weil die Gemeinde dabei nur fremde Töne höre, ohne ihren Ursprung, die Worte, zu kennen.

Ungefähr 15 Jahre später korrigierte der Herforder Professor seine Einschätzung dieser Musizierform als voreingenommen, indem er nun die Einführung der Motette durch Eduard Kuhlo als die Herstellung einer Verbindung zur großen geistlichen Kunst der damaligen Zeit betrachtete. Sie könne ihre Berechtigung daraus ableiten, dass in der Zeit der Renaissance und des Barock ganze Literaturbereiche schon im Titel die Anweisung „vocaliter et instrumentaliter" getragen hätten. Die Ächtung der Motette durch Johannes Kuhlo wertete Ehmann jetzt als grundsätzlichen Verzicht auf eine große alte Gattung mit ihren zeitgenössischen Formen der spätromantischen Kirchenmusik. Von daher komme die Aufgabe der Motette mit ihren höheren bläserischen Anforderungen einem Verzicht auf das blastechnische Rüstzeug gleich, womit man viele begabte Chormitglieder zur Abwanderung veranlasst habe.[347]

Ehmann nahm sich nach dem Zweiten Weltkrieg auch im Besonderen der Intensivierung des *Dialogs zwischen Posaunenchorbläsern und Kirchenmusikern* an zum Zweck einer musikalischen, kompositorischen, pädagogischen sowie organisatorischen Kooperation. Ideeller Ausgangspunkt und Plattform für die von Ehmann geförderte bläserisch-kirchenmusikalische Partnerschaft waren ebenfalls die Betheler Bläsertage von 1947, zu denen nicht nur Posaunenwarte und Chorleiter, sondern auch Kirchenmusiker und kirchenmusikalisch tätige Komponisten wie Hans Friedrich Micheelsen, Helmut Bornefeld u. a. erschienen, die teilweise um Einsendung von Tonsätzen gebeten worden waren, um neue Formen der Bläser- und Kirchenmusik zu erproben.

Drei thematische Schwerpunkte sind dabei auszumachen, um die Ehmanns Überlegungen und Bemühungen kreisten. Der Herforder Professor plädierte auf den Betheler Bläsertagen für eine verstärkte Heranziehung der Kirchenmusiker zur „geistlich-musikalischen" Leitung von Posaunenchören, weil diese einer sachkundigen Hilfeleistung nicht länger entbehren könnten. Durch diese zusätzliche Aufgabenstellung sollte die Kirchenleitung mehr Planstellen für hauptamtliche Kirchenmusiker schaffen, deren Auslastung dadurch besser gewährleistet sei. Im Wissen darum, dass die meisten Kirchenmusiker seiner Zeit im Allgemeinen zu wenig vom Blasen verstanden, um einen Posaunenchor adäquat leiten zu können, eine rein musiktheoretische Chorführung aber nicht ausreichend war, forderte Ehmann, die jungen Kirchenmusiker müssten in den Kirchenmusikschulen als Nebenfach das Spiel eines Blechaerophons erlernen.

Als 1948/49 die „Westfälische Landeskirchenmusikschule" in Herford ihre Arbeit aufnahm, setzte Ehmann als deren Leiter seine Forderung in die Tat um und bot – als Novum in Deutschland – an seiner Ausbildungsstätte von Anfang an Trompeten- und Posaunenspiel als Wahlfach an. Einige Jahre später wurde der Blasunterricht für die männlichen Studierenden zum Pflichtfach, das im Examen benotet wurde, für die weiblichen Kirchenmusiker dagegen blieb es freiwillig. Die „Bläserische Ergänzungsprüfung für Kirchenmusiker an der Westfälischen Landeskirchenmusikschule" aus den 1960er Jahren sah dabei zwei zehnminütige Teile vor: 1. Praxis des Blasens: Ansatz- und Einblasübungen, Beherrschung der spieltechnischen Grundlage des Instruments, Spiel einer Kirchen- und Volksliedmelodie und einer Stimme eines Bläsersatzes. 2. Theorie des Blasens: Kenntnis der gebräuchlichen Gattungen von Blechblasinstrumenten, Stimmung und Stimmen der Klangwerkzeuge, Tonumfang, Naturtonreihe, Wechselgriffe der Trompeten, Hilfszüge der Posaunen, Instrumentenpflege, wichtigste Bläserliteratur, Aufgabe der Posaunenchöre, Verwendung von Blechaerophonen in der Kirchenmusik.

Ehmann betonte dabei, dass vom Prüfling keine virtuose Leistung auf dem Blechblasinstrument erwartet würde, jedoch sollte dieser in der Lage sein, mit solch einem Tongerät umzugehen und einen Bläserchor sachgemäß zu leiten: Letzteres konnten sich die Herforder Studenten aneignen, indem sie ihre Ausbildung mit einer fakultativen „Bläserischen Chorleiterprüfung für Kirchenmusiker" abschlossen. Über den bläserischen Zielvorgaben solle, so Ehmann, zwar nicht das Pianospiel vernachlässigt werden, das jeder Kirchenmusiker im Laufe seines Studienganges nach wie vor gründlich erlernen solle; doch werde er in seinem späteren Amt kaum je einen Klavierabend geben, an der Leitung eines Posaunenchors aber komme er immer häufiger nicht mehr vorbei, zumal erst durch die Zusammenlegung mehrerer musikalischer Aufgaben in der Gemeinde die Anstellung eines hauptamtlichen Kantors möglich werde. Zwei Jahrzehnte nach den Betheler Bläsertagen bezeichnete der westfälische Professor es als eine folgerichtige Entwicklung, dass ein Kantor in Zukunft die Fähigkeit und die Bereitschaft haben müsse, einen Bläserchor zu übernehmen.

Diese beiden eng miteinander verknüpften Anliegen Ehmanns – bläserische Ausbildung des Kirchenmusikers zur Übernahme des Dirigentenamtes im Posaunenchor – wurden sehr unterschiedlich aufgegriffen. Die erstgenannte Intention fand ungeteilte Aufnahme sowohl bei den Verantwortlichen der Kirchenmusik als auch bei den Hauptamtlichen der Bläserarbeit: Andere Kirchenmusikschulen folgten schon bald dem Beispiel Herfords und führten ebenfalls Trompeten- und Posaunenunterricht ein, sodass Ehmann Anfang der 1960er Jahre stolz darauf verwies, dass an den meisten Instituten das Fach Bläser gelehrt würde – wobei er als Wunsch äußerte, dies überall nicht nur fakultativ, sondern obligatorisch zu tun; und dass an manchen Kirchenmusikschulen ein institutseigener Bläserchor wirke, der den Studierenden zur Ausbildung diene und gleichzeitig der Gestaltung des musikalischen Lebens zur Verfügung stehe.

Auch die Berufsarbeiter in den Bläserverbänden begrüßten ausdrücklich diesen früher undenkbaren Schritt als gute Sache, die unbedingt notwendig sei, um den angehenden Kirchenmusikern ein Verständnis für das geistliche Bläserwesen zu vermitteln. Sie widersprachen allerdings energisch der Ehmannschen Folgerung, dass die auf solche Weise qualifizierten Kirchenmusiker nun generell Chorleiterfunktionen wahrnehmen sollten. Sie hielten es für eine bedenkliche Tendenz, dass allen örtlichen Chören Berufsmusiker vorstehen sollten; vielmehr waren sie der Meinung, es komme auf eine gute Zusammenarbeit zwischen Kirchenmusiker und Posaunenchorleiter an, der weiterhin aus dem Chor herauswachsen solle, wobei Ausnahmefälle in einigen Großstadtchören legitim seien. Die Posaunenwarte begründeten ihre Reserviertheit zum einen mit der geistlichen und sozialen Eigenart der Posaunenchöre, zum anderen mit dem historisch gewachsenen und traditionell bewährten Laienleitungsprinzip.

Ehmann wünschte sich über die Personalunion von Posaunenchorleiter und bläserisch ausgebildetem Fachmusiker hinaus auf den Betheler Bläsertagen 1947 eine intensive Begegnung zwischen Kirchenmusikern und Laienbläsern auf den verschiedensten Ebenen. Dadurch sollte die seiner Ansicht nach unheilvolle Stagnation in der bläserischen Komposition überwunden werden, die darin zum Ausdruck komme, dass der Musikstudent nicht mehr lerne, für Bläserensembles zu schreiben, weil Klavier und Streichinstrumente im Vordergrund stünden. Erst wenn wieder der komponierende Fachmusiker in der Mitte der bläserischen Chorgemeinschaften lebe, so der Herforder Professor, seien neue bläsereigene Tonsätze zu erwarten. Von daher schlug er Werkwochen für Bläser und Komponisten vor, bei denen einerseits der Musikliebhaber vielfältige technische Hinweise und Einsichten erhalte, weil der Musiker ihn unmittelbar in die Werke einführe; der Fachmusiker andererseits gewönne Verbindung zum Träger seiner Kunst, nehme an dessen Enthusiasmus teil, erhalte Gesichtspunkte für das Maß des Möglichen und werde vor künstlerischer Vereinsamung bewahrt.

Etwas grundsätzlich Neues regte Ehmann damit nicht an, denn Kontakte zwischen Posaunenchorleuten und Kirchenmusikern auf kompositorisch-editorischem Gebiet hatte es schon in früheren Zeiten gegeben; doch strebte der ehemalige Kuhlo-Horn-Sextett-Bläser für die Nachkriegszeit eine in größerem Rahmen sich abspielende Kooperation an, als dies vor 1945 der Fall gewesen war, und dehnte sie zugleich auf den pädagogischen Bereich aus, indem er die musikalisch-technische Weiterbildung und Zurüstung der technisch fortgeschrittenen Bläser und Chorleiter in die Hände der Kirchenmusiker, nicht der Orchesterspieler, gelegt sehen wollte.[348]

Im Hinblick auf die pädagogisch-musikalische Zusammenarbeit beschritt Ehmann nach den Betheler Bläsertagen selbst die von ihm aufgezeigten Wege, indem er bekannte Kirchenmusiker zum Schreiben von Werken und Sätzen für Blechbläserbesetzung anregte und Vorschläge für organisatorisch-institutionalisierte Formen von Begegnungsmöglichkeiten brachte: Kirchenmusiker sollten in die Führungsgremien der Posaunenwerke gewählt werden, die Bläserverbände sollten sich mit anderen kirchenmusikalischen Verbänden zu Arbeitsgemeinschaften zusammenfinden und gemeinsame Treffen veranstalten. Um den Anschluss an die künstlerischen und musikpädagogischen Auseinandersetzungen der Gegenwart zu erreichen, sei es allerdings notwendig, so Ehmann, dass sich diese Zusammenkünfte nicht in einem abstrakt-symbolischen Sinn und einem höflichen Austausch von Grüßen erschöpfen dürften.

Ehmann selbst arbeitete beinahe drei Jahrzehnte im Landesposaunenrat des westfälischen Posaunenwerks mit: Bereits ab 1947 nahm er als Vertreter der Kirchenleitung an den Sitzungen teil, kraft Amtes als Landeskirchenmusikwart gehörte er diesem Gremium ab 1948 an. Zum letzten Mal bei einer Kuratoriumssitzung 1974 anwesend wurde Ehmann im Jahr darauf zum Ehrenmitglied des Landesposaunenrats gewählt, da er gebeten hatte, ihn bei den regulären Neuwahlen nicht mehr zu berücksichtigen. Im Rahmen dieser Gremienarbeit war Ehmann auch maßgeblich an den Personalentscheidungen im Blick auf die Einstellung von bläserischen Fachkräften beteiligt, so z. B. 1966 bei der Ablösung von Duwe durch Werner Benz im Amt des Landesposaunenwarts. Außerdem spielte Ehmann aufgrund seiner Stellung und seiner Reputation in den Auseinandersetzungen zwischen Posaunenwerk und CVJM-Westbund eine wichtige Vermittlerrolle, zumal er als Landeskirchenmusikwart und Vertreter der westfälischen Kirchenleitung über den „tagespolitischen" Querelen des Bläserwesens stand und so die Rolle des neutralen Beobachters und Schlichters einzunehmen versuchte. So war Ehmann beispielsweise als Leiter des 1951 ins Auge gefassten, aber nie verwirklichten Posaunenausschusses vorgesehen, wohingegen er an den Vorverhandlungen über die 1957 in einem zweiten Anlauf angestrebte Arbeitsgemeinschaft nicht mehr beteiligt war.

Noch an ganz anderer Stelle wurde der Direktor der Herforder Landeskirchenmusikschule in die Konflikte der geistlichen Bläserverbände Westfalens hineingezogen: im Rahmen seiner literarischen Tätigkeit. Pastor Friedrich von Bodelschwingh äußerte 1951 gegenüber Ehmann den Wunsch, durch die Kuhlo-Biografie, mit deren Abfassung der Professor gerade befasst war, eine Klärung des leidigen Bläserstreites zu erreichen. Ehmann erteilte dem Desiderat v. Bodelschwinghs aber eine Absage und führte dazu weiter aus:

„Aufs Ganze gesehen aber verwischt sich bei mir immer mehr der Eindruck, daß bei dem Streit in der Posaunenfrage allein geistliche Gesichtspunkte maßgeblich sind. Seitdem ich wieder hier [sc. in Westfalen] bin, habe ich ständig versucht, die feindlichen Brüder zu einigen. Es scheint jedoch nun keine Möglichkeit mehr zu bestehen. Mir persönlich bleibt daher keine andere Wahl, als auf beiden Seiten mitzuarbeiten, wodurch die Situation nicht vereinfacht wird … Ich bin der Auffassung, daß die Entscheidung über die Posaunen-Chöre nur aus der Gegenwart fallen kann, und nicht aus der Geschichte, da die heutigen Träger der Arbeit für die sachlichen, geschichtlichen Gesichtspunkte nicht mehr empfänglich sind …"[349]

Doch Ehmann konnte sich dem Konflikt zwischen beiden Bläserverbänden nicht entziehen, der sich nun auch auf seine Kuhlo-Biographie übertrug. Der Streit entzündete sich am zweitletzten Kapitel „Im Dienst der Bläsersache": Reichswart Stange setzte den Autor unter Druck, auf die Nennung von Bachmann und Duwe zu verzichten, Reichsobmann Bachmann hingegen bestand dagegen auf der Erwähnung seiner Person und des westfälischen Landesobmanns als der engsten Mitarbeiter Kuhlos. Nachdem das Buch im Oktober 1951 in Druck gegangen war, wurde sogar ein nachträgliches Überkleben bestimmter Sätze in die Diskussion gebracht, Ausdruck der tiefen Kluft, die beide Parteien trennte. Bei der Zweitauflage von „Johannes Kuhlo – Ein Spielmann Gottes" im Jahr 1956 flammte die Auseinandersetzung erneut auf, wobei Ehmann sich insofern nach beiden Seiten abgesichert hatte, als er den Verbandsvertretern vor der Veröffentlichung der strittigen Passagen für die Zeit nach Kuhlo einen Entwurf zusandte. Reichssing- und Musikwart Mrozek machte Korrekturvorschläge, ebenso Reichsobmann Bachmann, der sich allerdings auch hier wieder nicht mit der Erwähnung seiner Person durchsetzen konnte. So blieb der Abschnitt sehr allgemein und vermittelnd gehalten, als kleinster gemeinsamer Nenner, auf den man sich zu jener Zeit verständigen konnte.

Als sich Ehmann 1955 mit dem Gedanken trug, das Protokollbuch der Minden-Ravensberger Gaukonferenzen zu veröffentlichen, stieß er auf die harsche Kritik von Johannes Busch. Der Bundeswart monierte, dass der Herforder Professor in seinem geplanten Vorwort viel zu wenig auf die enge Einbindung der Bläsersache in die Vereinsarbeit der Jünglingsvereine eingehe und dass er Duwe als Quasi-Nachfolger der Gaupräsiden präsentiere. Busch warnte Ehmann eindringlich vor einer Veröffentlichung in dieser Form, sodass dieser erst 1976 in seiner Festschrift „Voce et tuba" das Protokollbuch einer breiten Öffentlichkeit zugänglich machte.

In seiner vermittelnden Haltung ist Ehmann sich fortan treu geblieben, denn er wirkte als Dozent und Dirigent auf verschiedenen Kursen und Seminaren beider Bläserverbände mit. Auch zu seinen beiden großen Bläsertagungen 1947 in Bethel und 1967 in Herford erschienen Posaunenwarte aus den verschiedensten Werken, um sich zusammen mit Kirchenmusikern an Aussprachen über fachspezifische Vorträge einzubringen und öffentlichen Aufführungen alter und neuer Bläsermusik beizuwohnen.[350]

Unbenommen all dieser zur Selbstverständlichkeit gewordenen Verbindungslinien zwischen Kirchenmusikern und christlichen Laienbläsern musste sich die *praktische Arbeitsgemeinschaft beider Größen* jedoch vor Ort bewähren, in der Verständigung zwischen dem betreffenden Posaunenchor auf der einen und dem zuständigen Kirchenmusiker auf der anderen Seite, v. a. hinsichtlich der musikalischen Gottesdienstgestaltung. Im Hinblick auf die gottesdienstliche Musizierpraxis, bei der Orgel, Kirchen- und Posaunenchor ineinander greifen sollten, beklagte Ehmann auf den Betheler Bläsertagen, dass diese Abstimmung aufeinander nur selten in wirklicher Harmonie geschehe, weil der eine zu wenig vom „Geist und Handwerk" des anderen verstehe, sodass bei den Festtagseinsätzen der Posaunenchöre in den Kirchen besondere Spannungen aufträten. Zur Lösung dieser menschlichen Schwierigkeiten forderte er in Verkennung historischer Tatbestände, dass die Arbeit „wieder" aus einer gemeinsamen Wurzel erwachsen und unter gemeinsamer Verantwortung betrieben werden müsse. Er hielt es dabei für sinnvoll, dass der Kantor – als der in den meisten Kirchenordnungen ausgewiesene verantwortliche Leiter des gottesdienstlichen Musizierens – etwas vom Bläserischen verstehen müsse.

In den späteren Veröffentlichungen stellte der Herforder Professor weniger die Konfliktherde als vielmehr das Angewiesensein beider Größen aufeinander heraus und betonte in diesem Zusammenhang, dass einerseits der Posaunenchorleiter in Gottesdienst- und Gesangbuchkunde hinreichend unterrichtet sein müsse und sich nicht begnügen dürfe, seinem Gegenüber mit Beginn des Läutens ein paar Absprachen zuzuflüstern; andererseits solle der Kantor dem „Störenfried" Posaunenchor nicht in diffuser Verzweiflung gegenüber verharren, sondern wissen, wie eine Bläsergruppe „seinen" Gottesdienst mitgestaltend fördern könne. Der Organist müsse dabei eher Behutsamkeit und Hilfsbereitschaft walten lassen, umgekehrt solle sich das Selbstbewusstsein des Posaunenchors mehr an der gemeinsamen Aufgabe als am Hervorheben der eigenen Lautstärke orientieren.

Wie versuchte der Landeskirchenmusikwart im Folgenden, die Öffnung der Posaunenchöre für das Musizieren mit anderen Klangkörpern zu forcieren? Erstens dadurch, dass er Überzeugungsarbeit zu leisten begann; er wies auf die engen Verbindungslinien zwischen den verschiedenen kirchenmusikalischen Faktoren hin: Zwischen Orgel und Posaunenchor bestünden diese verwandtschaftlichen Beziehungen darin, dass beider Töne durch Luft mit Hilfe von Metallröhren erzeugt würden und dass Registerbezeichnungen der Orgel dem Blechblasinstrumentarium entnommen seien; allerdings bestünde die Schwierigkeit, dass naturgemäß Stimmungsdiskrepanzen auftreten würden, weil das Blechaerophon im Gegensatz zur Orgel nicht temperiert intoniere; außerdem hinge eine Zusammenarbeit von der persönlichen Bereitschaft der Beteiligten zur Partnerschaft ab.

Im Kirchenchor erblickte Ehmann deshalb den „Bruder" des Posaunenchors, weil in nicht wenigen Kirchengemeinden die Bläser zugleich die Männerstimmen stellten, beide Chöre zuweilen unter demselben Leiter stünden und beide bei den gleichen Anlässen in der Gemeinde zum Einsatz kämen. Auch hier überging der Herforder Professor nicht eventuell daraus resultierende Probleme, hielt sie aber für lösbar: Bei einem Zusammenspannen beider Klanggruppen könne man den Posaunenchor reduzieren, da das Blasinstrument klanglich mehr hergebe als eine einzelne Singstimme, sodass der Kirchenchor auch beim Abziehen von Bläsern im Allgemeinen ausreichend mit Männern besetzt wäre. Außerdem müssten die Bläser darauf bedacht sein, die Sänger nicht zuzudecken, die sich wiederum nicht zu einem „stimmlichen Ringkampf" mit den Bläsern verleiten lassen dürften. Als weiteres Argument führte Ehmann an, dass das geistliche Blasen in sich so gesichert sei, dass es diese künstlichen, zur chorhaften Abschnürung führenden Stützen bei der Instrumentierung, der Literatur und der Musizierweise nicht mehr benötige; vielmehr könnten sich die Posaunenchöre, ohne ihre Eigenart aufzugeben, anderen Musiziergruppen öffnen und so den Anschluss an die allgemeine künstlerische Entwicklung und die spieltechnisch-musikalische Wendigkeit der Gegenwart gewinnen.

Zweitens suchte der Mentor der westfälischen Posaunenchorbewegung in der Nachkriegszeit sein Anliegen dadurch voranzutreiben, dass er zunächst konkret aufzeigte, auf welche Weise Posaunenchor und Orgel bzw. Kirchenchor gemeinsam miteinander musizieren könnten: Die Bläser könnten Choralsätze im Cantionalstil bei Aufführungen von Kantaten, Motetten, Oratorien usw. blasen, den c.f. in größeren Vokalwerken der Kirchenmusik, auch bei Orgelstücken mitspielen bzw. den gesungenen oder von der Orgel vorgetragenen c.f. umspielen, obligate Bläserstimmen in geistlichen Konzerten ausführen, einige Stimmen in Motetten übernehmen, alle Stimmen colla parte mitmusizieren, Choralstrophen alternatim durchhandeln, geeignete Sängerpartien ersetzen, den Vokalchor an besonderen Höhepunkten nachfärben, bei Doppelchören die Rolle des Capellchores oder einzelne Stimmen in Favorit- und Capellchor übernehmen, bei größeren Werken als Generalbass klangspaltend eingesetzt werden usw. Darüber hinaus gab er das notwendige Notenmaterial in Form von Reihen- und Einzelausgaben heraus, wie z. B. ab 1954 in der „Werkreihe für Bläser und Sänger".

Doch trotz all dieser Bemühungen stellte Ehmann 1969 ernüchtert fest, dass das Musizieren der Posaunenchöre mit anderen Klanggruppen zu stocken scheine – falls es denn je richtig in Fluss gekommen war –, und führte diesen Missstand darauf zurück, dass einerseits die scharfe Trennung in unterschiedliche Musikverbände in einer Zeit der straffen Berufsorganisationen Grenzen aufrichten würde, andererseits die Vokalchorleiter häufig mit den Bläsern nichts anzufangen wüssten, weil die Sängerchöre noch zu sehr dem romantischen A-cappella-Ideal verhaftet wären. Man könnte ihm allerdings entgegenhalten, dass auch viele Posaunenchorleiter nicht in der Lage waren, mit Sängern zusammenzuarbeiten, da ihnen die fachliche Ausbildung fehlt, um die notwendigen Satzanalysen vorzunehmen und durchdachte Registrierungen durchzuführen. Mit seiner Situationsbeschreibung lag der Herforder Professor jedoch durchaus richtig, denn obgleich sowohl Kirchenmusiker als auch Verantwortliche aus der Posaunenchorarbeit seine bei den Betheler Bläsertagen ausgelösten Anstöße aufgriffen, weiterentwickelten und in die Basis hineintrugen, sind Aufführungen gemischter Instrumentalensembles, also Posaunenchor kombiniert mit Orgel bzw. Holzbläsern bzw. gemischtem Chor, bis heute relativ selten geblieben und nehmen, gemessen an der Gesamtzahl der bläserischen Aktivitäten, nur einen unbedeutenden Raum ein.

Mit in diesen Kontext gehört die Frage nach dem Recht des Posaunenchors auf Mitwirkung am Gemeindedienst, denn hier erwies sich Ehmann ganz als Kirchenmusiker, der wie andere seiner Kollegen ängstlich darauf bedacht schien, althergebrachte Rechte des Organisten zu konservieren und gegen die „eindringenden" Laienmusikanten zu verteidigen. Er legte daher den Bläsergruppen nahe, ausschließlich an den hohen Festen oder zu besonderen kirchlichen Anlässen im Gottesdienst zu erscheinen und ansonsten das musikliturgische Feld dem Kirchenmusiker zu überlassen.

An Gründen für dieses Beschneidenwollen, das vermutlich auch aus unterschwelligen Konkurrenzängsten herrührte, führte Ehmann Folgendes ins Feld: Erstens seien Bläser im Gottesdienst etwas ganz Besonderes, etwas in gesteigertem Maße Festliches, deren Klänge zur Erhöhung der Feierlichkeit beitragen würden, sodass ein regelmäßiges Spielen der Posaunenchöre die normalen Sonntage ungebührlich herausheben und die Festtage nivellieren würde:

„Auch heute sollte der Posaunenchor nicht durch allsonntägliche Gottesdienstmusik seine festliche Strahlkraft abnutzen."[351]

Aber ist Festlichkeit wirklich nur an äußerlichem musikalischem Aufwand festzumachen? Ferner wurden von Ehmann geschichtliche Traditionen bemüht, um die eigene Meinung zu stützen:

> „Das Bläserspiel im gottesdienstlichen Raum kann man also von Ursprung und Geschichte her kaum als landesüblich ansehen; es ist etwas Besonderes und sollte die festliche Besonderheit darstellen."[352]

Zum Beweis führte der westfälische Kirchenmusiker Eduard Kuhlo an, der am Ende seiner Wirkungszeit bei der Aufzählung der vielen Aufgaben seiner Posaunenchöre im Vereins- und Gemeindeleben zwar den Gottesdienst erwähne, jedoch ohne besondere Hervorhebung. Indes nannte Eduard Kuhlo im Vorwort zu seinem Posaunenbuch „Jubilate" den Gottesdienst gleich an erster Stelle der Betätigungsfelder noch vor Bibelstunden, Vereinsfesten u. Ä., was gewiss nicht zufällig ist. Aus der Kuhlo-Ära lassen sich im Übrigen genügend Beispiele anführen, die belegen, dass die Posaunenchöre von Anfang an in den Gottesdiensten ein wichtiges Aufgabenfeld sahen.[353]

Ehmann forderte zur Erreichung kulturpolitischer Ziele, dass die geistliche Bläserei wieder ein integrierender Bestandteil der Gesamterscheinung Musik werden müsse, und hielt den Posaunenchören die *„fachliche Durchbildung"* und den Leistungsstand der Militär- und Volksmusikkapellen als Vorbild vor Augen. Berührungsängste wurden überwunden, der Dialog kam in Schwung. Unter der Leitung Ehmanns bestand z. B. von 1957 bis 1961 eine „Arbeitsgemeinschaft Blasmusik", die im Anschluss an die Kasseler Musiktage zusammentrat. Bei diesen unverbindlichen Treffen begaben sich Vertreter der christlichen Posaunenchorverbände, der Volksmusik- und der Militärkapellen sowie der Musikschulen in einen Gedankenaustausch über Instrumente, Besetzungen, Literatur, Musizierformen sowie Ausbildung. 1966 fand im Rahmen der Kasseler Musiktage eine öffentliche Arbeitstagung „Blasmusik" statt, die Ehmann gemeinsam mit Dr. Baum leitete. Neben Referaten wie „Zur bläserischen Situation in unserer Gegenwart" von Ehmann wurden alte und neue originale Bläsermusiken öffentlich aufgeführt.

Die bläserische Musikpädagogik in der Zeit nach dem Zweiten Weltkrieg stand zunächst ganz unter den Vorzeichen der auf den Betheler Bläsertagen vorgetragenen und auf den Herforder Bläsertagen unter dem Stichwort „Auffachlichung" vertieften Leitsätze Ehmanns, die in breite Schichten der westfälischen Posaunenchorbewegung hineingetragen wurden. Der Kirchenmusikschuldirektor gab sich dabei nicht mit dem bisher auf den Gebieten der Bläserschulungswerke und Bläserlehrgänge sowie der internen Chorlehrarbeit Erreichten zufrieden, sondern erhob eine Reihe von teilweise in den Chören und Chorverbänden aufgegriffenen Forderungen, die sich für ihn aus dem Desiderat nach einer spezifisch bläserischen Spieltechnik als notwendige Ergänzung der gesanglichen Musizierweise ergaben und in eine gründliche Durchdringung der Fragen der Körperhaltung, der Atmung, des Ansatzes, der Zungentechnik, der Phrasierung, der Artikulation, der Dynamik und des Vortrags ausmünden sollten.

In diesem Zusammenhang bemängelte Ehmann, dass die bisherigen *Bläserschulen* für Posaunenchöre – etwa Voigt-Müller, Koring oder Bauer – dieses Desiderat nicht genügend erfüllen könnten, zumal diese Werke in der Chorpraxis selbst zu wenig benutzt wurden. Ehmann beließ es nicht bei dieser Kritik am Mangel an „pädagogischer Musik", sondern bemühte sich auf das Ersuchen einiger Bläsergruppen hin um die Bereitstellung eines eigenständigen Lehrwerks, das den für eine qualifizierte Ausbildung der Bläser und Chorleiter entsprechenden Lernstoff darbieten sollte, um den Posaunenchören moderne musikpädagogische Kräfte zuzuführen, Elemente alter Bläserkunst zu erneuern und Verbindungen zu kirchenmusikalischen Zeitströmungen herzustellen.

Vier Jahre nach den Betheler Bläsertagen erschien Ehmanns „Bläser-Fibel. Anleitung für Blechbläser", an deren Planung und Entstehung sowohl der CVJM-Westbund als auch das westfälische Posaunenwerk beteiligt waren und dafür eine – allerdings nicht lange durchgehaltene – Verzichtserklärung auf die Abfassung eigener Bläserschulen leisteten. So konnte diese Publikation von 1951 sogar mit gesamtdeutschem Anspruch auftreten, wohingegen alle früheren und die meisten nachfolgenden Veröffentlichungen eher einen regionalen Verwendungsradius besaßen. In neun Kapiteln wurden auf 88 Seiten die bläserische Ausbildung nicht nur der Gegenwart, sondern auch der Kuhlo-Ära und der Zunftbläserei entfaltet und der Leser über Instrument, Körperhaltung, Atmung, Ansatz, Naturtonbildung, Tonzeichen, Griffweisen, Tonleitern usw. informiert sowie mit Hilfe von 90 täglichen Zungen-, Ansatz-, Vierklang-, Tonbildungs-, Tonleiter- und rhythmischen Übungen, Liedmelodien, Choralsätzen und Kanons an das Blasen herangeführt. Nach dem Willen ihres Autors sollten diese Übungsstücke nicht nacheinander durchexerziert werden, sondern dem Schüler je nach Anlage und Auffassungsgabe individuellen Freiraum lassen, einzelne Etüden oder ihre Reihenfolge im Blick auf die jeweilige Aufgabenstellung abzuändern.

Aufgrund des Ansehens Ehmanns erreichte die Bläser-Fibel trotz ihrer methodischen und didaktischen Mängel bis 1962 fünf weitere Auflagen, bis sie bei der sechsten Auflage 1962 in „Bläser-Fibel I" umbenannt wurde, weil der Herforder Professor ihr im gleichen Jahr zur Vertiefung und Ergänzung im Hinblick auf die fortgeschrittenen Bläser die „Bläser-Fibel II" nachschob, die allerdings nie recht an der Basis ankam. Aufgegliedert in Lehrheft, Übungsheft und Spielheft, erklärte das Lehrheft für den Ausbilder auf 44 Seiten, was die Bläser mittels des Spielheftes in 81, durch verschiedene Ausführungsmöglichkeiten variablen Übungen zur technischen und musikalischen Vervollkommnung erarbeiten sollten. Die Untergliederung bei Lehr- und Übungsheft in zehn Kapitel war identisch und enthielt die Ausführungen und Übungen zum Stimmen, zu Gehörbildung, Rhythmik, Intonation, Spielfertigkeit, Moll-Tonleitern, Kirchentonarten sowie Beispiele zum Erarbeiten alter und neuer Sätze. Das Spielheft der „Bläser-Fibel II", das von Ehmann als Ergänzung zur Bläser-Fibel II wie auch als selbstständiges Spielbuch zum Vortrag aus verschiedenen Anlässen gedacht war, brachte elf Spielstücke aus alten Bläserschulen (Fantini, Speer, Altenburg), sechs neue Spielstücke von Micheelsen, 15 Instrumentalkanons in verschiedenen Besetzungen, fünf Choralbicinien des sächsischen Kirchenmusikers Herbert Gadsch (*1913), neun c.f.-Bearbeitungen sowie 16 moderne freie Bläsermusiken, die zum Teil eigens zu musikpädagogischen Zwecken komponiert worden waren.

Weil Ehmann sich wohl selbst der Derivate seiner „Bläser-Fibel I" bewusst war, reichte er 1967 ein „Bläser-Fibel I Spielheft" nach, in dem 21 Kombinationssätze über Kirchen- und Volkslieder, 26 Cantionalsätze mit Oberstimme über Choräle und Volksweisen sowie zehn freie Bläserstücke der zeitgenössischen Komponisten Johannes H. E. Koch und Heinrich Ehmann (*1938), Sohn von Wilhelm Ehmann. Beide Fibeln sollten dazu benutzt werden, um durch den Ausgangspunkt der Verbindung von Singen und Blasen den Lehrstoff aus dem naturtönigen Lied zu entwickeln und eine Einheit von Lern- und Musiziergut anzustreben, den Einzelnen in der Chorgemeinschaft zu fördern, ihn zum Transponieren und Improvisieren anzuregen, zu bläsereigener Technik und bläserspezifischem Spielgut sowie zu neuer Musik zu führen. Ehmann komplettierte 1974 sein Unterrichtswerk durch die Lehr- und Übungsteil vereinende, 172 Seiten und zehn Kapitel umfassende „Schule bläserischer Gestaltung", die als Zielgruppe fortgeschrittene Bläser sowohl zum Selbst- als auch zum Gruppenstudium vor Augen hatte und aus der langjährigen Zusammenarbeit des Professors mit Laien- und Fachbläsern entstanden war.[354]

Einen weiteren musikerzieherischen Bereich innerhalb des geistlichen Bläserwesens, den Ehmann auf den Betheler Bläsertagen neben den Schulbuchpublikationen konstruktiver Kritik unterzogen hatte, tangierte die *Lehrgangs-*

arbeit der Verbände, speziell die Chorleiterkurse und -tagungen, für die er eine umfassend geistige, allgemein musikalische und technische Unterweisung unerlässlich hielt. Zu ihnen fänden sich, so Ehmann, nicht einmal zur Hälfte Chorleiter ein, weil der Dirigent häufig einen Vertreter oder gar seinen Sohn schicken würde, der dann berichten müsse. Auf diese Weise würden lernwillige und einsichtige Bläser, die begeistert in die Arbeit einschwenkten, weiterhin von ungelenken und unfähigen Chorleitern niedergehalten oder gar „erdrückt". Weil es im Hinblick auf das handwerklich technische Fähigkeiten verlangende Blasen und im Hinblick auf den hohen Verkündigungsauftrag durch das Instrument nicht mit bloßer Motivation getan sei, dürfe seiner Ansicht nach kein Posaunenchorleiter zu seiner wichtigen Aufgabe und seinem verantwortungsvollen künstlerischen Amt zugelassen werden, er weise denn analog zur sorgfältigen Schulung der Kirchenmusiker und Pfarrer eine ausreichende, auf Freizeiten und Seminaren, teilweise mit Prüfungen erworbene oder vertiefte Befähigung und Ausbildung nach. Dieses Bestätigungsrecht für die Dirigenten müssten sich die Posaunenchorverbände nicht aus falsch verstandenem Führungswillen, sondern aus dem Grundinteresse an einer „musikalisch geistigen Ordnung" vorbehalten.

Wenn Ehmann 15 Jahre später feststellte, dass sich die Kurse der Vorkriegszeit zu einer bläserischen „Facharbeit" verdichtet hätten, die sich in der Abhaltung von Bläserlehrgängen, oft für Anfänger, fortgeschrittene Spieler und Chorleiter gestaffelt, ausdrücke, so gab er damit eine Entwicklung wieder, die in seiner Ära einen ersten Höhepunkt erreicht hatte. Ehmann selbst beteiligte sich durch Referate und praktische Übungen an den unterschiedlichsten bläserischen Fortbildungskursen sowohl des westfälischen Posaunenwerks als auch des CVJM-Westbundes in Bethel und Willingen.

Vor allem das Eichenkreuzheim in Willingen avancierte in der Nachkriegszeit zum Zentrum des geistlichen Bläserwesens und damit auch zum Forum Ehmanns. Bei den seit 1949 jährlich stattfindenden „Willinger Bläser-Lehrgängen", die als Novum eine mündlich-schriftliche Abschlussprüfung aufwiesen, war Ehmann gern gesehener Gastreferent, da sich ihr Initiator, Reichsposaunen- und Singwart Hans Mrozek als Ehmann-Schüler verstand. Aber auch Wilhelm Dignus (*1908), Bundesposaunenwart beim freikirchlichen BCPD, lud zu seinen 1963 begonnenen „Willinger Bundeslehrwochen" den Herforder Professor ein, dessen Reformvorschläge im Blick auf Instrumentarium und Literatur er innerhalb seiner Verbandschöre geradlinig durchsetzte.

Ehmann begnügte sich nicht damit, sich bei Bläserfortbildungskursen als Mitarbeiter einzubringen, sondern veranstaltete nach den Herforder Bläsertagen von seinem Wirkungsort aus in Zusammenarbeit mit Kirchenmusikern und Posaunenwarten Seminare für Bläserchorleiter (1968, 1970, 1973) sowie für Bläser (1972) aus dem westfälischen Raum mit Themen wie technische Blas- und Dirigierübungen, Einstudieren der musikalischen Gestaltung, Referate über bläserisch-musikalische Fragen mit anschließenden Diskussionen.[355]

Doch nicht nur eine intensivere „Durchbildung" der Bläser und Chorleiter hatte Ehmann auf den Betheler Bläsertagen gefordert, sondern auch eine „systematische *Verbindung zum Berufsmusiker*", was sich natürlich auf die Lehrgangs- und Seminararbeit auswirken musste, zu der die Bläserverbände bis dato keine Fachbläser herangezogen hatten. Ehmann stellte sich dabei eine Art Symbiose zwischen Fach- und Laienmusiker vor, von der beide Seiten profitieren sollten. Er riet den Posaunenchören nicht zu der nahe liegenden Kontaktaufnahme mit den Orchesterbläsern, weil ihm aufgrund der engen Verwandtschaft zwischen Orgelspiel, Gesang und Blasen eine Begegnung am ehesten mit Kirchenmusikern wünschenswert schien. Zwischen Berufsbläsern und Laienspielern dagegen sah der Kirchenmusikdirektor wenig Verbindendes und viel Trennendes:

> „Die guten Vereinigungen unter den Posaunenchören … haben durch das ständige Liedmusizieren mehr zusammenhängende Linie im Spiel, während der Orchesterbläser zumeist nur kurze Bläserwürfe in das Tongewoge einstreut; sie haben durch das fortwährende chorische Blasen mehr Ensemblebewusstsein und einen geschlossenen Ensembleklang, während sich die Orchestermitglieder nur selten chorisch auswirken können, sie haben eine lockere, bewegliche Artikulation, die aus dem Lieddenken erwächst, während die Fachbläser zu Festigkeit und Härte neigen."[356]

Dass Ehmann hier mit seinen Argumenten vom Lieddenken und weichen Blasen die Posaunenchöre einseitig auf die von ihm als zu überwinden angestrebte romantische A-cappella-Linie festlegte und damit sich selbst widersprach, nahm er billigend in Kauf; auch dass Orchesterbläser während ihres Studiums das Ensemblespiel pflegen und Gruppenproben abhalten, war ihm wohl nicht bewusst. Die Schwierigkeit, dass der Kirchenmusiker zu jener Zeit im Gegensatz zum Orchesterspieler vom Blasen recht wenig oder gar nichts verstand, wurde von ihm zwar registriert, jedoch glaubte er, es mit der bloßen Forderung zu neutralisieren, dass die Kirchenmusikstudenten an ihren Ausbildungsstätten Unterricht in einem Blechblasinstrument erhalten müssten, was jedoch qualitativ bei weitem nicht an ein gründliches Orchesterstudium heranreicht. Vielleicht entsprangen seine Vorbehalte gegenüber den Berufsbläsern denselben Berührungsängsten, die er den Posaunenchorbläsern seiner Zeit unterstellte, zumal er selbst als Flügelhornist Laienbläser war; vielleicht entstammten sie auch einem gewissen Konkurrenzdenken, das er als Kirchenmusiker gegenüber diesem „weltlichen" Berufsstand hegte.

Dass diese die blastechnische Fortbildung mehr hemmende als fördernde Ansicht bei Ehmann nicht zeitbedingt war, geht aus Äußerungen hervor, die er 15 bzw. 20 Jahre später verlauten ließ. Noch immer sah er ausschließlich im Kirchenmusiker den musikalischen Fachmann, der den Laienbläsern am ehesten behilflich sein könne, da er die Literatur der Bläser, ihren Wirkungsbereich und ihre Aufgaben kenne und wisse, wie man sie zu gestalten habe. Noch immer wähnte er große Schwierigkeiten bei der Unterweisung von Posaunenchorspielern durch Orchesterbläser, sei es privat, sei es auf einem Lehrgang, denn beide Ebenen seien zu weit voneinander entfernt, weil der Orchestermusiker bei aller blastechnischen Virtuosität von Haus aus keine Verbindung zur Welt der geistlichen Bläserchöre habe, ihr Instrumentarium und ihr Repertoire nicht kenne, andere Griffweisen und Notenschlüssel pflege, keine pädagogische Vorbildung und kaum Erfahrung im blechbläserischen Zusammenspiel besitze, um die Musizierformen der Posaunenchöre nicht wisse usw. Von daher sei er gezwungen, einem Posaunenchormitglied die bläserische Technik gleichsam im luftleeren Raum zu vermitteln, eben bläserisches Können an sich zu betreiben, ohne seinen Schüler aus der Mitte seiner eigenen Bläserwelt anzugehen und ihn für seine Zwecke zurichten zu können. Selbst zur Kirchenmusik habe auch der tüchtigste Orchesterbläser im Allgemeinen kaum eine Beziehung, deshalb werde vom Schüler in solch einem Fall große Selbstständigkeit und Reife erwartet, dass er die hier gelernte Technik in seinen eigensten Bereich der geistlichen Blasmusik übertragen müsse.

Von daher schlug Ehmann vor, wenn man schon professionelle Spieler in die Lehrgangsarbeit einbeziehen wolle, Orchesterblaslehrer zu einem von den Kirchenmusikschulen und Posaunenverbänden veranstalteten Kursus zusammenzufassen, um sie mit der Literatur des geistlichen Blasens und der Kirchenmusik, mit ihrer Aufführungspraxis und ihren Aufgaben, mit ihrem Zusammenspiel und ihren pädagogischen Möglichkeiten sowie mit ihrem geistlichen Fundament vertraut zu machen.

Die Hindernisse im Hinblick auf professionelle Blechbläser, die Ehmann zu seiner Zeit schilderte, sind heute als überwunden anzusehen, weil immer mehr Spieler die ersten Anstöße zum Studium von Trompete, Posaune, Horn oder Tuba nicht durch eine Blaskapelle, sondern in einem Posaunenchor erhalten haben und nun ihr Können den Blasamateuren wieder zur Verfügung stellen, sodass bei Orchesterbläsern in zunehmendem Maße die von

Ehmann verlangten Verbindungen und Erfahrungen im Bereich des geistlichen Bläserwesens vorausgesetzt werden können.[357]

Dass die Verbände in der Ehmann-Ära überhaupt auf die Kooperation mit Fachbläsern angewiesen waren, hing damit zusammen, dass ihre eigenen hauptamtlichen Mitarbeiter in einem längeren Prozess zur Einsicht gelangten, dass sie gar nicht in der Lage waren, diese Lücke im blastechnischen Bereich auf professionelle Weise zu füllen, bedingt durch die historische Entwicklung des *Berufsstands des Posaunenwarts*.

Vor dem Zweiten Weltkrieg wiesen sämtliche hauptamtlich in der Posaunenarbeit Tätigen eine diakonische Ausbildung auf, in deren Rahmen sie ihre theoretischen und praktischen Kenntnisse im Blick auf die Tonkunst in den jeweiligen Brüderhäusern durch Musikunterricht und Teilnahme an den Übungsstunden der dortigen „Anstaltschöre" erworben bzw. vertieft hatten. Nach 1945, als die meisten Posaunenverbände darangingen, Berufsarbeiter anzustellen, trat insofern eine Wandlung ein, als nun neben den Diakonen auch Männer den Posten des Posaunenwarts antraten, die zwar von Haus aus praktische Bläser- oder Chorleitererfahrung mitbrachten, ansonsten aber weder auf eine diakonische noch auf eine fachmusikalische Ausbildung zurückblicken konnten, sondern direkt aus dem Berufsleben kamen.

Da sich für beide Gruppen, Diakone wie Nicht-Diakone, als Hauptverantwortliche im geistlichen Bläserwesen immer dringlicher in der Nachkriegszeit die Aufgabe zur Anhebung ihres fachlichen Wissens und bläserischen Könnens stellte, ergriff Ehmann die Initiative. Bereits im Winter 1948/49 schrieb er für sein Institut in Herford einen im Sommer 1949 beginnenden „Lehrgang für Posaunenmusik" aus, der mindestens ein Semester lang dauern und mit einer kleinen Prüfung abgeschlossen werden sollte, analog zum C-Examen der Kirchenmusiker. Ziel war die Zurüstung von Chorleitern und anderen Interessenten, v. a. aber die fachmusikalische Ausbildung von Berufsarbeitern für die christlichen Bläserverbände mittels eines gründlichen Blasunterrichts und einer Unterweisung in Gottesdienst- und Gesangbuchkunde, Musikgeschichte, Musiktheorie, Singen, Hymnologie, Orgelspiel usw.

Das neu eingerichtete Bläserstudium mit Abschlussprüfung, dessen Studien- und Examensordnung die Schüler meist nach der C-Gruppe, teilweise auch nach der B-Gruppe zu durchlaufen hatten, wurde ganz auf die späteren Berufsanforderungen der Absolventen zugeschnitten: In Musikgeschichte, Instrumentenkunde und Formenlehre standen bläserische Fragen im Vordergrund, das Fach „Orgelspiel" war gegen das Fach „Bläserspiel" ausgetauscht, wobei der Blasunterricht zunächst durch den damaligen Gelsenkirchener Doktoranden Manfred Büttner erteilt wurde, der 1947 sein Musiklehrerexamen mit Horn als Hauptfach abgelegt hatte. Nach dessen Überwerfung mit Ehmann folgten Büttner zwei Kirchenmusiker sowie zwei Orchestermusiker der Nordwestdeutschen Philharmonie. An bläserischen Anforderungen im Rahmen einer kirchenmusikalischen C-Prüfung für Berufsarbeiter an der Westfälischen Landeskirchenmusikschule wurden in den 1960er Jahren genannt: Praxis und Theorie des Blasens, Chorleitung, Literaturkunde, Instrumentenkunde, Musiktheorie.

Von dieser Möglichkeit wurde im Laufe der Jahre reichlich Gebrauch gemacht, sodass nicht wenige ehemalige Ehmannsche Bläserschüler als Posaunenwarte tätig waren und sind.

Aus Baden nahm beispielsweise nicht nur der erste hauptamtliche Posaunenwart Emil Stober an der Bläserklasse der Herforder Kirchenmusikschule teil (1951) und schloss mit der Bläser-C-Prüfung ab, sondern auch 1959/60 Wilhelm Bießecker (*1927), Posaunenwart in Baden von 1958 bis 1968, 1970/71 Ludwig Pfatteicher (*1935), Landesposaunenwart in Baden von 1971 bis 1994, und 1974/75 Dieter Bischoff (*1939), Posaunenwart in Baden seit 1974, Landesposaunenwart in Baden von 1994 bis 1996. Der Johannesstiftler Diakon Werner Benz, Landesposaunenwart in Lippe und später in Westfalen, erhielt 1962/63 seine blastechnisch-musikalische Ausbildung bei Ehmann in Herford, wie in den gleichen Jahren sein Nachfolger in Lippe, Heiner Rose (*1938) und 1960–1962 sein späterer Kollege in Westfalen Karl-Heinz Saretzki. Die Bläserklasse im Westfälischen besuchten 1970/71 auch der Rummelsberger Diakon Hans Hoppe (*1936), in Bayern von 1968 bis 1979 als Posaunenwart tätig, 1972/73 der spätere Landesposaunenwart der „Nordelbischen Posaunenmission", Diakon Johannes Oldsen (*1941) sowie 1969–1971 der frühere kurhessische und jetzige sächsische Landesposaunenwart Friedel W. Böhler (*1946), der in Hephata zum Diakon ausgebildet worden war.

Trotzdem erschien Ehmann 20 Jahre nach dem Start seiner Herforder Ausbildungslehrgänge deren Ergebnis noch nicht ausreichend, weil die Männer, die ihm meist von Posaunenchorverbänden oder Landeskirchen zugeleitet wurden, im Allgemeinen über das Studienalter hinaus und ihre musikalische Vorbildung, da sie oft aus handwerklichen Berufen kamen, zufällig sowie ihr Talent trotz allen Eifers und vorbildlicher Haltung gering wären. Der Kirchenmusikschuldirektor verlangte daher eine Verlängerung des meist einjährigen Studiums sowie eine Erweiterung, die darauf abzielen sollte, dass der zukünftige Posaunenwart mit der Herkunft aus einem Posaunenchor eine kirchenmusikalische Ausbildung sowie ein Orchesterfachstudium miteinander vereinen sollte, damit man ein ganzes Berufsleben lang für einen großen Wirkungskreis davon zehren könne.

Ehmann lehnte also bewusst eine ausschließlich auf der Musikhochschule erfolgende Vorbereitung für den späteren hauptamtlichen Dienst im geistlichen Bläserwesen ab, weil die Hochschule, deren Lehrer für Blechblasinstrumente im Hauptamt Orchestermusiker sind, zwar je nach Qualität der Dozenten ausgezeichnete Spezialkenntnisse vermitteln könne, doch bliebe sie zwangsläufig deren Bündelung zu einem realisierbaren Ganzen, ihre Übertragung auf die Ebene der christlichen Bläserchöre sowie die Vermittlung kirchenmusikalischer Praktiken einem solchen Schüler schuldig. Stattdessen votierte der westfälische Professor für folgendes Posaunenwart-Idealbild: Aufgewachsen sein solle der Anwärter in einem Posaunenchor, wodurch nicht nur seine kirchliche Bindung gegeben sei, sondern er darüber hinaus um die Lebensformen und musikalischen Möglichkeiten der Posaunenchöre wisse; danach durchlaufe er eine Kirchenmusikschule möglichst bis zum B-Examen, wo er in der ganzen Breite kirchenmusikalischer Praktiken Fuß fasse und Kontaktmöglichkeiten zu Kirchenmusikern besitze; abschließend besuche er eine Hochschule mit Blas-, Orchesterleitungs-, Musikpädagogik- und Partiturspiel-Unterricht, wobei ein Examen wünschenswert, aber nicht notwendig erscheine. Solche Absolventen, die für Führungsposten bläserischer Lehraufgaben in den Posaunenverbänden zur Verfügung stünden, könnten dann die Erfahrungen und Ergebnisse aus drei Bereichen zu einer geistig-pädagogisch-künstlerischen Einheit verwandeln und verarbeiten, sodass schließlich eine fachlich gegründete Eigenständigkeit des geistlichen Bläserwesens entstünde.

Der steile Entwurf Ehmanns scheiterte allerdings an seinen hohen Vorgaben eines Doppelstudiums und einer hohen musikalischen Begabung, sodass bis heute kein Posaunenwart eine abgeschlossene Kirchenmusiker- und zugleich eine examinierte Orchesterbläserausbildung vorweisen kann. Dafür waren bereits in den 1940er und 1950er Jahren ausgewiesene Kirchenmusiker oder Orchesterbläser in den Berufsstand des Posaunenwarts übergewechselt.[358]

Zusätzlich zu einer gründlichen Durchbildung der Bläser äußerte Ehmann im Rahmen seines Auffachlichungprogramms von 1967 auch den Wunsch, die *Arbeit der Sonderchöre* zu betonen, für deren Auswahlgebiet und Kristallisationskern sich naturgegeben weiterhin die Einheiten wie ein Verband, ein landschaftlicher Bereich, eine Kirchenmusikschule o. Ä. anbieten würden. Ehmann selbst hatte bereits beim Kuhlo-Horn-Sextett mitgeblasen und 1948 den „Bläserchor der Westfälischen Landeskirchenmusikschule" ins Leben gerufen, mit dem er bis 1977 über 200 Veranstaltungen wie Konzerte, Rundfunkaufnahmen, Gottesdienstgestaltungen, Tagungsdemonstrationen usw. bestritten hatte.

Eng mit der Betonung der Auswahlchorarbeit hing die letzte der sechs „Minimalforderungen" zusammen, die Ehmann auf den Betheler Bläsertagen erhoben hatte, nämlich das *Musizieren im Quartett*. Gemeint war damit nicht die Bildung von speziellen Bläserkreisen, sondern das Vorgehen, bei größeren Posaunenchören nicht ständig alle Bläser gemeinsam spielen zu lassen, sondern sie in überschaubare Gruppen aufzugliedern und diesen jeweils besondere Aufgaben zu stellen. In diesem Schritt zur Bekämpfung der Neigung der christlichen Laienspieler zum „massierten" Auftreten sah der westfälische Professor nur Vorteile: Das Musizieren im Quartett sei die beste Schulung, da es den Einzelspieler, der für jeden Ton einstehen müsse, mehr fordere und damit weit nachhaltiger fördere als das Mitschwimmen in der großen Masse. Dadurch ließen sich nicht nur die Werke einwandfreier gestalten, sondern darüber hinaus die Anregungen vervielfältigen und die mannigfachen gemeindlichen Aufgaben durch ein vergrößertes Dienstangebot flexibler verwirklichen, wodurch eine bessere Verwendbarkeit erzielt würde. Weitere, von Ehmann allerdings nicht angeführte Vorzüge dieses Systems liegen darin, dass beim Blasen im Gottesdienst eine unter Umständen kleine Gemeinde nicht durch einen überdimensionalen Klangkörper bei der Liedbegleitung erdrückt wird, dass die Tongestaltung durchsichtiger, ausgereifter und dynamisch abgestufter verlaufen kann, dass die Verantwortlichkeit des Einzelnen aufgrund stärkerer Verbindlichkeit gefestigt und die Gemeinschaft vertieft zu werden vermag.

Andererseits darf man auch nicht einfach – wie Ehmann es tat – die Nachteile stillschweigend übergehen, die sich aus dieser Aufgliederung in vierköpfige Ensembles ergeben: Die Einzelgruppe steht und fällt nicht nur mit der Einsatzbereitschaft des einzelnen Bläsers, sondern auch mit dessen Leistung, da schwache Bläser, die sich nun nicht mehr akustisch hinter stärkeren Mitspielern verstecken können, sich überfordert fühlen müssen und zwangsläufig ausgegrenzt werden. Außerdem ergibt sich mit der Notwendigkeit getrennter Proben zur Vorbereitung für die verschiedenen Einsätze eine Schwächung des Zusammengehörigkeitsgefühls des Gesamtchores und ein Bedürfnis nach mehreren „Mini-Chorleitern"; auch ist die Besetzung und damit das homogene Klangbild bei vier Mitgliedern viel stärkeren Schwankungen ausgesetzt als bei 20, man benötigt eine Ausgewogenheit von Ober- und Unterstimmen, zudem entfällt die Möglichkeit, bei einem längeren Stück oder einer vielstrophigen Choralbegleitung sich abzuwechslen, um den Ansatz zu regenerieren.

Wie sah es mit der praktisch erfolgten Umsetzung dieser nicht originellen Vorgabe aus? Ehmann selbst wollte etliche Jahre nach den Betheler Bläsertagen einen Pendelschlag der jungen Bläsergeneration in Richtung auf ein musikalisches Arbeiten in kleiner Besetzung ausmachen. Auch Reichsobmann Bachmann meinte in dieser Zeit, viele Chöre mit größerer Mitgliederzahl hätten sich entsprechend den zeitlichen Möglichkeiten der Bläser in kleinere Chorgruppen gegliedert, die den Dienst wahrnehmen würden. Sicher hatten einzelne größere Posaunenchöre zwei oder drei Unterabteilungen zum Kurrende- oder Ständchenblasen gebildet oder einige Spieler zum Turmblasen abgestellt. Dies betraf allerdings weder die Mehrzahl der Chordienste noch entsprach es dem Ideal des Quartettblasens, das sich auf die Breite der Chöre und die Länge der Zeit gesehen eben doch nicht durchgesetzt hat. Dies lag gewiss nicht nur daran, dass die durchschnittliche Chorgröße von zwölf Bläsern eine Teilung kaum ermöglicht, sondern hatte v. a. zwei Gründe: erstens, weil nicht wenige Laieninstrumentalisten trotz mancher didaktischen Anstrengung aufgrund der fehlenden täglichen Übung oder auch mangels Begabung zu einer solistischen Stimmführung innerhalb eines Quartetts nie durchdringen, sondern immer unsicher spielen; zweitens, weil die Posaunenchorbewegung eine zähe Eigendynamik besitzt, die sich in einem starren Festhalten an überlieferten Formen und in einer geringen Neigung zum Experimentieren niederschlägt.

Des Weiteren nahm Ehmann innerhalb der Ausführungen zu seiner fünften, auf den Betheler Bläsertagen vorgetragenen These die Chorleiter in den Blick, die sich musikalisch ausweisen müssten, da zum Blasen eine Reihe handwerklich-technischer Dinge gehörten und es einfach nicht angehe, dass man z. B. erst in der Kirche das angeschlagene Lied aufblättere und munter „drauflos" spiele in der irrigen Meinung, man wolle ja keine Konzerte geben, sondern nur zu Gottes Ehre und zur Erbauung der Gemeinde musizieren. Deshalb dürfe ein Posaunenchorleiter zu seinem verantwortlichen Amt erst zugelassen werden, wenn er eine ausreichende Befähigung und Ausbildung nachweisen könne, die – so Ehmann zwei Jahrzehnte später – auch Gottesdienst- und Gesangbuchkunde sowie Kenntnisse in der Kantoreipraxis mit umfassen müsse.

Nur am Rande streifte Ehmann die *Probenarbeit* mit der lapidaren Aussage:

> „Man kommt nicht mehr damit aus, Stücke einfach ‚aufzulegen' und ‚durchzuspielen' und die Sätze gleichsam wie eine Spieluhr automatisch ablaufen zu lassen."[359]

Ansonsten machte er sich keine weiterführenden Gedanken über die Vorbereitung, den Aufbau und die Durchführung einer effizienten Probe, obwohl gerade hier der Hauptanteil der musikerzieherischen Arbeit geleistet wird und nur bei dieser Gelegenheit das zum Zuge kommen kann, was man sich an Umsetzenswertem auf Lehrgängen und Seminaren oder durch Bläserschulen erworben, was man anlässlich der Besuche der Posaunenwarte angeeignet, was man durch Teilnahme an Sonderchorkonzerten neu entdeckt hat.[360]

Mehr Impulse gab der Herforder Professor im Bereich der Gestaltung von *Posaunenfeierstunden*, da er es nicht bei seiner Kritik an der „Musikalischen Feierstunde" Kuhlos beließ, sondern im Gegenzug zwei bläserische Musiziergestalten vorschlug, die eine Erweiterung des Vorhandenen in doppelter Richtung anstrebten: zum einen die Bläser-Vesper, die sich an die alte liturgische Form des Nebengottesdienstes anschloss und keine starre „Ganz-Form" darstellen, sondern variabel bleiben sollte. Variabel hinsichtlich der Mitwirkenden – sie konnte mit dem Pfarrer als Liturgen gehalten werden, aber auch ohne ihn mit den Bläsern oder dem Kantor; variabel hinsichtlich des Charakters – sie konnte als gottesdienstliche Voll-Vesper vollzogen werden oder als reine Musik-Vesper mit einem liturgischen „Rest"; variabel hinsichtlich des Inhaltes – sie konnte eine Fülle von Bläsermusik in sich aufnehmen, vom Choralvorspiel über den schlichten vierstimmigen Satz bis zum mehrchörig ausgeführten Psalmwerk; variabel zudem hinsichtlich der Art der Darbietung – sie konnte c.f.-Freies oder c.f.-Gebundenes enthalten, das entweder nur mit Bläsern oder mit Bläsern und Singstimmen oder nur mit dem Singchor bzw. dem Vorsänger im Wechsel dargeboten wurde. Bloß die Abfolge war festgelegt: Lied oder freie Spielmusik zum Eingang; Eingang; Psalmgebet; Schriftlesung; Wechselgesang; Auslegung der Schriftlesung; Hymnus; Versikel; Lobgesang; Gebet; Vaterunser; Dank und Segen; Lied bzw. Musik zum Ausgang.

Zum anderen die reine Bläsermusik, die ohne das gesprochene Wort auskam; die Pausen für die Spieler wurden entweder durch wechselnde Besetzungen (Unter-/Oberstimmen, kleiner/großer Chor usw.) und durch extreme Höhen und Dauer meidende Stücke oder durch die Einbeziehung der Orgel bzw. eines Sing- oder Holzbläserchores erreicht. Empfohlen wurde dabei von Ehmann, bei diesen Bläserkonzerten eine Länge von 75 Minuten nicht zu überschreiten, alte und neue, c.f.-gebundene und -freie Musik zu mischen, Texte zu liedgebundener Bläsermusik für die Zuhörer drucken zu lassen und durch Bildung von Reihungen und Gruppen gleich gearteter Stücke Blechbläsersätze von längerer Dauer anzustreben, um den Eindruck von „Flickwerk" zu vermeiden.[361]

Wie fällt nun eine abschließende Beurteilung der Person Ehmanns aus? Überblickt man die verschiedenen Teilaspekte des Bläserwesens, so ist unleugbar, dass der Herforder Professor zu den meisten von ihnen Gewichtiges zu sagen und Weiterführendes einzubringen hatte, wie seither kein anderer nach ihm. Von daher steht sein Name in der westfälischen und deutschen Posaunenchorgeschichte auf einer Linie mit denen von Johannes Kuhlo, Adolf Müller und Fritz Bachmann. Auch wenn Ehmann seine Leistungen auf dem Gebiet der Bläserarbeit selbst nicht allzu hoch veranschlagt hat, wie an seinen selbst verfassten Biografien ablesbar ist, und auch wenn er darüber klagte, dass sein Engagement in der westfälischen Posaunenchorarbeit oft ignoriert wurde, darf er doch als der bedeutendste Förderer und Impulsgeber der westfälischen Posaunenchöre in den ersten drei Nachkriegsjahrzehnten gelten.

Seine Persönlichkeit wurde allerdings recht unterschiedlich erlebt: Den einen – wie z. B. Bachmann, Büttner oder Duwe – galt er als rücksichtslos, herrschsüchtig, arrogant und wenig kooperativ. Andere wie z. B. Benz, Saretzki oder Schmidt waren von seiner universalen Musikalität, mitreißenden Vitalität und verpflichtenden Autorität so tief beeindruckt, dass sie ihm bis heute ein ehrendes Andenken bewahren.

Beim Schlussresümee wird man nicht unterschlagen dürfen, dass Ehmann einer offenen Aufarbeitung seines Verhaltens und seiner Einstellung im Dritten Reich bis zu seinem Tod beharrlich ausgewichen ist. Und noch etwas anderes blieb der Spiritus rector seiner Posaunenchorbewegung schuldig, obwohl er die Notwendigkeit dazu durchaus sah: eine übergreifende Zusammenfassung einzelner Themen und Fragestellungen aus dem Blickwinkel der Posaunenchorarbeit. Dazu Ehmann:

> „Es fehlt an ausreichenden Sonderstudien, an der Freilegung und Erschließung breiter, historischer Quellen, an modernen pädagogischen Anleitungen, an dem Versuch einer systematischen Zusammenschau."[362]

Ehmann selbst verfolgte dieses Projekt eines bläserischen Kompendiums nicht weiter, teils aus mangelndem Interesse, teils aufgrund fehlender Voraussetzungen. In seinem Nachlass befindet sich nur eine handschriftliche Materialsammlung mit dem Arbeitstitel „Geschichte der Posaunenchöre im Ravensberger Lande", die hauptsächlich auf das Protokollbuch von Eduard und Johannes Kuhlo fußt. Der Entwurf weist elf Kapitel auf mit insgesamt 96 handbeschriebenen Seiten und enthält aufgrund der schmalen Quellenbasis weniger Historisches als vielmehr Episches. Als der Verfasser mit Ehmann wenige Monate vor dessen Tod telefonierte, begrüßte der greise Westfale ausdrücklich das Vorhaben einer Synopsis der Posaunenchorarbeit. Ihm selbst war es nicht mehr vergönnt, die Arbeiten weiter zu verfolgen, sein Lebenswerk war damals bereits abgeschlossen.[363]

6 Die jüngere Vergangenheit (1970 – 2000)

6.1 Die Entwicklungen im westfälischen Posaunenwerk

Mit dem Rücktritt Duwes vom Amt des Landesobmanns und seinem Eintritt in den „Geschäftsführer-Ruhestand" 1966/67 ging im westfälischen Posaunenwerk eine Ära zu Ende. Und mit der Einstellung von *Werner Benz* und seiner Einsetzung in das Amt des Landesposaunenwarts 1967/68 wurde die Bläserarbeit des Verbands auf eine neue Basis gestellt. Denn zum ersten Mal seit dem Zweiten Weltkrieg war nun ein Hauptamtlicher voll und ganz für die Belange der Posaunenchöre des westfälischen Posaunenwerks abgestellt – Meyer und Gottwald hatten aufgrund ihrer Verpflichtungen für Bethel nur in begrenztem zeitlichen Rahmen überregional tätig werden können, Duwe selbst war aufgrund seiner angeschlagenen Gesundheit und seines vorgerückten Alters gehandikapt gewesen. Gebürtiger Westfale wie sein Vorgänger Duwe war Werner Benz allerdings nicht. Geboren am 16. Januar 1935 in Heidelberg besuchte er dort bis 1949 die Schule. Eine Lehre als Orthopädie-Schuhmacher schloss sich an. Bereits mit 21 Jahren legte er die Meisterprüfung ab. Schon früh zog es den jungen Badener neben dem Handwerk auch zur Blechbläserei – 1953 fing er auf einem Tenorhorn im Posaunenchor der Luther-Kirchengemeinde in Heidelberg zu spielen an. Bereits zwei Jahre später fungierte Werner Benz als Posaunenchorleiter. 1957 verließ er seine Heimatstadt, um in Berlin eine fünfjährige Diakonen- und Katechetenausbildung im Johannesstift anzutreten. Direkt danach absolvierte er ein eineinhalbjähriges Studium an der Herforder Landeskirchenmusikschule 1962/63, durch das er seine musikalisch-blastechnischen Kenntnisse erweiterte und das er mit der Bläser-C-Prüfung abschloss. Nachhaltig in dieser Zeit prägte ihn der dortige Leiter Wilhelm Ehmann, Mentor der deutschen Posaunenchorbewegung in den ersten drei Nachkriegsjahrzehnten. 1963 heiratete Werner Benz Margret Vogt (*1937) aus Heidelberg, die ihn fortan in vielen seiner Aufgabenbereiche unterstützte; nicht zuletzt auch dadurch, dass sie von 1973 bis 1997 in der Geschäftsstelle halbtags tätig war.

Von Herford aus führte sein Weg ins benachbarte Lippe, wo Werner Benz am 1. Mai 1963 in dem kleinen, seit 1934 Westfalen angeschlossenen Gebiet, in dem es damals ungefähr 60 Posaunenchöre zu betreuen gab, sein Amt als Landesposaunenwart antrat. Von seinem Wohnort Bösingfeld (Extertal) aus besuchte der junge Berufsanfänger die Bläsergruppen, leitete Schulungen, hielt Bläsertage ab usw. Zum CVJM-Westbund suchte er bereits

Werner Benz

Kontakt, als der „Posaunenstreit" zwischen Jungmännerwerk und Posaunenwerk noch in vollem Gange war. Mit Bundesposaunenwart Richard Lörcher verband ihn trotz aller Trennungslinien in Organisation und Literatur bald eine freundschaftliche Beziehung. Aufgrund seiner Bemühungen, die zerstrittenen Parteien zusammenzubringen, wurde Mitte der 1960er Jahre der „Posaunendienst in der Lippischen Landeskirche" gegründet, Vorläufermodell für den „Evangelischen Posaunendienst in Deutschland". Der letzte von Benz geleitete lippische Landesposaunentag in Bad Salzuflen am 8. Mai 1966 avancierte dadurch zum ersten großen Bläsertreffen in Lippe nach dem Zweiten Weltkrieg, an dem Posaunenchöre beider Verbände teilnahmen. Drei Jahre nach Beginn seiner Tätigkeit war Benz damit zumindest im Kleinen eine Zusammenführung gelungen, deren Vorbildcharakter auch auf das größere Westfalen ausstrahlte.

Aufgrund seiner Arbeit in Lippe wurde Benz von Ehmann und der westfälischen Kirchenleitung ins Spiel gebracht, als es um die Besetzung des neu geschaffenen Landesposaunenwartspostens im westfälischen Posaunenwerk ging. Bei der Abstimmung im Landesposaunenrat Anfang 1967 setzte sich Benz gegen zwei Mitbewerber durch und nahm Anfang Oktober 1967 sein neues Aufgabenfeld in Angriff. Die Verhältnisse, die Werner Benz dabei antraf, waren herausfordernd: Die *Geschäftsstelle* war ein beengter Raum mit hoffnungslos veralteter Ausstattung, viele registrierte Chöre waren nur noch „Karteileichen". Doch nicht nur dies erschwerte die Arbeitsbedingungen: Personell war die Geschäftsstelle vollkommen unterbesetzt. Seit Januar 1967 erledigte der Landesobmann Pfarrer Mengedoth bei wöchentlichen Blitzbesuchen die Regularien; ein kaufmännischer Angestellter im Ruhestand bearbeitete an zwei Vormittagen in der Woche den Zahlungsverkehr. Die schleppend eingehenden Chorbeiträge in Höhe von 12.000 DM reichten nicht aus, um eine ganztägige Bürokraft einzustellen. Weitere Mittel für die Geschäftsführung oder die Arbeit mit den Posaunenchören waren nicht vorhanden. Werner Benz ging mit Elan diese Herausforderungen an, was allerdings mit etlichen Mühen und einigem Aufwand verbunden war. Im Verlauf von 15 Jahren war Benz gezwungen, mit der Geschäftsstelle fünf Mal umzuziehen. Innerhalb kürzester Zeit musste in Bethel der Standort gewechselt werden. Gern nahm darum der Landesposaunenrat ein Angebot der Anstalt Eckardtsheim an, die Geschäftsstelle im Mai 1973 nach dort zu verlegen. Ein weiterer Ortswechsel erfolgte im März 1983 nach Bielefeld-Brackwede in das Ev. Presse- und Verlagshaus, wo die Geschäftsstelle bis heute geblieben ist.

Die örtliche Verlagerung korrespondierte dabei auch mit einer inhaltlichen: *Bethel* verlor nach der Ära Duwes seine zentrale Rolle in der westfälischen Bläserarbeit und konnte nicht mehr an frühere Zeiten anknüpfen. Nichtsdestotrotz blieb das geistliche Blasen fester Bestandteil in Bethel bis zur Gegenwart, wenn auch nicht mehr von überregionaler Bedeutung. Als Johannes Gottwald 1974 in den Ruhestand ging, übergab er den 80 Mitglieder starken Chor an Paul-Friedrich Klein (*1946), Sohn eines Diakonenehepaars und selbst Nazareth-Bruder. Dieser setzte einen Schwerpunkt auf die Bläserausbildung, wo er allen Anfängern Einzelunterricht und Fortgeschrittenen Unterricht durch professionelle Musiker zukommen ließ. Außerdem betonte Klein die Gemeinschaftspflege, sodass neben den vielen Proben auch Freizeiten, Sportstunden und Spiele-Abende angeboten wurden. Wegen beruflicher Umorientierung verließ Klein im Winter 1987 die Posaunenmission, bei der Diakon Friedrich Niedernolte (*1956) im Sommer 1988 seinen Platz einnahm und die Arbeit bis zum Oktober 1993 fortführte. Seither leitet Joachim von Haebler (*1965) die Posaunenmission Bethel, zugleich als Kreisobmann für Bielefeld zuständig. 36 Jugendliche, 90 % aus Bethel, 10 % aus dem Stadtgebiet, zählten im Jubiläumsjahr 2001 zu den Blasanfängern, 44 Bläser und Bläserinnen musizierten im „Großen Chor", wobei es in Bethel insgesamt fünf Chöre gab, darunter auch einen Schülerchor, der bei über 120 Beerdigungen im Jahr blies.

Überrundet wurde die Bläserarbeit in Bethel von der „Filiale" in *Bielefeld-Eckardtsheim*, wo bereits seit 1886 ein Posaunenchor bestand. Der Betheler Diakon Hans Eisenberg (*1940) übernahm 1969 die Leitung des damals ca. 30 Bläser starken Chores und baute ihn in den folgenden Jahren zu einer der stärksten Bläservereinigungen in Westfalen mit zeitweilig über 100 Mitgliedern auf. Auf Vermittlung von Werner Benz belegte er von 1970 bis 1972 einzelne Kurse in Herford, wo er sich das Auffachlichungsprogamm Ehmanns zu Eigen machte und mit verschiedenen Registergruppen arbeitete. Weil die Arbeit ständig wuchs, wurde er ab 1972 mit 50 % hauptamtlich für den Bläserbereich in Eckardtsheim abgestellt. Eisenberg initiierte 1976 eine Bläsersendfahrt nach Tansania und gründete mit ehemaligen Bläsern bereits Anfang der 1980er Jahre einen Seniorenposaunenchor, der sich alle drei Wochen traf. Die klassischen Tätigkeitsbereiche bildeten die musikalischen Auftritte bei jährlich 200–300 Geburtstagsfeiern, bei ca. 50 Beerdigungen, bei Sommerfesten und Weihnachtsfeiern. Als Eisenberg 1985 eine andere Aufgabe übertragen wurde, traf sein Nachfolger, der Posaunist Armin Goebel (*1958), vier Jungbläsergruppen, zwei leistungsmäßig aufgeteilte Hauptgruppen sowie den Seniorenposaunenchor an. Nach zwei Jahren schied er wieder aus, und Lothar Euen (*1959), studierter Posaunist, übernahm seinen Aufgabenbereich. Da die Arbeit nicht zuletzt durch die intensive Jungbläserausbildung und die Bildung von verschiedenen Sondergruppen wie Posaunenensembles immer mehr anwuchs, wurde die 50 %-Stelle im Laufe der Jahre zu einer 100 %-Stelle aufgestockt. Der Hauptchor umfasste damals 60 bis 70 Bläser und wuchs unter Jörg Häusler (*1967), der in Detmold und Essen Trompete und Musikpädagogik studiert hatte und 1995 die Stelle von Euen übernahm, wieder auf knapp 100 Chormitglieder an. Neben dem Hauptchor gab es noch zehn weitere Untergruppen, darunter allein sechs Anfängerkreise sowie einen Jugendbläserchor, der leistungsmäßig sich dem Hauptchor immer mehr annäherte, wobei der Nachwuchs sich inzwischen nicht mehr aus der Diakonenschaft rekrutierte.

Zurück zum Posaunenwerk: Die personelle Besetzung in der Geschäftsstelle – 1967 gab es eine Bürokraft, 1999 waren es zwei Bürokräfte sowie ein Zivildienstleistender – blieb hinter der Entwicklung der Chor- und Bläserzahlen zurück. Circa 500 Chöre – nicht nur des eigenen Verbandes, sondern auch solche, deren Mitgliedschaft ruhte, die sich außerhalb Westfalens befanden oder die als „befreundet" galten – nutzten mit der Zeit den Service der Geschäftsstelle. Die weit ausgreifenden Fragen zu Literatur, Instrumentenkauf und -finanzierung erforderten neue Konzepte.

Als Werner Benz 1967 sein Amt als Landesposaunenwart antrat, fand er die Praxis des Leihinstrumentariums vor: Chören im Aufbau wurden von der Geschäftsstelle Blechblasinstrumente ausgeliehen, bis sie auf „eigenen Füßen" stehen konnten. Von anfänglich 24 Instrumenten erhöhte er den Bestand auf über 200. Durch die starke Beanspruchung der teilweise sehr alten Tonwerkzeuge in der Anfängerausbildung musste er allerdings viele Instrumente aussortieren. Die noch vorhandenen 150 Instrumente waren fast ständig ausgeliehen. Daher entwickelte Benz 1977 eine Alternative zu dieser Ausleihe durch das Angebot des sog. Darlehenskaufs, d. h. die Posaunenchöre erhielten die gewünschten neuen Instrumente, das Posaunenwerk trat durch Zahlung der Rechnung jedoch in Vorlage und die Chöre zahlten im Laufe von zwei Jahren den Rechnungsbetrag in Raten und ohne Zins- und Bearbeitungsgebühren zurück. Bis Mitte der 1990er Jahre konnten auf diese Weise ca. 900 Instrumente im Gesamtwert von über einer Million DM vermittelt werden, sodass die Nachfrage nach Leihinstrumenten immer mehr zurückging.

Aus kleinen Anfängen heraus führte Benz die Buch- und Instrumentenhandlung des Posaunenwerks zu einer solch beachtlichen Größe, dass sie 1981/82 in den Luther-Verlag überführt wurde. Das Literatursortiment umfasste mit der Zeit über 1.500 Titel, die in 30 Sachgebiete gegliedert waren, um das Auffinden zu erleichtern. Es reichte von Anfängerschulungen über Sammelbände und Ensembleliteratur bis zu anspruchsvoller Sololiteratur usw. Parallel dazu baute der geschäftsführende Landesposaunenwart eine große Präsenzbibliothek auf. Über 4.500 Titel standen gegen Ende seiner Amtszeit allen Chorleitern und Bläsern zur Einsicht zur Verfügung, ebenso über 100 Bläserschallplatten und CDs in der Discothek, gedacht nicht nur als Hörgenuss, sondern auch als Anregung für das eigene Musizieren. Damit war eine „Daten- und Informationsbank" für die kirchliche Bläserarbeit geschaffen worden, die im deutschsprachigen Raum ihresgleichen suchte.

Auch das gesamte Rechnungswesen als Teil der Aufgabe zur Führung der Geschäftsstelle machte unter Benz' Verantwortung eine rasante Entwicklung durch: Das Haushaltsvolumen stieg von 22.160 DM im Jahr 1967 auf 401.327 DM im Jahr 1999. Zusätzlich stellte man sich der besonderen Herausforderung, um angesichts gekürzter kirchlicher Zuschüsse weitere finanzielle Quellen für die Arbeit des westfälischen Posaunenwerks zu erschließen: Am 2. März 1998 wurde in Bielefeld der „Verein zur Förderung der Posaunenchorarbeit" gegründet, dessen Vorsitz der der Bläserarbeit schon etliche Jahrzehnte verbundene Theologe Dr. Gerhard Rödding (*1933) übernahm. Enttäuschend blieb allerdings, dass trotz intensiver Werbung nur etwas über 30 Mitglieder unter Bläsern, Bläserfreunden und Chören geworben werden konnten, die mit freiwilligen Jahresbeiträgen die Bläserarbeit des Posaunenwerks unterstützen wollten.

Am 30. Dezember 1997 konnte Benz seinem Kollegen und Nachfolger Ulrich Dieckmann (*1963) als neuem geschäftsführenden Landesposaunenwart ein Werk mit solide finanziertem, schuldenfreiem Besitzstand übergeben, wobei es ihm gelungen war, die Geschäftsstelle zu einem leistungsfähigen Beratungs- und Informationszentrum für über 6.000 Bläserinnen und Bläser auszubauen, die dessen Dienste in Anspruch nahmen.

Zu den Aufgaben, die in der Geschäftsstelle für das Gesamtwerk zu leisten waren, kamen für Benz noch die *Vertretungspflichten* des Verbandes bei staatlichen und kirchlichen Institutionen innerhalb und außerhalb Nordrhein-Westfalens hinzu: Beim Kirchenmusikalischen Ausschuss sowie im Leiterkreis der Ämter und Werke der westfälischen Landeskirche, beim Ev. Erwachsenenbildungswerk Westfalen und Lippe, beim Ev. Jugendferienwerk Rheinland und Westfalen, bei der Landesarbeitsgemeinschaft Musik und beim Landesmusikrat in Nordrhein-Westfalen brachte Benz sich regelmäßig ein. Er führte Informationsgespräche mit den Mitarbeitern des Posaunenwerks, besonders mit dem Landesobmann, engagierte sich im Posaunenwerk der EKD und später im Ev. Posaunendienst in Deutschland usw. Auf 196 Besprechungen, Sitzungen und Tagungen summierte sich sein Einsatz beispielsweise im Jahr 1993.

Trotz all dieser Verpflichtungen kam bei Benz die *Kontaktpflege zur Basis* nicht zu kurz. Von Anfang an besuchte er Posaunenchöre vor Ort, um mit ihnen bläserisch und musikalisch zielgerichtet zu arbeiten. Anlässe für Besuch und Schulung waren Chorjubiläen, festliche Bläsergottesdienste, besondere Konzerte usw. Dabei wurden von Benz bei solchen Proben auch mehrere benachbarte Chöre zu einer Gruppe zusammengefasst, um effektiver als Multiplikator wirken zu können. In den ersten fünf Jahren seiner Tätigkeit als Landesposaunenwart in Westfalen bis zur Einstellung eines Kollegen war Benz allein für die Betreuung von ca. 200 Chören zuständig, sodass er lange Wegstrecken bei allen denkbaren Witterungsverhältnissen im Sieger- und Sauerland, im Ruhrgebiet, im Münsterland usw. auf sich nehmen musste. Im Durchschnitt 60 solcher Chor- und Kreisproben pro Jahr hielt Benz alljährlich ab, sodass er nach 33 Dienstjahren 2.634 Einsätze vor Ort sowie 1.885 Gottesdienste und Bläsermusiken vorzuweisen hatte.

Doch nicht nur örtliche Schulungen, sondern auch die überregionale Schulungsarbeit lag Benz am Herzen. Im westfälischen Posaunenwerk blickte man dabei auf die schon legendär zu nennende Tradition der 1911 von Kuhlo begonnenen Bethel-Bläser-Kurse zurück, die, nur unterbrochen durch die Weltkriege, von Duwe bis zu seinem Ausscheiden 1966 weitergeführt worden waren. Für Benz hätte es sich durchaus angeboten, die Reihe fortzusetzen; doch was unter historisch-traditionellen Gesichtspunkten vielleicht nahe liegend gewesen wäre, verbot sich aus praktisch-pädagogischen Gründen: Der Bethel-Kurs war in die Jahre gekommen. Er hatte sich im Blick auf die aktuellen Anforderungen im blastechnischen Bereich mit seinen verschiedenen Teilgebieten und Zielgruppen als unbrauchbar erwiesen. Im Lauf der Jahre entwickelte Benz die verschiedensten Formen – Bewährtes und Neues – für die übergemeindlichen Schulungs- und Fortbildungsmaßnahmen. Bei fast allen blaspädagogischen Veranstaltungen wurde in Gruppen gearbeitet, getrennt nach Leistungsstufen, um eine optimale Förderung zu erreichen. Zur Unterstützung bot Benz häufig parallel zum Gruppenunterricht instrumentenspezifischen Einzelunterricht an. Musiktheoretische Fächer, Instrumentenkunde und Instrumentenpflege sowie allgemeine Musiklehre wurden im Plenum oder in Gruppen unterrichtet. Die Beschäftigung mit der Bibel durch Andachten, Besinnungen und Gottesdienste gehörte dabei weiterhin zum festen Bestandteil jeder Veranstaltung.

Der Lehrgangstyp „Für Anfänger und Fortgeschrittene" erwies sich im Laufe der Zeit als die am häufigsten durchgeführte Form. Schon in den ersten Jahren nach seinem Amtsantritt veranstaltete Benz jährlich bis zu zehn mehrtägige Schulungsmaßnahmen, an denen sich bis zu 1.000 Bläser und Chorleiter beteiligten. Zu Beginn fehlten dabei qualifizierte Mitarbeiter für die Lehrgänge und Seminare, sodass Benz gezielt auf Talentsuche ging und begabte Bläser besonders förderte – mancher Einwände zum Trotz. Der Verlauf hat ihm Recht gegeben: Durch persönliche Kontakt- und Freundschaftspflege gelang es Benz, hochkarätige Musiker und Musikpädagogen als Lehrgangsmitarbeiter für die kirchliche Laienbläser-Fortbildung zu gewinnen, wobei mit der Zeit nicht wenige Referenten selbst aus der Posaunenchorarbeit hervorgegangen waren und sich so der Kreis schloss: Die Älteren, die sich trotz professioneller Laufbahn mit den Inhalten der Posaunenarbeit weiterhin identifizierten, gaben ihr Wissen und Können an die Jüngeren weiter.

Aufgrund des großen Andrangs von Bläseranfängern und der Überforderung dieser Lehrgangsform mit durchschnittlich 130 Teilnehmern verfiel Benz auf die Idee, ab 1972 Lehrgänge für Kinder im Alter von acht bis elf Jahren anzubieten. Der Unterrichtsplan und der Tagesablauf konnten so dem Kräftehaushalt und dem Auffassungsvermögen der Jungen und Mädchen angeglichen werden. Auch die Lehrgänge für Fortgeschrittene wurden im Laufe der Jahre im zeitlichen Ablauf modifiziert: von mehrtägigen Veranstaltungen z. B., Wochen- und Wochenendseminaren bis zu Tagesveranstaltungen. Ebenso verhielt es sich mit den Zielgruppen, für die instrumentenspezifische Förderungen angeboten wurden im Einzelunterricht und im Ensemblespiel durch spezielle Seminare für Trompete, Posaune und Horn.

Ferner wurden 1979 Lehrgänge für Jungbläser und ihre Leiter eingerichtet, zu denen die Anfänger mit ihren Ausbildern als geschlossene Gruppe eingeladen waren und so gleichermaßen Anregung und Fortbildung erhalten konnten. Bei einer ebenfalls neuen Seminarform für Bläser, Chorleiter und Jungbläserausbilder verteilte Benz den Unterrichtsstoff auf ein Jahr in drei bis vier Tagesveranstaltungen, die aufeinander aufbauten. In dieser seit den 1980er Jahren üblichen Praxis ergab sich ein besonderes Angebot, nämlich ein vom ehemaligen Landesposaunenpfarrer Sachsens Siegfried Fritz (*1931) gehaltenes Seminar zur bläserischen Gestaltung der liturgischen Teile des Gottesdienstes. Hier wurden Modelle erarbeitet, die weit über die bekannten Möglichkeiten der Bläser zur gottesdienstlichen Mitwirkung hinausgingen.

Von 1979 an veranstaltete Benz in Verbindung mit der evangelischen Militärseelsorge bläserisch-technische Weiterbildungstreffen, zu denen Bläser und Chorleiter eingeladen wurden, die bei der Bundeswehr Dienst taten und dafür Sonderurlaub erhielten, sowie für Zivildienstleistende, um deren Kontakt zur Bläserarbeit aufrecht zu erhalten. Die dabei zeitweilig auftretenden Spannungen konnten in konstruktiven Gesprächen fruchtbar gemacht werden zur Meinungsbildung, da auch die beiden Militärgeistlichen Pfarrer Gelau und Pfarrer Wille zu einer guten Arbeitsatmosphäre beitrugen.

In Verbindung mit dem Verband ev. Kirchenchöre Westfalens bot Benz seit 1974 in unregelmäßigen Abständen Seminare für Bläser und Sänger an.

Anliegen dieses Angebots war das kantoreigemäße Musizieren, wobei das Übungsprogramm sich an der Kirchenjahreszeit orientierte. Abgeschlossen wurden diese Wochenendveranstaltungen durch Festkonzerte für Bläser und Sänger, ergänzt durch Holzbläser, Streicher und Solosänger aus dem Kreis der Teilnehmer und Mitarbeiter.

Bereits 1969 rief Benz für den Raum Bielefeld die „Bläserschule des Posaunenwerks der Ev. Kirche in Westfalen" ins Leben. In ihr erhielten Hunderte von Jungen und Mädchen – 1977 waren es z. B. 130 – regelmäßig in der Woche Einzelunterricht bei Studenten der Musik-Akademie Detmold, die ihre musikalischen Anfänge im Posaunenchor hatten. Wegen zeitlicher Überlastung und mangelnder Unterstützung durch den Landesposaunenrat überführte Benz im Laufe des Jahres 1980 die Lehrer mit ihren Schülern in die Jugendmusikschule Bielefeld. Trotz dieses Abschlusses war das Projekt wegweisend für die Zusammenarbeit zwischen Posaunenchören und Profimusikern im Blick auf die Jungbläserschulung und baute manche Vorurteile der Laienbläser gegenüber den Jugendmusikschulen ab.

Ergänzend zu den Schulungsangeboten vor Ort kamen noch Bläserfahrten und -freizeiten hinzu, die Benz bereits 1968 aufgrund seiner in Lippe positiv gemachten Erfahrungen auch für Westfalen einführte. Sie führten über den eigenen Erfahrungskreis hinaus, machten bekannt mit den Lebensumständen anderer und stifteten untereinander Gemeinschaft. Durch mehrtägige und mehrwöchige Freizeiten für junge Bläserinnen und Bläser, Familienfreizeiten, Bläser-Rad-Wandertouren in der Diaspora in West- und Ostdeutschland, Österreich, Italien, Ungarn und insbesondere die Berlin-Begegnungsfahrten 1968 und 1969 ergaben sich „grenzüberschreitende" Erfahrungsmöglichkeiten, die mit bläserischen Aktivitäten verbunden werden konnten.

Summa summarum: In den Jahren seiner Tätigkeit als Landesposaunenwart wurden von Benz 218 Seminare, Freizeiten und Lehrgänge angeboten und von ca. 18.000 Teilnehmern besucht, beredtes Zeugnis einer weitumspannenden Bläserpädagogikarbeit.

Dass ein umfangreiches Schulungs- und Fortbildungsprogramm nur mit einem großen und qualifizierten Mitarbeiterstab zu leisten war, erkannte Benz recht früh. Eine Möglichkeit sah er besonders in der Förderung jüngerer Bläser in Auswahlgruppen, die er in Heranführung an ihre Leistungsgrenzen zur Teilnahme an dem Wettbewerb „*Jugend musiziert*" vorbereitete und dabei begleitete. Durch die Anerkennung, die Benz von 1966 bis 1996 mit seinen 35 preisgekrönten Jugend-Auswahlgruppen zuteil wurde – von denen 340 Teilnehmerinnen und Teilnehmer sich über erste Plätze freuen durften –, trug der westfälische Landesposaunenwart dazu bei, dass sich das Negativ-Image der

Posaunenchöre in Fachkreisen wesentlich zum Positiven hin veränderte. Diese intensive musikpädagogische Arbeit als Voraussetzung zur Wettbewerbsteilnahme führte außerdem dazu, dass sich im Laufe der letzten Jahrzehnte in Westfalen ein hervorragender Bläsernachwuchs herausbildete, von dem etliche inzwischen hauptamtlich in der Posaunenchorarbeit tätig sind, andere in deutschen Spitzenorchestern spielen; wieder andere wurden zu Leistungsträgern in ihren heimatlichen Posaunenchören. Außerdem stießen die vielen bläserischen Auftritte der Jugendlichen bei Gottesdiensten, Chorjubiläen, Konzerten, Empfängen und Festakten auf starke Resonanz bei den Posaunenchören, den Gemeinden und der Kirchenleitung.

Gerade diese gezielte „Elite-Arbeit", die allerdings auch Kritik erfuhr, ermöglichte Benz bereits kurz nach seinem Amtsantritt 1968 die Bildung eines eigenen, exzellenten *Auswahlchores*, dessen Qualität in Deutschland einmalig war: des *„Westfälischen Blechbläserensembles"*. Die Mitglieder, als Musikpädagogen und Orchestermusiker von Flensburg bis Regensburg, von Köln bis Berlin hin tätig, fühlten sich trotz der großen räumlichen Trennung nach wie vor mit dem Posaunenwerk Westfalen verbunden. Im Laufe der Jahre spielte dieser Kreis Schallplatten und CDs ein, darunter folgende Titel: „Die schönsten Choralsätze" von J. S. Bach; „Geh aus, mein Herz, und suche Freud" mit Liedern von Paul Gerhardt; „Die schönsten Werke", „Posaunenquartette 1+2" sowie „In allen meinen Taten" aus Anlass des 30-jährigen Bestehens des Westfälischen Blechbläserensembles.

Mit diesem Ensemble veranstaltete Benz nicht nur eine Vielzahl von Konzerten, sondern unternahm mit ihm außerdem eine Reihe von Auslandsfahrten. Die Reisen nach Österreich (1968), Japan (1970), Südafrika (1976), England (1979), USA (1981/85), Frankreich (1984), in die damalige DDR (1987/90/91), nach Spanien (1988), Finnland (1994), Argentinien (1996) und Estland (1997/99) ergaben viele gute Kontakte zur dortigen Bläserarbeit. So kamen Verbindungen zu Posaunenchören in Österreich, Namibia, Tansania, Südafrika, Bolivien, Argentinien, Finnland, Estland und den neuen Bundesländern zustande mit gegenseitigen Besuchen, Anregungen und Unterstützungen.

In besonderer Weise wurden dabei seit längerer Zeit die Beziehungen zu Estland gepflegt. Es begann mit dem „letzten Willen" eines Bläsers aus dem Posaunenchor Tengern, der anstelle von Blumen und Kränzen bei seiner Bestattung um Geldspenden für einen „Not leidenden" Posaunenchor bat. Da in Westfalen kein „Not leidender" Posaunenchor ausfindig zu machen war, knüpfte ein Ruhestandspfarrer Kontakte nach Tartu (Dorpat), und das Tartu-Hornsextett reiste 1991 nach Westfalen. Hier informierten sich die sechs

Westfälisches Blechbläserensemble
von links: Peter Albrecht, Uwe Kröger, Dr. Erich Neitmann, Jörg Häusler, Frieder Steinle, Andreas Meier, Stefan Meier, Matthias Kiefer, Matthias Gössling, Ulrich Oberschelp, Werner Benz, Ute Hartwich, Dr. Ulrich Behrends, Christoph Gwosdz, Michael Nassauer, Olaf Ott, Matthias Evard, Joachim Tobschall, Matthias Imkamp, Hartmut Welpmann, Heiko Triebener, Klaus Bruschke

estnischen Bläser über die kirchliche Bläserarbeit im Stammland und gründeten, unterstützt durch zahlreiche Kollekten, nach ihrer Rückkehr in die baltische Heimat fünf Posaunenchöre. Aufgrund der jahrelang anhaltenden Spendenfreudigkeit im Posaunenwerk Westfalen konnten alle Gruppen mit Instrumenten ausgestattet werden. Im August 1997 wurde dann die bereits 1991 ausgesprochene Einladung zum Besuch verwirklicht. 14 Orte, darunter Tartu, wurden besucht und überall ergaben sich Begegnungen mit Gemeinden und Posaunenchören. Zum Abschluss des Konzertes in der Jaani-Kirche in Tallinn waren 60 Bläserinnen und Bläser angereist, die am 1. Estnischen Posaunentag nach der Wende teilnehmen wollten. So wurden gegen Ende der Amtszeit von Benz die Beziehungen zu Estland am intensivsten gepflegt. Aufgrund der Bitte um Wiederkehr unternahmen zehn Mitglieder des Westfälischen und des Jungen Westfälischen Bläserensembles unter Leitung von Benz und in Begleitung von Mayer im Juli 1999 eine Konzert- und Begegnungsreise nach Estland. Bei dieser Tour führten die Westfalen 34 Instrumente mit sich, um während einer dreitägigen Schulung Bläserinnen und Bläser mit einem Klangwerkzeug auszustatten, die keines zur Verfügung hatten. Im Juni 2002 wurden durch Mayer in Estland in Begleitung des Senioren-Posaunenchors 1.000 Exemplare des auf Anregung von Benz in Westfalen hergestellten „Posaunen-Choralbuchs der Estnischen Evangelisch-Lutherischen Kirche" übergeben, vorläufiger Höhepunkt einer intensiv gelebten Bläser-Partnerschaft.

Benz fand die Tradition eines in regelmäßigen Abständen wiederkehrenden Landesposaunentags im westfälischen Posaunenwerk aufgrund der Versäumnisse Kuhlos und Duwes nicht vor. Daher nahm er verschiedene Gelegenheiten zum Anlass, alle Bläserinnen und Bläser seines Werkes zu *überregionalen Bläsertreffen* einzuladen. 1981 beschloss der Landesposaunenrat, den seit 1973 praktizierten Ortswechsel für die Vertreterversammlungen zwischen Bielefeld und Bochum aufzugeben. Dadurch ergab sich die Möglichkeit, im Laufe der Zeit in allen Kirchenkreisen der westfälischen Landeskirche die jährlichen Vertreterversammlungen als Kreisposaunentage mit eigenem musikalischem Schwerpunkt durchzuführen – verbunden mit Bläsertreffen über den Kirchenkreis hinaus. Nach erfolgversprechendem Auftakt 1981 in Gütersloh, 1983 in Bielefeld und 1985 in Mennighüffen wurde für die Vertreterversammlung in Minden am 4. Juli 1987 ein Bläsertag konzipiert, der für die 600 Bläser und 400 Angehörigen zu einem Bläserstadtfest wurde, mit Stadtmusiken, Wandelkonzerten, Seminaren, einer Schiffsfahrt auf der Weser mit „Bordkapelle", einer Bläserserenade auf dem Domhof und einer festlichen Bläsermusik. 1996 folgte mit der Vertreterversammlung im Rahmen eines Kreis-Kirchentages in Bad Oeynhausen die nächste Zusammenkunft, zu der sich Bläser sowohl aus dem Posaunenwerk als auch aus dem Westbund einfanden, insgesamt 600 an der Zahl. Als die westfälische Landessynode im November 1997 die kirchliche Jugendarbeit als Hauptthema bearbeitete, fielen Benz und Mayer, der als Schulleiter beratendes Mitglied in der Landessynode war, auf, dass in der erstellten Hauptvorlage „Ohne uns sieht eure Kirche alt aus" keine Rede von den Posaunenchören war. Dieses Manko veranlasste den Landesposaunenwart, Jungbläser aus Ostwestfalen zwischen zehn und 18 Jahren zu einer „Demonstration" nach Bethel einzuladen. Über 200 Teenies erfreuten mit ihren Klängen die auf dem Weg von einer Plenarsitzung kommenden Synodalen. Sie erhielten gleichzeitig Flugblätter, denen u. a. zu entnehmen war, dass knapp ein Drittel der Mitglieder der Posaunenchöre in Westfalen noch nicht volljährig war. Kurz darauf würdigte das Landeskirchenamt in einem offiziellen Schreiben die positive Jugendarbeit, die in den Posaunenchören Westfalens geschah.

In seinem Rückblick auf seine 32-jährige Tätigkeit als Landesposaunenwart ging Benz nochmals auf Sinn und Zweck der Großtreffen ein. Trotz ihrer sehr begrenzten musikalischen Möglichkeiten befürwortete der scheidende Landesposaunenwart diese bläserischen Großveranstaltungen aus mehreren Gründen:

Der pädagogische Aspekt käme in einer gründlichen Vorbereitung der Bläser bei entsprechender Literaturauswahl zum Zug. Dadurch, dass das Musiziergut auch leistungsschwachen Chören und Bläsern adäquat sein solle und diese in Vorbereitungstreffen an die Stücke herangeführt würden, entwickle sich ein musikalisches Wachstum, das ohne diese Aufgabenstellung nicht zustande käme. Chöre, denen es allein nicht gelingen würde, anspruchsvollere Literatur darzubieten, könnten dies im Verbund mit versierten Bläsern erreichen.

Der geistliche Aspekt sei im gemeinschaftlichen Erleben solcher Treffen zu suchen, die die Erfahrung vermittelten, dass jeder Bläser und jede Bläserin in die große Gemeinschaft Gleichgesinnter eingebunden sei, deren gemeinsames Ziel die Darstellung des Lebens und Bekennens der christlichen Gemeinde in der Form der Bläsermusik sei. Dies sei stärkend vor allem für Chöre, die über längere Zeiten hinweg in ihren Gemeinden isoliert seien und alle Negativ-Erfahrungen allein bewältigen müssten.

Der gemeinschaftsbildende Aspekt sei erkennbar in dem hohen Mitarbeiterbedarf solcher Treffen vor Ort. Derartige Veranstaltungen könnten nur dann zu einem Fest werden, wenn möglichst viele sich mit ihren vielfältigen Gaben daran beteiligen würden. Der Einsatz von Zeit, Kraft und Ideen zur Durchführung erzeuge schließlich ein „Wir-Gefühl", von dem ein solcher Tag, die Posaunenarbeit, die Gemeinde und die Kirche lebe.

Folgerichtig trug sein Kollege Saretzki bei der Sitzung des Landesposaunenrats am 21. September 1994 die Idee eines westfälischen Landesposaunentages für 1998 vor und führte dazu eine Umfrage unter den Chören durch, wobei 114 Chöre ihr Interesse bekundeten, 53 Chöre desinteressiert waren und 140 Chöre überhaupt nicht antworteten. Da im Verlauf der Diskussion unterschiedliche Auffassungen über ein Landesposaunenfest gegeneinander standen und es nicht gelang, eine Konzeption zu finden, die allen Bedenken Rechnung trug, nahm der Landesposaunenrat am 4. Dezember 1995 von diesem Vorhaben wieder Abstand, sodass diese Art von Großveranstaltung in Westfalen seit der Ära Duwes ihrer Durchführung harrt.[364]

Im Blick auf die Verbandsarbeit kam es in der Zeit nach Duwe zu einschneidenden Veränderungen, wobei 1972 ein besonders wichtiges Datum markiert: In diesem Jahr wurde Pastor *Paul-Gerhard Tegeler* (*1933), späterer

Superintendent des Kirchenkreises Lübbecke, neuer Landesobmann in der Nachfolge von Pastor Mengedoth. Außerdem wurde ein zweiter Landesposaunenwart eingestellt, *Lippe in die Selbstständigkeit* entlassen und die Satzung des Posaunenwerks vollständig überarbeitet.

Schon seit längerer Zeit hatte sich die letztere Entwicklung angedeutet, da die ca. 60 lippischen Chöre des Posaunenwerks und des Westbunds seit 1945 durch hohe Zuschüsse ihrer Landeskirche unterstützt worden waren, während die westfälische Landeskirche zunächst nur aus Kollekten Zuwendungen für die Bläserarbeit überwies. Die feste Zweckbestimmung dieser Mittel hatte in Lippe bald zur Bildung verantwortlicher Gremien und 1963 zur Einstellung eines hauptamtlichen Posaunenwarts in Person von Werner Benz geführt. Als Benz 1967 nach Westfalen berufen worden war und der in Herford ausgebildete Heiner Rose seine Nachfolge in Lippe antrat, verstärkten sich nochmals in Lippe die Bestrebungen nach Eigenständigkeit. War noch am 30. März 1968 ein Anlauf dazu gescheitert, weil die erforderliche Dreiviertelmehrheit auf der Vertreterversammlung in Bethel nicht zustande gekommen war, so konnten sich die Delegierten am 27. Mai 1972 auf der Vertreterversammlung in Hamm auf eine Trennung verständigen. Das „Po-

Paul-Gerhard Tegeler

saunenwerk der Lippischen Landeskirche", so die offizielle Bezeichnung von nun an, wurde in die Selbstständigkeit entlassen, und es kam zu einem Namenswechsel: Das „Posaunenwerk der evangelischen Landeskirchen in Westfalen und Lippe" hieß fortan „Posaunenwerk in der Evangelischen Kirche von Westfalen".

Die dadurch notwendigen *Satzungsänderungen* führten ebenfalls am 27. Mai 1972 zu einer Aktualisierung der gesamten Verbandsstatuten, deren vorige Fassung vom 2. Februar 1953 stammte. Die markantesten Modifizierungen erfuhren dabei die Paragraphen, die die Zusammensetzung des Landesposaunenrats und die Wahl des Landesobmanns regelten: Die Berufungen der Landesposaunenräte durch den Landesobmann und des Landesobmanns durch den Reichsobmann – Rudiment der Satzungen aus dem Dritten Reich – entfielen ersatzlos. Die bisherige Aufgabenbeschreibung „Verkündigung des biblischen Evangeliums von Jesus Christus durch den Dienst der Posaunenchöre in den Gemeinden" wurde durch die Formulierung „Dienst der kirchlichen Verkündigung in der Welt und der Seelsorge an seinen Bläsern" ersetzt, wodurch nicht nur der außen-, sondern auch der binnenmissionarische Auftrag der Bläserarbeit ins Blickfeld gerückt wurde. Geändert wurden die Satzungen nochmals am 4. Juli 1987, am 6. Mai 1995 sowie am 5. Juni 1999. Ausführlich beschrieben wurden darin die Aufgaben der Vertreterversammlung: Vorgabe von Richtlinien und Anregungen für die Arbeit des Posaunenwerks, Entgegennahme und Besprechung der Jahresberichte, Festsetzung der Mitgliedsbeiträge, Wahl des Landesposaunenrats, Beschlussfassung über Anträge, Bestätigung des vom Landesposaunenrat gewählten Landesobmanns. Dem Landesposaunenrat, dem neben den gewählten Mitgliedern kraft Amtes die Landesposaunenwarte, der Landeskirchenmusikdirektor sowie der Dezernent für Kirchenmusik des Landeskirchenamtes angehörten, wurden folgende Kompetenzen zugeordnet: die Wahl des Landesobmanns und seines Stellvertreters, die Aufstellung eines Arbeitsplans, die Einberufung der Vertreterversammlung, die Aufstellung der Jahresrechnung, die Berufung der Landesposaunenwarte, die Bläserehrungen, die Entscheidung über Beschwerden von Chören, der Vorschlag über die Höhe der Mitgliedsbeiträge.

Betraf dieser Schritt mehr das Formale, so war der andere folgenreicher für die inhaltliche Bläserarbeit in Westfalen:

Bei der Vertreterversammlung im Januar 1971 wurde die Übergabe eines Memorandums an das Landeskirchenamt in Bielefeld beschlossen, um einen weiteren Hauptamtlichen in der Bläserarbeit einzustellen, der schwerpunktmäßig die Chöre im westlichen Westfalen betreuen sollte. Nach Genehmigung durch das Landeskirchenamt wurde die neue hauptamtliche Stelle eingerichtet und im Jahr darauf berief der Landesposaunenrat unter Leitung von Tegeler einstimmig *Karl-Heinz Saretzki*. Nun konnte das große Gebiet der westfälischen Landeskirche aufgeteilt werden, was Chorbesuche, Bläsertreffen und Schulungen anbelangte: Saretzki wurde für das Ruhrgebiet, das Sieger-, Sauer- und Münsterland zuständig, Benz behielt die übrigen Landschaften, darunter Ostwestfalen. Eine nochmalige geografische Gliederung erfolgte am 1. Januar 1985, als der Kirchenkreis Soest mit acht Posaunenchören und 135 Bläsern in das Betreuungsgebiet Saretzkis überging. Als stellvertretende Landesobmänner wurden Saretzki für seinen Bereich vom Landesposaunenrat die Bochumer Pfarrer Manfred Schmidt von 1978 bis 1984 und seit 1984 Frieder Abels zur Seite gestellt.

Saretzki brachte von seiner Ausbildung her alle von Ehmann geforderten Voraussetzungen für das neue Amt mit: Geboren am 13. Juli 1942 in Gadderbaum bei Bielefeld studierte er von 1960 bis 1962, später noch einmal von 1966 bis 1967 an der Hochschule für Kirchenmusik in Herford, wo er erst das C- und danach das B-Examen ablegte. Außerdem durchlief er von 1962 bis 1967 an der Diakonenanstalt Nazareth in Bethel die klassische Laufbahn zum Diakon, sodass der geistliche und der musikalische Bereich gleichermaßen abgedeckt waren.

Karl-Heinz Saretzki

Als Posaunist und Tenorsänger wirkte Saretzki über zehn Jahre in der Westfälischen Kantorei Herford unter Leitung von Ehmann bei Konzerten im In- und Ausland und bei Schallplatteneinspielungen mit. Von 1967 bis 1972 als Lehrer für Musik und Religion sowie als Organist und Kantor in der Ev. Jugendhilfe und der Ev. Gemeinde Herford-Schweicheln tätig, trat Saretzki seinen Dienst als zweiter Landesposaunenwart in Westfalen am 1. November 1972 an – zuerst mit folgenden Schwerpunkten: Im Vordergrund stand die Kontaktaufnahme zu den Chören durch Einzel- und Kreisproben, wobei er von Januar bis März 1973 bereits 79 seiner 110 Chöre erreichen konnte. Außerdem wandte er sich sofort verstärkt der Fortbildung der Chorleiter und Bläser auf Lehrgängen, Seminaren und Freizeiten zu: Mit Benz zusammen führte er 1973 einen Bläserlehrgang in Bielefeld, einen Chorleiterlehrgang in Mennighüffen und eine Bläserfreizeit auf der Nordseeinsel Juist durch. Einmal im Jahr rief Saretzki fortan die Kreischorleiter seiner Kirchenkreise zu Besprechungen in Bochum zusammen, außerdem setzte er regelmäßige Chorleiterbesprechungen in allen Kirchenkreisen an, um die Kommunikation und den Austausch untereinander zu fördern sowie Terminabsprachen zu treffen.

Im Laufe der Jahre wuchsen Saretzki immer vielfältigere und unterschiedlichere Aufgabenfelder zu, die er in seinem Rückblick auf 25 Jahre Tätigkeit als Landesposaunenwart in sechs Bereiche aufteilte: künstlerisch (Gestaltung und Leitung von Konzerten und Bläsergottesdiensten, Orgelspiel), pädagogisch (Leitung von Lehrgängen, Seminaren und Freizeiten), diakonisch-theologisch (Abfassen und Halten von Andachten, Predigten, Bibelarbeiten, Meditationen), organisatorisch (Planen und Durchführen von Schulungen, Proben, Tagungen, Öffentlichkeitsarbeit), konzeptionell (Beratung für Chöre, Mitarbeit in Gremien), editorisch (Veröffentlichung von Notenliteratur und Fachartikeln, redaktionelle Tätigkeit). Das Büro Bochum war dabei von Anfang an Schaltstelle für die organisatorischen Erledigungen sämtlicher Maßnahmen Saretzkis mit Rundschreiben, Einladungen, Protokollen, Programmen, Abrechnungen usw. Unterstützt wurde er bei seinen Verwaltungsarbeiten im Bochumer Büro von seiner Frau Rosita Saretzki, zuerst ehrenamtlich, dann nebenamtlich.

Bereits zwei Jahre nach Dienstantritt sammelte Saretzki versierte Bläserinnen und Bläser (B-Trompeten, B-Posaunen, Tuba) aus verschiedenen Chören des Ruhrgebiets in einem Auswahlensemble, das den Namen „*Bläserkreis Bochum – Auswahlchor des Posaunenwerks in der EKvW*" erhielt. Der Landesposaunenwart verfolgte mit dieser exemplarischen „Spitzenarbeit", wie er es nannte, verschiedene Ziele: Zum einen brauchte er eine zu-

Bläserkreis Bochum – Auswahlchor des Posaunenwerks in der EKvW: von links: Jörg Segtrop, Andreas Wagener, Svenja Segtrop, Stefan Külpmann, Uwe Gasse, Jörg Holtkötter, Brunhilde Buhl und Hajo Nast

verlässige Anspielgruppe bei der Vielzahl konzertanter Verpflichtungen bei Jubiläen, Festakten, Ehrungen von Personen und Chören, Festen und Einsätzen, z. B. auf den Deutschen Evangelischen Kirchentagen. Zum anderen konnte er aus diesem Kreis ehrenamtlicher Laienbläser, die später teilweise den Beruf des Kirchen-, Schul- oder Orchestermusikers ergriffen, die notwendigen Mitarbeiterinnen und Mitarbeiter für seine Lehrgänge und Seminare rekrutieren. Außerdem bot ihm dieses Ensemble die Möglichkeit, seine musikalischen Vorstellungen klanglich umzusetzen, indem seine Noteneditionen erst vom Bläserkreis in Proben und Konzerten auf die Einsatzfähigkeit für die Praxis ausprobiert wurden. Danach wurde die Literatur zum Teil auch auf LP und CD eingespielt, um damit exemplarisch eine klangliche Hilfestellung für Bläser und Chorleiter zu geben. Von 1981 bis 2001 erschienen sechs Einspielungen mit dem Bläserkreis Bochum, darunter auch Bach-Choralsätze und Bläsermusiken der Schütz-Zeit.

Ein interessantes Sonderchormodell erprobte Saretzki seit Anfang der 1990er Jahre, indem er seit 1993 in Dortmund, seit 1994 in Bochum und seit 1996 in Gladbeck-Bottrop-Dorsten Sonderposaunenchöre anbot, in denen sich engagierte Bläserinnen und Bläser bzw. Chorleiterinnen und Chorleiter aus Posaunenchören monatlich trafen, um ausgewählte Literatur für eventuelle Konzerte einzustudieren, sodass sie an dieser Stelle gezielt motiviert und gefördert werden konnten.

Besondere Akzente für eine kirchenmusikalische Zusammenarbeit setzte der Kirchenmusiker und Diakon mit seinem Bläserkreis Bochum auch in Verbindung mit Orgel und Sängerchören, wobei er aufgrund seiner Ausbildung in vielen Konzerten den Orgelpart selbst übernahm.

Dieser Linie der Kantoreipraxis folgend gründete Saretzki 1981 mit Interessierten einen Sängerchor, um seine Ziele einer ganzheitlichen Kirchenmusik konsequent umzusetzen. Schon seit den ersten Seminaren für Bläser und Sänger in Willingen seit 1974, die dann regelmäßig weitergeführt wurden, hatte sich bei ihm der Wunsch nach einem überörtlichen Sängerchor verstärkt. 30 Bläser und Sänger, zumeist Chorleiter und nebenamtliche Kirchenmusiker aus der näheren und weiteren Umgebung von Bochum, formten sich zum „Heinrich-Schütz-Kreis Bochum". Motetten Alter Meister in der Aufführungspraxis mit Instrumenten standen bei der Einstudierung in den monatlichen Proben und der Aufführung durch mindestens fünf Konzerte pro Jahr im Vordergrund. Zwar erlaubten diese zeitlichen Grenzen nur eine begrenzte musikalische Entwicklung, doch aufgrund der Konstanz des Kreises stand mit der Zeit ein beachtliches Repertoire zur Verfügung, das bei Einladungen von Kirchengemeinden im gesamten Ruhrgebiet meist im Zusammenwirken mit dem „Bläserkreis Bochum" eingebracht wurde.

Alle Konzerte hatten neben dem konzertanten Charakter immer auch ein geistlich-missionarisches Element, indem Lied- und Bibeltexte einbezogen sowie die Komponisten vorgestellt wurden, und zwar nicht nur unter dem Vorzeichen, einen hilfreichen Zugang zum Verständnis der Musik zu bekommen, sondern auch mit dem Ziel, Zeugnis für den christlichen Glauben abzulegen. Dies galt in gleicher Weise für das Musizieren der Alten Musik wie auch für die zeitgenössische Literatur.

Für Saretzki war nicht das Konzert, sondern der Gottesdienst Ziel und Zentrum der Posaunenchorarbeit, auf den alles zulief und von dem alles zurückfloss: Aufgabe und Zusage, Verpflichtung und Pflicht, Ruf und Berufung. Aufgrund dieser Grundeinstellung erarbeitete der westfälische Landesposaunenwart für die vielen Einsätze und Verpflichtungen bei *Bläsergottesdiensten* in musikalischer und theologischer Hinsicht im Laufe der Jahre immer wieder neue Modelle und Anregungen zur Gestaltung. Dabei ging es ihm zum einen um die Vermittlung musikalischer Vorgänge, zum anderen um die Verbindung von Musik und Theologie. Von Anfang an gestaltete er dabei fast alle Bläsergottesdienste nicht nur als Chorleiter, sondern auch als Prediger, um eine enge Verbindung und inhaltliche Geschlossenheit des gesprochenen Wortes und der ausgewählten Musik zu erreichen. Schon vor dem Erscheinen des Entwurfs der „Erneuerten Agende" 1990 wurden viele Vorschläge und Möglichkeiten neuer und vielfältiger Gottesdienstgestaltung mit den Posaunenchören wahrgenommen. Im Laufe der Jahre machte Saretzki dabei folgende musikalisch-liturgisch-theologisch entwickelte Modelle den Posaunenchören in einer Ausgabe „Gott die Ehre geben", erschienen im Verlag buch & musik des Evangelischen Jugendwerks Stuttgart, zugänglich: Bläservorspiel-Meditationen zu Gesangbuchchorälen (z. B. über „Das sollt ihr, Jesu Jünger, nie vergessen" von Schloemann), Lied-Predigten mit ausgewählten Vorspielen und Bläsersätzen (z. B. über „Jesu, meine Freude" von Johann Franck), Bild-Meditationen mit ausgewählter freier und chorgebundener Literatur (z. B. zum Bild „In Erwartung" von Walter Habdank) sowie biblische Geschichten mit ausgewählter freier und choralgebundener Literatur als Bibelmusiken (z. B. „Mit Mirjam durch das Schilfmeer" aus 2. Mose 15). Auf diese Weise wurden Kreisposaunentage als Bläsergottesdienste abgehalten, so beispielsweise u. a. mit dem Thema „David spielt für Saul – Von der Macht der Musik" in Bochum, Gelsenkirchen, Gladbeck, Lüdenscheid, Recklinghausen und Unna. Allein im Berichtsjahr 1997 kam Saretzki auf die Zahl von 42 Konzerten und Gottesdiensten, sodass fast keine Woche ohne musikalischen Höhepunkt blieb.

Neben diesen musikalischen Anlässen lud Saretzki die Posaunenchöre des westfälischen Posaunenwerks auch immer wieder zu kirchlichen Großveranstaltungen ein, da hier seiner Meinung nach nicht nur wichtige Aufgaben der Volksmission und Öffentlichkeitsarbeit wahrgenommen wurden, sondern die Chöre an dieser Stelle „Kirche" als große intakte und engagierte „Bläserfamilie" dokumentierten. Dabei ging es um Veranstaltungen der Landeskirche, der Kirchenkreise, des Diakonischen Werkes, der Inneren Mission, des Posaunenwerks und der kirchenmusikalischen Verbände Westfalens. Auch hier legte Saretzki einen Schwerpunkt auf die sog. Kantoreipraxis. Speziell in Bochum wurden zwischen 1976 und 1989 regelmäßige Chortreffen mit mehreren hundert Bläsern und Sängern in der Stadtkirche, auf dem Husemannplatz, im Stadtpark und in der Ruhrlandhalle durchgeführt. Dabei kam es zu Aufführungen von Kantaten für Sänger und Bläser, die danach in einzelnen Gemeinden in kleinerem Rahmen wiederholt wurden. Zusammen mit seinem Kollegen Dieckmann veranstaltete Saretzki außerdem seit 1991 Bläserfeste auf den Landes- bzw. Bundesgartenschauen, so beispielsweise am 19. Mai 1997 in Gelsenkirchen bei der Landesgartenschau, wo über 250 Bläserinnen und Bläser zu dem Thema „Wie schön ist doch Musik" musizierten. Seit 2000 wurde diese Rei-he dann in Zusammenarbeit mit dem CVJM-Westbund fortgeführt.

In seiner Schulungsarbeit setzte Saretzki auf Bewährtes wie jährliche Bläserfreizeiten für Jugendliche und Familien in Deutschland und dem benachbarten Ausland. Bei insgesamt 26 Freizeiten bis 2001 mit den Schwerpunkten Bergwandern im Kleinwalsertal oder Osttirol und Radwandern am Bodensee oder in Mecklenburg standen das gemeinsame Musizieren, die geistlichen Elemente mit Andachten, Vespern und Gottesdiensten sowie die allgemeine Kommunikation der jeweils 30–60 Teilnehmer auf dem Tagesprogramm der meist zweiwöchigen Maßnahmen.

Zu den Jahresprogrammen gehörten Jungbläserlehrgänge in den Jugendherbergen Dortmund-Höchsten von 1973 bis 1983 und seit 1983 in Glörsee Breckerfeld mit jeweils 100 Teilnehmern im Alter zwischen 8 und 18 Jahren, Chorleiter- und Bläserseminare in Bochum, Nordwalde usw., zu denen er so namhafte Referenten wie Wilhelm Ehmann, Rolf Schweizer und den Trompeter Edward Tarr gewinnen konnte. Daneben probierte er auch andere Formen aus wie Seminare 1995 und 1998 in Sachsen, wo sich die Möglichkeit des gemeinsamen Musizierens mit sächsischen Bläsern in der Dresdner Kreuzkirche ergab; und ein Seminar für Bläser in Helsinki, das mit deutschen und finnischen Bläserinnen und Bläsern 1994 auf Einladung des dortigen deutschen evangelischen Posaunenchors stattfand. In den Jahren von 1974 bis 1984 fanden außerdem in Verbindung mit dem Kirchenchorverband Westfalen zweimal jährlich stark besuchte Seminare für Bläser und Sänger statt. Dabei waren es zunächst zwei bis drei geschlossene Kirchenchöre, die zusammen mit dem Bläserkreis Bochum und anderen interessierten Bläserinnen und Bläsern verschiedene Konzertprogramme einstudieren wollten, um bei gegebenem Anlass – meist in der Adventszeit – die Motetten, Kantaten und Kantoreisätze in den Heimatgemeinden aufzuführen. Auf diese Weise kamen über 250 überregionale Lehrgänge und Seminare zusammen, die bis 2001 unter der Leitung Saretzkis stattfanden.

Dass daneben bei Saretzki nicht die Schulungsarbeit vor Ort zu kurz kam, belegt die Zahl der abendlichen Proben mit zum Teil mehr oder weniger weiten Anfahrten zu den Posaunenchören, die sich bis 1997 auf über 3.000 belief, ganz abgesehen von den weiteren Übungsstunden innerhalb der Seminare, Lehrgänge und Freizeiten. Verstärkt bot Saretzki regelmäßige Kreisproben in den einzelnen Kirchenkreisen an, sodass beispielsweise 1997 von 154 Proben insgesamt 39 auf Kreisebene entfielen. Auch wenn sich trotz der Einladung an alle Posaunenchöre nicht immer alle beteiligten, konnten auf dieser Ebene neben der Vermittlung musikalischen Verständnisses, der

Vorstellung neuer Literatur und der Vorbereitung der Kreisposaunen- und Kirchenkreistage auch Gemeinschaftssinn und Zusammengehörigkeitsgefühl gefördert werden.

Schon relativ früh zu Beginn seiner Tätigkeit als Landesposaunenwart brachte sich Saretzki auch in verschiedene *Gremien* ein, vor allem im übergeordneten Dachverband des Posaunenwerks in Deutschland. 1976 wurde er in den Musikausschuss berufen, zehn Jahre später zu dessen Vorsitzendem gewählt, wo er zusammen mit anderen Kollegen für die jährlichen Notenausgaben von „Spielet dem Herrn" bis 1992 verantwortlich war. Außerdem redigierte und betreute Saretzki von 1977 bis 2001 als verantwortlicher Redakteur die Fach- und Informationszeitschrift für Posaunenchöre in Deutschland zunächst unter dem Titel „Spielet dem Herrn", dann ab 1987 im Strube Verlag das Nachfolge-Magazin „POSAUNENCHOR" mit einer Auflagenhöhe von über 10.000 Exemplaren. Weiter engagierte sich der Landesposaunenwart stark beim Deutschen Evangelischen Kirchentag im „Projektausschuss Bläserdienste" seit 1981, wenige Jahre später dann im „Ständigen Ausschuss Bläserdienste", seit 1994 als Vorsitzender des durch die Vertreter der Kirchenchöre erweiterten „Ständigen Ausschusses Bläser- und Sängerdienste", ab 1999 des „Ständigen Ausschusses Kirchenmusik". Bei den alle zwei Jahre stattfindenden großen Kirchentagen mit der Beteiligung von 4.000 bis 6.000 Bläserinnen und Bläsern bot sich den Vorstellungen Saretzkis in der engen Zusammenarbeit mit dem Pforzheimer Kirchenmusiker und Komponisten Rolf Schweizer und dem Bonner Theologen Henning Schröer die Gelegenheit, bei den Großveranstaltungen in den Messehallen bei Feierabendmahlen und Bibelarbeiten besondere Formen und Ideen musikalischer Gestaltung mit Klein- und Großchören, mit professioneller Pantomime, Rezitation und Uraufführungen einzubringen, die nicht nur für die Kirchentage richtungsweisend waren.

Schon 1973 knüpfte Saretzki Kontakte zum Deutschen Musikrat durch die Mitwirkung bei „Jugend musiziert" innerhalb des Bundeswettbewerbs für Blechbläserensembles; seit 1986 gehörte er dem Fachausschuss Blasorchester an und seit 1988 der Jury in der Kategorie Blechbläserensembles/ Posaunenchöre des Deutschen Musikrates. Durch seine Initiative wurde seit 1988 auch den Posaunenchören in Deutschland die Teilnahme an dem „Deutschen Orchesterwettbewerb" des Deutschen Musikrates ermöglicht. Außerdem brachte Saretzki seine Mitarbeit in westfälischen Ausschüssen ein, so im Konvent der Kreiskantoren, im Fachausschuss für Gottesdienst, Liturgik und Kirchenmusik Bochum sowie im „Kollegium" der westfälischen Landeskirche, der Arbeitsstelle Gottesdienst und Kirchenmusik.

In besonderer Weise tat sich der Bochumer Landesposaunenwart als Autor und Herausgeber von *Bläsernotenmaterial* hervor. In den Jahren 1975 bis 1990 wurde er durch die intensive Mitarbeit beim Deutschen Evangelischen Kirchentag Mitherausgeber der Ausgaben der „Bläserhefte für Kirchentage" mit leichter und viel einsetzbarer, freier und choralgebundener, alter und zeitgenössischer Literatur. Sie fanden nicht nur bei den Kirchentagen ihren Einsatz, sondern wurden neben dem Posaunen-Choralbuch zur wichtigsten, alle Posaunenchöre Deutschlands verbindenden Literatur. Den aktuellen Bedürfnissen der Posaunenchöre entsprechend lieferte der Bochumer Kirchenmusiker auch immer wieder für die Praxis leichte Bläsersätze zu den neuen Melodien der Deutschen Evangelischen Kirchentage, von denen einige in das Posaunen-Choralbuch übernommen wurden. Dazu gehörten neben anderem die einfachen Spirituals in der Besetzung für drei bis vier Posaunen, die ein positives Echo hervorriefen.

Die Jubiläen anlässlich der 400. Geburtstage von Schütz, Schein und Scheidt in den Jahren 1985/86 waren für den rührigen Editor Anlass, bisher unveröffentlichte Literatur Alter Meister in für Blechbläser-Ensembles bzw. Posaunenchöre geeigneten Ausgaben zu sammeln. Mit dem Lektor des Bärenreiter-Verlages Ulrich Zimmer fand er einen aufgeschlossenen Partner, der zum Teil die Urtextausgaben mit Suiten und Canzonen, Motetten und Sinfonien, Sonaten und Sätzen aus den deutschen Musikarchiven, aber auch aus Mailand anforderte. Diese Vorlagen wurden von dem Landesposaunenwart ausgewählt, umgeschrieben, transponiert und bearbeitet, später mit dem Bläserkreis Bochum ausprobiert und schließlich in Einzelheften für die Praxis herausgegeben. Die Besonderheit dieser Ausgaben lag in den konsequenten Vorschlägen zu Artikulation, Phrasierung und Verzierung auf der Basis historischer Vorbilder und Vorlagen. Dazu zählten die bisher in der Reihe „Musik für Blechbläser mit Musik Alter Meister" erschienenen zehn Hefte mit Suiten und Sätzen von Scheidt, Schein, Schütz, Rosenmüller, Hammerschmidt, Fux, Doppelchöre altitalienischer Komponisten usw. Außerdem bot Saretzki 1983 im Strube Verlag eine praktische Ausgabe einer Motette und eines Doppelchors von Bach an.

1995 erschienen als Erstveröffentlichung von Francesco Cavalli „Drei Canzonen für 4–8 Stimmen", als Auftragskomposition von Rolf Schweizer 1996 die „Ruf-Partita" und 1999 „Klangbilder der Hoffnung", jeweils für zwei Bläserchöre und Schlagwerk. Sie wurden bei den Deutschen Evangelischen Kirchentagen von Saretzki und seinem Bläserkreis uraufgeführt.

Als Mitglied im Musikausschuss des Posaunenwerkes in der EKD arbeitete er von 1980 bis 1984 bei der Ausgabe von „Laß dir unser Lob gefallen III" und den dazu erschienenen „Arbeitshilfen – Erläuterungen und Cassette" mit. Auf

285 Seiten wurden 161 drei- bis achtstimmige textgebundene Vorspiele, Sätze, Partiten usw. zu 79 Weisen und 46 textfreie Bläsermusiken, Transkriptionen und Bearbeitungen aus alter und neuer Zeit in dem wichtigen Standardwerk geboten. Die auffälligsten Unterschiede zu seinen beiden Vorgängern bestanden bei diesem Posaunenbuch darin, dass es eine größere Anzahl von Auftragskompositionen enthielt, die von Johannes Kuhlo verworfenen Motetten wieder aufgriff und durch die Aufnahme einiger Sätze von Mendelssohn Bartholdy die Öffnung zur Romantik signalisierte. Konzeptionell und kompositorisch beteiligt war Saretzki ferner bei der Ausgabe „Querblechein – Geselliges Bläserbuch", das 1979 auf ca. 190 Seiten nicht nur Volkslieder, Nationalhymnen und musikalische Persiflagen in einfachen und anspruchsvollen Sätzen zur Verfügung stellte, sondern auch Spirituals, Märsche und Tänze.

Angesichts dieser weitumspannenden und vielfältigen Dienste war es nur folgerichtig, dass Saretzki am 12. Dezember 2000 in Anerkennung seiner bisher geleisteten Arbeit von der westfälischen Landeskirche den Titel „Kirchenmusikdirektor" erhielt.[364]

Günter Marstatt, links, hier mit Berthold Althoff

Benz und Saretzki prägten also je auf ihre Weise mit ihrem besonderen Engagement die Bläserarbeit im westfälischen Posaunenwerk, doch sollten sie noch einen weiteren Kollegen erhalten. Am 28. Februar 1985 stellte der Landesposaunenrat beim Landeskirchenamt den Antrag zur Einrichtung einer dritten Landesposaunenwartsstelle. Als sie genehmigt und ausgeschrieben wurde, nahm man im April 1987 eine Neuaufteilung der 33 Kirchenkreise Westfalens vor: Benz sollte für den Osten, Saretzki für den Westen und der kommende Kollege für die Mitte zuständig sein. Zum dritten Landesposaunenwart wurde schließlich am 27. Juni 1987 *Günter Marstatt* (*1959) aus Lippe gewählt, der als Qualifikation ein abgeschlossenes Studium von Instrumentalpädagogik und Posaune an der Musikakademie Detmold, dazu die C-Bläserprüfung des Posaunenwerkes Lippe vorweisen konnte. Er trat seinen Dienst für die Posaunenwerks-Chöre der Kirchenkreise Soest, Hamm, Münster, Tecklenburg, Steinfurt-Coesfeld-Borken, Arnsberg, Gütersloh, Paderborn und Halle am 1. Oktober 1987 an und hatte als stellvertretenden Landesobmann für den Bereich mittleres Westfalen Superintendent Berthold Althoff aus Soest als Gegenüber. Marstatt wurde am 30. April 1988 in der Petrikirche in Soest eingeführt. Ein besonderes Anliegen war ihm die Strukturierung der Chorleiterausbildung mit der Einführung eines bläserischen Befähigungsnachweises auf der „D-Ebene". Zusätzlich war Marstatt noch als Dozent an der Westfälischen Kirchenmusikschule Herford tätig, wo er in direktem Kontakt zu angehenden Kirchenmusikern wie Komponisten stand. Allerdings schied er bereits Ende 1990 wieder aus, um am 1. Januar 1991 das Amt des Leitenden Landesposaunenwarts im Posaunenwerk Hannover zu übernehmen.

Ulrich Dieckmann

Unter mehreren Bewerbern wurde am 19. Februar 1991 *Ulrich Dieckmann* als Nachfolger von Marstatt gewählt. Die Anstellung erfolgte am 1. Mai 1991, die Einführung allerdings erst am 27. Juni 1993 in der Pauluskirche zu Hamm. Ulrich Dieckmann, geboren am 4. Juli 1963 in Versmold, durchlief bei seiner musikalischen Ausbildung den gymnasialen Schulchor, die Kantorei und den Posaunenchor seiner Heimatstadt. Nach der Wehrdienstzeit im Heeresmusikkorps 7 in Düsseldorf studierte er von 1984 bis 1988 an der Hochschule für Musik in Detmold im Hauptfach Posaune und schloss mit der staatlichen Musiklehrerprüfung ab. 1989 wurde er Mitglied des seit 1982 bestehenden Ensembles „*Triton Trombone Quartet*", mit dem er 1992 Preisträger beim Internationalen Kammermusikwettbewerb in Tokio wurde und im In- sowie Ausland Konzerte gab. Das Repertoire des Posaunenquartetts, dessen vier Musiker sich über die Posaunenchorarbeit kennen gelernt hatten, erweiterte sich im Laufe der Zeit auf die gesamte Literatur für die Besetzung von der Renaissance bis zur experimentellen Musik der Gegenwart. In vier CD-Einspielungen wurde die Posaunenmusik des Quartetts einem breiten Publikum zugänglich gemacht: „French Music for Trombones", „German Music für Trombones", „Trombone Angels" und „Triton's Journey". Als Mitarbeiter bei vielen Seminaren und Lehrgängen von Benz war Dieckmann schon länger mit der Bläserarbeit des Posaunenwerks verbunden, was ihm die Einarbeitung erleichterte. Außerdem unterstützte ihn in den Verwaltungsaufgaben im Büro in Hamm seine Frau Anke.

In der *Lehrgangsarbeit* konzentrierte sich Dieckmann auf verschiedene Formen der Fort- und Weiterbildung, zunächst auf die Seminare für Posaunenchorleiter mit einem dreizügigen Kurssystem mit Grundkurs, Mittelkurs und Oberkurs als Vorbereitung auf die Prüfung zum „Befähigungsnachweis" – auch „D-Prüfung" genannt. Mit jeweils über 40 Teilnehmerinnen und Teilnehmern wurden diese Seminare bisher sehr gut angenommen. Von 1993 an führte Dieckmann zusammen mit seinem Kollegen Saretzki diese wichtige Schulungsform für den Bereich westliches und mittleres Westfalen durch. Die erste Abschlussprüfung fand Anfang 1994 in Nordwalde statt, wo sechs Anwärter, die die drei mehrtägigen Seminare besucht hatten, von den beiden Landesposaunenwarten in den Fächern Chorleitung, Hymnologie, Liturgik, Anfängerausbildung und Blechblasinstrument geprüft wurden. Bis zum Jahr 2002 erreichten auf diese Weise 105 Prüflinge aus dem Einzugsgebiet Dieckmanns und Saretzkis die D-Prüfung.

Einen weiteren Schwerpunkt stellten die bereits von Marstatt 1988 begonnenen jährlichen Bläserwochenenden mit Seminarcharakter für Bläser und Chorleiter einzelner Kirchenkreise wie z. B. Arnsberg, Hamm und Gütersloh dar, in der Regel mit 40–50 Teilnehmern. Dieckmann stellte hier, teilweise mit anderen Referenten, neueste Bläserliteratur vor.

Triton Trombone Quartet
von links: Olaf Ott, Ulrich Behrends, Hermann Bäumer, Ulrich Dieckmann

Hinzu kamen die Tagesseminare für Bläserinnen und Bläser, auf denen parallel zur Gruppenarbeit auch instrumentaler Einzelunterricht für Trompete und Posaune angeboten wurde, wobei Dieckmann aufgrund seines Musikstudiums bei der Vermittlung blastechnischer Fertigkeiten weniger auf Referenten von außen angewiesen war als seine Kollegen. Ergänzt wurde das Angebot durch Lehrgänge für junge Bläserinnen und Bläser mit bläserischer Gruppenarbeit, biblischen Themenarbeiten, Gottesdienst und verschiedenen Freizeitangeboten sowie durch Workshop-Tage zum Thema Anfängerausbildung mit der Vorstellung von geeignetem Notenmaterial und gemeinsamen Überlegungen zur Vermittlung einer guten Ansatz- und Atemtechnik.

Zum ersten Mal führte Dieckmann im Jahr 2000 eine neue Angebotsform zusammen mit dem hannoverschen Kollegen Helmut Schaper durch, einen „Schnupperkurs Chorleitung", bei dem sich Interessierte ein Wochenende lang ohne Vorkenntnisse und ohne Leistungsdruck mit Grundelementen der Schlagtechnik und Grundlagen von Musiktheorie, Harmonielehre und Gehörbildung beschäftigen konnten.

Auch zu Wochenendschulungen in den Posaunenchören vor Ort war Dieckmann unterwegs, wobei er sogar vereinzelt seit 1993 die Anfängerausbildung durchführte und betreute. Besonders wichtig waren Dieckmann die Chorbesuche in den einzelnen Gemeinden, bei denen immer wieder folgende Aspekte ins Blickfeld kamen: atem- und ansatztechnische Weiterbildung, stilistische und klangliche Fragen, gezielte Vorbereitung auf einen Gottesdienst oder eine Bläsermusik, Vorstellung von neuer Literatur für Posaunenchöre, Beratung und Hilfestellung bei der Jungbläserausbildung sowie Zeit für Erfahrungs- und Meinungsaustausch über Noten, Instrumente, Schulungsangebote usw.

In den regelmäßigen Chorleiterbesprechungen der Kirchenkreise seines Betreuungsgebiets plante Dieckmann mit den Dirigenten bläserische Vorhaben wie Kreisposaunentage, Kreiskirchentage, Festlichkeiten, Chorjubiläen und Kreisproben. Außerdem rückte meist noch ein Thema wie z. B. die Ausbildung von Anfängern in den Mittelpunkt der Besprechung.

1998 als Mitglied und seit 2002 als kommissarischer Vorsitzender des Musikausschusses bereitete Dieckmann die jährlichen Gloria-Ausgaben des EPiD vor, weitere Gremien inner- und außerhalb Westfalens wie die Konferenz der Kreiskantoren und der C-Kurs-Leiter, in denen er tätig war, kamen noch hinzu.

Ein außergewöhnliches Projekt setzte Dieckmann im Januar 1996 in die Tat um, als er mit 18 Laienbläserinnen und -bläsern aus Hamm eine CD mit Bläsermusik zu wichtigen Gesangbuchliedern produzierte.

Einen besonderen Akzent setzte Dieckmann im Bereich der *swingenden Bläsermusik* von neuen geistlichen Liedern über Spirituals bis hin zu Jazz, Rock und Pop, und das aus folgendem Grund: Swingende Musik fand in den 1990er Jahren immer mehr Eingang in das Repertoire der Posaunenchöre. Besonders bei den jüngeren Bläserinnen und Bläsern wurde sie beliebt, da sich im Vergleich zur bisherigen Literatur neue Möglichkeiten des Musizierens ergaben, einhergehend allerdings auch mit neuen Herausforderungen und Schwierigkeiten. Zu den höheren Anforderungen im Bereich der Artikulation und Ansatztechnik gesellten sich harmonische und rhythmische Besonderheiten, denen Rechnung getragen werden musste. So war vor allem eine Förderung der Chorleiter in diesem Bereich dringlich, da von ihnen in der Regel abhing, ob swingende Musik im Choralltag gelang oder nicht. Auf Seminaren und Chorbesuchen versuchte Dieckmann, den Bläsern einen Überblick über das vielfältige Literaturangebot in diesem Bereich sowie eine gezielte und vor allem behutsame Einführung in die Thematik zu geben. 1994 folgten über 50 Bläserinnen und Bläser des Kirchenkreises Unna der Einladung zu einem Seminar „Spirituals und Neue geistliche Lieder", das seine Arbeitsergebnisse in einer abschließenden Bläservesper in der Kirche am Markt vorstellte. 1999 informierte Dieckmann beim Bläserseminar „Swing und Spiritual" die Teilnehmer über unterschiedliche Notationsweisen der swingenden Musik und die daraus resultierenden Konsequenzen für die bläserische Gestaltung. Zusammen mit dem Bremer Landesposaunenwart Rüdiger Hille und dem Komponisten Oliver Groenewald (Porta Westfalica) arbeitete er 1999/2000 bei der Gestaltung der Texte und Erläuterungen in dem viel beachteten Bläserheft „Life" mit, das sich mit seinen swingenden Arrangements an fortgeschrittene Posaunenchöre wandte.

Insgesamt kann man von den späten 1980er und den 1990er Jahren sagen, dass sie im Blick auf die personelle Ausstattung für das Posaunenwerk gute Zeiten waren, in denen sich manche Kirchenkreise sogar aufgrund solider finanzieller Verhältnisse den „Luxus" hauptamtlicher *Kreisposaunenwartsstellen* leisteten. In Minden wurde bereits 1974 auf Bitten von Chorleitern eine volle Kreisposaunenwartsstelle eingerichtet und mit Reinhard Neuhaus besetzt. Zu seiner Arbeit gehörten unter anderem die Ausbildung von Jungbläsern und die Kontakte zu Bläsern, Eltern, Pfarrern und Chorleitern. Als er 1996 ausschied, rückte Lothar Euen für ihn nach, wobei er ca. 30 Chöre sowohl aus dem Posaunenwerk als auch aus dem Westbund zu betreuen hatte. Außerdem wurde eine halbe Kreisposaunenwartsstelle im Kirchenkreis Gütersloh von 1993 bis 1998 durch Reinhard Gramm hauptamtlich versehen, ebenso im Kirchenkreis Herford von 1992 bis 1999 durch Ulrich Kuhn (1992 – 1996), Jörg Spaude (1996 – 1997) und Stefan Leja (1997 – 1999) wie auch im Kirchenkreis Vlotho von 1993 bis 1996 durch Frauke Petscheleit. Der Landesposaunenrat beschäftigte sich darum 1989 mit der Frage, ob man Kreisposaunenwarte grundsätzlich hauptamtlich anstellen solle, konnte sich aber nicht zu einer einheitlichen Stellungnahme für oder gegen hauptamtliche Kreisposaunenwartsstellen durchringen. Im Zuge von Sparmaßnahmen wurden diese Stellen ohnehin bis auf diejenige in Minden wieder gestrichen, wobei es für das Posaunenwerk herausfordernder war, dass die dritte Posaunenwartsstelle aufgrund der bedrängenden Haushaltslage der westfälischen Landeskirche zunehmend in die Diskussion geriet.

Unruhe um die *Wiederbesetzung dieser Posaunenwartsstelle* gab es bereits im weiteren Vorfeld der Verabschiedung von Benz. In einem Schreiben teilte das Landeskirchenamt am 25. Februar 1998 mit, dass die Kirchenleitung die Empfehlung des Struktur- und Planungsausschusses zur Kenntnis genommen hatte, eine zukünftig frei werdende Stelle eines Landesposaunenwarts nicht wieder zu besetzen. In einem Gespräch von Posaunenwerksverantwortlichen mit dem westfälischen Präses Manfred Sorg (*1938) am 22. April 1998 wies dieser darauf hin, dass eine Nichtbesetzung keine Streichung bedeute. Trotz dieses Treffens und der Resolution der Vertreterversammlung in Dortmund am 6. Juni 1998 blieb es bei der Beschlusslage, die Stelle von Benz nicht wieder zu besetzen. Bereits am 2. März 1998 hatte die westfälische Landeskirche die Verdienste von Benz um die Kirchenmusik mit dem Titel „Kirchenmusikdirektor" gewürdigt. Als Benz am 5. Februar 2000 in Bethel in den Ruhestand verabschiedet wurde, verlieh bei der Vormittagsfeier im Assapheum Landeskirchenrätin Moskon-Raschik dem damals 65-Jährigen das Bronzekreuz der Evangelischen Kirche von Westfalen. Der scheidende Landesposaunenwart sei zu einem „Qualitätssiegel" weit über die westfälischen Grenzen hinaus geworden, anerkannte Professor Rolf Schönstedt (*1944), seit 1994 Leiter der Hochschule für Kirchenmusik Herford, den engagierten, prägenden Einsatz des Musikers. Der Bläserkreis Bochum, der Senioren-Posaunenchor Ostwestfalen, der Chor der Bielefelder Chorleiter sowie das Ensemble Wiesbaden Symphonic Brass gestalteten musikalisch-bläserisch die Veranstaltung. Am Nachmittag fand unter der Leitung von Benz ein Bläsergottesdienst in der voll besetzten Zionskirche statt, in welchem ein in vier Chorgruppen eingeteilter Bläserchor mit etwa 600 Bläserinnen und Bläsern getrennt und gemeinsam musizierte. In seiner Dankesrede appellierte Benz an die Landeskirche, seine Stelle nicht nur zu erhalten, sondern baldmöglichst wieder zu besetzen, eine Bitte, die mit heftigem Beifall quittiert wurde.

Allerdings wurde sein Wunsch aufgrund der finanziellen Engpässe der Landeskirche nicht sofort erhört und so sahen sich die Verantwortlichen gezwungen, verschiedene Maßnahmen einzuleiten, um die Interimszeit so gut als möglich aufzufangen:

Dieter Mayer, seit 1978 im Amt des Landesobmanns als Nachfolger von Pastor Paul-Gerhardt Tegeler und im Januar 2000 mit dem Bronzekreuz der EKvW ausgezeichnet, ging ein Jahr früher als geplant – nämlich bereits Ende Juli 1999 – in den Ruhestand als Schulleiter des Hans-Ehrenberg-Gymnasiums in Bielefeld-Sennestadt, um ab September 1999 ehrenamtlich die Geschäftsführung im Posaunenwerk zu übernehmen mit dem Ziel, Dieckmann zu entlasten und ihn für musikalische Aufgaben freizustellen. Als Vorsitzender des Posaunenwerks ist es Mayer in den 24 Jahren seines Dienstes gelungen, die beiden starken Persönlichkeiten Benz und Saretzki in die Arbeit des Werkes zum Nutzen der Bläserinnen und Bläser einzubinden. Durch seine vielseitigen Kontakte als Leiter eines evangelischen Gymnasiums und als Synodaler konnten viele Dinge unbürokratisch und auf „dem kurzen Dienstweg" mit der Landeskirche besprochen und erledigt werden. Auch die Einrichtung der dritten Landesposaunenwartsstelle hatte

Dieter Mayer

auf dem Vertrauensvorschuss der kirchlichen Leitungsgremien in die Arbeit des Posaunenwerks beruht. Im November 2002 wurde Pfarrer *Bernhard Silaschi* (*1956) aus Bad Oeynhausen zum neuen Landesobmann gewählt.

Außerdem kam es am 5. Februar 2000 zu einer Neuaufteilung der Gebietszuständigkeiten: Bisher hatte Benz die Kirchenkreise Bielefeld, Gütersloh, Herford, Lübbecke, Minden und Vlotho im Ostwestfälischen mit insgesamt 91 Chören und 1.970 Bläsern betreut; Saretzki die Kirchenkreise Bochum, Dortmund, Gelsenkirchen-Wattenscheid, Gladbeck-Bottrop-Dorsten, Hagen, Hattingen-Witten, Herne, Iserlohn, Lüdenscheid, Lünen, Plettenberg, Recklinghausen, Schwelm, Siegen, Unna und Wittgenstein mit insgesamt 112 Chören und 1.630 Bläsern; Dieckmann die Kirchenkreise Arnsberg, Gütersloh, Halle, Hamm, Paderborn, Soest und Tecklenburg mit insgesamt 103 Chören und 1.852 Bläsern. Nun übernahm Saretzki zusätzlich die Kirchenkreise

Das Posaunenwerk heute (von links):
Ulrich Dieckmann, Bernhard Silaschi, Dieter Mayer, Karl-Heinz Saretzki

Arnsberg, Münster, Soest, Steinfurt, Coesfeld, Borken, sodass er auf 152 Chöre mit 2.312 Bläsern kam, den nördlichen Rest von Westfalen mit 151 Chören und 2.997 Chören versah von nun an Dieckmann; Benz selbst führte die Agentur (Noten und Instrumente) weiter. Dass jetzt zwei Landesposaunenwarte sich die Arbeit wieder aufteilen mussten, schlug sich auch in der Zahl der Schulungsangebote nieder: Konnten noch 1999 insgesamt 15 Seminare und Freizeiten für 930 Teilnehmerinnen und Teilnehmer durchgeführt werden, so sank diese Zahl im Jahr 2001 auf neun Lehrgänge und Freizeiten mit insgesamt 485 Teilnehmerinnen und Teilnehmern, um im folgenden Jahr mit zehn Maßnahmen und ca. 575 Teilnehmerinnen und Teilnehmern wieder etwas anzusteigen. Die beiden Landesposaunenwarte versuchten trotz der erschwerten Arbeitsbedingungen, das Seminar- und Lehrgangsangebot so weit wie möglich aufrecht zu erhalten.

Zudem sah sich Saretzki angesichts von 23 Kirchenkreisen außerstande, weiterhin einzelne Chöre zu besuchen, und musste sich auf die Vorbereitung und Durchführung von Kreisposaunentagen beschränken. Er legte dabei den

Schwerpunkt mehr auf intensive Kreisarbeit mit Bläsergottesdiensten, wohingegen Dieckmann sich besonders der Anfängerschulung widmete.[366]

Als Summarium lässt sich konstatieren, dass das Posaunenwerk Westfalen sich in Hinsicht auf die Mitgliedszahlen nach 20 Jahren Wachstum in den letzten zehn Jahren stabil gehalten hat trotz der stark rückläufigen Zahlen der Mitglieder der westfälischen Landeskirche. Dies ist nicht zuletzt darauf zurückzuführen, dass es nach dem Abgang Duwes gelang, Berufsarbeiter einzustellen, sodass teilweise drei hauptamtliche Landesposaunenwarte von der westfälischen Landeskirche angestellt waren. Der diakonisch-missionarische Schwerpunkt der Posaunenarbeit wurde beibehalten, die musikalisch-bläserische Ausbildung stark gefördert, aufgefächert und qualifiziert, die Zusammenarbeit mit Kirchenmusikern intensiviert. Positiv kann weiter vermerkt werden, dass Posaunenchöre immer noch einen wichtigen Punkt ihres Einsatzes in den gemeinsamen überregionalen Veranstaltungen sehen. Mit diesen volksmissionarisch ausgerichteten Großveranstaltungen erzielt die Bläserarbeit in der Kirche eine große Öffentlichkeitswirkung. Als kritisch muss betrachtet werden, dass viele Chorleiter bisher ehrenamtlich und ohne fachliche Ausbildung ihren Dienst wahrgenommen haben. Insgesamt ist festzuhalten, dass das Posaunenwerk in der EKvW, das innerhalb der kirchenmusikalischen Verbände in Westfalen – Landesverband der Kirchenmusikerinnen und Kirchenmusiker, Landesverband der Evangelischen Kirchenchöre – nach wie vor eine Sonderstellung bei der Verwaltung und Betreuung der Mitglieder einnimmt, für die kommenden Anforderungen gut positioniert ist.

6.2 Die Entwicklungen im CVJM-Westbund

Nicht nur für das Posaunenwerk, sondern auch für den CVJM-Westbund bedeutete der Eintritt in das neue Jahrzehnt 1970 den Beginn einer neuen „Zeitrechnung". Die seit Ende 1967 verwaiste Bundesposaunenwartsstelle von Richard Lörcher wurde mit *Wilhelm Schmidt* wiederbesetzt. Sein Weg in die Bläserarbeit war von Kindheit an vorgezeichnet gewesen: Geboren wurde er am 5. Mai 1941 in Neunkirchen im traditionell bläserisch aktiven Siegerland, wobei sein Vater über 40 Jahre als Chorleiter tätig war. Von daher schien es fast zwangsläufig, dass er mit seinen beiden älteren Brüdern das Bläserhandwerk von Jugend auf erlernte. Für seine musikalische Prägung in der Jugendzeit war neben seinem Engagement im heimatlichen Posaunenchor und den Begegnungen mit führenden Leuten der CVJM-

Bläserarbeit wie Lörcher, Gruber und Mergenthaler der Musikunterricht bei Prof. Franz Rieland, einem katholischen Kirchenmusiker und Theologen, entscheidend. Schmidt erlernte das Blasen 1948 zunächst auf dem Flügelhorn, wechselte dann 1955 auf das F/B-Doppelhorn und griff schließlich 1975 zur Posaune, die ihn von da an überallhin begleitete.

1967 profitierte Schmidt bei einer externen kirchenmusikalischen C-Ausbildung in Siegen vor allem in der Chorleitung von Kirchenmusikdirektorin

Wilhelm Schmidt

Almuth Höfker. Mit Ehmann ergaben sich im Laufe der Jahre viele intensive Begegnungen bei Abnahmen von C-Prüfungen in Siegen sowie bei der Mitwirkung bei Konzerten und Schulungen. In der Autobranche tätig, erhielt Schmidt durch Bundeswart Pastor Karl Sundermeier 1968 den Ruf zum Bundesposaunenwart als Nachfolger von Richard Lörcher. Mit Beinhauer und Klocke teilte er sich am 1. Januar 1970 das weitläufige Gebiet des Westbundes wieder auf: Schmidt war nun für Hessen zuständig, Beinhauer für Westfalen und Klocke für das Rheinland. Gleichzeitig wurde Schmidt beauftragt, für die Betreuung der Männerchöre zu sorgen, von denen damals noch ca. 60 im Westbund existierten. Aufgrund des ständigen zahlenmäßigen Rückgangs in diesem Aufgabenbereich gab Schmidt diese Betreuung Mitte der 1990er Jahre wieder auf, da er keine Perspektive mehr darin sah.

Zu den wichtigsten Aufgaben seines Dienstes erachtete er die *Chorbesuche*, denn Verbandsarbeit sah er nur dann als erfolgversprechend an, wenn der Kontakt zur Basis aufgenommen und gepflegt wurde. Von daher nahm er auch weite Anfahrtsstrecken auf sich, um bei einer Chorprobe dabei zu sein. Der Kontakt fing dabei eine Stunde vor dem Übungstreffen mit einem gemeinsamen Abendessen beim betreffenden Chorleiter an, um sich dessen Sorgen, Freuden, Fragen und Erfahrungen anzuhören, darauf zu reagieren und Rat zu geben. Ungefähr 60–70 Chorbesuche absolvierte Schmidt jährlich, sodass er bei den meisten der Chöre seines Betreuungsgebiets innerhalb eines Turnus von zwei bis drei Jahren vorbeigeschaut hatte. Dies entsprach auch dem Anliegen des CVJM-Westbundes, der in den Chorbesuchen einen Schwerpunkt in der Arbeit der Bundesposaunenwarte sah und darauf Wert legte, dass die Hauptamtlichen im Ablauf von spätestens drei Jahren alle Chöre ihres Bereiches durch Termine vor Ort erreicht haben sollten.

Gleich mit Dienstbeginn formierte Schmidt zusammen mit ca. zehn 20- bis 30-jährigen Männern und Frauen den *„Posaunendienst Siegerland"*, der sich fortan einmal im Monat zu gemeinsamen Proben in Neunkirchen traf. Als Besetzung stellte Schmidt sechs B-Trompeten und fünf B-Posaunen zusammen, um ein breit gefächertes Repertoire von Gabrieli bis Schloemann spielen zu können. Es durften keine Berufsmusiker, sondern nur Laien mitblasen, da der Siegerländer Bundesposaunenwart in der Professionalisierung kein erstrebenswertes Ziel sah. Eine andere Voraussetzung bestand darin, dass die Mitglieder ihre Aktivität im eigenen Chor nicht vernachlässigen oder gar aufgeben durften. Als weiterer Grundsatz galt, dass der Sonderchor unentgeltlich auftrat, wobei Kollekten oder Opfer für die Erstattung von Fahrtkosten, für den CVJM-Westbund oder für gezielte Projekte angenommen wurden. Honorare jedoch wurden nicht gezahlt. Der Name „Posaunendienst" stand dabei für das Programm, dass es nicht um die Präsentation eines Auswahlchores gehen sollte, sondern dass der Schwerpunkt auf dem Dienst lag, um Gruppen und Chöre vor Ort zu ermutigen und anzuspornen. An erster Stelle bei den Einsatzformen kam daher die musikalische Mitgestaltung von Gottesdiensten, erst dann folgte die Konzerttätigkeit, die der Posaunendienst auch pflegte, so z. B. einmal im Jahr im Wetzlarer Dom. Von denen, die 1970 mit Schmidt anfingen, waren 30 Jahre später noch immer sechs Bläserinnen und Bläser dabei, Beleg für die große Konstanz dieser fest gefügten Gruppe, die unter anderem Bläserreisen nach Litauen machte, 1987 eine LP mit Bläserchorälen unter dem Titel „Die güldne Sonne" herausbrachte und sich an vier CD-Produktionen des Verlages „Schulte und Gerth" beteiligte.

Die Anliegen der CVJM-Bläserarbeit brachte Schmidt in viele *Gremien* außerhalb des Westbundes ein. So gehörte er von Anfang an dem Musikausschuss des CVJM-Gesamtverbandes an; acht Jahre darauf wurde er in den „Ständigen Ausschuss Bläser" beim Deutschen Evangelischen Kirchentag berufen, wodurch er auch in den jeweiligen Projektausschüssen bei bisher insgesamt 13 Kirchentagen mitarbeitete. Ferner wurde der Siegerländer Mitglied in dem kirchenmusikalischen Ausschuss der Evangelischen Kirche von Westfalen. Bereits seit 1968 war er als Vorstandsmitglied im Siegerländer Posaunenverband tätig, der mit seinen 70 Chören und ca. 1.500 Bläsern der größte Kreisverband innerhalb des CVJM-Westbundes darstellte. Allein im Jahr 1990 brachte Schmidt es auf 68 Sitzungstermine im Bereich der Ausschussarbeit, wobei er deren Effektivität bisweilen hinterfragte. Außerdem zeichnete Schmidt von 1987 an für die Erstellung und Herausgabe des Andachtsheftes verantwortlich, das den Chorleitern bzw. Bläsern/-innen eine Hilfestellung zur geistlichen Ausrichtung der Chorproben geben sollte. Allerdings wurde dieses Heft 1993 eingestellt, da man im Westbund nun das Andachtsheft des EPiD für die eigenen Chöre übernahm.

Schmidt wurde im Laufe der Jahre zum dienstältesten *Bundesposaunenwart* im CVJM-Westbund, da seine beiden Kollegen, die ihm in seiner Anfangszeit nach eigenen Worten „brüderliche Begleiter" waren, vor ihm aus der aktiven Bläserverbandsarbeit ausschieden: Paul Beinhauer, der als Sonderchor den „Kleinen Chor des CVJM Kassel" aus einem Horn-, einem Tromba- und einem Barockinstrumentenquartett gebildet hatte, verließ am 1. November 1978 den CVJM-Westbund, um anschließend bis 1992 als Gemeindepfarrer in Kassel tätig zu sein. Für ihn kam am 1. April 1979 der Siegerländer

Ernst-Günter Hillnhütter (*1948) aus Alchen, damals Jugendreferent im Ev. Jugendwerk Württemberg. Er hatte seine fachliche Ausbildung an der Kirchlichen Musikschule in Herford von 1968 bis 1970 bei Wilhelm Ehmann erhalten und war anschließend von 1970 bis 1973 auf dem Johanneum in Wuppertal. Hillnhütters Chorgebiete lagen im nördlichen und östlichen Westfalen – ohne das Ruhrgebiet, für das Klocke zuständig war, und das Siegerland, das Schmidt übernahm – sowie in Kurhessen-Waldeck, da man eine Neuaufteilung unter den drei Hauptamtlichen vorgenommen hatte. Hillnhütter gründete gleich zu Beginn seiner Tätigkeit den Sonderchor „Jubilate Deo", der vier Trompeter und vier Posaunisten umfasste, sodass die Aufführung doppelchöriger Werke möglich war. In besonderer Weise brachte sich Hillnhütter in der Lehrgangsarbeit sowie im Jugendchorbereich mit den gerade entstehenden Ten-Sing-Gruppen ein. Er beendete seinen Dienst beim CVJM-Westbund zum 1. April 1987, um sich stärker der Kirchenmusik zuzuwenden. Da auch kurz darauf, nämlich am 30. Juni 1987, Ernst Klocke in den Ruhestand ging, waren mehrere Monate zwei Posaunenwartsstellen im Westbund unbesetzt. Um diese Vakanzzeit aufzufangen, erklärte Schmidt sich auch zu Diensten außerhalb seines bisherigen Aufgabenbereichs bereit; außerdem bekundeten Mitglieder des Arbeitskreises Posaunenarbeit ihre Bereitschaft, z. B. bei Chorjubiläen einzuspringen.

Ernst-Günter Hillnhütter

Die Lücken konnten allerdings rasch wieder geschlossen werden: Klockes Nachfolge bei den Chören im Rheinland und im Ruhrgebiet trat am 1. Juli 1987 *Siegfried Markowis* (*1957) an, von 1979 bis 1987 Posaunenwart in Baden. Markowis war 1970 nach zweieinhalbjähriger Musikschulausbildung auf der Posaune in den Posaunenchor Dietlingen eingetreten, dessen damaliger Leiter, der spätere badische Landesposaunenwart Dieter Bischoff (*1939), ihn fünf Jahre später als Zivildienstleistenden zur Posaunenarbeit nach Karlsruhe holte. Von der beruflichen Ausbildung her Kaufmann, studierte er 1978/79 am Kirchenmusikalischen Institut in Heidelberg bis zum

Siegfried Markowis und Hans Jürgen Bäumer, rechts Wilhelm Schmidt

C-Examen, außerdem war er von 1986 bis 1987 im Johanneum in Wuppertal. Markowis rief für seine Aufgaben den mit sechs Trompeten, sechs Posaunen und einer Tuba besetzten „Werkstattchor" ins Leben, mit dem er 10–20 Proben und Konzerte pro Jahr bestritt. Besonders engagierte er sich in der Lehrgangsarbeit, wo er auf seine Erfahrungen aus den Bereichen Rhythmik und Tanz zurückgriff; zudem brachte er sich in der Landesarbeitsgemeinschaft Musik von Nordrhein-Westfalen und in der Liederbuch-Kommission ein.

Hillnhütters Betreuung der CVJM-Chöre in Ost- und Nord-Westfalen sowie in Kurhessen-Waldeck übernahm der Siegeränder *Hans Jürgen Bäumer* (*1959) aus Freudenberg, der direkt nach seinem zweiten Staatsexamen für das Lehramt am 1. September 1987 als Bundesposaunenwart in den Westbund berufen wurde. Seine Dienstschwerpunkte legte Bäumer, der mit dem von Hillnhütter übernommenen Kleinchor „Jubilate Deo" 15–20 Proben und Konzerte pro Jahr absolvierte, im Bereich der Kreisverbands-Bläsertreffen und Kreis-Posaunenfeste sowie der Bläserfreizeiten. Außerdem war der Pädagoge in der Jugendchorarbeit tätig und im westfälischen Kirchenmusikausschuss. Weil er sich für den Schuldienst entschied, verließ er bereits zum 1. September 1992 wieder das freie Werk. Fast zur selben Zeit wie Bäumer wechselte auch Markowis zu einer neuen Aufgabe: Zum 1. Oktober 1992 ging der Badener nach Wolfenbüttel, um dort die Stelle des Landesposaunenwarts im Posaunenwerk der Ev.-Luth. Landeskirche in Braunschweig anzutreten.

Nachdem zwei der drei bisherigen Funktionsträger in der Westbund-Bläserarbeit ausgeschieden waren, wurde eine baldige Nachfolgeregelung zwingend. Der Suche nach geeigneten neuen Stelleninhabern war ein rascher Erfolg beschieden: *Matthias Schnabel* (*1964) trat am 1. Dezember 1992 seinen Dienst als Bundessekretär an, um in der Nachfolge von Markowis die Posaunenchöre im Bereich der rheinischen Kirche sowie im westfälischen Ruhrgebiet zu betreuen. Außerdem wurde der ausgebildete Orchestermusiker, der sein Studium im Herbst 1992 an der Staatlichen Hochschule für Musik in Karlsruhe abgeschlossen hatte, auch für die Jugendchöre und Singkreise mitverantwortlich. Schnabel war im CVJM Nagold in Württemberg aufgewachsen und hatte in dem von seinem Vater geleiteten Posaunenchor das Blasen auf einem Tenorhorn erlernt, ehe er mit 13 Jahren zur Posaune übergewechselt war.

Matthias Schnabel

Zum 1. Februar 1993 wurde *Klaus-Peter Diehl* (*1966) aus dem siegerländischen Burbach als Bundessekretär tätig. Groß geworden im CVJM Burbach, hatte er nicht nur 1978 in diesem Verein das Blasen auf dem Tenorhorn erlernt, um bald darauf auf Posaune umzusteigen, sondern auch im Männerchor und im Jugendchor mitgesungen und sich als Jungenschaftsleiter bewährt. Um den Jahreswechsel 1992/93 schloss er seine Ausbildung zum Posaunenwart an der Kirchenmusikschule in Herford ab. Diehl trat die Nachfolge von Bäumer an und begleitete daher vor allem die Posaunenchöre in Ostwestfalen, Kurhessen-Waldeck, Biedenkopf und Dillkreis. Er gründete mit vier Trompetern, vier Posaunisten und einem Tubisten den Auswahlchor „Blechbläserensemble des CVJM-Westbundes Ostwestfalen", mit dem er nicht nur Konzertreisen nach Österreich und Sachsen unternahm, sondern auch zwei CDs einspielte: „Wirf dein Anliegen auf den Herrn" mit romantischer und „Soli deo gloria" mit barocker Bläsermusik.

Was die Verbandsarbeit betraf, so fand im Oktober 1974 die Neukonstituierung des *„Arbeitskreises für Posaunenarbeit"* statt, nachdem er vorher längere Zeit nur sporadisch aktiv gewesen war. Neben den drei Bundesposaunenwarten gehörten ihm sechs weitere der CVJM-Bläsersache verbun-

Klaus-Peter Diehl

dene ehrenamtliche Mitarbeiter an, zwei aus jedem der Gebiete der Bundesposaunenwarte. Außerdem nahmen an ihm kraft Amtes noch der für die Posaunenarbeit zuständige Bundessekretär – bis 1976 Walter Stursberg (1913–1991), ab 1976 Wolfgang Schwitzer (*1940) –, der Bundeswart – von 1971 bis 1995 Klaus-Jürgen Diehl (*1943), von 1996 bis 2002 Christoph Dickel (*1958) –, und bis 1996 der Vorsitzende des Ausschusses für Musik im CVJM-Gesamtverband teil, in den Anfangsjahren in der Person von Hermann Hülle. Zum Vorsitzenden wurde Rolf Schneider (1936–2001) aus Mühlheim gewählt, nach seinem Weggang 1979 Hans Joachim Braach aus Netphen, der sich sehr zeitintensiv in dieses Amt einbrachte. Der leitende Angestellte eines Maschinenbau-Unternehmens war nicht nur von 1965 bis 2000 Chorleiter des Posaunenchors Dreis-Tiefenbach und von 1970 bis 1986 Kreis-Chorleiter für die 70 Posaunenchöre im Siegerländer Kreisverband, sondern gehörte auch von 1988 bis 1994 dem Gesamtvorstand im CVJM-Westbund sowie dem Musikausschuss des CVJM-Gesamtverbands an. Braach verfasste mehrere Schriften zur westfälischen Posaunenchorarbeit, darunter das Referat „Posaunenarbeit im CVJM-Westbund – Perspektiven ins Jahr 2000" anlässlich der Ostwestfälischen Bläsertage am 27. April 1991. Der Siegerländer trat laut eigener Aussage aufgrund von Meinungsverschiedenheiten bei der Konstituierung des EPiD 1994 zurück, um Polizeimeister Walter Schütz (*1952) aus Altenkirchen Platz zu machen. Im Jahr 1998 bildete Braach in Absprache mit dem Vorstand des Siegerländer Posaunenverbandes einen Bläserseniorenchor, zu dessen Proben sich regelmäßig 60 ältere Bläser einfanden.

Im „Arbeitskreis Posaunenarbeit", der weniger Kompetenzen als der ihm vergleichbare Landesposaunenrat des Posaunenwerks besaß, wurde 1980 eine „*Ordnung für Posaunenchöre*" auf den Weg gebracht, die eine Anpassung der Statuten an die damalige Zeit zum Ziel hatte. Konstituierend als Grundlage wurde in § 2 die sog. Pariser Basis von 1855 angeführt mit der Zusatzerklärung des CVJM-Gesamtverbandes. Erwartet wurden in § 3 von den Bläsern „Treue im Üben", regelmäßige Teilnahme an den Übungsstunden, Bereitschaft zu Chordiensten, Besuch der Gottesdienste sowie von Bibel- und Gruppenstunden. Außerdem sollte sich jedes Mitglied verpflichten, sein Instrument nur zum Lob Gottes zu gebrauchen und einen verantwortungsbewussten Lebenswandel zu führen, was auch immer unter diesen sehr allgemein klingenden Bestimmungen zu verstehen war. § 10 schließlich regelte die Stellung des Chores innerhalb des CVJM-Westbundes: Die Gruppe wurde als Mitglied des CVJM-Westbundes definiert, der sie einem Kreisverband zuteilte, zu dessen Kreisvertretung der Chor Delegierte entsenden sollte. Einem vom Westbund oder Kreisverband beauftragten Vertreter wurde das Recht eingeräumt, an allen Sitzungen und Veranstaltungen der Gruppe mit beratender Stimme teilzunehmen. Die automatische Zugehörigkeit zu einem Kreisverband geriet 1997 in die Diskussion, da einige Chöre unmittelbar Mitglied im CVJM-Westbund werden wollten, ohne einem Kreisverband angehören zu müssen. Es gab allerdings auch den umgekehrten Fall, dass im Siegerländer Kreisverband entgegen der Satzung, die den Kreisverband als Einrichtung des Westbundes definierte, Posaunenchöre aufgenommen wurden, die nicht Mitglied des Westbundes waren und auch nicht werden wollten.

Weiterführende Gedanken machten sich die Hauptverantwortlichen – Bundesposaunenwarte und Bundeswart – in den 1980er Jahren über das Selbstverständnis der CVJM-Posaunenchöre. Die erstmals 1983 in Kaub erörterte Fragestellung, was zu tun sei, damit die Mitgliedschöre sich wieder stärker als Teil des CVJM verstehen und wie das CVJM-Bewusstsein unter den Bläsern stärker gefördert werden könne, mündete in die Überlegung, eine Handreichung über Geschichte, Auftrag und Gestalt der Bläserarbeit im CVJM herauszugeben. Nachdem die im Buchformat 1964 erschienene „Handreichung für Posaunenbläser" von Mergenthaler, Beinhauer und Lörcher vergriffen und auch veraltet war, entschied man sich für eine kurz gefasste Broschüre. Im Herbst 1987 legte schließlich der Arbeitskreis für Posaunenchöre im CVJM-Westbund unter seinem Vorsitzenden Hans Joachim Braach die vierseitige Broschüre „Posaunenchöre im CVJM-Westbund" für Bläser sowie die sechsseitigen „Leitlinien für die Posaunenarbeit im CVJM-Westbund" für Chorleiter vor. Im Letzteren wurde die Grundlage des Bläserdienstes anhand der Pariser Basis und Bibelstellen zum Thema Blasen beschrieben, ferner die Aufgaben und die Bläserliteratur der Posaunenchöre, ihre allgemeine Gruppenstruktur, ihre geistliche Situation, die Anforderungen an die Chorleiter, Bläserausbilder und Bläser/-innen sowie das geistliche Gruppenumfeld im Kontext von CVJM-Ortsverein, CVJM-Kreisverband, CVJM-Westbund und Kirchengemeinde. Im erstgenannten Faltblatt wurden ein kurzer geschichtlicher Überblick über die Entstehung und Entwicklung der Posaunenarbeit in Deutschland gegeben, die Struktur des CVJM-Westbunds mit seinen 50 Kreisverbänden dargestellt, die Dienstschwerpunkte der Bundesposaunenwarte vorgestellt sowie verschiedene Aufgaben der Posaunenchöre benannt. In der zweiten Hälfte der 1990er Jahre wurden beide Informationsblätter nochmals überarbeitet und verändert. Unter dem Titel „Die Posaunenchorarbeit im CVJM-Westbund" wurden auf fünf Seiten wesentliche Strukturen und Inhalte der aktuellen Posaunenchorarbeit unter den

Stichworten „Musikalische Aufgaben, Möglichkeiten und Anforderungen", „Pädagogische Aspekte", „Bibel und Blasen", „Aufgaben" und „Strukturformen" in Kurzfassung angeführt, ergänzt durch historische Reminiszenzen. Der Flyer „Das bieten wir für Posaunenchöre" zählte die Angebote des Westbundes an die Chöre auf unter den Stichworten: „Fachliche Unterstützung" durch Schulungen, Notenveröffentlichungen, Chorleiterbesprechungen, Chorbesuche, Arbeitshilfen und Informationen; „Planung und Organisation von Bläserveranstaltungen" auf Westbund- Ebene und auf der Ebene der Ortsvereine und Kreisverbände; „Unterstützung von Chorjubiläen" durch Urkunden, Grußworte, Konzerte, Jubiläumsartikel; „Beratung" bei Werbeaktionen, Ausbildung, Literaturauswahl, Projektarbeit, Konfliktvermittlung, Vereins- und Satzungsfragen, Instrumentenkauf, Öffentlichkeitsarbeit; „Sonstiges", d. h. Freizeiten, Konzerte, Interessenvertretung, Kirchentag.

Diese Broschüren sollten nach dem Willen des Arbeitskreises keinen Anspruch auf eine unumstößliche Ordnung erheben oder gar als Satzung gelten, sondern eine Orientierungshilfe geben, um die geistliche und fachliche Ausrichtung der Chöre in eine gemeinsame Richtung zu lenken.

Im Oktober 1987 hielt Bundeswart Klaus-Jürgen Diehl außerdem auf einer Studientagung für Bläserarbeit des CVJM-Gesamtverbandes ein Referat über das Selbstverständnis des CVJM-Bläsers, in welchem er fünf Punkte hervorhob. 1. Geistliche Motivation, also aus welchen Beweggründen Bläser ihren Dienst verrichten – ob nur als Freizeitbeschäftigung, aus Freude an der Musik, aus Interesse an der Chorgemeinschaft oder aus Dankbarkeit für die im eigenen Leben erfahrene Güte Gottes. 2. Fachliche Qualifikation, also in welchem Maß die Bereitschaft der Bläser zum intensiven Üben und der Chorleiter zu musikalischer Weiterbildung vorhanden ist. 3. Vereinsmäßige Integration, also wie die Einsatzfreude der Bläser im CVJM-Vereinsleben bei Veranstaltungen und Vorstandsarbeit hervorgerufen werden kann. 4. Gemeindliches Engagement, also wie die Dienstbereitschaft der Bläser auch innerhalb der Kirchengemeinde immer wieder neu geweckt werden kann. 5. Generationenübergreifende Kooperation, also wie das Miteinander der verschiedenen Altersgruppen gelingen kann, ohne dass die Alten sich zurückziehen oder die Jungen sich behindert fühlen. Diehl konstatierte, dass es, wenn auch längst der hohe Anspruch Kuhlos vom heiligen Priesterdienst fallen gelassen worden sei, der unaufgebbare Bestandteil des bläserischen Selbstverständnisses sein müsse, dass die Chöre mit ihrem Blasen zur Verherrlichung Gottes beitragen.

Seit 1999 führten die Bundesposaunenwarte in Zweijahresabständen „Bläser-Delegiertentagungen" durch, zu denen sich ein bis zwei Vertreter aus allen Posaunenchören des Westbundes einfanden, um sich durch Referate und in Kleingruppen bestimmten Themen zu widmen. Die erste Delegiertenversammlung am 27./28. August 1999 stand unter dem Thema „CVJM – mehr als Bläserarbeit", weil das Anliegen in der Verbesserung des Verhältnisses zwischen Posaunenchor und CVJM-Ortsverein bestand. Mit 90 Teilnehmern war diese erste Versammlung, die auch eine Literatur- und Instrumentenausstellung umfasste, gut besucht. „Musik – mehr als Töne" lautete das Thema von Rolf Schweizer, in dem die verschiedenen Wirkungsweisen der Musik auf den Menschen beleuchtet wurden. Die zweite Bläserdelegiertentagung im August 2001 hatte das Motto „Jungbläser gewinnen und ausbilden". Die Referenten Jürgen Pfiester und Henner Jung wurden mit ihren praxisnahen Konzepten von den Chorleitern und deren Stellvertretern positiv aufgenommen, was die Wichtigkeit der Bildungsarbeit in diesem Bereich belegte. Außerdem referierte EPiD-Obmann Holger Gehrke wie bereits beim ersten Treffen über Aufgabe, Ziele und aktuelle Projekte des bundesweiten Dachverbandes.[367]

Ein weiterer Schwerpunkt von Schmidt und seinen Kollegen lag in der Lehrgangsarbeit, wobei das Angebot in der Ära nach Lörcher noch vielfältiger und ausdifferenzierter wurde. Im Laufe seiner über 30-jährigen Tätigkeit als Bundesposaunenwart führte Schmidt ca. 40 Freizeiten und ca. 200 Lehrgänge zusammen mit anderen Kollegen durch. Außerdem leitete er noch 33 Chorleitungsseminare mit, dazu ca. 40 CVJM-Gesamtverbands-Lehrgänge mit wechselnden Tagungsorten wie Willingen, Kaub, Schmie, Wuppertal, Kassel, Dassel, Ebernburg, St. Martin, Diemerstein.

Die ständig steigende Zahl von Teilnehmern und die damit verbundenen Leistungsunterschiede innerhalb eines Lehrgangs machten es Anfang der 1980er Jahre dringend notwendig, die Lehrgangsstruktur insgesamt zu ändern. Bei der Kreisposaunenwarte-Tagung in Kaub 1980 wurde über die Modifizierungen ausführlich diskutiert und eine Unterteilung in drei Leistungsstufen für sinnvoll erachtet: die Leistungsstufe I für 12- bis 15-jährige Chorbläser, die keine Anfänger mehr waren; die Leistungsstufe II für Chorbläser, mit denen Literatur eines höheren Schwierigkeitsgrades erarbeitet werden konnte; und die Leistungsstufe III für weit fortgeschrittene Chorbläser, die in der Lage waren, anspruchsvolle Literatur blasen zu können. Die anderen Lehrgänge wie Chorleiter-Lehrgänge, Jungbläserlehrgänge, Jungbläser-Ausbilder-Lehrgänge, instrumentenspezifische Spezialseminare für Trompeter und Posaunisten – später noch für Tubisten und Bariton-Spieler – wurden weiterhin angeboten, ebenso Schulungen für Chorleiter-Anfänger, Bläserfreizeiten teilweise mit Familien oder Senioren als Zielgruppen, Lehrgänge im Auftrag des CVJM-Gesamtverbandes mit Bläser- und

Chorleiterprüfungslehrgängen und Studientagungen. Nicht immer hielten sich die Chöre an die von den Bundesposaunenwarten vorgegebenen Einteilungen in die drei Leistungsstufen, so beispielsweise 1987 beim Bläserlehrgang der Leistungsstufe I, zu dem sich sechs Bläser zusammengefunden hatten. Die 1981 eingeführte, insgesamt hilfreiche Einteilung erwies sich dabei nach Einschätzung der Bundesposaunenwarte teilweise als falsch verstandene Barriere, weil Bläser und Bläserinnen, die ein B von einem F nicht unterscheiden konnten, sich überfordert fühlten und enttäuscht in die Chöre zurückkamen. Doch trotz einzelner problematischer Selbsteinschätzungen der Bläser gab es auch verheißungsvolle Neuentwicklungen wie die Einführung eines Seniorenbläserwochenendes 1989 auf der Elsenburg, bei dem gemeinsame Bibelarbeiten, Bläserproben und Wanderungen die Gemeinschaft unter den Älteren förderten.

Bundesposaunenwart Schnabel bot mit Hilfe von ehemaligen Studienfreunden erstmalig 1995 zwei Workshops für Swing-, Pop- und Jazzmusik im Rahmen der Lehrgänge an, einen allgemeinen im Februar für alle interessierten Bläser und einen im September speziell für die Schulung der Chorleiter, die beide auf positive Resonanz stießen, da noch viele Unsicherheiten bei der Einstudierung dieser Stücke auf Seiten der Bläser vorhanden waren. Ein weiteres Novum Schnabels im Jahr 1995 war die Durchführung einer Skifreizeit für Bläser in Südtirol, die fortan jährlich angeboten wurde. Ein ebenfalls 1995 geplantes Musikcamp im Sommer für junge Bläser und Sänger musste leider wegen mangelnder Resonanz abgesagt werden, dafür waren die Jungbläserfreizeiten gut besucht. Was die Entwicklung der Bläserlehrgänge und -seminare im Westbund insgesamt betraf, so erreichte die Zahl der Veranstaltungen und Teilnehmer Mitte der 1970er Jahre mit 16 Angeboten und 937 Anmeldungen ihren Höhepunkt, um danach sich wieder auf jährlich 12 – 14 Maßnahmen mit 400 – 500 Beteiligten einzupendeln. Angesichts der medialen Flut zeigte sich immer deutlicher, dass nur Bildungsmaßnahmen mit klarem inhaltlichen Profil bzw. mit Projektcharakter angenommen wurden. Die Mischung aus fachlich qualifizierter Weiterbildung sowie konkreten praktischen Beispielen für die Umsetzung vor Ort kristallisierte sich als wichtigster Punkt heraus. Da es bei einigen Lehrgängen wie „Bläser & Band" immer wieder zu Wartelisten kam, wogegen andere mangels Beteiligung ausfallen mussten, reagierten die Bundesposaunenwarte 1998 mit einem modifizierten Lehrgangsspektrum, indem z. B. der Trompeten- und der Posaunenlehrgang zusammengelegt wurden. Außerdem kam angesichts sinkender Zahlen bei überregionalen Angeboten den Schulungen auf Orts- und Kreisverbandsebene immer größere Bedeutung zu, um Chöre und Bläser zu erreichen, die bisher nicht an Fortbildungsmaßnahmen teilgenommen hatten. Schnabel überarbeitete daher im Jahr 2000 das bewährte Konzept zur Schulung von Posaunenchorleitern vor Ort, das im darauf folgenden Jahr im Kreisverband Hagen von ihm getestet und 2002 im Kreisverband Iserlohn fortgesetzt wurde.

Immer wichtiger wurde speziell der Bereich der Jungbläserwerbung, da davon das Überleben der Chöre mit abhing. Bis Mitte der 1980er gab es auf diesem Feld noch keine Schwierigkeiten, sodass manchmal mehr Blaswillige als Instrumente vorhanden waren. Im Posaunenverband des CVJM Siegerland waren beispielsweise Chöre mit bis zu 30 Jungbläsern keine Seltenheit in diesen Tagen. Von daher verfiel man 1971 im Siegerland auf die Idee, zweimal jährlich eigene Jungbläserschulungen vom Kreisverband aus anzubieten. Im Jahr 1978 erreichte die Teilnehmerzahl mit 210 ihren Höhepunkt, wobei die Jungbläser als Abschluss eine Feierstunde in der Siegerlandhalle gestalteten.

Während eines kirchlichen Treffens 1976 fragte daher der westfälische Präses Hans Thimme (*1909) bei Bundesposaunenwart Schmidt nach, wie viel Jungbläser beim Bundesposaunenfest 1975 in Dortmund mit dabei gewesen seien, weil ihm beim Anblick dieser beeindruckenden Schar „das Herz aufgegangen" sei. Schmidt machte später in diesem Zusammenhang trotz aller Dankbarkeit über die große Anzahl an Blasanfängern auch einige kritische Anmerkungen: Oft würde durch das mangelnde Können der Heranwachsenden das musikalische Fortkommen im Chor behindert und Unzufriedenheit bei den Fortgeschrittenen hervorrufen. Schmidt appellierte deshalb an die Toleranzbereitschaft der Älteren, die auch einmal im Chor zu den Anfängern gehört hätten, eine christliche Gemeinschaft mit den Schwächeren zu bilden. Andererseits benannte er auch offen die Gründe, warum manche Bläser nach einem Jahr noch nicht in der Lage seien, eine einfache Stimme zu blasen: fehlende Musikalität, falsche Ausbildungsmethoden oder schlicht Faulheit. Schmidt riet beim ersteren, den Adoleszenten eine andere Betätigungsmöglichkeit anzubieten; im Blick auf das zweite bat er die Chöre, die Jungbläser zu den Lehrgängen zu entsenden; in Bezug auf den dritten Punkt müsse man die Eltern bitten, ihre Kinder auch zum Üben mit Trompete, Flügelhorn, Tenorhorn oder Posaune anzuhalten, um nicht die Zeit der Ausbilder zu vergeuden.

Allerdings wurde es seit den 1980er Jahren aufgrund veränderter gesellschaftlicher Verhältnisse immer weniger selbstverständlich, dass sich der Chornachwuchs von allein einstellte. Darum beschritten die Vereine neue Wege bei der Nachwuchs-Suche. So nahm beispielsweise der CVJM-Vorstand von Mülheim Styrum, als Anfang der 1990er Jahre der Chor auf sechs

Bläser zusammengeschrumpft war, Kontakt zu den Stryrumer Grundschullehrern auf, bis eines Tages der zukünftige Jungbläser-Ausbilder vor einer 4. Schulklasse stand, auf einer Posaune blies und für die bläserische Ausbildung warb. Zwölf Kinder meldeten sich und nach kurzer Zeit konnten sie die ersten Stücke auf Schulfesten vortragen. Andere Schulen gaben ihr Interesse kund und boten an, auch bei ihnen zu werben. Auf diese Weise bildete sich jährlich eine neue Schülerchor-Gruppe mit zehn Mitgliedern, die nach einem Jahr in den Jungbläserchor überführt wurden, wobei die Hälfte wieder abgesprungen war. 1994 zählte der Jungbläser-Chor des CVJM Mülheim Styrum fünf Bläserinnen und acht Bläser zwischen 10 und 15 Jahren und verrichtete Dienste bei Vereinsfesten, Familien-Gottesdiensten, Martinszügen, Schulfesten, Weihnachtsmärkten usw.

Diese wegweisenden Ideen entwickelte Klaus-Peter Diehl zu einem Konzept zur Jungbläserwerbung in Grundschulen, das er im Jahr 2000 erfolgreich probeweise praktizierte und in einem Prospekt unter dem Titel „Blech blasen statt Blech reden" den Chören nahe zu bringen versuchte. Aufgrund der Tatsache, dass der Nachwuchs aus den eigenen Reihen oftmals aufgebraucht war und viele Kinder immer früher in Termine und Verpflichtungen eingebunden wurden, riet Diehl den Chorleitern, durch spezielle schulische Werbeeinsätze an potentielle Anfänger heranzukommen. Dabei bot sich der Bundesposaunenwart an, mit den interessierten Chören vor Ort einen solchen Einsatz zu planen und die Vorbereitungsphase zu begleiten. Das Konzept war folgendermaßen aufgebaut: Nach der Klärung der Instrumenten-, Noten- und Ausbilderfrage sowie der Öffentlichkeits- und Beziehungsarbeit in zwei vorauslaufenden Sitzungen sollte die erste Kontaktaufnahme durch einen einstündigen Besuch pro Schulklasse erfolgen. Nach Spielen zum Thema Luft sollten die Instrumente vorgestellt, darauf musiziert, die Kinder selbst zum Ausprobieren motiviert sowie schließlich zu einer Info-Veranstaltung gemeinsam mit ihren Eltern eingeladen werden. Bei diesem ersten Info-Abend sollten dann schließlich Erläuterungen zum Posaunenchor allgemein sowie zur Ausbildung im Besonderen gegeben werden. Innerhalb von zwei Jahren – von 2000 bis 2002 – fanden ca. 130 Einsätze in westfälischen Grundschulen statt, wodurch etwa 800 Blasneulinge gewonnen wurden, ein höchst erfreuliches Ergebnis, zumal die ganzen Aktionen nur von außen angestoßen und teilweise begleitet wurden, aber ansonsten selbständig liefen.

In den vergangenen 30 Jahren stellten die Bundesposaunenwarte den CVJM-Westbundchören ein reichhaltiges Sortiment an *Notenmaterial* zur Verfügung. Im Zentrum stand dabei die Fortsetzung der Posaunenbuchreihe „Lobt Gott" als werkseigene Standardliteratur. Braach, Hillhütter, Klocke und

Schmidt, Ersterer als Vorsitzender des Posaunenarbeitsausschusses, Letztere als Bundesposaunenwarte, zeichneten für den Band „Lobt Gott III" verantwortlich, dessen 99 Seiten im Herbst 1983 den Westbundchören an die Hand gegeben wurden und unter 65 Nummern Choralvorspiele, Junktimsätze und Choralsätze zu alten und neuen Weisen sowie freie Spielmusik – allerdings nur elf Titel – meist aus dem 16. und 17. Jahrhundert zur Verfügung vorstellte. Im Unterschied zu seinen beiden Vorgängern fehlten dieses Mal die Volkslieder. Den 38 Alten Meistern von Hammerschmidt über Bach bis Mendelssohn standen 28 zeitgenössische Komponisten gegenüber, darunter bekannte Kirchenmusiker wie Schweizer, Stern, Gadsch und Schauß-Flake. Die Herausgeber empfahlen angesichts mehrerer Stücke, bei denen der Alt sehr tief lag, Posaunen, Waldhörner und Althörner einzusetzen, um eine saubere Intonation zu gewährleisten und einen flachen, verwässerten Ton zu vermeiden.

Im Dezember 1989 wurde mit „Lobt Gott IV" diese Posaunenbuchreihe fortgesetzt. Die vertraute Mischung aus alter und neuer Musik hatten die drei Bundesposaunenwarte Hans-Joachim Bäumer, Siegfried Markowis und Wilhelm Schmidt auf 169 Notenseiten zusammengestellt, wobei erstmals auch einige Jugendlieder und Spirituals aufgenommen waren. Unterteilt war der vierte Band in einen thematischen Teil mit insgesamt 79 Titeln, dessen Sätze mehrheitlich von Tonsetzern der Gegenwart stammten und unter Überschriften wie „Abend und Morgen", „Anbetung und Dank", „Fest und Freude" usw. subsumiert waren und in einen freien Teil mit 17 Suiten, Intraden usw., bei denen die Alten Meister überwogen. Auch dieses Buch erlebte bald eine überarbeitete Neuauflage.

Den vorläufigen Abschluss mit nur 85 Notenseiten bildete der Band „Lobt Gott V", der 1995 vom CVJM-Westbund herausgegeben wurde und dessen Redaktion die Bundesposaunenwarte Klaus-Peter Diehl, Wilhelm Schmidt und Matthias Schnabel besorgt hatten. Die 22 textgebundenen und zwölf textfreien Stücke waren allerdings nicht in zwei Blöcken voneinander getrennt, sondern wechselten einander ab. Unter den zeitgenössischen Komponisten dominierten dieses Mal der westfälische Kirchenmusiker Burghard Schloemann (*1935), der bayerische Kantor Helmut Lammel (*1950) und Wilhelm Schmidt, bei den Alten Meistern war Scheidt dreimal vertreten. Einen Höhepunkt dieses mehr Heft als Buch zu nennenden Bandes stellte dabei das aus dem Volksliederbuch „Horch, was kommt ..." übernommene „Zogen einst fünf wilde Schwäne", Vorspiel und vier Strophen ausgesetzt von Burghard Schloemann, dar. Erstmalig wurden auch einige Bearbeitungen aus dem Bereich „Swing" angeboten, wodurch den Bläsern neue Perspektiven eröffnet wurden.

An die bisherigen Ausgaben anknüpfend und zugleich den Schlusspunkt unter die Notenreihe „Lobt Gott" setzend erschien im Sommer 1999 das 114 Notenseiten umfassende Bläserheft „Da capo". Die drei Bundesposaunenwarte Diehl, Schmidt und Schnabel hatten unter fünf Rubriken „Alte Bläsermusik", „Bearbeitungen", „Liedbearbeitungen", „Originalkompositionen zeitgenössischer Komponisten" sowie „Volkstümliche Musik" insgesamt 55 Stücke zusammengestellt. Bei den Alten Meistern dominierte Haßler, bei den neueren Tonsetzern Schloemann, mit jeweils vier Werken. Besonderer Beliebtheit erfreute sich bei den Chören von Anfang an die Hymne „Highland Cathedral", die sich aufgrund seines getragenen, feierlichen Charakters für viele Anlässe eignete. Die inhaltliche Konzeption von „Da capo" knüpfte also an die bisherigen Ausgaben bewusst an, war jedoch zugleich offen für neue musikalische Entwicklungen.

In die Richtung der Posaunenbuchreihe „Lobt Gott" ging die vom Westbund betriebene Sonderdruckfolge, die zwar dem Umfang nach kleiner, im Querschnitt hinsichtlich der musikalischen Formen aber ebenso umfassend war wie ihre gebundenen „Verwandten". Bei den Bundesposaunenwarten entstand mit den Jahren der Wunsch, den Bläsern speziell für die Bundesposaunenfeste etwas Gemeinsames an die Hand zu geben, das einerseits auf diesen Kasus des Massenauftritts ausgerichtet war, andererseits aber auch für den Dienstalltag geeignet schien. 1967 wurde der erste Sonderdruck im Auftrag des Westdeutschen Jungmännerbundes zum Bundesposaunenfest in Dortmund herausgegeben. Weitere Hefte folgten 1970, 1972, 1975, 1978, 1981, 1987 und 1993, sodass bisher acht verschiedene Nummern den CVJM-Chören zur Verfügung gestellt wurden. Die Bundesposaunenwarte Schmidt, Klocke, Hillnhütter und Beinhauer präsentierten auf 16 bis 32 Seiten alte und neue Musik, sowohl c.f.-gebunden als auch c.f.-frei, wobei ein Schwerpunkt auf doppelchöriger Musik und Jahreslosungsvertonungen lag.

Im Auftrag des CVJM-Gesamtverbandes wurde die Notenreihe „S(w)ing & Brass" für Posaunenchor, Jugendchor und Band auch bei den Westbund-Chören vertrieben. Die Konzeption sah vor: einzelne Stücke in 20 Notensätzen für Chor und Bläser, zwei Partituren und zwei Klaviersätze für die Band. Beim dafür verantwortlichen Redaktionskreis des Musikausschusses, der 1996 aufgelöst wurde, arbeitete neben den Württembergern und Bayern auch Schnabel mit. Auf fünf stilistisch unterschiedliche Einzelausgaben mit Vertonungen neuer geistlicher Lieder wie „Seid nicht bekümmert", „Gott ist der Grund unserer Freude" usw. und ein Notenheft brachte es diese Reihe von 1995 bis 1999. Um Posaunen- wie Jugendchöre zu gemeinsamem Musizieren anzuregen, veranstaltete Schnabel auch Konzerte auf der Basis dieser

Literatur, so beispielsweise 1998 in Herborn mit Chören aus dem Dillkreis und der Brass Connection. Neben eigenen Stücken der beiden Gruppen erklangen als Höhepunkt auch einige gemeinsame Lieder wie „Bahnt einen Weg unserem Gott".

Wenn auch nicht im Auftrag des Westbundes herausgegeben fand bei den CVJM-Chören und weit darüber hinaus die „Majesty-Reihe" von Bundesposaunenwart Schnabel großen Anklang. Mit dieser Kollektion wurde dem wachsenden Bedürfnis vieler Posaunenchöre nach swingenden bzw. rhythmischen Lied- und Songbearbeitungen Rechnung getragen. Vom Mitsing-Musterswingstück „Let's sing and pray" über feierliche Balladenbearbeitungen wie „Amazing grace" bis hin zu bandträchtigen Songarrangements wie „O Lord, how majestic" wurde ein breites stilistisches Spektrum angeboten, das auch die Größe der Chöre sowie deren technisch unterschiedliches Niveau berücksichtigte. Viele Titel der Notenausgaben „Majesty" wurden von Schnabels Auswahlchor „Brass Connection" auf CD eingespielt, um „hörbare" Anhaltspunkte bei der Phrasierung und Interpretation der innovativen Stücke zu geben. Im Oktober 1994 erschien zunächst „Majesty" mit 19 Songs und Liedern auf 43 Seiten. Das von vielen erwartete, technisch anspruchsvollere Nachfolgeheft „Majesty 2" kam 1996 auf den Markt. Es brachte nicht nur 20 Spirituals, Gospels, neue geistliche Lieder usw. auf 56 Seiten, sondern auch eine Seite Üb- und Spieltipps, unter anderem zur Swing-Phrasierung. Das 1999 publizierte „Majesty 3", das im Schwierigkeitsgrad zwischen dem ersten und zweiten Heft angesiedelt war, präsentierte auf 70 Seiten 19 Stücke, dieses Mal nicht nur aus Europa und Nordamerika, sondern auch im Stil lateinamerikanischer Musik sowie Evergreens und Folklorelieder aus Israel. Mit Hilfe einiger Perkussion-Instrumente ließ sich sogar afrikanisches „Feeling" vermitteln, wobei die Stücke sich auch gut ohne Rhythmusgruppe spielen ließen. Wieder ergänzten allgemeine Phrasierungshinweise zu Pop, Swing, Latin und Folklore die „musikalische Weltreise für Posaunenchöre", so der Untertitel. Den oftmals geäußerten Wunsch nach Bearbeitungen für ambitionierte Bläser erfüllte mit 15 Titeln „Majesty Solo", 2001 editiert, wodurch die swingenden Lieder und Songs auch für die Kleinstbesetzung Trompete bzw. Posaune mit Klavierbegleitung realisierbar wurden. Den vorläufigen Abschluss der Reihe brachte „Majesty Weihnachten" im Jahr 2002 mit 17 bekannten und populären, aber bis dato für Posaunenchöre kaum zugänglichen Weihnachtsliedern aus dem deutschen und angloamerikanischen Sprachraum. Allein schon die auf fünf Hefte angewachsene Sammlung wie auch ihre Auflagenzahlen dokumentieren den überraschenden Erfolg swingender Musik bei den bisher doch eher traditionell geltenden Posaunenchören.

Konsequent verfolgte Schnabel diese progressive Linie auch in seiner *Besuchsarbeit*. Da in den 1990er Jahren vielerorts, vor allem aber in den Großstädten, die Jungbläserausbildung stagnierte, legte er den Schwerpunkt seiner Arbeit darauf, den Chören Literatur aus den von der Pop- und Jazzmusik inspirierten Stilrichtungen vorzustellen und mit ihnen zu erarbeiten, um so auch für die Jugendlichen wieder attraktiver zu werden. Seine Anstöße unter der Leitidee „Swing and Brass" wurden dabei in vielen Chören mit großem Interesse aufgenommen. In der Praxis bedeutete dies, dass er auf der einen Seite die sog. klassische Musik so vermitteln wollte, dass bei den Jugendlichen die Freude an einer Intrade oder einem Choral geweckt wurde; auf der anderen aber bei den älteren Bläsern die Vorbehalte gegenüber den neueren Stilen abgebaut wurden.

Schnabel gründete zudem 1993 einen *Auswahlchor* unter dem Namen „Brass Connection", der im Laufe der Jahre auf 15 begabte und motivierte Bläserinnen und Bläsern anwuchs. Die acht Trompeter, fünf Posaunisten, Hornist und Tubist trafen sich unter der Leitung Schnabels zweimal im Monat zur gemeinsamen Probe auf der Bundeshöhe in Wuppertal. Die Sondergruppe diente dem Bundesposaunenwart zur Vorstellung und Weitergabe seiner neuen stilistischen Ansätze aus dem Pop- und Swingbereich, sodass eine Rhythmusgruppe mit E-Piano, Bass und Schlagzeug bei den Konzerten regelmäßig mit von der Partie war. Nicht nur vier CDs im Rahmen der Majesty-Reihe entstanden mit diesem Kreis, auch bei vielen Gottesdiensten, Konzerten und Großveranstaltungen wie Christival, Kirchentag oder Missionale vermittelte die „Brass Connection" neue musikalisch-inhaltliche Impulse, um die Chöre anzuregen. Seit 1998 führte Schnabel mit seinem Auswahlensemble gemeinsame Aktionen mit Posaunenchören vor Ort in Form von Konzerten und Gottesdiensten durch, was von beiden Seiten als befruchtend angesehen wurde.

Die von Lörcher begonnene Tradition der *Bundesposaunentage* wurde von Schmidt und seinen Kollegen stringent in Abständen von jeweils drei Jahren fortgeführt, sodass im Jahr 2000 das 20. Treffen dieser Art stattfand. Ihren Zenit im Blick auf die Teilnehmerzahlen erreichte die Festreihe dabei am 11. Juni 1978 in Dortmund mit fast 6.000 Bläserinnen und Bläsern unter der Losung „Wag es mit Jesus", sodass selbst die größte Halle Europas, die Westfalenhalle, zu klein war und das Fest einige Male parallel in zwei großen Hallen in Dortmund durchgeführt wurde. Im Laufe der Jahre ebbte der Besucherstrom stetig ab, obwohl der Festgottesdienst am Vormittag und die Festversammlung am Nachmittag modifiziert sowie durch verschiedene

Elemente bereichert wurden. Zum Bundesposaunenfest am 31. Mai 1987 in Dortmund kamen noch über 4.500 Bläserinnen und Bläser, 7.000 zusätzliche Gäste sowie 400 Sänger. Neben den Zentralveranstaltungen gab es ein vielfältiges Angebot von Sport, Talent-Wettbewerben, Offenem Singen, Konzert des Slokar-Posaunenquartetts sowie zahlreichen Informations- und Aktionsständen.

Als beim Bundesposaunenfest 1990 ein weiterer Rückgang der Bläser- und Besucherzahlen festzustellen war, initiierte Bundeswart Diehl eine Fragebogenaktion. Circa 40 % der angeschriebenen Chöre schickten die Fragebögen ausgefüllt zurück und sparten dabei nicht an kritischen Bemerkungen. 32 % hatten das letzte Bundesposaunenfest nicht in positiver Erinnerung, 67 % monierten, dass ein Teil der Bläserliteratur für die Chöre zu schwierig sei, 62 % meinten, dass die Bläser sich schwerer zur Teilnahme motivieren ließen als noch vor ein paar Jahren und 36 % betonten, dass die Veranstaltungen in der eigenen Gemeinde Vorrang vor diesem Großtreffen hätten.

Die intensive Auswertung und Analyse im Jahr 1991 führte unter anderem dazu, dass seit 1993 der große Westbund-Bläsertag nicht mehr in der zu groß und teuer gewordenen Westfalenhalle in Dortmund abgehalten wurde. Man wich stattdessen nach Essen in die Gruga-Halle aus, wo die Räumlichkeiten adäquater und preisgünstiger waren. Eine weitere Konsequenz war die Ausrichtung des Bundesposaunenfestes auf Familienfreundlichkeit. Während des Festgottesdienstes am 23. Mai 1993 wurde erstmals ein Kindergottesdienst in einer Nebenhalle angeboten. Die bisherige Hauptprobe der Bläser nach dem Gottesdienst wurde gestrichen, damit die Familien sich zusammen für ein Mittagsprogramm-Angebot (Konzerte mit dem Slokar-Quartett, der Gospelsängerin Pat Garcia und einem Ten-Sing-Chor, sportliche Aktionen) entscheiden konnten. Die Festfeier am Nachmittag lief ebenfalls ein wenig anders ab als gewohnt: Die Nichtbläser wurden mehr ins Geschehen einbezogen, etwa durch ein offenes Singen, ein Ratespiel u. Ä.

Nicht zuletzt aufgrund dieser Maßnahmen stiegen die Teilnehmerzahlen 1993 und 1996 wieder an. Um die Öffentlichkeitsarbeit zu verbessern, erstellten die Verantwortlichen vom Bundesposaunenfest im Juni 1996 eine Videokassette mit einem knapp einstündigen Zusammenschnitt der Höhepunkte des Festes, die bei Lehrgängen oder Freizeiten zum Einsatz kommen sollte. Der eigentlich für 1999 vorgesehene Bundesposaunentag wurde aufgrund der 150-Jahr-Feier des Westbundes im Jahr 1998 auf die Jahrtausendwende verschoben. Obwohl das Programm des Großtreffens am 18. Juni 2000 unter dem Thema „Zukunftsmusik" durchdacht und ansprechend war – es gab in der Mittagspause ein musikalisch-kreatives Mosaik mit dem Clown

Parapluie, der Gospelsängerin Pat Garcia und dem Solotrompeter Prof. Reinhold Friedrich –, kamen aufgrund der immer schlechter werdenden Anmeldemoral und sinkenden Verbindlichkeit mit 2.200 Bläsern und 2.600 Besuchern so wenig wie nie zuvor.

Dies trifft sich beispielsweise auch mit der Entwicklung der Siegerländer Kreisposaunenfeste, die bis Mitte der 1980er Jahre regelmäßig 1.000 bis 1.200 Bläser und 7.000 bis 8.000 Gäste erreichten, weshalb diese Großtreffen immer im Freien stattfinden mussten. Seit dieser Zeit kamen zu den jährlichen Bläserfesten dann nur noch 500 bis 600 Bläser und ebenso viele Gäste, was einen großen Einbruch bedeutete.

Auch was die *Entwicklung der Bläser- und Chorzahlen* anging, war in den drei Jahrzehnten des letzten Jahrhunderts eine Stagnation bzw. ein Rückgang zu beobachten. Zwar stieg die Zahl der Bläser bis 1987 noch stetig an, doch die Zahl der Chöre war bereits seit 1961 im Sinken begriffen. In den vergangenen 15 Jahren tendierten auch die Bläserzahlen nach unten, wobei die Bundesposaunenwarte stets betonten, dass die Angaben nicht korrekt seien, da die Statistiken aufgrund der Vereinsfragebögen erstellt würden, diese Fragebögen aber von immer weniger Vereinen ausgefüllt würden. So seien die Zahlen zwar laut Statistik rückläufig, in Wirklichkeit aber dürfte Konstanz vorliegen. Da jedoch durch die Veröffentlichung der Statistik im „Netzwerk" der Eindruck entstehen würde, dass es mit der Bläserarbeit im Westbund immer mehr „bergab" gehe, wäre dies eine unerfreuliche Auswirkung. Trotz bereinigter Zahlen wird man festhalten müssen, dass der Zenit im Blick auf die Entwicklung der Bläser- und Chorzahlen beim Westbund seit geraumer Zeit überschritten ist. Zwar wurden jährlich neue Chöre in den Westbund aufgenommen, aber sie konnten nicht diejenigen Lücken ausfüllen, die durch ausgetretene und aufgelöste Gruppen entstanden waren.

In diesem Zusammenhang wies bereits 1981 der damalige Bundesposaunenwart Klocke auf vier wesentliche Gründe hin, die die Bildung neuer Chöre und die Konstanz bestehender Chöre erschweren würden: 1. habe sich das Klangideal geändert; 2. hätte eine starke Verjüngung in den Posaunenchören stattgefunden, wodurch ältere Bläser früher aussteigen würden; 3. sei der Anteil von Mädchen und Frauen in den Posaunenchören erheblich gestiegen; 4. habe die musikalische Qualität so sehr zugenommen, dass inzwischen eine intensive Ausbildung vonnöten sei.[368]

Zusammenfassend kann man sagen, dass bei allen wechselnden Formen und Aufgaben die größte Herausforderung für die Verantwortlichen beim Westbund immer wieder darin bestand, das CVJM-Spezifische ihrer Posaunenchöre herauszuarbeiten, um erneut zur Selbstidentifikation und zum Selbstverständnis zu finden. Die Auffassung von Bläserarbeit als Spartenarbeit im CVJM bedeutet, dass der Spagat zwischen dem musikalisch-fachlichen und dem vereinsmäßig-missionarischen Aspekt so glücken muss, dass weder das eine noch das andere zu sehr dominiert. Die Verschiebung im Blick auf die Alterszusammensetzung, die Veränderung im Blick auf die Mitgliedschaft, die Erweiterung des musikalischen Spektrums und die Schwerpunktverlagerung bei den Dienstbereichen haben nichts an der Zielrichtung und Motivation verändert, an denen die Verantwortlichen bis heute festhalten: dass die Posaunenchöre als Spartengruppen der CVJMs zum Lob Gottes, aus Freude am gemeinsamen Blasen und zur missionarischen Weitergabe des Evangeliums musizieren. Der Differenz zwischen Wunsch und Wirklichkeit sind sich die Verantwortlichen bewusst, doch sollen Orientierungsfragen immer wieder zum Nachdenken anregen, um über Inhalte und Ziele der eigenen Arbeit miteinander ins Gespräch zu kommen.

6.3 Das Verhältnis zwischen Posaunenwerk und Westbund

Mit dem personellen Wechsel Ende der 1960er Jahre taten sich ganz neue Perspektiven in den Beziehungen zwischen den beiden großen, in Westfalen Bläserarbeit betreibenden Verbänden auf. Sowohl beim Posaunenwerk als auch beim Westbund verließen relativ zeitgleich die bisherigen Gegenspieler Duwe und Lörcher den Schauplatz so mancher harter Auseinandersetzungen, um ihren unvorbelasteten Nachfolgern Benz und Beinhauer Platz zu machen. Aus dem schmerzhaften Gegeneinander wurde in den vergangenen drei Jahrzehnten ein geordnetes Nebeneinander, ja, in nicht wenigen Bereichen ein fruchtbares Miteinander, auch wenn sich gelegentlich noch Reibungspunkte ergaben, die allerdings im Unterschied zu früher fair und offen angesprochen wurden.

Als wichtiges Gebiet der Zusammenarbeit hatte sich bereits in der zurückliegenden Nachkriegsära die *gemeinsame Herausgabe von Notenliteratur* herauskristallisiert, damals allerdings mehr aus Sachzwängen heraus denn aus innerer Überzeugung. Fortgesetzt wurde die Kooperation zunächst in der Veröffentlichung des „Posaunen-Choralbuchs zum Ev. Kirchengesangbuch" für Westfalen und die anderen West-Gebiete. Erst 1969 hatten die Kirchen im Rheinland, in Westfalen und Lippe sowie die Evangelisch-reformierte Kirche in Nordwestdeutschland als letzte das EKG eingeführt. Von daher wurde für den gemeinsamen Anhang der Nr. 401–556, der den

Stammteil ergänzte, ein Begleitbuch erforderlich. Die Posaunenwarte der beteiligten Landeskirchen sowohl vom Posaunenwerk als auch vom Jungmännerwerk, darunter Benz und Beinhauer an verantwortlicher Stelle, erarbeiteten in gemeinsamen Vorüberlegungen dieses Buch, das Ende 1969 erschien. Es enthielt neben dem Stammteil neue Sätze zu den Melodien des landeskirchlichen Liederteiles und bot außerdem im Anhang 32 Zweitsätze zu den Melodien des Stammteils, die im EKG in anderer Tonart standen. Angeführt waren noch Sätze zu den liturgischen Weisen, außerdem hatte jeder Satz eine kurze Intonation erhalten.

Bundesweit erschienen dagegen die „Bläser-Vorspiele" zu 89 Melodien des EKG 1970, verantwortet vom Posaunenwerk der EKD und dem Jungmännerwerk Deutschlands. Dazu hieß es im von H. M. Schlemm für das Posaunenwerk und von Walter Arnold für das Jungmännerwerk unterzeichneten Vorwort zu den „Bläser-Vorspielen" unter anderem:

> „Mit großer Freude erfüllt uns, dass die Zusammenarbeit zwischen dem Posaunenwerk und dem Jungmännerwerk inzwischen weiter gewachsen ist und in der Vorbereitung und Herausgabe der Bläservorspiele in besonderer Weise neu sichtbar wird. Es ist der Wunsch der Herausgeber, dass damit deutlich werde, dass beide Werke sich gemeinsam den großen Aufgaben, die uns die Zukunft bringen wird, stellen möchten. Wir erbitten den Segen Gottes für all unser Planen und Tun, das zu seiner Ehre gereichen möge."[369]

Im September 1973 gaben Benz und Beinhauer über 300 Bläserbegleitsätze zu dem 1972 in der westfälischen Kirche erschienenen Heft „Geistliche Lieder unserer Zeit" heraus, das als Ergänzung zum EKG gedacht war und deshalb mit der Nummer 601 einsetzte. Jedem Satz, der so angelegt war, dass er von den Bläserchören und dem Organisten gleichermaßen gespielt werden konnte, wurde dabei eine kurze Intonation vorangestellt.

Unter dem Titel „Festliche Bläsermusik zu Weihnachten" erschien im Herbst 1995 erneut eine gemeinsame Notenausgabe für die Chöre des CVJM und des Posaunenwerks in Westfalen. Die 16 Choräle des Weihnachtsfestkreises von Advent bis Epiphanias in den Sätzen Alter Meister wurden teilweise durch Vorspiele ergänzt und durch Zwischenspiele verbunden sowie klanglich durch Oberstimmen und Junktim-Sätze überhöht, komponiert von der Essener Kantorin Magdalene Schauß-Flake. Es konnten auf diese Weise auch Orgel, Röhrenglocken und Vibraphon hinzugenommen werden, um ein abwechslungsreiches Klangbild zu erzielen. In einem Anhang waren noch zusätzlich sieben Instrumental- und Choralbearbeitungen aus dem Weihnachtsfestkreis angefügt – unter anderem der Siegesmarsch aus Händels

„Judas Makkabäus", der sich direkt an „Tochter Zion" anschließen sollte. Die Werke des Stammteils wurden auf CD und MC mit dem Westfälischen Bläserensemble und dem Siegerländer Posaunendienst eingespielt, um den Laienbläsern eine Vorstellung über die Instrumentierungs- und Interpretationsmöglichkeiten zu vermitteln.

Zum wichtigsten Projekt aber sollte die anstehende Herausgabe des „Posaunenchoralbuchs zum Evangelischen Gesangbuch" avancieren. Im Januar 1987 formierte sich unter dem Vorsitz Saretzkis ein Arbeitskreis, dem zwölf Landes- und Bundesposaunenwarte angehörten, darunter auch Schmidt. Für den Stammteil sichteten sie die Vorlagen der fast 500 Melodien, deren Aussetzung an ca. 40 Komponisten aus der bekannten und bewährten Bläserszene Deutschlands – Beuerle, Gadsch, Koch, Schloemann, Schweizer usw. – ausgeschrieben worden war. Der vierstimmige Cantionalsatz mit einer Begrenzung des Tonumfangs in den Begleitstimmen und der harmonischen Vorgabe durch die jeweilige Melodie war Ausgangspunkt und Richtlinie. Daraus resultierte, dass fast 80 Sätze von ca. 30 Alten Meistern wie Haßler, Prätorius, Schütz oder Vulpius zu den Melodien dieser Zeitepoche ausgewählt wurden. Bei besonders ungünstigen Tonarten wurde ein zweiter, zusätzlicher Satz in einer „bläserfreundlichen" Tonart hinzugefügt. So erschien im Sommer 1994 das Posaunen-Choralbuch mit 457 Sätzen auf 500 Seiten zu 535 Liedern des Stammteil-EGs, das zum ersten Mal von einem gesamtdeutschen Arbeitskreis gemeinsam konzipiert und ediert wurde, der von allen kirchlichen Bläserverbänden Deutschlands legitimiert war.

Die dabei gemachten positiven Erfahrungen einer harmonischen Zusammenarbeit der Kollegen untereinander mündeten folgerichtig in einen Arbeitskreis „Regional West", der Verantwortliche aus Westfalen, Rheinland, Lippe und dem CVJM-Westbund – u. a. Dieckmann, Saretzki und Schmidt – umfasste, die für die Erstellung des „West-Anhangs" zum „Posaunen-Choralbuch" zuständig waren. So erschien rechtzeitig mit der Einführung des neuen EG im Advent 1996 in Westfalen das „Posaunen-Choralbuch zum EG – Ausgabe West" mit 140 Sätzen zu den Melodien des regionalen Anhangs. Dieckmann und Saretzki regten in diesem Arbeitskreis auch die Herausgabe eines „Vorspielbandes zum Anhang West" an. Wie bereits beim Posaunen-Choralbuch zum EG steuerten Saretzki und Schmidt auch zu dieser regionalen Vorspielausgabe zum EG West Vorspiele bei. Sie wurde Ende 1997 publiziert, sodass nun zu allen Liedmelodien des EG Vorspiele im leichten bis mittleren Schwierigkeitsgrad verfügbar waren.

Bereits 1992 stellte Schmidt auf einem Verantwortlichentreffen in Buckow die Möglichkeit einer Zusammenlegung der beiden Notengaben des CVJM „Zu Gottes Lob und Ehre" und „Spielet dem Herrn" vom Posaunenwerk zur Debatte. Die Zustimmung fiel beiden Seiten nicht leicht, da sie die Aufgabe zweier bewährter Notenreihen bedeutete, die etliche Jahrzehnte erfolgreich waren und Marksteine gesetzt hatten. Doch die Chance für Gemeinsames wurde für größer erachtet als die Fortführung des Getrennten. In dem Herausgeberkreis dieser Notenausgabe zur Zeitschrift „Posaunenchor" arbeiteten von nun an die Posaunenwarte der verschiedenen Werke unter dem EPiD-Dach zusammen. Von westfälischer Seite aus waren Dieckmann und Schmidt als Vorsitzender vertreten. 1997 erschien die erste gemeinsame Notenausgabe „Gloria – Spielt zu Gottes Ehre", wodurch sich neue Möglichkeiten und Chancen in der Bläserarbeit eröffneten. Die 12.000 Exemplare pro Nummer, die jährlich mit einem Umfang zwischen 25 und 35 Notenseiten Posaunenwerks- wie CVJM-Chören lanciert wurden, enthielten choralgebundene wie freie Musik aus unterschiedlichen Epochen. Eine Besonderheit in jedem Heft waren die Anmerkungen zu einzelnen Komponisten und ihren Sätzen, die den Bläsern die Gelegenheit gaben, sich nicht nur biografische und zeitgeschichtliche Hintergründe zu erschließen, sondern auch Empfehlungen zur Spielweise in die Blaspraxis umzusetzen.

Ebenfalls 1997 kam die von Werner Benz und Klaus-Peter Diehl verantwortete Notengabe „Geistliche Bläsermusik aus der Romantik" auf den Markt, die für Posaunenchöre aus beiden Verbänden gedacht war. Auf insgesamt 50 Notenseiten eröffnete sich den interessierten Bläsern eine große Bandbreite von 17 Motetten, Oratorienchören, Doppelchören, Männerchören als Horn- oder Posaunenquartette und mehrstimmigen Choralsätzen. Ein Komponist erschien dabei in dieser Ausgabe häufiger als andere: Felix Mendelssohn Bartholdy. Aus seinen beiden großen Oratoren „Paulus" und „Elias" schöpften die Herausgeber etliches von ihrem dargebotenen Material. Unter den übrigen Tonsetzern waren auch bekannte Romantiker wie Johannes Brahms und Anton Bruckner vertreten, sodass das ganze Spektrum der für diese Epoche typischen Extreme in Dynamik und Klangfarbenvielfalt zur Verfügung stand.

Außerdem waren Saretzki und Schmidt organisatorisch und kompositorisch von 1993 bis 1996 an der Projektgruppe des Gnadauer Posaunenbundes beteiligt, die die Herausgabe eines Bläserbegleitbandes zum 1995 erschienenen Gemeinschaftsliederbuch „Jesus unsere Freude" vorbereitete. Dieses Begleitbuch von 1996 brachte erstmalig zu jedem der 704 Lieder, die teilweise aus dem EG stammten, teilweise aber auch neueren Datums waren, eine kurze Intonation.

Um der Fülle regionaler Bläserschulen ein allgemein gültiges Werk entgegenzusetzen und um den Laienbläsern eine gediegene instrumentale Grundausbildung zu ermöglichen, traten der Hamburger Landesposaunenwart Fritz Langhans (1920–1990) und der Braunschweiger Landesposaunenwart Manfred Glowatzki (*1933) nach sechs Jahren Vorarbeit 1978 mit der „Bläserschule für hohe und tiefe Blechblasinstrumente und b-Instrumente" (Teil I) ans Licht der Öffentlichkeit. Dass der Entwurf sich an alle Posaunenchöre im deutschsprachigen Raum wandte, wurde daran ablesbar, dass der Herausgeberkreis erstmalig bei einer Bläserschule im Auftrag des Posaunenwerks der EKD sowie des CVJM-Gesamtverbands erfolgte. Von daher waren in dem Autorenteam Repräsentanten aus beiden großen Verbänden vertreten. Zur Mitarbeiterschaft gehörten aber neben erfahrenen Posaunenwarten, darunter auch Beinhauer, ein Orchesterposaunist, ein Musikpädagoge und ein Kirchenmusiker. Außerdem führte man konsequent vom ersten Ausbildungsschritt an eine Trennung der Diskant- und Bassinstrumente durch und gab den Lehrenden neben einem 22-seitigen „Begleitheft zur Bläserschule" eine Musikkassette mit Hörbeispielen an die Hand. Die 1980 folgende „Bläserschule II" mit etwas verändertem Mitarbeiterkreis – anstelle von Beinhauer kam Schmidt dazu – stellte die weiterführende Chorschule dar, die in acht Sachgebiete (Einblas-, Bindungs-, Leiter-, Intervallsprung-, Dreiklangs-, Hör-, Rhythmik- und Höhenübungen) unterteilt war. Sie sollte mit systematisch gegliedertem Etüdenmaterial, 16 Choralbearbeitungen und 48 Vortragsstücken an die teils dissonante Tonsprache der Gegenwart heranführen.

Aufgrund der Verzahnung im Bereich der Literatur war es nur folgerichtig, dass Benz und Schmidt gemeinsam mit ihren Sonderchören bei Schulte & Gert LPs bzw. CDs produzierten. Im Laufe der Jahre entstanden folgende gemeinsame Aufnahmen des Siegerländer Posaunendienstes und des Westfälischen Blechbläserensembles: „Gott ist unsere Zuversicht und Stärke" mit Sätzen Alter Meister; „Jauchzt dem Herren alle Welt" mit Chorälen von Luther bis Schütz; „Alles, was Odem hat, lobe den Herrn" mit Motetten und Choralsätzen von Mendelssohn Bartholdy; „Ehre und Preis sei Gott" mit Motetten und Kantaten; „Festliche Bläsermusik zu Weihnachten" mit Choralvorspielen und -sätzen aus dem Weihnachtskreis.

Da in Westfalen im Unterschied zu anderen Gebieten sog. Landesposaunentage nicht Brauch waren und da aufgrund der besonderen Situation mit der Auftrennung in zwei Verbände und der Tradition der Bundesposaunentage des CVJM auch keine Chance zu solchen landesweiten Treffen bestand, wurden von beiden Seiten Anlässe sporadisch genutzt, um auf westfälischer Ebene *musikalische Großveranstaltungen* für Posaunenchöre anzubieten und zu organisieren. Um ein Signal zu setzen, fand der erste Kreisposaunentag unter der Regie von Benz am 1. Mai 1969 in Lübbecke unter Mitwirkung von Bundesposaunenwart Paul Beinhauer gemeinsam mit dem CVJM statt, ein bis dato unvorstellbares Ereignis. Ermutigt durch diese ersten Schritte aufeinander zu konzipierte man das Einjahrhundert-Jubiläum der Posaunenmission Bethel zum gesamtwestfälischen Großtreffen. Am 27. Juni 1976 lud das westfälische Posaunenwerk zusammen mit dem CVJM-Westbund alle Chöre aus Ostwestfalen nach Bethel ein; 1.000 Bläserinnen und Bläser kamen und vereinten sich mit über 2.000 Zuhörern in der Waldkirche zu einer großen Gemeinde, um miteinander den Gottesdienst am Vormittag und die Festversammlung am Nachmittag zu feiern.

Zu überverbandlichen Begegnungstreffen avancierten auch die in Fünfjahres-Abständen abgehaltenen „Westfälischen Landeskirchenmusiktage", die von den kirchenmusikalischen Landesverbänden Ev. Kirchenmusiker und Ev. Kirchenchöre, dem Posaunenwerk und dem CVJM-Westbund durchgeführt wurden. Dabei konnten an mehreren Tagen unterschiedliche Seminare und Konzerte der Fortbildung der Kirchenmusiker dienen und gleichzeitig eine breite Öffentlichkeitswirkung erzielt werden. Zu ausgewählten Schwerpunktthemen fanden diese Landeskirchenmusiktage 1983 in Soest, 1988 in Paderborn, 1993 in Soest-Coesfeld-Borken und 1999 in Gelsenkirchen-Herne-Recklinghausen statt. Bei letzterem Kirchenmusikfest wurde zum ersten Mal versucht, drei Ruhrgebiets-Kirchenkreise zu beteiligen und einzubinden, um von außen Impulse für eine ausgewählte Region zu setzen. Die erhoffte Besucherresonanz blieb trotz hochkarätiger Konzertangebote allerdings unter den Erwartungen, dafür fanden Seminarangebote wie „Neue Bläserliteratur – Posaunenchorarbeit" und „Populär-Musik" den Zuspruch an der Basis.

Gemeinsam mit dem CVJM-Westbund veranstaltete das Posaunenwerk in der EKvW die Ostwestfälischen Bläsertage 1991 anlässlich des 50. Todestages von Johannes Kuhlo und des 100. Todestages von Eduard Kuhlo. Ein reichhaltiges Programm unter der Federführung von Landesposaunenwart Benz und Bundesposaunenwart Bäumer wartete auf die Bläser: Viele Festgottesdienste in ostwestfälischen Kirchenkreisen leiteten das Fest ein, u. a. mit einem eigens von Benz gebildeten „Kuhlo-Horn-Sextett 1991" an historischer Stätte, nämlich in der Gohfelder Kirche; Bläserlehrgänge und -seminare luden zum Hören, Entdecken und Lernen ein. Eine von Benz zusammengetragene Ausstellung über Leben und Werk der beiden Kuhlos sowie ein Symposium mit Referaten und Podiumsdiskussion gaben Einblick in das Schaffen des „Posaunenvaters" und seines berühmten Sohnes. Höhepunkt der Festlichkeiten bildete der Bläsertag am 27. April 1991 in Bethel, zu dem sich über 1.000 Bläserinnen und Bläser einfanden und dessen Festgottesdienst vom WDR übertragen wurde.

Ebenfalls 1991 fand im Juni der erste dezentrale Evangelische Deutsche Kirchentag im Ruhrgebiet statt. Von 4.800 Bläserinnen und Bläsern, die sich für dieses Großereignis gemeldet hatten, stammten 900 aus Westfalen, wobei nicht alle Regionen gleichermaßen vertreten waren. Die beiden Liederhefte „111 Lieder für Kirchentage" und „Lieder zur Losung von A – Z" waren das offizielle Angebot des Kirchentages für alle Veranstaltungen, zu denen der Unterausschuss unter Leitung von Saretzki zwei Liederbegleithefte erarbeitete. Dieser Projektausschuss Bläserdienste erstellte nicht nur frühzeitig Informationsmaterial, sondern bot auch wie nie zuvor eine Vielzahl von bläserischen Veranstaltungen: Nachtmusiken in der Christuskirche in Bochum, Bläserfestival auf der Seebühne im Westfalenpark in Dortmund, Bläserkonzerte in Essen und Dortmund, Kuhlo-Gedenkveranstaltung in Dortmund usw. An diesem Kirchentag konnte exemplarisch abgelesen werden, dass die Zusammenarbeit zwischen Westbund und westfälischem Posaunenwerk nach den in den 1950er und 1960er Jahren andauernden Unstimmigkeiten zwischen Posaunenwerk der EKD und CVJM-Gesamtverband im „Ständigen Ausschuss für Bläserdienste beim Deutschen Evangelischen Kirchentag" endlich funktionierte. In diesem Ausschuss erarbeiteten unter anderem Saretzki und Schmidt die anlässlich der Kirchentage zusammengestellten Bläserbegleithefte, insgesamt 13 von 1977 bis 2001.

In jüngster Vergangenheit waren es „Bläsertage" innerhalb von Bundes- und Landesgartenschauen, zu denen sich Bläserinnen und Bläser aus dem Posaunenwerk gemeinsam mit denen aus dem CVJM trafen. Zum 1. Westfälischen Bläsertag auf der Landesgartenschau in Bad Oeynhausen 2000 kamen 764 Trompeter, Posaunisten und Hornisten aus dem Posaunenwerk und dem Westbund unter der Leitung der Posaunenwarte Dieckmann, Diehl und Saretzki. Sie boten am Himmelfahrtstag am 1. Juni ein abwechslungsreiches Programm, das sich von Chorälen und Motetten über Spirituals bis hin zu neuen geistlichen Liedern spannte.

Über 400 Bläserinnen und Bläser folgten den Einladungen des CVJM-Westbundes, des Lippischen Posaunendienstes und des westfälischen Posaunenwerks zum 2. Westfälischen Bläsertag und musizierten gemeinsam am 1. Juli 2001 auf der Landesgartenschau in Oelde. Das „Bläserheft für Kirchentage III" diente dabei mit seinen nicht zu schwierigen Stücken als Literatur für eine interessante Veranstaltung, die von den drei Posaunenwarten Dieckmann, Diehl und Saretzki verantwortet und geleitet wurde.[370]

Durch die erfreuliche Kooperation von Westbund und Posaunenwerk wurde im Bereich der *Bläserschulung* ebenfalls ein neues Kapitel in den Beziehungen beider Verbände aufgeschlagen. Bereits in seiner lippischen Zeit hatte

b) Abweichende Bildungen. (Ablativendungen.)

z. B.:				
	primo	zuerst, anfangs	merito	mit Recht
	postremo	zuletzt, endlich	subito	plötzlich
	raro	selten	vero	wahrlich, (beteuernd)
	falso	fälschlich	(vere	wahrheitsgemäß, richtig)
	tuto	sicher	una	zusammen
	sero	spät, zu spät	brevi	in kurzem, bald
	perpetuo	dauernd, beständig	forte	zufällig

Merke.

diu	lange	diutius	länger	diutissime	am längsten
magnopere	sehr	magis	mehr	maxime	am meisten
multum	viel	plus	mehr	plurimum	am meisten
paulum	wenig	minus	weniger	minime	am wenigsten
prope	nahe	propius	näher	proxime	am nächsten
saepe	oft	saepius	öfter	saepissime	am häufigsten, sehr oft
		potius	lieber, vielmehr	potissimum	am liebsten, besonders

Anfrage:

~~Er war im Pos. der ev. ...~~

In dem Buch von Dr. Wolff Haabel
habe ich auf S. 346 gegen Fehler
...

Er war in der Pos. nur
in der Zeit ...pte 1981 / 1983
...

Benz mit Gruber bzw. Lörcher zusammen im Eichenkreuzheim in Willingen unter der federführenden Verantwortung des CVJM-Gesamtverbandes von 1962 bis 1967 Lehrgänge für Posaunenchorleiter durchgeführt; er setzte als westfälischer Landesposaunenwart diese Reihe von 1972 an mit Beinhauer, Saretzki und Schmidt fort, bis wegen zu schwacher Beteiligung die gemeinsamen Seminare in Willingen 1975 eingestellt wurden.

Durch das Inkrafttreten der neuen Ausbildungs- und Prüfungsordnung für den nebenamtlichen kirchenmusikalischen Dienst in der westfälischen Landeskirche veranlasst, entwickelte Benz 1993 von Anfang an gemeinsam mit Bundesposaunenwart Klaus-Peter Diehl ein neues Ausbildungskonzept für die Posaunenchorleitung. In den fünf ostwestfälischen Kirchenkreisen Bielefeld, Herford, Lübbecke, Minden und Vlotho wurden regionale Zentren gebildet, wo im Laufe eines Jahres zwischen zehn und zwanzig abendliche und ganztägige Zusammenkünfte für die Teilnehmer stattfanden. Den Veranstaltungen an den Abenden blieben die Fächer Chorleitung, Musiktheorie und Gehörbildung vorbehalten, den Ganztagsveranstaltungen die Fächer Instrumentenspiel, Instrumentenkunde, Literaturkunde, Jungbläserausbildung, Gottesdienst- und Gesangbuchkunde, Musikgeschichte sowie Andachtskonzeption. Ziel war, am Ende der Ausbildung den sog. Befähigungsnachweis für Posaunenchorleitung (D-Prüfung) abzulegen. Insgesamt 66 Teilnehmerinnen und Teilnehmer erwarben auf diese Weise zwischen 1994 und 1997 einen Abschluss, einige von ihnen legten danach sogar die C-Prüfung für Posaunenchorleitung ab.

Als überregionales Fortbildungsangebot, von Ehmann und seinem Nachfolger Uwe Karsten Groß für den gesamten Bereich der Posaunen-chorarbeit in Deutschland ausgeschrieben, fanden an der westfälischen Landeskirchenmusikschule 1973, 1976, 1982 und 1989 die „Herforder Bläsertage" statt. Unter der federführenden Organisation der westfälischen Landesposaunenwarte Benz und Saretzki trafen sich Chorleiter und Bläser aus Westbund und Posaunenwerk, um in diesen mehrtägigen Seminaren wichtige Themen der Bläserarbeit, von bekannten Künstlern und Fachleuten in Konzerten, Referaten und praktischen Übungen vermittelt, zu bearbeiten. 1976 ging es beispielsweise um die bläserische Darstellung von romantischer choralgebundener Musik und um Choralmotetten der Gegenwart. Der „Bläserkreis Bochum" führte in diesem Rahmen ein viel beachtetes Konzert in der Herforder Johanneskirche mit Werken von Mendelssohn Bartholdy, Brahms, Bornefeld und Distler durch. 1989 wurde eine einwöchige Tagung unter den Themen „Neue und Alte Musik für Posaunenchöre – Anspruch und Möglichkeiten" sowie „Musik und Raum" angeboten, die mit einer umfangreichen „Werkstatt-Musik" in der Münsterkirche Herford schloss.

Festzustellen ist hierbei, dass die große Breitenwirkung der Herforder Landeskirchenmusikschule in die westfälische Bläserarbeit hinein nach dem Ausscheiden Ehmanns sich nicht im gleichen Maße fortsetzte wie in der Nachkriegszeit. Zwar wurde 1980 die bisher bundesweit einzige Dozentur für kirchliche Bläserarbeit errichtet und 1981 mit dem Spengener Kantor Jürgen Haug (1940–2000) besetzt, doch die zündenden Impulse und Konzepte von der 1991 in die „Hochschule für Kirchenmusik der Ev. Kirche von Westfalen" umgewandelten Ausbildungsstätte, die ganze Generationen von Chorleitern und Posaunenwarten geprägt hatte, gingen merklich zurück, und die Reihe der „Herforder Bläsertage" wurde nach 1989 ganz eingestellt. Allerdings besaß die Hochschule nach wie vor eine Brückenfunktion zwischen den beiden Bläserverbänden, nicht zuletzt wegen ihrer Ausbildungstätigkeit im Blick auf die später in den Bläserverbänden tätigen Posaunenwarte und die in Posaunenchören aktiven Kirchenmusiker.

Ebenfalls gemeinsam veranstalteten Westbund (Diehl) und Posaunenwerk (Benz) in den Jahren 1998/99 eine Seminarreihe „Komponistenportraits" mit bekannten Tonsetzern wie Rolf Schweizer, Magdalene Schauß-Flake und Burghard Schloemann. Die jeweils 50 bis 80 Teilnehmer konnten im Austausch mit den Kirchenmusikern deren kompositorisches Anliegen, deren Idee zu den jeweiligen Werken und das zugrunde liegende geistige Konzept in Erfahrung bringen. Dadurch wurden die mit einer Bläservesper eröffneten und beschlossenen Seminartage zu Begegnungstreffen, bei denen ausschließlich Werke des jeweiligen Komponisten erklangen.

Im Jahr 2000 nahmen über 30 Bläserinnen und Bläser am Wochenendseminar für Posaunen teil, das von Westbund und Posaunenwerk gemeinsam ausgeschrieben war. In drei Gruppen wurden Kompositionen für vier bis zwölf Posaunen aus verschiedenen Epochen erarbeitet und durch Kurzreferate, Einzelunterricht sowie einen Gottesdienst ergänzt.

So ist inzwischen auf der pädagogischen Ebene die Zusammenarbeit zwischen den beiden großen Bläserverbänden Westfalens zu einer Selbstverständlichkeit geworden.

Als jüngste, aus den Bemühungen um Gemeinsamkeit heraus entstandene Frucht erwuchs nach einer Bläserwanderfreizeit in Österreich 1999 ein spezieller *Seniorenposaunenchor* für Ostwestfalen, dem ältere Bläserinnen und Bläser aus beiden Verbänden – Posaunenwerk und Westbund – angehören sollten. Nachdem abzusehen war, dass Benz bald in den Ruhestand eintreten würde, wurde ihm die Leitung angetragen. Am 8. Dezember 1999 fanden sich 50 Bläserinnen und Bläser im Gemeindehaus Löhne-Haupensiek ein, um diesen besonderen Posaunenchor zu gründen. Seitdem trafen sich dort jeden zweiten Donnerstag im Monat 60 bis 65 Seniorinnen und Senioren aus CVJM- und Posaunenwerks-Chören zum gemeinsamen Musizieren. Die insgesamt 120 Mitglieder stammen vornehmlich aus Ostwestfalen, aber auch darüber hinaus aus dem Ruhrgebiet, dem Sauerland, dem Münsterland und Lippe. Der erste öffentliche Auftritt nach der Gründung erfolgte bei der Verabschiedung von Benz in den Ruhestand im Februar 2000; es folgten im Jahr darauf zwei Konzerte auf der Landesgartenschau und ein Bläsergottesdienst in Herford. Zur Festigung der bläserischen Gemeinschaft standen auch bläserisch ausgestaltete sommerliche Grillfeste sowie weihnachtliche Zusammenkünfte auf dem Programm.

Was an der Basis angekommen war, hatte man auf den höheren Ebenen bereits jahrelang praktiziert: Bei den jährlichen Studientagungen der „Arbeitsgemeinschaft der Posaunenwarte" trafen sich die Posaunenwarte des Posaunenwerks mit ihren Kollegen aus CVJM und Jugendwerk seit 1958 nicht nur zu gemeinsamer Fortbildung, sondern auch zum Austausch und zur persönlichen Begegnung. Aus diesem Kreis heraus erwuchs nach der Wiedervereinigung der beiden deutschen Staaten und der evangelischen Landeskirchen in Ost und West der Gedanke, durch den Zusammenschluss aller kirchliche Bläserarbeit betreibenden Vereinigungen im *Dachverband Ev. Posaunendienst* in Deutschland einen weiteren wichtigen Schritt aufeinander zuzugehen. Schließlich konnte nach vielen Jahren der Trennung durch persönliche Vorurteile, sachliche Hindernisse und falsch verstandene Selbstständigkeit der konkrete Schritt zu einem gemeinsamen Ganzen getan werden. Die seit 1991 laufenden Verhandlungen zwischen den Verantwortlichen der verschiedenen Bläserverbände mündeten am 24. September 1994 in Bethel in der Gründung des „Evangelischen Posaunendienstes in Deutschland", dem erstmals seit dem Zweiten Weltkrieg wieder alle in der Posaunenarbeit tätigen Werke mit rund 7.000 Posaunenchören und etwa 120.000 Bläserinnen und Bläsern angehörten. Damit wurde eine historische Chance genutzt, der Bläserarbeit in Deutschland neuen Auftrieb zu verleihen, ohne dass die verbandsmäßige Eigenständigkeit angetastet wurde. Im neuen Dachverband, der die Herausgabe gemeinsamer Literatur regelte sowie die Bläserdienste auf den Kirchentagen koordinierte, brachten sich die westfälischen Verantwortlichen in der Bläserarbeit von beiden Seiten durch Mitgliedschaft im Vorstand (Saretzki), im Finanzausschuss (Benz), Musikausschuss (Dieckmann, Schmidt), Theologischen Ausschuss, Ausschuss für Bläser- und Sängerdienst beim DEKT (Mayer) und in der Redaktion des Magazin „POSAUNENCHOR" (Saretzki) ein.

Nicht durchgehend problemlos gestaltete sich allerdings das Verhältnis in Westfalen: So kam es Anfang 1983 zu Unstimmigkeiten zwischen CVJM und Posaunenwerk, weil in einem Schreiben des Posaunenwerks vom 10. Januar 1983 an sog. befreundete Chöre – darunter auch CVJM-Chöre – nicht nur die Einladungen zu einem Bläser- und Chorleiterseminar, sondern auch Anmeldungsformulare für den Eintritt in das Posaunenwerk beigelegt waren. In einer Stellungnahme von Bundeswart Klaus-Jürgen Diehl vom 1. März 1983 wurde zum Ausdruck gebracht, dass dieser Brief bei den CVJM-Posaunenchören wie bei den Bundesposaunenwarten tiefen Unmut und Verärgerung ausgelöst habe. Man protestiere gegen die Umgehung früher getroffener Vereinbarung und sei nicht bereit, noch einmal einen ähnlichen Vorgang hinzunehmen. Keineswegs sei man jedoch an einer Rückkehr in die Zeit des „Kalten Krieges" interessiert, sondern wünsche eine auf Verständnis und wechselseitiger Respektierung begründete Zusammenarbeit. Am 14. März 1983 beantwortete Landesobmann Mayer das Protestschreiben, indem er sich entschuldigte und das Zustandekommen des Vorgangs erklärte: Neben den 280 Mitgliedschören gebe es sog. 70 befreundete Chöre in der Kartei des Posaunenwerks; bei ihnen handele es sich um Chöre, die irgendwann den Dienst des Posaunenwerks in Anspruch genommen oder gezielt um Information gebeten hätten. Sie gehörten teils dem CVJM-Westbund an, teils anderen Verbänden oder seien keinem Verband angeschlossen. Wenn als Anlage ein Anmeldeformular beigefügt worden sei, so sei das in keiner Weise als Abwerbung gedacht, vielmehr hätte Benz jene Chöre im Blick gehabt, die keinem Verband angehörten. In diesem Zusammenhang erklärte Mayer, dass dem Posaunenwerk eine faire und brüderliche Partnerschaft mit dem CVJM-Westbund sehr am Herzen liege, und schlug ein Treffen mit klärender Aussprache vor.

Aufgrund dieses Vorstoßes von Mayer fand am 16. Juni 1983 ein Gespräch zwischen Vertretern beider Werke in Bielefeld statt. Für das Posaunenwerk nahmen daran teil: Mayer, Tegeler, Imkamp, Benz und Saretzki; für den Westbund: Diehl, Hillnhütter, Klocke, Schmidt und Braach. Für das künftige Verhältnis beider Werke wurde dabei Folgendes verabredet:

1. Beide Werke arbeiten auf dem Gebiet der Posaunenarbeit gleichberechtigt nebeneinander als „freie Werke". Sie sind verbunden in dem gemeinsamen Ziel und Auftrag geistlicher Bläsermusik.
2. Bei geplanten gemeinsamen Veranstaltungen auf Kreis- und Ortsebene werden die Kreis-Chorleiter, bei größeren Veranstaltungen auch die Landes- und Bundes-Posaunenwarte beider Werke in die Planung einbezogen, um evtl. Schwierigkeiten von Anfang an auszuschalten, um Terminüber-

schneidungen zu vermeiden und um gegenseitige Information sicherzustellen.
3. Die Abwerbung von Chören aus dem jeweils anderen Verband wird von beiden Seiten ausgeschlossen.
4. Es wird vorgeschlagen, dass bei Übertritten von Chören von einem der beiden Verbände in den jeweils anderen Verband eine gegenseitige Information stattfindet, um vor dem Vollzug des Übertritts die Möglichkeit eines Gesprächs mit dem betreffenden Chor offen zu halten.
5. In regelmäßigen Abständen von zwei Jahren treffen sich künftig Vertreter des Posaunenwerks in der EKvW und des CVJM-Westbundes zu einem gemeinsamen Gespräch über aktuelle Fragen der Bläserarbeit oder zur Klärung in der Zwischenzeit aufgetretener Schwierigkeiten.

Sowohl die Vorgehensweise als auch der Umgangston bei diesem Klärungsprozess zeigen, dass seit der Nachkriegszeit gewaltige Fortschritte auf beiden Seiten im Umgang miteinander gerade bei Konflikten gemacht worden waren. Den damaligen Funktionsträgern und Verantwortlichen im Posaunenwerk wie im CVJM-Westbund war nach Jahrzehnten harten Ringens inzwischen mehr an der Kooperation als an der Konfrontation gelegen. Die 1983 vereinbarten regelmäßigen Treffen zwischen Posaunenwerk und Westbund fanden seither in regelmäßigen Abständen statt. Am 15. Juni 1988 trafen sich beispielsweise die Posaunenwerksvertreter mit den Bundesposaunenwarten, dem Bundeswart und Braach, um sich über gemeinsame Aktionen im Jahr 1991 hinsichtlich des 50. Todestages von Kuhlo und des Kirchentages im Ruhrgebiet zu verständigen. Fortgesetzt wurde das Gespräch am 24. September 1990 in Hamm, wo Verantwortliche aus beiden Verbänden einmütig feststellten, dass die Arbeit auf Kirchenkreisebene inzwischen als problemlos und gut bezeichnet werden konnte.

Im Gefolge dieses neuen Aufeinanderzugehens wagte sich Hans Joachim Braach sogar so weit vor, dass er in einer Stellungnahme zur Bläserarbeit im CVJM-Westbund Ende 1989 eine gemeinsame Bläserarbeit von CVJM und Posaunenwerk für erstrebenswert hielt. Ausgehend von der Tatsache, dass zu jener Zeit für die Arbeit der insgesamt drei Bundesposaunenwarte im Westbund für das gleiche geografische Gebiet seitens der Posaunenwerke zwölf hauptamtliche Landesposaunenwarte eingesetzt waren, komme es immer wieder zu Chorübertritten aus dem CVJM in das Posaunenwerk, weil seitens des Posaunenwerks durch die größere Zahl der Posaunenwarte eine bessere Chorbetreuung erfolgen könne. Von daher schlug Braach vor, Gespräche mit dem Ziel einer vereinigten Bläserarbeit mit dem Posaunenwerk aufzunehmen. Die Betreuung aller Posaunenchöre wie auch die Lehrgangsarbeit könnten fachlich durch die Landesposaunenwarte erfolgen, die Bundesposaunenwarte würden in den Kollegenkreis eingegliedert, jedoch mit klarer Abmachung, auch weiterhin spezielle Aufgaben im Westbund wahrzunehmen, etwa bei CVJM-Treffen und Tagungen. Da alle Posaunenwarte dann kostenmäßig zu 100 % von den Landeskirchen getragen würden, könnten die so frei werdenden finanziellen Mittel zum Teil eingesetzt werden zur aktiven Anleitung der CVJM-Sängerchöre, insbesondere der Jugendchöre.

Dieser „revolutionär-radikale" Vereinigungs-Vorschlag wurde allerdings in einem am 20. Dezember 1989 von Bäumer, Braach, Daub, Hülle, Diehl, Markowis und Schmidt geführten Gespräch von den übrigen Verantwortlichen zurückgewiesen. Der Verlust von ca. 60 Chören seit 1971 könne nicht nur auf Abwanderungen zum Posaunenwerk zurückgeführt werden. Hülle und Daub plädierten für die Eigenständigkeit der CVJM-Posaunenchöre und damit gegen eine Betreuung durch das Posaunenwerk, Bundeswart Diehl befürchtete bei einer Realisierung dieser Vorschläge einen Ausverkauf der CVJM-Bläserarbeit an das Posaunenwerk; und die Bundesposaunenwarte betonten, dass man doch im Unterschied zu früher viel besser mit den Posaunenwerken zusammenarbeiten könne und die Atmosphäre viel entspannter sei. Braach betonte deshalb abschließend, dass er nicht unbedingt der Meinung sei, dass man seine radikalen Überlegungen weiterverfolgen solle.[371]

Ungeachtet aller Irritationen, Konkurrenzgedanken und Reibungspunkte kann als Fazit konstatiert werden, dass mit der sporadischen gemeinsamen Planung und Durchführung von Notenliteraturherausgaben, Schulungen und Großveranstaltungen in den zurückliegenden drei Jahrzehnten sowie durch die Zusammenarbeit im Dachverband „Evangelischer Posaunendienst in Deutschland" der Grundstein für wechselseitiges Verständnis und Akzeptanz bei Wahrung der jeweiligen Eigenständigkeit gelegt worden ist, auf den durch vermehrte Zusammenarbeit bei gemeinsamen Maßnahmen und verbessertem Informationsaustausch in der Absprache und Koordination von Angeboten weiter aufgebaut werden kann. Es werden nicht mehr wie früher die Gegensätze gesucht, sondern es sind in den vergangenen dreißig Jahren viele Gemeinsamkeiten gefunden worden, die sich zum Vorteil für alle westfälischen Posaunenchöre erwiesen haben.

6.4 Rückblick und Ausblick

Die *Anfänge* des geistlichen Laienblasens, das seine geistlichen, organisatorischen und musikalischen Wurzeln in der Erweckungsbewegung, der kirchenmusikalischen Restauration und der Instrumentaltradition der Herrnhuter Brüdergemeine hat, liegen eindeutig in Ostwestfalen. An erster Stelle ist hier Jöllenbeck zu nennen, der Ort mit dem ältesten Posaunenchor im deutschsprachigen Raum. 1841 begannen hier einige junge Männer aufgrund der Verbindung zu den Düsselthaler Anstalten des Grafen von der Recke-Volmerstein mit dem mehrstimmigen Spiel, vermutlich auf drei Posaunen (Alt-, Tenor- und Bassposaune) sowie einem Klappenhorn. Beinahe wäre aufgrund der großen Schwierigkeiten der Neuaufbruch wieder verebbt, als sich der Pfarramtskandidat August Rische der Blechbläser annahm. Von Herbst 1844 bis zu seiner Versetzung im Herbst 1849 leitete er den jungen Chor an, der zu den verschiedensten Anlässen spielte: bei den Erbauungsstunden des Jünglingsvereins, bei Missions- und Kreisfesten des Rheinisch-Westfälischen Jünglingsbundes, bei den Bibelstunden Volkenings, bei den Kranken im Dorf, bei Grundsteinlegungen und Einweihungen, aber auch bei Festgottesdiensten und in der Kirche. Geblasen wurden in dieser ersten Zeit sehr einfache Choräle, die man aus dem Rinckschen Choralbuch abschrieb und in die Militär-Schreibweise transponierte.

Das Jöllenbecker Beispiel wirkte mit der Zeit immer weiter hinaus in das westfälische Land, sodass es bald zu weiteren Chorgründungen kam. Erster „Nachahmer" in Westfalen war der 1852 gegründete Posaunenchor Preußisch Oldendorf. Weitere folgten kurz darauf in Hüllhorst (1853), Schnathorst (1853), Laar (1857), Enger (1862), Gohfeld (1865), Wallenbrück (1865), Herford (1869) usw. 42 Jahre nach der Gründung des Jöllenbecker Chors gab es bereits 34 Bläsergemeinschaften in Minden-Ravensberg mit einer Gesamtzahl von etwa 450 Bläsern. Aus der Wiege der Posaunenchorbewegung war innerhalb von vier Dekaden ein blühendes Bläserland ge-worden.

Entscheidend zu diesem Wachstum hatte die Bildung des Minden-Ravensberger Kreisverbandes innerhalb des 1848 entstandenen Rheinisch-Westfälischen Jünglingsbundes beigetragen. Dieser Zusammenschluss der Jünglings-, Jungfrauen- und Posaunenvereine Ostwestfalens koordinierte ab 1854 auch alle Bläser-Aktivitäten im Regionalbereich. Um 1860 herum wurde der Gohfelder Pastor *Eduard Kuhlo* zum Präses des Verbands gewählt und wirkte dort bis zu seinem Tod vor allem in zwei Bereichen bahnbrechend: bei den Posaunentagen und bei den Posaunenbüchern.

Zu den Posaunentagen: Bereits seit 1856 beteiligten sich die Blechbläser bei den jährlich seit 1855 stattfindenden Kreisfesten des Minden-Ravensberger Verbandes. Der erste „reine" Posaunentag, ausgeschrieben als Bundesposaunenfest des Rheinisch-Westfälischen Jünglingsbundes, führte 1862 auf Anregung von Volkening 72 Bläser zusammen. Ein weiteres Treffen folgte 1868 ebenfalls in Jöllenbeck, nur dass dieses Mal bereits 150 Bläser kamen. Eduard Kuhlo beschloss, diese Tradition von selbstständigen und von den Kreisfesten unabhängigen Bläsertreffen regelmäßig in Jahresabständen und mit einer festen Programmabfolge fortzuführen. Von 1874 bis 1886 wurden in Herford insgesamt elf solcher Gaufeste abgehalten, ab 1887 wich man wegen Platzmangels nach Bethel aus. Diese Gauposaunenfeste, die noch bis 1939 fortgesetzt wurden, wirkten als Vorbild für Veranstaltungen ähnlicher Art in anderen Gegenden. Sie begründeten damit eine Tradition, die sich in den in ganz Deutschland abgehaltenen Regional-, Landes- und Bundesposaunentagen bis heute fortsetzt.

Zu den Posaunenbüchern: Bereits 1865 hatte der Elberfelder Musiklehrer Christian Sickerling ein „Choralbuch für christliche Posaunenchöre", 148 Seiten stark, mit 204 vier- bis sechsstimmigen Choralsätzen veröffentlicht. Ihm war allerdings aufgrund seines teilweise hohen Schwierigkeitsgrades keine große Resonanz beschieden, sodass es auf die Gegend um Wuppertal beschränkt blieb. Eduard Kuhlo blieb es vorbehalten, mit seinem 1881 in Gütersloh bei Bertelsmann gedruckten „Posaunenbuch der Minden-Ravensberger Posaunenchöre" weit über den im Titel angedeuteten Bereich hinaus zu wirken. Seine Zusammenstellung von 211 geistlichen und geselligen Liedern, 31 Motetten und 3 Märschen auf 303 Seiten wurde ein solcher Erfolg, dass bereits drei Jahre später eine weitere Auflage erfolgte, die durch eine beträchtliche Erweiterung die Aufspaltung in zwei Bände brachte. Dieses doppelbändige Werk „Jubilate. Posaunenbuch für Jünglingsvereine, Seminare und höhere Lehranstalten", wie der spätere Titel lautete, wurde von den allermeisten Posaunenchören nicht nur Westfalens, sondern ganz Deutschlands in Gebrauch genommen und behauptete bis zum Zweiten Weltkrieg unangefochten seine herausragende Stellung unter allen Bläserpublikationen innerhalb der Posaunenchorbewegung. Teilweise wird sein Material noch heute in manchen westfälischen Chören benutzt.

Neben Westfalen ist noch Hannover-Land als zweites großes, selbständiges Entstehungsgebiet der Posaunenchorbewegung zu nennen. Die von Hermannsburg aus seit den 1850er Jahren entstandenen evangelischen Bläsergruppen nannten sich aber im Unterschied zu Westfalen mehrheitlich nicht „Posaunenchöre", sondern „Posaunenvereine." Sie bliesen nach einer speziellen Notation, der sog. Hermannsburger Schreibweise, einer modifizierten Militärschreibweise. Deshalb gab der Leiter des Hermannsburger Posaunenchores, Wilhelm Kruse, in den Jahren 1880/90 eine vierteilige Sammlung namens „Hallelujah" mit 400 Nummern heraus, um den handgeschriebenen Noten ein Ende zu bereiten, da ihnen Kuhlos „Jubilate" wegen seiner Klangschrift nicht zugänglich war.

Interessant ist, wie sich das westfälische und das hannoversche Modell auf das übrige Deutschland auswirkten. Auf Minden-Ravensberg gehen die jeweils ältesten Posaunenchöre in Lippe (Wüsten-Bergkirchen 1848), im Rheinland (Wupperfeld 1852), in Hessen (Klein-Linden 1854), in Schlesien (Breslau 1868), im Sachsen (Eibau 1879), in Hamburg (Raues Haus 1879), in Württemberg (Reutlingen 1881), in der Schweiz (Basel 1882), in Baden (Hugsweier 1883) und in Ostpreußen (Carlshof 1885) zurück. Hermannsburg verdanken die jeweils ältesten Posaunenchöre in Mecklenburg (Serrahn 1862), Bayern (Neuendettelsau 1868), in Oldenburg (Großenkneten 1874), in Braunschweig (Neu-Erkerode 1877) und in Schleswig (Kropp 1878) ihre Entstehung.

Die Ausgangslage der Posaunenchorbewegung in den 1880er Jahren war daher folgende: Zwei konkurrierende Modelle standen sich im gesamten deutschsprachigen Raum gegenüber: das westfälische Modell des nach Klavierschreibweise aus den Jubilate-Büchern spielenden Posaunenchors und das hannoversche Modell des nach Militärschreibweise aus den Hallelujah-Büchern spielenden Posaunenvereins. Dass das westfälische Modell den Sieg davontrug, verdankte es in erster Linie der prägenden Persönlichkeit von *Johannes Kuhlo*, Pastor in Hüllhorst und seit 1893 in Bethel. Nicht seinem Vater, sondern ihm war die Idee gekommen, einen Posaunenchor mit Blechblasinstrumenten in der einheitlichen Grundstimmung B auszurüsten und ihn nach der sog. Klavierschreibweise spielen zu lassen. 1871 verfiel Johannes Kuhlo als Leiter des Gütersloher Gymnasialposaunenchors auf diesen genialen Gedanken, auch wenn bereits davor neben der Transponierdie Klangschrift in den Posaunenchören verbreitet war. Johannes Kuhlo aber lieferte ein in sich geschlossenes, überzeugendes und auf der Höhe der künstlerischen Erneuerung seiner Zeit stehendes System, das bis heute die Posaunenchöre mit bestimmt. Er richtete sich dabei an den Prinzipien der Vokalimitation und des A-cappella-Dogmas der kirchenmusikalischen Restauration aus und verband sie in kongenialer Weise mit den „antiweltlichen" Absonderungstendenzen der Erweckungsbewegung: das gesonderte Instrumentarium der Bügelhorn-Familie gegenüber der Harmoniebesetzung; die gesonderte Notation der Klangschrift gegenüber der Griffschrift transponierender Instrumente; die gesonderten Posaunenbücher mit Partituranlage gegenüber der allgemeinen Musikedition mit Stimmausgabe; die gesonderte Spielweise der Vokalimitation gegenüber der harten Instrumentalmusik; die gesonderte Gemeinschaft in strengen Chorregeln gegenüber den weltlichen Gruppierungen mit ihren offenen Verbandsstatuten. Auf diese Weise wurden die Bläser davor bewahrt, bei Volksmusikkapellen, Sinfonieorchestern, Fanfarenzügen und dergleichen mitzumachen.

Um seine Leistung recht würdigen und einordnen zu können, muss man sich die Situation bewusst machen, die Johannes Kuhlo antraf, und welche Alternative er ihr entgegensetzte.

Zum Instrumentarium: Die Posaunenchöre benutzten alle möglichen und unmöglichen Blechblasinstrumente in den verschiedensten Stimmungen, dazu fanden sich auch mitunter Flöten, Klarinetten und Trommeln. Es handelte sich um beliebige Zusammenstellungen, weil gekauft wurde, was erreichbar und erschwinglich erschien. Zwar gab es bereits 1861 den Besetzungsvorschlag des Iserlohner Präses Otto Varnhagen, doch Johannes Kuhlo brachte 1891 die erste durchdachte Konzeption im Blick auf die Instrumentierung: Das Hauptgewicht lag auf den relativ leicht erlern- und spielbaren Instrumenten der Bügelhornfamilie (Flügelhorn, Tenorhorn, Bariton, Tuba), überwiegend in der B-Stimmung. Holzblasinstrumente und Schlagwerk mit Ausnahme von Kesselpauken wurden verbannt.

Zur Literatur: Auch hier bot sich anfänglich im Großen und Ganzen das gleiche verwirrende Bild wie beim Instrumentarium. In Ermangelung gedruckter Notenausgaben bedienten sich die ersten Posaunenchöre je nach Bedarf sowohl bei der geistlichen wie bei der weltlichen Tonkunst, sowohl bei der Blas- wie bei der blasfremden Musik. Choräle, religiöse Lieder, Motetten, Volkslieder, Vaterlandslieder, Potpourris, Ouvertüren, Märsche von zum Teil zweifelhafter Qualität, all das zählte zum Repertoire. Johannes Kuhlo gelang es, durch die von ihm ab 1891 bearbeiteten und 1921 sowie 1928 um zwei Bücher erweiterten Jubilate-Bände ein stringentes Konzept in die Breite der Chöre hineinzutragen. Im Zentrum stand der Choral, an der Spitze dabei die Bachschen Choralsätze; als Nebenzentrum galt das Volkslied, am Rand dagegen befanden sich Motette und Marsch.

Zur Notation: Auf diesem Feld vermochte Johannes Kuhlo das Hermannsburger Modell sogar auf dessen ureigenem Terrain aus dem Rennen zu werfen. 1881 konnte er durch eine Zwei-Stunden-Probe beim 2. Bundesfest des norddeutschen Jünglingsbundes in Hannover die Bläser vom Vorteil „seiner"

Schreibweise so sehr überzeugen, dass ihn anschließend Präses Jasper von Oertzen zum „Posaunen-General für das Hannoverland" ausrief. Der entscheidende Durchbruch aber glückte 1882 in Bremen, als Kuhlo den in der hannoverschen Bläserbewegung einflussreichen Pastor Albrecht Nikolassen für die Klangschrift zu gewinnen vermochte. Fortan befand sich – außer in den freikirchlichen Posaunenchören – die Militärschreibweise gegenüber der Klavierschreibweise auf dem Rückzug.

Johannes Kuhlo wurde zur integrierenden Bläsergestalt der Posaunenchorarbeit in der Zeit des Wilhelminismus. Nicht nur aufgrund seiner Leistungen auf musikalischem Gebiet, sondern auch wegen seiner Omnipräsenz: kaum ein überregionales Posaunenfest, auf dem er nicht erschien; kaum ein Landstrich in Deutschland, den er nicht bereiste. Seine bläserischen und künstlerischen Leitideen machte dabei das Kuhlo-Hornsextett erleb- und hörbar, mit dem der Posaunen-General vor allem in den 1920er Jahren viele Konzerte und Auftritte bestritt. Außerdem begann er 1911 mit den legendären Betheler Posaunenchorleiter-Kursen, in welchen er seine Vorstellungen weiter multiplizierte.

Absoluter Höhepunkt der Ära Kuhlos stellten die drei großen „Kaiserhuldigungen" dar, die Johannes Kuhlo kurz vor der Jahrhundertwende für Wilhelm II. durchführte. Zum ersten Mal in der Posaunenchorgeschichte trat hierzu ein Massenchor von über 1.000 Bläsern in Erscheinung: 1896 versammelte er 1.300 Bläser bei Minden, 1897 in Bethel 2.000 Bläser und 1898 an der Weserscharte 1.600 Bläser, um seinem „geliebten" Monarchen eine musikalische „Huldigung" darzubringen.

Auch nach seiner Pensionierung im Jahr 1925 war Johannes Kuhlo weiterhin aktiv in der Bläserarbeit, die Chorleitung für Bethel hatte der Posaunen-General allerdings in die Hände seines jüngeren Mitarbeiters und „Adjutanten" Walther Duwe gelegt.

Die letzten Dekaden des *19. Jahrhunderts* brachten nicht nur den Durchbruch der Posaunenchorbewegung in ganz Deutschland, sondern auch ein rasantes Wachstum in Westfalen, wo sich die Chor- und Bläserzahlen binnen 30 Jahren verzehnfachten. So stellte sich neben dem Aufbau die Frage nach der Konsolidierung des Erreichten immer dringlicher. Feste Zusammenschlüsse wurden angestrebt, um gemeinsame Posaunenfeste abzuhalten und gedruckte Notenbücher herausgeben zu können. Während sich die freikirchlichen Posaunenchöre in Westfalen dem 1909 gegründeten „Bund christlicher Posaunenchöre Deutschlands" (BCPD) der Methodisten und Baptisten oder dem 1911 initiierten „Evangelisch-lutherischen Posaunenbund" der Altlutheraner anschlossen, taten sich die landeskirchlichen Posaunenchöre schwerer, da viele von ihnen als „Unterabteilung" eines Jünglingsvereins fungierten. Die überwiegende Mehrzahl von ihnen war deshalb innerhalb des Westbunds organisiert, dessen Gebiet neben Westfalen auch das Rheinland, Hessen und das Saarland umfasste. Die westfälischen Bläser wurden daher bei den Bundesfesten des Westdeutschen Jünglingsbundes vom Bundesdirigenten Johannes Kuhlo angeleitet, ihre Belange auf den Sitzungen des Bundeskomitees besprochen. Einzig im Siegerland kam es 1898 zur Gründung der „Siegerländer Posaunenvereinigung", der neben dem Ravensberger Gauverband als recht selbstständiger Kreisverband innerhalb des Westbunds fungierte.

Nach dem *Ersten Weltkrieg*, der die Bläserarbeit in Westfalen um mindestens zehn Jahre wieder zurückgeworfen hatte und von dessen Einschnitten sie sich nur langsam erholte, gerieten die Organisationsformen immer mehr in Bewegung. Zu einem Dachverband aller landeskirchlichen Posaunenchöre, gedacht als Pendant zum BCPD, kam es in den 1920er Jahren noch nicht. Zwar beschloss die Reichsvertreterversammlung in Dassel 1926 die Bildung eines „Reichsbeirats für Posaunenchöre im Jungmännerwerk". Indes hatte dieses mehr einer losen Arbeitsgemeinschaft ähnelnde Gremium, dem Johannes Kuhlo als „Reichsposaunenwart" vorstand, keine wirklichen Kompetenzen gegenüber den einzelnen landschaftlichen Bünden, die zudem nicht einmal vollständig im Reichsbeirat repräsentiert waren.

Erst *das Dritte Reich* führte durch seine auf Gleichschaltung und Führerprinzip angelegten Verordnungen zu einer umfassenden Organisation der Posaunenchöre. 1933 kam es in Kassel auf Initiative des Reichsverbandes der evang. Jungmännerbünde Deutschlands zur Gründung einer „Evang. Posaunenmission Deutschlands". Auf diese Weise wollte man behördlichen Maßnahmen zuvorkommen, um dem totalitären Zugriff der NS-Machthaber zu entgehen. Zum „Reichsführer" wurde Johannes Kuhlo, als sein Stellvertreter der Essener Pastor Fritz Bachmann, zum Reichsposaunenwart August Schröder berufen.

Diese Form war jedoch bald überholt, denn kurze Zeit später wurde staatlicherseits der Zusammenschluss aller evangelischen Posaunenvereinigungen zu einem „Verband ev. Posaunenchöre (Deutschlands)" (VeP(D)) angeordnet. Der 1934 in Berlin gegründete VeP(D) umfasste mit seinen 26 Landes- und vier freien Verbänden (BCPD, Gnadau, Altlutheraner, Brüdergemeine) erstmals alle in Deutschland an der evangelischen Laienbläserarbeit beteiligten Gruppen. Zu den stärksten Landesverbänden zählten Württemberg, Bayern und Sachsen mit über 250 sowie Westfalen und Hannover mit über 300

Chören. Zum Ehrenpräsidenten des VeP(D) wurde Johannes Kuhlo, zum Reichsobmann allerdings nicht der sächsische Posaunenpfarrer Adolf Müller, sondern Bachmann gewählt, der sich als geschickter Taktierer erwiesen hatte.

Westfalen wurde dabei mit Lippe (1934) und Bremen (1937) zusammen unter der Leitung des neuen Landesobmanns Duwe zum neuen „Landesverband Westfalen-Lippe-Bremen" zusammengefasst.

Die braunen Machthaber taten ihr Möglichstes, den Dienst der Bläser zu erschweren. Um die bündisch-konfessionelle Jugendarbeit zu zerschlagen, hatte der Reichsjugendführer bereits 1933 angeordnet, alle Jugendlichen unter 18 Jahren in die Hitler-Jugend einzugliedern, was auch die jungen Bläser der CVJM- und Jungmännerwerks-Chöre betraf. Jeder Posaunenchor musste zudem an die Reichsmusikkammer in Berlin pro Bläser einen Jahresbeitrag entrichten, wofür er einen Ausweis ausgestellt bekam, der bei jedem Auftritt mitgeführt werden musste. Für das öffentliche Musizieren außer bei rein kirchlichen Veranstaltungen auf kirchlichem Grund und Boden musste eine behördliche Genehmigung eingeholt werden, die aufgrund der unsicheren Rechtslage je nach persönlicher Einstellung des zuständigen Beamten erteilt oder verweigert oder erst erteilt und dann widerrufen wurde. Einzelne Posaunenchöre, die angeblich dagegen verstoßen hatten, wurden aufgelöst und ihre Instrumente beschlagnahmt. Trotz dieser teilweise harten Maßnahmen und obwohl sich einige Posaunenchöre in SA-Kapellen umwandelten, stieg die Zahl der Chöre vor dem Zweiten Weltkrieg weiter an, wenn auch nicht mehr so stark wie in den 1920er Jahren.

Die Abhaltung größerer Bläsertreffen wie zum Beispiel des „Ersten deutschen Reichsposaunentags" 1936 in Bethel, zu dem sich 4.500 Bläser aus ganz Deutschland zu Ehren von Johannes Kuhlos 80. Geburtstag versammelt hatten, wurde spürbar behindert. Neben allem Widerstand darf indes das Mitläufertum nicht verschwiegen werden, das ebenfalls in der Posaunenchorbewegung vorhanden war. Ihre führenden Köpfe, wie Johannes Kuhlo, Fritz Bachmann und Wilhelm Ehmann, waren bereits Anfang der 1930er Jahre der NSDAP beigetreten oder sympathisierten mit ihr. Der BCPD legte 1933 gar ein „Treuegelöbnis" ab, in dem er es als seine heilige Pflicht erachtete, das neue Regime unter Adolf Hitler nach Kräften zu unterstützen. Posaunenchöre bliesen daher auch in Konzentrationslagern, bei Gefallenengedenkfeiern und politischen Feierstunden das „Horst-Wessel-Lied" und riefen ihr „Sieg Heil" am Schluss dieser „vaterländischen" Versammlungen, wie man sie nannte.

Der *Zweite Weltkrieg* traf die Bläserarbeit in Westfalen nicht mehr so hart wie der Erste, denn man hatte aus den Fehlern der Vergangenheit gelernt und war besser vorbereitet. So konnten trotz der Einberufung vieler Bläser zum Wehrdienst immer noch die Hälfte aller Posaunenchöre ihren Dienst fortführen, weil ältere Bläser, Konfirmanden oder Frauen die Lücken füllten. Bis 1944 fanden auch noch größere Bläsertreffen auf Regionalebene statt und stellte der Landesverband von Bethel aus den Mitgliedschören die Ausweise zu. Erst 1944/45 trat begreiflicherweise ein erheblicher Rückgang der Arbeit ein, sodass gegen Kriegsende nur noch ein Drittel der westfälischen Posaunenchöre spiel- und einsatzfähig war.

Die ersten Jahre *nach dem Zweiten Weltkrieg* stellten die Bläserarbeit vor immense Schwierigkeiten. Nicht wenige Instrumente waren in den Kriegs- und Besatzungswirren zerstört oder gestohlen worden, Ersatz aber nur schwer zu beschaffen. Die Hauptherstellerfirmen in Thüringen und Sachsen waren von den Sowjets demontiert worden. Die Einteilung in Besatzungszonen erschwerte das Abhalten überregionaler Posaunenfeste. Viele Notenbücher waren verbrannt, Neuauflagen noch nicht in Sicht.

Dennoch setzte bereits 1946 eine neue Gründungswelle ein, die dritte nach der Zeit vor dem Ersten Weltkrieg und in den 1920er Jahren, die erst in den 1980er Jahren erneut abflachen sollte. Bis zum Jahr 1970 stieg die Zahl der Chöre in Westfalen wieder auf Vorkriegsniveau an und damit wesentlich langsamer als in den anderen Landschaften Deutschlands. Der Grund dafür lag unter anderem auch in der schweren Auseinandersetzung innerhalb der westfälischen Posaunenchorarbeit. Durch den Wegfall der Zwangsmaßnahmen seit 1945 konnte der CVJM-Westbund wieder in eigener Regie Bläserarbeit betreiben und Bundeswart Johannes Busch stellte mit Richard Lörcher 1946 einen eigenen Hauptamtlichen an. Bachmann und Duwe sahen dagegen in der Form eines eigenständigen kirchlichen Werks größere Möglichkeiten zu einer kirchenmusikalischen und volksmissionarischen Ausrichtung. So wurde 1946 in Treysa als Nachfolgeorganisation des VeP(D) das Posaunenwerk der EKD ins Leben gerufen mit Reichsobmann Bachmann an der Spitze. Duwe blieb Landesobmann und Landesposaunenwart des Posaunenwerks Westfalen-Lippe. Zunächst sah es so aus, als könnte es zwischen dem Posaunenwerk und dem Westbund zu einer Einigung auf der Basis gemeinsamer Interessen kommen: 1947 schlossen der Westbund und das Posaunenwerk eine Vereinbarung, doch führten scheinbar unvereinbare Gegensätze zwischen beiden Seiten ein Jahr später zu einer Aufkündigung der korporativen Mitgliedschaft seitens des Jungmännerwerks. Fortan gingen beide Bläserverbände getrennte Wege, sodass innerhalb Westfalens zwei „Säulen" der Posaunenarbeit gleichberechtigt nebeneinander standen. Jeder Verband stellte eigene Posaunenwarte, führte eigene Schulungen durch, veranstaltete eigene Bläsertreffen, gab eigene Bläserliteratur und Zeitschriften heraus.

Das Verhältnis untereinander war allerdings stark belastet. Vorwürfe wie Monopoldenken, Aushöhlen des missionarischen Auftrags und das Abwerben von Chören wurden erhoben. Konkurrenzdenken und persönliche Zwistigkeiten erschwerten zusätzlich ein geordnetes Nebeneinander. Das Jahr 1955 brachte das Zustandekommen des „Abkommens von Fulda", das die Zusammenarbeit der Werke beim „Deutschen Evangelischen Kirchentag" regelte. 1951, 1957 und 1962 wurde darüber hinaus eine „Arbeitsgemeinschaft" oder „Posaunenkammer" als ständige Gesprächseinrichtung zwischen beiden Verbänden angestrebt, doch kam man über Vorverhandlungen nie hinaus. Zumindest konnte man sich nach 1955 auf gemeinsame Notenausgaben verständigen, sodass sich die Lage in den 1960er Jahren etwas entspannte.

Die ersten Nachkriegsjahrzehnte in der westfälischen Posaunenchorgeschichte standen außerdem unter dem Eindruck der Anregungen, die der Herforder Landeskirchenmusikschulleiter *Prof. Dr. Wilhelm Ehmann* auf den „Betheler Bläsertagen" 1947 gegeben hatte. Auf diesem Treffen einflussreicher Kirchenmusiker und Bläserfunktionäre stellte Ehmann in seinen sechs berühmten Thesen Reformvorschläge vor allem im Blick auf Instrumentarium und Literatur vor, die die Bläserlandschaft in Westfalen im Laufe der Jahrzehnte nachhaltig veränderten. Er bündelte darin Ansätze der 1920er und 1930er Jahre und trug sie über die Veröffentlichung in seinem Buch „Tibilustrium" seit 1950 in die Breite der Chöre hinein. Damit wurde das Kuhlo-Modell – Vokalliteratur wird in Gesangweise von einem Hornchor geblasen – nach einer Übergangszeit schrittweise abgelöst.

Zum Instrumentarium: Ehmann forderte in seiner ersten These die Überwindung des Flügelhorn-gebundenen Klangideals zugunsten des Trompeten- und Posaunenklanges. Dieser Vorschlag setzte sich in den 1950er Jahren zunehmend in den Posaunenchören durch, die damit laut Ehmann von verhinderten Sängerchören zu echten Bläsergruppen wurden. Die Flügelhörner verschwanden fast vollständig, an ihre Stelle traten die Trompeten. Nur die Tenorhörner, Baritone und Tuben behaupteten sich in den unteren Stimmen gegenüber den Posaunen, die aber vermehrt Einzug hielten. In den 1950er Jahren entwickelte Ehmann darüber hinaus Nachbauten historischer Blechblasinstrumente, in Posaunenchorkreisen „Barockinstrumente" genannt. Diese eng mensurierten Trompeten und Posaunen fanden in den 1960er Jahren in viele Chöre Westfalens Eingang, doch blieben sie eine vorübergehende Modeerscheinung, weil neben ihren Vorzügen immer mehr auch ihre Mängel entdeckt wurden.

Zur Literatur: Auf den Betheler Bläsertagen hatte Ehmann die Erschließung eigenständiger Bläsermusik und den Anschluss an die zeitgenössische Komposition gefordert. Er selbst gab den Chören mit der zweibändigen „Alten Spielmusik für Bläser" (1964/72) und der „Neuen Spielmusik für Bläser" (1966) Aufführungsmaterial an die Hand. Auch im Bereich der Choralbearbeitungen machte sich der Herforder Professor mit seinen „Bläser-Intraden zum Wochenlied" (1957) und seinen „Leichten Choralpartiten" (1977) verdient. Die vier Kuhlobände verloren ihren Rang als Standardliteratur, allerdings in Westfalen langsamer als in anderen Gebieten. Dafür traten andere Posaunenbücher an ihre Stelle: hervorzuheben vor allem die Reihe „Lobt Gott" des CVJM-Westbunds und die Reihe „Lass dir unser Lob gefallen" des Posaunenwerks.

Ehmann hatte darüber hinaus in Bethel 1947 die Posaunenchöre zum gemeinsamen Spielen mit anderen Partnern wie Orgel und Kirchenchor ermuntert und dafür verschiedene Werkreihen herausgegeben. Doch konnte sich die sog. Kantoreipraxis an der Basis nicht recht durchsetzen, trotz vieler Versuche der Vordenker. Ebenso wenig war der Ehmannschen Forderung nach einer Überwindung des Massen-Musizierens hin zum Musizieren in kleinen Gruppen Erfolg beschieden. In den 1950er und 1960er Jahren erfreuten sich landesweite Bläsertreffen mit tausenden von Bläsern größerer Beliebtheit als je zuvor. Seit 1949 führte der Westbund Bundesposaunentage vor allem in Dortmund durch – mit ständig steigenden Zahlen. Duwe veranstaltete in den 1950er Jahren eine Reihe von Posaunentagen, teils in Zusammenarbeit mit dem rheinischen Posaunenwerk, teils mit dem Westbund.

Ehmanns Vorschläge einer intensiveren Durchbildung der Bläser und Chorleiter sowie einer systematischen Verbindung zum Berufsmusiker wurden dagegen bereitwillig aufgenommen. Erstmals wurden zunächst vom Westbund, später auch vom Posaunenwerk breit gestreut Schulungen für Anfänger, Fortgeschrittene, Jungbläserausbilder und Chorleiter getrennt angeboten. Das Verhältnis zu den Kirchenmusikern wandelte sich von der Konfrontation zur Kooperation: Blasunterricht an der Kirchenmusikschule Herford, gemeinsame Treffen auf höherer Ebene, Kompositionsaufträge für Bläserliteratur, Übernahme der Posaunenchorleitung durch Kirchenmusiker, all das wurde Usus. Vertieft hat Ehmann seinen blaspädagogischen Ansatz durch die „Herforder Bläsertage" 1967 unter dem Stichwort „Auffachlichung" mit der Publikation „Der Bläserchor" (1969) und durch die Herausgabe seiner „Bläser-Fibel. Anleitung für Blechbläser" (1953).

An *neueren Entwicklungen* der letzten 30 Jahre hat sich Folgendes herauskristallisiert: Mit dem personellen Wechsel um 1970 sowohl im Posaunenwerk als auch beim Westbund verbesserte sich das Verhältnis zwischen beiden Verbänden zusehends. Inzwischen ist die Zusammenarbeit auf einer Vielzahl von Bereichen – gemeinsame Großveranstaltungen, gemeinsame Notenausgaben, gemeinsame Schulungsangebote – zur Normalität geworden. Einigende „Bänder" sind nicht zuletzt die Kirchentage sowie die Standardliteratur – das Posaunenchoralbuch zum EG (1996) sowie die gemeinsame Notengabe „Gloria" als wichtigste Beispiele mögen genügen. Zudem hat sich die seit 1994 bestehende Dachorganisation „Evangelischer Posaunendienst in Deutschland", unter der alle Posaunenarbeit betreibenden Werke und Verbände erstmals seit dem Dritten Reich wieder vereint sind, positiv im Blick auf weitere Kooperationen in Westfalen ausgewirkt.

Die Literatur hat nach ihrem Schwerpunkt in den 1950er und 1960er Jahren auf Kompositionen aus Renaissance, Barock und Moderne eine Öffnung hin zu Werken der Klassik und Spätromantik erfahren, die allerdings für Blechbläser häufig nur als Transkriptionen zugänglich sind. In jüngerer Zeit machen sich auch Einflüsse aus der amerikanischen Spiritual-, Gospel-, Jazz- und Ragtime-Szene bemerkbar, wobei die swingende Musik nicht nur die jüngeren Bläser anspricht. Allerdings gibt es gerade bei dieser Art von Musik unterschiedliche Auffassungen bei den Posaunenwarten. Bundesposaunenwart Matthias Schnabel meinte in seinem Jahresbericht von 1994, dass bei aller Bewahrung und Pflege der Posaunenchortradition mit ihrer choralgebundenen Musik im Mittelpunkt das Repertoire konsequent durch Musik der heutigen Zeit stilistisch erweitert werden müsse. Landesposaunenwart Karl-Heinz Saretzki dagegen betonte auf der Landesvertreterversammlung 1987, dass die Ausweitung auf fremde Bereiche mit neuem Rhythmus, Magic und Pop den Chören nicht bei den Problemen mit jugendlichen Bläsern helfe. Vielmehr müsse die traditionelle kirchliche Posaunenchorliteratur adäquat vorgetragen werden.

Beim Instrumentarium hat die Frontstellung „hie Trombafamilie, hie Buglefamilie" an Schärfe deutlich nachgelassen. Die weit mensurierten Klangwerkzeuge sind nicht mehr geächtet, sondern haben sich einen gleichwertigen Platz neben den Trompeten und Posaunen in den Chören zurückerobert. Bei Letzteren geht der Trend seit den 1970er Jahren zu hochwertigen Erzeugnissen amerikanischer und japanischer Herkunft.

Die Faszination, die von großen Bläsertreffen ausgeht, scheint etwas nachzulassen. Zwar sind Veranstaltungen auf Kreisebene immer noch gut besucht, doch der Plan eines Landesposaunentags für das Posaunenwerk wurde wieder fallen gelassen; und die Bundesposaunenfeste leiden seit etlichen

Jahren unter Teilnehmer- und Besucherschwund, obwohl viele neue Ideen entwickelt wurden und sich die Formen stark gewandelt haben.

Was das Chorgefüge der einzelnen Bläsergruppen angeht, so kann man hier folgende Entwicklungen beobachten: Der „feminine" Siegeszug in den Chören setzte sich seit den 1960er Jahren fort, sodass der Frauenanteil bei den Jüngeren schon bei über 30 % liegt. Die geistliche Krise der Volkskirche zeitigt auch Zerfallserscheinungen bei den Posaunenchören: Andacht und Gebet in der Probe sind längst nicht mehr selbstverständlich, wobei es im Siegerland und in Ostwestfalen wieder anders aussieht als im Ruhrgebiet und im Münsterland. Bei nicht wenigen Bläsern, vor allem den jüngeren, ist oft kein religiös-kirchlicher Hintergrund mehr vorhanden, sodass den Chorleitern zunehmend ein binnenmissionarischer Auftrag erwächst. Das Durchschnittsalter in den Chören ist seit einem Jahrhundert stetig gesunken, von daher stellen inzwischen Kinder und Jugendliche die Mehrzahl der Bläser, mit allen Vor- und Nachteilen. Positiv ist zwar weiter die Begegnung zwischen den Generationen im Posaunenchor als einziger Gemeindegruppe; auf der anderen Seite wird befürchtet, dass sich die Älteren immer mehr zurückziehen könnten.

Auf blaspädagogischem Gebiet wurden in den letzten Dekaden unübersehbare Fortschritte erzielt, an denen die Verbandsarbeit wesentlichen Anteil hat: Sie bietet inzwischen Lehrgänge an, zugeschnitten auf die Leistungs- und Funktionsstufe, und zieht zu diesen Schulungen vermehrt professionelle Orchesterbläser heran. Spezielle instrumentenspezifische Seminare wurden eingerichtet, die Verbindung mit Jugendmusikschulen und dem Wettbewerb „Jugend musiziert" gesucht, Abschlussprüfungen für Chorleiter eingeführt, sodass gewisse Qualitätsstandards gesetzt wurden. Die Arbeit der Sonderchöre gewann an Format und Professionalität hinzu, aber auch die interne Chorschulung hat sich zunehmend verfachlicht: Eine ein- bis zweijährige Anfängerausbildung in einer gesonderten Gruppe ist inzwischen die Regel. Auffällig ist darüber hinaus die Entwicklung, dass sich die Berufsarbeiter seit den 1980er und 1990er Jahren sowohl im Posaunenwerk als auch beim Westbund zunehmend nicht mehr aus dem Diakonen- oder Kirchenmusikerstand rekrutieren, sondern ein abgeschlossenes Musikhochschulstudium auf einem Blechblasinstrument aufweisen.

Eine weitere Professionalisierung hat auch bei der (populär) wissenschaftlichen Erforschung der westfälischen Posaunenarbeit stattgefunden. Besonders hervorzuheben sind dabei die Reihe „Beiträge zur Geschichte evangelischer Posaunenarbeit" (1989 ff.) von H. D. Schlemm, der Aufsatz (1989) und die Magisterarbeit (2002) zu Ostwestfalen von Roland Gießelmann, die Benz-Festschrift von Manfred Büttner (2001), die Dissertation

„Die evangelische Posaunenchorarbeit" (1993) sowie der Aufsatzband „Drei große Förderer der evangelischen Posaunenchorbewegung" (1994) von Wolfgang Schnabel.

Nach dem Rückblick, bei dem in groben Strichen noch einmal die ganze Geschichte der evangelischen Posaunenchorarbeit in Westfalen nachgezeichnet wurde, sei noch ein *Ausblick* in die Zukunft gewagt.

Noch immer bestehen trotz vieler „Grenzüberschreitungen" und Kooperationen zwei getrennte *Bläserverbände* in Westfalen. Der Posaunenchor im CVJM-Westbund versteht sich als Teil eines örtlichen CVJM und dort, wo kein örtlicher CVJM existiert, bejaht er die Ziele des CVJM auf der Grundlage der Pariser Basis. Der Posaunenchor im Posaunenwerk in der EKvW versteht sich als Teil der örtlichen Kirchengemeinde und bejaht die Ziele der Landeskirche auf der Grundlage der Kirchenordnung. Die Gemeinschaft unter den CVJM-Chören wird in den CVJM-Kreisverbänden gepflegt, die Gemeinschaft der Posaunenwerks-Chöre in den Kirchenkreisen. Die Kreise richten Treffen für Chorleiter aus, führen teilweise eigene Lehrgänge durch und veranstalten Kreisposaunenfeste, bei denen auch „grenzüberschreitende" Teilnahmen durchaus die Regel sind. Eingebunden sind die Chöre und Kreise in die jeweils größere Verbandsgemeinschaft, wobei CVJM-Westbund wie Posaunenwerk Schulungen, Lehrgänge, Freizeiten, Chorbesuche und Feste anbieten, Bläserliteratur herausgeben und Informationen weitergeben. Beide Verbände sind Mitglied des Evangelischen Posaunendienstes in Deutschland e.V., der CVJM-Westbund darüber hinaus noch Mitglied im CVJM-Gesamtverband in Deutschland e.V. Angesichts der großen Herausforderungen der Zukunft – schwindende finanzielle und personelle Ressourcen, fortschreitende Säkularisierung usw. – sollten die beiden Verbände sich nicht einfach mit dem Status quo und dem seit 1970 Erreichten im Blick auf Kooperationen zufrieden geben. Vielmehr gilt es, unvoreingenommen zu prüfen, in welchen Bereichen nicht nur eine Zusammenarbeit, sondern sogar ein Zusammenlegen sinnvoll und nahe liegend wäre. Könnte vielleicht am Ende die Vision eines gemeinsamen Dachverbands aller westfälischen Posaunenchöre stehen, wie er für Baden, Bayern, Hannover, Sachsen, Württemberg und andere Gebiete aufgrund ihrer weniger leidvollen Bläsergeschichte selbstverständlich und für Lippe in den 1960er Jahren gelungen ist? Gemeinsame Aufgabenfelder, die es anzugehen gilt, gibt es genügend.

Eine weitere große Herausforderung für die Zukunft hängt damit zusammen: Die bisher für Westfalen zur Verfügung stehenden Posaunenwartsstellen haben keine Bestandsgarantie mehr, sondern stehen in Zeiten großer

Sparzwänge zunehmend zur Disposition. Die Jahre, in denen die staatlichen und kirchlichen Gelder wie von selbst flossen, gehören angesichts sinkender Steuereinnahmen und Mitgliedsbeiträge der Vergangenheit an. Dies nötigt die Verbände zu unaufschiebbaren Überlegungen: Wie kann man frei werdende Stellen erhalten? Soll man Fördervereine gründen? Soll man Chormitgliedsbeiträge erhöhen? Soll man das alte Modell des nebenamtlichen Posaunenwarts wieder aufgreifen? Oder sind sogar ehrenamtliche Strukturen denkbar wie zu Beginn der Bläserbewegung, als Pfarrer und Diakone sich zusätzlich zu ihrem Auftrag einbrachten?

In diesem Zusammenhang sollte man bei aller Freude über die großen *Bläserzahlen*, die auch in Zeiten des rapiden Rückgangs von Kirchenzugehörigkeit aufgrund der gesellschaftlichen Entwicklung und der Taufen aufgrund der demografischen Entwicklung – 1965 zählte die Evangelische Kirche von Westfalen noch 3,6 Millionen Mitglieder, im Jahr 2000 war sie auf 2,8 Millionen Mitglieder zusammengeschrumpft; 1965 gab es in Westfalen 450 Chöre mit 6.000 Bläsern, jetzt sind es 500 Chöre mit 6.700 Bläsern – konstant und stabil geblieben sind, die Altersstruktur kritisch reflektieren. Muss es nicht bedenklich stimmen, dass im Gegensatz zu früher, wo eine ausgewogene Mischung zwischen Jugendlichen und Erwachsenen vorherrschte, heute die Gruppe der unter 18-Jährigen bei weitem die stärkste darstellt? In einem Posaunenchor um die Jahrhundertwende war ein achtjähriger Bläser undenkbar, jetzt gehören Kinder zum gewohnten Erscheinungsbild eines Posaunenchors. Sicher stimmt der Satz „Wem die Jugend gehört, dem gehört die Zukunft", doch sollte man sich damit nicht über die daraus erwachsenden Probleme hinwegtäuschen: Ein Posaunenchor, der zum großen Teil aus Jungbläsern besteht, ist nicht nur großen Schwankungen in seiner Leistung, sondern auch in seinem Bestand ausgesetzt. Er läuft Gefahr, dass die wenigen Älteren sich auch noch zurückziehen und dass durch die hohe Fluktuation ständig Jugendliche in immer kürzerer Folge nachwachsen müssen. Sollte man angesichts der Vergreisung in unserer Gesellschaft nicht Überlegungen anstellen, wie es gelingen könnte, junge Erwachsene, Angehörige der mittleren Generation und vielleicht sogar sog. Jungsenioren im Vorruhestand für ein Mitspielen im Posaunenchor zu gewinnen bzw. zu reaktivieren?

Zu bedenken sind ferner die *geistlichen Strukturen* in den Posaunenchören, die gerade mit bedingt sind durch die Aufnahme kirchenferner Jugendlicher in die Chorgemeinschaften. Die binnenmissionarische Aufgabe an Bläsern, die dem Glauben fragend oder gleichgültig gegenüberstehen, gewinnt ständig an Bedeutung, denn häufig sind für religiös indifferente Bläser die Frömmigkeitsformen der Übungsstunden und die Choreinsätze bei Gottesdiensten und Versammlungen die einzige Gelegenheit, mit dem Gebet und der Bibel in Berührung zu kommen. Wenn diese Entwicklung in einigen Chören schon so weit fortgeschritten ist, dass nur noch das Musizieren im Vordergrund steht, dann ist der Schritt zur Musikkapelle nicht mehr weit. Gebet und Andacht sind unaufgebbar gerade in einer Zeit, in der christliche Lebenspraxis rasanten Wandlungen ausgesetzt ist. Beide Frömmigkeitsformen können nicht – wie schon vorgeschlagen wurde – durch atmosphärischen Gruppengeist oder bloßes Tatchristentum ersetzt werden, beides soll sich vielmehr ergänzen. Sie dürfen auch nicht einfach verschwinden, wenn keine Akzeptanz bei der Mehrzahl der Bläser herrscht, denn das Wort vom Kreuz ist schon immer ein Ärgernis und eine Torheit gewesen. Sie dürfen auch nicht einfach aufgegeben werden, weil sie als langweilig und altmodisch empfunden werden, denn methodische Möglichkeiten zu einer interessanten und abwechslungsreichen Andacht – sei es als Gegenstandsandacht, als Gespräch, als Bildmeditation, als Liedbetrachtung – gibt es genügend. Dem Zerfall geistlicher Lebensformen kann aber nur dann auch in Zukunft entgegengewirkt werden, wenn im Glauben beheimatete Bläser, Chorleiter und Posaunenwarte ihren Auftrag, Menschen zu Jesus Christus zu führen, weiterhin ernst nehmen. Mission und Evangelisation sind daher nicht nur Aufgaben des Posaunenchors, sondern im Posaunenchor, deren Bedeutung in den nächsten Jahren und Jahrzehnten noch zunehmen wird. Bloßer musikalischer oder sozialer Aktionismus wird sich auf Dauer jedenfalls schwerlich gegen die Konkurrenz weltlicher Musikvereine behaupten können. Wohin die Entwicklung im geistlichen Bereich bei den Posaunenchören führen wird, ist dabei schwer abzuschätzen, da sie von vielen gesellschaftlichen Faktoren abhängt. Die Vorstellung einer zunehmend laizistischen Gesellschaft wie beispielsweise in Frankreich oder einer zunehmend islamisierten Gesellschaft wie in der Türkei scheint nicht mehr so utopisch wie noch vor fünfzig Jahren. Inwieweit eine Bewahrung des geistlichen Auftrags und seines Inhalts gelingt, ist davon abhängig, in welchem Maße die Posaunenchöre auf ihr Proprium, den lebendigen, gelebten christlichen Glauben, ausgerichtet bleiben und auf das Einmalige ihres Auftrags, die frohe Botschaft vom gekreuzigten und auferstandenen Christus.

Ablesbar sind die geistlichen Spezifika eines Posaunenchors nicht zuletzt an seinen *Einsatzbereichen*, die von jeher breit gefächert waren. Gerade wegen des umfangreichen Aufgabenfeldes setzt jede Epoche ihre je eigenen Schwerpunkte: Die Zeit von 1840 bis 1910 war geprägt vom Gedanken der

Vereinsdiakonie und Vereinsmission, d. h. die Chöre bliesen v. a. bei Anlässen innerhalb ihres Jünglingsvereins, also bei Bibelstunden, Vereinsfeiern, Bundesfesten usw. Die Zeit von 1910 bis 1950 war geprägt vom Gedanken der Volksmission, d. h. der Vorstellung des Posaunenchores, der auf der Straße und im Hof durch seine Musik Menschen anlockt und Traktate verteilt. Die Zeit von 1950 an war und ist geprägt vom Gedanken der Volksdiakonie, d. h. der Vorstellung des Posaunenchors, der gerade den „Schwachen" durch sein Blasen in Altersheimen, Krankenhäusern, Gefängnissen, Auffanglagern, Asylantenheimen usw. dient. Obwohl alle Elemente über die ganze Zeit zusammen mit dem liturgischen Blasen, das im Lauf der Jahrzehnte immer mehr an Gewicht gewann, virulent waren, verschob sich die Akzentuierung. Alle klassischen Aufgabenfelder innerhalb und außerhalb der Kirche sollten auch ferner ihre Bedeutung behalten und je nach örtlichen Verhältnissen verschieden betont werden. Von einem Posaunenchor kann und wird man aber nicht mehr sprechen können, wenn das Spielen im Bierzelt das im Evangelisationszelt ersetzt, wenn Ständchenblasen und Konzertabende das liturgische und diakonische Blasen in der Kirche und im Freien verdrängen. Noch schwieriger wird es allerdings aufgrund des veränderten Freizeitverhaltens werden, die Bläser für die Vielzahl von Diensten zu motivieren und zu sammeln. Vielleicht werden die Verantwortlichen vermehrt überlegen müssen, ob man den Chor in mehrere kleinere Dienstgruppen aufteilt, oder aber bestimmte regelmäßige Dienste wie das Geburtstagsständchen oder das Beerdigungsblasen einstellt, weil Projektarbeit eine höhere Akzeptanz erfährt.

Wichtig für die Zukunft sind die *musikalischen Strömungen* und Perspektiven innerhalb der gegenwärtigen Posaunenchorbewegung in Westfalen. Zum festen Bestandteil gehört nach wie vor der Choral bzw. das neue geistliche Lied, wobei die Formen sehr reichhaltig und breit gefächert angeboten werden müssen, von alt bis modern, von schlicht bis sehr kunstvoll. Von daher wird auch in den kommenden Jahren zur Standardliteratur aller Posaunenchöre in Westfalen vor allem das umfangreiche Begleitwerk zum Evangelischen Gesangbuch mit dem „Posaunen-Choralbuch zum EG", den beiden Büchern mit „Vorspielen zum EG" zum Stammteil und zum Regionalen Anhang West gehören. Volkslieder, Motteten und Märsche dagegen haben ihre Blütezeit gehabt und gehören mehr oder weniger zur Peripherie. Natürlich bietet das breite Spektrum der nicht textgebundenen Literatur der Alten Meister aus Renaissance, Barock, Klassik und Romantik bis hin zur Moderne viele Möglichkeiten musikalischer Darstellung. Die Sparte der Swing-Musik mit ihren Spiritual- und Popbearbeitungen wird wohl noch stärker als bisher Eingang in das Repertoire finden, da sich die Posaunenchöre auf Dauer nicht Musikformen verschließen können, die das aktuelle Musikempfinden junger Menschen widerspiegeln. Es soll zwar ältere Bläser geben, die ihr Instrument bei entsprechenden Musikstücken absetzen und nicht mitspielen, aber die jüngere Generation hat diese Probleme im Umgang mit zeitgenössischer Musik kaum noch. Auch in Zukunft werden sich die Posaunenchöre nicht als Experimentierfeld atonaler Werke einiger avantgardistischer Komponisten benutzen lassen, wie sie sich überhaupt vor Vereinseitigungen und Engführungen in musikalischen Formen und Stilen hüten sollten. Es gibt vom Grundsatz her keine sakrale oder profane Musik, weil Töne weder geistlich noch weltlich sind, sondern nur handwerklich gut gemachte oder kitschige, technisch gut oder stümperhaft vorgetragene, in das Umfeld passende oder deplazierte Musik. Welche Trends allerdings in zehn oder zwanzig Jahren in der Musik angesagt sind, kann im Augenblick niemand treffsicher voraussagen. Spannend wird sein, auch in der kommenden Zeit die Klammer zwischen musikalischen Ausdrucksformen und geistlichen Auftragsformen zu finden.

Was die *Instrumentierung* der Posaunenchöre anbelangt, so hat sich gezeigt, dass es zwar zu gewissen Modeerscheinungen in Westfalen kam, aufgrund der westfälischen Beharrlichkeit allerdings eher zeitversetzt zum übrigen Deutschland, dass aber andererseits die Trends verebbt sind. Auch instrumentale Experimente einzelner Vordenker mit Tonwerkzeugen in anderen Stimmungen wie z. B. in D oder in F oder aus entlegenen Gattungsbereichen wie z. B. der Diskantposaune werden in der Breite der Posaunenchöre in absehbarer Zeit nicht zum Zuge kommen. Flöten, Klarinetten und Trommeln werden keine Renaissance in den kirchlichen Blechbläserensembles erleben, nachdem sie mit der Zeit aus den Besetzungen verschwunden sind. Vorstellbar ist dagegen eine Erweiterung des Instrumentariums durch rhythmusbetonende Instrumente wie Combo, Schlagzeug usw., da dies eine Bereicherung bei der Aufführung von swingender Musik darstellen würde.

Zum *Musizieren mit anderen Klanggruppen* bleibt anzumerken, dass das Ganze nur punktuell in Fluss gekommen ist. Wohl gibt es vereinzelt die Kantoreipraxis, v. a. dort, wo der Posaunenchorleiter zugleich Kirchenchordirigent ist. Aber schon das Zusammenwirken mit Flöten- und Streichergruppen setzt voraus, dass es solche Gruppen in den kleinen Landgemeinden, in denen die meisten Posaunenchöre beheimatet sind, vorhanden sind; außerdem schreckt die aufwändige Organisation durch Literatursuche, gemeinsame Probenarbeit, Terminkoordination usw. einen ehrenamtlich tätigen Laien doch eher ab. Aufgrund der großen Nachwuchssorgen vieler Kirchenchöre bleibt ohnehin zu fragen, wie lange dieser Partner für ein gemeinsames Musizieren noch zur Verfügung steht. Verheißungsvoller erscheint stattdessen ein Zusammenwirken mit Jugendchören und Jugendbands, wie es vereinzelt schon in Westfalen erfolgreich ausprobiert worden ist. Allerdings wäre damit auch eine bestimmte stilistische Ausrichtung vorgegeben.

Noch ein Wort zu den großen *Posaunenfesten*: Wie bereits erwähnt ist seit etlichen Jahren ein gewisser Rückgang in den Teilnehmerzahlen zu beobachten. Der Grund dafür ist wohl weder in einer Unbeliebtheit des Spielens im Massenchor noch in dem organisatorischen Aufwand zu suchen, sondern in der individualisierenden Auflösung kollektiver Formen, in der stetig voranschreitenden Verjüngung der Chöre sowie in der Unverbindlichkeit der Angemeldeten angesichts des fast grenzenlosen Angebots. Trotz der beobachtbaren Abschwächung wird diese Form auch weiterhin ihren Platz in der westfälischen Posaunenchorarbeit behaupten, ob nun als Kreis- oder Bundesposaunenfest oder als Kirchentagstreffen, da diese als Sammel- und Treffpunkt der Chöre untereinander, als Gemeinschaftserlebnis besonderer Art und als Bestandteil der Verbandsarbeit durch nichts zu ersetzen sind.

Mit ähnlichen Problemen haben auch gewisse *Schulungsangebote* zu kämpfen; es müssen Seminare und Freizeiten ausfallen, weil sich entweder Teilnehmer in nicht genügender Zahl angemeldet haben, kurzfristig wieder absagen oder einfach unentschuldigt fehlen. Das Sich-nicht-festlegen-wollen und die fehlende Einsicht in den Nutzen haben zur Folge, dass nur ein Bruchteil der Bläser erreicht wird, ganz davon abgesehen, dass die meist langfristige Planung der Maßnahmen ein zunehmendes finanzielles Risiko für die veranstaltenden Verbände darstellt. Dabei wird der Stellenwert der Chorleiter- und Jungbläserausbilder-Seminare in den nächsten Jahren eher noch steigen aufgrund der vielfältigen Anforderungen, die sich aus den gesellschaftlichen Entwicklungen ergeben.

Angesichts dieser großen Umbrüche und Herausforderungen der kommenden Zeit sei zum Schluss an ein Wort Ehmanns erinnert:

„Welche neuen Wege diese Jungen auch wählen werden: Sie sollten wissen, woher sie kommen, um zu entscheiden, wohin sie gehen."[372]

7 Anhang

7.1 Endnoten

1 Mit Lange, Kirchenmusiker, S. 70, gegen Brodde, S. 107.
2 Vgl. Auhagen, S. 20; Benrath, S. 205, 210–215; Beyreuther, Sp. 621, 623–627; Feder, S. 250; Lange, Kirchenmusiker, S. 71 f.; Schlemm, Bd. 3, S. 50–52; K. D. Schmidt, S. 460–462; Thalmann, S. 10, 12 f.
3 Vgl. Mooser, S. 16–47, 56–71, 290–292; Schlemm, Bd. 3, S. 83–87.
4 Vgl. Gießelmann, S. 17–28; Mooser, S. 291 f.
5 Vgl. Böttcher, S. 66; Mooser, S. 294; Lenz, S. 35 f.; Stursberg, S. 9.
6 Vgl. Cl 22 (1975), S. 21; Ehmann, Bläserspiel, S. 840; ders., Kuhlo, S. 182–185, 276; ders., Tibilustrium, S. 75, 141; Graf, S. 96; Mergenthaler, Miteinander, S. 47; Schlemm, Bd. 3, S. 9–99; Strecker, S. 16; Thalmann, S. 14, 59; Winkler/Dignus, S. 13; Zacharias, S. 13.
7 Vgl. Mooser, S. 288 f.
8 Vgl. Ehmann, Tibilustrium, S. 81; Feder, S. 250.
9 Vgl. Feder, S. 250; Lange, Kirchenmusiker, S. 70 f.; Nagel, S. 180–188.
10 Vgl. Blankenburg, Sp. 985; Ehmann, Tibilustrium, S. 78; Feder, S. 250, 252 f., 259 f.; Moser, S. 227 f.
11 Vgl. Blankenburg, Sp. 987; Ehmann, Kuhlo, S. 50; ders., Tibilustrium, S. 79 f.; Feder, S. 260 f.; Moser, S. 229.
12 Vgl. Blankenburg, Sp. 986; Ehmann, Tibilustrium, S. 86; Feder, S. 255–277.
13 Vgl. Auhagen, S. 20 f.; Ehmann, Bläserspiel, S. 818; ders., Kuhlo, S. 39, 94 f., 98 f., 242–246; ders., Tibilustrium, S. 82–87, 90–96; Kuhlo, Posaunen-Fragen, S. 52, 65; Lange, Kirchenmusiker, S. 72; Müller, S. 11, 71; Schlemm, Bd. 2, S. 11; ders., Bd. 3, S. 72–77; Widmann, S. 59.
14 Vgl. Mergenthaler, Dank, S. 23–27; ders., Miteinander, S. 137–139; Schlemm, Bd. 2, S. 38 f., 44 f.; ders., Bd. 3, S. 109–113, 125–132.
15 Kuhlo, Posaunenchöre, S. 345.
16 Vgl. Büttner, S. 185; Frieß, S. 133; Gießelmann, S. 93 f.
17 Vgl. Frieß, S. 133; Schlemm, Bd. 2, S. 52–57, 72–93; ders., Bd. 3, S. 118 f.
18 Vgl. Lange, Lob, S. 3–7; Frieß, S. 136.
19 Vgl. Ehmann, Kuhlo, S. 230 f.
20 Ehmann, Tibilustrium, S. 115.
21 Vgl. Brodde, S. 107; Schnabel, Förderer, S. 18.
22 Tagebuch der Düsselthaler Anstalten, Januar bis September 1823 (Archiv der Recke-Stiftung 04-4, S. 140); vgl. Schlemm, Bd. 3, S. 102.
23 Vgl. Schlemm, Bd. 3, S. 86, 102–104.

24 Ehmann, Kuhlo, S. 235 f.
25 Kuhlo, Posaunen-Fragen, S. 84.
26 Vgl. Ehmann, Kuhlo, S. 17 f., 20 f., 25, 36, 68; Mooser, S. 291 f., 299, 302 f.
27 Der Franzose Grenie erfand 1810 die Expressivorgel, die Häckel 1818 zu Phyharmonika weiterentwickelte. Aus ihr wiederum ging als Endstufe das Harmonium hervor. Vgl. Ehmann, Kuhlo, S. 34; Heienbrok, Bd. 1, S. 123; Mooser, S. 79–91; Olpp, S. 9; Rische, S. 5, 17, 20, 22 f.; 30 f., 50, 260.
28 Allerdings ist Jöllenbeck als „ordentlicher" Verein bereits im „Verzeichniß der dem Rein.-Westph. Jünglingsbunde angehörenden und mit ihm verbundenen Vereine" vom Nov. 1853 aufgeführt, als Verantwortlicher wird H. Böckstiegel genannt; vgl. Stursberg, S. 46 f. Meyer berichtete 1840 an Wichern, dass sein Jöllenbecker Jünglingsverein bereits 30 „wackere Bauernburschen" zähle, vgl. FS Jöllenbeck, S. 9.
29 Vgl. Gießelmann, S. 33–37; Heienbrok, Bd. 1, S. 127 f., 155; JB 35 (1881), S. 63; Mergenthaler, Handreichung, S. 31 f.; Rische, S. 105, 135; Schlemm, Bd. 3, S. 136; SdH 17 (1936), S. 141 f.; Zacharias, S. 3 f.
30 Vgl. Gießelmann, S. 38–40; Schlemm, Bd. 3, S. 104 f., 136 f.
31 22./23. Jahrgangsbericht der Düsselthaler Anstalten pro 1841/1842, S. 19: vgl. ebd., S. 27, 35 (Archiv Düsselthal I, 120); Schlemm, Bd. 3, S. 137.
32 Brief Volkenings vom 25.10.1854 (Staatsarchiv Detmold, M 1 II A Nr. 476, Bl 168); vgl. Gießelmann, S. 41; Mooser, S. 292 f.; Schlemm, Bd. 3, S. 137.
33 Erinnerungsblätter aus Düsselthal, niedergeschrieben im Jahr 1884 von dem past. emer. G. Meyer, welcher in den Jahren 1839 bis 1843 dort Anstaltsgeistlicher und Hauslehrer war, o. S. (Archiv Düsselthal, 11-1).
34 Vgl. JB 35 (1881), S. 63 f.
35 Vgl. Budde, Bd. 1, S. 91 f.; JB 35 (1881), S. 63 f.; PC 1 (1900), S. 6, 22 f.; Zacharias, S. 3–5.
36 Vgl. Adressbuch der Bürgermeisterei Düsseldorf 1855, S. 15, 201; Ehmann, Tibilustrium, S. 74; Heienbrok, Bd. 2, S. 155 f., 186 f.; Kuhlo, Geschichte, S. 156; ders., Posaunen-Fragen, S. 84 f.; Mergenthaler, Handreichung, S. 32; Ludwig, S. 70 f.
37 Vgl. Cl 27 (1980), S. 18; 31 (1985), S. 20; Ehmann, Kuhlo, S. 36 f.; GDK 5 (1953), S. 213; Hennig, S. 210 f.; Maurer, S. 32–35; Schöpf/Vogel, S. 135, 327.
38 Vgl. Gießelmann, S. 40; Schlemm, Bd. 3, S. 139.
39 JB 35 (1881), S. 61; der „Sach- und Fachkundige" aus Bielefeld wird wohl ein Militär-Musiker gewesen sein.
40 Kuhlo, Posaunen-Fragen, S. 85.
41 Vgl. Ehmann, Kuhlo-Posaunenbuch, S. 152 f.; FS Jöllenbeck, S. 15–17; Heienbrok, Bd. 1, S. 163, 165, 173; JB 10 (1856), S. 81–83; 16 (1862), S. 37, 56; 35 (1881), S. 64 f.; Kuhlo, Posaunen-Fragen, S. 84; Rahe, S. 34 f., 207, 219; Rische, S. 194, 197, 200, 210; Schlemm, Bd. 3, S. 140 f.; SdH 17 (1936), S. 141.
42 Brief Volkenings vom 25.10.1854 (Staatsarchiv Detmold, M 1 II A Nr. 476, Bl 168).

43 Vgl. Ehmann, Jahre, S. 152 f.; Heienbrok, Bd. 1, S. 163, 165, 173; JB 35 (1881), S. 64 f.; Kuhlo, Posaunen-Fragen, S. 84; Rische, S. 194, 197, 200, 201; Schlemm, Bd. 3, S. 142; SdH 17 (1936), S. 141.
44 Vgl. Schlemm, Bd. 3, S. 142 f.
45 Vgl. Cl 26 (1980), S. 18; Ehmann, Kuhlo, S. 34–37, 277; ders., Tibilustrium, S. 74, 80; Gießelmann, S. 43 f.; Heienbrok, Bd. 1, S. 156; JB 10 (1856), S. 81 f.; 22 (1868), S. 96; Kuhlo, Posaunen-Fragen, S. 85; Ludwig, S. 5.71; Mooser, S. 294; Rische, S. 209; Schlemm, Bd. 2, S. 14; ders., Bd. 3, S. 143, 168–170, 173–175.
46 JB 16 (1862), S. 74; vgl. Schlemm, Bd. 3, S. 141.
47 Vgl. Cl 27 (1980), S. 18; Heienbrok, Bd. 2, S. 130; JB 16 (1862), S. 74.
48 Conservativer Volksfreund Nr. 73 vom 13.9.1862; vgl. Ehmann, Kuhlo, S. 277.
49 Vgl. JB 31 (1877), S. 149; Rothert, S. 103 f.; Rottschäfer, S. 93; Schlemm, Bd. 3, S. 143 f.; Siepmann, S. 159 f., 194.
50 Kreis-Synodal-Verhandlungen des Kirchenkreises Lübbecke, 1854, S. 22 (LKA); vgl. Mooser, S. 335; Schlemm, Bd. 3, S. 143 f.
51 Vgl. Schlemm, S. 183, 186.
52 Vgl. JB 30 (1876), S. 183; 31 (1877), S. 142; 34 (1880), S. 166 f.; Schlemm, Bd. 3, S. 219 f.
53 Vgl. Ehmann, Kuhlo, S. 168 f.; FS Hüllhorst, S. 6–8; Gießelmann, S. 53; Mergenthaler, Handreichung, S. 33, PC 4 (1903), S. 67 f.
54 Kreis-Synodal-Verhandlungen des Kirchenkreises Lübbecke, 1854, S. 10 (LKA); vgl. Mooser, S. 335; Schlemm, Bd. 3, S. 145.
55 Vgl. FS Schnathorst, S. 489 f., 590; Mooser, S. 299; Schlemm, Bd. 3, S. 145 f.
56 Vgl. Heienbrok, Bd. 2, S. 129, 134 f., 143.
57 Vgl. Ehmann, Voce, S. 494; FS Gütersloh, S. 3 f., 6, 8; JB 11 (1857), S. 73–75; 26 (1872), S. 37; 31 (1877), S. 143; Schlemm, Bd. 3, S. 154, 164; Stursberg, S. 46.
58 Vgl. JB 14 (1860), S. 34–40; 15 (1861), S. 67, 103; 29 (1875), S. 32, 112; 31 (1877), S. 143; Hesekiel, S. 13; Schlemm, Bd. 3, S. 186–189.
59 Vgl. JB 15 (1861), S. 22, 75–77, 92; 16 (1862), S. 73; 35 (1881), S. 127; Schlemm, Bd. 3, S. 193–195.
60 Vgl. JB 15 (1861), S. 84; 16 (1863), S. 62; 31 (1877), S. 142; Schlemm, Bd. 3, S. 195; Statistik 1884, S. 6.
61 Vgl. FS Schwelm, S. 1–17; JB 15 (1861), S. 84 f.; 28 (1874), S. 69; 29 (1875), S. 26; 31 (1877), S. 133; 36 (1882), S. 39; Schlemm, Bd. 3, S. 195–197; Statistik 1884, S. 21.
62 JB 15 (1861), S. 95; vgl. Schlemm, Bd. 3, S. 189–191.
63 Vgl. JB 11 (1857), S. 47; 15 (1861), S. 95; 35 (1881), S. 127; Schlemm, Bd. 3, S. 189–192.
64 Vgl. FS Enger, S. 15, 20 f.; JB 26 (1872), S. 37; 29 (1875), S. 34; Schlemm, Bd. 3, S. 146.
65 Plenius, S. 7; vgl. Schlemm, Bd. 3, S. 207.
66 Vgl. FS Halver, S. 5; JB 29 (1875), S. 28; 31 (1877), S. 137; Schlemm, Bd. 3, S. 206 f.; Statistik 1884, S. 7.

67 JB 15 (1861), S. 64; vgl. JB 19 (1865), S. 107–109; 35 (1881), S. 64 f.; Schlemm, Bd. 3, S. 191; ders., Bd. 4/1, S. 44–47, 51–54; Schnabel, Posaunenchorarbeit, S. 22, 42.
68 Vgl. Ahrens, S. 10; Ehmann, Kuhlo, S. 31; Gießelmann, S. 75; Graf, S. 133; JB 15 (1861), S. 63 f.; 35 (1881), S. 35; Schlemm, Bd. 3, S. 190 f.; Schnabel, Posaunenchorarbeit, S. 71–73.
69 Zit. nach Mooser, S. 296; vgl. Gießelmann, S. 79 f.; Mooser, S. 310–314; Schlemm, Bd. 3, S. 161.
70 Vgl. Gießelmann, S. 61 ff.; Mooser, S. 294–305; Schnabel, Posaunenchorarbeit, S. 195, 198 f.
71 Ehmann, Kuhlo, S. 21; vgl. ders., Kuhlo, S. 17–21; Gießelmann, S. 48 f.; Schlemm, Bd. 2, S. 11.
72 Vgl. Ehmann, Kuhlo, S. 21–25, 231, 241; ders., Tibilustrium, S. 76, 91; Gießelmann, S. 49–52; Schlemm, Bd. 2, S. 11 f.; Schnabel, Posaunenchorarbeit, S. 73.
73 Vgl. Budde, Bd. 2, S. 102–106, 108; Ehmann, Kuhlo, S. 25–42; Gießelmann, S. 52 f.; Schlemm, Bd. 2, S. 12 f.; Temming, S. 16, 19, 63.
74 PC 1 (1900), S. 12; vgl. Ehmann, Kuhlo, S. 42–57; FS Gohfeld, S. 69–73; JB 10 (1856), S. 83; 26 (1872), S. 37; Schlemm, Bd. 2, S. 11–13, 15; ders., Bd. 3, S. 147; SdH 7 (1936), S. 140; Temming, S. 67.
75 Ehmann, Voce, S. 516; vgl. ders., Voce, S. 490–493; Gießelmann, S. 53–55; Schlemm, Bd. 2, S. 14; Stursberg, S. 36–47.
76 Vgl. Ehmann, Kuhlo, S. 277; ders., Voce, S. 493–497; JB 26 (1872), S. 37; 29 (1875), S. 33 f.; Schlemm, Bd. 2, S. 14.
77 Ehmann, Voce, S. 517.
78 Vgl. Ehmann, Voce, S. 498–509; Gießelmann, S. 56 f.; Schlemm, Bd. 2, S. 14 f.
79 Vgl. Ehmann, Kuhlo, S. 54; Gießelmann, S. 57; JB 10 (1856), S. 81 f.; 15 (1861), S. 56; 23 (1869), S. 149 f.; 52 (1898), S. 54; Mooser, S. 313, 315; Schlemm, Bd. 2, S. 16; Schnabel, Posaunenchorarbeit, S. 178 f.
80 Vgl. Ehmann, Kuhlo, S. 54–57; Gießelmann, S. 59; Kuhlo, Geschichte, S. 157; ders., Posaunen-Fragen, S. 85–87; Schlemm, Bd. 2, S. 16 f.; Schnabel, Posaunenchorarbeit, S. 179 f.
81 Vgl. Ehmann, Kuhlo, S. 39–41, 71 f.; JB 22 (1868), S. 107 f., 131; Schlemm, Bd. 2, S. 17 f.; ders., Bd. 3, S. 16; ders., Bd. 4/1, S. 51–59; Thalmann, S. 55.
82 Zit. nach Schlemm, Bd. 2, S. 18.
83 Zit. nach Schlemm, Bd. 2, S. 18.
84 Ehmann, Voce, S. 498.
85 Ehmann, Voce, S. 502.
86 Vgl. Auhagen, S. 20 f.; Ehmann, Voce, S. 499, 503; Mergenthaler, Handreichung, S. 36; Schlemm, Bd. 2, S. 17 f.; ders., Bd. 4/1, S. 59–62.
87 E. Kuhlo, S. 6 f.; vgl. E. Kuhlo, S. 1–12.
88 E. Kuhlo, S. 3.
89 Vgl. E. Kuhlo, S. 4–9; Schlemm, Bd. 2, S. 19 f.; Schnabel, Posaunenchorarbeit, S. 74 f.

90 E. Kuhlo, S. 3.
91 Temming, S. 54; vgl. Gießelmann, S. 76 f.; Schlemm, Bd. 2, S. 20; Schnabel, Posaunenchorarbeit, S. 75.
92 Ehmann, Bläserchor, S. 93; vgl. E. Kuhlo, S. 21–303; Schlemm, Bd. 2, S. 20 f.; ders., Bd. 4/1, S. 59–68; Schnabel, Posaunenchorarbeit, S.43–45.
93 Widmann, S. 58.
94 Ehmann, Kuhlo, S. 288.
95 Ehmann, Kuhlo, S. 249; vgl. Schlemm, Bd. 2, S. 23 f.
96 Vgl. Gießelmann, S. 93–97; Mooser, S. 310–318.
97 Zit. nach Schlemm, Bd. 3, S. 148; vgl. FS Wallenbrück, S. 12 f.; Schlemm, Bd. 3, S. 147 f.
98 Vgl. JB 20 (1866), S. 75; 21 (1867), 39 f.; 29 (1875), S. 27, 134; Schlemm, Bd. 3, S. 209.
99 Vgl. FS Witten, S. 6 ff.; JB 21 (1867), S. 105; 27 (1873), S. 5, 32; 31 (1877), S. 143; Schlemm, Bd. 3, S. 211 f.; Statistik 1884, S. 16.
100 Vgl. FS Hamm, S. 14 f.; JB 10 (1856), Beil. S. 9; 23 (1869), S. 64; Schlemm, Bd. 3, S. 213 f.
101 Vgl. Herforder Kreisblatt Nr. 247 vom 24.10.1969; Neue Westfälische Zeitung vom 22.4.1978; Schlemm, Bd. 2, S. 16 f.; ders., Bd. 3, S. 148 f.; Schnabel, Posaunenchorarbeit, S. 179 f.; Thalmann, S. 58 f., 64.
102 Vgl. Baumann, S. 18; Ev. Gemeindegruß, Nachrichten-Beilage zum Sonntagsblatt „Unsere Kirche" Nr. 5 vom 4.2.1968; JB 26 (1872), S. 37; 29 (1877), S. 149; Schlemm, Bd. 3, S. 149.
103 Vgl. FS Hartum-Halen, S. 10 f.; Schlemm, Bd. 3, S. 149.
104 Vgl. FS Wallenbrück, S. 13; JB 26 (1872), S. 37; 29 (1875), S. 34; Schlemm, Bd. 3, S. 149 f.
105 Ehmann, Kuhlo, S. 77.
106 Ehmann, Kuhlo, S. 82.
107 Vgl. Ehmann, Kuhlo, S. 76–83, 241; ders., Tibilustrium, S. 96 f.; FS Gymnasium Gütersloh, S. 15 f.; JB 27 (1873), S. 95; Temming, S. 51 f., 57; Schlemm, Bd. 3, S. 150 f.
108 Vgl. FS Dahle, S. 23–32; JB 27 (1873), S. 198; 29 (1875), S. 33; 31 (1877), S. 144; Schlemm, Bd. 3, S. 215 f.
109 Vgl. FS Mennighüffen, S. 7–13; Schlemm, Bd. 3, S. 151.
110 Vgl. FS Alswede, S. 9 f.; Schlemm, Bd. 3, S. 151 f.
111 Vgl. FS Hagen, S. 28, 30; JB 29 (1875), S. 32, 112; 31 (1877), S. 143; 32 (1878), S. 144; Schlemm, Bd. 3, S. 217; Statistik 1884, S. 5.
112 Vgl. FS Hiddenhausen; Schlemm, Bd. 3, S. 152.
113 Vgl. Chor und Orchester 4 (1985), Nr. 3 vom 4.10.1985, S. 16; JB 31 (1877), Nr. 15; Schlemm, Bd. 3, S. 152 f.
114 Vgl. JB 29 (1875), S. 33; 31 (1877), S. 147; Schlemm, Bd. 3, S. 218; Statistik 1884, S. 16.
115 Vgl. FS Rotenhagen, S. 7; Schlemm, Bd. 3, S. 153.

116 Vgl. FS Dankersen, S. 1–5; Schlemm, Bd. 3, S. 153 f.
117 Vgl. Ehmann, Kuhlo, S. 183–191, 276, 278; ders., Tibilustrium, S. 75; FS Bethel, 100 Jahre, S. 5; FS Bethel, 125 Jahre, S. 10 f.; FS Mennighüffen, S. 9; JB 27 (1873), S. 18; Schlemm, Bd. 3, S. 154; SdH 57 (1976), S. 52–54; Temming, S. 68.
118 JB 32 (1878), S. 144; vgl. Schlemm, Bd. 3, S. 221; Statistik 1884, S. 18.
119 Vgl. FS Elverdissen, S. 11, 13; Schlemm, Bd. 3, S. 155.
120 Vgl. Olpp, S. 12, 21, 32 f., 82; Schlemm, Bd. 3, S. 155.
121 Vgl. FS Bergkirchen, o. S.; Schlemm, Bd. 3, S. 156.
122 Vgl. Büttner/Pesta, S. 172 f.; FS Höxter, o. S.; Schlemm, Bd. 3, S. 223.
123 Vgl. Schlemm, Bd. 3, S. 156.
124 Zit. nach Schlemm, Bd. 3, S. 225; vgl. FS Unna, S. 1–10.
125 FS Weidenau, S. 1 ff.; Mergenthaler, Handreichung, S. 45; Schlemm, Bd. 3, S. 224.
126 Vgl. JB 29 (1875), S. 33, 143; 35 (1881), S. 15; Schlemm, Bd. 3, S. 226.
127 Vgl. FS Hagedorn o.S.; FS Kirchlengern, o.S.; Schlemm, Bd. 3, S. 156 f.
128 Vgl. FS Wehdem, o.S.; Olpp, S. 80 f.; Schlemm, Bd. 3, S. 157.
129 Vgl. FS Schwenningdorf, o.S.; Schlemm, Bd. 3, S. 157 f.
130 Vgl. FS Volmerdingsen, S. 14–19, 25 f.; Schlemm, Bd. 3, S. 158.
131 Vgl. FS Herzkamp, o.S.; JB 29 (1875), S. 32; 31 (1877), S. 134; 35 (1881), S. 95; Schlemm, Bd. 3, S. 227 f.; Statistik 1884, S. 20.
132 Vgl. FS Rehme, S. 32 f., 72 f., 76; Schlemm, Bd. 3, S. 158 f.
133 Vgl. FS Heepen, S. 8, 10 f.; Schlemm, Bd. 3, S. 159 f.
134 Zit. nach Schlemm, Bd. 3, S. 159.
135 Vgl. FS Frotheim, S. 7; Schlemm, Bd. 3, S. 159.
136 Vgl. FS Eidinghausen, S. 66–68; Schlemm, Bd. 3, S. 159 f.; Statistik 1884, S. 10.
137 Vgl. FS Annen, o.S.; JB 35 (1881), S. 44; Schlemm, Bd. 3, S. 229 f.; Statistik 1884, S. 18.
138 Vgl. Schlemm, Bd. 3, S. 229; Statistik 1884, S. 18.
139 FS Minden, S. 2.
140 FS Minden, S. 2.
141 Vgl. Ehmann, Voce, S. 494; FS Minden, S. 2; Schlemm, Bd. 3, S. 160 f.; Stursberg, S. 46.
142 In verschiedenen Berichten über die Entstehung der Posaunenchorarbeit vom 19. Jh. bis in unsere Gegenwart wird Minden-Ravensberg als Stammland bezeichnet und tradiert. Dies ist gewiss nicht als historisch einseitig abzutun, sondern gibt das tatsächliche Geschichtsbewusstsein der Posaunenchorbewegung wieder.
143 Vgl. Ehmann, Bläserchor, S. 93; ders., Kuhlo, S. 277; ders., Tibilustrium, S. 107; Mergenthaler, Handreichung, S. 35; Frieß, S. 136 f.; Gießelmann, S. 86–90, 94; PC 1 (1900), S. 11, 38, 41; Schlemm, Bd. 2, S. 21; Schnabel, Posaunenchorarbeit, S. 141–147.
144 Vgl. Ehmann, Kuhlo, S. 58–85; Ludwig, S. 18–32; Schlemm, Bd. 2, S. 33; Schnabel, Förderer, S. 113; Thalmann, S. 23–27, 96.

145 Ehmann, Kuhlo, S. 158; vgl. Thalmann, S. 139.
146 Schlemm, Bd. 3, S. 32 f.
147 Vgl. Ehmann, Kuhlo, S. 86–182; Ludwig, S. 32–53; Schlemm, Bd. 2, S. 33 f.; Schnabel, Förderer, S. 113; Thalmann, S. 27–29, 96.
148 Ehmann, Kuhlo, S. 194.
149 Ehmann, Kuhlo, S. 195.
150 Ehmann, Kuhlo, S. 193.
151 FS Bethel, 100 Jahre, S. 9; vgl. Ehmann, Kuhlo, S. 269.
152 Ehmann, Kuhlo, S. 221.
153 Thalmann, S. 55; vgl. Ehmann, Kuhlo, S. 183–228, 280 f.; Frieß, S. 137; FS Bethel, 100 Jahre, S. 5–7; FS Bethel, 125 Jahre, S. 10–13; Gießelmann, S. 90–93; Ludwig, S. 54–63; Schlemm, Bd. 2, S. 34; Schnabel, Förderer, S. 113; ders., Posaunenchorarbeit, S. 244; Thalmann, S. 48–56, 96 f.
154 Vgl. Ehmann, Kuhlo, S. 301–308; Ludwig, S. 63–69; Schlemm, Bd. 2, S. 35–41; Schnabel, Förderer, S. 114–116; Thalmann, S. 64–66, 97.
155 Ehmann, Kuhlo, S. 288.
156 Vgl. Brief Buschs an Ehmann vom 25.5.1955 (AW); Ehmann, Kuhlo, S. 57; ders., Voce, S. 509–535; Gießelmann, S. 97 f.; Schnabel, Förderer, S. 124.
157 Vgl. Schnabel, Förderer, S. 125 f.
158 Vgl. Frieß, S. 139; Schlemm, Bd. 2, S. 113; ders., Bd. 3, S. 35–37; Schnabel, Posaunenchorarbeit, S. 245 f.
159 LT 75 (1921), S. 102–104; vgl. Ludwig, S. 62; Mergenthaler, Handreichung, S. 51; Stange, S. 26–29.
160 Vgl. Brief Humburgs an v. Bodelschwingh vom 15.2.1922 (AWB); FS Siegerland, S. 16–21; Mergenthaler, Handreichung, S. 46 f.; Schnabel, Posaunenchorarbeit, S. 69.
161 Vgl. Ehmann, Bläserspiel, S. 830; ders., Kuhlo, S. 278 f.; ders., Voce, S. 531 f.; LT 76 (1922), S. 92 f.; Schnabel, Förderer, S. 133 f.; ders., Posaunenchorarbeit, S. 246; SdH 16 (1925), S. 94.
162 Vgl. Cl 22 (1975), S. 23; 27 (1980), S. 23 f.; Ehmann, Bläserchor, S. 96; ders., Kuhlo, S. 281–284, 293 f.; ders., Tibilustrium, S. 109; Kuhlo, Posaunenchöre, S. 347; Ludwig, S. 65, 82 f.; Schlemm, Bd. 2, S. 123 f.; Schnabel, Förderer, S. 134 f.; ders., Posaunenchorarbeit, S. 170, 248, 259 f.; Thalmann, S. 59–64.
163 Kuhlo, Posaunen-Fragen, S. 127.
164 Zit. nach Mooser, S. 296.
165 Zit. nach Mooser, S. 296 f.
166 Kuhlo, Posaunen-Fragen, S. 136.
167 Vgl. Ehmann, Bläserchor, S. 94 f.; ders., Tibilustrium, S. 159–162; ders., Voce, S. 534; Frieß, S. 138–140; JB 52 (1898), S. 54; Kuhlo, Posaunen-Fragen, S. 85–110; Mooser, S. 315; PC 1 (1900), S. 4; Schlemm, Bd. 2, S. 35; Schnabel, Förderer, S. 117, 145 f.; ders., Posaunenchorarbeit, S. 180; Thalmann, S. 64–66.
168 Vgl. Schlemm, Bd. 2, S. 45–71, 87–110; Schnabel, Förderer, S. 65–112.

169 Rundschreiben des Bundeswartes Humburg vom 12. August 1926 an die Kreisvorsitzenden des Westdeutschen Jünglingsbundes (AWB).
170 Vgl. Ehmann, Bläserspiel, S. 822; ders., Tibilustrium, S. 93 f.; Frieß, S. 138; Gießelmann, S. 81–83; LT 76 (1922), S. 239; Kalisch, S. 269; Kuhlo, Posaunen-Fragen, S. 62–72; Lange, Kirchenmusiker, S. 73; Mahrenholz, S. 164; Schlemm, Bd. 3, S. 30–33; Schnabel, Förderer, S. 158 f.; ders., Posaunenchorarbeit, S. 12–15; SdH 9 (1928), S. 20; 13 (1933), S. 91; Thalmann, S. 40–42; Widmann, S. 61.
171 PC 2 (1901), S. 86.
172 Kuhlo, Posaunen-Fragen, S. 50.
173 Vgl. Ehmann, Bläserchor, S. 48 f.; ders., Kuhlo, S. 246, 268 f.; ders., Tibilustrium, S. 94; Kuhlo, Posaunen-Fragen, S. 49–62; MuK 9 (1937), S. 123 f.; PC 2 (1901), S. 86; Lange, Kirchenmusiker, S. 73; Schnabel, Förderer, S. 159–161; ders., Posaunenchorarbeit, S. 19–21; Thalmann, S. 44 f.
174 Kuhlo, Posaunen-Fragen, S. 113.
175 Kuhlo, Posaunen-Fragen, S. 113.
176 Kuhlo, Posaunen-Fragen, S. 140.
177 Kuhlo, Posaunen-Fragen, S. 51.
178 SdH 17 (1936), S. 6.
179 Kuhlo, Posaunenbuch, S. II; vgl. Ehmann, Kuhlo, S. 50 f.
180 Kuhlo, Posaunen-Fragen, S. 112 f.
181 Kuhlo, Posaunen-Fragen, S. 70.
182 Kuhlo, Posaunenbuch, S. IV.
183 Ehmann, Kuhlo, S. 80.
184 Zit. nach Schnabel, Förderer, S. 167.
185 Kuhlo, Posaunenbuch, S. II.
186 Vgl. Auhagen, S. 20–23, 33 f., 36; Ehmann, Bläserspiel, S. 835 f.; ders., Kuhlo, S. 47–52, 249–268; Gießelmann, S. 84–86; Kalisch, S. 267 f.; Schlemm, Bd. 2, S. 17–21; ders., Bd. 3, S. 68–79; ders., Bd. 4/1, S. 59–72; Schnabel, Förderer, S. 161–168; ders., Posaunenchorarbeit, S. 23–34, 45 f.; Schulz, S. 32 f.; Thalmann, S. 42–44.
187 Vgl. Bachmann, Bestrebungen, S. 11; Ehmann, Kuhlo, S. 248 f.; ders., Bläserchor, S. 56; ders., Tibilustrium, S. 121–144; Frieß, S. 138, 147 f.; Schlemm, Bd. 4/1, S. 70, 241–243; Schnabel, Förderer, S. 96–102, 169 f.; ders., Posaunenchorarbeit, S. 27 f., 36–38, 56 f.; SdH 16 (1935), S. 122 f.; 17 (1936), S. 3–5.
188 Kuhlo, Posaunen-Fragen, S. 13; vgl. Ehmann, Bläserspiel, S. 820; Kuhlo, Posaunen-Fragen, S. V.
189 Kuhlo, Posaunen-Fragen, S. 62; vgl. Müller, S. 71.
190 Kuhlo, Posaunen-Fragen, S. V.
191 Vgl. Ehmann, Bläserchor, S. 29–32; ders., Bläserspiel, S. 810–815, 821–823; ders., Kuhlo, S. 43 f., 79, 239–247, 268; ders., Tibilustrium, S. 90–93, 115–120; Frieß, S. 137 f.; Gießelmann, S. 76–78; Kuhlo, Posaunen-Fragen,

S. V f., 6–20; PC 2 (1901), S. 86; Schlemm, Bd. 3, S. 68–79; Schnabel, Förderer, S. 147–157; ders., Posaunenchorarbeit, S. 76–94; SdH 11 (1930), S. 132 f.; Thalmann, S. 36–39.
192 Vgl. Bachmann, Bestrebungen, S. 8; Kuhlo, Posaunen-Fragen, S. 19 f., 23, 130; PC 4 (1903), S. 45; 7 (1906), S. 21; Schlemm, Bd. 2, S. 66; SdH 8 (1927), S. 30; 13 (1932), S. 91; Schnabel, Förderer, S. 157; ders., Posaunenchorarbeit, S. 94–97; Tiesmeyer, S. 351.
193 JB 45 (1891), S. 61.
194 Kuhlo, Posaunen-Fragen, S. 74 f.
195 Vgl. Büttner/Pesta, S. 265–275; Ehmann, Bläserchor, S. 12; ders., Bläserspiel, S. 827 f.; ders., Kuhlo, S. 268–274; ders., Tibilustrium, S. 95, 107, 165; FS Bethel, 100 Jahre, S. 6, 9; Gießelmann, S. 72–75; Kuhlo, Posaunen-Fragen, S. 41, 72–75, 138–140; PC 13 (1912), S. 43; Schnabel, Förderer, S. 128–132; ders., Posaunenchorarbeit, S. 236–242; Winkler/Dig-nus, S. 123.
196 Kuhlo, Posaunen-Fragen, S. 2.
197 Kuhlo, Posaunen-Fragen, S. 2.
198 Kuhlo, Posaunen-Fragen, S. 2.
199 Kuhlo, Posaunen-Fragen, S. 3 f.
200 Kuhlo, Posaunen-Fragen, S. 5.
201 Kuhlo, Posaunen-Fragen, S. 5.
202 Kuhlo, Posaunen-Fragen, S. 4 f.
203 Kuhlo, Posaunen-Fragen, S. 4.
204 Kuhlo, Posaunen-Fragen, S. 65.
205 Kuhlo, Posaunen-Fragen, S. 73.
206 Vgl. Cl 30 (1984), S. 2–9; Ehmann, Bläserspiel, S. 822; ders., Kuhlo, S. 26, 118, 175, 295; ders., Tibilustrium, S. 94; ders., Voce, S. 516 f.; FS Wallenbrück, S. 12 f.; JB 15 (1861), S. 62; 44 (1891), S. 60; Kalisch, S. 265; Kuhlo, Posaunen-Fragen, S. III f., 1–6, 29; ders., Posaunenchöre, S. 346; Ludwig, S. 50; Müller, S. 11 f., 79, 86; PC 3 (1902), S. 20; 7 (1906), S. 12, 20; 13 (1912), S. 42; Schlemm, Bd. 2, S. 94; Schnabel, Förderer, S. 136–142; ders., Posaunenchorarbeit, S. 206–218; SdH 8 (1927), S. 34; Stursberg, S. 197; Tiesmeyer, S. 354 f., 357; Winkler/Dignus, S. 116–124.
207 Kuhlo, Posaunen-Fragen, S. 2.
208 Kuhlo, Posaunen-Fragen, S. III.
209 Kuhlo, Posaunen-Fragen, S. 110.
210 Kuhlo, Posaunen-Fragen, S. III.
211 Ludwig, S. 73 f.; vgl. Ehmann, Bläserspiel, S. 849.
212 Vgl. Ehmann, Bläserchor, S. 93; ders., Bläserspiel, S. 849; ders., Kuhlo, S. 37; ders., Voce, S. 495–510; Gießelmann, S. 86–90; Kalisch, S. 265 f.; Kuhlo, Posaunen-Fragen, S. III, 2, 110–114, 139; Mooser, S. 312–315; Schlemm, Bd. 2, S. 23 f.; Schnabel, Förderer, S. 142 f., 146 f.; ders., Posaunenchorarbeit, S. 159–167; Temming, S. 67.
213 Nachlass Kuhlo, 3,16-17 (LKA).

214 Beilage des Aufwärts Nr. 213 vom 13.9.1934, S. 2.
215 Beilage des Aufwärts Nr. 213 vom 13.9.1934, S. 2.
216 Mergenthaler, Dank, S. 85; vgl. SdH 16 (1935), S. 164.
217 Evangelische Posaunenchorarbeit im Nazi-Reich, Dokumentation Nr. 4, in: Mitteilungen der Gesellschaft christlicher Bläserfreunde, Münster 1982.
218 Thalmann, S. 73.
219 SdH 22 (1941), S. 44.
220 Westfälische Neueste Nachrichten vom 17. bis 21.5.1941.
221 Vgl. Ehmann, Kuhlo, S. 149–156, 306; Ludwig, S. 43–45; Schlemm, Bd. 2, S. 34; Schnabel, Förderer, S. 114–120; Thalmann, S. 68–74.
222 Ludwig, S. 65.
223 Ehmann, Kuhlo, S. 64.
224 Ehmann, Kuhlo, S. 93.
225 Vgl. Ehmann, Kuhlo, S. 284 f., 290–308; Ludwig, S. 59–69; Schnabel, Förderer, S. 120–122; Thalmann, S. 49 f.
226 Ludwig, S. 79 f.; vgl. Schnabel, Förderer, S. 170–174.
227 Vgl. Büttner/Pesta, S. 113 f.; Cl 22 (1975), S. 21–26; 27 (1980), S. 17–24; Ehmann, Kuhlo, S. 281 f.; Schlemm, Bd. 2, S. 123, 126 f.
228 Vgl. Brief Duwes an Juhl vom 28.9.1933 (AWB); Brief Duwes an Juhl vom 29.9.1933 (AWB); Büttner/Pesta, S. 114, 120; Cl 22 (1975), S. 23, 26; 27 (1980), S. 17–24; Ehmann, Kuhlo, S. 220; FS Bethel, 100 Jahre, S. 8 f.; FS Bethel, 125 Jahre, S. 14; Schlemm, Bd. 2, S. 123, 127.
229 FS Bethel, 100 Jahre, S. 10.
230 Vgl. Büttner/Pesta, S. 114 f., 122; FS Bethel, 100 Jahre, S. 9–11; FS Bethel, 125 Jahre, S. 14, 16–19; Schlemm, Bd. 2, S. 124.
231 Fr. Heitkamp in: Mitteilung 26/1938 des Landesverbandes Westfalen-Lippe-Bremen im VeP(D) vom 28.1.1938 (APW); vgl. Büttner/Pesta, S. 120; Schnabel, Posaunenchorarbeit, S. 247; SdH 16 (1925), S. 94.
232 Vgl. Büttner/Pesta, S. 121 f.; Cl 22 (1975), S. 23; FS Siegerland, S. 33–38; Schlemm, Bd. 2, S. 127; Schnabel, Posaunenchorarbeit, S. 180.
233 Vgl. Protokolle der Sitzungen des Bundesausschusses für Posaunenfragen in Hagen vom 6.4.1932 und vom 29.12.1932 (AWB); Rundschreiben Humburgs an die Vereine des Westdeutschen Jünglingsbundes vom 14.9.1926 (AWB); Rundschreiben Schlingensiepens an die Vereinsvorstände des Westdeutschen Jünglingsbundes vom 25.4.1927 (AWB); Winkler/Dignus, S. 19.
234 Zit. nach Stursberg, S. 199 f.
235 Zit. nach Stursberg, S. 211.
236 Reichsgesetzblatt 1933, Nr. 123.
237 Vgl. Büttner/Pesta, S. 123 f.; Cl 27 (1980), S. 24; Lange, Lob, S. 77–86; Schlemm, Bd. 2, S. 139; Schnabel, Posaunenchorarbeit, S. 199 f., 299–301; Stursberg, S. 199–212; Winkler/Dignus, S. 28 f.
238 Vgl. Lange, Lob, S. 86 f.; Schnabel, Förderer, S. 87 f., 126; Brief Duwes an

Juhls vom 28.9.1933 (AWB); Brief Juhls an Duwe vom 2.10.1933 (AWB); Wolfram, S. XIII.
239 Brief Kuhlos an „Mitarbeiter am Psalm 150" vom 22.3.1934 (APW); vgl. Mergenthaler, Dank, S. 76 f.
240 Vgl. Braach, Übersicht, S. 3 f.; Büttner/Pesta, S. 124 f.; FS Posaunenwerk, S. 12 f.; Frieß, S. 141 f.; Lange, Lob, S. 87–91; Schnabel, Förderer, S. 88 f.; ders., Posaunenchorarbeit, S. 200 f., 300 f.; Schlemm, Bd. 2, S. 140–142; Stursberg, S. 213–225; Wolfram, S. XII f.
241 Satzung des Landesverbandes Westfalen-Lippe-Bremen im Verband ev. Posaunenchöre Deutschlands vom 1.4.1939 (APW).
242 Vgl. Braach, Übersicht, S. 3 f.; Brief Buschs an Göhner vom 20.8.1934 (AWB); Brief Duwes an Denks vom 31.5.1934 (APW); Brief Links an Duwe vom 26.3.1939 (APW); Büttner/Pesta, S. 125 f.; Mergenthaler, Handreichung, S. 52–55; Rundbrief des Westdeutschen Jungmännerbundes an die Posaunenchöre vom 28.1.1935 (AWB); Rundschreiben Duwes vom 11.12.1937 (APW).
243 Vgl. Büttner/Pesta, S. 127; Cl 22 (1975), S. 24 f.; 27 (1980), S. 24 f.; Schlemm, Bd. 2, S. 127, 143 f.; Schnabel, Förderer, S. 145.
244 Vgl. Brief Lammers an Duwe vom 7.3.1939 (APW); Brief Millards an Duwe vom 28.12.1938 (APW); Büttner/Pesta, S. 127 f.; Cl 27 (1980), S. 25; FS Bethel, 125 Jahre, S. 16–19; Mitteilung Nr. 22/37 des Landesverbandes Westfalen/Lippe im VeP(D) vom 3.11.1937 (APW); Mitteilung Nr. 26/1938 des Landesverbandes Westfalen-Lippe-Bremen im VeP(D) vom 28.1.1938; Rundschreiben Nr. 55/42 des Landesverbandes Westfalen-Lippe-Bremen im VeP(D) vom 4.2.1942 (APW); Rundschreiben Nr. 60/43 des Landesverbandes Westfalen-Lippe-Bremen im VeP(D) vom 6.2.1943 (APW); Schlemm, Bd. 2, S. 142.
245 Cl 27 (1980), S. 23.
246 Cl 27 (1980), S. 30.
247 Vgl. Büttner/Pesta, S. 154–156; Cl 22 (1975), S. 22 f., 25, 28 f.; 27 (1980), S. 23, 30; Schlemm, Bd. 2, S. 131–133; Schnabel, Posaunenchorarbeit, S. 90 f.
248 Vgl. Büttner/Pesta, S. 156 f.; Cl 22 (1975), S. 24 f., 27 f.; 27 (1980), S. 21–24, 28; Mitteilung Nr. 26/1938 des Landesverbandes Westfalen-Lippe-Bremen im VeP(D) vom 28.1.1938 (APW); Schlemm, Bd. 2, S. 124, 129 f.; Schnabel, Posaunenchorabeit, S. 27 f., 36–38.
249 Cl 22 (1975), S. 25 f.
250 Cl 22 (1975), S. 25.
251 Cl 22 (1975), S. 27.
252 Vgl. Büttner/Pesta, S. 116–118; Cl 22 (1975), S. 25–27; Schlemm, Bd. 2, S. 129.
253 Vgl. Brief Schlingensiepens an Humburg vom 28.4.1927 (AWB); Protokolle der Sitzungen des Bundesausschusses für Posaunenfragen in Hagen vom 6.4.1932 und vom 29.12.1932 (AWB).
254 Brief Buschs an Siebel vom 21.8.1935 (AWB).
255 Brief Bachmanns an den Rat der EKD vom 11.10.1945 (APW).

256 Brief Buschs an Bachmann vom 26.10.1945 (AWB).
257 Brief Bachmanns an Busch vom 2.11.1945 (AWB).
258 Brief Buschs an Duwe vom 9.11.1945 (APW).
259 Brief Bachmanns an Duwe vom 13.11.1945 (APW).
260 Protokoll der Sitzung des Bundesvorstandes des Westdeutschen Jungmännerbundes vom 26.3.1946 (AWB).
261 Rundschreiben Nr. 1 vom 7.2.1946 (APW).
262 Dass das Posaunenwerk der EKD sich selbst in der direkten Nachfolge des VeP(D) aus dem Dritten Reich sah, belegt die Datumsfestlegung der Jubiläumsfeier „50 Jahre Posaunenwerk" im Oktober 1984 in Essen, obwohl das Posaunenwerk sich erst 1946 konstituiert hat; vgl. Braach, Übersicht, S. 4 f.; Büttner/Pesta, S. 128–134; Cl 27 (1980), S. 27; Frieß, S. 144; FS Posaunenwerk, S. 14, 41 f.; Lange, Lob, S. 120; Mergenthaler, Handreichung, S. 55 f.; Schnabel, Posaunenchorarbeit, S. 344 f.; Wolfram, S. XIV–XVI.
263 Brief Schliengensiepens an Humburg vom 28.4.1928 (AWB).
264 Vgl. Beschluss der Bundesvertretung in Barmen am 7.11.1946 zur Posaunenfrage (AWB); Beschluss des Vorstandes der Jungmännerbünde am 5.12.1946 (AWB); Braach, Übersicht, S. 5 f.; Büttner/Pesta, S. 134–137; Lange, Lob, S. 120 f.; Schlemm, Bd. 2, S. 147 f., 237; Schreiben des Landeskirchenamtes Hannover an die Geschäftsstelle des PW der EKD vom 11.3.1947 (APW); Vereinbarung über die Posaunenarbeit in Rheinland und Westfalen zwischen Westdeutschem Jungmännerbund und Posaunenwerk der Ev. Kirche in Deutschland, Essen, 11.10.1946 (AWB); Vereinbarung zwischen Posaunenwerk und Jungmännerwerk am 21.11.1946 in Kassel (AWB); Wolfram, S. XVI.
265 Brief Duwes an Hardt vom 13.2.1947 (APW).
266 Brief Duwes an Kunst vom 14.2.1947 (APW).
267 Vgl. Brief Buschs an Bachmann vom 16.5.1947 (AWB); Brief Duwes an Busch vom 13.3.1947 (APW); Büttner/Pesta, S. 138 f.; persönliches Rundschreiben Bachmanns vom 19.3.1947 (APW); Protokoll der Sitzung des westfäl. Landesposaunenrates in Bethel vom 5.2.1947 (APW).
268 Sonder-Rundbrief über das Posaunenblasen des Westdeutschen Jungmännerbundes vom 23.7.1947 (AWB).
269 Rundschreiben des PW der EKD an die Posaunenchöre in Rheinland und Westfalen-Lippe vom 14.8.1947 (APW).
270 Brief Duwes an Bachmann vom 7.6.1947 (APW).
271 Westbund-Posaunen-Rundbrief Nr. 5 vom 25.10.1948 (AWB).
272 Rundschreiben des PW der EKD vom 8.11.1948 (APW); vgl. Braach, Übersicht, S. 7–9; Brief Buschs an Bachmann vom 16.5.1947 (AWB); Brief Buschs an Bachmann vom 15.9.1947 (AWB); Brief Bachmanns an Busch vom 18.9.1947 (AWB); Brief Duwes an Lattermann vom 26.11.1947 (APW); Büttner/Pesta, S. 130–142; FS Siegerland, S. 39 f.; Mergenthaler, Dank, S. 55–57; Rundschreiben des PW der EKD vom 14.8.1947 (APW); Rundschreiben des PW der EKD vom 15.1.1949 (APW).

273 Rundschreiben des PW der EKD vom 15.1.1949 (APW).
274 Zitiert nach Braach, Übersicht, S. 9.
275 Vgl. Braach, Übersicht, S. 9; Büttner/Pesta, S. 143 f.; Brief Bachmanns an Duwe vom 13.8.1949 (APW); Brief Duwes an Stursberg vom 22.12.1949 (APW); Brief Hardts an Busch vom 16.8.1949 (APW); Mergenthaler, Handreichung, S. 57; Rundschreiben des PW der EKD vom 15.1.1949 (APW); Schnabel, Posaunenchorarbeit, S. 345–348.
276 Zit. nach Braach, Übersicht, S. 9 f.
277 Zit. nach Mergenthaler, Handreichung, S. 58.
278 Brief Duwes an Schürg vom 5.8.1953 (APW).
279 Brief Lörchers an Busch vom 28.5.1955 (AWB).
280 Zit. nach Mergenthaler, Handreichung, S. 59.
281 Zit. nach Braach, Übersicht, S. 11 f.; vgl. Braach, Übersicht, S. 9–12; Brief Bachmanns an Mengedoth vom 3.3.1952 (APW); Brief Tegtmeyers an v. Bodelschwingh vom 31.12.1951 (AWB); Büttner/Pesta, S. 144–147; Mergenthaler, Dank, S. 132; ders., Handreichung, S. 57–59; Schlemm, Bd. 2, S. 148; Vermerk über ein am 25.10.1951 im Zimmer von Herrn Präses D. Wilm geführtes Gespräch (AWB).
282 Zit. nach Braach, S. 12.
283 Vgl. Braach, Übersicht, S. 11–13; Brief Bachmanns an Gruber vom 28.3.1956 (APW); Brief Buschs an Held und Wilm vom 25.1.1956 (AWB); Brief Buschs an Schmidt vom 31.1.1957 (AWB); Büttner/Pesta, S. 147 f.; Licht und Leben 67 (1956), Nr. 3; Mergenthaler, Handreichung, S. 59–62; Sonderrundschreiben des PW der EKD vom 8.2.1956 (APW).
284 Vgl. Brief Bachmanns an Giesen vom 12.12.1955 (APW); Brief Lörchers an Tegtmeyer vom 31.1.1957 (AWB); Brief Sterns an Lörcher vom 22.1.1955 (AWB); Büttner/Pesta, S. 148–150; Mergenthaler, Dank, S. 133 f.; ders., Handreichung, S. 60–62; Protokoll der Sitzung des Landesposaunenrates der Ev. Kirchen für Westfalen und Lippe vom 5.1.1963 (APW); Rundschreiben des PW der EKD vom 30.11.1955 (APW); Schlemm, Bd. 2, S. 148; Schnabel, Posaunenchorarbeit, S. 184 f.
285 Vgl. Büttner/Pesta, S. 122, 150 f.; FS Bethel, 100 Jahre, S. 10–12; Leitsätze für das Posaunenwerk der Evangelischen Landeskirchen in Westfalen und Lippe vom 2.2.1953; Schlemm, Bd. 2, S. 124; Schnabel, Benz, S. 5.
286 Abschrift einer Notiz F. von Bodelschwinghs zu dem Gespräch über die Posaunenfrage vom 3.12.1951 (Hauptarchiv Bethel 2/31-69).
287 Vgl. Arbeitsbericht Duwes der Posaunenmission des Posaunenchores der Anstalt Bethels für das Berichtsjahr 1957 vom 8.7.1958 (APW); Brief Duwes an die EKvW vom 12.2.1947 (APW); Brief Hardts an die EKvW vom 19.1.1953 (Hauptarchiv Bethel 2/31-67); Büttner/Pesta, S. 122 f., 151 f.; FS Bethel, 100 Jahre, S. 10–12.
288 Vgl. Arbeitsbericht des Posaunenwerkes der Ev. Kirchen für Westfalen und Lippe für das Berichtsjahr 1962 vom 4.1.1963 (APW); Büttner/Pesta, S. 152 f.;

Protokoll der Vertretertagung des PW am 5.1.1958 in Bethel (APW); FS Posaunenwerk, S. 16, 54–58.
289 Vgl. Büttner/Pesta, S. 153, 270 f.; Cl 27 (1980), S. 29; 32 (1985), S. 23 f.; Ehmann, Bläserchor, S. 26; ders., Bläserspiel, S. 836, 839, 844; FS Posaunenwerk, S. 41–43, 49; Schlemm, Bd. 2, S. 151 f., 158; ders., Bd. 4/1, S. 151–153, 242–244, 271; Schnabel, Posaunenchorarbeit, S. 48 f., 56, 65, 265; SdH 64 (1983), S. 6.
290 Pc 5 (1993), S. 19.
291 Vgl. Arbeitsbericht des Posaunenwerks der Ev. Kirchen für Westfalen und Lippe für das Berichtsjahr 1963 vom 3.1.1964 (APW); Briefe Ehmanns an Sichtermann vom 26.7.1965 und 21.2.1966 (APW); Brief Sichtermanns an Duwe vom 15.10.1965 (APW); Brief Schlemms an die Landesobmänner und Landesposaunenwarte vom 15.10.1965 (APW); Büttner/Pesta, S. 115, 153 f.; Schlemm, Bd. 2, S. 125, 128; Schnabel, Benz, S. 3 f.
292 Cl 27 (1980), S. 26.
293 Cl 27 (1980), S. 26.
294 Vgl. Büttner/Pesta, S. 157–159; Cl 27 (1980), S. 25 f.; Schlemm, Bd. 2, S. 125, 128.
295 Busch, S. 110.
296 Busch, S. 108.
297 Vgl. Brief Buschs an Tesche vom 23.8.1948 (AWB); Brief Wolframs an Busch vom 21.8.1948 (AWB); Mergenthaler, Handreichung, S. 72 f.; Schlemm, Bd. 2, S. 236–241, 245 f.
298 Vgl. Ehmann, Bläserchor, S. 23, 59; ders., Bläserspiel, S. 830; Mergenthaler, Handreichung, S. 101–106; ders., Miteinander, S. 132; Schlemm, Bd. 2, S. 226, 233 f., 239 f.; Schnabel, Posaunenchorarbeit, S. 269 f.
299 Busch, S. 112.
300 Zit. nach Schlemm, Bd. 4/1, S. 169.
301 Zit. nach Schlemm, Bd. 4/1, S. 170.
302 Vgl. Cl 32 (1985), S. 24; Mergenthaler, Handreichung, S. 107 f.; Schlemm, Bd. 2, S. 240, 242; Bd. 4/1, S. 164–170, 271; Schnabel, Posaunenchorarbeit, S. 50 f., 58; Wolfram, S. IX.
303 Mergenthaler, Handreichung, S. 76 f.
304 Vgl. Mergenthaler, Handreichung, S. 66–71, 74–77; Schlemm, Bd. 2, S. 240 f.; Schnabel, Posaunenchorarbeit, S. 173 f.
305 Vgl. Brief Hüflers an Sundermeier vom 31.7.1962 (AWB); Brief Mergenthalers an Sundermeier vom 8.6.1962 (AWB); LT 106 (1952), S. 13 f.; Mergenthaler, Handreichung, S. 91–101; Schlemm, Bd. 2, S. 241; Schnabel, Posaunenchorarbeit, S. 313 f.
306 Brief Lörchers an Busch vom 1.2.1955 (AWB); vgl. Denkschrift Lörchers zur Lage der Posaunenarbeit im Reichsverband wie im Westbund vom 11.12.1965 (AWB); Schlemm, Bd. 2, S. 243.
307 Für Ehmann begann im Dritten Reich eine steile Karriere, da er sich nicht nur in der Forschung, sondern auch im praktischen und administrativen Bereich

„kulturpolitisch" betätigte, wie er selbst seine Aktivitäten in jener Zeit beschrieb. Von 1934 bis 1939 beteiligte er sich an etlichen Fortbildungslehrgängen für Privatmusiklehrer im gesamten Reichsgebiet. Als 1935 im Auftrag des Reichserziehungsministeriums das „Staatliche Institut für deutsche Musikforschung" gegründet wurde, gehörte Ehmann ihm als führender Mitarbeiter von Anbeginn an. Zunächst fungierte er seit 1936 als Mitherausgeber der institutseigenen Zeitschrift „Deutsche Musikkultur", von 1939 bis 1943 als deren Hauptschriftleiter. Ferner war Ehmann engagiert als Gau-Chormeister des Lobedabundes für Baden und Schwaben, als Mitglied im Reichsmusikausschuss, als Gaubeauftragter für das öffentliche Volkssingen im deutschen Volksbildungswerk, als Musikreferent der „NSG Kraft durch Freude" (Kreis Freiburg), als Schulungsleiter in der Reichsmusikkammer (Fachschaft III), als Leiter einer Gauschule für Freizeitgestaltung in der Freiburger Jugendherberge und verschiedener Schulungslager im ganzen Reich, als Mitglied im musikalischen Arbeitskreis „Liederstunde des Volkes", als Mitarbeiter in der „Orgelarbeitsgemeinschaft der HJ". Alle Tätigkeiten sah er nach eigenen Worten unter der Prämisse, „Musik-Ordnungen in Lebens-Ordnungen zu übertragen" oder, noch deutlicher, „ein Stück NS-Gemeinschaft" zu verwirklichen. Mit seiner Leit-Idee, das Volk zum Singen zu bringen und dadurch zusammenzuführen, fügte er sich nahtlos in die nationalsozialistische Kultur mit ihren Gemeinschaftsveranstaltungen ein.

308 Mit Beginn des zweiten Trisemesters am 15. April 1940 nahm Ehmann seine Lehrtätigkeit als außerordentlicher Professor in Innsbruck auf und hielt u. a. folgende Vorlesungen: „Das Lied der Bewegung", „Feiergestaltung und Menschenführung", „Soldatische Feiergestaltung". Er übernahm aber nicht nur die Leitung des musikwissenschaftlichen Instituts an der Universität Innsbruck, sondern auch den Vorsitz des Gaumusikschulwerkes Tirol-Voralberg, um eine Gaumusikschule aufzubauen.
Während dieser ersten Kriegsjahre leistete Ehmann, der bereits vor 1939 das Marschliedergut auf seine militärische Tauglichkeit untersucht hatte, durch kulturelle Wehrbetreuung mit seinem von ihm in Innsbruck 1940 gegründeten Collegium musicum Schützenhilfe an der Front, so beispielsweise 1942 für mehrere Wochen an der Westküste Frankreichs. Diese Truppenbetreuungsmaßnahmen, für die ihm am 30. Januar 1945 das Kriegsverdienstkreuz 2. Klasse verliehen wurde, umschrieb er später beschönigend als „Erhalt des Humanums im Waffenrock", doch dienten sie nach seinen früher gemachten Aussagen „der inneren Wehrhaftmachung" bzw. der „geistig-seelischen Mannschaftsführung". In dieser Zeit untersuchte Ehmann systematisch, ob Marsch- bzw. Bläsermusik die Marinesoldaten, v. a. die U-Boot-Besatzungen, „kämpferischer" machte, woraufhin diese stundenlang mit Marschmusik berieselt wurden.
309 Zit. nach Osterfinke/Stockhecke, S. 19.
310 Trotz aller Erfolge auf praktischem Gebiet unternahm Ehmann nach Kriegsende nochmals einen letzten Versuch zur Fortsetzung seiner akademischen

Laufbahn. Nachdem Superintendent Kunst für ihn 1948 eine Lehrtätigkeit an der Evangelisch-theologischen Fakultät der Universität Münster im Bereich Praktische Theologie erwirkt hatte, erteilte ihm das Kultusministerium am 23. Februar 1949 dazu den Auftrag. Ehmann bot mit Beginn des Sommersemesters 1949 folgende Vorlesungen in Münster an: „Grundfragen der Ev. Kirchenmusik" (SS 1949), „Grundfragen der Ev. Kirchenmusik II" (WS 1949/ 50); „Das Wochenlied" (SS 1950); „Die Musik der Reformation. Das Lied Martin Luthers" (WS 1950/51); „Die reformatorischen Messordnungen" (SS 1951); „Heinrich Schütz als Musiker der evangelischen Kirche" (WS 1951/ 52); „Neue Musik und Kirche" (SS 1952); „Die Musiker" (SS 1953); „Das geistliche Konzert und Lied" (WS 1953/54); „Das evangelische Kirchenlied" (SS 1954). Mit dem Ende des Sommersemesters 1954 stellte Ehmann seine ohne große Resonanz gebliebene Lehrtätigkeit in Münster ein und bat den Dekan der Evangelisch-theologischen Fakultät, ihn von seinen Verpflichtungen zu entbinden, weil er wegen seiner ständig anwachsenden kirchenmusikalisch-praktischen Arbeit in Herford die Dozententätigkeit in Münster nicht mehr durchhalten könne. Im gleichen Schreiben vom 20. Dezember 1954 diente sich Ehmann als Universitätsmusikdirektor für Münster an, ohne dass diese Stelle jedoch eingerichtet worden wäre.

Warum zog sich Ehmann aus dem akademischen Betrieb zurück, wo er doch später häufig betonte, dass er die wissenschaftlichen Möglichkeiten einer Hochschule vermisse? Lag es, wie sein damaliger Schüler und späterer Professor Manfred Büttner behauptete, an seinem gescheiterten Versuch, Ernst Korte aus seiner musikwissenschaftlichen Professur in Münster zu verdrängen? Oder fürchtete er, den wissenschaftlichen Ansprüchen an der Universität auf Dauer nicht genügen zu können, denn immerhin lehnte er 1950 einen Ruf an die Universität Tübingen genauso ab wie die Direktorenstelle an der Staatlichen Hochschule für Musik in Frankfurt am Main? Offiziell ließ Ehmann verlautbaren, er wolle seine Aufbauarbeit in Herford nicht so schnell aufgeben, aber in ihm selbst erzeugten vermutlich seine Sehnsucht nach einer musikwissenschaftlichen Lehr- und Forschungstätigkeit auf der einen Seite und seine Angst vor einem möglichen Versagen und massiver Kritik seitens der Kollegenschaft andererseits eine Spannung, die ihn zeit seines Lebens begleitete.

311 Zit. nach Osterfinke/Stockhecke, S. 62.
312 Vgl. Büttner/Pesta, S. 255, 306 – 317; Drexel, S. 53 – 161; Ehmann, Voce, S. 609 – 666; ders., Lebenslauf, verfasst am 12.12.1945 (Universitätsarchiv Münster); Hodeck, S. 242 – 252; John, S. 166 – 168, 174 f., 185 – 190; Offener Brief der „Gesellschaft christlicher Bläserfreunde" vom 27.12.1989 (APW); Osterfinke/Stockhecke, S. 9 – 63; Pc 13 (2000), S. 15; Schlemm, Bd. 2, S. 189 – 203, 210 f., 216 – 218; Schnabel, Förderer, S. 7 – 13; Wulfhorst, S. 219 – 224.
313 Hoffmann, S. 103; vgl. Programm der „Betheler Bläsertage" (Hauptarchiv Bethel 2/31-67); Brief Ehmanns an H. D. Schlemm vom 5.10.1987; Büttner/

Pesta, S. 317 f.; Ehmann, Bläserchor, S. 9 f.; ders., Kuhlo, S. 282 f.; ders., Literatur für Posaunenchöre, S. 97–99; ders., Tibilustrium, S. 3; Schlemm, Bd. 2, S. 194, 203–205; Schnabel, Förderer, S. 14.

314 Ekkehard Lippold hat darauf hingewiesen, dass gerade im „Tibilustrium" sich deutlich zeige, dass Ehmann auch später seine faschistische Musikideologie in unrevidierter Form weitertradiert und in die Posaunenchorbewegung eingetragen habe. Als Beispiel nennt der Freiburger Musikwissenschaftler die im „Tibilustrium" zum Ausdruck kommende Verherrlichung der Bläserzünfte als verschworene Gemeinschaften, was ein trivial-romantisches Gedankenkonstrukt der Singbewegung sei. Darin sei eine Affinität zu der ständischen Gesellschaftsordnung des Nationalsozialismus mit SA, SS und HJ als ebenfalls verschworenen Gemeinschaften wiederzuerkennen; vgl. Brief Lippolds an H. D. Schlemm vom 29.12.1990; Büttner/Pesta, S. 319–322; Schnabel, Förderer, S. 15–18.

315 MuK 25 (1953), S. 12.

316 Vgl. Büttner, Bd. 6/2, S. 66; Wille, S. 31 f.

317 Zit. nach Osterfinke/Stockhecke, S. 25.

318 Leider lässt sich auch über die folgenden Abschnitte des „Tibilustriums", in denen Ehmann auf die Posaunenchorbewegung einging, nichts Besseres sagen; denn auch hier begegnet man wie schon zuvor einem Gemisch aus Phantasie und Wirklichkeit, das den Verdacht der Geschichtskonstruktion nicht entkräftet, ganz zu schweigen von den vielen störenden Sachfehlern, die man von einem ausgewiesenen Musikwissenschaftler eigentlich nicht erwarten sollte.

Auf S. 74 wurde das Entstehen des Jöllenbecker Posaunenchors mit der Jahreszahl 1843 angegeben und behauptet, seine Gründungsmitglieder hätten bei einem Militärkapellmeister Bräutigam ihren ersten Blasunterricht erhalten. Fakt ist jedoch, dass bereits in den beiden Jahren 1841 und 1842 – so die Jahresberichte Düsselthals – die Jöllenbecker „Jungs" Ausrodungsarbeiten in Düsselthal verrichteten und dafür beim Düsseldorfer Hofinstrumentenbauer Karl Wilhelm Bräutigam im Blasen unterrichtet wurden. Auf S. 97 begann das „Protokollbuch der Gaukonferenzen ... der Jünglings-, Posaunen- und Jungfrauenvereine von Minden-Ravensberg und der angrenzenden Lande" einmal im Jahr 1853, kurz darauf weiter unten 1858, weil Ehmann keine exakte Datierung vornehmen konnte, auch Jahrzehnte später noch nicht, obwohl die erste protokollierte Versammlung am 20. März 1858 stattgefunden hat, was nicht nur aus der Zählung der Kreisfeste, sondern auch aus dem Wohnort von Kreis-Präses Heinrich Budde eindeutig hervorgeht.

Auf S. 85 wurde der Komponist Gottfried Müller als Leiter der sächsischen Posaunenmission ausgegeben, doch versahen nur sein Vater Adolf von 1898 bis 1933 und sein Bruder Christoph Müller (1910–1989) kommissarisch 1933, regulär von 1956 bis 1966 dieses Amt. Auf Seite 99 wurde der Zusammenschluss der evangelischen Posaunenchöre zu einem „selbständigen

Reichsposaunenwerk der EKD" in das Jahr 1933 datiert, jedoch geschah dies am 8. Mai 1934 – und zwar zum „Verband ev. Posaunenchöre" (VeP, 1935 mit dem Zusatz „Deutschlands": VeP(D)). Den Titel „Posaunenwerk der EKD" (später: Posaunenwerk in der EKD) gab es erst nach dem Zweiten Weltkrieg, zumal die EKD sich erst 1945 konstituierte. Ebenfalls auf dieser Seite wurde schließlich behauptet, Johannes Kuhlo sei 1942 gestorben, obwohl sein Todesdatum auf den 16. Mai 1941 fällt.

319 Vgl. Büttner, S. 37, 51-53, 62-80; Büttner/Pesta, S. 37-51; Wille, S. 78 f., 84, 88 f., 103, 202 f. Wer sich einen Überblick über die bläserische Entwicklungsgeschichte im europäischen Raum bis zur Reformation verschaffen möchte, ist schon lange nicht mehr auf das „Tibilustrium" angewiesen, da es inzwischen ausgezeichnete, historisch zuverlässige Darstellungen für den Bereich des römischen Musikwesens von Wille, der fahrenden Spielleute von Salmen und der Trompeterzunft von D. Altenburg gibt.

320 Vgl. Büttner/Pesta, S. 323; Ehmann, Bläserchor, S. 14; ders., Bläserspiel, S. 812 f.; ders., Tibilustrium, S. 50, 54, 117; Schnabel, Förderer, S. 18 f.; ders., Posaunenchorarbeit, S. 129, 140 f.

321 Vgl. Büttner/Pesta, S. 324 f.; Ehmann, Kuhlo, S. 25, 43, 70, 223, 231, 241; ders., Tibilustrium, S. 76, 91; ders., Voce, S. 491, 501; E. Kuhlo, S. 7; Schlemm, Bd. 2, S. 12; Schnabel, Förderer, S. 19 f.; ders., Posaunenchorarbeit, S. 73 f.

322 Ehmann, Bläserspiel, S. 818.

323 Mergenthaler, Handreichung, S. 35.

324 Vgl. Büttner/Pesta, S. 325; Ehmann, Bläserspiel. S. 814; Schnabel, Förderer, S. 20 f.; ders., Posaunenchorarbeit, S. 134 f.

325 Vgl. Büttner/Pesta, S. 326 f.; Ehmann, Tibilustrium, S. 100 f., 107; Mahrenholz, S. 261 – 263, 265 – 267; PC 1 (1900), S. 1; 10 (1909), S. 35; 11 (1910), S. 3; Schnabel, Förderer, S. 21 f., 75 f.; ders., Posaunenchorarbeit, S. 143 – 147; SdH 8 (1927), S. 84; 11 (1930), S. 23; WBKM 3 (1929/30), S. 159, 165.

326 Ehmann, Bläserchor, S. 93; vgl. Büttner/Pesta, S. 327 f.; Ehmann, Bläserspiel, S. 849; Mergenthaler, Handreichung, S. 35; Schnabel, Förderer, S. 22 f., 75 f.; ders., Posaunenchorarbeit, S. 147 f.; Tiesmeyer, S. 357.

327 Ehmann, Bläserspiel, S. 849; vgl. ders., Bläserchor, S. 93, 98.

328 Vgl. Büttner/Pesta, S. 328 f.; JB 35 (1881), S. 61 f.; PC 1 (1900), S. 38, 41; Schnabel, Förderer, S. 23 f., 75 f.; ders., Posaunenchorarbeit, S. 150 f.; Wolfram, S. 70, 154.

329 Vgl. Ehmann, Tibilustrium, S. 144 f.; Mahrenholz, S. 246 f.; MuK 9 (1937), S. 130; Posaune 22 (1939), S. 35; Schlemm, Bd. 2, S. 168; Schnabel, Förderer, S. 24 f.; ders., Posaunenchorarbeit, S. 326 – 330; SdH 10 (1929), S. 45; 17 (1936), S. 160.

330 Ehmann, Tibilustrium, S. 115; vgl. ebd., S. 115 – 120.

331 Vgl. Mahrenholz, S. 135 – 137, 167 – 171.

332 Ehmann, Tibilustrium, S. 121; vgl. ebd., S. 121 – 125.

333 Vgl. Mahrenholz, S. 165 – 167.

334 Ehmann, Tibilustrium, S. 125; vgl. ebd., S. 125–144.
335 Vgl. Mahrenholz, S. 133 f., 136 f.
336 Ehmann, Tibilustrium, S. 144; vgl. ebd., S. 144–159.
337 Vgl. Mahrenholz, S. 262–265.
338 Ehmann, Tibilustrium, S. 162; vgl. ebd., S. 159–162.
339 Vgl. Mahrenholz, S. 171–173.
340 Ehmann, Tibilustrium, S. 162; vgl. ebd., S. 162–168.
341 Vgl. Wolfram, S. 6–9, 19–23, 72, 79, 81, 111, 114, 131–133, 156.
342 Pc 2 (1989), S. 98.
343 Vgl. Büttner/Pesta, S. 238, 331–333; Frieß, S. 143 f.; Schnabel, Förderer, S. 26 f.
344 Vgl. Ehmann, Bläserchor, S. 29, 32–40; ders., Bläserspiel, S. 822–824; ders., Blasmusik, S. 9 f.; ders., Blechblasinstrumente, S. 79–86; ders., Tibilustrium, S. 115–120; ders., Trompeten, S. 58–63; ders., Voce, S. 536–547; Jäckle/Bischoff, S. 14; Pc 2 (1989), S. 97 f.; Schlemm, Bd. 2, S. 209 f.; Schnabel, Förderer, S. 27–36; ders., Posaunenchorarbeit, S. 98–111; Winkler/Dignus, S. 55, 102.
345 Vgl. Cl 21 (1974), S. 23; 22 (1985), S. 25; Ehmann, Bläserchor, S. 46 f.; ders., Bläserspiel, S. 839 f.; ders., Kuhlo, S. 355; ders., Tibilustrium, S. 121, 123, 125, 128, 138–141; FS Posaunenwerk, S. 43, 46–48; Jäckle/Bischoff, S. 95 f.; Schlemm, Bd. 2, S. 206–209; ders., Bd. 4/1, 206–211, 256 f.; Schnabel, Förderer, S. 36–38.
346 Vgl. Ehmann, Bläserchor, S. 47; ders., Bläserspiel, S. 840; FS Posaunenwerk, S. 47 f.; Schlemm, Bd. 2, S. 206–209; ders., Bd. 4/1, S. 209–211; Schnabel, Förderer, S. 38 f.
347 Vgl. Cl 16 (1969), S. 21, 23; Ehmann, Bläserchor, S. 44 f., 49; ders., Blasmusik, S. 11; ders., Kuhlo, S. 251 f.; ders., Tibilustrium, S. 83 f., 121 f., 124 f., 128, 131–134, 138–141; Jäckle/Bischoff, S. 15; Schlemm, Bd. 4/1, S. 273–282; Schnabel, Förderer, S. 39–41; SdH 20 (1939), S. 120 f.
348 Vgl. Büttner/Pesta, S. 260–263; Cl 9 (1962), H. 4, S. 9 f.; Ehmann, Bläserchor, S. 9 f.; ders., Bläserspiel, S. 831; ders., Blechblasen, S. 24 f., 59; ders., Tibilustrium, S. 162, 165–167; Mergenthaler, Handreichung, S. 13, 102; MuK 23 (1953), S. 18; Schnabel, Förderer, S. 41–44.
349 Brief Ehmanns an v. Bodelschwingh vom 30.7.1951 (APW).
350 Vgl. Brief Bachmanns an Ehmann vom 20.10.1951 (APW); Brief Bachmanns an Ehmann vom 22.3.1956 (APW); Brief Buschs an Ehmann vom 25.5.1955 (AWB); Brief Ehmanns an Bachmann vom 23.11.1951 (APW); Brief Ehmanns an Mrozek vom 28.3.1956 (APW); Ehmann, Voce, S. 644 f., 665; Kirchliches Amtsblatt der EKvW Nr. 7 vom 20.7.1967, S. 91–112; MuK 34 (1964), S. 120–134; Schnabel, Förderer, S. 44–47.
351 Ehmann, Tibilustrium, S. 135.
352 Ehmann, Bläserchor, S. 127.
353 Vgl. Cl 16 (1969), S. 21; Ehmann, Blechblasen, S. 121, 125; ders., Bläserchor, S. 25, 89 f., 93, 125, 127 f.; ders., Bläserspiel, S. 831, 845–849; ders.,

Blasmusik, S. 12; ders., Kuhlo, S. 277; ders., Tibilustrium, S. 107, 135, 145 f., 153–156, 166 f.; Schnabel, Förderer, S. 48–51; Winkler/Dignus, S. 104 f.

354 Vgl. Ehmann, Bläserchor, S. 7, 19, 26; ders., Bläserspiel, S. 829; ders., Tibilustrium, S. 95, 162 f.; FS Posaunenwerk, S. 49; Langhans, Literaturkunde, S. 15 f.; Schlemm, Bd. 2, S. 207; Schnabel, Förderer, S. 52–54; ders., Posaunenchorarbeit, S. 263 f.

355 Vgl. Ehmann, Bläserchor, S. 23, 26; ders., Bläserspiel, S. 830; ders., Kuhlo, S. 279; ders., Tibilustrium, S. 163 f.; ders., Voce, S. 645 f.; Schlemm, Bd. 2, S. 226, 233 f.; Schnabel, Förderer, S. 54 f.; ders., Posaunenchorarbeit, S. 268–271; Winkler/Dignus, S. 84, 86, 88. Ehmann hat übrigens selbst an der Herforder Kirchenmusikschule Posaunenchorleiterseminare durchgeführt, vgl. Ehmann, Bläserchor, S. 24.

356 Ehmann, Tibilustrium, S. 166; vgl. ebd., S. 162.165 f.

357 Vgl. Ehmann, Bläserchor, S. 20–22; ders., Bläserspiel, S. 831; ders., Tibilustrium, S. 166 f.; Schnabel, Förderer, S. 55–58; ders., Posaunenchorarbeit, S. 272–274.

358 Vgl. Büttner/Pesta, S. 241, 304; Ehmann, Bläserchor, S. 21–23, 58; ders., Bläserspiel, S. 831; ders., Kuhlo, S. 287; Jäckle/Bischoff, S. 28, 72; MuK 23 (1953), S. 18; Schlemm, Bd. 2, S. 205 f.; Schnabel, Förderer, S. 58–61; ders., Posaunenchorbewegung, S. 274–279; SdH 30 (1949), S. 15.

359 Ehmann, Bläserspiel, S. 120 f.

360 Vgl. Cl 16 (1969), S. 21 f.; Ehmann, Bläserchor, S. 25, 136; ders., Bläserspiel, S. 120 f.; ders., Tibilustrium, S. 162, 164; ders., Voce, S. 655; MuK 30 (1960), S. 33–36; Schnabel, Förderer, S. 61–63; ders., Posaunenchorarbeit, S. 279–283.

361 Vgl. Ehmann, Bläserchor, S. 101–122; Langhans, Posaunenchor, S. 156; Schnabel, Posaunenchorarbeit, S. 170 f.

362 Ehmann, Bläserspiel, S. 808.

363 Vgl. Büttner/Pesta, S. 333 f.; FS Posaunenwerk, S. 44 f.; Pc 2 (1989), S. 97 f.; Schlemm, Bd. 2, S. 193, 212–218; Schnabel, Förderer, S. 63 f.

364 Vgl. Büttner/Pesta, S. 1–3, 19–36, 295–299; Cl 22 (1975), S. 53; FS Bethel, 100 Jahre, S. 12; FS Bethel, 125 Jahre, S. 15, 22; Jahresberichte von Benz 1972–1999 (APW); Pc 10 (1997), S. 109; 11 (1998), S. 72; 12 (1999), S. 18–20; Protokolle der Chorvertreterversammlungen und Landesposaunenratssitzungen 1965–1999 (APW); Schlemm, Bd. 4/1, S. 197; Schnabel, Benz, S. 1–25.

365 Vgl. Büttner/Pesta, S. 4; Jahresberichte von Saretzki 1972–2001 (APW); Pc 12 (1999), S. 12; 13 (2000), S. 14 f.; Protokolle der Chorvertreterversammlungen und Landesposaunenratssitzungen 1972–2001 (APW); Satzung des Posaunenwerks in der EKvW vom 27.5.1972 (APW); Schlemm, Bd. 4/1, S. 233–237, 248–254; Schnabel, Posaunenchorarbeit, S. 49, 65.

366 Vgl. Jahresberichte von Marstatt 1988 f. (APW); Jahresberichte von Dieckmann 1992–2001 (APW); Pc 13 (2000), S. 38 f., 70; Protokolle der Chor-

vertreterversammlungen und Landesposaunenratssitzungen 1987 – 2002 (APW).

367 Vgl. Braach, Posaunenarbeit, S. 1 – 11; Leitlinien für die Posaunenarbeit im CVJM-Westbund, Wuppertal 1987; Pc 10 (1997), S. 15 f.; 14 (2001), S. 91; Die Posaunenchorarbeit im CVJM-Westbund, o.A.; Protokolle des Ausschusses für Posaunenarbeit im CVJM-Westbund 1974 – 2001 (AWB); Schlemm, Bd. 4/1, S. 197 f.

368 Vgl. Büttner/Pesta, S. 3 f.; Braach, Posaunenarbeit, S. 1 – 11; FS Siegerland, S. 55 – 63; LT 130 (1976), S. 26 f.; 131 (1977), S. 23; NW 148 (1994), S. 6; NW 152 (1998), S. 40; NW 154 (2000), H. 1, S. 43; Pc 12 (1999), S. 13; Rundschreiben des CVJM-Westbunds an die Chorleiter 1972 – 2001 (AWB); Schlemm, Bd. 4/1, S. 170 – 172; Schnabel, Posaunenchorarbeit, S. 51, 278; Tätigkeitsberichte M. Schnabels 1994 – 2001 (AWB).

369 Zit. nach Braach, Übersicht, S. 13, vgl. Schlemm, Bd. 4/1, S. 155 f.

370 Vgl. Jahresberichte von Benz 1972 – 1999 (APW); Jahresberichte von Dieckmann 1992 – 2001 (APW); Jahresberichte von Saretzki 1972 – 2001 (APW); Pc 13 (2000), S. 70; Schlemm, Bd. 4/1, S. 195 – 198, 244 – 246; Schnabel, Benz, S. 8 f.

371 Vgl. Büttner/Pesta, S. 239 f.; Braach, S. 13 f.; Frieß, S. 146; Jahresberichte von Benz 1972 – 1999 (APW); Jahresberichte von Dieckmann 1992 – 2001 (APW); Jahresberichte von Saretzki 1972 – 2001 (APW); Pc 13 (2000); Schnabel, Benz, S. 11 – 15.

372 Wolfram, S. VII; zum Rückblick vgl. Kap. 1 – 6.3 sowie Frieß, S. 133 – 146; Schnabel, Quo vadis, S. 35 – 41, 70 – 78; zum Ausblick vgl. Braach, Posaunenarbeit, S. 1 – 11; Saretzki, Kirche mit Zukunft, Stellungnahme des Posaunenwerks in der EKvW vom 4./5.4.2001 (APW); Schnabel, Quo vadis, S. 35 – 41, 70 – 78.

7.2 Literaturverzeichnis

Ahrens, C.: Eine Erfindung und ihre Folgen. Blechblasinstrumente mit Ventilen, Kassel 1986.
APW: Archiv des Posaunenwerks in der Ev. Kirche von Westfalen, Cansteinstr. 1, 33647 Bielefeld.
Auhagen, W.: Der Einfluß der Romantik auf die Bläserliteratur Eduard und Johannes Kuhlos, in: Cl 31 (1985), S. 10–12, 17–23, 33–38.
AWB: Archiv des CVJM-Westbunds, Bundeshöhe 6, 42220 Wuppertal.
Bachmann, F.: Neue Bestrebungen auf dem Gebiete der Blasmusik. Ein Blick in die Arbeit der ev. Posaunenchöre, Hamburg 1938.
Baumann, J.: Der Kirchenkreis Halle, seine Superintendenten und Einrichtungen, Halle 1983.
Benrath, G. A.: Art. „Erweckung/Erweckungsbewegungen I", in: TRE X, Berlin/ New York 1982, S. 205–220.
Beyreuther, E.: Art. „Erweckungsbewegung im 19. Jh.", in: RGG II, Tübingen 1958 (3. Aufl.), Sp. 621–629.
Blankenburg, W.: Die ev. Kirchenmusik von der Restauration bis zur Gegenwart, in: Art. „Kirchenmusik", MGG XVI, Kassel 1979, Sp. 985–989.
Böttcher, J.: Beiträge zur Geschichte der Posaunenchöre der selbständigen ev.-luth. Gemeinde Rodenberg und der Hannoverschen ev.-luth. Freikirche, Celle 1910.
Braach, H.-J.: Posaunenarbeit im CVJM-Westbund. Perspektiven ins Jahr 2000. Referat anlässlich der Ostwestfälischen Bläsertage am 27. April 1991, Nepthen 1991 (ms.).
Ders.: Übersicht zur Entstehung des „Posaunenwerks in der Evangelischen Kirche von Westfalen" und dem Verhältnis zur Posaunenarbeit des CVJM-Westbundes. Versuch einer (hoffentlich nicht einseitigen) Nachzeichnung, Nepthen 1983 (ms.).
Brodde, O.: Bedenken und Fragen zu Erich Grubers Bericht „Der gegenwärtige Stand der Posaunenchorarbeit", in: MuK 23 (1953), S. 106–109.
Ders.: Referat anlässlich der Ostwestfälischen Bläsertage 1991, Bethel 1991 (ms.).
Ders.: Übersicht über die Entstehung des „Posaunenwerks in der Evangelischen Kirche von Westfalen" und dem Verhältnis zur Posaunenarbeit im CVJM-Westbund, Nepthen 1983 (ms.).
Budde, H. (Hrsg.): Zeugen und Zeugnisse aus dem christlich-kirchlichen Leben von Minden-Ravensberg im 19. Jahrhundert, Bd. 1 f., Bethel 1899/1901.
Büttner, M.: Die Trompete im Altertum und Mittelalter – Ursprung und Ausbreitung. Eine musikgeographisch-theologische Studie, in: Büttner/Schnabel/Winkler (Hrsg.): Musikgeographie. Weltliche und geistliche Blasmusik in ihren Beziehungen zueinander und zu ihrer Umwelt. Tagungsband des Symposiums 1990, in: Abhandlungen zur Geschichte der Geowissenschaften und Religion/ Umwelt-Forschung, Bd. 6/2, Bochum 1991, S. 13–119.

Büttner/Pesta (Hrsg.): Mit Drommeten und Pauken, Hörnern und Posaunen. Festschrift für Werner Benz zum 65. Geburtstag, Berlin 2001.
Busch, W. (Hrsg.): Mit ihm wollen wir es wagen – 100 Jahre Westdeutscher Jungmännerbund 1948, Wuppertal 1948.
Drexel, K: Musikwissenschaft und NS-Ideologie. Dargestellt am Beispiel der Universität Innsbruck von 1938 bis 1945, in: Veröffentlichungen der Universität Innsbruck Bd. 202, Innsbruck 1994.
Ehmann, W.: Der Bläserchor. Besinnung und Aufgabe, Kassel 1969.
Ders.: Das Bläserspiel, in: Leiturgia IV, Kassel 1969, S. 806–855.
Ders.: Blasmusik in unseren Tagen, Musik und Gottesdienst 18 (1964), S. 7–13.
Ders.: Blechblasen in der kirchenmusikalischen Ausbildung, in: MuK 34 (1964), S. 120–134.
Ders.: 100 Jahre Kuhlo-Posaunenbuch, in: Kirchenmusiker 32 (1981), S. 152–156.
Ders.: Johannes Kuhlo. Ein Spielmann Gottes, Bielefeld 1981 (6. Aufl.).
Ders.: Neue Blechblasinstrumente nach alten Modellen, in: Hausmusik 22 (1958), S. 79–86.
Ders.: Neue Literatur für Posaunenchöre, in: Monatszeitschrift für Gottesdienst und kirchliche Kunst 36 (1931), H. 3, S. 97–99.
Ders.: Neue Trompeten und Posaunen, in: Ehmann, Kirchenmusik. Vermächtnis und Aufgabe, FS Darmstadt-Eberstadt 1958, S. 58–63.
Ders.: Tibilustrium. Das geistliche Blasen. Formen und Reformen, Kassel 1950.
Ders.: Voce et Tuba. Gesammelte Reden und Aufsätze 1934–1974, Kassel 1976.
Feder, G.: Verfall und Restauration, in: Blume (Hrsg.), Geschichte der ev. Kirchenmusik, Kassel 1965 (2. Aufl.), S. 215–269.
Festschrift Alswede: 100 Jahre Posaunenchor Alswede, Alswede 1973.
Festschrift Annen: 60 Jahre Vereinsarbeit. Vereinsgeschichte des Evangelischen Jünglings- und Männervereins Annen 1869–1929, Annen 1929.
Festschrift Bergkirchen: 100 Jahre CVJM Bergkirchen, Bergkirchen 1978.
Festschrift Bethel: Lobt Gott mit Posaunen, 100 Jahre Posaunenmission Bethel 1876–1976, Bielefeld 1976.
Festschrift Bethel: 125 Jahre Posaunenmission Bethel, Bielefeld 2001.
Festschrift Dahle: 200 Jahre Ev.-Ref. Kirchengemeinde Dahle 1777–1977, Dahle 1977.
Festschrift Dankersen: Aus der Geschichte des Posaunenchors Dankersen. Mitteilungen zur Hundertjahrfeier am 6. und 7. März 1976, Dankersen 1976.
Festschrift Eidinghausen: CVJM Eidinghausen 1881–1981, Bad Oeynhausen 1981.
Festschrift Elverdissen: 100 Jahre CVJM Elverdissen, Detmold 1978.
Festschrift Frotheim: 100 Jahre Posaunenchor Frotheim 1881–1981, Frotheim 1981.
Festschrift Gohfeld: 950 Jahre Kirche in Gohfeld, Bad Oeynhausen 1985.
Festschrift Gütersloh: Aus der fünfzigjährigen Geschichte des Ev. Jünglings- und Männervereins Gütersloh 1874–1924, Gütersloh 1924.

Festschrift Gymnasium Gütersloh: 100 Jahre Posaunenchor 1871–1971. Evangelisch Stiftisches Gymnasium Gütersloh, Gütersloh 1971.
Festschrift Hagedorn: 75 Jahre Evangelischer Posaunenchor Hagedorn 1879–1954, Hagedorn 1954.
Festschrift Hagen: Einhundert Jahre. Bilder aus der Hagener CVJM-Geschichte, Hagen 1955.
Festschrift Halver: 1870–1970, 100 Jahre CVJM Halver, Halver 1970.
Festschrift Hartum-Hahlen: 100 Jahre Posaunenchor Hartum-Hahlen 1870–1970, Hartum 1970.
Festschrift Heepen: 75 Jahre CVJM Heepen, Heepen 1955.
Festschrift Herzkamp: 90 Jahre Posaunenchor Herzkamp; 107. Jahresfest des CVJM Herzkamp, Herzkamp 1970.
Festschrift Hiddenhausen: 100 Jahre CVJM Hiddenhausen, Hiddenhausen 1974.
Festschrift Höxter: Der Posaunenchor Höxter 1878–1953, Höxter 1953.
Festschrift Hüllhorst: 125 Posaunenchor Hüllhorst, Hüllhorst 1978.
Festschrift Jöllenbeck: 1843–1993. 150 Jahre Posaunenchor CVJM Jöllenbeck, Bielefeld 1993.
Festschrift Kirchlengern: 90 Jahre CVJM Kirchlengern 1879–1969, Kirchlengern 1969.
Festschrift Mennighüffen: 100 Jahre Posaunenchor Mennighüffen, Mennighüffen 1972.
Festschrift Minden: 100 Jahre evangelischer Posaunenchor Minden 1884–1984, Minden 1984.
Festschrift Posaunenwerk: Gott loben – füreinander leben. Fünfzig Jahre Posaunenwerk 1934–1984, Essen 1983.
Festschrift Rehme: Chronik 100-Jahr-Feier CVJM Rehme, Bad Oeynhausen 1980.
Festschrift Rotenhagen: Festschrift zum 100-jährigen Kirchweihjubiläum der Bethlehemsgemeinde Rotenhagen, Rotenhagen 1989.
Festschrift Schwelm: 125 Jahre Posaunenchor Schwelm, Schwelm 1986.
Festschrift Schwenningdorf: 100 Jahre Posaunenchor der Ev.-luth. Gemeinde Schwenningdorf, Rödinghausen 1980.
Festschrift Siegerland: 100 Jahre Posaunenverband im CVJM-Kreisverband Siegerland, 1898–1998, Festschrift, Wilnsdorf 1998.
Festschrift Unna: 100 Jahre Evangelischer Posaunenchor Unna 1879–1979, Unna 1979.
Festschrift Volmerdingsen: 100 Jahre CVJM Volmerdingsen 1880–1980, Volmerdingsen 1980.
Festschrift Wallenbrück: 100 Jahre Posaunenchor Wallenbrück 1865–1965, Spenge 1965.
Festschrift Wehdem: Festschrift zum 100-Jährigen des Posaunenchors der Ev.-luth. Kirchengemeinde Wehdem, Wehdem 1980.
Festschrift Weidenau: 75 Jahre Posaunenchor Weidenau 1878–1953, Weidenau 1953.

Festschrift Witten: 100 Jahre Christlicher Verein junger Männer Witten e.V. 1863–1963, Witten 1963.

Frieß/Eismann (Hrsg.): Handbuch für Posaunenchorleiter, Stuttgart 1995.

Gießelmann, R.: Kulturelle Innovation in ländlicher Region. Posaunenchöre in der Gesellschaft des östlichen Westfalens, Magisterarbeit, Bielefeld 2002 (ms.).

Graf, J.: Über die Posaunenchöre des Kirchenkreises Stolzenau, Magisterarbeit, Osnabrück 1988 (ms.).

Heienbrok, W. (Hrsg.): Zeugen und Zeugnisse aus Minden-Ravensberg, Bd. 1 f., Bielefeld 1931.

Hesekiel, J.: Die Mission an den Jünglingen. Eine Monographie über Jünglings-Vereine, Herberge und Kosthaus, Berlin 1864.

Hodeck, J.: Musikalisch-pädagogische Bewegung zwischen Demokratie und Faschismus, Weinheim/Basel 1977.

Hoffmann, H.: Vom Wesen der zeitgenössischen Kirchenmusik, Kassel 1949.

Jäckle/Bischoff (Hrsg.): Aus der Geschichte der evangelischen Posaunenarbeit in Baden, Lahr 1986.

JB: Jünglings-Bote (1848 ff.), später Leuchtturm, später Netzwerk, hg. vom Rheinisch-Westfälischen bzw. Westdeutschen Jünglingsbund bzw. Jungmännerwerk bzw. CVJM-Westbund, Wuppertal.

John/Martin/Mück/Ott (Hrsg.): Die Freiburger Universität in der Zeit des Nationalsozialismus, Würzburg 1991.

Kalisch, V.: Posaunenchöre: Mission und Funktion, in: Suppran/Brixel (Hrsg.), Alta Musica, Bd. 2, Kongressbericht Mainz 1996, Tutzing 1998, S. 263–274.

Krummacher, K.: Aufsatz „Wie die Posaunenmusik im Ravensberger Land entstanden ist", in: Jünglingsbote Jg. 35 (1881), S. 60–62.

Kuhlo, E.: Posaunenbuch der Minden-Ravensberger Posaunenchöre, Gütersloh 1881.

Kuhlo, J.: Aus der Geschichte der Posaunenchöre, in: SdH 17 (1936), S. 156 f.

Ders.: Posaunenbuch III. Teil. Ein Volksliederbuch, Gütersloh 1938 (8. Aufl.).

Ders.: Posaunen-Fragen, Bethel 1909 (3. Aufl.).

Ders.: Unsere Posaunenchöre in Minden-Ravensberg, in: Schoneweg, E. (Hrsg.): Minden-Ravensberg, ein Heimatbuch, Bielefeld/Leipzig 1929, S. 345–348.

Lange, H. J.: Kirchenmusiker und Posaunenchor, in: Gottesdienst und Kirchenmusik 11 (1960), S. 68–79.

Ders.: „Sein Lob tön' im Posaunenschalle". Die Geschichte der Posaunenchorarbeit in der Hannoverschen Landeskirche, Münster 1999.

Langhans, F.: Literaturkunde für Posaunenchorleiter, Arbeitshilfen für Posaunenchorleiter H. 2, Essen 1971.

Ders.: Der Posaunenchor, in: Opp, W. (Hrsg.): Handbuch des kirchenmusikalischen Dienstes im Nebenamt, Berlin 1967, S. 155–166.

Lenz, O.: Denkschrift zum sechzigjährigen Jubelfeste des Klein-Lindener Posaunenchores, Eickel-Wanne 1914.

LKA: Landeskirchliches Archiv der EKvW, Ritterstraße 19, 33602 Bielefeld.

Ludwig, H.: Johannes Kuhlo, Der Posaunengeneral, Gießen 1966.

LT: siehe JB.

Mahrenholz, C.: Über Posaunenmusik, in: MuK 1 (1929), S. 132–137, 163–173, 261–263.

Mergenthaler, W. et al. (Hrsg.): Handreichung für Posaunenbläser, Wuppertal 1964.

Ders.: Miteinander Gott loben. Werkbuch für die Posaunenarbeit, Stuttgart 1976.

Ders.: Und Dank für seine Gnade. 100 Jahre Posaunenarbeit in Württemberg, Stuttgart 1990.

Mooser, J. et al. (Hrsg.): Frommes Volk und Patrioten, Erweckungsbewegung und soziale Frage im östlichen Westfalen 1800–1900, Bielefeld 1989.

Moser, H. J.: Die evangelische Kirchenmusik in Deutschland, Darmstadt 1954.

Müller, A.: Unsere Posaunenchöre, in: PC 10 (1909), S. 62 f., 70 f., 78 f., 86; 11 (1910), S. 2 f., 10–12.

Nagel, W.: Geschichte des christlichen Gottesdienstes, Berlin 1970.

Neuser, W. H.: Evangelische Kirchengeschichte Westfalens im Grundriß. Beiträge zur westfälischen Kirchengeschichte Bd. 22, Bielefeld 2002.

NW: siehe JB.

Olpp, H.: Ein Stück kirchliche Heimatgeschichte im Spiegel eines Minden-Ravensberger Posaunenchors, Bielefeld 1957.

Osterfinke/Stockhecke: Mit Posaune, Chor & Taktstock. Wilhelm Ehmann (1904 – 1989) und die Kirchenmusik. Schriften des Landeskirchlichen Archivs der Evangelischen Kirche von Westfalen, Bd. 5, Bielefeld 1999.

PC: Der Posaunenchor (1900 ff.), hg. von A. B. Ueberwasser et al., Hamburg.

Pc: Posaunenchor (1988 ff.), hg. vom PW in der EKD bzw. EPiD, München.

Pesta, D.: Johannes Kuhlos Einfluß auf die Entwicklung der evangelischen Posaunenarbeit, Berlin 1999.

Plenius, R.: Gedanken über die Entstehung und Entwicklung des hiesigen Gemeinschaftslebens in Halver und Umgebung, Beisen 1940.

Rahe, W.: Johann Hinrich Volkening, 1796–1877. Dienstliche Schreiben, Briefe, Tagebuchblätter. Sonderdruck aus dem Jahrbuch des Vereins für Westfälische Kirchengeschichte 1937/38.

Der Rheinisch-Westfälische Jünglingsbund im Vereinsjahre 1883/84: 1. Bericht des Bundespräses Pastor Krummacher, 2. Statistik des Bundes, Elberfeld 1884.

Rische, A.: Johann Hinrich Volkening, Gütersloh 1919.

Rothert, H.: Die Minden-Ravensberger Kirchengeschichte, Teil V: das 19. Jahrhundert, in: Jahrbuch des Vereins für Westfälische Kirchengeschichte 31 (1930), S. 1–124.

Rottschäfer, U.: Erweckung und Diakonie in Minden-Ravensberg. Das Rettungshaus Pollertshof 1851–1930, Minden 1987.

Saretzki, K.-H.: Kirche mit Zukunft. Stellungnahme des Posaunenwerks in der Evangelischen Kirche von Westfalen, Bielefeld 2001 (ms.).

Schlemm, H.D. et al. (Hrsg.): Posaunen in der Bibel und bei uns vor 1843. Beiträge zur Geschichte evangelischer Posaunenarbeit, Lieferung 1, Wahlsburg 1989.

Ders.: Über 200 Posaunenchöre von 1735 bis 1883. Beiträge zur Geschichte evangelischer Posaunenarbeit, Lieferung 3, Wahlsburg 1994.
Ders.: Was wurde wann und wo von wem geblasen? Beiträge zur Geschichte evangelischer Posaunenarbeit, Lieferung 4/1, Wahlsburg 1996.
Ders.: Zwölf Männer prägten die Posaunenarbeit. Beiträge zur Geschichte evangelischer Posaunenarbeit, Lieferung 2, Wahlsburg 1991.
Schmidt, K. D.: Grundriß der Kirchengeschichte, Göttingen 1979 (7. Aufl.).
Schnabel, W.: Die Entwicklung der Posaunenchöre in Deutschland, in: Frieß/Eismann (Hrsg.), Handbuch für Posaunenchorleiter, Stuttgart 1995, S. 133–146.
Ders.: Die evangelische Posaunenchorarbeit, Herkunft und Auftrag, in: Rößler/Henkys (Hrsg.), Veröffentlichungen zur Liturgik, Hymnologie und theologischen Kirchenmusikforschung, Bd. 26, Göttingen 1993.
Ders.: Drei große Förderer der evangelischen Posaunenchorbewegung. Johannes Kuhlo, Adolf Müller, Wilhelm Ehmann. Abhandlungen zur Geschichte der Geowissenschaften und Religion/Umwelt-Forschung, Beiheft 5, Bochum 1994.
Ders.: Quo vadis. Posaunenchorbewegung, in: Pc 1 (1988), S. 35–41, 70–78.
Ders.: Werner Benz. Ein Leben im Dienst der evangelischen Bläserarbeit. Eine Würdigung zum 60. Geburtstag, Bielefeld 1995.
SdH: Spielet dem Herrn (1920 ff.), hg. vom Nordbund bzw. vom VeP(D) bzw. vom PW der EKD, Hamburg/Essen.
Schulz, H.: Festschrift zum 50. Posaunenfest des Niedersächsischen Posaunenbundes in der SELK, Hannover 1954.
Siepmann, K.: Wichern in Westfalen, in: Die Innere Mission im evangelischen Deutschland 4 (1909), S. 159 f., 193–195.
Stange, E. (Hrsg.): Handbuch für das Evangelische Jungmännerwerk Deutschlands, Bd. 2: Das Werk. Eine Darstellung evangelischer Jungmännerarbeit, Barmen 1929.
Stursberg, W.: Glauben, Wagen, Handeln. Eine Geschichte der CVJM-Bewegung, Wuppertal 1987 (3. Aufl.).
Strecker, O.: Geschichte der Posaunenvereine in der Hannoverschen Landeskirche, Hannover 1899.
Temming, F.: Pastor Eduard Kuhlo, der Vater der Posaunen-, Jünglings- und Jungfrauenvereine in Minden-Ravensberg, Gütersloh 1924 (2. Aufl.).
Thalmann, J. (Hrsg.): Johannes Kuhlo. Mitarbeiter am Psalm 150, Bielefeld 1991.
Tiesmeyer, C.: Die Posaunenchöre Deutschlands, in: Monatsschrift für Innere Mission, Bd. 1, Gütersloh 1881, S. 347–358.
WBKM: Württembergische Blätter zur Kirchenmusik (1927 ff.), hg. vom Verband ev. Kirchenmusiker in Württemberg, Waiblingen/Stuttgart.
Widmann, J.: Te deum laudamus, in: Cl 31 (1984), S. 58–73.
Wille, G.: Musica romana. Die Bedeutung der Musik im Leben der Römer, Amsterdam 1967.
Winkler/Dignus (Hrsg.): Bläserarbeit im Wandel. Festschrift zum 75-jährigen Bestehen des BCPD, Stuttgart 1984.

Wolfram, M.: Adolf Müller (1876–1957). Der Vater der Posaunenmission. Erinnerungen eines Mitarbeiters, Schriftenarchiv der Gesellschaft christlicher Bläserfreunde, Bd. 4, Vellmar 1985.

Wulfhorst, U.: Wilhelm Ehmann zum 60. Geburtstag, in: Gottesdienst und Kirchenmusik 15 (1964), S. 219–224.

Zacharias, E.: Die Posaunenchöre, ihre Entstehung und Ausbreitung, Dresden 1902.

7.3 Chorregister

Affalthertal, 124
Alchen, 323
Alswede, 12, 63, 71, 80
Altenkirchen, 327
Arnsberg, 311 f., 317 f.
Bad Oeynhausen, 48, 60, 159, 298, 317, 346
Bad Salzuflen, 288
Barmen, 46, 58, 69, 143, 147, 175, 210
Basel, 355
Bentheim, 211 f.
Bergkirchen, 69, 355
Berlin, 14, 41–44, 50, 95, 111, 137, 151–153, 158, 161, 163, 234, 245, 250, 287, 295f., 358f.
Bern, 15, 258
Bernstadt, 15
Bethel, 13, 32, 49 f., 59, 66f., 73, 82–87, 91, 93f., 97f., 103, 107, 118, 121, 124, 131, 133f., 136, 141–146, 152, 157–165, 169, 173 f., 179–181, 187–190, 196–199, 201, 205–207, 210, 219, 222, 229–232, 234, 249 f., 251, 253–255, 261 f., 264–268, 270, 272–277, 282 f., 287, 289 f., 293, 298, 300, 302, 316, 345, 349, 354 f., 357, 359–362
Bielefeld, 21, 23, 25, 43, 47–49, 61, 66f., 86, 88, 100, 117, 135, 142, 144 f., 156, 158, 160, 187, 196 f., 206 f., 231 f., 240, 289 f., 292, 295, 298, 301–303, 316 f., 347, 350
Bochum, 29, 34, 38, 223, 298, 302–309, 316 f., 346 f.
Bösingfeld, 287
Borken, 311, 318, 345
Borkum, 153
Bottrop, 304, 317
Brackwede, 64, 197, 289
Brandhorst, 64

Braunschweig, 325, 344, 355
Bremen, 84, 155, 197, 201, 357, 359
Breslau, 95, 137, 355
Brockhausen-Rabber, 27, 29, 47, 72
Bünde, 12, 25, 235
Burbach, 326
Carlshof, 85, 355
Chemnitz, 137
Coesfeld, 311, 318, 345
Dahle, 62
Dankersen, 31, 65f.
Dassel, 89, 191, 330, 358
Dessau, 101
Detmold, 9, 290, 295, 311f.
Diemerstein, 330
Dietlingen, 323
Dorsten, 304, 317
Dortmund, 100, 137, 158, 160, 194, 202, 213, 222–224, 228 f., 249, 304, 307, 316 f., 332, 335, 337 f., 346, 362
Dreis-Tiefenbach, 327
Dresden, 152 f., 163, 307
Düsseldorf, 22, 38, 46, 58, 147, 312
Düsselthal, 13, 18, 20–23, 50, 66, 353
Ebernburg, 330
Eckardtsheim, 84, 206, 289 f.
Eibau, 355
Eidinghausen, 75
Eilshausen, 64
Elberfeld, 34, 37, 46–48, 50, 58, 65, 354
Elverdissen, 31, 47, 68
Enger, 35, 38, 47, 64, 66, 236, 353
Erlangen, 79, 138
Essen, 90, 145, 151–153, 175, 184, 187, 189, 195, 202, 214, 223, 227, 229, 290, 338, 341, 346
Fabbenstedt, 63
Frankfurt a. M., 112, 223
Freiburg, 232 f., 235, 238–240

399

Freistatt, 84, 164, 231
Freudenberg, 324
Frotheim, 74 f.
Fulda, 193 f., 223, 361
Gadderbaum, 142, 302
Gehlenbeck, 12, 31
Gohfeld, 18f., 25, 31 f., 43–47, 50 f., 61, 66, 69, 74, 79 f., 109, 112, 137 f., 244, 345, 353
Gelsenkirchen, 227, 279, 306, 317, 345
Gladbeck, 304, 306, 317
Großenkneten, 355
Großhennersdorf, 15
Grunbach, 15
Gütersloh, 12, 19, 25 f., 32, 41, 44–47, 50 f., 55, 61 f., 79, 94, 112, 210, 298, 311 f., 315, 317, 354 f.
Häger, 70
Hagedorn, 72
Hagen, 63, 68, 317, 332
Halle (Sachsen), 12, 79, 101, 212
Halle (Westfalen), 311, 317
Halver, 35 f., 38
Hamburg, 80, 150, 343
Hamm, 59, 70, 159, 201 f., 222, 300, 311 f., 314, 317, 351
Hannover, 7, 17, 80, 85, 90 f., 97, 101, 141, 155, 177, 196, 201 f., 251, 311, 313, 354–358, 365
Hartum, 47, 60, 65
Hattingen, 29, 317
Heepen, 41, 43, 58, 74
Heidelberg, 14, 287, 323
Hephata, 212, 280
Herdecke, 76
Herford, 17, 25, 39, 43, 46–49, 59 f., 68, 74 f., 87, 93, 112, 121, 181, 189, 206, 234–238, 240, 248, 256, 259, 265 f., 268, 270, 273, 276, 279 f., 287, 290, 300, 302 f., 311, 315–317, 323, 326, 347–349, 353 f., 361 f.
Herlinghausen, 70
Hermannsburg, 32, 44, 65, 69, 109, 201, 354–356

Herne, 317, 345
Herzkamp, 73
Hiddenhausen, 64
Hilshausen, 64
Hörde, 27, 33 f., 37 f., 58
Höxter, 46 f., 69 f.
Hohenlimburg, 71
Hohne, 65
Hollenstein-Oberwüsten, 26 f., 46 f., 49
Hoyel, 58
Hüllhorst, 27, 30, 38 f., 47, 58, 63, 69, 71 f., 80–83, 93, 353, 355
Hugsweiser, 77, 355
Iserlohn, 33–38, 63, 84, 317, 332, 356
Jerusalem, 16, 85, 138
Jöllenbeck, 12, 18–28, 30–32, 34–36, 38, 46–48, 50, 56, 58, 60, 63, 65 f., 70, 74, 223, 353 f.
Karlsruhe, 93, 323, 325
Kassel, 122, 150–152, 176 f., 193, 212, 229, 256, 273, 322, 330, 358
Kattenvenne, 65
Kaub, 328, 330
Kirchlengern, 71 f.
Klein-Linden, 355
Köln, 147, 256, 296
Königsberg, 207, 234
Königsfeld, 195
Kropp, 355
Laar, 27, 32, 38, 46f., 59, 74 f., 353
Ladbergen, 64 f.
Lang-Göns, 90
Leipzig, 14, 61, 79, 101, 137 f., 211 f., 232, 236, 241
Lemgo, 46 f.
Lengerich, 65
Levern, 68 f., 72
Lienen, 65
Lippinghausen, 234
Lippstadt, 70
Löbau, 59
Löhne(-Haupensiek), 12, 61, 133, 348
Lübbecke, 29, 31, 39, 48, 63, 300, 317, 344, 347

Lüdenscheid, 222, 306, 317
Lünen, 317
Lutindi, 85
Markneukirchen, 118
Matenbruch, 47
Mennighüffen, 12, 30 f., 39, 40, 44, 46, 63, 66, 71, 298, 303
Merklingen, 15
Minden, 30 f., 39, 46, 59, 64, 68, 76 f., 97, 112, 244, 298, 315, 317, 347, 357
Mittelwilden, 146
Möglingen, 212
Mülheim, 213, 327, 332 f.
Münster, 95, 155, 195, 202, 233, 235, 241, 242, 311, 318
Nagold, 325
Netphen, 327
Neuendettelsau, 85, 355
Neuenkirchen, 58
Neu-Erkerode, 355
Neunkirchen, 229, 319
Neuwied, 18
Nordwalde, 307
Nürnberg, 89 f., 256
Oberboihingen, 208 f.
Oberschelden, 92
Oelde, 346
Ostscheidt, 145
Paderborn, 70, 311, 317, 345
Plettenberg, 317
Preußisch Oldendorf, 12, 28 f., 47, 353
Quelle, 64
Quernheim, 71 f.
Recklinghausen, 145, 231, 306, 345
Rehme, 73 f.
Remagen, 146
Reutlingen, 77, 355
Rheda, 141
Rödgen, 222
Rotenhagen, 65, 72
St. Martin, 330
Schildesche, 12, 47, 60, 66, 81, 83, 232
Schmie, 217, 330

Schnathorst, 19, 27, 29 – 31, 38 f., 65, 353
Schwelm, 34, 38, 46, 58, 317
Schwenningdorf, 72 f.
Schwerte, 158
Serrahn, 355
Siegen, 71, 222, 317, 320 f.
Soest, 70, 302, 311, 317 f., 345
Spenge(-Lenzinghausen), 58, 75, 348
Steinfurt, 311, 318
Steinhagen, 12, 173, 199, 210, 218
Stephansstift, 85
Stuttgart, 89, 214, 306
Tartu, 296
Tecklenburg, 311, 317
Tengern, 296
Treysa, 174, 360
Ummeln, 64
Unna, 70f., 201, 213, 306, 314, 317
Versmold, 312
Vlotho, 234, 315, 317, 347
Voerde, 58
Volmarstein, 27, 33f., 38
Volmerdingsen, 73, 83
Warburg, 70
Wattenscheid, 317
Wechold, 109
Wehdem, 72
Weidenau, 71, 92
Werther, 12, 47, 60, 70
Westrup, 69, 72
Wetter, 68
Wetzlar, 322
Willingen, 178, 216, 276, 305, 330, 347
Witten, 29, 58, 171, 182, 317,
Witten-Annen, 75
Wittgenstein, 12, 155, 317
Würzburg, 90
Wulferdingsen, 69
Wupperfeld, 27, 29, 33 f., 36, 355
Wuppertal, 20, 37, 147, 154, 157, 323 f., 330, 337, 354
Zeiskam, 77

7.4 Personenregister

Abels, Frieder, 302
Adorno, Theodor W., 235
Albert, 68
Albrecht, Georg, 201
Albrecht, Peter, 297
Altenburg, Johann Ernst, 242
Althoff, Berthold, 311
Alvermann, Gustav, 75
Arndt, E. M., 106
Arnold, Walter, 230, 341
Assmann, 71
Auhagen, Wolfgang, 105
Baake, 30
Bach, Johann Sebastian, 14, 15, 41, 44, 51, 55, 105, 109 f., 118, 130, 141, 220, 222, 236, 241, 260 f., 296, 304, 309, 334, 356
Bachmann, Fritz, 90, 111, 122, 139, 150–155, 158, 164, 166 f., 169–182, 184–187, 189, 191–193, 196, 201–204, 207, 219, 227, 249, 256, 269, 283, 285, 358–360
Bäumer, Hermann, 313
Bäumer, Hans Jürgen, 324–326, 334, 345, 352
Bansi, Gottfried, 66
Barholz, 67
Baudach, Ulrich, 262
Bauer, Theodor, 199, 274
Baum, 273
Baumann, 63
Baumhöfner, 67
Baurichter, Friedrich, 73
Beckhaus, Konrad, 70
Beckmann, Joachim, 192
Beethoven, Ludwing van, 55, 110
Behagel, Wilhelm Jakob, 233
Behrends, Ulrich, 297, 313
Behrens, Wilhelm, 63

Beinhauer, Paul, 8, 213, 229, 321 f., 328, 335, 340 f., 344 f., 347
Benda, Willy, 160
Benz, Werner, 9 f., 196 f., 206, 268, 280, 285–300, 302 f., 311 f., 315–318, 340 f., 343–345, 347–350
Berghauer, Eduard, 60
Bergmann, C., 72
Bergmann, F., 72
Bergmann, W., 72
Bernoulli, 256
Bertelsmann, Heinrich, 51 f.
Beuerle, Herbert, 342
Bießecker, Wilhelm, 280
Bischof, 62
Bischoff, Dieter, 280, 323
Bismarck, Wilhelm von, 133
Bleichröder, 133
Blum, Willy, 111
Bodelschwingh, Friedrich von d. Ä., 49, 66–68, 82–84, 97, 133, 142
Bodelschwingh, Friedrich von d. J., 87, 91, 135, 143 f., 210
Bodelschwingh, Friedrich von, 187, 189, 198, 239, 268
Böhler, Friedel W., 280
Böke, Marie, 206
Böske, Kaspar, 64
Bogatzky, Karl-Heinrich von, 138
Bohnenkamp, Wilhelm, 73
Bopp, Fritz, 193
Borges, Frieda, 231
Bornefeld, Helmut, 260, 265, 347
Bourgeois, Louis, 221
Braach, Hans Joachim, 208, 327 f., 333, 350–352
Bräutigam, Karl Wilhelm, 22, 38, 58
Brahms, Johannes, 343
Brandt, Wilhelm, 145
Braun, Theodor, 62

Braune, Paul, 135
Brinkmann, Ernst, 73
Brinkmeier, U., 72
Brodde, Otto, 17
Bruckner, Anton, 343
Bruschke, Klaus, 297
Budde, Elise, 141
Budde, Heinrich, 32, 46
Büscher, 23
Büttner, Manfred, 9 f., 227, 242, 249, 279 f., 285, 364
Busch, Johannes, 88, 154 f., 167–172, 175, 178–182, 184 f., 187–193, 210, 212, 215 f., 222, 230, 269, 360
Busch, Wilhelm, 191
Calvin, Johannes, 223
Cavalli, Francesco, 309
Cherubini, Luigi, 55
Crüger, Johann, 110
Dahlmann, Gottfried, 68
Danielsmeier, Friedrich, 73
Daub, 352
David, Ernst, 94, 117 f., 160, 196
David, Johann Nepomuk, 163
David, König von Israel, 16, 306
Decius, 75
Degen, Helmut, 240
Delitzsch, Franz, 138
Delius, Hermann, 66
Denks, Georg, 151f., 155, 174, 196
Dickel, Christoph, 327
Dieckmann, Anke, 312
Dieckmann, Ulrich, 10, 292, 306, 311–314, 316–319, 342 f., 346, 349
Diehl, Klaus-Jürgen, 327, 329, 338, 350, 352
Diehl, Klaus-Peter, 10, 326, 333–335, 343, 346–348
Dignus, Wilhelm, 276
Dingerdissen, Hermann, 68
Distler, Hugo, 236, 347
Drallmeier, 63
Driessler, Johannes, 262

Dürselen, Gerhard, 47
Duwe, Fritz, 141
Duwe, Karl, 141
Duwe, Karl Friedrich, 143
Duwe, Walther, 10, 86 f., 94 f., 97, 133, 140–146, 149–152, 154–167, 169–175, 178–182, 184–191, 194–199, 201 f., 204–208, 210, 218, 230, 239, 256, 268 f., 285, 289, 293, 298 f., 319, 340, 357, 359 f., 362
Duwe, Wilhelm, 141
Duwe, Winfried, 143
Eccard, Johann, 14, 105, 109, 239
Eckhardt, 70
Ehmann, Friederike, 233
Ehmann, Gerhard, 94 f., 239
Ehmann, Hedwig, 232
Ehmann, Heinrich, 232, 275
Ehmann, Johannes, 233
Ehmann, Jutta, 232
Ehmann, Ulrike, 233
Ehmann, Wilhelm, 7–10, 17 f., 56 f., 82, 85, 87, 93 f., 96, 99, 111, 115, 118, 124, 134, 179, 181, 187–189, 191 f., 199, 201 f., 204, 207, 216–218, 222, 224, 226 f., 230–285, 289 f., 302 f., 307, 321, 323, 347 f., 359, 361 f., 370
Eickhoff, Heinrich Friedrich, 55
Eickmann, 147
Eisenberg, Hans, 290
Ellermann, Berthold, 60
Engel, Hans, 233
Euen, Lothar, 290, 315
Evard, Matthias, 297
Feldner, 65
Fiebig, Adolf, 60
Fiebig, Kurt, 163
Finke, 256–259
Fischer, Wilhelm, 233 f.
Flickenschmidt, Wilhelm, 68
Fliedner, Fritz, 105, 145, 163

Franck, Johann, 306
Franck, Melchior, 110, 261 f.
Friedrich, Reinhold, 339
Friedrich III., 99
Friedrich Wilhelm III., 13
Friedrich Wilhelm IV., 25
Fries, Fr. de, 249
Fritz, Siegfried, 294
Fux, Johann Joseph, 309
Gabriele, Giovanni, 321
Gadsch, Herbert, 262, 275, 334, 342
Garcia, Pat, 338 f.
Gehrke, Holger, 330
Gelau, 294
Gerhardt, Paul, 223, 296
Gideon, 242
Gieseler, Theodor, 30, 39, 80
Giesen, Heinrich, 194
Gießelmann, Roland, 364
Glier, A. E., 118
Glowatzki, Manfred, 344
Goebbels, Joseph, 207
Goebel, Armin, 290
Göbel, Karl, 83
Gölz, Richard, 162
Gössling, Matthias, 297
Gottschalk, August, 59
Gottwald, Johannes, 196, 198 f., 205, 287, 289
Goudimel, Claude, 221
Gramm, Reinhard, 315
Graun, Carl Heinrich, 54
Gravenhorst, Conrad, 17
Greife, 74
Grell, Eduard, 107
Grob (Musiklehrer), 18
Grönewald, Oliver, 315
Gröninger, Eduard, 256
Groß, Karsten-Uwe, 238, 346
Grote, Gottfried, 162
Gruber, Erich, 204, 216, 219, 221, 320, 347
Gurlitt, Willibald, 232

Gwosdz, Christoph, 297
Habdank, Walter, 306
Haebler, Joachim von, 290
Händel, Georg Friedrich, 14 f., 41, 51, 55, 99, 118, 141, 341
Häusler, Jörg, 290
Hammerschmidt, Andreas, 263
Hanna, F., 72
Hardt, Rudolf, 180, 189
Harms, Louis, 32, 44, 65
Harms, Theodor, 32, 44
Hartmann, Gustav, 28 f.
Hassebrok, 72
Haßler, Hans Leo, 105, 204, 335, 342
Häusler, Jörg 297
Haug, Jürgen, 348
Haußmann, Valentin, 261 f.
Haverkamp, 68
Haydn, Joseph, 41, 105, 110
Hegar, Elisabeth, 232
Hegar, Irmgard, 233
Hegar, Karl, 232
Heidemann, 23
Heienbrok, Wilhelm, 73, 94, 142
Heitkamp, 159
Held, Heinrich, 190–192
Hempelmann, Friedrich, 64
Hengstenberg, Ernst Wilhelm, 41
Hennes, 175
Hesekiel, Johannes, 33
Hey, Bernd, 2, 10
Heim, Ignaz, 51, 62, 95, 160
Hille, Rüdiger, 315
Hillmer, 54
Hillnhütter, Ernst-Günter, 323 f., 335, 350
Hindenburg, Paul von, 134
Hitler, Adolf, 133–135, 148 f., 158, 207, 232, 359
Hoberg, 76
Höfker, Almuth, 321
Höner, Ernst, 196
Höpker, August, 72

Hofer, Franz, 233
Hoffmann, Hans, 240
Hollinderbäumer, Heinrich, 59
Holy, Walter, 219
Homann, 34
Honemeyer, 240
Hoppe, Hans, 280
Horlohe, Heinrich, 35
Huchzermeier, Karl, 74
Hülle, Hermann, 327, 352
Hünerhoff, Wilhelm, 94, 143
Humburg, Karl, 91, 147, 166, 178
Huyssen, Max, 33
Imkamp, Matthias, 297, 350
Jellinghaus, Karl, 57
Jellinghaus, Emil, 57 f.
Jesus Christus, 367
Jockheck, 29
Jöde, Fritz, 162, 232
Jürgenmeyer, Ernst, 69
Juhl, Eduard, 149 f., 166
Jung, Henner, 330
Jung, Wilhelm, 222
Just, Herbert, 233
Kastrup, Hermann Heinrich, 19, 23
Kickstat, Paul, 163
Kiefer, Matthais, 297
Kirschnereit, Kurt, 219
Klaas, 71
Klein, Bernhard, 107
Klein, Heinrich, 92, 183, 222
Klein, Paul-Friedrich, 289 f.
Klette, Gottlieb, 43
Klingemann, Friedrich, 29
Klocke, Ernst, 213 f., 229, 321, 323, 333, 335, 339, 350
Knolle, Heinrich, 30, 63, 72, 81
Knolle, Paul, 88
Knufinke, Eduard, 70
Kobusch, Gottlieb, 59
Koch, Johannes, Hermann Ernst, 203, 219, 227, 236, 262 f., 275, 342
Koch, Karl, 240

Koetter, Adolf, 76
Kötz, 73
Kohl, 29
Kolberg, 71
Koring, Wilhelm, 145, 274
Korte, Werner, 233
Kraa, Karl, 9, 94 f.
Krämer, L., 72
Kralemann, 33
Kramer, 63
Kriege, Julius, 64
Kroyer, 232
Krummacher, Karl, 22, 47, 143
Kruse, Wilhelm, 355
Kümmerle, Salomon, 95, 160
Kuhlo, Eduard, 7, 10, 15, 17 – 19, 32, 38, 41 – 57, 59, 61 – 63, 66, 69 f., 77 – 79, 82, 87, 97, 107 – 109, 113, 115, 122, 125, 131, 165, 201, 222, 230, 242, 244, 246 – 248, 265, 273, 285, 345, 353 – 355
Kuhlo, Eduard d. J., 62
Kuhlo, Hans, 94
Kuhlo, Johannes, 7 – 10, 15 – 19, 22, 24, 30, 38 f., 45, 50 f., 55 – 57, 59, 61 – 63, 68, 74, 78 – 143, 145 – 147, 150 – 154, 157 f., 160 – 166, 173, 177 f., 196 – 199, 201 f., 207, 210, 215, 218, 222, 224 f., 227, 230 f., 239, 242 f., 246 – 248, 261, 265, 269, 284, 293, 298, 310, 329, 345 f., 351, 355 – 359
Kuhlo, Karl, 62, 74, 83, 100, 111
Kuhlo, Lene, 142
Kuhlo, Martin, 94, 142
Kuhlo, Traugott 94 f., 261
Kuhlo, Werner, 94
Kuhn, Ulrich, 315
Kunsemüller, Karl Ludwig, 29
Kunsemüller, Karl, 73 f.
Kunst, Hermann, 181, 236
Kuse, Heinrich, 73
Laer, Ida von, 43 f.

Lammel, Helmut, 334
Lamping, Wilhelm, 160
Langhans, Fritz, 344
Ledebur, Freiherr von, 30
Leissner, Hans, 256
Leja, Stefan, 315
Lepsius, 97
Link, 175
Lörcher, Friedrich, 208
Lörcher, Ludwig, 208 f.
Lörcher, Richard, 167, 173, 175, 178, 181, 184, 186f., 189 f., 192, 194 f., 208–224, 226–230, 245, 259, 288, 319–321, 328, 330, 337, 340, 347, 360
Lortzing, Albert, 65
Lüst, Hero, 89, 152
Luther, Martin, 75, 135, 223, 334
Luz, Jakob, 106
Mackenthun, 122
Mackscheidt, Walter, 184, 202
Mahler, Gustav, 163
Mahrenholz, Christhard, 239, 245, 249–251
Markowis, Siegfried, 323–325, 334, 352
Marstatt, Günter, 310–312
Marx, Karl, 260, 262
Masberg, Johannes, 44, 50, 55
Maßmann, Karl, 39
Matthias, Karl, 64
Mayer, Dieter, 10, 206, 297 f., 316 f., 349f.
Meier, Andreas, 297
Meier, Stefan, 297
Mendelssohn Bartholdy, Felix, 14, 41, 54, 107, 310, 334, 343 f., 347
Mengedoth, Otto, 205, 289, 300
Menke, Klaus-Dieter, 60
Mergenthaler, Wilhelm, 8, 193, 212, 214 f., 217, 219, 221 f., 224 f., 228, 320, 328
Meyer, Friedrich, 198, 205, 287

Meyer, Gustav, 19–23
Meyer, H., 72
Meyer (Hauptlehrer), 75
Meyer (Kantor), 69
Micheelsen, Hans Friedrich, 203, 262, 265, 275
Middelschulte, Wilhelm, 55
Miehl, 76
Millard, Heinrich, 158
Mirjam, 306
Möller, Julius, 45, 80
Möllering, H., 72
Mommsen, Theodor, 133
Morgenstern, Georg, 100
Moritz von Hessen, 262
Moskon-Raschik, 316
Mozart, Wolfgang Amadeus, 41
Mrozek, Hans, 177, 203, 216, 221 f., 269, 276
Mühleisen, Hermann, 111, 163, 174, 193, 216, 220
Müller, A. E., 14
Müller, Adolf, 101, 105 f., 111, 124, 131, 150–154, 163, 178, 207, 211, 220, 245, 247, 250, 274, 285, 359
Müller, Ernst, 21
Müller, Gottfried, 105
Müller, Ludwig, 149 f.
Nägeli, Hans Georg, 14
Napoleon Bonaparte, 11
Napoleon III., 61
Nassauer, Michael, 297
Neander, August, 41
Neitmann, Erich, 297
Neitmann, Wilhelm, 65
Neuhaus, Reinhard, 315
Niedernolte, Friedrich, 290
Niemann, Wilhelm, 77
Niepmann, Karl, 33
Nikolassen, Albrecht, 101, 357
Nitzsch, Carl Immanuel, 43
Nottmeier, 65
Oberschelp, Ulrich, 297

Oepke, Gottfried, 109
Oertzen, Jaspar von, 80, 357
Oetting, 71
Oldemeyer, 75
Oldsen, Johannes, 280
Ortgiese, Heinz, 60
Osiander, Lukas, 54
Ott, Olaf, 297, 313
Palestrina, Giovanni Pierluigi da, 14, 55, 104, 2654
Paulus, 64
Pepping, Ernst, 236
Pfannschmidt, Heinrich, 122
Pfatteicher, Ludwig, 280
Pesta, Dagmar, 9 f.
Petscheleit, Frauke, 315
Peuerl, Paul, 261
Pezel, Johann Christoph, 163, 220
Pfiester, Jürgen, 330
Pieper, Johannes, 147
Pleitner, Gustav, 58, 60, 74
Poggemöller, Heinrich, 69
Pohlmann, 60
Pohlmann, J. H., 70
Posch, Isaac, 261
Prätorius, Michael, 54, 105, 110, 342
Prieß, Heinrich, 69
Prümers, Karl, 70
Quebe, Friedrich, 72
Quebe, Wilhelm, 72
Ragué, L. von, 73
Rausch, D., 50
Recke-Volmerstein, Adalberdt von der, 13, 18, 20, 22, 353
Reda, Siegfried, 236
Redlitz, Otto, 151
Reiche, Gottfried 111 f., 162
Remmert, 72
Reuse, 174
Reuter, Hermann, 71
Richter, Eugen, 39
Rieland, Franz, 320
Riepe, Heinrich, 64

Rinck, Johann C. H., 24, 36, 50, 52, 54 f., 353
Rische, August Dietrich, 23 f., 26, 37, 50, 66
Rödding, Gerhard, 292
Römer, 175
Römer, Wilhelm, 212f., 215
Rohde, Marie, 143
Romann, Walter, 145
Rose, Heiner, 280, 300
Rosenmüller, Johann, 309
Rothert, August, 28
Rüter, Wilhelm, 19 f., 22 f.
Ruppel, Paul-Ernst, 219
Rust, 63
Saretzki, Karl-Heinz, 10, 251, 280, 285, 299, 302 – 312, 316 – 318, 342 f., 346 f., 349 f., 363
Saretzki, Rosita, 303
Sauer, Karl, 90
Saul, König von Israel, 306
Schachtsiek, Albert, 60
Schachtsiek, Wilhelm, 59
Schäfer, Wilhelm, 73
Schamberg, Ludwig, 75
Schaper, Helmut, 313
Schauß-Flake, Magdalene, 262, 334, 341, 348
Scheidt, Samuel, 262, 309, 334
Schein, Johann, 309
Schiereck, 63
Schirach, Baldur von, 148
Schlemm, Adolf, 142
Schlemm, Hans Martin, 142, 192, 195, 199, 200 f., 203 f., 341
Schlemm, Horst Dietrich, 9 f., 364
Schlingensiepen, Hermann, 147, 166, 175, 178
Schloemann, Burghard, 306, 321, 334 f., 342, 348
Schmalenbach, Theodor, 30, 44, 46, 63, 133
Schmidt, Dietrich, 70

Schmidt, Manfred, 302
Schmidt, Rudolf, 191 f., 195
Schmidt, Wilhelm, 9 f., 208, 229 f.,
    285, 319–323, 330, 332, 334 f.,
    337, 342–344, 346 f. 349 f., 352
Schnabel, Matthias, 10, 325, 331 f.,
    334–337, 363
Schnabel, Wolfgang, 10, 365
Schneider, Gustav, 144
Schneider, Rolf, 327
Schönstedt, Arno, 236
Schönstedt, Rolf, 316
Schröder, August, 90, 150–152, 358
Schröder, A., 72
Schröder, H., 72
Schröder, 74
Schröer, Henning, 308
Schütz, Adalbert, 196, 201
Schütz, Heinrich, 14 f., 105, 134, 181,
    236–238, 240, 256 f., 304 f., 309,
    342, 344
Schütz, Walter, 327
Schulz, Günther, 206
Schulz, Hermann, 110
Schwarz, Georg, 203
Schwarz, Jochen, 219
Schweizer, Rolf, 263, 307–309, 330,
    334, 342, 348
Schwitzer, Wolfgang, 10, 327
Sebastian, Paul, 160
Seidenfeld, Ernst, 159
Seippel, Eduard, 31
Seippel, Emil, 97
Selberg, A., 94
Sichtermann, Wilhelm, 193, 201, 205
Sickerling, Christian, 37, 108, 354
Siebert, 174
Siebold, Anna, 81, 86
Siebold, Else, 86
Siebold, Gangolf, 83
Siebold, Hans, 142
Siebold, Hermann, 94 f.
Siebold, Karl, 83

Siebold, Matthias, 33, 61
Siebold, Tilla, 142
Silaschi, Bernhard, 317 f.
Silcher, Friedrich, 54
Sorg, Manfred, 315
Spaude, Jörg, 315
Speer, Daniel, 262, 275
Spelsiek, W., 72
Stange, Erich, 89, 148, 170, 176 f., 269
Steffanns, Emil, 26
Stein, Fritz, 149–151
Steinacker, Harold, 233
Steinle, Frieder, 297
Steinmann, 65
Stellbrink, 64
Stern, Hermann, 193, 202–204, 221,
    249, 262, 334
Stich, Paul, 144 f., 159
Stieghorst, Theodor, 75
Stier, Alfred, 210
Stober, Emil, 226, 280
Stockmeier, Wolfgang, 263
Stoecker, Adolf, 133
Störl, Johann Georg Christian, 204, 262
Stratmann, Hermann, 64
Strecker, Otto, 90
Strube, Adolf, 95, 151, 308 f.
Stürmer, Hermann, 67 f., 82
Sturm, Harmut, 60
Stursberg, Walter, 327
Südkamp, Wilhelm, 68, 72
Sundermeier, Ernst, 73
Sundermeier, Karl, 223, 229, 321
Tarr, Edward, 307
Tegeler, Paul-Gerhard, 299 f., 316, 350
Tegtmeyer, Anni, 210
Tegtmeyer, Paul, 86, 187, 189, 210, 229
Thadden-Triglaff, Adolf von, 21
Thalmann, Joachim, 9
Thibaut, Anton Friedrich Justus, 14, 233
Thiele, 77
Thimme, Hans, 332
Tiefenthal, Paul, 155

Tiesmeyer, Ludwig, 8
Tillmanns, Gustav, 61
Tobschall, Joachim, 297
Triebener, Heiko, 297
Turck, Carl, 35
Ueberwasser, August Bernd, 101
Unger, 63
Unsöld, Johannes, 67
Utermöhlen, Rudolf, 251
Utz, Kurt, 163, 165, 249
Vahle, 71
Varnhagen, Otto, 34, 356
Veeghaus, 67
Verleger, Heinrich, 68
Vintz, Georg, 261
Vitt, Karl, 92
Vogt, Margot, 287
Volkening, Ida, 24
Volkening, Johann Hinrich, 17 – 27, 30, 32, 34 – 38, 41, 45, 48, 50, 52, 54, 56, 63, 66, 69, 133, 222, 353 f.
Volkening, Werner, 69
Voß, Ernst, 90
Voß, Johann Heinrich, 19
Vulpius, Melchior, 54, 105, 110, 342
Wagner, Richard, 107, 109 f.
Wahnschaffe, Carl, 244
Walther, Johann, 261
Warnecke, Friedrich, 29
Weber, Carl Maria von, 54, 110
Weber, Hans, 202 f.

Wegener, 71
Wehmeier, 30 f., 39
Wehmeyer, 69
Weihe, Karl, 39
Weitkamp, Wilhelm, 71
Wendt, Otto, 70
Westerwelle, Adolf, 74
Wichern, Johann Hinrich von, 29, 55, 79, 87, 206
Widmann, Joachim, 56
Wiegmann, Carl, 27, 33 f.
Wienkamp, Heinrich, 58, 60, 67
Wieprecht, Wilhelm, 42 f., 244
Wild, Heinrich, 73
Wilhelm I., 100
Wilhelm II., 30, 97, 100, 357
Wille, 294
Wilm, Ernst, 187 – 192, 195, 227, 236
Winterfeld, Carl von, 14 f.
Winzer, Rudolf, 76 f.
Wissmann, Wilhelm, 75
Wolf, 59, 68
Wolfram, Martin, 178, 211 f.
Wunder, Friedrich, 83
Wurm, Theophil, 174
Zahn, Johannes, 13, 15, 44, 50, 55, 109
Zahn, Theodor von 138
Zenck, 232
Zimmer, Ulrich, 309
Zipp, Friedrich, 203, 262 f.

7.5 Statistiken

Statistik der Posaunenchöre Westbund und Westfalen
bis zum Ende des Zweiten Weltkriegs

Jahr	Chöre des Westbunds	Posaunenbläser des Westbunds	Chöre Westfalens	Posaunenbläser Westfalens
1875	28	300		
1882		671		
1885		860		
1888		1209		
1892		1520		
1893		1594		
1897	184	2523		1031
1901		3362		2019
1902		3396		
1905	270	3791		
1907		3617		
1908	301	4015		2873
1909		4802		
1913	329	4916		2928
1914		5412		
1925	326	5045		
1927	430	6538		
1928	450	7088		
1929	466	7374		
1930	463	7090		
1931	475	7565		
1932	494	8294		
1933	558	9151		
1934			312	4875
1935			366	5031
1937			392	5125
1938			395	4876
1943			220	1591

Statistik der Posaunenchöre des PW (von 1949 bis 1969 einschließlich Lippe) in der EKvW von der Nachkriegszeit bis zur Gegenwart

Jahr	Chöre	Bläser	Jahr	Chöre	Bläser
1949	108	1290	1987	312	6078
1950	119	1635	1988	316	6148
1951	114	1562	1989	312	6132
1952	139	1862	1990	308	5825
1953	151	2016	1991	307	5815
1954	163	2117	1992	311	5780
1955	165	2270	1993	310	5766
1956	185	2370	1994	307	5651
1957	197	2404	1995	307	5720
1958	198	2363	1996	307	5703
1959	201	2625	1997	308	5696
1960	203	2967	1998	304	5436
1961	203	3042	1999	306	5452
1962	209	3211	2000	305	5394
1963	208	3133	2001	303	5309
1964	223	3281			
1965	225	3265			
1966	220	3565			
1967	234	3770			
1968	240	3306			
1969	246	3285			
1970	209	2650			
1971	208	3051			
1972	207	3348			
1973	209	3504			
1974	214	3630			
1975	218	3809			
1976	243	4431			
1977	256	4648			
1978	265	4962			
1979	271	5385			
1980	270	5361			
1981	280	5528			
1982	280	5425			
1983	288	5663			
1984	300	5809			
1985	303	5865			
1986	307	6007			

Statistik der Posaunenchöre des CVJM-Westbunds von der Nachkriegszeit bis zur Gegenwart

Jahr	Chöre des Westbunds	Bläser des Westbunds	davon Chöre Westfalens	davon Bläser Westfalens
1947			432	
1948	340	6174	CVJM+PW	
1949	436	7237		
1950	455	6383		
1951	488	7076		
1952	532	7625		
1953		7752		
1954		7705		
1956	548	8413		
1957	550	8660		4954
1958	554	8626		4951
1960	538	8036	265	4233
1961	588	8647	290	4503
1962	587	8739		
1963	582	8668	285	4579
1964	561	8437	254	4149
1965	541	8311		
1966	543	8320	258	4367
1967	544	8372		
1968	526	8121	256	4238
1969	488	7252	242	3740
1970	490	7222		
1971	466	6899		
1972	464	6888		
1973	441	6964		
1974	424	7020		
1975	422	7143		
1976	427	7522		
1977	454	8186		
1978	437	8415		
1979	438	8659	208	4547
1980	445	8997	212	4599
1981	444	9095	208	4652
1982	452	8969	213	4530
1983	455	9136	217	4751
1984	448	9049	219	4666

Jahr	Chöre des Westbunds	Bläser des Westbunds	davon Chöre Westfalens	davon Bläser Westfalens
1986	449	9108	205	4601
1987	450	9185	208	4739
1988	431	8831	199	4527
1989	429	8196	205	4062
1990	440	8654	202	4344
1991	444	8095	207	4249
1992	437	7884	205	4139
1993	432	7615	202	3956
1994	420	7424	198	3939
1995	422	7179	199	3758
1996	417	6999	198	3721
1997	370	6224	177	3255
1998	397	5857	190	3159
1999	393	6010	188	3225
2000	382	5875	182	3183
2001	375	5829	175	3089

Besucherzahlen auf den Bundesposaunentagen

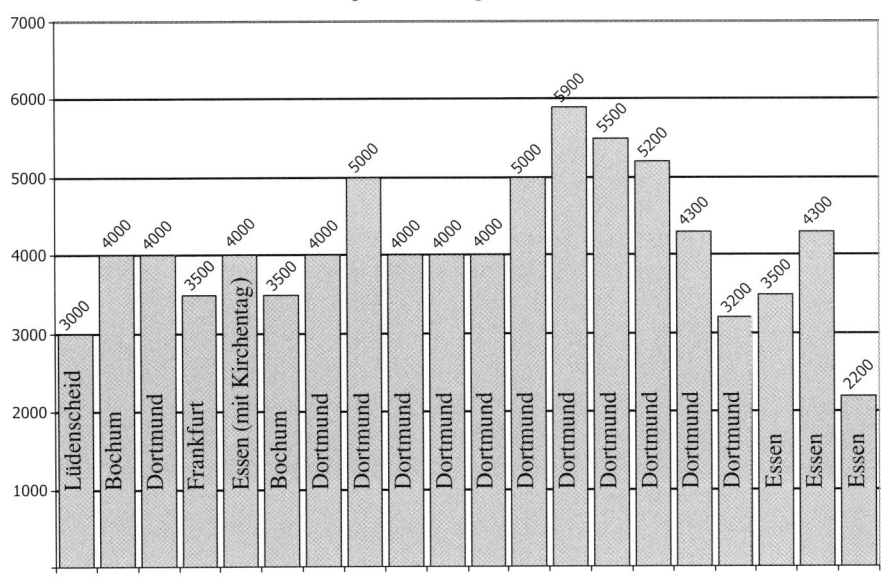

Lüdenscheid	3000
Bochum	4000
Dortmund	4000
Frankfurt	3500
Essen (mit Kirchentag)	4000
Bochum	3500
Dortmund	4000
Dortmund	5000
Dortmund	4000
Dortmund	4000
Dortmund	4000
Dortmund	5000
Dortmund	5900
Dortmund	5500
Dortmund	5200
Dortmund	4300
Essen	3200
Essen	3500
Essen	4300
Essen	2200

7.6 Inhalt der CD

Johannes Kuhlo (1856 – 1941)
> *Hans-Leo Hassler:* Erstanden ist der heilig Christ (1:14)*
> *Bartholomäus Gesius:* Heut triumphieret Gottes Sohn (1:26)
> (beides von der CD „Das Kuhlo-Horn-Sextett")

Walther Duwe (1895 – 1992)
> Joachim Thalmann im Gespräch mit Walther Duwe (1990) (5:34)
> *Michael Prätorius und*
> *Johann S. Bach:* Wachet auf, ruft uns die Stimme (2:36)
> (beides von der LP „Bläserchoralsätze")
> *Carl Philipp E. Bach:* Befiehl du deine Wege (2:44)
> (von der LP „Posaunenmission Bethel spielt Bach-Choräle")

Richard Lörcher (1907 – 1970)
> *Michael Prätorius:* Heilig ist Gott (1:40)
> *Johannes H. E. Koch:*
> Vorspiel zu „Herr, wir stehen an deinem Werke" (1:32)
> (beides von der LP „Herr, unser Herrscher", WTD 22)
> Richard Lörcher liest aus Psalm 95 (0:08)

Wilhelm Mergenthaler (*1919)
> *Hermann Stern:* Wir jungen Christen tragen (3:10)
> *Kurt Kirschnereit:* Jesus hat das letzte Wort (2:24)
> (beides von der LP WTD 18)

Ernst Klocke (*1924)
> *Manfred Schlenker und Gerhard Schwarz:*
> Vorspiel und Satz zu „Ist Gott für mich, so trete" (1:53)
> (von der LP „Bläsermusik aus fünf Jahrhunderten")

Werner Benz (*1935)
> *Heinrich Schütz:* Freut euch des Herrn, ihr Christen all (2:28)
> (von der CD „Jauchzet dem Herrn")
> *Johann S. Bach:* Wie schön leuchtet der Morgenstern (5:05)
> (von der CD „Bach-Choralsätze")
> *Johann S. Bach:* Jesus bleibet meine Freude (3:55)
> Georg *Fr.* Händel: Königin von Saba (3:26)
> (beides von der CD „Ehre und Preis")

Wilhelm Schmidt (*1941)
> *Gerhard Schwarz, Joachim Neander und*
> *Johann S. Bach:* Lobe den Herren, den mächtigen König (2:19)
> (alle von der LP „Die güldne Sonne")
> *Burghard Schloemann:* Singt das Lied der Freude (1:38)
> (von der CD „Da capo")

Karl-Heinz Saretzki (*1942)
> *Johann H. Schein:* Paduane (2:19)
> *Johann H. Schein:* Courante (1:14)
> *Heinrich Schütz:* Die Himmel erzählen (4:14)
> (alle von der CD „Bläsermusiken der Schütz-Zeit")
> *Johann S. Bach:* Wie schön leuchtet der Morgenstern (1:40)
> *Johann S. Bach:* Was Gott tut, das ist wohlgetan (1:26)
> *Johann S. Bach:* Was Gott tut, das ist wohlgetan (1:15)
> (alle von der CD „J. S. Bach-Choralsätze für Bläser")

Ulrich Dieckmann (*1963)
> *Friedrich Zipp:* Festliche Musik in B (1:51)
> (von der CD „Lob und Dank")
> *Thomas Selle:* Domine exaudi für Bass, 4 Pos. und Gb. (4:10)
> (von der CD „German Music for Trombones")

Klaus-Peter Diehl (*1966)
> *Joseph G. Rheinberger:* Kyrie (3:58)
> (von der CD „Wirf dein Anliegen")

Matthias Schnabel (*1964)
> *Trad./Ansgar Sailer:* Go tell it on the Mountains (2:35)
> (von der CD „Majesty Weihnachten")
> *beab. von Matthias Schnabel:* Über alle Welt (1:30)
> *bearb. von Jochen Rieger:* Unser Vater (2:35)
> (beides von der CD „Majesty Songs")

* In Klammern die Spielzeit der einzelnen Stücke

Band 22
Wilhelm H. Neuser

Evangelische Kirchengeschichte Westfalens im Grundriß

253 Seiten, Paperback, 6 Karten
€ 19,90 [D]
ISBN 3-7858-0443-1

Ein Grundriss – wie kein Zweiter versteht es Prof. Dr. W. H. Neuser, die Fülle des Quellen- und Sekundärmaterials von 1517 bis 1953 auf die Ereignisse zu konzentrieren, die die Entwicklung der Kirchen vorangetrieben haben. Durch eine klare Gliederung nach Ort und Zeit werden die Lesenden hineingenommen in die Entstehung der westfälischen Gemeinden, in ihre Gratwanderung zwischen Bekenntnistreue und politischen Kompromissen, in ihr Ringen um die Einheit der Christen in *einer* Kirche in Westfalen. Erstmalig liegt damit eine Darstellung vor, die allgemein verständlich die evangelische Kirchengeschichte in Westfalen beschreibt und deutet.

Band 23
Christian Peters (Hrsg.)
Martin Brecht, Rüdiger Bremme

Zwischen Spener und Volkening

Pietismus in Minden-Ravensberg im 18. und frühen 19. Jahrhundert
280 Seiten, Paperback, 6 Abbildungen
€ 24,90 [D]
ISBN 3-7858-0444-X

Die ostwestfälische Region Minden-Ravensberg hat eine ungewöhnlich reiche lutherische Frömmigkeitsgeschichte. Sie ist dadurch geprägt, dass sich pietistische Traditionen vom 17. bis zum 21. Jahrhundert durchgehalten haben.
Drei neue Arbeiten wenden sich hier solchen Abschnitten der ostwestfälischen Kirchengeschichte zu, die als „Nahtstellen" des Pietismus in Minden-Ravensberg auszumachen sind. Untersucht werden das Einströmen des Hallischen Pietismus in die Grafschaft Ravensberg (Israel Clauder von Christian Peters) und der Übergang vom noch durch Halle geprägten Pietismus der 2. Hälfte des 18. Jahrhunderts zu den Erweckungsbewegungen des 19. Jahrhunderts (Friedrich August Weihe von Martin Brecht). Schließlich wird gezeigt, wie die durch Weihe und seine Nachfolger geprägte Frömmigkeit im Gohfelder Umland über Jahrzehnte lebendig blieb (Johann Henrich Broyer von Rüdiger Bremme).

Band 25
Matthias Benad und Vicco von Bülow (Hrsg.)

Bethels Mission (3)

Mutterhaus, Mission und Pflege
344 Seiten, Paperback, 11 Abbildungen
€ 24,90 [D]
ISBN 3-7858-0426-1

Wie seine beiden als Band 19 und 20 dieser Reihe erschienenen Vorgänger enthält der Sammelband Bethels Mission (3) Beiträge zur Geschichte der v. Bodelschwinghschen Anstalten Bethel.
Mutterhaus: In der Entwicklung des Westfälischen Diakonissenhauses Sarepta gehen Ralf Pahmeyer und Matthias Benad auf wichtige Abschnitte der Mutterhausgeschichte ein: die Schwierigkeiten bei der Gründung einer unabhängigen Pflegerinnengenossenschaft 1868/69 und die inneren Probleme, die sich um 1910 durch das rasche Wachstum Sareptas ergaben.
Mission: Thorsten Altena und Ingo Stucke widmen sich der seit 1906 in Bethel ansässigen Berliner Evangelischen Missionsgesellschaft für Deutsch-Ost-Afrika (EMDOA).
Mit ihrer Tätigkeit war der problematische Export europäischer Kultur verbunden, zugleich hatte die „Bethel Mission" starke Rückwirkungen auf das innere Gefüge der Anstalten.
Pflege: Im Bereich der Betreuung und Pflege von verhaltensauffälligen Anfallskranken stellte das 1928 isoliert in Eckardtsheim errichtete und bis 1996 als Anstaltshaus betriebene Hebron einen Sonderfall dar, den Helmut Rosemann in seinem Aufsatz beschreibt.

Luther-Verlag
Cansteinstraße 1
33647 Bielefeld
Telefon (05 21) 94 40-137
Telefax (05 21) 94 40-136
E-Mail: vertrieb@luther-verlag.de
www.luther-verlag.de